KiWi
PAPERBACK
1113

Das Buch

Die Globalisierung hat eine neue Dimension erreicht. Völker und Staaten sind in einer beispiellosen gegenseitigen Abhängigkeit miteinander verbunden. Doch das neue Weltsystem ist bedrohlich instabil: Die Finanzmärkte stehen vor dem Kollaps. Der wachsende Energiebedarf provoziert Konflikte um den Zugang zu Öl und Gas. Der Klimawandel bedroht Millionen mit Hunger, Naturkatastrophen und Vertreibung. Weil die Regierungen bei der Regulierung der globalisierten Ökonomie versagt haben, ist zugleich ein unberechenbarer politischer Brandherd entstanden: Die Menschheit teilt sich zusehends in Gewinner und Verlierer. In den Wohlstandsstaaten verarmen die Mittelschichten, während die Eliten ihre Einkommen vervielfachen und der Besteuerung entziehen. In den Schwellenländern des Südens bleiben Milliarden von den Früchten der Globalisierung ausgeschlossen. Religiöse Heilslehren und Nationalismus sind auf dem Vormarsch. Und immer mehr Menschen rufen nach wirtschaftlicher Abschottung gegen die neuen Konkurrenten aus Asien und Lateinamerika. So droht erneut, wie schon zu Beginn des 20. Jahrhunderts, ein gewalttätiger Abbruch der Globalisierung durch Handels- und Ressourcenkriege. Die Durchsetzung von mehr Gerechtigkeit wird zur Überlebensfrage. Die globale Vernetzung zwingt den Lenkern in Politik und Wirtschaft eine planetare Perspektive auf. Eine Weltgesellschaft ist im Entstehen, und weltweite Kooperation wird politischer Alltag. Aber reicht die Zeit, um die Weichen richtig zu stellen? Der globale Countdown läuft.

Die Autoren

Harald Schumann, Jahrgang 1957, Studium Sozialwissenschaften und Landschaftsplanung, Abschluss als Dipl.-Ingenieur. Journalistische Stationen bei »tageszeitung«, »Spiegel« und »Morgen«, 1992–2004 Redakteur im Berliner Büro des »Spiegel« und Ressortleiter Politik bei »Spiegel Online«, seit Oktober 2004 Redakteur für besondere Aufgaben beim »Tagesspiegel«. Bücher: »Futtermittel und Welthunger« (1986), »Die Globalisierungsfalle« (1996, gemeinsam mit Hans-Peter Martin), »attac. Was wollen die Globalisierungskritiker?« (2002, gemeinsam mit Christiane Grefe und Mathias Greffrath).

Christiane Grefe, Jahrgang 1957, Journalistenschule in München, Politik-Studium, Redakteurin bei »Zeit«, »Süddeutsche Zeitung Magazin«, »Wochenpost« und »GEO-Wissen«. Seit 1999 Redakteurin und Reporterin im Berliner Büro der »Zeit«. Bücher: »Ende der Spielzeit. Wie wir unsere Kinder verplanen« (1995), »Kleine Philosophie der Passionen: Reisen« (1998), »Klimawechsel. Von der fossilen zur solaren Kultur« (2001, zusammen mit Hermann Scheer und Carl Amery).

Harald Schumann · Christiane Grefe

Der globale Countdown

Gerechtigkeit oder Selbstzerstörung – die Zukunft der Globalisierung

Kiepenheuer & Witsch

*Für Ben, Lisa, Jonas, Paul
und die übrige Generation Global*

1. Auflage 2009

Umschlaggestaltung: Barbara Thoben, Köln
Gesetzt aus der Sabon und der Helvetica
Satz: Buch-Werkstatt GmbH, Bad Aibling
Druck und Bindung: CPI – Clausen & Bosse, Leck
ISBN 978-3-462-04125-5

Inhalt

4. Wer Ungleichheit sät ...

5. Ressourcenkrieg im Treibhaus

6. Aufbruch nach Ökotopia

7. Weltmacht Weltbürger

8. Das UN-Paradox

9. Weltkrieg oder Weltgesellschaft?

Vorwort

Das Ende einer Ära und die neue Ordnung für die Weltwirtschaft

Vorwort zur Taschenbuchausgabe

Plötzlich gab es Geld, wo doch eigentlich nichts zu holen war. 700 Milliarden Dollar stellte die US-Regierung im September 2008 bereit. Mit gut 100 Milliarden Dollar waren die Briten dabei. Einen Monat später warf die Bundesregierung 480 Milliarden Euro in den Ring. Gemeinsam brachten es die EU-Staaten bis November desselben Jahres sogar auf mehr als eine Billion Euro. Bald darauf versprachen auch die Schwellenländer in Nah- und Fernost viele hundert Milliarden Dollar zusätzlicher Staatsausgaben.

Als ginge es darum, die Welt vor dem Untergang zu retten, werfen die Regierungen und Notenbanken der Wohlstands- und Schwellenstaaten seit Herbst 2008 ohne Rücksicht auf die steigende Staatsverschuldung und eine mögliche Inflation mit Geld um sich wie noch nie zuvor. Mehr als alle Worte und Reden sind es diese kaum noch vorstellbaren Summen, die eine historische Zäsur signalisieren: Vier Jahrzehnte nach dem Beginn ihres Siegeszuges durch die westlichen Industrieländer sind die neoliberale Wirtschaftspolitik und deren Träger und Nutznießer in Unternehmen, Politik und Wissenschaft am Ende. Der vermeintliche Triumph der »Märkte«, also des privaten Kapitals, über den staatlichen Leviathan hat sich binnen weniger Monate ins Gegenteil verkehrt. Die über Jahre immer weiter deregulierten Märkte haben die größte Wirtschaftskatastrophe seit dem Zweiten Weltkrieg hervorgebracht – der Staat und seine Steuerzahler sollen es nun richten.

Es ist nicht einfach, in solchen Zeiten ein Buch zu schreiben. Die Ereignisse und Entwicklungen überschlagen sich, die Weltwirtschaft verändert sich rasend schnell. Deshalb ist vieles von dem, was wir im Januar 2008 noch als Möglichkeit dargestellt haben, mittlerweile eingetroffen. Seit der Serie von Bankenpleiten im Herbst 2008 hat sich das Geschehen noch einmal beschleunigt. Wie ein Herzinfarkt den ganzen Körper trifft, so erzeugt auch der Beinahezusammenbruch des globalen Geldkreislaufs wirtschaftliche und soziale Schäden in allen Bereichen der Weltgesellschaft in Nord und Süd.

Darum entsprechen bei Erscheinen dieser Taschenbuchausgabe nicht mehr alle Daten und Prognosen der aktuellen Situation. Doch die Kernthesen unserer Analyse bestätigen sich mit einer Genauigkeit, die uns selbst zuweilen überrascht. Darum sind wir zuversichtlich, dass *Der globale Countdown* als informativer Kompass beim Durchdringen der in der Krise zuweilen schwer durchschaubaren Zusammenhänge dienen kann. Das Buch beschreibt genau die Entscheidungen und Strukturen, die den Zusammenbruch des Finanzsystems verursacht haben und den unabdingbar notwendigen Umbau des globalen Energiesystems weiterhin verhindern.

Offensichtlich wird, dass ohne einen radikalen Umbau dieser Institutionen und einen Bruch mit diesen Machtstrukturen keine Lösung möglich ist – auch wenn viele der verantwortlichen Politiker und Banker noch immer glauben, mit viel Geld, aber wenig Mut davonzukommen. Entgegen ihren Beteuerungen, wie sehr man von der Krise überrascht worden sei, belegt das Buch überdies, dass vieles absehbar, jedenfalls wahrscheinlich war. Es verzeichnet die Chronik einer angekündigten Katastrophe. Dies macht zugleich deutlich, wie atemberaubend der abrupte Paradigmenwechsel in Bank- und Regierungsetagen tatsächlich ist: die unverhoffte Wiederentdeckung des Staates.

Denn zuvor hatte jahrzehntelang das Gegenteil gegolten. Unablässig fochten Konzernstrategen, Bankenvorstände und die von ihnen finanzierte Ökonomenzunft für die Freiheit des Kapitals und gegen den Einfluss staatlicher und vor allem demokratischer Politik auf die wirtschaftliche Entwicklung. Ihr Erfolg begann in den 70er-Jahren mit der Beseitigung aller Hindernisse für den internationalen Kapitalverkehr; man nutzte damals die Auflösung des Nachkriegssystems der festen Wechselkurse und Kapitalverkehrskontrollen, um aufs Ganze zu gehen. In der Folge gerieten die Staaten immer tiefer in den Sog der Standortkonkurrenz um die Investitionen der nunmehr international mobilen Unternehmen. Auf der Basis dieses Machtzuwachses konnten deren Interessenvertreter radikale Forderungen stellen. Darum gingen große Teile der vordem staatlichen Daseinsvorsorge wie Energie-, Gesundheits- und Wohnungsversorgung in die Hand privater Firmen über, während weltweit die Besteuerung der Gewinneinkommen auf ein Minimum zusammenschrumpfte. Gleichzeitig drangen Banken und Versicherungen darauf, die Altersvorsorge so weit zu privatisieren, dass ein stetig wachsender Anteil der privaten Ersparnisse auf ihre Gebühren- und Provisionsmühlen umgeleitet wurde. Und bei alledem reduzierten die Regierungen und die von ihnen gelenkten Behörden im Namen der Entbürokratisierung die Regulierung und Aufsicht über die Akteure auf den Märkten bis zur Wirkungslosigkeit. Als tausendfach wiederholte Rechtfertigung diente – wider alle historische Erfahrung – die ideologische Figur vom Markt, der sich selbst regulieren könne, und dies auch noch grundsätzlich effizienter, also kostengünstiger als alle staatlichen Institutionen.

Hans Tietmeyer, ehedem Präsident der Bundesbank und bis heute einer der führenden Apologeten dieser Ideologie, verkündete daher bereits im Februar 1996 beim Weltwirtschaftsforum in Davos den Sieg: »Sie, die politischen Führungskräfte«, erklärte er den Politikern im Publikum, »Sie müssen wissen, dass Sie zukünftig von den Finanzmärkten kontrolliert werden.« Später erkor der damalige Chef der Deutschen Bank, Rolf Breuer, die Finanzmärkte gar zur »fünften Gewalt«, die »besser als die Wähler« die Politik auf die »richtigen Zielsetzungen« festlegen könnte.

Die Selbstüberschätzung kannte keine Grenzen, doch in einem behielten Tietmeyer, Breuer und ihre Mitstreiter recht: Im folgenden Jahrzehnt degenerierte die Politik in Europa und Amerika tatsächlich zum bloßen Ausführungsorgan für die vermeintlich unwiderlegbaren und rationalen Forderungen jener, die über die Kapitalbewegungen und Investitionen entscheiden. Intellektuell widerstandslos, ja ideologisch geblendet, betrieben Politiker, Notenbanker und Aufseher ihre Selbstentmachtung und kämpften nicht mal gegen die Dynamik, die sie in Gang gesetzten hatten. Tatenlos sahen sie zu, wie das so geschaffene System in immer schnelleren Krisenzyklen immer größere Schäden verursachte. Immer wackliger wurde ihr emsig aufgebautes »globales Kartenhaus« (siehe Seite 81 ff.) aus hundertfach übereinandergeschichteten Krediten. Dessen Zusammenbruch hat nun die gesamte Weltwirtschaft in eine Rezession gestürzt, die weit über alles hinausgeht, was die Menschheit seit 1950 erlebt hat.

Schon der bisher angerichtete Schaden ist so ungeheuerlich, dass er sich der alltäglichen Vorstellung entzieht. Auf 2600 Milliarden Dollar schätzte die Bank of England allein die Verluste, die in den Unternehmen des Finanzsektors in Europa und den USA angefallen sind. Diese Summe entspricht dem Wert aller Waren und Dienstleistungen, die in Deutschland im Laufe eines ganzen Jahres produziert werden. Noch zehn Mal größer ist der Schaden, der aus dem folgenden Einbruch der Börsenkurse entstand. Zusammengenommen waren alle börsennotierten Unternehmen der Welt Anfang 2009 etwa 30 Billionen Dollar weniger wert als ein Jahr zuvor, eine Minderung von mehr als 40 Prozent. Dieser Einbruch betrifft keineswegs nur die Buchwerte in den Vermögensstatistiken der Reichen, er bedroht auch die Altersrenten von zig Millionen Menschen, die von den Erträgen ihrer Pensionsfonds abhängig sind. Allein in den USA müssen mehr als 20 Millionen Rentner und angehende Pensionisten nun mit weit geringeren Einkünften auskommen. Viele sitzen zugleich bei ihren Häusern in der Schuldenfalle. Soziale Sicherheit ist für sie nur noch ein ferner Traum.

Dabei hatte sich der Niedergang von langer Hand angekündigt. Symptome wie die dramatische Überschuldung der privaten Hauhalte in den USA und das explosive Anwachsen der Immobilienpreise jenseits aller realen Wertschöpfung waren für jedermann sichtbar. Vor keiner Krise haben kundige Fachleute häufiger und klarer gewarnt als vor dieser. Doch erst mit dem Konkurs der New Yorker Investmentbank Lehman Brothers am 15. September 2008 und dem darauf folgenden Zusammenbruch des amerikanischen und europäischen Marktes für Kredite zwischen den Banken erkannten schließlich auch die hartgesottenen Marktgläubigen in Washington und London, in Brüssel, Berlin oder Zürich, dass sie intervenieren mussten. Die Bilanzen von Banken und Versicherungen waren und sind so mit uneinholbaren Krediten vergiftet, dass die Finanzinstitute ihre zentrale Dienstleistungsfunktion nicht mehr erfüllen können: die Verwandlung der privaten Ersparnisse in Kredite, die für Investitionen in der Realwirtschaft vom Handwerksbetrieb bis zum Großkonzern dringend benötigt werden. Folglich blieb den Regierenden gar nichts anderes übrig, als das verlorene Vertrauen im Finanzsektor mittels staatlicher »Rettungspakete«, »Garantieschirme« oder »Bürgschaftsprogramme« wenigstens teilweise wieder herzustellen, um den totalen Zusammenbruch der gesamten Kreditvergabe und der davon abhängigen Investitionen zu vermeiden.

Dass ausgerechnet die Erben von Margaret Thatcher und Ronald Reagan, die einst die neoliberale Gegenreformation anführten, nun im großen Stil Finanzkonzerne in Staatshand überführen mussten, markiert eine epochale Wende. Passend dazu entwickelt sich die politische Rhetorik. Vielfach griffen die Regierenden von Angela Merkel bis Barack Obama zu Vergleichen mit der Wirtschaftskatastrophe vor und während des Zweiten Weltkriegs. Allenthalben soll ein »New Deal« nach dem Vorbild der Politik des 30er-Jahre-Präsidenten Franklin Roosevelt das Schlimmste abwenden. Zudem reden Premiers, Kanzler und Präsidenten einem »neuen Bretton Woods« das Wort, einem globalen Vertragswerk zur Regulierung der Weltwirtschaft, das auf den Ideen des einstigen Reformökonomen John Maynard Keynes gründen solle.

Doch diese Versprechen erweisen sich bisher als bloßes Wortgeklingel. In allen bisherigen Wohlstandsländern ist die politische Klasse personell aufs Engste mit den Sachwaltern der Finanzindustrie verflochten (siehe »Plutokratenfilz statt Regulierung«, Seite 116). Statt grundlegender Reformen, die tatsächlich den Ideen Keynes folgend mit der Übermacht der Kapitalverwalter brechen würden, sind darum bisher lediglich technische Verbesserungen bei der amtlichen Aufsicht vorgesehen. Und die scheinbar entschlossene Wiedereinsetzung der Politik als Ordnungsmacht über der Wirtschaft erweist sich als Mogelpackung. Die vermeintliche Rettung für das globale

Marktsystem verwandelte sich hinter dem Rücken der Steuerzahler und ohne dass Parlamentarier sie kontrollieren, de facto in eine groß angelegte Plünderung der Staatshaushalte zur Rettung von Finanzkonzernen, die zu groß waren, um sie fallen zu lassen. Die vielen Milliarden staatlicher Subventionen finanzierten zahlreiche Fusionen, durch sie wurden die Konzerne noch größer und noch mächtiger.

All das folgt der Maxime, dass sich mittels großer staatlicher Ausgaben und massiver Ausweitung der Staatsverschuldung irgendwie der Status quo ante wiederherstellen ließe, dass alles wieder so werden könnte, wie es vor Ausbruch der Krise war. Diese Hoffnung wird sich nicht erfüllen. Vielmehr spricht alles dafür, dass der endgültige Kollaps des auf unkontrollierten Kapitalverkehr gebauten globalen Finanzsystems lediglich aufgeschoben wurde – und am Ende doch nicht zu vermeiden ist. Denn das Kernland der Krise, die Vereinigten Staaten, ist so überschuldet, dass es sich aus eigener Kraft nicht wird befreien können. Anders als einst während der Großen Depression der 30er-Jahre des vergangenen Jahrhunderts ist die US-Volkswirtschaft nicht isoliert, sondern hochgradig abhängig von ausländischen Kreditgebern (siehe »Die Mikadowelt«, Seite 33 ff.). Allein bei der chinesischen Zentralbank und dem dortigen staatlichen Bankensystem stehen die Vereinigten Staaten mit 1400 Milliarden Dollar in der Kreide. Die gleiche Summe steht in den Büchern der arabischen Öl-Staaten und noch einmal so viele US-Papiere halten die übrigen Notenbanken Asiens.

Bis zum Januar 2009 kauften diese Staaten des informellen Dollarblocks noch immer pro Tag für rund zwei Milliarden Dollar Staatsanleihen und andere Wertpapiere aus Amerika und hielten so die US-Ökonomie am Leben. Aber gleichzeitig startete die US-Notenbank Federal Reserve das größte und riskanteste monetäre Experiment in der Geschichte des Kapitalismus. Mit der Senkung des Zinsniveaus auf null Prozent und dem Kauf von auf dem freien Markt unverkäuflichen Kreditpakten im Volumen von annähernd 1500 Milliarden Dollar setzte die Fed mehr elektronische Dollars in Umlauf als je zuvor. Zugleich plant die Regierung des neu gewählten Präsidenten zusätzliche Ausgaben von noch einmal 800 Milliarden

Dollar, die zumindest indirekt wieder über die elektronische Notenpresse finanziert werden sollen. Diese »monetäre Aggression«, wie der britische *Economist* schrieb, bedroht nun die Leitwährung der Welt mit einer unkontrollierbaren Inflation. Käme es dazu, würden die Vermögen von Amerikas Gläubigern drastisch entwertet und schwere wirtschaftliche Konflikte wie Handelskriege und Abwertungswettläufe wären die Folge. Wenn Barack Obama gut beraten ist, dann wird ihn eine seiner allerersten Auslandsreisen nach Peking führen, um mit Chinas Regenten zu beraten, wie durch eine radikale Umgestaltung des Finanzsystems und eine gemeinsame Investitionspolitik ein solches Szenario zu vermeiden ist (siehe »Die Dollarbombe«, Seite 125 ff.).

Das wäre schon deshalb überlebensnotwendig, weil sich gerade die westlichen Wohlstandsländer den Zerfall der internationalen Arbeitsteilung und der weltweiten Produktions- und Handelsketten nicht leisten können. Schon jetzt sind ihre Gesellschaften durch die in den Jahren des neoliberalen Regimes extrem ungerechte Einkommensentwicklung sozial tief gespalten in wenige Gewinner und viele Verlierer (siehe »Wer Ungleichheit sät …«, Seite 145). Eine Eskalation bis hin zur Renationalisierung der Volkswirtschaften würde mit Sicherheit zu großen sozialen Verwerfungen und politischen Umwälzungen führen.

Insofern ist der »globale Countdown«, der so wie am Beginn des 20. Jahrhunderts (siehe »Globalisiert in den Abgrund«, Seite 9) in den Zerfall des globalen Systems und weltweite Kriegsgefahr münden würde, seit Erscheinen des Buches im April 2008 bedrohlich weitergelaufen. Das gilt erst recht für die beiden anderen Krisenherde, die den Weltfrieden bedrohen. Der wirtschaftliche Niedergang hat auch das Massenelend in zahlreichen Ländern des Südens verschlimmert. Die Hoffnung, dass sie, die ohnehin nur am Rand der großen Wirtschafts- und Finanzströme segeln, wenigstens nicht von deren Strudeln und Stromschnellen mitgerissen würden, erweist sich als Illusion: Wegen der Flaute in den Industrienationen werden die Rohstoffe der Entwicklungsländer weniger nachgefragt, fließen weniger Investitionen in den Süden, sind Kredite immer schwerer zugänglich, werden vermutlich nicht nur die Überweisungen von Migranten, sondern auch die Spendengelder und Entwicklungshilfezahlungen schrumpfen. »Menschen, die hart gearbeitet haben, um der Not zu entkommen, könnten zurück in die Armut rutschen«, warnte UN-Generalsekretär Ban Ki Moon im November 2008 vor der Entwicklungskonferenz in Doha, und genau das geschieht.

Zudem marginalisiert die wachsende Ressourcenkonkurrenz auf dem Globus die Ärmsten noch weiter. Gefühle der Ausweglosigkeit breiten sich aus, die Flüchtlingsströme schwellen an, und auf dem Boden der Verzweiflung findet der Hass gegen die Führungsnationen der globalen Ökonomie reichlich Nahrung, drohen Radikalisierung und Terrorismus (siehe »Sicherheitsrisiko Massenarmut«, Seite 188). Dass die Not der Anderen auch für sie selbst nicht ohne Folgen bleibt, scheinen immer mehr Menschen in den Industrienationen zu spüren. Die angespannte Aufmerksamkeit, mit der westliche Medien Ende 2008 die Piratenüberfälle vor der somalischen Küste verfolgten, rührte auch von der Symbolhaftigkeit des Geschehens her: Am Horn von Afrika gelang es den scheinbar Mittellosen mehrfach, die technisch überlegenen Supertanker und Handelsschiffe aus Europa, Russland und Asien zu kapern. Ein Motiv der Banditen: Seit Jahren fischen die Reichen diese ungeschützten Gewässer leer und rauben den afrikanischen Anrainern damit ihre Nahrungs- und Einkommensquelle. Ein Brennpunkt der globalen Ungerechtigkeit, einer von vielen.

Die dramatisch angestiegenen Preise für Nahrungsmittel, die 2008 in vielen Ländern zu regelrechten Hungeraufständen führten, sind zwar wieder zurückgegangen. Doch die Strukturprobleme der Landwirtschaft, die immer mehr Menschen ernähren soll, obwohl ihre Grundlagen Wasser und Boden durch Übernutzung und Klimawandel gefährdet sind, wurden durch die Finanzkrise nur aus den Schlagzeilen verdrängt (siehe »Klimakiller Landwirtschaft«, Seite 284 ff.). Und auch beim Kampf gegen das drohende Klimachaos hat die wirtschaftliche Krise den Abwehrkampf der alten Energieindustrien gegen die Umstellung auf kohlenstofffreie und nichtnukleare Energiequellen zunächst eher noch gestärkt (siehe »Aufbruch nach Ökotopia«,

Seite 233 ff.). Die Europäische Union hat ihre Anstrengungen für den Klimaschutz auf ein Minimum heruntergefahren. Auch bei der Weltklimakonferenz im Dezember 2008 in Posen war von den großen planetarischen Gemeinschaftsgefühlen und der angebrachten Dringlichkeit nichts mehr zu spüren, die noch ein Jahr zuvor das Treffen in Bali prägten (siehe »Der Showdown von Bali«, Seite 316). Die Delegierten einigten sich nur auf wenige technische und bürokratische Details, die Entwicklungsländer waren zutiefst enttäuscht, weil sie sich besonders bei den Hilfen zur Anpassung an den Klimawandel mehr versprochen hatten, auch der Schutz der Regen- und Urwälder kam nicht voran – trotz des großen Zeitdrucks.

Für die entscheidende Zusammenkunft im Dezember 2009 in Kopenhagen, ohne deren erfolgreichen Abschluss es zu einem globalen Klimapakt nach Ablauf des Kyotoprotokolls im Jahr 2012 vermutlich nicht mehr kommen wird, richten sich nun alle Hoffnungen auf die neue amerikanische Regierung: Werden die USA zugleich eine Führungsrolle im Klimaschutz übernehmen und sich einfügen in neue Machtverhältnisse, die sich durch die Finanzkrise noch stärker Richtung Asien verschoben haben?

Eines zumindest läßt hoffen: Parallel zur Eskalation der globalen Krisen hat sich die weltweite Kooperation von Regierungen und zivilgesellschaftlichen Organisationen auf dem Feld der Ökonomie über alle politischen und ideologischen Grenzen hinweg in einem Maße intensiviert, wie es noch vor wenigen Jahren völlig undenkbar erschien. Die Gefahren, die mit der wirtschaftlichen und ökologischen Destabilisierung einhergehen, wirken auf die Völker und ihre Regierungen erstmals als wirklich kollektive Erfahrung. Die Metaphern vom »Raumschiff Erde« und der »Einen Welt« verwandeln sich in praktische Politik. Ganz anders als in allen vergleichbaren historischen Situationen sind die Regierenden zumindest im ersten Schritt erst einmal enger zusammengerückt.

So führten die großen Notenbanken einschließlich der von China im September 2008 gemeinsam und am gleichen Tag eine weltweite Zinssenkung durch – ein bisher einmaliger Vorgang in der Geschichte des Kapitalismus, der doch von der Öffentlichkeit in den beteiligten Ländern als beinahe selbstverständlich wahrgenommen wurde. Nicht minder revolutionär war die Aktion der US-Zentralbanker, ihren Kollegen in Brasilien, Korea und anderen Schwellenländern Zugang zu Dollarkrediten im zweistelligen Milliardenbereich einzuräumen, um Währungsschocks zu vermeiden. Noch zehn Jahre vorher hatte die Verweigerung eben dieser Zusammenarbeit Asiens Ökonomien in den Abgrund gestürzt. Zwei Monate später trafen sich schließlich die Regierungschefs zum Weltfinanzgipfel. Und wie selbstverständlich saßen dieses Mal auch die Präsidenten und Premierminister aus China, Indien, Brasilien und weiteren Schwellenländern mit am Tisch, nachdem die alten G8-Staaten ihnen zuvor über Jahrzehnte die ihrer Bedeutung angemessene Position in ihren Gremien und Institutionen hochmütig verweigert hatten (siehe »Das UN-Paradox«, Seite 370ff.). Nun scheint es nur noch eine Frage der Zeit, bis der Internationale Währungsfonds, die Weltbank und andere globale Institutionen so umgestaltet werden, dass sie deutlich stärker die Interessen der gesamten Menschheit vertreten und nicht mehr nur die der einstigen Kolonialmächte.

Entscheidend wird sein, ob es den Institutionen gelingt, »drei Krisen mit einer Klappe« zu schlagen, wie die *ZEIT* formulierte. Bisher herrscht noch »Adhocismus« vor; so nennt der Leiter des Deutschen Instituts für Entwicklungspolitik, Dirk Messner, die Tendenz, dass die Regierenden unter dem Druck der Entwicklungen und des Zwangs, schnell zu handeln, jedes Problem einzelnen zu lösen versuchen, ohne die Wechselwirkungen mit den anderen Krisen im Blick zu haben. Die Bundesregierung zum Beispiel legt Rettungspakete für die Autoindustrie auf, die Anreize zum Kauf neuer Spritschlucker geben; kurzsichtig verschenkt sie damit die Chance, mit der drohenden Rezession zugleich die Klimakrise zu bewältigen. Der Chef der UN-Umweltorganisation UNEP, Achim Steiner, hingegen rief im Oktober 2008 ein grünes Wirtschaftsprojekt namens Green Economy Initiative ins Leben; einen »Grünen New Deal«. Er appellierte an alle Regierungschefs, in deutlich größerem Stil, als es seine kleine Behörde vermag, »die größte Geldspritze in der Geschichte der Weltwirtschaft« mit einem doppelten Nutzen zu versehen und mit der Finanzkrise zugleich »die noch größere Katastrophe des Klimawandels zu verhindern«.

Globale Existenzfragen nach- und nebeneinander zu behandeln, sagt auch die indische Umweltexpertin Sunita Narain, werde dem Zusammenhang zwischen den Krisen nicht gerecht. Das Finanzdebakel, die Nahrungs- und Energiekrise und der Klimawandel hätten den gleichen Kern: »Das ganze Wirtschaftssystem gründet auf einem Überkonsum, den wir uns nicht mehr leisten können.« Der wichtigste und knappste Rohstoff sei insofern nicht das Geld, sondern Fantasie bei den politisch Verantwortlichen – also bei denen, »die uns das alles eingebrockt haben«.

Angesichts dieser Analyse wird es nicht reichen, sich allein auf die Regierenden und ihre Berater aus Banken und Wirtschaftsverbänden zu verlassen. Die Ideen und vor allem der politische Nachdruck müssen auch aus der Gesellschaft kommen, damit die zerstörerische Macht der Finanzmärkte durch ein neues Regelsystem gebrochen wird, Güter gerechter verteilt und die Wirtschaft ökologisch verträglich gestaltet werden. Wir hoffen, dass *Der globale Countdown* all jenen Informationen und Argumente liefert, die an diesem dringlichen und umfassenden Wandel mitwirken wollen.

Christiane Grefe/Harald Schumann   Berlin, im Januar 2009

1. Globalisiert in den Abgrund

Das neue Zeitalter der globalen Interdependenz und die Warnung der Geschichte

Nie zuvor waren die Völker und Nationen der Menschheit einander so nah.

Unablässig überqueren Informationen und Kapital die Ozeane zwischen Europa, Amerika und Asien. Neue Technologien ermöglichen die Verständigung im Sekundentakt und den schnellen Transport über alle Grenzen hinweg. Der internationale Handel erstreckt sich bis in die letzten Winkel aller Kontinente. Tausende von Unternehmen bauen weltweite Produktions- und Vertriebsketten auf. An den Knotenpunkten des Informationsnetzes in London und New York schmieden Investmentbanker immer neue Finanzgesellschaften, die mit dem Kapital der Reichen neue Städte, Transportwege und Fabriken in den schnell wachsenden Schwellenländern finanzieren. Die Aufholjagd der Aufsteigerstaaten und der technologische Wandel ändern das Alltagsleben radikal. Ganze Berufsgruppen verschwinden, weil neue Maschinen auf einen Schlag einige Hundert Arbeitskräfte ersetzen können. Gleichzeitig verdrängen Billigimporte viele alte Produzenten. Millionen Menschen werden arbeitslos und suchen ihr Glück in der Auswanderung nach Übersee.

Der beispiellose Boom setzt eine bis dahin ungekannte Dynamik frei, und Ökonomen schwärmen von der »Aufhebung der Distanz«.[1] Die Phase der national organisierten Volkswirtschaften gehe ihrem Ende entgegen, schreibt Richard Ely, einer der führenden Wirtschaftswissenschaftler der USA. »Die nächste Stufe«, prophezeit er, »wird die Weltwirtschaft sein, der Geldmarkt ist bereits ein wirklicher Weltmarkt.«[2]

Das war im Jahr 1903. Was sich liest wie ein aktueller Kommentar zur Weltwirtschaft, schildert tatsächlich eine Entwicklung, die bereits vor mehr als hundert Jahren ablief.

Multinationale Konzerne, internationaler Wettbewerb und weltumspannende Kapitalströme sind keine Erfindung unserer Zeit. Zu Beginn des vergangenen Jahrhunderts waren die gleichen wirtschaftlichen Kräfte, die auch heute wieder die Menschheit in ihrem Bann halten, schon einmal am Werk. Der Prozess der Globalisierung, die weltweite Verschmelzung von Märkten und Unternehmen, von Wissen und Kulturen auf dem Wege des Handels mit Waren und Kapital, veränderte auch schon das Leben unserer Groß- und Urgroßeltern mit aller Macht. »Um 1914 gab es kaum eine Stadt irgendwo auf der Erde, deren Preise nicht von entfernten Auslandsmärkten beeinflusst waren, deren Infrastruktur nicht durch ausländisches Kapital mitfinanziert wurde und deren Kenntnisse und Geschäftsmethoden nicht aus dem Ausland importiert wurden«, stellten die Wirtschaftshistoriker Kevin O'Rourke und Jeffrey Williamson fest, als sie die Geschichte der Globalisierung erforschten.[3] Wie auch heute wieder befeuerten revolutionäre neue Technologien die globale Expansion der Marktwirtschaft. Autos und Filme, Röntgenstrahlen und elektrisches Licht, Telefon und synthetische Farben versetzten die Menschen damals ebenso in Erstaunen wie heute die Elektronik, das Internet oder die Nanotechnik.

Pioniere wie Bill Gates und Larry Page, die mit Microsoft und Google aus Studentenideen milliardenschwere Weltunternehmen schufen, gab es auch in der ersten Epoche der Globalisierung. Sie hießen Werner von Siemens oder Thomas Edison und bauten wie ihre modernen Nachfolger binnen einer Generation aus Hinterhofwerkstätten Weltkonzerne auf. Um die Jahrhundertwende besaß die Siemens-Familie bereits 30 Produktionsstätten rund um die Welt und kontrollierte über eine steuergünstige Schweizer Finanzholding Elektrizitäts-, Straßenbahn- und Beleuchtungsgesellschaften von Argentinien bis Russland.[4] Genauso hielt es die Konkurrenz. AEG, Edisons General Electric und dessen Widersacher Westinghouse expandierten alle gleichzeitig weltweit. Gemeinsam schmiedeten die vier Konzerne sogar ein Weltkartell und sicherten sich Gewinne wie heute Microsoft, der Weltmonopolist.

Größter Antrieb für das Wachstum waren die neuen Kommunikations- und Transportadern. Eisenbahnnetze wurden ausgebaut, immer größere Handelsschiffe konstruiert, und zigtausend Kilometer Telegrafenleitungen vernetzten die Weltmärkte. Die Geschichten vom riskanten Bau der Straßen für die rauchenden Stahlrösser auf dem Balkan, in Ägypten, Indien, China und Nordamerika lieferten den Stoff für die Abenteuerromane der Epoche. Im Jahre 1880 lagen weltweit erst knapp 370 000 Kilometer Bahnschienen, 1912 waren es mehr als eine Million. Im gleichen Zeitraum verdoppelte sich die Tonnage der Welthandelsflotte, und die Kapazität der unterseeischen Telegrafenkabel legte in 17 Jahren um 70 Prozent zu.[5] Londoner Börsenbroker mussten im Jahr 1913 nicht einmal mehr eine Minute auf eine Verbindung warten, wenn sie mit ihren Partnern in New York Kurse und Aufträge austauschen wollten.

Damit wurden aus fernen »unzivilisierten« Regionen lockende Wachstumszentren. Chicago zum Beispiel verwandelte sich binnen zweier Jahrzehnte von der Frontstadt am Rande der Wildnis in eine Metropole, die mit ihrer Warenterminbörse die Weltmarktpreise für Getreide und Holz bestimmte. Das Schienennetz, das in der Stadt zusammenlief, wurde zum größten Teil von europäischen Investoren finanziert. Sie profitierten von einem grenzenlosen Finanzsystem, das sich mit dem britischen Empire in weiten Teilen der Welt durchgesetzt hatte. Das Vereinigte Königreich, der Hegemon der Vorkriegszeit, bestimmte ähnlich wie heute die USA die geschäftlichen und monetären Regeln. England stellte mit dem Pfund die global akzeptierte Währung, und die Banker der Londoner City verwalteten große Teile des Vermögens der Reichen ganz Europas. Mit dabei war auch schon damals die Deutsche Bank, die bis 1914 zum damals größten Geldhaus der Welt aufstieg. Die Finanzmanager steckten das Geld ihrer Anleger in Tausende von geschlossenen Fonds für Minen, Eisenbahnen oder auch öffentliche Kanalsysteme in den aufstrebenden Regionen. Daneben verdanken auch andere klingende Namen der heutigen Konzernwelt wie Royal Dutch Shell oder British Petroleum (BP) ihre Geburt dem damaligen Boom der Anlegerfonds, die auf den steigenden Ölverbrauch spekulierten. Vergleichbar den heutigen Risikokapitalfonds, produzierten sie dabei ebenso überragende Gewinnerfolge wie spektakuläre Pleiten.

Barings etwa, ausgerechnet jene Bank, die 1995 an den Fehlspekulationen ihres Repräsentanten in Singapur bankrott ging, wurde gut 100 Jahre zuvor schon einmal an den Rand der Pleite gedealt. Der damalige Crash seiner Argentinien-Anleihen zwang das Institut nur deshalb nicht zum Konkurs, weil die Bank of England großzügig Kredit gab, um den Ruf des Finanzplatzes London zu retten.

So durchlebten die Industrieländer in den drei Jahrzehnten um die Jahrhundertwende einen Entwicklungsschub, der den Umbrüchen der heutigen Zeit an Wucht und Geschwindigkeit kaum nachsteht. Das 20. Jahrhundert begann genauso wie das 21. mit einer rasanten Beschleunigung der internationalen wirtschaftlichen Vernetzung.

60 Jahre Rückschritt

Vielen Ökonomen, die zumeist Anhänger der klassischen Lehre des Laisser-faire sind und stets geneigt, den Markt als eigentliche Triebkraft der Geschichte anzusehen, scheint daher die Sache klar: Es gibt nichts Neues im Universum, die globale Integration schreitet unablässig voran. »Globalisierung ist nur ein neues Schlagwort für einen schon lange währenden Vorgang: die räumliche Ausdehnung der kapitalistischen Wirtschaftsweise bis an den Rand der Welt«, urteilt etwa Herbert Giersch, langjähriger Präsident des Kieler Instituts für Weltwirtschaft und Doyen der deutschen Wirtschaftswissenschaft. Folglich gehe aller Streit über deren Gefahren fehl. »Der Prozess der Globalisierung ist irreversibel«, meint Giersch und weiß sich dabei einig mit den wirtschaftlichen Eliten in aller Welt. »Man sollte sich ihm anpassen und nicht widersetzen.«[6]

Gerne berufen sich Giersch und andere Marktgläubige in diesem Zusammenhang auf Karl Marx und Friedrich Engels, die »recht behalten« hätten. Schließlich beschrieben schon die beiden Revolutionäre des 19. Jahrhunderts in ihrem »Kommunistischen Manifest«, wie die »Bourgeoisie« das »Bedürfnis nach einem stets ausgedehnteren Absatz für ihre Produkte ... über die ganze Erdkugel« jage. Enthusiastisch feierten die Vordenker des Kommunismus die Vernichtung »der uralten nationalen Industrien« und deren Verdrängung durch neue, »deren Einführung eine Lebensfrage für alle zivilisierten Nationen wird«. Fasziniert bewunderten sie »die ununterbrochene Erschütterung aller gesellschaftlichen Zustände ... Alle festen eingerosteten Verhältnisse werden aufgelöst, alle neu gebildeten veralten, ehe sie verknöchern können.«

Das klingt wie die Standortreden deutscher Industrielobbyisten und Konzernvorstände, wenn sie gegen verkrustete Strukturen und Besitzstände des Wohlfahrtsstaates zu Felde ziehen und alle Kritik an der globalen Integration zurückweisen. Und tatsächlich haben die modernen Marktgläubigen mit Marx eines gemeinsam: die Überzeugung, es gebe für die Menschheit so etwas wie einen vorbestimmten Weg der Entwicklung. Immer größere Märkte, immer enger geknüpfte internationale Arbeitsteilung, immer mächtigere Unternehmen – nur eine solche Zukunft ist in ihrem Weltbild vorgesehen.

Solchem ökonomischen Determinismus kann jedoch nur huldigen, wer die Zeit zwischen 1914 und 1973 nur als vorübergehende Abweichung vom geraden Pfad des Fortschritts abtut. Denn diese sechs Jahrzehnte verbrachte die Menschheit damit, eben diese Grenzen sprengende Kraft des Kapitalismus entweder mit Gewalt zu bekämpfen oder wenigstens in ein Korsett aus Regeln und weltweiten Abkommen zu zwängen. Die Kommunisten verwarfen in den von ihnen eroberten Ländern das ganze Marktsystem und setzten alles daran, eine Staatswirtschaft zu etablieren. Die kapitalistisch verfassten Staaten dagegen kämpften erst mit den katastrophalen Folgen eines weltweiten Marktzusammenbruchs in den 30er Jahren und erfanden später mit starker staatlicher Regulierung festgezurrte Handels-, Währungs- und Sozialsysteme, die sie vor einer Wiederholung solcher Krisen schützen sollten.

Den Beginn dieser Periode markiert die bis dahin, gemessen an der Zahl der Toten, größte Katastrophe der menschlichen Geschichte: der Erste Weltkrieg. Mit ihm begann eine radikale Abkehr von der weltwirtschaftlichen Integration. Das vordem stabile, beinahe global gültige Währungs- und Handelssystem, basierend auf dem britischen Goldstandard, verschwand für immer. Eine vergleichbare internationale Wirtschafts- und Währungsordnung entstand erst wieder nach 1945, und das auch nur auf der westlichen Seite des Eisernen Vorhangs. Erst 1973, 60 Jahre später, erreichte der Welthandel, gemessen als Anteil an der weltweiten Wertschöpfung, wieder das Niveau, das er 1913 schon einmal erreicht hatte. Noch ein Jahrzehnt länger dauerte es, bis schließlich alle Industriestaaten auch auf die Kontrollen beim Handel mit Kapital und Währungen verzichteten und sich wieder auf einen liberalisierten, internationalen Kapitalmarkt einließen, dessen Umsatzvolumen dem der Vorkriegszeit entsprach – ein Abenteuer, das viele Regierungen heute schon wieder bereuen.

Die wechselvolle Wirtschaftsgeschichte des 20. Jahrhunderts belegt: Die grenzenlose Ausdehnung des Kapitalismus ist keineswegs vorherbestimmt. Der Lauf der Geschichte kann durchaus eine andere Richtung nehmen. Es handelt sich um einen dialektischen Prozess. Wo immer der Mechanismus von Angebot und Nachfrage, von Kapitalrendite und Strukturwandel Grenzen überwindet, Partikularinteressen verletzt oder bestehende Kulturen bedroht, erzeugt dieser Vorgang auch Gegenbewegungen. Und die Konsequenzen sind offen. Dass der Trend zur globalen Integration anhält und nicht wieder ins Gegenteil umschlägt, ist keineswegs ausgemacht. Die Europäer genießen schon seit mehr als sechzig Jahren Frieden und Wohlstand. Darum erscheint ihnen der Gedanke abwegig, dass es wieder zu einem weltweiten Krieg kommen könnte; deshalb wird das Szenario eines erneuten Sturzes in den Abgrund als irreal verworfen. Aber das Konfliktpotenzial steigt fortwährend an.

Global Player gegen Kaiser Wilhelms Krieg

Wären die Ereignisse lediglich der Logik des Marktes gefolgt, hätte auch der Erste Weltkrieg gar nicht stattfinden dürfen. Keiner beschrieb diesen Umstand präziser als der britische Publizist und spätere Friedensnobelpreisträger Norman Angell. Im

Jahr 1910, vier Jahre vor Ausbruch des Krieges, veröffentlichte Angell eine Streitschrift, die sich frontal gegen den militaristischen Zeitgeist der Epoche wandte. Europas Großmächte waren in einen teuren Rüstungswettlauf verstrickt. Zur Rechtfertigung heizten die Regierungen mit der Propaganda vom Kampf um lebensnotwendige Ressourcen und das Überleben ihrer Nationen die Stimmung an. Deutschland rüstete gegen Großbritannien, Russland schmiedete Allianzen gegen Österreich-Ungarn, Frankreich sann auf Revanche für die Schmach von 1871. Doch Angell, ein scharfzüngiger Analytiker und Selfmade-Gelehrter, hielt dagegen. Die Vorstellung, in der modernen Welt ließe sich mittels kriegerischer Gewalt der Wohlstand eines Landes mehren oder auch nur sichern, sei »eine große Illusion«, schrieb er in seinem Buch mit dem gleichnamigen Titel.[7]

Anders als die Pazifisten seiner Zeit argumentierte Angell nicht moralisch, sondern ökonomisch. Er verwies auf den hohen Grad der wirtschaftlichen Verflechtung zwischen den europäischen Staaten und die daraus folgende gegenseitige Abhängigkeit. »In der wirtschaftlich zivilisierten Welt beruht der Wohlstand auf sicherem Kredit und kommerziellen Verträgen, eine Folge der [internationalen] Arbeitsteilung und der großartig entwickelten Kommunikation«, schrieb er. Wenn aber ein Eroberer mit Beschlagnahmung aller Werte drohe, werde dieses auf Krediten aufgebaute Wirtschaftssystem untergraben. »Der Kollaps würde den Eroberer selbst treffen, darum müsste dieser den Besitz des Feindes respektieren, folglich wäre die Eroberung wirtschaftlich sinnlos«, analysierte Angell.

Zur Veranschaulichung spielte er unter anderem das Szenario einer deutschen Invasion in Großbritannien und den Raub der Goldreserven der Bank of England durch. Sofort würde alles Papiergeld seinen Wert verlieren, die Menschen würden die Banken stürmen, und das nicht nur in England, warnte er. »Denn London ist die Abrechnungszentrale der Welt, Anleihen würden weltweit nicht mehr bedient, alle Arten von Aktien würden fallen, ihre Besitzer wären vom Ruin bedroht, und Deutschlands Finanzmarkt würde in den gleichen chaotischen Zustand verfallen wie der von Großbritannien.«

Beispiel für Beispiel deklinierte Angell durch, nur um immer wieder zum gleichen Schluss zu kommen: »Militärische Macht ist wirtschaftlich und sozial nutzlos.«

Ökonomisch ergebe Krieg keinen Sinn mehr und würde Eroberer und Besiegte gleichermaßen ärmer machen. Die Analyse war bestechend, das Buch erzielte Millionenauflagen, und der »Angellismus« fand viele Anhänger, vornehmlich unter Geschäftsleuten.

Auch Deutschlands Kapitalisten waren alles andere als kriegslüstern. Der Konzernführer Hugo Stinnes etwa war sich völlig darüber im Klaren, dass er im Kriegsfall nur verlieren könnte. Stinnes, ein dynamischer Unternehmer wie aus dem Lehrbuch, hatte 1898 durch die Verbindung seiner Essener Kohlenzeche mit dem städtischen Elektrizitätswerk begonnen, »Kohle per Draht« zu verkaufen, und legte damit den Grundstock für den heutigen Konzernkoloss RWE. Im September 1911 stritt sich Stinnes mit Heinrich Claß, einem der Führer der rechtsradikalen »Alldeutschen Bewegung«, die für einen baldigen Angriffskrieg trommelte. Man könne doch, hielt der Kapitalist dem Kriegstreiber entgegen, »nach und nach die Aktienmehrheit von diesem oder jenem Unternehmen erwerben«, die »Kohleversorgung Italiens an sich bringen« oder »wegen der notwendigen Erze in Schweden und Spanien unauffällig Fuß fassen« und sich sogar in der Normandie festsetzen. Stinnes: »Also drei oder vier Jahre Frieden, und ich sichere die deutsche Vorherrschaft in Europa im Stillen.«[8]

Mit ähnlichen Argumenten wurden auch andere Global Player jener Zeit bei Kaiser Wilhelm II. und seiner Regierung vorstellig. Der damalige Vorstandsvorsitzende des Chemiekonzerns BASF, Robert Hüttenmüller, reiste eigens nach Berlin, um bei einem vertraulichen Vortrag im Auswärtigen Amt Deutschlands politischer Führung den Krieg auszureden. »Die deutsche chemische Industrie« habe durch »harte Arbeit und schwere Kämpfe ihre Erfolge auf dem Weltmarkt erzielt«, mahnte Hüttenmüller und warnte, »tief greifende Störungen des Weltfriedens« könnten »sie an ihrer Weiterentfaltung hindern«.[9] Auch der Hamburger Bankier Max Warburg musste für die weltweit tätige Bank seiner Familie im Kriegsfall das Schlimmste fürchten. Noch eine Woche vor Kriegsausbruch versuchte er den Kaiser daher persönlich in einem Vieraugengespräch von dessen Kriegsplänen abzubringen. Er hielt dem Monarchen entgegen, so notierte er in seinem Tagebuch, »Deutschland werde mit jedem Jahr des Friedens stärker. Abwarten könne uns nur Gewinn bringen«.[10]

Trotzdem siegte kurz darauf der imperiale Wahn über das Streben nach Gewinn. Obwohl sie globalisiert war wie nie zuvor, stürzte die halbe Welt in einen Abgrund der Gewalt. Kriegsgegner Angell behielt recht. Sieger und Besiegte mussten nicht nur Millionen Tote beklagen, sie waren zudem nach dem Krieg allesamt ärmer.

Für marktgläubige Ökonomen und Politiker gilt das bis heute als eine Art Unfall der Geschichte, für den es keinen Zusammenhang zur stürmischen Globalisierung jener Zeit gibt. Schon Joseph Schumpeter, Erfinder der berühmten Formel von der »schöpferischen Zerstörung«, mit der innovative Unternehmer den Fortschritt vorantreiben, vermochte sich »das aggressive Verhalten der Staaten« nicht so recht aus den Interessen der Beteiligten zu erklären. Der Imperialismus, so schrieb er 1919, gehe wohl zurück auf »die starke Lebenskraft der vorkapitalistischen Elemente«.[11]

Doch vieles deutet darauf hin, dass gerade der rasende Triumph von Kapital und Markt dazu beitrug, diese »Elemente« für die massenhafte Begeisterung zu mobilisieren, mit der sich die Völker in den Krieg stürzten. Bereits gegen Ende des 19. Jahrhunderts, meinen die Wirtschaftshistoriker O'Rourke und Williamson, habe sich ein »massiver Rückschlag gegen die Globalisierung« und das liberale Wirtschaftsregime abgezeichnet. Diese Gegenbewegung begann in Kontinentaleuropa bei den großen Verlierern des weltwirtschaftlichen Umbruchs: den Bauern und Großgrundbesitzern. Die Revolution im Transportwesen schwemmte Millionen Tonnen billiges Getreide aus den USA und Russland auf die europäischen Märkte und stiftete massive Unruhe, insbesondere unter Preußens Junkern. Deren Einkünfte brachen um bis zu 50 Prozent ein, ihre Ländereien verloren drastisch an Wert.

Im Bruch mit dem bis dahin geltenden wirtschaftsliberalen

Zeitgeist verschanzte die Regierung von Kaiser Wilhelm darum ihre »Grüne Front«, den Nährstand, hinter hohen Zollmauern, die bis 1902 auf bis zu 47 Prozent des Warenwertes angehoben wurden. Die meisten anderen europäischen Länder folgten dem deutschen Beispiel. Der protektionistische Rückfall vermochte jedoch den Bedeutungsverlust der Agrarier nicht auszugleichen, zumal sie am Ende mehr Märkte im Ausland verloren, als sie im Inland gewannen.

Als die Statistik kurz vor der Jahrhundertwende dann erstmals mehr Beschäftigte in der Industrie als in der Landwirtschaft auswies, verursachte das nahende Ende der ländlichen Gesellschaft massive Verlustängste. Im Jahre 1897 hielt der Ökonom Karl Oldenberg vor dem evangelischen Sozialkongress in Leipzig eine Brandrede, die einen jahrelangen Streit um die weltwirtschaftliche Verflechtung auslöste. Oldenberg wetterte gegen die drohende Abhängigkeit Deutschlands von »Bauernstaaten« wie den USA oder China. Gehe die Entwicklung weiter, drohte er, »werden wir immer mehr exportieren müssen, um uns zu ernähren«. Folglich sei der Maschinenexport »Totengräberarbeit« an der Nation.[12] Auch der Ökonom Ludwig Pohle war ein prominenter Warner vor der Globalisierung seiner Zeit. Deutschland laufe nicht nur »Gefahr, dadurch auf fremden Märkten verdrängt zu werden, dass dritte Länder hinsichtlich des niederen Stands der Arbeitslöhne Deutschland noch übertreffen«. Gleichzeitig werde Deutschland dieselben Industrien »auch für den inneren Markt gegen zehnmal so billige Arbeitskräfte wie die der Chinesen durch keinen Zollschutz zu halten vermögen«, warnte Pohle. Er male »dabei kein willkürlich konstruiertes Schreckensgespenst an die Wand. Die Zerstörung dieser Industrien« sei »schon im Gange«, behauptete der Wirtschaftswissenschaftler, obwohl in Wahrheit genau das Gegenteil geschah und deutsche Waren die Weltmärkte fluteten.[13]

In solchen Ausbrüchen, meint der Wirtschaftshistoriker Werner Abelshauser, »artikulierte sich erheblicher Widerstand gegen die Globalisierungsdynamik jener Zeit«. Dieser prägte die Politik der Vorkriegszeit und bereitete den Boden für das Streben nach Autarkie und nationaler Selbstversorgung, nicht zuletzt deshalb, weil sich das Offizierscorps und die Soldaten des Kaiserreiches aus den Junkern und ihren Bauern rekrutierten.

Auch der Historiker Joachim Radkau, ein brillanter Chronist der deutschen Industriegeschichte, stieß in zahllosen Quellen auf die allgegenwärtige Angst vor dem plötzlich so nahen Ausland. Da war etwa angesichts des wirtschaftlichen Erfolges der USA vielfach von der »amerikanischen Gefahr« die Rede. Ein Land, das sich in der Produktivität von den USA überflügeln lasse, »werde allmählich in eine Art Chinesentum« versinken, schrieb ein Kommentator. Zwar erzielte beispielsweise die deutsche Maschinenbauindustrie zwischen 1902 und 1907 ein Exportwachstum von vollen 600 Prozent – ein Erfolg, der offenbar eine historische Konstante ist. Aber die zunehmende Exportabhängigkeit, so Radkau, »machte anfällig für die Psychose des internationalen Wettlaufs«.

Ein Gefühl der Überforderung durchdrang weite Teile der Gesellschaft. »Das Zeitalter der Nervosität« betitelte Radkau sein Buch über den Zeitgeist der Epoche, deren großes Thema – wie heute wieder – die fortwährende Beschleunigung war. »Tempo« war das universale Modewort, und die Neurasthenie, die übermäßige Erregbarkeit, stieg zur Volkskrankheit auf, nicht nur in Deutschland. Wilhelm Erb, der führende Neurologe jener Zeit, machte dafür die »ins Unangemessene gesteigerte Konkurrenz« verantwortlich. Bürger wie Nationen seien »zu gewaltig vermehrten Anstrengungen im Kampfe um ihr Dasein genötigt«.[14]

All das reicht gewiss nicht zur Erklärung, warum es Europas Generäle und ihre Völker im Jahr 1914 in den bis dahin grausamsten Krieg aller Zeiten trieb. Mindestens ebenso wichtig waren das Fehlen funktionierender internationaler Institutionen und das labile System der militärischen Allianzen. Noch schwerer wiegt vermutlich die später so absurd anmutende Vorstellung der Militärs, ein moderner Krieg wäre in wenigen Monaten ausgefochten. Und nicht zuletzt war auch die damals noch unverbrauchte Idee von der eigenen, überlegenen Nation für viele Europäer ein starker Antrieb. Aber ganz sicher hat auch die Entwurzelung und Verunsicherung großer Teile der Bevölkerung den Weg in den Krieg bereitet und die

Gegenkräfte geschwächt. Allzu leicht ließen sich die Ursachen aller Probleme auf andere Länder und Völker verschieben. So kulminierte im Sommer 1914 »bezeichnenderweise die Kriegspsychose keineswegs auf dem platten Land, den Kernregionen des altkonservativen Monarchismus, sondern in den Städten«, schreibt Radkau.

Scheitert die Globalisierung erneut?

Ersetzt man die Worte »Tempo« und »Nervosität« durch »Flexibilität« und »Stress«, dann klingt all das verblüffend vertraut. Und so wie sich damals die Agrargesellschaft auflöste, verschwinden heute die Milieus der lebenslang beschäftigten Arbeiter und Angestellten. Ganz gleich, ob in Japan oder den USA, in China oder Deutschland, alle von der globalen Verschmelzung erfassten Gesellschaften verzeichnen nun erneut eine sich vertiefende Spaltung in Gewinner und Verlierer. Und wieder suchen viele die Schuld bei den anderen, im Ausland, bei bösen Kräften, die es zu bekämpfen gelte. Neue Feindbilder, vom aggressiven chinesischen Staatskapitalisten bis zum verschwörerischen Moslem, haben Konjunktur. Die globale Integration, das signalisieren internationale Umfragen seit Langem, trifft weltweit auf umso stärkere Abwehr, je intensiver sie voranschreitet.

Kann es also wieder passieren? Könnten sich die zunehmenden Spannungen erneut in einem großen Krieg entladen, mit Millionen Toten und einem wirtschaftlichen Rückfall um Jahrzehnte? Einem Krieg, der diesmal nicht um die gegenseitige Unterwerfung, aber dafür um die schwindenden Ressourcen – insbesondere bei den fossilen Brennstoffen Öl und Gas – geführt würde? Einem, der nicht an einem bestimmten Tag beginnen würde, sondern sich Schritt für Schritt aus vielen kleineren Konflikten zu einem weltweiten Flächenbrand der Gewalt ausweiten würde? Kann die Globalisierung erneut scheitern?

Eigentlich spricht alles dagegen.

Denn nie zuvor waren die Völker und Nationen der Menschheit einander so nah wie heute. Schon mehr als ein Viertel aller weltweit produzierten Waren und bereitgestellten Dienstleistungen werden international gehandelt, der Austausch ist damit doppelt so intensiv wie zu Beginn des 20. Jahrhunderts, und er wächst weiterhin um neun Prozent pro Jahr, zweimal so schnell wie die weltweite Wirtschaftsleistung. Das gigantische Handelsvolumen organisieren rund 77 000 transnationale Unternehmen mit mehr als einer Dreiviertelmillion ausländischer Tochtergesellschaften.[15] Ihre Produktions- und Verwertungsketten erstrecken sich über alle Kontinente und erzeugen einen endlosen Strom von Transporten. Allein die Überseehäfen schlagen Jahr für Jahr rund 500 Millionen Container um.[16] Selbst ein einfaches Produkt wie ein Elektrorasierer beruht heutzutage auf Arbeit in bis zu zehn Ländern. Wer immer irgendwo auf der Welt einen Supermarkt oder ein Kaufhaus betritt, um ein Produkt zu erwerben, tritt damit unvermeidlich in Verbindung mit Hunderten, vielleicht Tausenden von Menschen rund um die Erde. Möglich wird das mittels eines weltumspannenden Logistiknetzes, dessen satellitenüberwachte Liefersysteme fundamental auf Frieden und Stabilität angewiesen sind.

Noch viel enger binden die Kapitalmärkte die Menschheit aneinander. Der Kriegsgegner Norman Angell schrieb einst, die internationalen Finanzbeziehungen seien »untereinander so stark vernetzt und so verwoben mit Handel und Industrie«, dass jeder Versuch, sich diesen Reichtum mit militärischer Gewalt anzueignen, mit dem Verlust eben jenes Reichtums enden werde. Heute wiegt Angells Argument um ein Vielfaches schwerer: Im Jahr 2005 wurden bereits Aktien, Anleihen, Kredite und Unternehmen aller Art im Wert von sechs Billionen Dollar grenzüberschreitend gehandelt, das entsprach mehr als dem doppelten Wert aller in Deutschland pro Jahr produzierten Waren und bereitgestellten Dienstleistungen.[17]

Damit fallen die Nationalität der Eigentümer und die nationale Zugehörigkeit ihres Besitzes immer häufiger auseinander. Die Aktien der 30 größten Unternehmen des Deutschen Aktienindex befinden sich im Durchschnitt schon zur Hälfte in ausländischer Hand. Bei Konzernen wie Adidas oder Bayer halten ausländische Anleger sogar mehr als 70 Prozent der Aktien. Gleichzeitig erwirtschaften die Dax-30-Konzerne rund zwei Drittel ihrer Wertschöpfung im Ausland. Insgesamt halten Ausländer in Deutschland einen Kapitalstock von 3,9 Billionen, also 3900 Milliarden Euro. Deutsche Unternehmen und Investoren wiederum verfügen sogar über noch mehr Auslandsbesitz. Allein 685 Milliarden Euro stecken in den Tochtergesellschaften deutscher Unternehmen im Ausland. Daneben halten deutsche Anleger ausländische Aktien, Anleihen und andere Papiere im Wert von mehr als vier Billionen Euro.[18] »Die nationalen Kapitalmärkte entwickeln sich immer stärker zu einem einzigen globalen Kapitalmarkt«, konstatieren die Autoren des McKinsey Global Institute in ihrem Report zur Internationalisierung der Kapitalströme, genauso, wie es ein Jahrhundert zuvor der US-Ökonom Ely diagnostizierte.

All das führt das Denken und Regieren in rein nationalen Kategorien zusehends ad absurdum. Einen großen Krieg gar, der dieses komplexe Geflecht zerreißen würde, könnten sich gerade die reichen Nationen dieser Welt im wahrsten Sinne des Wortes nicht mehr leisten. Müssten etwa die Deutschen ohne den Weltmarkt auskommen und auf ihre Auslandsanlagen verzichten, würde sich ihr Wohlstand mindestens halbieren.

Die alles durchdringende Vernetzung der Wirtschaft geht einher mit der permanenten Revolution der Kommunikationsstrukturen. Die Verschmelzung der Informationsflüsse und Datenbanken, die mehr und mehr Menschheitswissen digitalisiert bereithalten, hat gerade erst begonnen. Globale Verständigung ist immer weniger ein Privileg der Eliten, sondern wird für jedermann möglich. E-Mails sind praktisch kostenlos, und telefonieren lässt sich von einem Ende der Welt zum anderen schon für 1,7 Cent pro Minute. Neuere Forschungsergebnisse lassen erwarten, dass auch die Sprachbarriere binnen eines Jahrzehnts fallen könnte, weil es möglich wird, mit Computern jede gesprochene und geschriebene Sprache binnen Millisekunden in jede andere Sprache zu übersetzen.[19] Damit wird das Wissen der Menschheit potenziell für jedermann zugänglich. Bildung und Informationen für alle wird über kurz oder lang kein Problem mehr sein – zumindest technisch.

Gleichzeitig ist die Menschheit reich, so reich wie nie zuvor. Die globale Ausdehnung des Kapitalismus hat Produktivkräfte freigesetzt, von denen frühere Generationen nicht mal zu träumen wagten. Im Durchschnitt erzielt jeder Erdenbürger ein Einkommen von rund 10 000 Dollar im Jahr, genug, dass niemand mehr verhungern, verdursten oder mangels medizinischer Grundversorgung sterben müsste. Das heißt, Armut und Verelendung, die wichtigsten Ursachen von Konflikten, könnten beseitigt werden. Oder, wie es Jean Ziegler, der kämpferische Schweizer Soziologe und UN-Beauftragte für das Recht auf Nahrung, ausdrückte: »Zum ersten Mal in der Geschichte der Menschheit ist der objektive Mangel besiegt, und die Utopie des gemeinsamen Glückes wäre materiell möglich.«[20]

Raumschiffgefühl in den Chefetagen

So hat die Globalisierung zu Beginn des 21. Jahrhunderts eine neue, faszinierende Dimension erreicht, die noch vor einer Generation undenkbar erschien. Alle politischen und wissenschaftlichen Beschreibungen des neuen Weltsystems gipfeln stets in einem Wort: Interdependenz. Die gegenseitige Abhängigkeit aller Staaten und Ökonomien wächst fortwährend an.

Das verursacht allerdings immer komplexere Wechselwirkungen. Da sorgt der wachsende Energiebedarf der Chinesen für steigenden Reichtum der Ölexporteure in Nahost, die damit amerikanische Konzerne kaufen wollen; aber dabei stoßen sie in den USA auf den Widerstand des Parlaments, das sich vor »Arabern« an Schaltstellen der US-Wirtschaft fürchtet. Da gefährdet eine Krise des amerikanischen Hypothekenmarktes die Altersversorgung europäischer Arbeitnehmer, weil deren Pensionsfonds und Lebensversicherungen über die Beteiligung an amerikanischen Investmentgesellschaften von der Entwicklung der Immobilienpreise in den USA abhängig sind. Da lässt der globale Erfolg des Kapitalismus über den Ausstoß von Treibhausgasen den arktischen Eisschild schmelzen und gibt plötzlich ein Stück Erde und dessen Rohstoffe frei, um das sich die

Anrainerstaaten streiten wie zu Zeiten des Kolonialismus. Da treibt die vermehrte Nachfrage nach Biotreibstoffen die Preise für Mais und Zuckerrohr in die Höhe und provoziert Proteste gegen steigende Lebensmittelpreise von Mexiko bis Indonesien. Die Liste ließe sich beliebig verlängern.

Diese komplexen Wirkungsketten entfalten eine doppelte, höchst widersprüchliche Konsequenz: Sie erzeugen schwer vorhersehbare Risiken und erzwingen gleichzeitig eine radikale Veränderung der internationalen Politik. Globales Regieren durch Zusammenarbeit über alle Grenzen hinweg wird unverzichtbar. Die vordem nur von Theoretikern diskutierte »global governance«, die Lösung globaler Probleme durch transnationale Kooperation der Regierungen, verlässt das Reich der Utopie und wird zum ebenso faszinierenden wie beschwerlichen Tagesgeschäft in Regierungskabinetten und Vorstandsetagen.

Die Anzeichen dafür durchziehen längst den politischen Alltag. Die Zahl der multilateralen Abkommen mit häufig mehr als hundert teilnehmenden Staaten wächst stetig an. Allein bei den Vereinten Nationen in New York sind bereits mehr als 2000 solcher Verträge registriert und hinterlegt. Die globale Handelsgesetzgebung, das Vertragswerk der Welthandelsorganisation, umfasst schon gut 10 000 Seiten. Vom Seuchenschutz bis zur Luftfahrt, von der Regulierung des Internets bis zur Bekämpfung von Kriminalität und Terrorismus erfasst das Regieren auf Weltniveau immer weitere Politikfelder und verursacht stetig neue Wechselwirkungen zwischen nationaler und internationaler Politik. Anders als die Debatte über die Krise der Vereinten Nationen suggeriert, nimmt auch die praktische Bedeutung der Weltorganisation stetig zu. Noch nie gab es so viele UN-Truppen im Friedenseinsatz wie heute. Noch nie haben die UN-Organisationen so vielen Menschen Nothilfe geleistet wie in diesem Jahrzehnt.

All das eröffnet die Chance, die Geißeln der Menschheit – Hunger, Vertreibung und Krieg – auf Dauer zu besiegen. Die Pax globalis wäre möglich. Doch so großartig diese Perspektive erscheint, so gewaltig sind die Gefahren, die dem entgegenstehen. Das neue Weltsystem ist extrem instabil:

- Die USA sind nicht nur die wirtschaftliche und militärische Führungsmacht, sondern zugleich in einer Schuldenspirale gefangen, deren Dimension ohne Beispiel ist. Amerikas Bürger verbrauchen in immer größerem Ausmaß weit mehr Produkte und Dienstleistungen, als sie selbst erzeugen und bereitstellen können. Die US-Ökonomie benötigt täglich zwei Milliarden Dollar Auslandskapital vornehmlich aus China und den Ölexportländern, um den Konsum ihrer Bürger und die Ausgaben ihrer Regierung zu finanzieren. Dieses Ungleichgewicht ist ein Sprengsatz am Fundament der Weltwirtschaft, weil die Kapitalströme abhängig sind von einem anarchischen und störanfälligen Finanzsystem. Dessen Akteure haben sich der staatlichen Kontrolle weitgehend entzogen und trotzen unter Missbrauch ihrer wirtschaftlichen Macht allen Versuchen der Regulierung. Trotz zahlreicher Warnungen der Experten aus Zentralbanken und Aufsichtsbehörden bauen unregulierte Investmentgesellschaften inner- und außerhalb des Bankensystems immer größere spekulative Blasen auf, deren Platzen das ganze System zum Zusammenbruch bringen kann. Wenn es nicht gelingt, diesen Gefahrenherd zu entschärfen, kann daraus eine internationale Wirtschaftskrise erwachsen, die noch weit mehr Menschen in die Not treiben würde als die »große Depression« der 30er Jahre des 20. Jahrhunderts.
- Weil die Atommächte an ihren Nuklearwaffenarsenalen festhalten, zerfällt das alte Regime gegen die Nichtweiterverbreitung von Atomwaffen. Die nukleare Aufrüstung der aufrückenden Schwellenländer Iran, Ägypten, Nigeria, Saudi-Arabien, Indonesien und Brasilien scheint nur noch eine Frage der Zeit. Erneut hat ein Wettlauf zur Auflage von zivilen Kernenergieprogrammen begonnen, mit denen diesen Bestrebungen Legitimation verschafft werden soll. Damit wird sich die Verfügbarkeit von spaltbarem Material vervielfachen, und so steigt die Gefahr, dass Massenvernichtungswaffen in die Hand von nichtstaatlichen Akteuren fallen. Um dies zu verhindern, bedarf es einer weltweiten Bewegung für die nukleare Abrüstung und gegen die global wieder zunehmende Propaganda von der friedlichen Atomkraft.

- Der Lebensstil der zurzeit rund 1,7 Milliarden Menschen umfassenden weltweiten Verbraucherklasse ist das Modell für den Rest der Menschheit. Die Sehnsucht danach ist treibende Kraft der derzeitigen Form der Globalisierung, aber ebendieser Lebensstil ist nicht globalisierbar. Die alte Verheißung »wie im Westen, so auf Erden«, an die Völker in aller Welt glauben, wird sich unter den heutigen Bedingungen niemals erfüllen. Die ökologische Tragfähigkeit des Planeten wird schon längst überbeansprucht. Solange ein Viertel der Menschheit drei Viertel der verfügbaren Ressourcen verbraucht, zwingt dies den übrigen viereinhalb Milliarden Menschen eine Form von globaler Apartheid auf. Das erzeugt zwangsläufig nicht nur immer größere Wanderungsbewegungen (wie derzeit von West- und Nordafrika nach Spanien und Italien), sondern heizt zugleich den Wettkampf um den Zugang zu Öl, Süßwasser und fruchtbaren Böden ständig an. Diese Ressourcen sind endlich, die Ölförderung wird sogar binnen Kurzem nur noch abnehmen. Unvermeidlich müssen die Wohlstandsländer einen neuen, nachhaltigen Lebensstil entwickeln, wenn sie ihren Frieden erhalten wollen.
- Der bereits in Gang gesetzte Klimawandel ist das Zeichen an der Wand. Er bündelt alle Folgen des ausgreifenden Lebensstils, die mit dem noch immer steigenden Verbrauch fossiler Brennstoffe einhergehen. Jedes Jahr beraubt die Erwärmung der Erdatmosphäre mehr Menschen ihrer Lebensgrundlagen, dem Zugang zu Ackerboden und Wasser. Bis zur Mitte des Jahrhunderts drohen einer halben Milliarde Menschen Hunger und Durst, Überflutung und Dürre und damit Vertreibung aus ihrer Heimat. Darum müssen die Emissionen von Treibhausgasen binnen zehn Jahren weltweit stabilisiert und anschließend jährlich um mindestens fünf Prozent gesenkt werden, wenn Völkerwanderungen und globale Destabilisierung verhindert werden sollen. Eine gigantische Aufgabe. Nicht zuletzt wegen des brisanten Gerechtigkeitsproblems, das zu bewältigen ist: Von den Folgen des Klimawandels sind gerade jene armen Länder am stärksten betroffen, die ihn nicht verursacht haben; umso dringlicher sind die Verursacher in den Industrieländern gefordert. Lösungen für das

Klimaproblem konfrontieren zudem mit einem scheinbaren Paradox: Ein Teil der Wirtschaft, vor allem die Energie- und Agrarproduktion, muss wieder stärker an die jeweils ganz verschiedenen ökologischen Bedingungen angepasst, also in der Region verwurzelt werden – aber auch das in globalem politischen und wissenschaftlichen Austausch.

Die Menschheit steht am Scheideweg. Die Alternativen lauten: globale Kooperation oder globalisierte Katastrophen. Und nach heutigem Wissensstand bleiben nur zehn, vielleicht gerade noch 15 Jahre, um die entscheidenden Weichen zu stellen. Die gute Nachricht ist: Für alle genannten Probleme gibt es machbare Lösungen, und längst arbeiten Zigtausende Politiker, Wissenschaftler, Unternehmer und Aktivisten rund um den Planeten an deren Umsetzung. Kapitalanleger schichten ihre Portfolios zulasten von klimaschädlichen Unternehmen um und investieren ihr Geld lieber in die zukunftsträchtige Erzeugung sauberer Energien. Großkonzerne wie Coca-Cola und Hewlett-Packard arbeiten mit Aktivisten zusammen, um Wasserressourcen zu schützen oder Afrikas Armen mit Einfachcomputern einen bezahlbaren Zugang zum Internet zu verschaffen. Amerikas Superreiche und Prominente von Bill Gates bis Bill Clinton liefern sich mit milliardenschweren Spenden und Stiftungen einen Wettstreit um das beste Projekt zur Weltrettung, und die Europäische Union fällt revolutionäre Beschlüsse zur Reform der Energieversorgung.

Auch wenn vieles davon noch unausgereift ist oder eher der PR als dem Fortschritt dient, so ist das Signal doch unübersehbar: Ein globales Umdenken hat eingesetzt, das weit über die seit Langem aktiven Basisorganisationen wie Attac, Greenpeace oder den WWF hinausgeht. Einer stetig wachsenden Zahl von Menschen wird klar, dass kein Land der Welt für sich allein mit den heraufziehenden Krisen fertig werden kann, selbst die mächtigsten (USA) nicht und auch nicht die bevölkerungsstärksten (China, Indien). Wer immer nationale oder militärische Auswege propagiert, verfolgt irrationale Scheinlösungen. Selbst wenn die Verantwortlichen bereit wären, viele hundert Millionen Opfer in Kauf zu nehmen, sie könnten sich selbst und ihre Nationen nicht vor den Konsequenzen schützen. So birgt gerade der Klimawandel neben der großen Gefahr auch eine große Chance: Er könnte der Motor werden, der die Regierungen und ihre Völker lehrt, über den nationalen Schatten zu springen und gemeinsame Lösungen für globale Probleme zu finden.

Doch auf dem Weg zur globalen Kooperation – und das ist die schlechte Nachricht – baut sich eine Gefahr auf, die täglich brisanter wird: die wachsende Spaltung zwischen Gewinnern und Verlierern. Jahrzehntelang haben die Regierungen der westlichen Wohlstandsnationen die globale Integration vornehmlich durch bloße Liberalisierung des Wirtschaftsgeschehens vorangetrieben. Unter dem Druck der gut organisierten wirtschaftlichen Eliten wurde der Glaube an die Selbstregulierung der Märkte zur Staatsideologie von Washington bis Tokio, und die Politik manövrierte sich in die Globalisierungsfalle. Unternehmen und Kapitalverwalter wuchsen zu weltweit agierenden Mächten heran, während die Politik im nationalen Korsett gefangen blieb. Vernachlässigt wurden der Aufbau demokratisch kontrollierter Institutionen und die Aushandlung von Verträgen, die es erlauben würden, die Früchte der Globalisierung zum Nutzen aller einzusetzen. Alle globalen Institutionen, vom Internationalen Währungsfonds bis zur UNO, blieben elitäre Veranstaltungen von Regierungsbürokraten, die sich um die Interessen der Mehrheit nicht zu kümmern brauchten und keinem Parlament Rechenschaft schuldeten. Darum können Konzerne und ihre Organisationen die jeweils nationalen Regierungen gegeneinander ausspielen, sodass die Politik zusehends zur bloßen Bedienung von Kapitalinteressen verkommt. Der globale Wettbewerb um Investoren hat einen Wettlauf um die niedrigsten Steuern auf Kapitalerträge und die niedrigsten Löhne für die Arbeitnehmer erzeugt.

Das Ergebnis ist eine bizarre Ungleichverteilung von Einkommen und Kapital, die täglich zunimmt. Die Schere zwischen Kapitalgewinnen und Lohneinkommen öffnet sich seit gut 20 Jahren. Mittlerweile verfügt ein Prozent der Menschheit über 40 Prozent des gesamten Anlagevermögens, während immer größere Teile der Bevölkerung mit schrumpfenden Löhnen und wachsender Unsicherheit leben müssen. Das kann nicht gut gehen. Wer sich von Ausgrenzung bedroht sieht, trachtet seinerseits nach Ausgrenzung der noch Schwächeren und der Fremden. Darum treibt die Angst vor dem Abstieg und der Mangel an Perspektive Heilsbringern und Radikalen immer mehr Anhänger zu und lädt die Politik allerorts mit Irrationalität und Populismus auf. Von den Islamisten des Mittleren Ostens und Südasiens über Amerikas christliche Fundamentalisten und Protektionisten bis zu Europas Neonazis und Rechtspopulisten formiert sich weltweit eine Gegenbewegung zur globalen Integration. Fremdenfurcht, Rassismus und die Sehnsucht nach nationaler oder regionaler Abschottung gegen die Aufsteiger des Südens wachsen an. Parallel dazu reagieren immer mehr Regierungen auf die neue antiglobalistische Stimmung mit geostrategischen Plänen zur militärischen Sicherung einer eigenen Ressourcenbasis.

Zu Beginn des 20. Jahrhunderts waren Staaten und Regierungen noch zu stark und standen einer friedlichen Ausdehnung der Marktwirtschaft entgegen. Die Globalisierung, das legen die historischen Studien nahe, scheiterte an den »vorkapitalistischen Elementen«, die auf Eroberung und Nationalismus setzten. Heute ist es umgekehrt: Staaten und Regierungen sind zu schwach, um den rasenden Triumph von Markt und Kapital so zu regulieren, dass die gigantischen Erfolge der globalen Arbeitsteilung nicht nur einer kleinen Minderheit, sondern der ganzen Menschheit zugutekommen.

Aber vieles spricht dafür, dass es so nicht bleiben wird. Spät, aber nicht zu spät, formieren sich weltweit vielfältige Organisationen der Zivilgesellschaft, die der ungerechten Verteilung entgegentreten. Chinesische Aktivisten werben in den USA für die Durchsetzung besserer Löhne und Arbeitsbedingungen in den Fabriken, die für die Weltkonzerne produzieren. In allen Wohlstandsländern feiern Initiativen unter dem Siegel »Fairtrade« Erfolge beim Kampf für faire Preise zugunsten der Erzeuger in ärmeren Staaten. Weltweit arbeiten Aktivisten zusammen, um wieder mehr Steuergerechtigkeit und faire Entlohnung durchzusetzen. So entwickelt sich parallel zu den Antiglobalisierern nach und nach eine ebenso mächtige Gerechtigkeitsbewegung, die täglich an Stärke gewinnt. Diese Bewegung kann gewiss niemals die Politik von Staaten und Regierungen ersetzen. Aber sie könnte womöglich die Basis und die Legitimation für eine neue Generation mutiger Politiker schaffen, die der Raffgier der Besitzenden gesetzliche Grenzen setzt.

So kommt den Kritikern der Globalisierung zusehends die Rolle zu, das weltweite Zusammenwachsen von Märkten, Mächten und Kulturen gerade vor jenen zu retten, die diesen Prozess über Jahrzehnte vorangetrieben haben: den Global Playern der Konzern- und Finanzwelt und ihren Zuträgern in Medien und Wissenschaft.

Ohnehin wächst auch unter den Gewinnern die Angst vor den unerwünschten politischen Folgen der Ungleichheit. Selbst Ben Bernanke, Chef der amerikanischen Notenbank und als solcher der amtierende Erzengel des amerikanischen Kapitalismus, warnte, es sei Aufgabe der Politik, dafür zu sorgen, »dass die Früchte der globalen Integration ausreichend weit verteilt werden«.[21] So zerbricht der neoliberale Konsens vom Glauben an die Allmacht des Marktes, und der Weg wird frei zur Re-Regulierung der Weltwirtschaft im Interesse aller.

Damit steigen die Chancen für ganz neue politische Allianzen, die jenseits der klassischen Muster von Nationalstaat und Parteienlogik der Weltpolitik eine andere Richtung geben können. Gewiss, derlei Hoffnung mag vorerst noch utopisch erscheinen. Schließlich ist der größte Teil der Menschheit nach wie vor im alltäglichen Kampf ums Überleben befangen. Die politische Energie ist meist noch immer im bornierten Klein-Klein des nationalen Interessenkampfes gebunden, und der großen Mehrheit erscheinen die sich anbahnenden globalen Krisen noch immer weit entfernt.

Gänzlich unrealistisch ist allerdings die Annahme, alles könne so weiterlaufen wie bisher. Die Apologeten des Status quo sind die wahren Realitätsverweigerer. Absehbar ist, dass Klimawandel und Flüchtlingsströme, die Instabilität der Weltfinanzmärkte, der Ressourcenmangel und Konflikte um Land und Wasser schon im kommenden Jahrzehnt die zentralen Themen aller Politik werden. Und keines dieser Probleme duldet Aufschub. Ihre Bewältigung wird unweigerlich zur Existenzfrage für große Teile der Menschheit. Die Intensität der Bedrohung kann jedoch auch eine politische Dynamik entfalten, die alle traditionellen Grenzen sprengt. Denn die positiven wie die negativen Megatrends unserer Zeit haben eines gemeinsam: Sie zwingen einer stetig wachsenden Zahl von Menschen, vor allem aber den politischen und wirtschaftlichen Eliten, eine planetare Perspektive auf. Sie müssen in globalen Zusammenhängen planen und handeln, weil andernfalls der Misserfolg programmiert ist. Die einst nur von Idealisten benutzten Metaphern vom »Raumschiff Erde« und der »Einen Welt« beschreiben jetzt die harte Realität.

Die Frage ist ja nicht, ob die Industriestaaten mit den Aufsteigerländern Asiens und den Ölstaaten ein neues globales Finanz- und Währungssystem aushandeln müssen, sondern nur, ob sie es vor dem Zusammenbruch des alten tun oder danach. Die Frage ist auch nicht, ob Amerikaner, Europäer und Japaner ihren Ressourcenverbrauch radikal senken werden, sondern nur wann und unter welchen Umständen sie das tun. Die Frage ist nicht, ob wir uns Hilfe für die Armen leisten können. Sondern, ob wir es uns leisten können damit zu warten, bis ihre Not die unsere wird.

Alle diese Entwicklungen gemeinsam lassen nur den einen Schluss zu: Entweder die Menschheit findet den Weg zu globaler Kooperation, oder die Welt wird für Jahrzehnte in gewalttätigen Konflikten versinken, denen sich auf Dauer kein Staat und kein Volk wird entziehen können. Nach wie vor gibt es viele Akteure, die sich mit Blick auf ihre kurzfristigen Interessen dieser Einsicht entgegenstellen. Misst man es nur an den bisherigen Misserfolgen, etwa im Klimaschutz oder bei der Stabilisierung der Finanzmärkte, dann erscheint die Stärke dieser Zukunftsverweigerer bislang übermächtig. Aber sie kann beschränkt werden, wenn die Globalisierung der Politik jener der Wirtschaft endlich auf Augenhöhe folgt. Die vornehmste Aufgabe der Regierenden wird deshalb der Ausbau und die Demokratisierung globaler Regelwerke und Institutionen, insbesondere der Vereinten Nationen. Dabei geht es nicht um eine Weltregierung, die ohnehin bürgerfern, überfordert und folglich ineffektiv sein würde. Die Herausforderung liegt vielmehr darin, eine Art Weltföderalismus zu erfinden und klare Regeln für die richtige politische Arbeitsteilung zwischen globalen, regionalen oder nationalen Institutionen aufzustellen, um den Interessen aller gerecht zu werden.

Den Weg dorthin bahnt bereits eine globale Zivilgesellschaft, deren Organisationen schon gut hundert Millionen Mitglieder zählen. Sie mischen sich immer stärker mal aufseiten der politischen und wirtschaftlichen Regenten, mal als ihre schärfsten Gegenspieler in den transnationalen politischen Prozess ein – und das mit wachsendem Erfolg. So entsteht, quasi hinter dem Rücken ihrer Mitglieder, Schritt für Schritt eine wirkliche Weltgesellschaft. Über alle Grenzen hinweg. Wenn sie schneller wächst als die anstehenden globalen Konflikte um Energie, Nahrung und einen Platz zum Leben, kann der dritte Weltkrieg verhindert werden. Der globale Countdown läuft.

2. Die Mikadowelt

Die Globalisierung der Verbraucherklasse und die Auflösung der nationalen Souveränität

Juliette ist im Stress und hat eigentlich keine Zeit. Sie muss noch den Produktionsplan für die folgende Woche aufstellen, muss den Kollegen bei der Qualitätsprüfung helfen, muss die Lieferlisten kontrollieren und eine Kalkulation machen. Außerdem gebe es gar nichts zu erzählen aus ihrem Leben, sagt die junge Frau und lächelt verlegen in ihrem engen Büroverschlag neben der Fertigungshalle. Juliette, 23 Jahre alt und Produktionsleiterin in einer kleinen Fabrik für exklusive Hi-Fi-Anlagen der Firma Candeias Engineering, ist tatsächlich eine ganz normale junge Frau. Ehrgeizig und intelligent, aber das sind viele andere auch. Doch an diesem Ort ist das Gewöhnliche die Sensation. Denn Juliette heißt in Wahrheit Li Jiao Xa. Sie lebt und arbeitet in Schanghais Shopping- und Finanzdistrikt Pudong, wo es unter jungen Aufsteigern chic ist, sich einen westlichen Zweitnamen zuzulegen. Und es sind die Lebenswege von Leuten wie Juliette, die weltweit genauso viel Zuversicht wie Erschrecken verbreiten.

Gerade mal acht Jahre ist es her, dass sie als 15-Jährige mit einem kleinen Koffer in der Hand und etwas Taschengeld ihre Eltern und ihre Heimat verließ. Zuvor hatte sie nur die neunjährige Standardschule und eine anschließende Handwerksklasse besucht, hatte jahrein, jahraus ihren Eltern auf deren winzigen Äckern bei der Feldarbeit geholfen und mit der achtköpfigen Großfamilie in einem kleinen Ziegelbau irgendwo zwischen den Bergen der zentralchinesischen Provinz Sichuan nahe dem Dorf Neijiang gelebt. Züge, Flugzeuge, Hochhäuser und Autobahnen kannte sie nur aus dem kleinen Schwarzweißfernseher im Wohnzimmer, dem größten Luxus der Familie. Wasser holte man aus dem Brunnen vor der Tür, die Fußböden waren aus Lehm, die Latrine stand hinterm Haus. Die vier Kilometer zur Schule ging sie zu Fuß, »und im Winter zogen wir uns ganz dick an«, wenn es kalt wurde in ihrem hoch in den Bergen gelegenen Dorf, denn eine Heizung gab es nicht.

Sie habe ihre Familie nicht als arm empfunden, sagt Juliette, »alle anderen dort lebten ja genauso wie wir«. Aber sie waren arm, das konnten sie jeden Tag im Fernsehen sehen. Juliette kann sich nicht einmal erinnern, wann der Beschluss für ihren Auszug und die lange Reise fiel. Der Lehrer sprach ganz selbstverständlich von der Arbeit, die er ihnen vermitteln könne, irgendwo im Osten, in der großen Stadt. »Alle gingen dahin, da konnte man eigenes Geld verdienen, also bin ich auch in den Bus gestiegen, der uns zu den Fabriken brachte«, erzählt Juliette.

Mehr als 2000 Kilometer reisten sie bis in die Sonderwirtschaftszone der Provinz Guangdong, und schon die Ankunft war eine bittere Enttäuschung. Statt der glitzernden Stadt erwartete die Jugendlichen nur ein ödes Fabrikareal, das in allen Richtungen bis zum Horizont reichte. Zudem wollten die Fabrikchefs sie nicht einmal anstellen, weil sie noch zu jung war. Also verdingte sich Juliette gegen Kost und Logis zunächst bei einem kleinen Hersteller für billigen Modeschmuck. Erst einige Monate später gelang der Wechsel in die Elektronikfabrik. An sechs Tagen und 60 Stunden pro Woche füllte sie Bauteile in die Magazine einer Maschine, die automatisch elektronische Leiterplatten bestückte. Manchmal musste sie auch 80 Stunden arbeiten. Widerspruch wurde nicht geduldet, einen Vertrag gab es nicht. Die spärliche Freizeit verbrachte Juliette meist in der Kantine oder dem Schlafsaal, wo sie und ihre Kolleginnen in wackeligen Doppelstockbetten ohne jede Privatsphäre untergebracht waren. 430 Yuan hat sie im Monat dafür bekommen, nach Kaufkraft gemessen etwa 140 Euro und ganz sicher kein Ausgleich für das »schreckliche Heimweh«, das sie lange plagte.

Aber sie lernte schnell. Bei einer Auftragsproduktion für die europäisch-japanische Firma Candeias vertraute man ihr komplizierte Arbeiten an, und sie zeigte eine schnelle Auffassungsgabe. Der Auftraggeber war zufrieden und stellte sie für die eigene Herstellung ein – ein Schritt zum beiderseitigen Vorteil. Ihr neuer Chef bekam eine flexible, lernfähige Arbeitskraft, sie die Chance ihres Lebens. Als das Unternehmen nach Schanghai umzog, ging sie mit. Nun gut 2700 Kilometer von ihrem Heimatdorf entfernt, war sie alsbald die Arbeiterin mit der meisten Erfahrung. Erst übernahm sie die Qualitätskontrolle, jetzt leitet sie schon die gesamte Herstellung. 40 junge Frauen und Männer hören auf ihre Anweisungen. Statt 140 Euro im Monat verdient sie nun das Zehnfache. Sie lebt mit ihrem Mann in einer eigenen Wohnung, guckt sich gerade nach einem erschwinglichen Gebrauchtwagen um und plant ihre erste Auslandsreise. Nach der Arbeit hat sie in Abendkursen Englisch gelernt und vertritt ihren Chef schon mal bei dessen ausländischen Besuchern. Wenn sie das Tempo beibehält, sagt er, könne sie irgendwann auch die Geschäftsführung übernehmen.

Schüchterner Blick, eiserne Entschlossenheit: So hat die junge Frau in nur acht Jahren einen Weg zurückgelegt, für den Europa einst drei Generationen benötigte. Geboren wurde sie als Kind einer armen Bauernfamilie, die sich, ausgestattet mit ein paar Flecken Land, gerade so von ihrer Hände Arbeit selbst ernähren und kleiden konnte. Nun, mit erst 23 Jahren, ist Li Jiao Xa bereits Mitglied der globalen Verbraucherklasse. Sie hat die gleichen Hoffnungen und Wünsche wie ihre Altersgenossen in Tokio oder London und lebt in einer bunt glitzernden Industrie- und Handelsmetropole mit mehr als zwölf Millionen Einwohnern. Dort wachsen die Hochhäuser in atemberaubendem Tempo und großer Zahl in den Himmel. Dazwischen schwingen sich futuristisch anmutende Autobahnen auf hohen Stelzen und mehreren Ebenen durch das Betongebirge, und statt einer Brücke und einem Tunnel wie im Jahr 2000 queren heute fünf Trassen und sechs Tunnel mit mehreren Stockwerken den Fluss; weitere sind im Bau. Statistisch gesehen verbraucht die Aufsteigerin als Bürgerin von Schanghai nun etwa ein Hundertfaches der Menge an Energie und Ressourcen, die ihren Eltern noch genügt hat.

Juliette ist besonders erfolgreich, aber keine Ausnahme. Es gibt zig Millionen solcher Geschichten in China, und sie sind der Stoff, der eine unüberhörbare Botschaft noch bis in die letzte Hütte trägt: Der Aufstieg ins Paradies der Konsumenten ist möglich. Von den Bewohnern der eisigen Steppen im

Norden bis zu ihren Landsleuten in den Regenwäldern des Südens versetzt diese Hoffnung das größte Volk der Welt in einen permanenten Ausnahmezustand. In der Folge vollzieht sich in China die größte Völkerwanderung aller Zeiten. Seit nun schon gut zwei Jahrzehnten machen sich jedes Jahr 10 bis 15 Millionen Chinesen – die genauen Zahlen kennt niemand – aus ihren Dörfern auf den Weg in die boomenden Städte, um dereinst wenn nicht für sich, dann doch für ihre Kinder ein Leben zu erreichen, wie es vordem nur in den westlichen Wohlstandsländern möglich war. Ihre kollektive Hoffung, ihre Anstrengung erzeugen eine unbändige Kraft, die weltweit zu spüren ist.

Pekings Erfolgsgeheimnis: Kapital aus dem Nichts

Das große Wirtschaftswunder, das selbst vielen Chinesen zuweilen unwirklich erscheint, verdanken sie vor allem den Einsichten eines alten Mannes: Deng Xiaoping. Der langjährige unerklärte Chef von Chinas Staatspartei war schon 75 Jahre alt, als er die weltgrößte Wirtschaftsrevolution lostrat. Deng, geboren im Jahr 1904, hatte einst in Frankreich studiert, hatte an der Seite von Mao für die Revolution gekämpft, verlor während der politischen Wirren der Kulturrevolution alle seine Ämter und stieg dann im hohen Alter doch noch zum mächtigsten Mann Asiens auf. Er erwies sich als einer der kühnsten und skrupellosesten politischen Köpfe des 20. Jahrhunderts. Er befreite zig Millionen Menschen aus der Armut – doch er ließ sie unerbittlich erschießen und einkerkern, wenn sie wie 1989 auf dem Platz des Himmlischen Friedens in Peking zur wirtschaftlichen auch die politische Freiheit forderten.

Deng hatte lange vor den kommunistischen Freundfeinden in Moskau erkannt, dass die Planwirtschaft dem Fortschritt im Wege stand. Darum ließ er zunächst vier Sonderwirtschaftszonen nahe den Küstenstädten einrichten, wo Staatsunternehmen und ausländische Investoren mit Marktwirtschaft und Welthandel experimentierten. Der Versuch verlief erfolgreich, und so konzipierten Deng und seine Regierung schließlich eine

Form von gelenktem Kapitalismus, der japanische, amerikanische und sehr chinesische Elemente kombinierte und heute – zweieinhalb Jahrzehnte später – die Weltwirtschaft aus den Angeln hebt. Die Reformgarde entließ die Unternehmen, die noch immer zu zwei Dritteln im Staatsbesitz sind, aus der zentralen Lenkung und zwang sie, ihre Produktion und ihre Preise der Nachfrage auf dem Markt im In- und Ausland anzupassen. Gleichzeitig öffneten sie ihr Reich für die Kapitalisten des Westens, die begierig darauf sind, milliardenschwere Investitionen in einem Land zu tätigen, das früher oder später der größte Binnenmarkt der Welt sein wird.

Aber bei aller Liberalisierung hielten die Reformer an einer Ausnahme eisern fest: Die Banken sowie der Kapitalverkehr mit dem Ausland blieben in staatlicher Hand und unterliegen weiterhin der direkten politischen Kontrolle. Diese Trennung des Finanzsektors vom Weltkapitalmarkt erweist sich bis heute als der entscheidende Treibsatz für Chinas Jahrhundertsprung. Während westliche Konzerne ihren Aktionären und Darlehensgebern teure Dividenden und Zinsen zahlen müssen, können Chinas Unternehmen über das staatlich gelenkte Bankensystem beinahe kostenlos Kapital aufnehmen. Die Staatsbanken vergeben gezielt Kredite zu Zinsen, die nur knapp oberhalb der Inflationsrate liegen. Begünstigt werden vornehmlich solche Unternehmen, die als strategisch notwendig angesehen werden. Der Automobilsektor, die Energiebranche, die Grundstoffindustrie und alle exportstarken Hersteller haben in China niemals Finanzierungsprobleme.[22]

Während andere Schwellenländer immer wieder durch schwere Finanzkrisen, schwankende Wechselkurse und Kapitalflucht zurückgeworfen werden, blieb China bis heute von alldem stets verschont. Niemand kann im großen Stil ohne Genehmigung Kapital über die Grenzen verschieben und gegen Chinas Währung, den Renminbi Yuan (»Volksgeld«), spekulieren. Den Wechselkurs diktiert die Notenbank. Sie kauft alle Devisen, die über die Exporte ins Land kommen. Und ohne Genehmigung sind Auslandsüberweisungen über größere Summen nicht erlaubt. Ausgerechnet das von einer kommunistischen Partei regierte China reizt auf diesem Weg das vielleicht wichtigste Erfolgsgeheimnis des Kapitalismus bis zum Anschlag aus: die freie Schöpfung von Kapital aus dem Nichts mithilfe der Zentralbank und ihren Billigkrediten.[23] Im Ergebnis ist die Wirtschaftsleistung Chinas von 1980 bis 2005 in nur 25 Jahren um mehr als 1000 Prozent gewachsen, hat sich also binnen einer Generation verzehnfacht und wächst weiterhin mit einer Rate von rund 10 Prozent pro Jahr.[24]

Und so wie Chinas Massen den westlichen Vorbildern nacheifern, so dient China seinerseits anderen asiatischen Nationen als Modell und wirtschaftlicher Anker. Indien, Indonesien, Vietnam und viele weitere asiatische Staaten sind längst auf einem vergleichbaren Entwicklungspfad. In deren Windschatten erfahren auch die klassischen Rohstoff- und Agrarexportländer in Lateinamerika und Afrika Wachstumsraten wie nie zuvor. Damit sind rund 2,5 Milliarden Menschen auf dem Weg zur Teilnahme am globalen Netzwerk der Arbeitsteilung und des Konsums. Dieser Vorgang markiert den größten Umbruch der Weltordnung seit dem Ende des Kalten Krieges zu Beginn der neunziger Jahre des vergangenen Jahrhunderts. Gemessen an der Zahl der Menschen und der verarbeiteten Ressourcen übertrifft er sogar die gewaltigen Veränderungen während der Zeit der industriellen Revolution des 18. Jahrhunderts. Von der Lohnentwicklung bis zur Energieversorgung, von der Machtverteilung in den globalen Institutionen bis zu den Regeln des Welthandels gibt es kaum einen Bereich, der nicht vom Atem des chinesischen Drachens und seiner Nachahmer erfasst wird. Immer dichter verweben sich Unternehmen und Märkte, Politik und Kultur der neuen asiatischen und lateinamerikanischen Wirtschaftsmächte mit jenen der bisherigen Wohlstandsnationen. Wie in einem Mikadospiel, bei dem die ineinandergeworfenen Stäbchen nicht einzeln zu bewegen sind, erzeugt fast jede Bewegung am einen Ende sofort weitere Bewegungen an mehreren anderen Orten. Und längst nicht alle sind vorhersehbar.

Die Globalisierung schafft neue Mächte ...

Schon die Ausweitung der Produktion hat unmittelbar globale Folgen. 70 Prozent aller weltweit verkauften Spielzeuge, 60 Prozent aller Fahrräder und etwa die Hälfte aller Mikrowellenöfen, DVD-Spieler oder Schuhe kommen mittlerweile aus China. Wal-Mart, der größte Einzelhandelskonzern der Welt, bezieht rund zwei Drittel seiner Waren aus dem Reich der Mitte, das voraussichtlich noch im Jahr 2008 Deutschland als weltgrößtes Exportland ablösen wird. Indischen Unternehmen ist es derweil gelungen, Software- und Serviceaufträge im Wert von rund 100 Milliarden Dollar jährlich bei Auftraggebern aus Nordamerika und Europa zu akquirieren. Die Massenproduktion in staatlich geförderten chinesischen Fabriken mit billigen Arbeitern hat weltweit die Preise für viele Produkte fallen lassen. Auch deshalb erfuhren etwa die Elektronikmärkte einen weltweiten Siegeszug und wurden zu beliebten Freizeitzielen der großstädtischen Jugend. Nur so war es möglich, dass heute die Mehrheit der Haushalte in Deutschland und anderen Wohlstandsstaaten mit zahlreichen hochwertigen Geräten wie Flachbildfernseher und PC ausgestattet sind, die noch vor zehn Jahren nur für Reiche erschwinglich waren.

Gleichzeitig hat die Möglichkeit, in China oder Indien zu produzieren, den Managern vieler Industrieunternehmen auch ein mächtiges Instrument verschafft, um ihre Arbeitnehmer unter Druck zu setzen. Allein die Drohung mit einer möglichen Verlagerung von Arbeit nach Fernost reicht in der Regel aus, um Zugeständnisse bei Löhnen und Arbeitszeiten durchzusetzen. So stärkt der Aufstieg der Schwellenländer die Kaufkraft der Konsumenten, aber er drückt zugleich die Löhne und Gehälter in den Wohlstandsstaaten. Indirekt forciert die globale Ausdehnung der Produktionsketten so die soziale Spaltung auch in jenen Ländern, in denen die industrielle Entwicklung einst ihren Ausgang nahm. Und alle Nationen müssen gemeinsam dafür zahlen, dass der Verbrauch von Rohstoffen aller Art schnell anwächst.

China ist bereits heute der weltgrößte Verbraucher von Stahl, Aluminium, Kupfer und Kohle. Das hat der Rohstoff-

und Metallindustrie sowie den Frachtreedereien einen Boom beschert wie seit den 60er Jahren nicht mehr. Und parallel zum steigenden Einkommen der städtischen Mittelschichten in Asien steigt auch deren Konsum von hochwertigen Nahrungsmitteln wie Fleisch, Milchprodukten oder auch Bier. Weil die Ausdehnung der Anbauflächen nicht Schritt hält, treibt dies wiederum weltweit die Preise für Mais, Weizen und Soja, mit denen die benötigten Nutztiere gemästet werden. All diese Entwicklungen werden aber noch übertroffen von einem Phänomen, das völlig außer Kontrolle geraten ist: die Verbreitung des Traums vom eigenen Auto bei Asiens Milliardenvölkern.

Die Automobilkonzerne produzierten im Jahr 2006 in China bereits mehr als sieben Millionen Fahrzeuge, über eine Million mehr, als in allen deutschen Autowerken im selben Jahr hergestellt wurden, und fünfmal mehr als zehn Jahre zuvor. Nicht minder schnell wachsen Produktion und Absatz von Automobilen in Indien, wo auch schon anderthalb Millionen Fahrzeuge jährlich vom Band laufen. Tata, der größte indische Hersteller, plant für 2008 sogar ein Familienauto für umgerechnet 1800 Euro, das gleich in Millionenauflage auf den Markt kommen und der unteren Mittelschicht den Anschluss an die Autokultur verschaffen soll. Aber noch fahren fast alle Autos mit Benzin oder Diesel. Entsprechend schnell wächst der Ölbedarf. Im Jahr 2006 verbrauchte die Menschheit gut 500 Millionen Tonnen Erdöl mehr als zehn Jahre zuvor. Fast 40 Prozent dieses Zuwachses gehen auf den gestiegenen Bedarf in China und Indien zurück.[25] Die Folgen könnten größer kaum sein. Weil die Nachfrage schneller wächst als die Förderung, verdreifachte sich der Preis von 2002 bis 2007 von 25 auf knapp 75 Dollar pro Fass. Das schafft Reichtum, Konflikte und Katastrophen.

Am härtesten trifft es die Armutsstaaten Afrikas ohne eigene Ölförderung. Die nötigen Importe von Treibstoff und anderen Ölprodukten verschlingen inzwischen ein Vielfaches aller eingesparten Zins- und Tilgungszahlungen, die der in mühsamen Kämpfen errungene Schuldenerlass für die 16 am wenigsten entwickelten Länder eingebracht hatte.[26] Senegal zum Beispiel war eigentlich auf einem guten Weg und einer der wenigen afrikanischen Staaten, in denen das von allen UN-Mitgliedern beschlossene Ziel der Halbierung der Zahl der absolut Armen bis 2015 hätte gelingen können – bis die Ölpreisexplosion kam. Sowohl die Stromproduktion als auch der Transport von Menschen und Gütern sind vollständig von importiertem Dieseltreibstoff abhängig. An mehreren Tagen pro Woche müssen die staatlichen Elektrizitätswerke nun schon seit 2005 die Generatoren über viele Stunden ausstellen. Trotzdem kosten die staatlichen Ausgaben zur Subventionierung der Dieselpreise inzwischen mehr Geld, als für das gesamte Gesundheitswesen und alle Schulen des Landes zur Verfügung steht. Die afrikanische Ölkrise werde »auf Jahre alle Anstrengungen zur Armutsbekämpfung zunichtemachen«, beklagte Senegals Präsident Abdoulaye Wade und prophezeite »Massenwanderungen von Menschen auf der Suche nach dem Überleben« – und dieser Exodus hat mit den Flüchtlingsbooten, die beinahe täglich an den Küsten von Spanien und Italien stranden, längst begonnen.[27]

Genauso eng verknüpft mit dem automobilen Aufbruch in Fernost sind aber auch der märchenhafte Aufstieg der Vereinigten Arabischen Emirate und der Boom in deren Metropole Dubai. Der frühere Kronprinz und heute regierende Scheich des Wüstenemirats, Mohamed bin Rashid al Maktoum, erkannte Mitte der 90er Jahre die Chance, mit den Ölmilliarden der Golf-Anrainer ein neues Finanzzentrum zu errichten. Ursprünglich war das Konzept auf einen langsamen Ausbau über Jahrzehnte angelegt. Aber die Ölpreisexplosion spülte so große Summen in die Kassen der Ölländer am Golf, dass ein beispielloser Immobilienboom in Gang kam. Dieser lockte noch mehr Kapital nach Dubai, darunter auch viele Milliarden Dollar aus Russland, einem weiteren Profiteur der Ölpreisentwicklung. So beschleunigte sich die Entwicklung von selbst. Noch Anfang der 90er Jahre war die Stadt ein unbedeutender Handelsplatz und Fischereihafen. Heute können sich Dubais Skyline und seine Umsätze und Touristenbesuche mit Hongkong und Singapur messen. Immer größere Teile der arabischen Öleinnahmen werden nun nicht mehr in London oder New York verwaltet, sondern am Arabischen Golf selbst.

Mit dem Ölreichtum und dem Erfolg des gelenkten Kapitalismus in Asien entstanden zahlreiche milliardenschwere staatlich gelenkte Investmentfonds, die wie nie zuvor weltweit lukrative Kapitalanlagen suchen. Allein die Abu Dhabi Investment Authority des Nachbaremirats von Dubai verwaltet rund 900 Milliarden Dollar Anlagevermögen. Das Auftreten so potenter Investoren von außerhalb weckt jedoch Ängste bei den traditionellen Wirtschaftsmächten der Wohlstandszone. Zwar gibt es solche Staatsfonds schon seit Jahrzehnten. Kuwait etwa beteiligte sich schon im Jahr 1974 am Daimler-Konzern. Nur geht es heute um weit größere Summen. Insgesamt verfügen die Ölstaaten zusammen mit China und Singapur bereits über etwa 2,5 Billionen Dollar Kapital in ihren Staatsfonds. Im Jahr 2015 werden es nach Kalkulation des Internationalen Währungsfonds (IWF) bereits 12 Billionen Dollar sein, also rund zwölfmal so viel wie der Börsenwert der 30 führenden deutschen Konzerne aus dem Deutschen Aktienindex (Dax) im März 2008.

An die Spitze der Warner vor möglichen Unternehmenskäufern aus Nah- und Fernost setzte sich in Deutschland ausgerechnet Josef Ackermann, der Chef der Deutschen Bank. Sonst ein harter Kritiker der »unschönen Untertöne« bei den Gegnern der Finanzinvestoren (»Heuschrecken«) aus den USA oder Großbritannien, warnte der Bankboss im Juni 2007 vor dem »neuen Staatskapitalismus«. Die Mächte aus Übersee seien »vor allem an deutschen Übernahmezielen« interessiert. Dahinter stünden »strategische Interessen«, die womöglich politisch motiviert seien.[28] Prompt versprachen Finanzminister Peer Steinbrück und Kanzlerin Angela Merkel eine gesetzliche Regelung, die entsprechende Unternehmenskäufe einer staatlichen Genehmigungspflicht unterwerfen soll. Auch die EU-Kommission, die seit je für den freien Kapitalverkehr streitet, versprach eine europäische Regelung zur Prüfung unliebsamer Investoren aus Arabien, Russland und Ostasien. Alle Regierungen des alten Reichtumsblocks gemeinsam beschlossen gar im Oktober 2007, der von ihnen gelenkte IWF solle künftig die Aktivitäten der Staatsfonds überwachen.

Gerard Lyons, Chefökonom der britischen Bank Standard

Chartered und Autor einer viel zitierten Studie über die neue Macht der »Sovereign Wealth Funds«, erklärte das Motiv solcher Abwehraktionen. Immerhin könnten die »strategischen« Investments der jeweiligen Staatsfonds Unternehmen der Telekommunikation, des Energiesektors, der Medien- oder der Finanzbranche betreffen und »sogar dem Erwerb von geistigen Eigentumsrechten« dienen. Dies seien dann aber politisch motivierte und nicht mehr rein kommerzielle Kapitalanlagen.[29] Lawrence Summers, vormals US-Finanzminister der US-Regierung unter Präsident Bill Clinton, fürchtet gar, die staatlichen Investoren könnten »die Logik des Kapitalismus erschüttern«. Die jeweiligen Regierungen würden sich einkaufen, »um ihre nationalen Unternehmen konkurrenzfähig zu machen, um technologisches Wissen abzuziehen oder um Einfluss zu gewinnen«. Dies mache sie »vom Standpunkt des globalen Systems aus gesehen verdächtig«.[30]

Verdächtig sind allerdings auch die Wortwahl und die krude Logik der Abwehrkämpfer gegen den Kapitalüberfall aus Nah- und Fernost. Denn ebendas, was sie den vermeintlich feindlichen Staatskapitalisten vorwerfen, haben die Regierungen des Westens und die von ihnen unterstützten Unternehmen seit eh und je praktiziert. Amerikas Ölkonzerne Exxon, Chevron und Co. verfolgen schon immer »strategische Investitionen«, und das stets mit politischer Unterstützung ihrer Regierung. Deutschlands Automobil- und Stromkonzerne investieren seit Jahrzehnten in aller Welt mit dem »strategischen« Ziel, Marktmacht und technologische Überlegenheit zu erreichen. Genauso halten es Frankreich, Japan und viele andere Staaten der OECD, des Dachverbands der alten Reichtumsstaaten. Der »Standpunkt des globalen Systems«, auf den sich Summers beziehe, sei denn wohl auch »nur der Standpunkt des Westens«, hielt Robert Wade, Entwicklungsökonom an der London School of Economics, seinem US-Kollegen entgegen. Die neuerdings erstarkten Staatsfonds seien doch wohl eher ein Mittel, ein »level playing field«, also faire Wettbewerbsbedingungen, herzustellen.[31]

Ebendas ist aber für die alten Herren der Welt bisher noch schwer zu verstehen. Welche Verwirrung die mit der Globalisierung geschaffenen neuen Mächte stiften können, demonstriert der Fall der Firma Dubai Ports World (DPW). Die staatseigene Firma aus der arabischen Finanzmetropole hat sich vom kleinen Hafenbetreiber zu einem weltweit tätigen Schifffahrtskonzern entwickelt. Insofern war es nichts Ungewöhnliches, als DPW im Februar 2006 für 6,85 Milliarden Dollar die britische Traditionsreederei Peninsular and Oriental Steam Navigation (P&O) kaufte. Damit erschloss sich der Konzern nicht nur zahlreiche neue Frachtrouten, sondern auch den Betrieb von 30 Hafenterminals in 18 Ländern. Sechs dieser Hafenbetriebe liegen an der amerikanischen Ostküste, unter anderem in New York.

Angesichts der weltweiten Erfahrung des DPW-Managements hatte die US-Regierung zunächst auch keine Bedenken gegen die Übernahme des Betriebs amerikanischer Häfen durch die Firma aus Dubai. Doch umso größer war das Misstrauen bei einigen Abgeordneten im US-Kongress. Araber in Amerikas Häfen, den schwer kontrollierbaren Einfallstoren für islamistische Terroristen? Das konnte nicht mit rechten Dingen zugehen, unterstellten der republikanische New Yorker Kongressabgeordnete Peter King und ein gutes Dutzend seiner Kollegen aus beiden großen Parteien und forderten ultimativ eine weitere Sicherheitsüberprüfung der Firma und ihrer Manager. Es drohe, so behauptete King, »eine Infiltration durch Al Qaida«, und die Frage sei, wie die Firma sich vor der Unterwanderung durch Korruption schütze.[32]

Die Verdächtigungen entbehrten jeder Grundlage. Nicht nur war ein leitender amerikanischer Manager von Dubai Ports gerade erst zum Leiter des Schifffahrtsamtes im US-Verkehrsministerium ernannt worden. Zudem war das Unternehmen schon seit Langem an höchster Stelle zum Schutz amerikanischer Sicherheitsinteressen im Einsatz. Denn Dubai ist Amerikas zentraler Militärstützpunkt im arabischen Golf und dessen Hafen »Jebel Ali« die Basis für an die hundert Kriegsschiffe der US-Marine. »Das alles wird von Dubai Ports gemanagt, also hängt die Sicherheit unserer Leute dort von ihnen ab«, erklärte der stellvertretende Verteidigungsminister Gordon England dem US-Senat.[33] Doch das hinderte die Abgeordneten und Senatoren nicht, ihre Angstkampagne fortzuführen. Genervt versprach DPW-Topmanager Mohammed Sharaf einen Monat nach dem Einkauf bei P&O schließlich, die fünf US-Hafenbetriebe wieder zu verkaufen – ein Befreiungsschlag, der am Ende die zuweilen groteske Ironie des globalisierten Kapitalismus offenbarte. Nach einem Jahr des heftigen Wettstreits mehrerer Bieter strich Dubai Ports World rund 300 Millionen Dollar Gewinn aus dem Verkauf ein, die vom Versicherungskonzern AIG und damit aus den Beiträgen von US-Bürgern bezahlt wurden.[34]

Steigende Rohstoffpreise, Lohnkonkurrenz, kapitalstarke Anleger aus Asien, Arabien und Russland – all das sind die Vorboten eines Wandels, der vermutlich nicht mehr aufzuhalten ist. Absehbar ist, dass die schon ein Jahrhundert währende wirtschaftliche Vorherrschaft der Vereinigten Staaten und ihrer europäisch-japanischen Alliierten im Laufe des 21. Jahrhunderts enden wird. Vorausgesetzt, Kriege und große ökologische Katastrophen lassen sich vermeiden, dann wird China voraussichtlich um das Jahr 2030 die weltgrößte Wirtschaftsmacht sein.[35] Schon ein Jahrzehnt später könnte auch Indien über das US-Gewicht hinauswachsen.

Das wäre zwar der Größe der Bevölkerung nur angemessen und würde die Stellung Chinas und Indiens in der Welt wiederherstellen, die sie vor Beginn von Europas industrieller Revolution auch schon innehatten. Historiker schätzen, dass beide Länder im 17. Jahrhundert 40 Prozent der Weltproduktion bestritten. Doch vielen Politikern und ihren Wählern in den Wohlstandsstaaten, vornehmlich in den USA, gilt diese Perspektive gleichwohl als finstere Bedrohung. Sie reagieren mit latenter Aggression: Mal machen sie allein China dafür verantwortlich, dass die Löhne der Arbeitnehmer in den reichen Ländern stagnieren und sie einen immer kleineren Teil des volkswirtschaftlichen Kuchens erhalten. Mal beschuldigen sie Chinas Regierung, sie betreibe und fördere den Diebstahl von Technologien und die Missachtung von Urheberrechten und raube auf diesem Wege fremden Wohlstand. Dann wieder erheben sie den Vorwurf, das Reich der Mitte erziele durch die Manipulation des Wechselkurses seiner Währung extreme Handelsüberschüsse und bedrohe Europa und die USA mit der »De-Industrialisierung«. Ein Politanalyst des Magazins *Der Spiegel* verstieg sich sogar zu der These, die Aufsteiger aus Fernost hätten einen »Weltkrieg um Wohlstand« begonnen. Deren neue Stärke führe »zur Schwächung des Westens«, und »ihr Aufstieg« sei »unser Abstieg«. Darum müssten sich die Länder der Wohlstandszone gegen die Schwellenstaaten Asiens verbünden und ihre Wirtschaft gegen die neue Konkurrenz verteidigen.[36]

Alle diese Anklagen sind ökonomisch unsinnig. Globalisierung und Welthandel sind keineswegs ein Nullsummenspiel, bei dem die einen gewinnen, was die anderen verlieren. Vielmehr ist bisher parallel zum wachsenden Welthandel noch immer weltweit auch die Wertschöpfung in allen beteiligten Ländern gewachsen. Und nichts spricht dafür, dass sich das ändert. Auch wenn China und Indien schneller aufholen und ein wenig reicher werden, heißt das nicht, dass Europa und Amerika deswegen weniger haben oder gar verarmen. Nur die relativen Gewichte, also der jeweilige Anteil am Weltmarkt und Weltsozialprodukt, verschieben sich. Auch von »De-Industrialisierung« ist weit und breit keine Spur. Chinas Anteil an der weltweiten Fertigung beträgt gerade mal acht bis neun Prozent, und die industrielle Produktion in den Wohlstandsländern von Nordamerika, Europa und Japan ist deswegen keineswegs geschrumpft. Sie stellen noch immer die Standorte für drei Viertel der gesamten Weltproduktion.[37] Nur werden in modernen Industriebetrieben eben weit weniger Arbeitskräfte benötigt als in früheren Jahrzehnten. Auch unterscheiden sich die in Asien angewandten Methoden der Wirtschaftslenkung und Exportförderung wenig davon, wie die reichen Nationen einst selbst ihren Aufstieg organisierten. Auch Deutschlands Wirtschaftswunder baute auf feste und exportfördernde Wechselkurse sowie Technologien, die ausländischen Vorbildern nachempfunden wurden. Auch die USA haben eine lange Geschichte der Industrieförderung durch Schutzzölle oder Subventionen. Und genauso gingen Japan oder Südkorea vor, um Anschluss an die Weltspitze zu finden.

Aber all diese Kurzschlussargumente sind aus einem einfachen Grund trotzdem populär: Sie verlegen die Schuld für die zunehmend ungerechte Einkommensverteilung oder die wachsende Jobunsicherheit in ferne »Angreiferstaaten«, wie der *Spiegel* schrieb. Das lenkt ab von der Untätigkeit in Politik und Unternehmen gegenüber der Ungerechtigkeit im eigenen Land. Gemeinsam ist allen Warnern vor der vermeintlichen asiatischen Verschwörung daher die Forderung, die Regierungen des alten Reichtumsblocks sollten mit Handelssanktionen und politisch-militärischem Druck die asiatischen Wirtschaftsmächte zwingen, höhere Löhne an ihre Arbeiter zu zahlen, mehr Lizenzgebühren an die westlichen Patent- und Copyright-Inhaber zu entrichten und den Wechselkurs ihrer Währung dem freien Markt zu überlassen.

Doch so wünschenswert die Durchsetzung globaler Regeln für globale Märkte wäre, so abwegig ist die Vorstellung, ein solches Vorhaben ließe sich mit den machtpolitischen Instrumenten des vergangenen Jahrhunderts durchsetzen. Das Konzept des »wir gegen die anderen« geht an den tatsächlichen Verhältnissen in der Welt der globalen Interdependenz völlig vorbei. Nichts demonstriert dies besser als die unfreiwillige Symbiose zwischen der Supermacht von gestern und jener von morgen.

China finanziert Amerikas Kriege

Das Gebäude in der Fucheng-Straße 18 am Pekinger Platz der Luftfahrt macht nicht viel her. Eingeklemmt zwischen den mächtigen Betonpfeilern einer Autobahnbrücke und einem benachbarten Einkaufszentrum erscheint das elfstöckige Bauwerk nur wie einer jener vielen Tausend schmucklosen Bürokästen, die das moderne Peking verschandeln. Ein Wachsoldat steht einsam in der leeren Eingangshalle herum, der Pförtner ist den Besuch neugieriger Ausländer nicht gewohnt und reagiert irritiert.

Doch der Eindruck täuscht. Weit ab vom Regierungsviertel und den Touristenzielen der Pekinger Innenstadt verwalten die rund 300 Mitarbeiter der Staatsverwaltung für ausländische Währungen das vielleicht wichtigste Machtinstrument, über das Chinas Regierung je verfügt hat: das Anlagevermögen der Zentralbank im Ausland. Dessen Wert belief sich zum Ende des Jahres 2007 auf rund 1,53 Billionen, also 1530 Milliarden US-Dollar. Das entspricht etwa dem Anderthalbfachen des Börsenwerts aller 30 im Dax notierten Großkonzerne und stellt den größten Devisenschatz dar, den je ein Staat angehäuft hat.[38] Und weil alle chinesischen Exporteure ihre Überschüsse in fremden Währungen bei der Pekinger Zentralbank gegen einheimische Yuan tauschen müssen, kommen jeden Tag rund zwei Milliarden Dollar hinzu. Chinas Notenbank sei damit »einer der größten Player im ganzen Markt«, sagt Thorsten Schweigert, Direktor der Abteilung für Notenbankgeschäfte bei der Deutschen Bank in Frankfurt. Über 20 Finanzinstitute seien weltweit für die Chinesen im Einsatz, um deren Anlagen zu managen, Käufe und Verkäufe zu verwalten. »Die betreiben eine Akkumulation von Geldreserven«, schwärmt der Bankexperte, »die ist sensationell.«

Der stetig wachsende chinesische Dollarberg ist Ausdruck einer einzigartigen weltwirtschaftlichen Konstellation: Die Vereinigten Staaten, die Vormacht des Kapitalismus, haben sich auf Gedeih und Verderb in eine gegenseitige Abhängigkeit mit dem noch immer von Kommunisten regierten China verstrickt, dem nach Lesart amerikanischer Supermachtstrategen ärgsten Rivalen um die weltpolitische Vorherrschaft. Würde Chinas Notenbankchef Zhou Xiaochuan morgen die Mitarbeiter der Devisenverwaltung anweisen, die Dollarpapiere aus dem Portfolio der Behörde auf den Markt zu werfen, würde dies Amerika unvermeidlich in eine tiefe Wirtschaftskrise stürzen. Der chinesische Ausverkauf amerikanischer Wertpapiere würde sofort zum Absturz des Dollarkurses führen. Sogleich würden auch die privaten Akteure an den Finanzmärkten aus Dollaranlagen aussteigen und den Kurs weiter fallen lassen. Mangels Nachfrage nach amerikanischen Schuldtiteln würden die Zinsen am US-Kreditmarkt steil in die Höhe gehen.

Zig Millionen Amerikaner mit hohen Privatschulden müssten plötzlich ihre Häuser verkaufen und sparen, die Rezession und ein dramatischer Anstieg der Arbeitslosigkeit wären unvermeidlich. »Die Chinesen halten eine finanzpolitische Bombe in Händen«, urteilt Heribert Dieter, Finanzmarktexperte der Stiftung Wissenschaft und Politik, der außenpolitischen Denkfabrik der Bundesregierung. Amerika sei »erpressbar geworden«.[39]

Dieser Zustand ist jedoch keineswegs das Ergebnis eines ausgeklügelten Plans, sondern die Folge eines historischen Zufalls: Der vom Export getriebene chinesische Aufstieg erfolgt zu einer Zeit, in der die USA aus ganz anderen Gründen zum weltgrößten Schuldnerland absteigen. Dabei wurde der chinesische Staat fast automatisch zum wichtigsten Kreditgeber der vom Konsum angetriebenen und mit extrem hohen Militärausgaben belasteten amerikanischen Volkswirtschaft. Ursache für die überraschende Beziehung ist eine strukturelle Eigenart der US-Ökonomie: Seit 1983, also seit 25 Jahren, unterbrochen nur von einer kurzen Periode der Rezession, importieren und verbrauchen die Amerikaner mehr Güter und Dienstleistungen, als sie ihrerseits in andere Länder exportieren. Eine Nation, die derart über ihre Verhältnisse lebt, ist zwangsläufig auf Kapitalzuflüsse aus dem Ausland angewiesen. Aber dieses so genannte Leistungsbilanzdefizit war lange Jahre kein Problem. Anders als die von wiederkehrenden Finanzkrisen geplagten Schuldenstaaten Lateinamerikas genießen die USA als Ursprungsland der globalen Leitwährung ein äußerst wertvolles Privileg. Sie können sich in der eigenen Währung verschulden. Darum müssen Amerikas Wirtschaftslenker ein Sinken des Wechselkurses nicht fürchten. Fällt der Dollar, sinkt auch der Schuldenstand, jedenfalls im Verhältnis zu anderen Währungen. Die eigenen Exporterlöse dagegen gewinnen an Wert.

Gleichzeitig garantiert der Leitwährungsstatus eine weltweite Nachfrage nach Dollaranlagen. Das sichert der US-Wirtschaft seit je eine Art fortwährende globale Subventionszahlung: Die Welt liefert Waren in die USA und bekommt dafür Banknoten, Dollarguthaben und Wertpapiere. Die global verteilte Dollar-Geldmenge weitet sich also stetig aus, und ein immer größeres Volumen amerikanischer Aktien und Anleihen wird von Ausländern gehalten. Bis zum Jahr 2000 war dieses Phänomen weitgehend eine Sache der privaten Wirtschaft. Anleger wie Pensionsfonds, Versicherungen und Unternehmen aus aller Welt investierten nur zu gern ihr Geld in Amerika, um am dortigen Boom teilzuhaben. Seinerzeit war auch der Staatshaushalt ausgeglichen, der Kapitalzufluss diente überwiegend der Finanzierung von Investitionen. Es sei der Markt, der das Leistungsbilanzdefizit und den Dollarkurs steuere, beteuerten die Finanzminister der Clinton-Ära stets und sahen keinen Grund, regulierend in das Geschehen einzugreifen.

Doch von dieser heilen Welt ist nichts mehr übrig. Nach dem Platzen der Börsenblase im Jahr 2001 haben sowohl die Notenbank Federal Reserve als auch die Regierung von Präsident George W. Bush den Dollarvulkan dramatisch angeheizt. Erst senkte die Zentralbank den Basiszins auf nur noch ein Prozent jährlich. Das machte für die Banken das Geld billig und ermöglichte die Ausgabe ebenso billiger Kredite und Hypotheken. Dann senkte die Bush-Regierung außerdem die Steuern für Amerikas Besserverdiener und Reiche um mehr als 200 Milliarden Dollar jährlich. So konnte die drohende Rezession abgewendet werden, weil Verbraucher und Industrie die billigen Kredite und das zusätzliche Geld für mehr Konsum und Investitionen verwandten. Doch der Preis war hoch: Die Steuersenkungen rissen ein tiefes Loch in die Staatsfinanzen, während gleichzeitig die Kriege in Irak und Afghanistan die Militärausgaben um über 100 Milliarden Dollar jährlich in die Höhe trieben. Bis zum Jahr 2004 stieg die jährliche Neuverschuldung auf 486 Milliarden Dollar, weit jenseits der in Europa viel diskutierten Stabilitätsgrenzen des Eurovertrages von Maastricht. Gleichzeitig lockten die Minizinsen auch viele US-Bürger noch tiefer in die Verschuldung, Amerikas private Sparquote sank unter null. Zur Finanzierung von Investitionen und Staatsschulden steht seit 2003 kaum noch inländisches Kapital zur Verfügung.

In den Staaten, die dem Markt die Folgen überließen, führte diese Politik automatisch zum Kursverfall des Dollars. Privatwirtschaftliche Investoren aus dem Eurogebiet zum Beispiel kauften weit weniger US-Wertpapiere oder -Unternehmen, als nötig gewesen wäre, um Amerikas Handelsdefizit mit den EU-Ländern zu finanzieren. Schließlich waren auch die Zinsen auf Dollarpapiere niedriger als für Euroanlagen. Darum verlor der Dollar gegenüber dem Euro seit 2001 rund die Hälfte seines Wertes. Europäische Waren wurden dementsprechend für US-Käufer teurer, und das US-Handelsminus mit der EU verringerte sich. Ganz ähnlich geschah es auch mit dem britischen Pfund und anderen frei gehandelten Währungen. Wäre alle Welt diesem Prinzip gefolgt, hätten Amerikas Bürger wegen steigender Preise für Importgüter weniger konsumieren können. Ihr Binnenmarkt hätte vermutlich eine Weile stagniert, dafür wären die Exporte gestiegen. Das Handelsdefizit wäre geschrumpft.

Doch genau das ist nicht geschehen. Denn mit dem Aufstieg der Schwellenländer liegt die Macht über das globale Währungssystem nicht mehr allein bei den Vereinigten Staaten und ihren Alliierten. Anders als im vergangenen Jahrhundert haben die Schwellenländer inzwischen ausreichend Gewicht, um sich der US-Währungspolitik entgegenzustellen. Ihnen bescherte die von der Federal Reserve ohne Rücksicht auf den Rest der Welt herbeigeführte Dollarflut ein massives Problem. Vor allem für China und die asiatischen Tigerstaaten sowie für die Ölexporteure am Arabischen Golf war und ist der wirtschaftliche Erfolg von den Exporten in die Dollarmärkte abhängig. Hätten sie den Dollarkurs ihrer Währungen ebenso wie die Europäer steigen lassen, wären ihre Produkte aber teurer geworden oder ihre Gewinne wären erheblich gesunken. In jedem Fall wären ihre Exporterlöse eingebrochen, und die Arbeitslosigkeit wäre gestiegen. Dazu waren die Aufsteiger der Weltwirtschaft nicht bereit. Folglich stemmen sich die Regierungen dieser Länder mit aller Macht gegen den Kursverfall und kaufen mit dem Geld ihrer Notenbanken in großem Stil Dollar auf. Statt der unsichtbaren Hand des Marktes lenkt inzwischen die deutlich erkennbare Hand der Notenbanken Ostasiens und der Ölexporteure den Weltmarkt für Dollaranlagen.

So wurde ausgerechnet das Regime in Peking zum größten Finanzier der US-Wirtschaft. Seine Dollarkäufe decken etwa ein Viertel des gesamten amerikanischen Defizits. Ursache dafür ist wiederum eine besondere Eigenart der chinesischen Ökonomie. Dort reicht die Binnennachfrage bisher nicht aus, um für die vielen Millionen Landflüchtigen genügend Jobs zu schaffen. Das liegt nicht zuletzt daran, dass Chinas Staatsunternehmer gemeinsam mit ihren westlichen Partnern die Arbeiter mit Gewalt daran hindern, sich für höhere Löhne in freien Gewerkschaften zu organisieren. Folglich sind Chinas Wirtschaftslenker auf das Wachstum der Exportindustrie angewiesen, um das Heer der Jobsuchenden im Zaum zu halten. Eisern hielt die Regierung von Premierminister Wen Jiabao bis vor Kurzem daran fest, den Kurs des chinesischen Yuan trotz großer Exportüberschüsse im Handel mit den USA zu drücken. Zehn Jahre lang, von 1995 bis 2005, brachte der Greenback in China stets genau 8,28 Yuan. Damit blieben Chinas Waren in Amerika billig und lockten Käufer wie den Einzelhandelsriesen Wal-Mart magisch an.

Diese Art der Exportförderung kommt allerdings auch China teuer zu stehen: Die Zentralbank muss alle über Exporterlöse oder Investitionen ausländischer Firmen ins Land strömenden Dollar zum Festkurs kaufen, weil sonst ein Schwarzmarkt entstehen würde, der den amtlichen Kurs unterläuft. Die so erworbenen Dollar legt die Zentralbank wiederum in amerikanischen Wertpapieren an, obwohl sie dort kaum Zinsgewinne erwirtschaftet. So wuchs der Devisenschatz während des Jahres 2007 im Durchschnitt um mehr als eine Million Dollar pro Minute. De facto finanziert auf diesem Weg ausgerechnet der US-Rivale China Amerikas militärische Abenteuer mit milliardenschweren Billigkrediten für die Bush-Regierung. Die aufgewandten Summen stimmen erstaunlich überein. Die Kriege in Irak und Afghanistan kosteten von 2003 bis Ende 2006 rund 400 Milliarden Dollar amerikanischer Steuergelder.[40] Etwa im gleichen Zeitraum erwarben die Mitarbeiter der Devisenverwaltung am Pekinger Platz der Luftfahrt amerikanische Staatsanleihen und staatliche garantierte Pfandbriefe im Wert von 464 Milliarden Dollar.[41]

»Gleichgewicht des finanziellen Schreckens«

Ähnlich groß sind die Summen, die sich die Ölförderländer am Arabischen Golf einen stabilen Dollarkurs kosten lassen. So haben die im Golfkooperationsrat zusammengeschlossenen Ölexporteure Bahrain, Kuwait, Oman, Qatar, Saudi-Arabien und die Vereinigten Arabischen Emirate nach Schätzung von Marktkennern bis Ende 2006 Auslandsanlagen im Wert von 1600 Milliarden Dollar angehäuft, davon mindestens ein Drittel in amerikanischen Wertpapieren und Beteiligungen.[42] Noch einmal rund 1500 Milliarden Dollar halten die übrigen asiatischen Exportländer von Indien bis Japan, weil auch sie sich eine Aufwertung ihrer Währungen nicht leisten können, solange die chinesische Konkurrenz nicht mitspielt.

Für die US-Wirtschaft ist das Segen und Fluch zugleich. Kein Zinsschock zwingt Amerika zum Sparen. Immobilienkredite und Staatsschulden blieben vergleichsweise billig. Konsumgüter aller Art strömen zu niedrigen Preisen ins Land. Aber dafür reißt die Lücke zwischen Produktion und Verbrauch immer weiter auf. US-Konzerne lassen immer mehr Waren in Asien produzieren, die Importrechnung der Volkswirtschaft schwillt an. Das Leistungsbilanzdefizit erreichte im Jahr 2006 schon den Wert von 811 Milliarden Dollar und fiel auch im Krisenjahr 2007 nur wenig niedriger aus. Das entsprach 6,2 Prozent der US-Wirtschaftsleistung oder annähernd der gesamten Produktion des Schwellenlandes Mexiko – eine Quote, die sich nie zuvor eine große Wirtschaftsmacht geleistet hat. Immer tiefer geraten die USA damit gegenüber dem Rest der Welt in die Kreide. Netto, also nach Abzug amerikanischer Anlagen im Ausland, standen die USA noch im Jahr 1997 mit nur 360 Milliarden Dollar in den Miesen, das waren lediglich fünf Prozent der damaligen Jahreswirtschaftsleistung. Neun Jahre später betrug die Außenschuld jedoch bereits knapp zehnmal so viel, nämlich 3600 Milliarden Dollar, entsprechend etwa einem Viertel des Wertes aller Waren und Dienstleistungen, die in den USA jährlich produziert werden.[43]

Wollte man diese Schulden tilgen, müssten zweieinhalb Jahre lang sämtliche Exporterlöse der US-Wirtschaft dafür aufgewendet werden – ein relativer Schuldenstand, wie ihn lange das notorisch überschuldete Brasilien aufwies. Die Vereinigten Staaten »gleichen einem sehr großen lateinamerikanischen Schuldenstaat«, spottete darum die *Financial Times* schon im Jahr 2004.[44] Und die Verschuldung wächst fortwährend an. Während des Jahres 2007 benötigte die US-Ökonomie im Durchschnitt jeden Tag mehr als zwei Milliarden Dollar Auslandskapital, um das erreichte Niveau von Verbrauch und Investitionen aufrechtzuerhalten – jeden Tag. Diese »globalen Ungleichgewichte«, wie die Finanzelite das Problem diskret umschreibt, sind auf Dauer ein enormes Risiko für die Weltwirtschaft. Sollte es je zu einem plötzlichen Vertrauensverlust in die US-Wirtschaft und ihre Währung kommen, könnte die Flucht aus Dollaranlagen eine weltweite ökonomische Katastrophe verursachen. Früher oder später wird diese Instabilität es erzwingen, ein neues globales Währungssystem zu vereinbaren (siehe Kapitel »Das globale Kartenhaus«, Seite 135).

Doch auch ganz ohne solche Erschütterungen hat Amerikas wachsende Verschuldung weitreichende politische Folgen. Das Defizit sei eine »Quelle der Verwundbarkeit«, warnte etwa Hillary Clinton während ihres Wahlkampfs um die Präsidentschaftskandidatur der Demokratischen Partei. Amerika drohe »zur Geisel von wirtschaftlichen Entscheidungen in Peking« zu werden, schrieb sie in einem offenen Brief an Finanzministerium und Zentralbank und artikulierte damit eine weitverbreitete Furcht.[45] Für solche Ängste liefert nicht zuletzt die Geschichte der Vereinigten Staaten selbst das Vorbild. Als die britische Regierung im Jahr 1956 gemeinsam mit Frankreich und Israel gegen den Willen der US-Regierung in Ägypten einfiel, um den Suez-Kanal vor Verstaatlichung zu schützen, nutzte der damalige Präsident Dwight Eisenhower die Währungspolitik als Waffe. Großbritannien war hoch verschuldet, dem Pfund drohte der Absturz, und das Land brauchte Kredite vom Internationalen Währungsfonds (IWF). In dieser Lage drohte Eisenhower kurzerhand mit der Blockade der IWF-Gremien sowie dem Ausverkauf britischer Staatsanleihen vonseiten der USA und versetzte damit dem britischen Empire den Todesstoß. Die britische Regierung musste Zahlungsunfähigkeit befürchten und blies die Invasion ab.

Von einer vergleichbaren Situation sind die USA bisher noch weit entfernt. Sowohl die Regenten in Peking als auch die Ölstaaten haben gar kein Interesse, sich ihren wichtigsten Absatzmarkt mit einem Dollarcrash zu versperren, zumal ihr eigener Devisenschatz damit drastisch an Wert verlieren würde. Darum wird gewiss keine Regierung des informellen »Dollarblocks«, wie ihn die Währungsökonomen nennen, ohne Not aus der Stützung des Greenbacks aussteigen. Insofern beruhe die Stabilität auf einem »Gleichgewicht des finanziellen Schreckens«, beschrieb der frühere US-Finanzminister Lawrence Summers die neue Lage der Vereinigten Staaten in Anlehnung an das Gleichgewicht der nuklearen Abschreckung im Kalten Krieg.[46] Das bedeutet jedoch zugleich, dass der amerikanische Gulliver zusehends in finanzielle Fesseln geschlagen wird von Staaten, die in Washington nicht unbedingt als Freunde gelten. Gleich ob im Streit um die Unabhängigkeit des abtrünnigen Taiwan, bei der Terrorbekämpfung auf der arabischen Halbinsel oder in Handelsfragen – keine der beteiligten Regierungen kann sich eine offene Konfrontation noch leisten. Stattdessen werden die ausländischen Finanziers mehr und mehr zu Teilhabern an der amerikanischen Volkswirtschaft, und Amerikas Supermächtige müssen sich mit ihren Gläubigern über die Regeln des erstaunlichen globalen Finanzausgleichs auseinandersetzen. Vor allem die chinesisch-amerikanischen Beziehungen geraten dabei zu einer regelrechten Lehrwerkstatt der Interdependenz und ihrer Folgen für die Politik.

Lehrstunden für einen US-Senator

Charles »Chuck« Schumer ist der Archetyp des amerikanischen Politikers. Seit seinem 23. Lebensjahr ist er in der Demokratischen Partei aktiv. Ein Vierteljahrhundert ist er schon Parlamentarier, seit 1999 vertritt er New York im US-Senat. Schumer beherrscht alle Tricks der amerikanischen Mediendemokratie, und einer seiner Kollegen spottete, der »gefährlichste Platz in Washington« sei »zwischen einer Fernsehkamera und Chuck Schumer«. Doch bei all der Erfahrung hatte der gestandene Senator selbst im Alter von 56 Jahren noch ein großes Defizit: Er war noch nie in politischer Mission im Ausland. Wie die Welt außerhalb der USA funktioniert, kannte er nur vom Hörensagen. »Ich bin ein Stubenhocker«, gibt er kleinlaut zu.

Bis er das China-Thema entdeckte. Es war irgendwann Anfang 2005, als Schumer dahinterkam, wie er mit Anklagen gegen die chinesische Exportpolitik bei seinen Wählern punkten konnte. China betreibe »illegale Währungsmanipulation« und halte seine Produkte künstlich billig. Darum exportiere es für 200 Milliarden Dollar im Jahr mehr nach Amerika, als es von dort einkaufe, erklärte er bei jeder sich bietenden Gelegenheit. Das koste amerikanische Jobs und sei »unfair gegenüber Amerikas Arbeitern«, argumentierte Schumer, und viele hörten das gern. Dass die Produkte, die China exportiert, meist schon seit vielen Jahren nicht mehr in den USA gefertigt werden und dass es eher an der Rationalisierung liegt, wenn die Zahl der Industriejobs in den USA zurückgeht, kümmerte Schumer nicht. Ebenso wenig die Tatsache, dass die Vereinigten Staaten selbst immer wieder den Dollarkurs manipuliert und gemeinsam mit Japan im Jahr 1997 damit sogar die große asiatische Finanzkrise auslöst haben. Die Sündenbockmasche kam einfach besser an. Darum brachte Schumer im Sommer 2005 gemeinsam mit seinem republikanischen Kollegen Lindsey Graham aus South Carolina einen Gesetzentwurf ein, der das Land in einen großen Handelskrieg mit China führen sollte. 27,5 Prozent Strafzölle auf alle chinesischen Waren forderten die beiden Senatoren für den Fall, dass Chinas Führung nicht alsbald den Kurs des Yuan freigebe.

Schumers Vorstoß versetzte Amerikas Vorstandsetagen und die Wirtschaftsberater der Bush-Regierung in Alarmzustand. Die Lobbyisten der in China engagierten Konzerne meldeten sich zu Wort und warnten vor einer Preisexplosion. Gleich mehrere internationale Konferenzen beschäftigten sich mit dem Thema, und zahlreiche Experten erinnerten daran, dass

Amerika ohne Chinas Dollarkäufe weit schlechter dastünde. Die Lage eskalierte, als im Juni 2005 der staatliche chinesische Ölkonzern CNOOC in einen Übernahmekampf um die Ölfirma Unocal einstieg und ein Angebot des US-Ölriesen Chevron um eine Milliarde Dollar überbot. Erstmals machte die chinesische Führung damit klar, dass sie künftig nicht nur schlecht verzinste Staatsanleihen, sondern profitable Unternehmen für ihre Dollars haben wollte. Sofort warnten Schumer und seine politischen Freunde vor einer Bedrohung der »nationalen Sicherheit«, und eine Welle der Chinafeindschaft ging durch die US-Medien. Eine rasch verabschiedete Gesetzesnovelle verpflichtete die Regierung zu aufwendigen Prüfungen bei der Übernahme amerikanischer Unternehmen durch Staatskonzerne aus dem Ausland. Chinas Ölmanager gaben schließlich auf, und der chinesische Premier Wen Jiabao beschwerte sich im Gespräch mit ausländischen Topmanagern, es sei »unfair, dass die USA China für ihre eigenen strukturellen Probleme verantwortlich machen«.[47]

Doch je länger die Debatte lief, desto unhaltbarer wurde die Position der China-Feinde, und zahlreiche Parlamentarier beider Parteien gingen vorsichtig auf Distanz. »Der nationalistische Rückschlag gegen den Kauf amerikanischen Kapitals durch Ausländer« sei »vollkommen heuchlerisch«, kommentierte der New Yorker Makroökonom Nouriel Roubini und sprach damit für seine gesamte Zunft, die sich fast einhellig über den auslandsfeindlichen Populismus im Kongress empörte. »Wir sollten dankbar sein, dass China bisher bereit war, uns zu niedrigen Zinsen zu finanzieren und so die haltlose Verschuldung der US-Regierung und der US-Verbraucher zu ermöglichen«, mahnte Roubini.[48] Die Kritiker mokierten sich zudem über die mangelnden Kenntnisse der selbst ernannten Handelskrieger im Senat.

Der Vorwurf wog offenbar schwer genug, um Schumer zu einem ganz neuen Ansatz zu treiben: Er überwand seine Abneigung gegen die Fremde und trat zusammen mit seinem Senatskollegen Graham seine erste Auslandsreise an. Peking und Schanghai waren die Ziele, um aus erster Hand die Motive der vermeintlichen Angreifer zu erfahren. Und siehe da, Chinas

Regenten rollten den Senatoren den roten Teppich aus. Nicht nur wurden sie in allen Ehren bis hin zu einem nach Meinung Schumers »ganz außerordentlichen« Bankett in der Großen Halle des Volkes empfangen. Zugleich erfuhren sie zu ihrer eigenen Überraschung, dass auch in Chinas politischer Klasse die Währungsfrage umstritten ist. Während die Öl- und Autoindustrie eine Aufwertung fordert, warnen Manager der Textil- und Spielzeugindustrie vor dem Verlust von Millionen von Arbeitsplätzen. In diesem Zusammenhang erfuhren die Senatoren auch von den enormen Risiken des chinesischen Superwachstums, etwa dass schon bei einer Minderung des Tempos um zwei Prozent gut die Hälfte aller Bankkredite nicht mehr zu bezahlen wäre, ergo das Bankensystem zusammenbrechen würde – und damit auch die Finanzierung des amerikanischen Defizits.

Spätestens nach diesem Einführungskurs wissen Schumer und seine Kollegen also, dass die chinesischen Wirtschaftslenker gute Gründe haben, große Wechselkurssprünge zu fürchten. »Sehr beeindruckt« war der Senator vor allem von Zhu Zhixin, Vizechef der nationalen Entwicklungs- und Reformkommission, die als eine Art Überministerium die wirtschaftlich bedeutenden Maßnahmen aller Ministerien und Provinzen koordiniert. Schumer hatte ihn während der Beratungen in Peking bedrängt, er solle das Ungleichgewicht zwischen den USA und China ansprechen. Da konsumiere die eine, die amerikanische Seite mehr, als sie sich leisten könne, während die andere, die chinesische, gemessen an ihrem steigenden Reichtum zu wenig verbrauche. Daraufhin zitierte der chinesische Topbeamte jedoch ausgerechnet den kurz zuvor verabschiedeten Fünfjahresplan, der ebenjene Schieflage anspricht und ein Umsteuern vorsieht. »Er versicherte, in diese Richtung müsse man gehen, nur sei noch nicht klar, wie sie es machen können«, freute sich Schumer und gab sich nach seiner Rückkehr versöhnlich.[49]

Dass Amerika den offenen Konflikt mit China besser vermeiden sollte, war offenbar auch die Ansicht der Fachleute in der Regierung Bush. So jedenfalls erklärten Beobachter die kurz nach Schumers Reise erfolgte Ernennung eines neuen Finanzministers, mit dem niemand gerechnet hatte: Henry (»Hank«) Paulson, bis dahin Chef der legendären Wall-Street-Bank Goldman Sachs, übernahm im Juni 2006 das Finanzressort, obwohl er weder Bushs Republikanischer Partei angehörte noch mit dessen politischen Zirkeln verbunden war. Dafür brachte Paulson eine andere rare Qualifikation mit. Er ist China-Experte und war in Diensten von Goldman Sachs schon mehr als 70-mal in China, wo er mehrere Milliardengeschäfte einfädelte.[50] Niemand weiß besser, was für Amerikas Wirtschaft bei einem großen Konflikt mit dem Reich der Mitte auf dem Spiel steht. Prompt machte Paulson die Bewältigung des China-Streits zum zentralen Thema seines ersten Ministerjahres.

Kaum im Amt, suchte er das Gespräch mit Senator Schumer, der unverzüglich seinen Gesetzentwurf zurückzog und dafür eine ganz unamerikanische Erklärung lieferte. Einseitig deklarierte Strafzölle verstießen gegen die Regeln der Welthandelsorganisation (WTO), sagte der US-Politiker, der eigentlich wie die meisten seiner Kollegen nichts von globalen Regeln hält. Kurz darauf vereinbarte Paulson mit Chinas Regenten sogar die Einrichtung eines langfristigen »strategischen Wirtschaftsdialogs«. Mindestens zweimal pro Jahr treffen sich nun die jeweils mit mehreren Ministern besetzten Delegationen beider Seiten zu einer Art gemeinsamer Kabinettssitzung, und Schritt für Schritt nähern sich die Positionen an. Während Paulson versucht, den Kongress in Schach zu halten, haben Pekings Währungshüter begonnen, den Yuan aufzuwerten, wenn auch auf die chinesische Art – vorsichtig und in kleinen Schritten. Binnen zwei Jahren stieg der Kurs bis Ende 2007 um immerhin zehn Prozent.

So offenbart der Streit um die chinesische Währungspolitik, wie wenig Spielraum selbst der Supermacht Amerika im Geflecht der gegenseitigen Abhängigkeiten noch bleibt. China mag ein strategischer Rivale sein, aber es stellt eben auch Amerikas Bank dar und die verlängerte Werkbank für seine Industrie. Auf beides könnten die Vereinigten Staaten nur unter enormen Verlusten für den eigenen Wohlstand verzichten. Die US-Regierung muss mit ihren chinesischen Partnern zusammenarbeiten. Gegen sie – das geht nicht mehr.

Eine ganz ähnliche Erfahrung machten zur selben Zeit aber auch die scheinbar allmächtigen Regenten des Einparteienstaats China. Dort mischten sich die Interessenvertreter der amerikanischen und europäischen Industriekonzerne massiv in die Innenpolitik ein, um eine große Reform zu verhindern. Und das, obwohl Premierminister Wen Jiabao und sein Arbeitsminister Tian Chengping nur einen Politikwechsel anstreben, der von europäischen und amerikanischen Politikern seit Langem lautstark gefordert wird: die Bekämpfung der Ausbeutung in Chinas Fabriken.

Klassenkampf in »Chimerica«

Um Punkt sieben Uhr abends gingen die Lichter aus, und die Maschinen standen still. Als die Arbeiterinnen der Nachtschicht im Friwo-Werk in der südchinesischen Millionenstadt Schenzen am Abend des 21. August 2007 den Streik ausriefen, war die Wut groß. Kaum hatten die Techniker den Strom abgestellt, warfen ihre Kolleginnen die Scheiben der Fabrikgebäude ein, in denen sie ansonsten Ladegeräte für Mobiltelefone herstellen. Auch die Stempeluhren zur Erfassung der Arbeitszeit gingen zu Bruch. Wieder einmal hatte die Leitung der deutschen Elektronikfirma gefordert, die Arbeiterinnen sollten ohne zusätzliche Bezahlung mehr produzieren. Pro Stunde und Produktionslinie sollten 570 anstatt 480 Geräte hergestellt werden. »Jedem Mitarbeiter wird die Arbeitslast für zwei aufgegeben. Und wenn wir das während der regulären Arbeitszeit nicht schaffen, verlangt der Boss Überstunden ohne Bezahlung«, beklagte sich eine Arbeiterin gegenüber der finnischen Zeitung *Helsingin Sanomat,* die wegen der engen Verbindung des Zulieferers Friwo zum finnischen Telefonkonzern Nokia den Ursachen für den Protest nachging.[51] Friwo ist keine unbedeutende Klitsche, sondern der weltweit führende Produzent der kleinen Ladegeräte für die Handygesellschaft. Trotzdem zahlt die Firma aus dem Besitz des deutschen Milliardärs Stefan Quandt ihren chinesischen Arbeitern nur den örtlichen Mindestlohn von umgerechnet 70 Euro im Monat.

Bei der Forderung nach unbezahlten Überstunden hatte die örtliche Geschäftsleitung dann aber offenbar überzogen. Drei Tage dauerte der spontane Streik, an dem sich nach Angaben einer Hongkonger Unterstützergruppe rund 8000 der 10000 Arbeiterinnen des Betriebs beteiligten. Der Protest endete, nachdem die Demonstrationen der Beschäftigten mit Polizeigewalt niedergeschlagen worden waren. Mehrere Demonstranten verschwanden mit unbekanntem Schicksal in der Haft. Befragt nach den Ursachen für den Streik in ihrem chinesischen Werk, verweist die deutsche Konzernleitung auf »die spezielle Situation in China«. Dort würden die Lebenshaltungskosten »explodieren«. Trotzdem habe »die lokale Regierung« den Mindestlohn aber erst zum Oktober erhöhen wollen, das habe den Streik provoziert, lautet die merkwürdige Rechtfertigung der Geschäftsführung, gerade so, als ob Friwo nicht frei über die Lohnhöhe entscheiden könne. Die Forderung nach unbezahlter Mehrarbeit wollte die Konzernführung nicht kommentieren.

Mit diesen Ausbeutermethoden steht Friwo in China jedoch keineswegs allein da. Auch andere Weltmarken bedienen sich ungeniert solcher Praktiken. Darum vergeht mittlerweile kaum ein Monat, ohne dass Reporter aus dem In- und Ausland über die Skrupellosigkeit berichten, mit der Chinas Arbeiter ausgenutzt werden. So wie es der jungen Wanderarbeiterin Li Jiao Xa einst in der Provinz Guangdong erging, erleben es Millionen. Ohne Rechte, ohne Gewerkschaft, meist auch ohne Vertrag sind sie der Willkür ihrer Arbeitgeber ausgeliefert. Nach Behördenangaben bieten überhaupt nur ein Fünftel der privat geführten Betriebe ihren Arbeitern einen regulären Vertrag. 12 Prozent der Beschäftigten erhalten nicht einmal den gesetzlichen Mindestlohn, und Zigtausende, vornehmlich in der Bauindustrie, werden gleich ganz um ihren Lohn betrogen. Ende 2004 betrug allein nach offizieller Statistik die Summe der nicht gezahlten Löhne rund 12 Milliarden Dollar.[52] In vielen Fabriken werden Überstunden ohne Lohnausgleich erzwungen, besonders rücksichtslose Firmen sparen sogar am Essen, der Unterkunft und am Arbeitsschutz und machen ihre Leute krank.

Kritiker monieren, das sei der eigentliche chinesische Wettbewerbsvorteil gegenüber dem Rest der Welt. Westliche Politiker profilieren sich darum gerne mit entsprechenden Anklagen. Als »inakzeptabel« bezeichnet etwa Bundeskanzlerin Merkel die chinesischen Zustände und fordert, man möge bei der weiteren Verhandlung des WTO-Vertrages auch die chinesische Regierung auf die Einhaltung von sozialen Mindeststandards festlegen.[53] Genauso möchte es die von der Demokratischen Partei gestellte Mehrheit im US-Kongress halten und hat entsprechende Beschlüsse durchgepeitscht.

Die Forderung ist zweifellos berechtigt, die Frage ist nur, an wen sie sich eigentlich richtet. Dass der chinesische Arbeitsmarkt Mindestregeln dringend braucht, ist schließlich auch Chinas Regenten längst klar. Zwar fürchten die Parteiautokraten eine von organisierten Arbeitern angeführte Demokratiebewegung wie einst die polnische Solidarność. Darum halten sie am Verbot freier Gewerkschaften fest. Aber mangels regulärer Wege, um Arbeitskonflikte auszutragen, wird Chinas Arbeitsmarkt zusehends chaotisch. Spontane Arbeitsniederlegungen und Aufstände nehmen ständig zu. Selbst nach Regierungsangaben kommt es mehr als 300 000 Mal im Jahr zu Arbeitskonflikten aller Art. Insofern gleicht das moderne China den Ländern Europas im 19. Jahrhundert, wo die Ausbeutung in den schmutzigen Fabriken und der Mangel an geregelten Mechanismen zur Konfliktlösung chaotische Zustände erzeugten.

Um gegenzusteuern, wagten Premier Wen Jiabao und das Politbüro im März 2006 einen für China höchst ungewöhnlichen Schritt: Sie veröffentlichten einen Entwurf zur radikalen Reform der chinesischen Arbeitsverfassung und forderten zur öffentlichen Diskussion darüber auf. Die wachsende Unruhe »bereitet der Regierung Sorgen, weil jeden Moment ein sozialer Aufruhr ausbrechen kann«, erklärte der Schanghaier Juraprofessor und Arbeitsrechtsexperte Liu Cheng das beinahe demokratisch anmutende Unterfangen.[54]

Der Gesetzentwurf enthielt weitreichende Reformvorschläge. Demnach sollte jeder Arbeiter grundsätzlich einen Arbeitsvertrag erhalten. Wem Arbeitgeber einen solchen verweigerten, der sollte als unbefristet angestellt mit dem Recht auf einen einklagbaren Kündigungsschutz gelten. Gleichzeitig sollte Leiharbeit auf sechs Monate begrenzt werden, anschließend sollten die Unternehmen zur Übernahme in feste Anstellung verpflichtet werden. Vor allem aber sah der Entwurf eine Revolution der Betriebsverfassung vor. Bei Entlassungen von mehr als 50 Arbeitern und Veränderungen von Lohn und Arbeitsbedingungen sollte eine Zustimmung von Vertretern der staatlichen Gewerkschaften oder zumindest lokal gewählten Repräsentanten vorgeschrieben werden. »Konsens« sollte »durch Verhandlungen« erreicht werden, hieß es in dem Entwurf, der Anleihen am deutschen und schwedischen Mitbestimmungsrecht nahm. Über die bundeseigene Gesellschaft für Technische Zusammenarbeit (GTZ) engagierte der Rechtsausschuss des Volkskongresses sogar den deutschen Bundesarbeitsrichter Wolfgang Linsenmaier und den Arbeitsrechtsprofessor Wolfgang Däubler als Berater. Offensichtlich suchten die Parteiherrscher nach Möglichkeiten, die zunehmenden Arbeitskonflikte in friedliche Bahnen zu lenken, beschreibt Däubler seinen Eindruck von den Gesprächen in Peking. Vorrangig gehe es wohl darum, den von der Partei kontrollierten Staatsgewerkschaften die Aufgabe zu übertragen, den Arbeitern zu ihrem Recht zu verhelfen und so das Aufkommen einer unabhängigen Arbeiterbewegung zu verhindern.

Das Echo in der Bevölkerung war enorm. Mehr als 190 000 Betroffene meldeten sich per Internet, berichteten von unhaltbaren Zuständen und begrüßten die versprochene Vertragssicherheit. Gleichzeitig setzte aber ein öffentlicher Streit unter Akademikern ein über die Frage, ob die neuen Arbeitsrechte womöglich Chinas Entwicklung behindern könnten. Dahinter stand, wie so oft in China, der Konflikt zwischen der Zentrale und den Provinzen. Gleich mehrere Provinzregierungen hatten gewarnt, ihnen würden die ausländischen Investoren davonlaufen, wenn es zu den Reformen käme.[55] Und dafür gab es guten Grund. Denn ausgerechnet die Lobbyorganisationen der internationalen Konzerne aus Europa und Amerika, die Amerikanische und die Europäische Handelskammer, liefen regelrecht Sturm gegen die geplanten Veränderungen. Kurz nach Veröffentlichung des Entwurfs erschien im April 2006 zunächst eine

Gruppe von westlichen Geschäftsleuten unangemeldet bei einem Treffen von Schanghaier Juristen und Abgeordneten, die über die Reform diskutieren wollten. Die Ausländer gaben sich als Vertreter der US-Handelskammer aus und drohten unverhohlen, sie würden ihre Investitionen abziehen.[56] Auch der Präsident der EU-Handelskammer, der niederländische Banker Serge Janssens de Varebeke, warnte öffentlich, das Gesetz würde im Fall der Verabschiedung »die Flexibilität der Arbeitgeber einschränken und … ausländische Unternehmen zwingen, ihre Investitionen in China zu überdenken«.[57]

Anschließend verschickten die beiden Handelskammern geharnischte Stellungnahmen an das zuständige Gremium des Volkskongresses, Chinas offiziellen Gesetzgebers. »Das geltende Arbeitsrecht in verschiedenen europäischen Ländern hat zu steigenden Arbeitskosten und darum zur Verlagerung von Produktionslinien in außereuropäische Standorte geführt«, schrieben da Europas Konzernlobbyisten und drohten: »Wenn China dieses Arbeitsrecht in Kraft setzt, wird es zweifellos vor dem gleichen Problem stehen.«[58] Ganz ähnlich formulierte es die US-Handelskammer, die 1300 Unternehmen vertritt, darunter Weltmarken wie General Electric, Microsoft, Dell oder Nike. Das neue Gesetz werde »die Beschäftigungsmöglichkeiten für Chinas Arbeiter mindern« und »sich negativ auf die Wettbewerbsfähigkeit der Volksrepublik China auswirken«, hieß es in dem Brief an die Abgeordneten.

Die Drohungen wirkten prompt. Acht Monate nach dem ersten Vorstoß kassierten die Arbeiterfreunde in Peking den radikalen Teil ihres Reformpakets wieder ein. Die neue Version des Gesetzentwurfs verpflichtet Arbeitgeber nur noch zu »Beratungen«, nicht aber zu »Verhandlungen« mit Arbeitnehmervertretern im Fall von Entlassungen und geänderten Arbeitszeiten und -bedingungen. Auch die Begrenzung der Leiharbeit, mit der sich Arbeitsschutzvorschriften leicht umgehen lassen, war nicht mehr vorgesehen. Wie der zuständige Ausschuss zu diesen Änderungen kam, darüber drang nichts nach außen. Zweifellos haben sich auch chinesische Unternehmen und Topmanager gegen das neue Arbeitsrecht ausgesprochen. Doch die Anwälte und Lobbyisten der westlichen Konzerne schrieben sich den Sieg auf ihre Fahnen. »Wir haben hier genügend Investitionen im Spiel, um jemanden zum Zuhören zu kriegen, wenn es uns wichtig ist«, brüstete sich etwa der Personalchef von Microsoft China im Blick auf die geforderten Änderungen.[59] »Die Einsprüche der Business Community haben wohl gewirkt«, freute sich auch ein Anwalt des Rechtsberatungskonzerns Baker & McKenzie, der zahlreiche US-Unternehmen in China vertritt.[60] Doch auch mit den verwässerten Regeln waren die Konzernlobbyisten nicht zufrieden. Noch immer waren Vertragspflicht, die Begrenzung von befristeten Arbeitsverträgen und die Wahl von Vertretern vorgesehen. Gewerkschafter mit Parteibuch sollten in jeden Betrieb einziehen. Entsprechend reichten die Lobbyisten weitere Proteste ein.

Ihre Kampagne für die fortgesetzte Rechtlosigkeit von Chinas Arbeitern betrachteten die Konzernstrategen bis dahin vermutlich als eine Art interne Angelegenheit, die nicht über China hinausdringen würde – so wie es lange ja auch gewesen war. Aber im Zeitalter von Internet und E-Mail unterhält nicht nur die Geschäftswelt globale Netzwerke. Eine kleine Aktivistengruppe in Hongkong, Herausgeber des *China Labour Bulletin,* informierte Gewerkschafter in aller Welt über die anrüchigen Bestrebungen der Konzernlobby. Die Nachricht trat eine globale Protestwelle los. Menschenrechtsorganisationen und Gewerkschaften wandten sich direkt an die Mitgliedsunternehmen der beiden Kammern, und Konzerne wie Nike und Ericsson sahen ihr Markenimage so gefährdet, dass sie sich öffentlich von der Tätigkeit ihrer Vertreter in China distanzierten. Die EU-Handelskammer in Schanghai veröffentlichte auf Druck ihrer Mitglieder sogar eine »Klarstellung«, wonach sie selbstverständlich »die dringende Notwendigkeit zur Verbesserung der Arbeitsbedingungen in China« sehe und zu diesem Zweck »fest auf der Seite der chinesischen Regierung« stehe. Ihre US-Kollegen und amerikanische Konzernriesen wie General Electric oder Intel hielten dagegen an ihren Positionen fest.

Daraufhin trugen US-Gewerkschafter das Thema in den Kongress und luden den Schanghaier Arbeitsrechtsprofessor Liu Cheng ein, mit den Senatoren und Kongressabgeordneten zu sprechen. Gut zwei Wochen verbrachte der Jurist im April

2007 in den USA, um für das chinesische Reformvorhaben zu werben, an dessen Entwurf er selbst beteiligt war. »Ich habe ihnen gesagt, dass die Wirtschaftsverbände ihre Sweatshops weiterbetreiben wollen, um das Lohndumping beibehalten zu können«, fasste der umtriebige Arbeitsrechtler seine Botschaft anschließend zusammen. Außerdem seien auch Abgeordnete des chinesischen Volkskongresses »von der Arbeitgeberlobby beeinflusst, darum brauchen wir noch Unterstützung von außen«, sagte Cheng.[61]

Gleich 32 Abgeordnete des Repräsentantenhauses nahmen das durchaus ernst und brachten eine Resolution ein, mit der sie die Regierung Bush zwingen wollten, gegenüber der Regierung in Peking ausdrücklich die ursprünglich vorgesehene Reform zu unterstützen. Dazu war es dann zwar zu spät, der Volkskongress verabschiedete das neue Gesetz in der verwässerten Version. Aber Cheng ist trotzdem guter Hoffnung. Weitere Reformen seien schon in Arbeit.

So wurde, was zuvor nur eine innerchinesische Angelegenheit gewesen war, binnen weniger Monate ein Stück Weltpolitik, das alle gängigen Klischees widerlegt. Plötzlich sei »klar geworden, dass nicht *die* Chinesen den amerikanischen Arbeitern die Jobs stehlen«, sondern dass »unsere Konzerne die Löhne in China drücken und damit weltweit Druck auf Löhne und Arbeitszeiten machen«, erklärt der amerikanische Gewerkschaftsanwalt Earl Brown. Nicht China, sondern »die globale Sweatshop-Lobby« sei der eigentliche Gegner, meint Brown. »Da mussten unsere Politiker, aber auch unsere Gewerkschafter einiges lernen.«

Mit alldem ist das Feindbild China gewiss noch lange nicht aus der amerikanischen und europäischen Politik verschwunden. Die beiden Anwärter der Demokraten aufs Präsidentenamt etwa, die Senatoren Hillary Clinton und Barack Obama, spielten während ihres Wahlkampfes noch immer die antichinesische Karte und warnten vor der »Verwundbarkeit« durch Chinas Dollarschatz (Clinton) oder versprechen, im Fall ihrer Wahl »aggressiv die Interessen amerikanischer Arbeiter« gegen China zu vertreten (Obama). Gleichzeitig haben Senator Schumer und seine Freunde ein neues Gesetz gegen die Yuan-Manipulation in Arbeit, wenn auch in weit abgemilderter Form. Dieses Mal wollen sie die Regierung lediglich zwingen, China bei der WTO zu verklagen, so wie es bei Handelsstreitigkeiten mit den Europäern seit Langem üblich ist. Aber der immer engere politische und wirtschaftliche Austausch zwischen den beiden Giganten der Weltpolitik lässt solche Ausfälle mittlerweile wie ein Ritual erscheinen, das manchmal nur noch komisch wirkt.

Während etwa der Senat im Juli 2007 den neuen Gesetzesvorschlag diskutierte, der Chinas Dollarkäufe unterbinden soll, reiste in derselben Woche der amerikanische Minister für Wohnungsbau, Alphonso Jackson, nach Peking, um dem chinesischen Zentralbankchef ein genau gegenteiliges Anliegen vorzutragen. China möge doch, so bat der Minister, möglichst viele Dollarmilliarden in amerikanische Pfandbriefe investieren, damit so der gerade kollabierende amerikanische Hypothekenmarkt gestützt werde.[62] Zuvor hatte US-Finanzminister Paulson beim »strategischen Wirtschaftsdialog« auf chinesische Maßnahmen gegen das Ungleichgewicht beim Handel gedrängt, um der wachsenden Kritik im Kongress zu begegnen. Da erklärte die Leiterin der Pekinger Delegation, Vizepremier Wu Yi, nur, ihre Regierung habe den sehr amerikanischen Weg eingeschlagen, für 30 Milliarden Dollar Waren in den Wahlbezirken der chinakritischen Abgeordneten zu bestellen.[63] Bei derselben Begegnung ging es auch um die seit Langem erhobene Klage, China verursache Milliardenschäden für Amerikas Software- und Filmindustrie, weil es das illegale Kopieren von deren Produkten nicht verhindere. Doch zu diesem Zeitpunkt waren Fahnder des FBI und der chinesischen Polizei schon seit Monaten einem weltweiten Fälscherring mit Basis in China auf der Spur. Nur wenig später ließen sie die Bande mit der Festnahme von 25 Tätern in beiden Staaten und Beschlagnahme von Software zum Marktpreis von einer halben Milliarde Dollar hochgehen.[64]

Angesichts all der Überschneidungen und Abhängigkeiten kam denn auch der amerikanische Wirtschaftshistoriker und profunde Kenner der Globalisierungsgeschichte, Niall Ferguson, zu einem ebenso logischen wie verblüffenden Schluss. Man möge doch die großen Ungleichgewichte zwischen China und

Amerika gelassener sehen, argumentierte er in einem Essay für einige US-Zeitungen, etwa so wie das »zweifellos enorme Ungleichgewicht zwischen Arizona und Kalifornien«. Dann könne man »die Vereinigten Staaten und die Volksrepublik nicht als zwei Staaten, sondern als ein Land ansehen: Chimerica, ein ordentliches Schwergewicht«, das »mit einem Viertel der Weltbevölkerung 60 Prozent des weltweiten Wirtschaftswachstums« bestreite. Diese Beziehung sei »zwar nicht ausgeglichen, sondern eher symbiotisch«, schrieb Ferguson, aber sie werde vermutlich umso stabiler, je bedrohlicher andere Krisenherde würden.[65]

Das Ende der nationalen Sicherheit

Die verblüffend intensive Durchdringung von Wirtschaft und Politik zwischen rivalisierenden Mächten beschränkt sich aber keineswegs auf »Chimerica«. Nicht minder dynamisch entwickelt sich »Chinindia«, die Verschränkung zwischen China und Indien, obwohl die beiden asiatischen Riesennationen seit Jahrzehnten noch stärker verfeindet waren als Pekings Kommunisten und Washingtons Weltmachtstrategen. Darum war es eine historische Sensation, als sich am 6. Juli 2006 indische und chinesische Soldaten hoch oben im Himalaja die Hand schüttelten und den Grenzpass Nathu La wieder zur Überquerung freigaben. Denn der Drache und der Elefant, wie die indische Presse gerne schreibt, teilen sich zwar eine 3500 Kilometer lange Grenze. Aber 44 Jahre lang durften die Bewohner beider Staaten sie nirgends überqueren. Misstrauisch beobachteten sich die Armeen beiderseits einer Demarkationslinie, deren Verlauf seit dem Ende der Kolonialzeit umstritten ist. Im Jahr 1962 kulminierte der Konflikt sogar zu einem kurzen, aber heftigen Grenzkrieg mit an die 2000 Toten. Die Beziehungen blieben auch nach dem Friedensschluss misstrauensgeladen, erst recht, als China in den 60er Jahren ausgerechnet mit Indiens Angstgegner Pakistan ein Bündnis einging, während die Inder mit der Sowjetunion, Chinas sozialistischem Konkurrenten, einen Freundschaftspakt schlossen. Zudem verweigerte Peking die Anerkennung für Indiens Annexion des einstigen Königreichs Sikkim. Ungekehrt verurteilte Delhi die chinesische Besetzung von Tibet und bot dem Dalai Lama Asyl.

Doch nun kamen sich in 4545 Metern Höhe unter im Nebel flatternden bunten Wimpeln nicht nur Soldaten entgegen, sondern auch Hunderte traditionell gekleideter Händler. Feierlich betraten sie durch ein großes, festlich geschmücktes Tor das jeweils andere Land. Seither tauschen sie wieder Erze und Lehm aus, Kaschmirziegen und Rohseide und fordern bereits eine Erweiterung der Liste genehmigter Güter, weil die bisher legal handelbaren Rohwaren kaum in größerem Stil vermarktbar sind. Zudem ist der Nathu La im Winter tief verschneit, und die Straßen müssen noch ausgebaut werden, um größere Transporte zu ermöglichen. Trotzdem wurde der Pass zum Symbol dafür, dass beide Länder an uralte Zeiten neu anknüpfen wollen. Auf dieser Nebenstrecke der legendären Seidenstraße brachten schon vor über 2000 Jahren Karawanen aus China Seide und Wolle nach Indien und nahmen Gewürze und Salz mit nach Hause zurück. Die neue und überraschende Freundschaft war bereits ein Jahr zuvor mit einem indisch-chinesischen Kooperationsabkommen wieder aufgenommen worden. Dabei hängten beide Regierungschefs das Projekt »Chinindia« hoch: Gemeinsam könne man »die Weltordnung neu gestalten«, sagte Indiens Premierminister Manmohan Singh bei einem viertägigen Staatsbesuch des chinesischen Ministerpräsidenten Wen Jiabao in Delhi und verkündete eine Art Friedensmantra: »Die Welt ist groß genug für beide Länder, und jedes einzelne ist zu groß, um vom anderen klein gehalten zu werden.«

Hinter der Annäherung steht vor allem die Hoffnung, von den ökonomischen Vorzügen und Vorsprüngen des anderen profitieren zu können, die sich in der von indischen Medien geprägten Formel »Hardware trifft Software« ausdrückt: Bei dieser Symbiose steht China für Computerkonstruktion und industrielle Fertigung, Indien vor allem für Programmier- und Serviceleistungen. Der beinahe schon legendäre indische Softwarekonzern Infosys beispielsweise will bis 2011 rund 65 Millionen Dollar in Schanghai und Hangzhou investieren und bildet schon jetzt mehrere Hundert chinesische Studenten aus.

Innerhalb weniger Jahre wurde China für Indien zum zweitgrößten Handelspartner nach den USA, und umgekehrt spielt Indien auch in der Bilanz des Nachbarn eine zusehends gewichtigere Rolle. Das Volumen des gegenseitigen Warenaustauschs soll bis 2008 auf 20 Milliarden Dollar steigen, dreißig Prozent mehr als drei Jahre zuvor. Zusammenarbeit vereinbarten die beiden Mächte sogar auf einem Gebiet, das für ihre Volkswirtschaften existenzielle Bedeutung hat: der Energieversorgung. Beide Länder haben einen schnell wachsenden Bedarf, beide sind auf Importe fossiler Ressourcen angewiesen, beide traten in den globalen Wettlauf um Konzessionen erst zu einem Zeitpunkt ein, als die meisten Ölpfründe längst verteilt waren. Sollten also beide verlieren, wenn sie sich auch noch gegenseitig Konkurrenz machten? Um ihre Chancen zu erhöhen, gaben chinesische und indische Ölkonzerne stattdessen von Syrien über den Sudan bis Kolumbien gemeinsame Angebote für den Erwerb von Förderlizenzen ab.

All das heißt auch in diesem Fall nicht, dass die alten Konflikte verschwunden sind. China ging auch deshalb auf Indien zu, weil der Nachbarstaat seine Beziehungen zu den USA intensivierte. Pekings Außenpolitiker wollen einer möglichen amerikanisch-indischen Allianz gegen China vorbeugen. Auch verstehen sich beide Staaten als legitime Führungsmächte im kommenden »asiatischen Zeitalter«, das die politischen Eliten auf beiden Seiten des Himalaja kommen sehen. Dabei beobachten vor allem viele Inder den nördlichen Nachbarn mit gemischten Gefühlen: Einerseits sieht man sich wirtschaftlich im Nachteil, weil die große Wachstumsdynamik auf dem Subkontinent erst später und weniger stürmisch in Gang kam. Andererseits führen die Inder ihr langsameres Veränderungstempo stolz auf ihre Demokratie zurück. Regelmäßig und mit Leidenschaft wird in Hochschulen, Zeitungsredaktionen und Managementetagen über die Frage diskutiert, welches System sich am Ende als erfolgreicher erweisen wird. Ein zentrales politisches Motiv bleibt also die Konkurrenz. Doch auch diese beiden Rivalen kamen letztlich zu dem Schluss, dass es nur Vorteile für den jeweils eigenen Entwicklungsprozess mit sich bringt, wenn die Zusammenarbeit die Rivalität in Schach hält.

Die gemeinsame Sprache dafür findet sich auch in Fernost am schnellsten in der populären Massenkultur. So zierten während Wen Jiabaos Staatsbesuch in Indien zwei Filmgöttinnen die Titelseite des *Beijing Review* und später auch der indischen Zeitung *Asian Age:* Die unwirklich schöne Aishwarya Rai aus Indiens Filmfabrik Bollywood posierte lieblich vereint mit dem attraktiven chinesischen Superstar Zhang Ziyi. China und Indien öffnen ein neues Kapitel der Geschichte, schrieben die Redakteure und titelten in riesigen Lettern darüber: »Looking good« – sieht gut aus.

Wie gemeinsame Interessen sich gegen Rivalität und Misstrauen durchsetzen, das demonstrieren nicht zuletzt auch die Regierungen der Europäischen Union beim Umgang mit dem russischen Riesenreich und dessen halbdemokratischem Imperator Wladimir Putin. Wer will, der kann aus den öffentlich ausgefochtenen Auseinandersetzungen der europäischen Regierungschefs und ihres Gegenparts aus Moskau eine seit Langem wachsende Feindseligkeit ablesen. Mehrfach brachte Putin die Europäer gegen sich auf, als Russlands Staatskonzern Gazprom im Streit mit der Ukraine und Weißrussland um ausstehende Zahlungen in Höhe von mehreren Milliarden Euro die Gaspipelines durch die beiden Länder sperrte. Weil damit auch die Versorgung der EU-Staaten zeitweilig ausfiel, war der Zorn groß. Frankreichs Präsident Nicolas Sarkozy warf seinem russischen Kollegen vor, er setzte die Energieversorgung »brutal« als Machtmittel ein. »Völlig inakzeptabel« sei das russische Vorgehen, erklärte auch EU-Kommissionspräsident Manuel Barroso. Und gemeinsam kündigten die EU-Staaten an, vermehrt Gas und Öl aus nichtrussischen Quellen importieren zu wollen. Umgekehrt ließ Putin in Brüssel ausrichten, dass auch China und Amerika interessante Märkte seien und es »Alternativen beim Gasverkauf« gebe.

Erst recht ohne diplomatische Rücksicht verläuft die Auseinandersetzung über die Demontage der demokratischen Grundrechte in Russland durch Putin und seine Polizei- und Geheimdienstbehörden. Da lieferte sich etwa die deutsche Bundeskanzlerin Angela Merkel im Mai 2007 vor laufenden Kameras einen Schlagabtausch mit dem russischen Präsidenten über die willkürliche Festnahme von Regierungskritikern vor einem EU-Russland-Gipfel. Und die portugiesische Regierung lancierte vor dem Folgetreffen ein halbes Jahr später ein Strategiepapier, in dem von Russland als »einer Pseudodemokratie« die Rede ist, die zu einem »Gegner« werden könnte.[66] Als Reaktion kündigte Putin an, in Brüssel ein Institut zu gründen, das den Umgang mit den Grundrechten in der EU untersuchen soll.

Doch so aggressiv die verbalen Attacken auch klingen, gemessen an den tatsächlichen Vorgängen sind sie so rituell wie das China-Bashing im amerikanischen Kongress. So wie die wirtschaftlich-finanzielle Verschmelzung Chinas und Amerikas Politiker zwingt, eine gemeinsame Politik zu finden, so bleibt auch Europäern und Russen keine Wahl, als den Ausgleich zu suchen. Denn noch größer als das berechtigte Misstrauen ist die »genuine gegenseitige Abhängigkeit«, wie es in dem gleichen Strategiepapier heißt, mit dem Portugals Ministerpräsident José Sócrates als Ratspräsident der EU im Herbst 2007 auch die Kritik am russischen Partner begründete. Und das ist nicht übertrieben. Mit den EU-Staaten wickelt Russland fast die Hälfte seines gesamten Außenhandels ab. Dabei beruht die russische Volkswirtschaft zu großen Teilen auf dem Rohöl- und Gasexport. Mehr als die Hälfte davon geht in die Europäische Union. Rund 100 Milliarden Euro kassierten der Staatskonzern Gazprom und die ebenfalls großteils staatlichen russischen Ölfirmen im Jahr 2006 nur im Europageschäft. Umgekehrt stellen die Lieferungen aus Russland fast ein Fünftel der europäischen Brennstoffversorgung. Deutschland bezieht sogar mehr als ein Drittel seines Erdgases aus russischer Förderung. Und das wird noch zunehmen, weil die Reserven der Nordsee-Anrainer Großbritannien und Norwegen zur Neige gehen. Entgegen der Drohgebärde aus Moskau können China und Nordamerika auch allenfalls in ferner Zukunft ähnlich große Mengen abnehmen. Das zigtausend Kilometer lange Pipelinenetz müsste zuvor unter extrem hohen Kosten zu anderen Zielen ausgebaut werden.

Ungeachtet aller politischen Konflikte folgt auch das Kapital im großen Stil diesen Lieferströmen. Folglich geht die gegenseitige wirtschaftliche Durchdringung längst weit über den

Handel hinaus. Mehr als sieben Milliarden Euro investierten allein deutsche Unternehmen im Jahr 2007 in russische Firmen. Insgesamt kommen 70 Prozent der ausländischen Direktinvestitionen in Russland aus der EU. Gleichzeitig expandiert die russische Industrie in den EU-Staaten. Der Einstieg der staatseigenen russischen Vneshtorgbank beim Airbus-Konzern EADS im Jahr 2006 war da nur ein spektakuläres Investment unter vielen. Auch beim Baukonzern Hochtief oder beim Modehersteller Escada ist russisches Kapital beteiligt. Vor allem aber beim lukrativen Vertrieb von Erdgas an die Endkunden in Europa wollen die russischen Konzerne selbst mitverdienen. Darum hat sich Gazprom gleich in neun EU-Ländern bei seinen Abnehmern eingekauft und im Gegenzug den jeweiligen Strom- und Gaskonzernen Beteiligungen in Russland gewährt. So teilt sich Gazprom in Deutschland die Erdgasvertriebsfirma Wingas mit dem BASF-Konzern, der dafür ein Drittel am sibirischen Gasfeld Juschno-Russkoje erhielt. Auch der Stromkonzern Eon ist über Ruhrgas mit fünf Prozent an Gazprom beteiligt, stellt dort auch einen Aufsichtsrat und erwarb außerdem für vier Milliarden Euro die Mehrheit an einem russischen Stromunternehmen mit einem umfangreichen Kraftwerkspark. In der gleichen Größenordnung gingen die Energieriesen Gaz de France und Enel aus Italien gegenseitige Beteiligungen mit Russlands Gas- und Ölindustrie ein – eine Allianz von pikanter politischer Brisanz. Denn jenseits aller Differenzen zwischen den Regierungen ist auf diesem Weg eine Art Internationale der Energiemonopolisten entstanden, die nun gemeinsam in Moskau und Brüssel Politik macht.

Auffällig wurde das erstmals, nachdem die EU-Kommissarin für Wettbewerbskontrolle Neelie Kroes ihren Plan vorstellte, die Produzenten von Strom und Gas zum Verkauf ihrer Übertragungs- und Gastransportnetze zu zwingen. Nur so werde »echter Wettbewerb möglich«, begründete die streitbare Kommissarin ihr Konzept. Prompt protestierten nicht nur die Strom- und Gasbosse in Deutschland, Frankreich und Italien, sondern auch deren russische Kollegen. Befragt nach den Risiken der Milliardenengagements in Russland, antwortete etwa Wulf Bernotat, Chef des deutschen Energieriesen Eon, die Risiken seien ja auch in der EU hoch. Hier drohe die »Enteignung« der Netze, »eine solche Debatte« werde »in Russland nicht geführt«.[67]

Obwohl es Kommissarin Kroes und ihren Unterstützern allenfalls um einen Verkauf der Netze geht, argumentierte auch Alexander Medwedew, Vizechef von Gazprom, ähnlich irreführend. »Wir werden hier mit der sehr bedrohlichen Tendenz konfrontiert, dass die Eigentümer der Infrastruktur ihr Eigentum verlieren könnten«, sagte Medwedew und schob gleich eine Drohung hinterher: Langfristige Lieferverträge gebe es nur gegen die Garantie aufs Eigentum an den Pipelines. Es wäre »ausgesprochen unvernünftig, die Meinung der Gasproduzenten nicht zur Kenntnis zu nehmen«.[68] Das kann auch Italiens Energieboss Fulvio Conti von Enel verstehen, nachdem sein Konzern in Russland ein Gasfeld und eine Stromgesellschaft kaufen durfte. »Die Russen wollen ein Stück des europäischen Endkundenvertriebs«, das sei doch verständlich, sagte Conti: »Sie besitzen und transportieren das Gas, warum sollen sie nicht auch am eigentlichen Geschäft teilhaben?«[69] Der Streit über Kauf und Eigentum an den Verteilernetzen hinderte Russlands Gaskonzern denn auch nicht an weiteren Investments quer durch die EU, einschließlich eines zweistelligen Millionenbetrags für die Markenwerbung auf den Trikots der Spieler des Fußballvereins Schalke 04.

Vor diesem Hintergrund erscheint die von Putin-Gegnern wie dem Milliardär George Soros oder der US-Außenministerin Condoleezza Rice vorgetragene Warnung, Europa sei durch seine Energieabhängigkeit von Russland »erpressbar«, wenig fundiert. Würde eine russische Regierung die Pipelines tatsächlich im großen Stil als »politische Waffe« gegen ihre Kunden nutzen, würde sie nicht nur dem eigenen Land ebenso schaden wie den Europäern, sondern darüber hinaus auch noch die milliardenschweren EU-Investments ihrer Unternehmen entwerten. Oder wie es Gazprom-Vizechef Medwedew ausdrückte: »Wir sind genauso abhängig von den Exporterlösen, die zwei Drittel unserer Einkünfte ausmachen, wie umgekehrt unsere Kunden von unseren Lieferungen.«[70]

Kein Wunder daher, dass sowohl Europas Spitzenpolitiker als auch Wladimir Putin allen gegenseitigen Angriffen stets eine friedliche Geste hinterherschicken. Da spricht der russische Präsident von »unserer Interdependenz, die positiv sein könnte, wenn wir nichts politisieren«,[71] und Deutschlands Außenminister Walter Steinmeier beschreibt seine Russlandstrategie mit dem Titel »Annäherung durch Verflechtung«. Auch Kanzlerin Angela Merkel, von konservativen Medien gerne zur aufrechten Kämpferin gegen Putins autoritäre Regierungsführung stilisiert, macht sich keine Illusionen. »Die strategische Partnerschaft« mit Russland sei »mit Leben gefüllt«, erklärte sie nach einem ihrer regelmäßigen Arbeitsgespräche mit Putin im Oktober 2007. Bei der Gelegenheit stellte sie auch klar, dass für eine ernsthafte Konfrontation oder gar die Rückkehr in die Blocklogik des Kalten Krieges kein Raum bleibt. »Wir wissen doch, dass wir die großen globalen Probleme und internationalen Konflikte nur gemeinsam bewältigen können«, sagte sie und formulierte damit das ebenso schlichte wie radikale Grundprinzip moderner Außenpolitik im Zeitalter der globalen Integration: Nationale – oder im Fall der EU regionale – Strategien bieten keinen Schutz mehr gegen die heraufziehenden Gefahren.[72] Denn nicht nur die wirtschaftlichen und politischen Prozesse vermischen sich über alle Grenzen hinweg. Damit einher geht auch die globale Vermehrung der Risiken und Krisen, die der weltweit vernetzte Kapitalismus mit sich bringt.

Vordenker wie der britische Friedensforscher Paul Rogers und seine Kollegen der renommierten Oxford Research Group fordern daher die Abkehr der Politik vom traditionellen Konzept der »nationalen Sicherheit«. Rogers machte sich nicht zuletzt dadurch einen Namen, dass er präzise vorhersagte, wie die amerikanisch-britische Invasion im Irak zu einem anhaltenden Aufstand gegen die Besatzer und einer erheblichen Stärkung terroristischer Organisationen führen würde. Nun streiten er und sein Team für ein neues »Paradigma« in der Außen- und Sicherheitspolitik. Bisher beruhten die Antworten auf Bedrohungen aller Art auf dem Grundsatz der »Kontrolle durch den Einsatz von Gewalt«, schreiben die Forscher in einer aufsehenerregenden Studie.[73] Der Klimawandel, die wachsende Konkurrenz um Rohstoffe, die Massenarmut inmitten des zunehmenden Reichtums und die Verbreitung von Massenvernichtungswaffen seien aber Gefahren, gegen die alle militärische Gewalt machtlos sei, argumentieren die Konfliktexperten. Gefordert sei daher eine Politik, die auf »nachhaltige Sicherheit« abziele. Im Mittelpunkt müssten dabei die Senkung des Ressourcenverbrauchs aufseiten der reichen Länder und der Umbau der Weltwirtschaft zugunsten der bisher benachteiligten Mehrheit der Menschheit stehen. Solange die Regierenden in den Wohlstandstaaten an der »irrigen Annahme« festhielten, »dass der Status quo verteidigt werden kann«, betrieben sie eine »Politik der Selbstzerstörung«.

Das klingt – gemessen an den traditionellen Mustern der Weltpolitik – idealistisch. Schließlich folgen die Supermacht USA und ihre Verbündeten noch immer dem alten Paradigma von Kontrolle und Abwehr. Statt in Armutsbekämpfung investieren sie in Rüstungsgüter. Die Ausgaben für die militärische Sicherung der Ölquellen übersteigen jene zur Minderung des Verbrauchs um das Tausendfache oder mehr, und auch die neuen Mächte in den Schwellenländern halten es nicht viel anders. Die meisten verantwortlichen Politiker in Washington, Moskau, Peking, Delhi oder den EU-Hauptstädten würden dem Konzept der britischen Wissenschaftler daher vermutlich wenig Chancen einräumen. Doch vieles spricht dafür, dass dies nicht mehr lange so bleiben wird.

»Wir können einander nicht entkommen«

Denn auch in den Planungsabteilungen der transnationalen Konzerne, die traditionell eher dem konservativen Lager nahestehen, wird über ganz ähnliche neue Ansätze in der Sicherheitspolitik nachgedacht. Das dokumentieren die Anstrengungen des Weltwirtschaftsforums (World Economic Forum, WEF), das nach eigenen Angaben die »tausend führenden Unternehmen« der Welt zu seinen Mitgliedern zählt. Neben der jährlichen Konferenz im Schweizer Skiort Davos betreibt die Organisation auch das Global Risk Network. Darin haben sich Experten aus den Planungsstäben zahlreicher Unternehmen, vornehmlich solchen der Finanzindustrie wie des Versicherungskonzerns Swiss Re oder der Citigroup, zusammengeschlossen, um die globalen Risiken für ihr Geschäft abzuschätzen und über Gegenmaßnahmen zu beraten.

Das ist im modernen Wirtschaftsleben keineswegs so exotisch, wie es klingt. Durch die weltweite Ausdehnung der Produktionsketten und Kapitalanlagen sind die meisten Unternehmen heute extrem verwundbar. Käme es etwa erneut zu einem Krieg zwischen Nord- und Südkorea, würde mehr als die Hälfte der gesamten Produktion von Speicherchips für die globale Elektronikindustrie ausfallen, an den Märkten würde Chaos ausbrechen. Würde ein Aufstand in Südindien die dortigen Metropolen erfassen, wäre die Finanzwirtschaft von dramatischen Einbrüchen bedroht, weil die Datenverarbeitung eines großen Teils der vielen Millionen täglicher Geldgeschäfte an indische Servicefirmen ausgelagert wurde. Würde sich ein neuer Grippeerreger von Asien aus über die Welt verbreiten, könnte die resultierende Panik wichtige Transportstrecken auf Monate lahmlegen und viele Firmen in den Ruin treiben. So ist es nur logisch, dass die Konzerne versuchen, solchen Gefahren besser vorzubeugen.

»Seit einigen Jahren wächst bei unseren Mitgliedern der Eindruck, dass sie die globalen Risiken nicht mehr ausreichend abschätzen können«, berichtet der Risikoforscher Charles Emmerson, der die Arbeit des Netzwerks für das WEF koordiniert. Bei ihren Beratungen ermittelten die Konzernexperten 23 sogenannte Kernrisiken. Die Liste reicht von einem Ölpreisschock infolge von Terrorangriffen über einen Wirtschaftscrash in China bis zum Zusammenbruch der Informationsinfrastruktur infolge der unkontrollierten Ausbreitung eines gefährlichen Computervirus. Als »entscheidende Herausforderung des 21. Jahrhunderts« sehen aber auch die Risikofachleute der Konzernwelt den heraufziehenden Klimawandel. Und wie die wissenschaftlichen Friedensforscher fordern sie in ihrem Jahresreport 2007, »die Wurzeln der globalen Risiken anzugehen, anstatt nur auf die Konsequenzen zu reagieren«.[74] Vor allem gelte es zu verstehen, »dass die Risiken miteinander verbunden sind«, erklärt Koordinator Emmerson.

Um ihr Anliegen zu illustrieren, schrieben die Risikomanager mehrere Szenarien, »die zeigen, wie viele Signale am Horizont schon erkennbar sind, und wie viele wichtige Entscheidungen die Welt in den kommenden Jahren treffen muss«. Eines der Szenarien, das zehn Jahre in die Zukunft reicht, nannten sie »Gathering Perfect Storm«, sinngemäß das »Heraufziehen des Orkans«. Geschrieben als Eröffnungsrede zur Weltwirtschaftskonferenz in Davos im Jahr 2017, verdeutlicht diese Vision drastisch, was nach Meinung der Konzernplaner auf dem Spiel steht:

»Die Gruppe der Länder, die heute hier vertreten sind, ist eine andere als vor zehn Jahren – und wir sind andere Abgesandte: weiser vielleicht als die Delegierten im Jahr 2007. Das war das letzte Jahr jener seit 1990 anhaltenden Periode mit außerordentlich günstigen wirtschaftlichen und geopolitischen Bedingungen. Damals empfand man diese Bedingungen als normal – unsere Erfahrung lehrte uns etwas anderes …

Wir haben das plötzliche Ende des Wachstums und die Krise in China erlebt, die erst interne politische Auseinandersetzungen hervorrief und schließlich zum Bürgerkrieg und zum Zerfall des Landes in sieben Nachfolgestaaten führte. Wir haben die globale Rezession durchlebt, die als Folge dieser Ereignisse die Welt heimsuchte. Insbesondere der Verfall der afrikanischen rohstoffproduzierenden Staaten war eine der Konsequenzen aus dem abrupten Ende des Booms zu Beginn des 21. Jahrhunderts.

Im Nahen und Mittleren Osten sind europäische und amerikanische Besatzungszonen entstanden. Die Ursache dafür waren die fehlgeschlagenen amerikanischen Angriffe auf den Iran, die zwar die Fähigkeiten des Landes zur nuklearen Bewaffnung nicht beseitigten, aber einen weitverbreiteten Aufruhr in der arabischen und muslimischen Welt gegen die USA auslösten. Sie erinnern sich gewiss an den Sturz von General Muscharraf in Pakistan infolge der Demonstrationen gegen die US-Intervention und an den daraus folgenden katastrophalen Niedergang der indischen Börse, während sich die Welt auf einen großen Krieg zwischen den beiden Atommächten des Subkontinents einstellte.

Wie haben auch in vielen Ländern den erschreckenden Verlust der Fähigkeit erlebt, sich selbst zu ernähren, insbesondere in den Küstenregionen wegen der fast vollständigen Ausrottung der Fischbestände. Gleichzeitig haben wir gesehen, wie der Klimawandel sich durch positive Rückkoppelungen, also sich selbst verstärkende Effekte, beschleunigt hat. ... Und inmitten all dieser Ereignisse überkam uns die Grippeepidemie der Jahre 2008 und 2009, auf die unsere Welt nicht vorbereitet war, weil die weltweite wirtschaftliche Krise den Willen zur Zusammenarbeit untergraben hatte.

Was können wir aus den letzten zehn Jahren lernen? Die menschliche Gesellschaft hat sich als belastbar erwiesen ... Noch hat all das nicht zu einem Zusammenbruch des globalen Systems geführt, der die Zivilisation beenden würde, so wie wir sie kennen. Aber wir hätten es viel besser machen können ... Es ist meine tiefe Überzeugung, dass die Verantwortlichen aus Politik, Verwaltung und Wirtschaft Entscheidungen hätten treffen können, mit denen diese Ereignisse sich hätten vermeiden lassen. Andere Entscheidungen zum Umgang mit Seuchen, mit den globalen wirtschaftlichen Ungleichgewichten, der Verlangsamung des Klimawandels sowie zur Entwicklung einer besseren Widerstandsfähigkeit des ganzen Systems hätte unserer diesjährigen Konferenz eine bessere Ausgangslage beschert. ...

Die Wolken am Himmel sammelten sich schon 2006. Es war unser Versagen beim Umgang mit den globalen Risiken, die es den Wolken ermöglichten, sich zum großen Orkan zu entwickeln.«

Diese Vision ist nicht ohne Pathos, aber die sonst so nüchternen Experten der globalen Konzernelite meinen es durchaus ernst. Anders als in früheren Zeiten wollen sie auch nicht auf die Kräfte des Marktes, sprich die Weisheit der Unternehmer und Manager, vertrauen. Stattdessen fordern sie massive staatliche Eingriffe und eine Neuausrichtung der Regierungsapparate. So wie jedes Großunternehmen mittlerweile einen »Chief Risk Officer« habe, so sollten auch die Staaten einen »Country Risk Officer« einsetzen, einen Koordinator mit leitender Funktion, der Prioritäten setze und die Bunkermentalität in den Ministerialverwaltungen aufbreche. Gemeint ist damit die Engstirnigkeit einzelner Behörden, die sich nur den Interessen eines Sektors der Gesellschaft verpflichtet fühlen – im deutschen Kontext: wenn etwa das Wirtschaftsministerium sich dem Klimaschutz widersetzt, weil er die Gewinne der traditionellen Energiebranche oder der Wohnungswirtschaft schmälern könnte (siehe Kapitel »Aufbruch nach Ökotopia«, Seite 242). Zudem fordern die WEF-Experten, nicht allein auf die üblichen internationalen Verhandlungen zu vertrauen, um gegen Seuchengefahren, Klimawandel oder die Verbreitung von Massenvernichtungswaffen vorzugehen, sondern für jedes Feld eine »Koalition der Willigen« zu schmieden, eine »Avantgarde«, die vorangeht und zeigt, was machbar ist.

Vorschläge wie diese erscheinen zunächst genauso naiv wie jene der Friedensforscher nach vorbeugender Friedenspolitik, allzu weit entfernt vom zermürbenden alltäglichen Ringen mit den gut organisierten Status-quo-Verteidigern, wie es Politiker und Regierungen in aller Welt betreiben müssen. Und doch spiegeln solche und viele ähnliche Konzepte, wie sie neuerdings vielerorts erdacht werden, dass sich in den globalisierten Eliten der Geschäftswelt, der Wissenschaft und der Politik das Bewusstsein über die Risiken und die Notwendigkeiten der globalen Interdependenz schnell verbreitet. Für dieses Phänomen steht nicht zuletzt auch das zweite Leben des Bill Clinton. Der frühere US-Präsident betreibt seit 2005 eine Kampagne für Armutsbekämpfung und Klimaschutz, die Global Clinton Initiative. Damit hat er binnen kurzer Zeit eine weltweite Anhängerschaft von rund 1000 Reichen und Einflussreichen mobilisiert, die binnen zwei Jahren rund zehn Milliarden Dollar spendeten. Wenn Clinton seine Anstrengungen und die hohe Spendenbereitschaft erklärt, münden seine Reden meist in einem kurzen Satz: »Wir können einander nicht entkommen.«[75]

Besser lässt sich die neue Weltlage nicht zusammenfassen. Das mussten zuletzt auch jene lernen, die sich gemeinhin für weitgehend autonom und unangreifbar halten: die Renditejäger der Finanzindustrie.

3. Das globale Kartenhaus

Amerikas Schuldenkatastrophe und die Anarchie auf dem Weltkapitalmarkt

Stefan Ortseifen ist ganz gewiss kein Hasardeur. Geradlinig und ohne Fehl hat der gelernte Kaufmann über Jahrzehnte seine Karriere vorangetrieben. Erst hat er bei Daimler-Benz in Stuttgart in der Buchhaltung gearbeitet, dann für den Stahlkonzern Krupp die Finanzen im Auslandsgeschäft organisiert. Mit 34 Jahren heuerte er schließlich bei der Firma seines Lebens an, der IKB Deutsche Kreditbank in Düsseldorf. Das Institut dient seit mehr als 80 Jahren deutschen Mittelstandsunternehmen als Kreditgeber und gilt in der Finanzbranche nicht gerade als hip. »Stockkonservativ«, »eine halbe Behörde«, so lauteten die Urteile aus der Bankerszene über die Nischenbank, deren Zentrale in einem unauffälligen siebenstöckigen Plattenbau nicht weit vom Rheinufer residiert. Mit gerade mal 180 Millionen Euro Jahresgewinn und 1800 Mitarbeitern steht sie einer Sparkasse näher als einem der Global Player in der Welt des Geldes. Aber Ortseifen, dem aufstrebenden Jungmanager, war das offenbar gerade recht. Hier kam er voran. Zehn Jahre nach seinem Einstieg saß er im Vorstand und weitere zehn Jahre später, im Herbst 2004, war er im Alter von 54 Jahren am Ziel: Er wurde der Boss, lenkte den Laden erfolgreich und konnte bei einem Jahresgehalt von anderthalb Millionen Euro getrost seiner Leidenschaft für den Golfsport frönen – bis zum 27. Juli 2007.

An diesem Freitag brach Ortseifens Welt zusammen. Binnen weniger Tage hatte seine Bank rund eine Milliarde Euro verloren, niemand wollte der IKB noch Kredit geben, die Insolvenz drohte. Die amtliche Bankenaufsicht schaltete sich ein, prüfte die Bücher und berief noch für den folgenden Sonntag den Aufsichtsrat zu einer Notsitzung ein. Da war Ortseifens Schicksal schon besiegelt. Ihm blieb nur der sofortige Rücktritt, und er selbst nahm an dem Treffen schon gar nicht mehr teil. Stattdessen übernahm die staatseigene KfW-Bank bei dem Institut das Sagen und stellte den neuen Vorstandsvorsitzenden. Gegen den bis dahin hoch geachteten Bankchef Ortseifen ermittelte hingegen die Staatsanwaltschaft wegen möglicher Untreue und eines Verstoßes gegen das Aktiengesetz.

Ortseifen, der sprichwörtlich solide Kaufmann, ein Krimineller? Die ehrwürdige IKB eine Zockerbude, wo Milliarden verspielt wurden? So schien es zunächst, aber das war nicht mal die halbe Wahrheit. Die IKB und ihr Chef gehören vielmehr zu den eher zufälligen Opfern eines verhängnisvollen Versagens der internationalen Politik, das neben dem Klimawandel zur größten Bedrohung der Weltgesellschaft geworden ist: der wachsenden Anarchie auf dem globalen Finanzmarkt. Die IKB, später auch die sächsische Landesbank und zahlreiche weitere Finanzinstitute von Australien über China bis Kanada und die USA, die im Sommer 2007 plötzlich milliardenschwere Verluste meldeten, waren nur die Vorboten einer globalen Kettenreaktion, die früher oder später die ganze Weltwirtschaft in eine schwere Krise zu stürzen droht.

Wichtigste Ursache für diese Bedrohung ist, dass sich große Teile der weltweit agierenden Finanzindustrie der staatlichen Aufsicht weitgehend entzogen haben und zugunsten kurzfristiger Gewinne langfristiges Chaos stiften. Selbst der internationale Handel mit Rasierern oder Schnittblumen unterliegt mittlerweile staatlich sanktionierten Normen, um die Verbraucher vor Schaden zu bewahren. Doch ausgerechnet im Welthandel mit Wertpapieren und Finanzrisiken regulieren sich die Manager der Branche weitgehend selbst. Mal übertragen sie die Risiken ihres Geschäfts auf Briefkastenfirmen in Inselstaaten mit laxen Regeln und Steuerfreiheit. Mal tätigen sie extrem riskante milliardenschwere Wetten mithilfe von Tarngesellschaften, die in keiner Bilanz auftauchen. Dann wieder konstruieren sie zweifelhafte Wertpapiere aus gebündelten Schulden, um sie unter falschen Bewertungen an ahnungslose Käufer weiterzureichen. Im Ergebnis spielt sich ein immer größerer Teil des Finanzgeschäfts in einer Art rechtsfreien Raum ab, auf den die staatlichen Aufsichtsbehörden keinen Zugriff haben. »Die Frage ist nicht mehr, ob das eine Katastrophe verursachen wird, sondern nur noch wann«, warnte Jochen Sanio, Chef der deutschen Bundesanstalt für Finanzdienstleistungsaufsicht, schon im Januar 2006. Die von Sanio benannte Gefahr ist die Folge einer Fehlentwicklung, die bereits 1973 ihren Anfang nahm. Damals gaben die westlichen Industrieländer das nach dem Zweiten Weltkrieg geschaffene System fester Wechselkurse zwischen den Währungen Europas, Amerikas und Japans auf.[76] In den Folgejahren verzichteten sie auch auf die damit verbundenen Kontrollen des internationalen Kapitalverkehrs, konnten sich jedoch nie auf deren Ersatz durch eine internationale Aufsichtsbehörde einigen. Damit machten sie den Weg frei für das explosive Wachstum der bis dahin weitgehend auf ihre jeweiligen nationalen Märkte beschränkten Finanzindustrie.

Befreit von allen Grenzkontrollen entwickelten Banken, Versicherungen, Fondsgesellschaften sowie die Finanzabteilungen der transnationalen Konzerne den Handel mit Devisen und Wertpapieren zum mit Abstand umsatzstärksten Gewerbe der Welt. Schon lange bevor es das Internet gab, verfügten die Händler an den Finanzmärkten über eine weltumspannende elektronische Vernetzung, einen Cyberspace der Weltfinanz, wo im Sekundentakt Vermögen in Milliardenhöhe aus einem Währungsraum in den anderen, von einer Anlageform in die nächste verschoben werden. Da werden mit niedrig verzinsten Krediten in japanischen Yen hoch verzinste Anleihen in australischen Dollars gekauft. Da nehmen Fondsmanager die Anlagegelder von europäischen Unternehmen auf kurze Frist billig auf und investieren sie in lang laufende Papiere, die aus den teuren Überziehungszinsen von amerikanischen Kreditkartenschuldnern Gewinn schlagen. Da wetten Vermögensverwalter mit Krediten im zehnfachen Wert ihres eigenen Anlagekapitals darauf, dass die Kurse von Autoaktien fallen, wenn die von Ölkonzernen steigen, oder auch umgekehrt – jede nur denkbare Transaktion ist möglich und wird auch getätigt, wenn es Gewinnchancen gibt. Der Markt ist börsentäglich rund um die Uhr in Betrieb. Von Tokio und Hongkong über Frankfurt und London nach New York und Chicago zieht das Spiel mit den Werten jeden Tag einmal rund um den Planeten.

Das Volumen dieser Geschäfte wächst seit drei Jahrzehnten weit schneller als die Wirtschaft insgesamt und sprengt mittlerweile alle Dimensionen. Im Jahr 1980 entsprach der Wert aller Finanzanlagen der Welt, also Aktien, Anleihen und Schuldtitel aller Art sowie Einlagen auf Bankkonten, mit rund 12 Billionen Dollar in etwa dem Wert aller weltweit verkauften Waren und Dienstleistungen eines Jahres. 25 Jahre später hat sich dieser Wert auf 140 Billionen Dollar mehr als verzehnfacht und entspricht nun fast dem Dreifachen der weltweiten jährlichen Wirtschaftsleistung.[77] Das heißt, dem in die Realwirtschaft investierten produktiven Kapital stehen immer mehr Schulden in Form von handelbaren Kapitalanlagen gegenüber.

Die Kapitalschwemme – und entsprechend die Aufblähung der Verschuldung – ist das Produkt eines ökonomischen Teufelskreises, der mit der Liberalisierung und Globalisierung des Finanzwesens in Gang gesetzt wurde. Zunächst erzeugte der grenzenlose Kapitalmarkt mehr Unsicherheit und trieb die Zinsen für Kredite und damit die Kosten für Investitionskapital nach oben. Entsprechend mussten Unternehmen mehr Gewinn erwirtschaften, um ihre Kredite zu bedienen. In der Folge stiegen die Einkommen aus Kapitalvermögen, während die Löhne stagnierten und die Investitionen sogar sanken. So wuchsen die Geldvermögen bei Privatleuten und später auch innerhalb der Unternehmen selbst weit schneller als die Wirtschaft insgesamt. Der wachsende Reichtum landete jedoch zum größten Teil bei jenen, die ohnehin schon vermögend waren und wenig materielle Wünsche offen hatten. Ihre Zugewinne schaffen kaum Nachfrage für die Realwirtschaft, steigern dafür umso stärker die Nachfrage nach Kapitalanlagen – ein Effekt, der klein anfing, sich aber seit fast drei Jahrzehnten stetig selbst verstärkt. Mit der Größe der Finanzindustrie wuchs zudem ihr politischer Einfluss. So konnte sie durchsetzen, dass in den meisten Wohlstandsländern die Altersvorsorge von der Umlage zwischen Alt und Jung auf Kapitaldeckung, also das Anlegen von individuellen Sparkonten, umgestellt wurde.[78] Dies lenkte einen noch größeren Teil des Volkseinkommens auf die Mühlen der Banken und Versicherungen.

So entstand ein bis heute fortwährend anwachsender Überhang an liquidem Kapital, der weder in die Realwirtschaft investiert noch konsumiert wird. Die Folge ist eine andauernde Aufblähung des Finanzsektors, der die Mechanik der Volkswirtschaft in den Wohlstandsländern von Grund auf verändert hat. Noch bis zum Ende der 80er Jahre war die Finanzbranche im Wesentlichen Dienstleister für die übrige Wirtschaft. Banken und Versicherungen sammelten die Ersparnisse bei den Bürgern ein und leiteten sie – für einen höheren Zins – in Form von Darlehen und Anleihen, also handelbaren, verbrieften Krediten, an andere Unternehmen und den Staat weiter. Diese finanzierten damit ihre neuen Investitionen. Heute ist es umgekehrt: Nicht die Banken dienen den produzierenden Unternehmen, sondern die Realwirtschaft steht im Bann der Vorgaben aus der Finanzindustrie, die zudem einen immer größeren Teil der Gewinne auf sich zieht. Am weitesten ging das in den USA. Dort stieg der Anteil der Finanzindustrie an allen Unternehmensgewinnen nach Steuern zwischen 1982 und 2007 von 5 auf 41 Prozent.[79] »Der Diener hat sich in den Meister verwandelt, der Schwanz wedelt mit dem Hund«, urteilt der frühere Weltbank-Ökonom und heutige Professor an der London School of Economics, Robert Wade.[80]

In der Praxis bedeutet das: Eine geringe Zahl von rund 50 000 leitenden Bankmanagern, Brokern, Händlern und Vermögensverwaltern sagt dem Rest der Welt, wo es langgeht. So müssen etwa die Vorstände börsennotierter Unternehmen (Aktiengesellschaften) jederzeit damit rechnen, dass ihre Firma von Wettbewerbern oder Fondsunternehmen übernommen wird, wenn sie nicht das volle Maximum an Gewinn aus ihren Mitarbeitern herausholen. Denn es gibt stets genügend Kapital, um eine solche Übernahme auch auf Kredit zu betreiben, wenn sich die Zinsen dafür durch schnelle Profitmaximierung erwirtschaften lassen.

So erklärt sich zum Beispiel, warum sich der Vorstand des Handykonzerns Nokia im Januar 2008 nicht darauf beschränkte, die Steigerung des Jahresgewinns um 67 Prozent auf 7,2 Milliarden Euro zu feiern. Vielmehr beschlossen die Konzernlenker, in Deutschland die Produktion am Standort Bochum zugunsten eines neuen Werkes in Rumänien einzustellen und

3300 Mitarbeiter auf die Straße zu setzen. Das Bochumer Werk arbeitete bis dahin zwar durchaus rentabel, nach Angaben von Betriebsräten sogar mit einer Rendite von mehr als zehn Prozent auf das eingesetzte Kapital. Aber für die Analysten der Finanzindustrie, deren Urteil die Börsenkurse lenkt, zählt nicht der aktuelle, sondern der mögliche Gewinn. Machbar ist aber auch eine Rendite von mehr als 20 Prozent, wenn zunächst die deutschen Fachkräfte einen optimierten Montageprozess entwickeln und dieser dann ins Niedriglohnland Rumänien verlagert wird. Nutzt das Management die Gewinnmaximierung nicht, könnten es andere tun, wenn sie die Aktienmehrheit erreichen. Das wäre bei Nokia zumindest denkbar, weil weit über 50 Prozent der Anteile ohnehin von amerikanischen Fonds gehalten werden. Dieser Druck macht selbst die scheinbar so mächtigen Männer wie Nokia-Chef Olli-Pekka Kallasvuo zu Getriebenen. Das führt sogar dazu – wenn sie Forschungsausgaben stark kürzen oder Löhne rücksichtslos drücken –, dass sie nicht nur dem Wohl der Volkswirtschaft, sondern auch dem ihres eigenen Unternehmens langfristig schaden.

Deutschlands große Aktiengesellschaften, die nicht fest unter Kontrolle eines Mehrheitseigentümers stehen, investieren darum beinahe durchweg nur noch in solche Vorhaben, die mindestens 15 Prozent Rendite pro Jahr abwerfen. Ideen und Produkte, die weniger gewinnträchtig sind, aber womöglich ökologischen oder sozialen Fortschritt bringen, bleiben auf der Strecke. Stattdessen häufen die Unternehmen Finanzanlagen an oder leiten das Geld zurück an die Aktionäre, die dann anderswo die Wertpapierpreise treiben.

Nichts anderes steht auch hinter dem Boom der sogenannten Private-Equity-Fonds, die inzwischen in aller Welt mit dem vom damaligen Arbeitsminister Franz Müntefering eingeführten Schimpfnamen »Heuschrecken« belegt werden. Diese Kapitalbeteiligungsgesellschaften mit Namen wie Permira, Carlyle oder Texas Pacific kaufen im Namen ihrer vermögenden Anleger Firmen auf Kredit, um sie zulasten der Beschäftigten auf maximalen Ertrag zu trimmen und sodann mit Gewinn wieder abzustoßen. In der Regel verfügen die betroffenen Unternehmen anschließend über fast kein Eigenkapital mehr – dafür haben sie hohe Schulden. Brechen Kunden weg oder macht die Konjunktur schlapp, sind sie höchst verwundbar. Die Sanierung läuft dann wieder zulasten der Beschäftigten oder des Steuerzahlers.

Damit wird fortwährend das verfügbare volkswirtschaftliche Einkommen zugunsten der Kapitalbesitzer umverteilt. Deren Überfluss bringt in den alten Industriestaaten mittlerweile groteske Konsequenzen hervor: Zum einen steigen die Preise für Wertpapiere und Vermögensanlagen aller Art in Boomzeiten viel schneller als die allgemeinen Lebenshaltungskosten. Die weltweite Geldmenge explodiert, aber sie treibt nicht mehr Löhne und Preise nach oben, sondern Börsen- und Grundstückswerte. Selbst die Ökonomen der eher konservativen »Bank der Notenbanken«, der Bank für Internationalen Zahlungsausgleich (BIZ) in Basel, warnen daher schon seit Langem vor einer »asset inflation«, einer Geldentwertung beim Handel mit Vermögenswerten, die außer Kontrolle geraten sei.[81]

Zum anderen steigen die Gewinne vieler Firmen in solche Höhen, dass die Manager nicht mehr wissen, was sie damit anfangen sollen. Darum sind die Unternehmen, die zu Zeiten des alten Industriekapitalismus die zentralen Kreditnehmer und Investoren waren, in manchen Jahren selbst nur noch Sparer. Das heißt, die Kapitalgesellschaften erwirtschaften im Durchschnitt bei gut laufender Konjunktur inzwischen mehr Gewinn, als sie für Dividenden und Neuinvestitionen wieder ausgeben. Allein im Jahr 2004 machte dieser Überschuss 1300 Milliarden Dollar oder zweieinhalb Prozent der gesamten jährlichen Wirtschaftsleistung in den sieben führenden Industriestaaten (G7) aus.[82]

Mit diesem Geld drängen die Finanzabteilungen der Konzerne wiederum auf den Kapitalmarkt und lassen so die Kurse von Wertpapieren aller Art, jenseits aller vernünftigen Bewertung, noch weiter steigen – ein Teufelskreis, der sich ohne Unterlass von selbst weiter beschleunigt. So auch bei den 30 führenden deutschen Aktiengesellschaften: Da stiegen in den drei Jahren bis 2006 die Gewinne um 143 Prozent, und Anfang 2007 verfügten sie über 120 Milliarden Euro flüssige Mittel. Aber zur Entwicklung neuer Produkte oder gar unternehmerischer Ansätze zur Bekämpfung von Unterentwicklung und Klimakrise nutzten die Konzernlenker ihre Geldflut nicht. Lieber investierten sie in die Steigerung der Börsenkurse und damit ihre eigenen an den Kurs gekoppelten Gehälter. Darum erhöhten sie durchweg die Dividenden, und gleich 28 der 30 Dax-Konzerne kauften lieber eigene Aktien zurück, anstatt zu investieren. Das kreative Unternehmertum, das viele Topmanager in Festreden gerne preisen, hat mit ihrem banalen Alltag nur noch wenig zu tun. Da betreiben sie ihre Jobs nur als eine besondere Form der Vermögensverwaltung.[83]

Die Folgen dieses von Kritikern sogenannten »Finanzmarktkapitalismus« sind politisch und wirtschaftlich verheerend: Während die große Mehrheit der Bevölkerung mit immer weniger Einkommen leben muss, häufen Unternehmen und Kapitalbesitzer immer größere Summen an. Deren Veranlagung an den Finanzmärkten erzeugt dort aber immer neue spekulative Blasen, also überhöhte Preise für Wertpapiere aller Art, denen keine entsprechenden Sachanlagen und Investitionen gegenüberstehen. Unvermeidlich platzen diese Blasen daher unter großen Wertverlusten für die letzten Käufer, wenn die Spieler das Vertrauen in die jeweilige Kursentwicklung wieder verlieren. Würden dabei nur ein paar privilegierte Reiche einen Teil ihrer ohnehin nur fiktiven Werte in Bits und Bytes verlieren, müsste dies den Rest der Welt nicht weiter stören. Doch über den Geldkreislauf, über Kreditzinsen und Börsenwerte, über Pensionsfonds und Lebensversicherungen ist die Spekulation mit den sehr realen Bedürfnissen und Nöten von Milliarden Menschen direkt verbunden.

Wenn Kredite plötzlich teurer werden, brechen Geschäfte weg, und Entlassungen stehen an. Wenn Wertpapiere plötzlich viel weniger wert sind, als sie gekostet haben, so verschwinden auch die Erträge aus Lebensversicherungen und Pensionskassen, auf die zig Millionen Menschen ihre Altersvorsorge bauen. Unterm Strich müssen so fast immer die einfachen Sparer, Kleinanleger und der Steuerzahler für den größten Teil der Verluste geradestehen. Diese Erkenntnis ist keineswegs neu. Schon der britische Ökonom John Maynard Keynes analysierte das Problem vor mehr als 70 Jahren mit klaren Worten.

»Spekulanten richten keinen Schaden an, wenn sie nur Blasen auf dem stetigen Strom der Unternehmen sind«, schrieb Keynes, der selbst ein Vermögen an der Börse verdiente. »Aber die Lage wird ernst, wenn die Unternehmen zu Blasen auf einem Strudel der Spekulation werden«, warnte er unter Verweis auf den verhängnisvollen Einfluss, den die Wall Street schon damals ausübte. »Wenn die Kapitalentwicklung eines Landes das Nebenprodukt der Aktivitäten eines Kasinos ist, dann wird die Aufgabe wahrscheinlich schlecht erledigt.«[84]

Befragt man jedoch die heutigen Experten aus den Handelssälen der Finanzindustrie nach dem Nutzen ihres täglichen Billionenspiels, dann ignorieren sie alle historischen Erfahrungen und geben eine ganz andere Erklärung. Erst durch ihre Arbeit werde der Markt effizient, heißt es dann. »Wir sorgen dafür, dass das Kapital dorthin fließt, wo es am produktivsten investiert wird und so die höchste Rendite bringt«, formuliert etwa ein erfahrener Händler bei der Deutschen Bank in London das Credo seiner Zunft. Aber der schöne Vorsatz ist mehr Ideologie als Wahrheit. Tatsächlich folgt das Geschehen an den Finanzmärkten weniger den Regeln der Betriebswirtschaft als vielmehr denen der Massenpsychologie. Zwar operieren die Anlagestrategen stets auf Basis von unendlich vielen Informationen. Ihre Arbeitsplätze sind gespickt mit Bildschirmen, die pausenlos Finanznachrichten aller Art liefern. Notenbankentscheidungen, Unternehmenspleiten, Verbrauchertrends, Ölpreise, Terroranschläge, auch das Wetter – alles und jedes kann die Kurse beeinflussen.

Doch letztlich ist es gleich, ob die jeweiligen Analysen tatsächlich fundiert sind oder nicht. Für die Akteure zählt auch nicht, was sie selbst darüber denken. »Entscheidend ist die Erwartung darüber, was die anderen denken«, räumt jeder Händler auf Nachfrage sofort ein. Denn es ist die Summe aller Urteile, die am Ende den Kurs bestimmt. Im Ergebnis legen Tausende hoch qualifizierter Finanzexperten rund um den Globus das Geld ihrer Auftraggeber nach dem Lemming-Prinzip an: Immer mit der Masse gehen, sonst droht Verlust. So folgt jeder einzelne Fondsmanager oder Vermögensverwalter individuell durchaus rationalem Kalkül. Aber im Kollektiv folgt die elektronische Händlerarmee einer primitiven Mechanik aus Gier und Angst, die regelmäßig vollkommen irrationale Bewertungen hervorbringt – ein Phänomen, das Ökonomen gerne verharmlosend als »Überschießen der Märkte« bezeichnen.

Das gefährliche Spiel mit den Billionen geht darum immer wieder schief. Gleich einer Art wiederkehrendem Kurzschluss unterbricht oder zerstört der übermäßige Zufluss und der anschließende abrupte Abzug von international mobilem Kapital ein ums andere Mal die Entwicklung ganzer Branchen und Länder und verbreitet Unsicherheit und Armut unter jenen, die in der Folge Arbeit oder Obdach verlieren. So war es in den 90er Jahren in Mexiko und den Tigerstaaten Asiens, wo die billigen Kredite aus London, New York und Tokio erst einen verrückten Bauboom so lange anheizten, bis einige viel zu teure Vorhaben sich als unrentabel erwiesen. Dann verfielen die Kreditgeber in Panik, stiegen aus den jeweiligen Anlagen und Währungen wieder aus und verursachten einen Crash, der in den betroffenen Ländern zig Millionen Menschen in die Armut stürzte.[85] So war es beim Boom der Internetwirtschaft zu Beginn des Jahrhunderts, als Unternehmen erst bis zum 500-Fachen ihres Jahresgewinns gehandelt wurden, nur um anschließend in der Pleite zu verschwinden. Mit den Verlusten und der plötzlichen Furcht vor jedem Risiko rutschte dann die halbe Weltwirtschaft für zwei Jahre in die Stagnation. Und so war es auch wieder bei der Krise, die im Juli 2007 IKB-Chef Stefan Ortseifen seinen Job und seinen guten Ruf kostete.

Dieses Mal allerdings war mehr im Spiel als nur der Herdentrieb und ein Überschuss an Kapital auf der Jagd nach Rendite. Diese Krise legte den maroden Kern der globalen Finanzökonomie frei: Die Überschuldung Amerikas wurde sichtbar, und erstmals wurde deutlich, dass die Instabilität des Finanzsystems zu einer globalen Bedrohung herangewachsen ist, die nur noch durch weltweite Kooperation und Regulierung zu bewältigen ist. Heraus kam allerdings auch massenhafter Betrug und eine nie da gewesene Irreführung von Anlegern. Und ausgerechnet die Deutsche Bank und deren Vorstandsvorsitzender spielten dabei eine prominente Rolle.

Das Versagen des Alan Greenspan

Wer immer in der großen Halle der SPD-Parteizentrale in der Berliner Wilhelmstraße ans Rednerpult tritt, hat einen mächtigen imaginären Wettbewerber. Überlebensgroß ragt neben der Bühne die Statue des ersten sozialdemokratischen Bundeskanzlers Willy Brandt in die Höhe und stutzt jeden Redner auf Normalmaß. Doch als Josef Ackermann, Chef des zweitgrößten deutschen Geldhauses, am 20. Juni 2007 an diesem Ort seine Botschaft vortrug, erschien er dem Publikum nicht minder groß. Die SPD-Bundestagsfraktion hatte geladen, um ihren Frieden mit der Finanzwelt zu machen, und der Boss der Deutschen Bank trat auf wie der Vertreter einer Weltmacht. Schließlich repräsentiert er einen der weltgrößten Finanzkonzerne, der nur noch ein Fünftel seines Umsatzes in Deutschland erzielt und im Rennen um die Ersparnisse der Weltgesellschaft auf den vorderen Plätzen mitmischt.

Von räuberischen Heuschrecken-Fonds hatte zwei Jahre zuvor der SPD-Arbeitsminister gesprochen, vor unkalkulierbaren Risiken bei anonymen Fondsgesellschaften in Steueroasen hatte sein Kollege vom Finanzressort, Peer Steinbrück, gewarnt. Nun durfte Ackermann diese Sorgen mit leichter Hand beiseiteschieben. Nur »von Tatsachen und Sachkenntnis« solle man sich leiten lassen, riet er den Genossen. Gewiss, er könne das ungute »Bauchgefühl« verstehen, das viele Zeitgenossen angesichts der immer größeren Summen und Wetten befalle, die an den Märkten gehandelt würden, sagte der Banker mit dem sonnigen Lächeln und dem charmanten Schweizer Akzent. Aber das Finanzsystem sei »heute viel stabiler als früher«, versicherte er und gab nun ganz den aufgeklärten Fachmann. Die höhere Sicherheit sei vor allem »innovativen Finanzinstrumenten« zu verdanken und »neuen Akteuren wie zum Beispiel Hedge-Fonds«. Beides zusammen sorge dafür, dass die »Risiken viel breiter gestreut sind als früher«, erklärte Ackermann die schöne neue Finanzwelt. »Die Gefahr der Ansteckung«, also ein Übergreifen einer Finanzkrise von einem Land aufs andere und von einem Teilmarkt auf den nächsten, sei nur noch gering. Das System könne »mehr Risiken absorbieren«, und die »systemische Bedrohung hat sich verkleinert«, versicherte Deutschlands Topbanker. Keiner der anwesenden SPD-Fachpolitiker wagte zu widersprechen. Gegen Innovation und die Streuung von Risiken war schließlich nichts einzuwenden. Brav applaudierten die Genossen dem Spitzenverdiener der deutschen Managerklasse – und demonstrierten doch nur ihre Ahnungslosigkeit.

Denn schon seit Monaten bahnte sich genau das Gegenteil dessen an, was Ackermann versprach. Kühl spielte der Banker mit der Unwissenheit seines Publikums und verlor kein Wort über die sich häufenden Warnzeichen, die ihm längst bekannt waren. Just an dem Tag, als er in Berlin die regierenden Sozialdemokraten für dumm verkaufte, war herausgekommen, dass zwei der größten Fonds der traditionsreichen New Yorker Investmentbank Bear Stearns mit zusammen mehr als vier Milliarden Dollar Anlagekapital und 16 Milliarden Dollar Schulden kurz vor dem Zusammenbruch standen. Sie hatten das Geld ihrer Kunden sowie ein Vielfaches davon auf Pump in ebenjene innovativen Finanzinstrumente investiert, von denen der Deutsch-Banker in Berlin so schwärmte. Die vermeintlich intelligenten Produkte erwiesen sich nun plötzlich als unverkäuflich und damit wertlos. Verzweifelt verhandelten die Bear-Stearns-Manager in jenen Stunden, als Ackermann in Berlin sprach, mit ihren Kreditgebern über eine Verlängerung der Zahlungsfristen und den Verzicht auf Sicherheiten. Aber die Gläubiger, darunter auch die Deutsche Bank selbst, blieben hart. Zehn Tage später mussten die Fondsmanager den »lieben Kunden von Bear, Stearns & Co.« schreiben, dass »für die Investoren effektiv kein Wert mehr übrig geblieben ist«.[86] Einen weiteren Monat später meldeten sie Konkurs an, weil sie auch die aufgenommenen Kredite nicht mehr bedienen konnten.

Die Pleite der beiden Megafonds war keineswegs die erste dieser Art, aber sie war die bis dahin teuerste und der letzte Stein, der die bislang gefährlichste Krise der Finanzmärkte seit dem Crash von 1929 ins Rollen brachte. In den folgenden Wochen zog diese immer weitere Kreise, die über Deutschland und Japan bis nach China und Australien reichten. Ab Mitte August 2007 mündete sie schließlich in einem Zusammenbruch des Kapitalmarktes für kurzfristige Anlagen, trieb so die Zinsen in die Höhe und stürzte zigtausend Unternehmen der realen Wirtschaft und private Schuldner vornehmlich in den USA und Großbritannien in eine Kreditklemme. In den Folgemonaten rutschte zunächst die US-Ökonomie in eine Rezession, später ging auch in Europa und Asien die Konjunktur in die Knie, und bei Redaktionsschluss dieses Buches war das volle Ausmaß des Schadens noch immer nicht abzuschätzen.

Die Suche nach den Ursachen für dieses jüngste Debakel auf den deregulierten Finanzmärkten führt unmittelbar zum Ausgang der vorangegangenen Krise. Als im Winter des Jahres 2000 die »New Economy« der Internetwirtschaft sich gar nicht neu, sondern sehr altmodisch als krisenanfällig erwies, brachen die Börsenkurse in Amerika und Europa auf breiter Front ein. Amerikas Hightech-Aktien, gemessen mit dem Index der Technologiebörse Nasdaq, verloren binnen drei Jahren zwei Drittel ihres Wertes. Selbst die im Dow-Jones-Index erfassten Werte der großen Weltkonzerne verloren im gleichen Zeitraum fast ein Drittel. Damit mussten auch viele Amerikaner erkennen, dass sie weit weniger vermögend waren, als sie wegen der hohen Kurse der Aktien, in denen ihre Ersparnisse angelegt waren, zuvor angenommen hatten. Ihre Kaufkraft und damit die Nachfrage drohten zu schrumpfen. Gleichzeitig hatten auch viele gut gehende Unternehmen viel Geld verloren, weil sie ihre Überschüsse ebenfalls in die »Dotcom«-Blase gesteckt hatten. Darum begannen auch die meisten Unternehmen zu sparen und investierten weniger. Insbesondere in den USA drohten Rezession und steigende Arbeitslosigkeit. Darauf reagierte die amerikanische Notenbank Federal Reserve (Fed) unter Führung ihres damals 75-jährigen legendären Präsidenten Alan Greenspan radikal. Die Hüter der globalen Leitwährung senkten ab Januar 2001 den Basiszinssatz für den Dollar in mehreren Stufen von 6,5 auf schließlich nur noch ein Prozent im Juni 2003 ab. Für die Banken hieß das, dass sie sich bei der Zentralbank Geld zu einem negativen Zinssatz leihen konnten, also weniger Zins entrichten mussten, als die Inflationsrate betrug, und das fast zwei Jahre lang. Entsprechend billig konnten die Banken ihrerseits Kredite ausgeben. Die Rechnung der Notenbanker ging auf. Die US-Finanzinstitute fluteten die amerikanische

Wirtschaft mit billigen Krediten, und die drohende Rezession fiel aus, das Wirtschaftswachstum legte wieder zu.

Aber damit war der Keim für die nächste Katastrophe schon gelegt. Ausgerechnet die für Stabilität verantwortlichen Notenbanker nährten mit der Dollarflut eine neue weltweite Blase, die größer wurde als alle vorangegangenen. Die Marktzinsen fielen auf das niedrigste Niveau seit Jahrzehnten, und die Deals wurden immer gewagter, weil die Fed viel zu lange daran festhielt, Geld zum Billigzins in das Bankensystem zu pumpen. Selbst Firmen mit sehr unsicheren Gewinnaussichten bekamen billige Kredite, genauso wie verschuldete Konsumenten und Möchtegern-Hausbesitzer ohne Rücklagen. Zumindest ein führender Notenbanker sah die Gefahr auch kommen. Edward Gramlich, bis 2005 einer der sieben Fed-Governeure, warnte schon im Jahr 2004 vor dem Missbrauch des billigen Geldes durch einige Hypothekenbanken und forderte eine Verschärfung der Aufsicht. Aber Fed-Chef Greenspan war ein gläubiger Marktradikaler, der so wenig Regulierung wollte wie möglich. Darum verhinderte er die von Gramlich geforderte strengere Aufsicht, weil dies »die gewünschte Verfügbarkeit der Kredite untergraben hätte«, wie er später sagte.[87] In der Folge sanken die Zinsaufschläge für schlechte Schuldner gegen null, und viele Manager der Geldbranche verloren die Bodenhaftung, so wie etwa James Paulsen, Chefstratege des US-Geldhauses Wells Capital Management. Noch Anfang 2007 glaubte er allen Ernstes, eine »neue Ära« sei angebrochen, mit einem »verlängerten Konjunkturzyklus, wo die Kosten für Kapital 10 oder 20 Jahre gering bleiben«. »Es ist eine Niedrig-, Niedrig-, Niedrig-Zins-Welt«, schwärmte das US-Magazin *Business Week* und feierte das »easy money« als »Wachstumsbeschleuniger rund um die Welt«.[88]

Doch da hing über dem vermeintlichen Wirtschaftswunder längst die größte Blase aller Zeiten: Amerikas Immobilienboom. Bis 2004 waren die Zinsen für Hypotheken mit 30 Jahren Laufzeit auf nur noch 5,5 Prozent jährlich gesunken, halb so viel wie zu Beginn des Jahrzehnts. Das trieb zunächst die Neubauraten und die Häuserpreise nach oben. Bis Anfang 2007 hatten sich die Immobilienwerte dann im landesweiten Durchschnitt beinahe verdoppelt gegenüber dem

Stand von 1997, und das real, also nach Abzug der Inflation. Häuser in den Boomzonen Kaliforniens, Floridas oder in New York gewannen sogar bis zu 500 Prozent an Wert. Die steigenden Hauspreise bei gleichzeitig sinkenden Zinsen verführten Amerikas konsumhungrige Bürger wiederum zu immer größerer Verschuldung. In Massen nahmen Hausbesitzer, die in den USA rund 70 Prozent aller Haushalte stellen, neue Hypotheken auf, um mit dem Geld alles Mögliche zu kaufen, vom neuen Flachbildfernseher bis zu anderen Immobilien, mit denen sie auf noch höhere Preise spekulierten. »Die Leute nutzten ihre Häuser einfach als prächtige Geldautomaten«, schrieb die *Washington Post.*[89] So nährte der Boom sich jahrelang selbst. Billige Hypotheken trieben die Nachfrage nach Häusern. Steigende Hauspreise ermöglichten die Aufnahme zusätzlicher Hypotheken, und Amerika erzielte hohe Wachstumsraten, die auf der steigenden Verschuldung der Hausbesitzer beruhten. Am Ende erreichte der Wert aller ausgereichten Hypotheken etwa die Hälfte des Gesamtwerts aller privaten Immobilien der USA, doppelt so viel wie zehn Jahre zuvor.[90]

Das allein hätte jedoch auch langsam von selbst auslaufen können, ohne eine Krise mit weltweiten Folgen auszulösen. Als die Fed im Jahr 2006 die Zinsen wieder anzog, um die aufkommende Inflation zu begrenzen, ließ die amerikanische Baukonjunktur nach, und die Immobilienpreise begannen wieder zu sinken. Das musste zwar Amerikas Bauindustrie und Hausbesitzern wehtun. Die Neubauaufträge brachen ein, und die Zahl der Zwangsversteigerungen stieg, weil viele Hypothekenschuldner nicht mehr zahlen konnten. Aber solche Entwicklungen gab es auch früher schon. Warum gerieten dann aber Banker und Anleger weltweit in Panik, nur weil Joe Smith in Kentucky mit seinen Raten in Rückstand geriet?

Die Antwort liegt bei jenen »innovativen Instrumenten«, von denen Ackermann sprach. Diese waren es, mit denen die Banken das Risiko schönrechneten, nur um später selbst auf die Täuschung hereinzufallen und zugleich Vermögensverwalter rund um die Welt in die Falle zu locken. Am Ende traf es gewiefte Spekulanten mit jahrzehntelanger Erfahrung genauso wie den konservativen Kleinanleger. Und vom kommunalen

Pensionsfonds bis zur weltgrößten Bank verloren die verschiedensten Institutionen viele Hundert Milliarden Dollar.

Gemeinsam war allen Verlierern, dass ihr Geschäft mit dem Kauf oder Verkauf von sogenannten Kreditderivaten verknüpft war. Der Begriff klingt exotisch, und Finanzexperten beschreiben solche Wertpapiere gerne als »hochkomplex« oder »mathematisch«, nicht zuletzt, weil sich damit kritische Fragen verhindern lassen. Doch die Idee dahinter ist simpel. Derivate sind Papiere, deren Werte aus den Kursen für andere, ihnen zugrunde liegende Produkte »deriviert«, also abgeleitet sind. Solche Verträge gibt es, seitdem überhaupt professionell gehandelt wird. Wenn etwa ein Händler dem anderen schriftlich und gegen eine Gebühr versichert, er werde ihm 1000 Dollar in sechs Monaten zum heute festgelegten Wechselkurs in Euro abkaufen, dann hat er ein Derivat erworben. Er weiß heute schon, was ihn die Dollar in einem halben Jahr kosten werden, und kann sicher kalkulieren. Der Verkäufer des Kontrakts trägt das Kursrisiko. Steigt der Dollarwert in Euro, dann zahlt der Verkäufer des Derivats drauf. Fällt er, hat er die Gebühr verdient und die Kursdifferenz dazu.

Papiere dieser Art gibt es millionenfach und für so ziemlich alles, was auf großen Märkten gehandelt wird, Öl, Währungen, Stahl, Staatsanleihen oder Aktien. Viele dieser Verträge sind standardisiert und werden als feste Kontrakte an Börsen gehandelt. Aber noch viermal so viele Derivatverträge wie an den Börsen werden je nach Bedarf neu gestrickt und von einzelnen Akteuren an andere direkt per Telefon und Internet verkauft. Für die meisten Unternehmen dienen sie nur als eine Art Versicherung gegen Marktschwankungen. Jedes Geschäft lässt sich auf diesem Weg gegen alle unerwünschten Risiken absichern, wenn auch auf Kosten des eigenen Gewinns. Gleichzeitig sind Derivate aber auch ein mächtiges – und gefährliches – Spekulationsinstrument. Mit wenig Einsatz, nämlich der »Versicherungsgebühr«, lässt sich auf alle Kurse oder die Kombination mehrerer Kursentwicklungen wetten, ohne gleich selbst Aktien, Anleihen oder Waren kaufen zu müssen. Geht die Wette schief, kann es aber auch sehr schnell sehr teuer werden. Der Spekulant verliert sein Geld oder muss sogar nachzahlen.

Schon allein diese Mechanik verursacht extreme Kursschwankungen auf den Märkten und steigert so deren Anfälligkeit für Krisen. Aber erst im Jahr 1997 erfand eine Gruppe junger, ehrgeiziger Finanzjongleure bei der US-Großbank J.P. Morgan jene Konstruktion, die dann genau zehn Jahre später den teuersten Crash der Nachkriegsgeschichte auslöste. Denn diese Derivate hatten eine ganz besondere Eigenschaft: Sie schalten die Aufsichtsbehörden aus und setzen Kontrollmechanismen weitgehend außer Kraft.

Kreditderivate – Täuschung im Weltmaßstab

J.P. Morgan hatte damals das Problem, dass die Bank in großem Umfang Kredite ausgereicht hatte. Weltweit sehen Bankengesetze aber vor, dass die Menge des ausgeliehenen Geldes einen bestimmten Wert im Verhältnis zum Eigenkapital, also zum verfügbaren eigenen Geld der Bank, nicht überschreiten darf. In der Regel müssen Banken acht Prozent der Summe vorhalten, die sie verliehen haben, damit sie bei Ausfall großer Schuldner nicht selbst zahlungsunfähig werden – eine Konsequenz aus 300 Jahren bitterer Erfahrung mit Bankenpleiten und geschädigten Sparern. Im Finanzgewerbe gilt diese Beschränkung aber als eine lästige Wachstumsbremse. Darum verfiel die Morgan-Truppe auf die Idee, Derivate auf Kredite zu entwickeln. Sie boten Anlegern eine Gebühr dafür, dass die Gegenpartei sich verpflichtet, bei Ausfall eines Schuldners dessen Zahlungspflicht zu übernehmen. So musste die Bank zwar auf einen Teil der Zinseinnahmen verzichten, doch das Risiko verschwand aus den Büchern.

Für die Vermittlung von weiteren Krediten und für die lukrativen Gebühren, die damit zu verdienen waren, gab es nun keine Grenze mehr. Die Risikonehmer dagegen verdienten an Krediten, ohne selbst Geld verleihen zu müssen. Entsprechend erfolgreich war die Idee und verbreitete sich wie ein Lauffeuer in der Finanzbranche. Das Geschäft mit »Credit Default Swaps« (CDS), also Kreditausfall-Wechseln, explodierte förmlich in der folgenden Dekade. Bis Juni 2007 belief sich der nominale Wert der mit CDS-Kontrakten verbundenen Kredite schon auf die unvorstellbare Summe von 42 Billionen Dollar, was etwa der dreifachen Wirtschaftsleistung eines Jahres in den USA entsprach.[91]

Mit der Auslagerung der Risiken für einzelne Kredite gaben sich die Finanzingenieure bei J.P. Morgan jedoch von Anfang an nicht zufrieden. Das Massengeschäft mit Hypotheken, Autokrediten oder Kreditkartenschulden ließ sich damit nicht über die gesetzliche Grenze für den Vorhalt von Eigenkapital ausdehnen. Schließlich lohnte es nicht, für jede Hypothek einen CDS-Kontrakt zu schreiben und einen Käufer zu suchen. Darum erfanden sie die Bündelung von vielen Tausend kleinen Darlehen zu großen Paketen bei eigens zu diesem Zweck gegründeten Gesellschaften. Diese verkauften dann ihrerseits Anleihepapiere, für die das zuvor zusammengestellte Kreditpaket als Sicherheit diente. Das ist im Prinzip ein alter Hut. Auch der gute alte deutsche Pfandbrief ist mit vielen einzelnen Hypotheken besichert. Die neuen »Collateralized Debt Obligations« (CDO), zu Deutsch etwa »mit Forderungen besicherte Schuldverschreibungen«, hatten aber eine ganz besondere Eigenschaft: Sie verwandelten Forderungen an schlechte, also riskante Schuldner in erstklassig bewertete Anleihen.

Der Trick dahinter war die Anwendung einer Art Versicherungsmathematik. Die Schulden eines Kreditnehmers mit niedrigem Einkommen gelten als riskant, weil die Wahrscheinlichkeit hoch ist, dass er mit seinem Geld nicht auskommt und seine Raten schuldig bleibt. Entsprechend hoch sind die Zinsen, die er entrichten muss. Fasst man jedoch die Schulden von 1000 solcher armen Schlucker in einem Paket zusammen, dann ergibt sich aus Erfahrung, dass am Ende nicht alle, sondern vielleicht nur jeder zehnte dieser Schuldner wirklich nicht zahlen kann. Darum können 90 Prozent eines solchen Schuldenpakets als erstklassige, also sichere Anleihe verkauft werden, auch wenn die eigentlichen Kreditnehmer unzuverlässige Zahler sind. Nur die Käufer für die verbliebenen zehn Prozent, von den Erfindern »equity tranche« oder Eigenkapitalanteil genannt, haben ein hohes Risiko. Entsprechend höher ist ihr Anteil an den Zinseinahmen, solange alles gut geht.

So jedenfalls lautet die Theorie. Praktisch ist die Berechnung der einzelnen Anteile für die Käufer dieser Papiere aber kaum nachprüfbar. Schließlich beruht die Bewertung der zumeist drei verschiedenen Tranchen einer solchen CDO-Anleihe auf Erfahrungswerten, die nur die Bank selbst kennt. Zudem sind vergangene Erfahrungen nutzlos, wenn die Voraussetzungen sich ändern, also zum Beispiel mehr Kreditnehmer nicht zahlen können, weil die Arbeitslosigkeit zunimmt oder die Zinsen steigen. Aus der Idee wäre denn auch nie ein Geschäft geworden, wenn die Morgan-Truppe und später alle ihre Nachahmer nicht so einflussreiche Bündnispartner gefunden hätten: die drei großen Ratingagenturen Moody's, Standard & Poor's und Fitch. Alle drei Firmen haben ihre Zentrale in New York und sind eigentlich reine Privatunternehmen. Aber sie genießen eine behördenähnliche Macht, die auch Finanzminister und Vorstandschefs von Weltkonzernen fürchten müssen. Denn ihr Geschäft ist die Bewertung von Schuldnern und Wertpapieren jedweder Art. Sie untersuchen die Finanzgeschichte und Solidität jedes Auftraggebers, der sie dafür bezahlt, und vergeben Noten, die das Ergebnis vergleichbar machen sollen. »Aaa« (»Triple A«) bedeutet, der Schuldner ist über jeden Zweifel erhaben und wird bezahlen, eine Bewertung, der sich die meisten reichen Staaten und viele Weltkonzerne erfreuen. »Baa« ist schon nicht mehr ganz so gut, alles schlechter als »Ba-« gilt als riskant, und »C« bedeutet, der Kunde ist faktisch pleite. Die jeweilige Benotung ist für die Auftraggeber bares Geld wert. Gute Noten ermöglichen Kredite zu geringen Zinsen oder eben einen guten Preis für ein Wertpapier. Bei schlechten Noten werden die Schulden teuer.

Um Korruption zu verhindern und die eigene Unabhängigkeit zu sichern, treiben die Agenturen erheblichen Aufwand, mit dem sie ihre Mitarbeiter abschirmen und kontrollieren. Eine Bewertung muss stets von zwei Experten geprüft werden, und die Zuständigkeit für die jeweiligen Kunden wechselt häufiger. Gleichwohl sind die Umsätze und Gewinne der Ratingfirmen genau wie bei den Banken vom Umfang der möglichen Kreditsummen abhängig. Der Interessenkonflikt ist also schon im Geschäftsmodell eingebaut. Als sich nach 1997 die

Gelegenheit bot, mithilfe der »strukturierten« CDO-Anleihen, wie sie im Finanzjargon genannt werden, das Geschäft zu vervielfachen, stiegen Moody's und Co. darum begierig darauf ein. Gemeinsam mit den jeweiligen Banken stellten die angeblich unabhängigen Prüfer die Kreditpakete zusammen und vergaben die entsprechenden Bewertungen. Gemäß der Versicherungslogik waren diese für den größten Teil sehr gut. Folglich hatten die Verkäufer kein Problem, die Papiere unter das Investorenvolk zu bringen. Weil die großteils mit Aa bewerteten CDO-Anleihen höheren Zins brachten als normale Unternehmens- oder Staatspapiere, gingen die neuen Finanzprodukte weg wie warme Semmeln.

Das war gut für die großen, weltweit tätigen Banken, weil sie damit ihre Geschäfte grenzenlos ausweiten konnten, zum Beispiel mit der massenhaften Ausgabe von Hypotheken an jedermann. Parallel zum Boom der CDO-Papiere vervielfachte sich denn auch die Kreditvergabe. Bis Ende 2006 schnellte der nominale Wert der Kredite hinter den weltweit aufgelegten CDO-Anleihen auf annähernd eine Billion oder 1000 Milliarden Dollar im Jahr hoch.[92] Sowohl für die ausgebenden Banken als auch die Ratingagenturen wuchsen die Gewinne in den Himmel. Auf dem Gipfelpunkt des Kreditbooms im Dezember 2006 zahlten allein die fünf größten Wall-Street-Banken ihren Mitarbeitern mal eben mehr als 50 Milliarden Dollar als Weihnachtsbonus aus, fast so viel wie die gesamte weltweit gezahlte Entwicklungshilfe eines Jahres. Das Geschäft schien aber auch gut für die Käufer, weil sie höhere Erträge erzielten als mit dem Kauf von normalen Anleihen der gleichen Bonität. Insofern handele es sich »um das finanzielle Äquivalent der kalorienfreien Schokolade«, spottete Gillian Tett, die Investmentexpertin der *Financial Times,* »fast zu gut, um wahr zu sein«.[93]

Und genau das war es auch. Denn die Kehrseite der gewinnträchtigen Idee war gefährlich und dumm: Die Risiken wurden nicht nur besser im weltweiten System verteilt, wie Deutsche-Bank-Chef Ackermann so beruhigend referierte, sondern sie wurden auch vervielfacht. Die Banken senkten auf breiter Front die Kriterien bei der Kreditvergabe, auch schlechte Zahler und riskante Firmen kamen leicht an frisches Geld. Die Gefahr des Zahlungsausfalls ließ sich ja in schicker Verpackung weiterreichen, warum also groß die Kreditwürdigkeit prüfen? Gleichzeitig verschwanden die Risiken aber nicht nur aus den Büchern der Banken. Sie tauchten auch auf dem Radarschirm der Aufsichtsbehörden nicht mehr auf. Mitte 2007 wusste dann überhaupt niemand mehr, welches Institut nun mit welchen möglichen Risiken belastet war. Das ganze Kreditgeschäft gleiche nun einem Spiel, wo sich die Teilnehmer »im Dunkeln heiße Kartoffeln zuwerfen«, bis das Licht angehe und die letzten Fänger sich die Finger verbrennen, urteilte der US-Ökonom Joseph Mason.[94]

Allerdings dauerte es fast zehn Jahre vom erstmaligen Verkauf von CDO-Anleihen durch die Morgan-Bank bis zu dem Moment im Juni 2007, als das Licht anging und der Schaden sichtbar wurde. Die Käufer waren zunächst vor allem Hedge-Fonds, jene Kapitalanlagegesellschaften, die im Namen von reichen Anlegern oder auch Pensionskassen und Versicherungen große Renditen versprechen und darum hohe Risiken eingehen müssen. Fast immer machen sie für ein Vielfaches der Anlegergelder zusätzliche Schulden, um aus kleinen Kurs- oder Zinsgewinnen maximalen Profit zu schlagen. Aus zwei Prozent Gewinn auf das eingesetzte Eigenkapital von einer Million Dollar werden mithilfe eines zusätzlichen Kredits von neun Millionen Dollar dann eben 20 Prozent Rendite aufs Eigenkapital, abzüglich der Zinskosten für den Kredit. Tritt der Kursgewinn nicht ein, fallen freilich auch die Verluste entsprechend hoch aus. Insofern handelt es sich um Zockerclubs auf hohem Niveau, die das gesamte Finanzsystem fortwährend mit gigantischen Risiken aufladen.

Für die Banken ist das jedoch heute kein Problem mehr. Zwar sind Hedge-Fonds mittlerweile eine ihrer wichtigsten Einnahmequellen, und die Wall-Street-Banken wie Goldman Sachs oder eben Bear Stearns haben vielfach selbst solche Spekulationsfonds aufgelegt. Bei der Deutschen Bank bringen die Geschäfte mit den Zockern inzwischen sogar fast ein Fünftel des gesamten Konzerngewinns.[95] Aber das Ausfallrisiko reichen die Banker ja stets an andere Käufer weiter. Möglich sei dabei sogar, dass über mehrere Zwischenstationen ein Fonds am Ende Gebühren dafür einnehme, dass er das Risiko für seinen eigenen Ausfall übernimmt, bestätigt ein Beamter aus der deutschen Bankenaufsicht. »Ausschließen können wir da gar nichts«, beschreibt er die Lage, die alle Anstrengungen der nur nationalen Aufsichtsbehörden ad absurdum führt.

An die 10000 solcher Gesellschaften sind mittlerweile bekannt, die zusammen rund 1500 Milliarden Dollar Anlegergelder verwalten und ein Vielfaches davon an Krediten aufgenommen haben. Trotzdem arbeitet die ganze Branche verblüffenderweise ohne jede Aufsicht. Persönlich residieren die Manager fast aller größeren Fonds zwar in den schicken Büros an der »Goldküste« des US-Bundesstaates Connecticut nahe New York oder dem Londoner Reichenviertel Mayfair. Doch formal sind die Fonds als Briefkastenfirmen in Offshore-Zentren registriert, jenen virtuellen Finanzzentren wie den karibischen Cayman Islands, den Bahamas oder den britischen Kanalinseln, wo mehr Finanzgesellschaften beheimatet sind als Einwohner. Gemessen an den offiziell gebuchten Vermögen sind deshalb die Cayman Islands mit ihren gerade mal 46000 Einwohnern inzwischen das fünftgrößte Finanzzentrum der Welt, nach London, New York, Tokio und Hongkong. Nicht nur fallen dort keine Steuern an, es gibt auch fast keine gesetzlichen Vorschriften über den Umgang mit Anlegergeldern.

Diese Kombination, die Weitergabe der Kreditrisiken an unregulierte Finanzgesellschaften und die formale Verlagerung des Geschäfts in Steueroasen, hat das weltweite Geldgeschäft binnen weniger Jahre radikal verändert: Staatliche Kontrolle und damit Begrenzung der Risiken finden de facto nicht mehr statt. Die Finanzjongleure haben sich eine Art privater Anarchie, einen staatsfreien Raum geschaffen, wo allenfalls die Herrschaft des Geldes gilt, aber nicht die von Staaten und deren gesetzlichen Regeln. »Wir prüfen penibel unsere Banken auf die Einhaltung der Vorschriften für ausreichende Risikovorsorge, aber für die Sicherheit des Finanzsystems bringt das gar nichts, die Musik spielt ›offshore‹ und bei den Hedge-Fonds«, stellte Jochen Sanio, Chef der Bundesanstalt für Finanzdienstleistungsaufsicht (BaFin), schon lange vor Ausbruch der jüngsten Krise fest. Sony Kapoor, ein ehemaliger Derivatehändler und späterer Dissident der Londoner Investmentbankerszene, beschrieb die veränderte Situation drastischer. Das Finanzsystem sei früher »wie ein Auto auf glatter Straße gefahren, der Fahrer war ausgebildet, es gab Geschwindigkeitskontrollen und Polizeiautos«. Heute dagegen gleiche der Markt »einer großen Zahl von Lastwagen, die mit Brennstoff beladen auf einer Landstraße voller Schlaglöcher Rennen fahren, und selbst wenn es Geschwindigkeitskontrollen gibt, haben die Polizisten kein Auto und ihre Augen sind verbunden«.[96] Wie Sanio warnte auch Kapoor schon lange vor Ausbruch der Krise vor unkontrollierbaren Kettenreaktionen. Die Kritiker dachten dabei meist an den möglichen Zusammenbruch großer Hedge-Fonds, der auch deren Gläubiger, die Banken, in den Abgrund zieht. Doch dieses Drohszenario traf nicht annähernd die tatsächlichen Gefahren, die sich im System aufbauten. Als Sanio seine Warnung öffentlich machte, war der Handel mit den Kreditderivaten schon längst außer Kontrolle geraten.

Betrug an den Rentenkassen

Es war im Frühjahr 2004, als Taher Afghani von den unglaublichen Jobs erfuhr, die es in der Hypothekenbranche gab. Als Leiter eines Verteilzentrums für eine Handelskette verdiente der 27-jährige Sohn pakistanischer Einwanderer in San Francisco mit 58 000 Dollar im Jahr nicht schlecht. Aber dann nahm ihn ein Kumpel, der bei einer Firma namens Secure Funding arbeitete, zu einem Betriebsausflug in den Urlaubsort Los Cabos in Mexiko mit. »Ich habe nie zuvor gesehen, wie so viel Geld an einem Wochenende zum Fenster hinausgeworfen wurde«, erinnert er sich. »Es war verrückt, all die jungen Leute waren stinkreich, die besten Klamotten, die Autos, die Mädchen, alles hatten sie.« Das überzeugte Afghani, und er zog von San Francisco nach Costa Mesa nahe Los Angeles, um auch bei Secure Funding einzusteigen.

Seine Aufgabe war die telefonische Vermittlung von Hypotheken an Hausbesitzer, egal an wen, egal mit welchen Methoden und egal, ob die Empfänger sich das leisten konnten oder nicht. Die Kunden wurden mit Massen-E-Mails und Internetanzeigen für billige Kreditkarten »auch bei nicht ganz perfekter Bonität« zum Anrufen verführt. Wer darauf hereinfiel, dem erzählten Afghani und seine Kollegen, wie einfach sie einen sechsstelligen Kredit für ihr Häuschen bekommen könnten. Meist habe man kaum über die Konditionen wie Zinsen und Laufzeit gesprochen, sondern eher darüber, was die Kunden mit dem Geld alles anstellen konnten, erzählt Afghani. Zudem gab es den Trick mit den »Lockzinsen« (teaser rates), bei denen die Raten anfangs gering ausfielen, nur um dann später auf zehn Prozent und mehr zu steigen. Auch mit der Dokumentation des laufenden Einkommens nahmen es die Kreditverkäufer nicht so genau. Busfahrer, deren Kreditantrag ein Monatsgehalt von 10 000 Dollar auswies, seien keine Ausnahme gewesen, erzählt eine Kollegin von Afghani. Hypotheken im Wert von 1,25 Milliarden Dollar brachte Secure Funding auf diesem Weg im Jahr 2005 an den Mann und die Frau, allerdings nur, um sie umgehend an die britische Großbank HSBC weiterzureichen, die daraus neue Kreditderivate konstruierte.[97]

»Subprime«, nicht erstklassig, so wurden im beschönigenden Fachjargon die eigentlich gar nicht kreditwürdigen Schuldner genannt, mit denen die Firma ihr Geld verdiente. Und Secure Funding war nur eines von Hunderten ähnlicher Unternehmen, die in den USA in den vier Jahren vor dem Crash den Schuldenboom auf die Spitze trieben. Als sich abzeichnete, dass der Markt für gut verdienende Schuldner weitgehend abgegrast war, griff die Finanzindustrie vermehrt auf dubiose Maklerfirmen wie Secure Funding zurück, damit das Kreditrad sich weiterdrehen konnte. Im letzten Jahr vor dem Zusammenbruch entfiel schon jede fünfte neue Hypothek in den USA auf »Ninja«-Kunden, wie sie in der Branche hießen: »no income, no job, no assets« (kein Einkommen, keine Arbeit, kein Vermögen). Mindestens fünf Millionen Menschen, viele davon Schwarze und Angehörige anderer ethnischer Minderheiten, wurden systematisch in eine Verschuldung jenseits ihrer Möglichkeiten getrieben, immer in der Erwartung, dass der scheinbar endlos steigende Wert ihrer Häuschen das Geld schon irgendwie wieder hereinbringen würde. Am Ende war ihre gemeinsame Schuld auf die ungeheuerliche Summe von rund 1200 Milliarden Dollar angewachsen, was einem Zehntel aller ausstehenden US-Hypotheken entsprach.

Möglich war dies nur, weil Maklerfirmen die ausgegebenen Kredite stets sofort an eine der Großbanken weiterreichten, die daraus ihre »strukturierten Produkte« strickten. Weil die Ratingagenturen vielen dieser CDO-Papiere bereitwillig gute Kreditnoten gaben, konnten die Investmentbanker sie ihrerseits in beinahe beliebiger Menge weiterverkaufen. In kollektiver Verantwortungslosigkeit machte die globale Finanzindustrie so die Verschleuderung von Kredit an arme Leute zu einer Goldgrube für die Investmentbanken und zu einem Pleitesumpf für die Käufer.

Allerdings konnte die Hedge-Fonds-Branche die nötigen Summen bald schon nicht mehr allein stemmen. Mit »regelrechten Drückerkolonnen«, so beschreibt es der frühere Finanzexperte des Internationalen Währungsfonds und heutige Vizechef der Investmentbank Lazard, Gerd Häusler, machten sich die Wall-Street-Banken daher auf, ihre geschönten Risikopapiere weltweit an Vermögensverwalter und Fondsmanager zu verhökern. »Giftmüll« wurden die schlechteren Tranchen, die das höchste Risiko trugen, intern genannt. Doch das hinderte die Bankenvertreter nicht daran, gerade diese an die schlechter qualifizierten Manager zahlreicher öffentlicher Pensionsfonds zu verkaufen. Mindestens eine halbe Milliarde Dollar, die der Alterssicherung von Lehrern, Feuerwehrleuten und Polizisten dienen sollte, wurde so verbrannt, berichtete der Finanznachrichtendienst Bloomberg.[98]

Parallel dazu startete die Verkaufsoffensive in Übersee. Überall, von der großen halbstaatlichen Bank of China über die australische Bank Macquarie und die europäischen Versicherungsriesen Allianz und AXA bis hin zur Westdeutschen Landesbank und der Sachsen LB, fanden sich Käufer, die nur zu gern an die Noten der Ratingagenturen glaubten und die erhöhten Zinsen kassieren wollten. Und so kam es, dass auch bei Stefan Ortseifen und seinen Kollegen von der Düsseldorfer IKB Berater und Verkäufer in Sachen CDOs anklopften und lukrative Anlageformen anboten. Neben der »Drückerkolonne« von J.P. Morgan kam so auch die Deutsche Bank mit der IKB ins Geschäft. Den eigentlich konservativen Mittelstandsbankern bot sich damit die Chance, den kleinen Margen am deutschen Kreditmarkt zu entkommen, »die kaum die Kosten decken«, wie Ortseifen sich beschwert hatte.

Darum gründeten die IKB-Manager im Jahr 2002 eine Zweckgesellschaft mit Sitz in einem unkontrollierten Offshore-Center, einer Steueroase. Auf der Kanalinsel Jersey und im US-Bundesstaat Delaware, eine weitere Briefkastenfirma-Adresse, registrierten sie die »Rhineland Funding Capital Corporation« – eine Art Hedge-Fonds in eigener Sache, im Bankenjargon »Conduit« genannt, nach dem englischen Wort für Leitung oder Kanal. Ein Jahr später folgte in Irland die Gründung einer weiteren Gesellschaft namens »Rhinebridge Fonds« mit der gleichen Funktion. Im Namen dieser Fonds – und ausgestattet mit der Garantie der Mutterbank – verkauften die IKB-Händler im großen Stil ein- bis dreimonatige Schuldverschreibungen zum Standardzins am Geldmarkt. Von der Schulbehörde in Minneapolis bis zum Immobilienmakler in London fanden sich überall Käufer, die flüssiges Geld für kurze Zeit parken wollten. Diese Finanzierung musste zwar spätestens nach drei Monaten immer wieder erneuert werden, aber an den Märkten gab es Geld wie Heu. Händler wie Notenbanker stöhnten unter der »Überschuss-Liquidität«.

Die Erlöse aus dem Verkauf der Kurzläufer investierten die Rhineland-Strategen sodann in die lang laufenden CDO-Anleihen, die ihnen unter anderem die Deutsch-Banker andienten. Die Zinsdifferenz ging als »Beratungsgebühr« ans Mutterhaus, die IKB, und peppte dort die Gewinne auf. Im September 2003 hatten die Fonds ein Volumen von 4,8 Milliarden Euro, drei Jahre später waren es schon 9 Milliarden. Der Erlös aus der Kreditspekulation bestritt am Ende schon ein Drittel des gesamten Bankgewinns. Das beruhte zwar alles auf dem seit je riskanten Prinzip, aus kurzfristigen Schulden langfristige Investments zu machen. Aber mehr als 90 Prozent der gekauften CDO-Papiere trugen mindestens ein A-Etikett der Ratingagenturen, darum machte sich niemand Sorgen. Wenn die Kurzfristgelder ausbleiben würden, hätte man ja die längerfristigen Anlagen wieder verkaufen können. Zudem bekam die IKB selbst von der Agentur Moody's bescheinigt, sie habe sich »erfolgreich diversifiziert«. Noch einen Monat vor dem Zusammenbruch kündigte IKB-Vorstand Ortseifen ein »Rekordergebnis« für das laufende Geschäftsjahr an.

Tatsächlich war zu diesem Zeitpunkt, im Juni 2007, die Krise längst in vollem Gang. Nur verlief dieser Crash in einer Art Zeitlupe. Schon im Herbst 2006 hatten US-Immobilienfirmen gemeldet, dass immer mehr »Subprime«-Schuldner ihren Zahlungsverpflichtungen nicht nachkamen. 13 Prozent aller Hypotheken für Geringverdiener waren schon im Rückstand. Folglich bröckelten auch bei den zugehörigen CDO-Anleihen die Zahlungseingänge. Bis zum Frühjahr brach das Neugeschäft mit Hypotheken praktisch zusammen, 30 kleinere Hypothekenbanken gingen in Konkurs. Anfang Februar erklärte der Vorstand der britisch-asiatischen Bank HSBC, der drittgrößte Finanzkonzern der Welt und einer der größten Investoren in US-Hypotheken, dass bereits mehr als zehn Milliarden Dollar für erwartete »Subprime«-Verluste zurückgestellt worden seien. Kurz darauf meldete die Finanztochter von General Motors eine Milliarde Verlust im Subprime-Sektor. Anschließend ging beim Schweizer Bankriesen UBS der erste Hedge-Fonds wegen der abgewerteten Hypotheken-CDOs in die Knie. Im April gestanden die Etikettenschwindler von Moody's erstmals, dass die von ihnen bewerteten Subprime-Kredite mit dreimal höherer Wahrscheinlichkeit platzen würden, als dies noch 2004 der Fall war. Gleichzeitig behauptete die Agentur aber, es werde »keine nennenswerte Anzahl von Abwertungen« für Papiere mit einer A-Note geben.[99]

Brandstifter, Biedermann, Ackermann

Doch spätestens zu diesem Zeitpunkt war der Zweifel im Markt. CDO-Papiere, auch mit gutem Rating, galten nicht mehr als sicher. Ein Fonds nach dem anderen bekam Probleme mit der Geldbeschaffung, weil die Geldgeber Kreditderivate nicht mehr als Sicherheit akzeptierten. Wenn alte Deals wie die verbreiteten Drei-Monats-Kredite ausliefen, zögerten die Käufer mit der Verlängerung. Der Zusammenbruch der beiden Fonds von Bear Stearns geriet schließlich zur regelrechten Demonstration. 16 Milliarden Dollar hatten deren Verwalter mit kurzfristigen Krediten finanziert. Als die ersten Kreditgeber ihr Geld zurückforderten, streckte das Mutterhaus drei Milliarden Dollar vor. Aber trotzdem wollte keine Bank mehr bei den Fonds engagiert bleiben. Als die Fondsmanager das geforderte Geld nicht mehr auftreiben konnten, machten die Kollegen von der Investmentbank Merrill Lynch Ernst. Sie beschlagnahmten den Teil der CDO-Anleihen, der ihnen zustand, und boten diese zum Verkauf an. Und dann geschah es: Keiner der Banker, die gestern noch selbst das hohe Lied der gestreuten Risiken gesungen hatten, wollte jetzt auch nur annähernd die Preise zahlen, die Bear Stearns und die Gläubiger dafür angesetzt hatten. Plötzlich wurde klar: Die krude Mathematik hinter den »strukturierten Investmentprodukten« war unglaubwürdig. Und erst jetzt nahmen auch die Ratingagenturen ihre Bestnoten zurück. Moody's stufte wenige Wochen später gleich 691 große CDO-Pakete zurück, darunter 228, die zuvor mit A-Noten verkauft worden waren. »Diese Kredite haben sich in einem weit höheren Maße als faul erwiesen als ursprünglich angenommen«, schrieben die Kredittester.[100]

Von da an war kein Halten mehr. Schlagartig wurde wieder klar, warum das Wort »Kredit« einst aus dem lateinischen »credere« entstanden war, was »glauben« und »vertrauen« bedeutet. Denn allein darauf beruht aller Umgang mit Geld. Dass jedermann bereit ist, ein Bündel bunter Papierstreifen gegen harte Arbeit und wertvolle Produkte zu tauschen, hat nur einen Grund: Alle anderen tun es auch. Geld und Kredit sind daher nichts anderes als akkumuliertes Vertrauen auf der Basis von allseits anerkannten Regeln. Wird es gebrochen, zum Beispiel wenn eine Notenbank zu viel Geld in Umlauf setzt und es inflationiert, also entwertet, dann ist der Vertrauensverlust kaum noch aufzuhalten.

Und genau das geschah ab Juli 2007 auf dem weltweiten Kreditmarkt. Das Vertrauen sank auf den Nullpunkt. Darlehen im Wert von Milliarden und Abermilliarden Dollar, Euro oder Yen waren in Derivate verpackt, weiterverkauft, erneut verpackt und wieder verkauft worden. Zumindest im Fall der Subprime-Hypotheken war dies unter falschen Angaben über die Ausfallsicherheit geschehen. »Wenn Moody's und Standard & Poor's da einen so lausigen Job gemacht haben, wie soll der Markt darauf vertrauen, dass sie den gleichen strukturellen Fehler nicht auch bei anderen Produkten gleicher Art gemacht haben?«, beschrieb William Gross, Chef des weltgrößten Anleihefonds beim Vermögensverwalter Pimco, einer Tochter des Allianz-Konzerns, die verbreitete Stimmung.[101] Niemand wusste mehr, was die konstruierten Papiere wirklich wert waren. Entsprechend wollte niemand sie kaufen oder gegen diese Sicherheit noch Kredit geben. Beinahe über Nacht war damit auch der Boom für kreditfinanzierte Unternehmenskäufe beendet. In den sechs Monaten bis Juli 2007 hatten die Private-Equity-Fonds wie Blackstone, KKR und andere noch Übernahmen im Wert von 3400 Milliarden Dollar angekündigt, so viel wie im gesamten Vorjahr. Doch die meisten der geplanten Deals fielen nun aus. Die Heuschreckenbranche bekam statt Krediten Zwangsurlaub, und mit ihr schwand das Geld, das die Aktienwerte angetrieben hatte. Prompt brachen von Hongkong bis Frankfurt die Börsen ein. Selbst ein Vermögensverwalter im malaysischen Kuala Lumpur sprach noch von einem »Blutbad«.[102]

Diese Lage war es auch, die den Managern der IKB und deren Chef Stefan Ortseifen die Pleite bescherte. Ihnen ging schlicht das Geld für ihre Rhineland- und Rhinebridge-Fonds aus. Deren Drei-Monats-Papiere konnten sie nicht erneuern und mussten die alten zurückzahlen, aber ihre CDO-Anleihen waren unverkäuflich. Plötzlich musste die Bank eine Milliarde Euro aufbringen, die sie kurzfristig nicht zur Verfügung hatte. Der Versuch, beim Branchenprimus Deutsche Bank Geld zu beschaffen, beschleunigte nur das Ende. Die Deutsch-Banker hatten der IKB zwar einen Teil der Papiere verkauft, wollten darauf aber keine Kredite geben. Stattdessen verständigte Josef Ackermann am 27. Juli 2007 persönlich die Aufsichtsbehörde BaFin in Bonn, »dass es da eine Schieflage gibt«, wie er sich später ausdrückte. Anschließend inszenierte er eine Neuaufführung des Klassikers vom Biedermann, der mit den Brandstiftern gemeinsame Sache macht, aber zur Vorsicht im Umgang mit dem Feuer mahnt.

Durch die von ihm initiierte Rettungsaktion »haben wir innerhalb von zwei Tagen eine Lösung gefunden« und »große Verwerfungen« am deutschen Finanzmarkt verhindert, pries er seinen Vorstoß. Organisiert wurde freilich nur die Rettung durch den Steuerzahler, die die übrigen deutschen Finanzinstitute davor bewahrte, durch Vertrauensentzug ihrer ausländischen Partner ins selbe Loch zu fallen. Auf Druck von BaFin-Chef Sanio und Finanzminister Peer Steinbrück übernahmen die staatseigene Kreditanstalt für Wiederaufbau (KfW) und die Sparkassenverbände den allergrößten Teil des Risikos für das Rhineland-Abenteuer der IKB in Höhe von 5,3 Milliarden Euro. Die privaten Banken beteiligten sich über den gesetzlich vorgeschriebenen Einlagensicherungsfonds mit nur 925 Millionen Euro, die aber womöglich gar nicht benötigt werden. Die tatsächlich eingetretenen Verluste infolge des Preissturzes für die CDO-Papiere werden voraussichtlich fast nur zulasten des Eigenkapitals der IKB und des staatlichen Hauptaktionärs KfW gehen. Dafür gab Ackermann aber zum Besten, wen er für den Schuldigen hielt: die IKB-Manager selbst und ganz allein. Nur auf die Ratingagenturen zu vertrauen sei »schon ein wenig naiv« gewesen, schalt Ackermann das »Versäumnis des Managements«.[103]

Dabei waren gerade auch Vertreter seines Konzerns mit ebendiesen Bonitätsnoten auf Kundenfang gegangen. Allein bis Anfang 2004 soll nur die Deutsche Bank den IKB-Kollegen amerikanische Kreditderivate im Wert von 500 bis 600 Millionen Euro verkauft haben, berichtete das Londoner Fachblatt *Risk*. Schon damit habe das Ackermann-Haus 20 bis 30 Millionen Euro an dem IKB-Engagement verdient, das die Fachjournalisten schon im Jahr 2004 als »einzigartig riskant« einstuften.[104] Mit dem Chef der Deutschen Bank habe sich jemand zu Wort gemeldet, der »zuvor an dem Conduit der IKB reichlich verdient« habe, mokierte sich denn auch Heinrich Haasis, Präsident des Sparkassenverbandes. Da habe sich »derjenige als Brandschutzberater geriert, der zuvor reichlich Brennstoff geliefert hat«.[105]

Für das wachsende Chaos an den Kapitalmärkten hatte das Gerangel in Deutschland freilich keine Bedeutung. Woche für Woche eskalierte die Vertrauenskrise weiter. Weil niemand wusste, wo welche Risiken auftauchen würden, brach in Europa und den USA der wichtigste aller Kreditmärkte zusammen: der zwischen den Banken selbst. Was sonst gang und gäbe war, das »Stellen von Liquidität« für die Kollegen bis zum nächsten Tag, funktionierte nicht mehr. Geld bekam nur noch, wer weit mehr Zins bot als jene Basisrate, die Europas Zentralbank und die amerikanische Federal Reserve am Markt haben wollten. Kredite aber sind das Lebensblut der Volkswirtschaft. Werden sie plötzlich teurer, trocknet der Kreislauf aus. Darum geriet die ganze globale Geldmaschine ins Stocken und löste eine Kette von Zusammenbrüchen aus, darunter sogar jener Fonds, dem die Harvard Universität einen Teil ihres Vermögens anvertraut hatte. Er verlor 1,5 Milliarden Dollar und musste geschlossen werden, nun müssen auch die Spitzenakademiker sparen.

Wenn derartige Verluste eintreten, sind Kettenreaktionen unvermeidlich. Da muss Hedge-Fonds A seine Kredite zurückzahlen, weil die Bank B die Hypothekenderivate nicht mehr als Sicherheit akzeptiert. Also muss der Fonds zu jedem Preis verkaufen, der Kurs sinkt weiter. In der Folge verlieren die Anlagen vieler anderer Fonds ebenfalls an Wert, auch sie bekommen Anrufe ihrer Kreditgeber, die auf Rückzahlung drängen. Darum verkaufen auch sie alles, was noch abgenommen wird, und so greift der Kursverfall auf die Aktienbörsen über. Irgendwann sind die Kurse so weit im Keller, dass viele Fondsmanager ihre Kredite nicht mehr bedienen können. Dann fehlt den Banken Geld, sie können ihrerseits Verbindlichkeiten nicht mehr begleichen und müssen selbst zusätzliche Schulden aufnehmen. Aber die Institute, die noch über flüssige Mittel auf ihren Konten verfügen, halten daran fest oder verlangen drastische Zinsaufschläge, weil sie nicht wissen, welche Risiken in den Büchern der anderen versteckt sind.

So entstand 2007 ein Teufelskreis, der massenhaft auch solche Investoren traf, die nie auch nur einen Cent in amerikanische Hypothekenpapiere investiert hatten. Weil alle Kreditderivate plötzlich als unsicher galten, waren zum Beispiel auch die 800 Millionen Euro betroffen, die deutsche Lebensversicherer und Pensionskassen bei einem Fonds der Kölner Oppenheim-Bank angelegt hatten. Dieser hatte auch in Kreditderivate investiert, aber nur in europäische. »Die Banken stellen weltweit keine Kurse mehr für unsere Papiere«, beschwerte sich der Leiter des Fondsmanagements bei Oppenheim. »Wir sind von der US-Krise infiziert, ohne etwas dafür zu können«, klagte er – und mit ihm Millionen deutscher Lebensversicherungs-Sparer.[106]

Auf diese Weise »nahmen die Finanzmärkte die Weltwirtschaft als Geisel«, befand sogar die *Financial Times,* die in der Geldbranche ihre meisten Leser hat.[107] Am Ende blieb den Notenbankern in Frankfurt, Washington und Tokio gar nichts anderes übrig, als doch wieder den Teufel mit dem Beelzebub auszutreiben. Für mehr als 300 Milliarden Dollar vergaben sie binnen 48 Stunden am 9. und 10. August 2007 zusätzlich Kredite an die Banken, um »Liquidität« zu schaffen und den Marktzins wenigstens für das Tagesgeld wieder auf das gewünschte Niveau zu rücken. Die Fed akzeptierte sogar einige Derivate als Sicherheit und senkte eine Woche später auch ihre Basiszinsen, blähte also erneut die Geldmenge auf und kaufte indirekt die Spekulanten wieder frei.

Die Reaktion an den Märkten war freilich alles andere als beruhigend: Jetzt vermuteten die Geldverwalter der globalen Finanzindustrie nicht mehr, dass die Krise schlimm werden würde, jetzt wussten sie es. Die drastische Intervention der Währungshüter wirkte etwa so wie die laute Warnung vor einem Feuer im voll besetzten Kino: Alle stürmen zum Ausgang. Der Kreditmarkt trocknete noch weiter aus, und erneut brach für einige Geldfürsten die Welt zusammen. Für Adam Applegarth zum Beispiel. Ihm, dem Chef der britischen Hypothekenbank Northern Rock, erschien der 9. August als der Tag, »an dem die Erde aufhörte, sich zu drehen«, wie er später in einem Fernsehinterview bekannte.[108] Applegarth hatte binnen sechs Jahren sein Provinzinstitut zum Aldi der britischen Häuslebauer gemacht. Die zwei Milliarden Pfund (rund drei Milliarden Euro) Spareinlagen seiner Kunden reichten dafür aber nicht aus. Darum spielte auch er das amerikanische Spiel und finanzierte seine Billighypotheken mit geliehenem Geld auf kurze Frist. Als durchsickerte, dass Northern Rock in Schwierigkeiten geraten war, geschah etwas, was niemand für möglich gehalten hatte: Zum ersten Mal seit 1896 erlebte Britannien einen echten Bankenkrach. 1,5 Millionen Sparer stürmten die Northern-Rock-Filialen und standen drei Tage lang an, um ihre Konten leer zu räumen. Damit war die Bank praktisch über Nacht pleite. Erst als die britische Regierung eine Staatsgarantie für alle Einlagen bei Applegarths Hypotheken-Bude aussprach, ebbte die Panik ab. Im Februar 2008 blieb der britischen Regierung dann gar nichts anderes übrig, als die Bank in staatliche Hand zu übertragen.

Doch selbst das Northern-Rock-Drama geriet im Verlauf der Folgemonate zur Episode. Nun stellte sich heraus, dass es keineswegs nur ahnungslose deutsche Provinzbanker waren, die mit windigen Fonds außerhalb aller Bilanzvorschriften das große Rad drehten und die Bankenaufsicht aushebelten. Die IKB und die Sachsen LB hatten lediglich kopiert, was bei den klingenden Namen der westlichen Finanzwelt seit Jahren gang und gäbe war. Von der Dresdner Bank bis zur britischen HSBC, von der französischen Societé Generale bis zur Bank of Montreal, sie alle hatten sich »Conduits« in den Grauzonen der Offshore-Zentren zugelegt, die am Geldmarkt Drei- bis Sechsmonatskredite aufnahmen und in langfristige, gut verzinste CDO-Pakete investierten. Parallel zum offiziellen Bankensystem hatte sich so eine ganze Kette von »Schattenbanken« etabliert, die jenseits aller Kontrollen gigantische Kreditvolumen von rund einer halben Billion Dollar bewegten. Bis zur Hälfte aller ausgereichten Darlehen in den USA seien zuletzt über dieses System gelaufen, kalkulierte Bob Janjuah, Kreditanalyst der Royal Bank of Scotland. »Die Schattenbank-Welt« sei »in einem unglaublichen Maß« gewachsen.[109]

Die Parallelbanken hatten freilich einen entscheidenden Nachteil: Weil es sie offiziell, also für Aufseher und Aktionäre, gar nicht gab, hatten sie auch keinen Zugang zu den Notkrediten der Zentralbanken. Weil aber ab Juli 2007 kein privater Anleger mehr die von solchen Phantomen ausgegebenen Kurzfristanleihen kaufen wollte und die auslaufenden Schuldverschreibungen bezahlt werden mussten, blieb den Mutterbanken nichts anderes übrig, als ihre Schattentöchter zurück ins Licht der offiziellen Bilanz zu holen. Unweigerlich geriet darum eine Großbank nach der anderen in die Schieflage. Für die zig Milliarden ausstehender Verbindlichkeiten fehlte nun das gesetzlich vorgeschriebene Mindestmaß an Eigenkapital. Jahrelang hatten die Geldfürsten die Kosten für dieses Sicherheitspolster gespart, nun geriet ihnen das zum Verhängnis. Gleichzeitig stürzte der Wert der gekauften CDO-Pakete, dementsprechend waren sie gezwungen, den Wertverlust abzuschreiben.

Als Erster musste dann ausgerechnet Marcel Rohner, der gerade erst inthronisierte neue Chef der Schweizer Großbank UBS, Anfang Dezember 2007 die weiße Fahne hissen. Abschreibungen von mehr als 14 Milliarden Dollar bescherten dem Geldkonzern, der als größter Vermögensverwalter der Welt eigentlich ein Inbegriff der Solidität war, den ersten Jahresverlust in der gesamten Unternehmensgeschichte. Bald darauf folgte fast die gesamte Parade der globalen Großbanken, darunter auch die Titanen der Wall Street, Merrill Lynch und Morgan Stanley. Die größte Bank der Welt, die Citigroup, verzeichnete auch den größten Verlust. Satte 25 Milliarden Dollar kamen der globalen Megabank bis Ende 2007 abhanden, dazu mehr als die Hälfte ihres Börsenwerts – sowie ihr Vorstandsvorsitzender Charles Prince und die verantwortlichen Manager für das gute Dutzend »Conduits«, die sich der Konzern geleistet hatte. Insgesamt schrieben die Großbanken bis zum Februar 2008 rund 120 Milliarden Dollar an Wertverlusten in ihre Bücher. Nach Erwartung der bis dahin meist treffsicheren Analysten der Wall-Street-Bank Goldman Sachs sollte sich diese Summe im Laufe des Jahres 2008 noch einmal verdoppeln.[110] Die Finanzminister der G7-Gruppe rechneten sogar mit Ausfällen von 400 Milliarden Euro, und auch das wird voraussichtlich noch nicht das Ende sein. Der New Yorker Finanzmarkt-Professor Nouriel Roubini, der den Hypothekencrash schon im Jahr 2006 prophezeit hatte, warnte im Februar 2008 vor dem Überschwappen der Krise auf den Markt für Kreditkarten- und Konsumentenkredite sowie den ganzen

Sektor der Darlehen, die für die Unternehmenskäufe der Private-Equity-Branche ausgegeben wurden. Am Ende sei mit Ausfällen von einer Billion Dollar zu rechnen, schrieb Roubini. Ein »systemischer Zusammenbruch« des Finanzsystems werde immer wahrscheinlicher.[111]

Zwangsläufig mussten die betroffenen Banken und Fonds so in den Folgemonaten die Ausgabe neuer Kredite drastisch herunterfahren, nach Einschätzung von Goldman Sachs um zwei Billionen Dollar weltweit. Gleichzeitig standen in den USA mehr als zwei Millionen Häuser zur Zwangsversteigerung an. Landesweit fielen die Immobilienpreise und mit ihnen die geborgte Kaufkraft der Eigenheimbesitzer. Obwohl die Fed die Zinsen am Geldmarkt schließlich sogar unter die Inflationsrate drückte, war eine Rezession in den USA nicht mehr zu verhindern. Denn niedrige Zinsen können eine Wirtschaft ankurbeln, wenn die Unternehmen überschuldet sind. Sind aber die Banken klamm, müssen sie ihre Verluste erst wiedergutmachen, bevor sie das Geschäft ausweiten können – ein Phänomen, das Japans Volkswirtschaft trotz Nullzinsen nach dem Immobiliencrash von 1990 für mehr als ein Jahrzehnt in die Stagnation trieb.

Dieses Schicksal bleibt den USA aber wahrscheinlich erspart. Denn parallel zur Aufdeckung ihrer Verluste leiteten die Milliardenzocker der globalen Hochfinanz einen spektakulären Schachzug zur Rettung ihrer Konzerne vor dem Untergang ein: Sie gewannen die Staatsfonds aus China, Korea, Singapur und den arabischen Ölstaaten als Helfer in der Not, die mit zweistelligen Milliardensummen als neue Großaktionäre einstiegen. Allein die Citigroup gab neue Aktienanleihen im Wert von 21,5 Milliarden Dollar aus. Käufer waren die staatlichen Vermögensverwalter von Abu Dhabi, Singapur, Kuwait und der saudische Prinz Alwaleed bin Talal. Bei UBS wurde ebenfalls der Kleinstaat Singapur zum neuen Großaktionär, ebenso bei Merrill Lynch, wo auch die Koreaner einstiegen. Bei Morgan Stanley reden nun die Vertreter der China Investment Corporation mit; für Bear Stearns, mit dessen Fondspleiten die Krise ausgebrochen war, kam jedoch auch solche Hilfe zu spät. Bevor die chinesische Citic Bank ihren angekündigten Einstieg mit einer Milliarde Dollar in Peking genehmigt bekam, war die

Investmentbank schon am Ende. Nach einer Rettungsaktion durch die Fed kaufte die Großbank JPMorgan Chase den Laden zum Schnäppchenpreis.

»Noch nie seit der Zeit vor dem Ersten Weltkrieg haben amerikanische Unternehmen so viel ausländisches Kapital geholt«, sagte der Wirtschaftshistoriker Charles Geisst und stellte den Vorgang damit in den richtigen Rahmen. Die friedliche Invasion der arabischen und asiatischen Staatskapitalisten auf Einladung der Topmanager der Geldwelt markiert eine historische Wende in der Geschichte des Kapitalismus – und ist voller Ironie. Ausgerechnet die Vermögensverwalter im Staatsauftrag, die langfristig planen und sich nicht dem Diktat der Gewinnmaximierung im Vierteljahresrhythmus unterwerfen müssen, ausgerechnet diese Ketzer des Marktglaubens sind nun im Zentrum des amerikanischen Finanzkapitalismus zu prominenten Teilhabern aufgerückt. Noch während die Verhandlungen liefen, werkelten Politiker auf beiden Seiten des Atlantiks an strengen Regeln, um den Einstieg der Marktlenker aus Nah- und Fernost in die Konzerne ihrer Länder zu erschweren. Nun titelte das *Wall Street Journal,* das Leitorgan der US-Wirtschaft, schlicht: »Die Welt rettet die Wall Street«.[112]

Plutokratenfilz statt Regulierung

Den drastischen Rückschlag für die Weltwirtschaft konnte freilich auch das nicht verhindern. Über die fallenden Kurse von Aktien und Kreditpapieren gingen Werte im Volumen von mehreren Tausend Milliarden Dollar, Euro und Yen verloren. Millionen und Abermillionen Sparer und Hausbesitzer wurden geschädigt oder in den Ruin getrieben. Zudem mussten die Steuerzahler für Verluste und Staatsgarantien in Milliardenhöhe bluten, ohne dass je ein Parlament dazu auch nur befragt wurde. Einmal mehr war die globale Wirtschaftsentwicklung das »Nebenprodukt der Aktivitäten eines Kasinos«, wie es Keynes einst so treffend beschrieben hatte.

Doch merkwürdig: Die verantwortlichen Regierungen in Amerika, Europa und Japan gingen mit dem Phänomen um, als handele es sich nur um eine kleinere Störung. Die EU-Kommission etwa, verantwortlich für die globalen Belange der europäischen Wirtschaft und sonst stets für neue Regulierungen zu haben, tat einfach gar nichts. Charles McCreevy, der zuständige EU-Kommissar, lehnte schärfere Regeln für die Finanzbranche mit der Begründung ab, der Bankensektor sei bereits gut reguliert. Auch Amerikas Finanzminister Henry Paulson meinte nur, neue Vorschriften wären »kontraproduktiv«. Auf die Frage, ob die fehlende Regulierung Schuld an der Misere trage, antwortete er, »die Geschichte« zeige, »dass die Politik es eben schwer hat, bei Innovationen auf der Höhe zu bleiben«.[113]

Deutschlands Bundeskanzlerin Angela Merkel beklagte zwar, es könne »nicht sein, dass die falsche Risikobewertung an einer Stelle durch die gesamte Weltgemeinschaft bezahlt werden muss«.[114] Doch handfeste Vorschläge für eine Reform des internationalen Finanzsystems blieb sie schuldig. Auch ihr sozialdemokratischer Finanzminister Steinbrück befand, der »internationale Kasinokapitalismus« habe »etwas Unheimliches«. Und doch versprach er gemeinsam mit seiner französischen Kollegin Christine Lagarde nach einem Treffen in Berlin, es sei »keine neue Regulierung« geplant. Steinbrück verriet auch, warum. »Man könnte das auf nationaler Ebene machen, aber das würde nichts bringen. Auf der internationalen Ebene können wir es aber nicht«, erklärte er unter Verweis auf die »Sorgen in angelsächsischen Kreisen«.[115]

Das war diplomatisch ausgedrückt, benannte aber den harten Kern des Problems: Die britischen und die amerikanischen Regierungen, ganz gleich von welcher Partei sie gestellt werden, widersetzen sich seit Jahrzehnten jedem Versuch, den spekulativen Exzessen der Finanzindustrie engere Grenzen zu setzen. Diese Erfahrung hatte auch Steinbrück gerade erst wieder gemacht. Im Vorfeld der Gipfelkonferenz der G8-Staaten im Sommer 2007 in Heiligendamm hatte er auf Drängen seines Finanzaufsehers Sanio versucht, für die Investments von Hedge-Fonds zumindest eine Art internationales Register zu etablieren, um mehr Klarheit über das Ausmaß der Risiken zu schaffen. Doch selbst dieses bescheidene Ansinnen hatten seine Kollegen aus London und Washington rundheraus abgelehnt. Die Verweigerung erscheint – gemessen an den Schäden für den Rest der Menschheit – unverantwortlich. Doch dahinter steht das grundlegende Dilemma der Politik im Zeitalter der Globalisierung. Die global vernetzte Wirtschaft erfordert globale Regulierung. Aber die jeweils nationalen Regierungen vertreten ausschließlich nationale Interessen. In beiden »angelsächsischen« Staaten ist aber bis heute die Annahme kaum umstritten, dass ihre Volkswirtschaften von den anarchischen Zuständen auf dem Weltfinanzmarkt nur profitieren, weil die Kosten für die allfällige Schadensregulierung zu großen Teilen im Ausland anfallen.

Im Falle Großbritannien ergibt sich das schon aus der Größe des Londoner Finanzzentrums. Der traditionell als »City« bezeichnete Bankenbezirk erwirtschaftet als weltgrößter Umschlagplatz für Devisen und Wertpapiere auf nur anderthalb Quadratkilometern rund zwölf Prozent des britischen Bruttoinlandsprodukts. Die Finanzindustrie insgesamt ist das am schnellsten wachsende Segment der britischen Ökonomie und stellt einschließlich der benötigten Dienstleistungen rund ein Drittel aller britischen Arbeitsplätze. Für die Vereinigten Staaten wiederum ist die Geldbranche einer der wenigen Sektoren, der weltweit wettbewerbsfähig ist und im Handel mit seinen Dienstleistungen und Wertpapieren große Exportüberschüsse erwirtschaftet.

Traditionell sind daher in beiden Staaten Politik und Finanzindustrie aufs Engste verwoben. Nicht nur stellt die Wall Street regelmäßig Mitglieder der Regierung, mit Henry Paulson übernahm Goldman Sachs sogar schon das zweite Mal binnen zehn Jahren das Finanzressort. Zudem bringt die grenzenlose Finanzfreiheit mit amerikanisch-britischer Regierungsgarantie eine so ungeheure Anhäufung von Reichtum in den Händen weniger hervor, dass diese ihrerseits durch die Macht ihres Geldes eine Art Vetorecht gegen mögliche Reformen ausüben können. Allein die 20 bestverdienenden Manager von Private-Equity- und Hedge-Fonds erzielten jeder für sich im Jahr 2006 im Durchschnitt ein privates Jahreseinkommen von 658 Millionen Dollar[116] – eine ungeheuerliche Summe, an der gemessen sich selbst das Jahresgehalt von Josef Ackermann mit 18,7 Millionen Dollar wie ein Taschengeld ausnimmt.

In London reicht so zumeist schon die Drohung mit der Verlagerung der jeweiligen Vermögensverwaltung, um Forderungen Nachdruck zu verleihen. In Washington erzeugt die direkte und indirekte Finanzierung der Wahlkämpfe die entsprechenden Abhängigkeiten. Neun der zehn größten Sammelstellen von Spenden für den Wahlkampf zur Wiederwahl von George Bush im Jahr 2004 waren führende Unternehmen der Finanzwirtschaft. Von Goldman Sachs über die Citigroup bis zur UBS waren alle mit hohen sechsstelligen Beträgen dabei.[117] Im Wettlauf zur nächsten Präsidentenwahl mischen zudem zahlreiche Hedge-Fonds-Eigentümer bei der Finanzierung der Wahlkämpfe an vorderster Front mit. Rudolph Giuliani, ehedem New Yorks Bürgermeister und gescheiterter Bewerber um die Kandidatur bei den Republikanern, ernannte Paul Singer, Gründungsgesellschafter des Fonds Elliot Associates und Verwalter von sieben Milliarden Dollar, zum Leiter seiner Wahlkampffinanzierung. Hillary Clinton baute bei den Demokraten auf das Ehepaar Lisa und Richard Perry, deren Fonds gleich zwölf Milliarden Dollar unter Verwaltung hat. Clintons Gegenspieler Barack Obama zählte auf die Unterstützung von Eric Mindich, Chef des Hedge-Fonds Eton Park, und den Private-Equity-Manager Jamie Rubin, den Sohn des früheren Chefs von Goldman Sachs und Exfinanzministers Robert Rubin. Bis Februar 2008 spendierten ihm Wall-Street-Manager bereits insgesamt 5,3 Millionen Dollar.[118] SAC Capital, ein weiterer Riese der Branche, setzte dagegen gezielt auf den Schlüsselposten in Fragen der Regulierung und sammelte den größten Brocken zur Bezahlung des Wahlkampfs von Senator Christopher Dodd, dem Vorsitzenden des Bankenausschusses im Senat.

Vor dem Hintergrund dieser plutokratischen Variante von Demokratie nimmt die weltweite Auseinandersetzung über die nötige Re-Regulierung des Finanzsystems seit Jahrzehnten den immer gleichen Verlauf. Erst warnen namhafte Ökonomen und Aufseher vor möglichen Gefahren und malen Krisenszenarien an die Wand. Daraufhin fordern einige EU-Minister, manchmal flankiert von ihren japanischen Kollegen, strengere Regeln und scheitern am Widerstand aus Washington und London. Schließlich tritt die Krise ein, und die »angelsächsische« Seite macht verbale Zugeständnisse. Zu guter Letzt wird ein Gremium mit der Erarbeitung von Vorschlägen betraut. Und dort ist über die britisch-amerikanische Seite die Branche selbst so gut vertreten, dass alle Vorschläge auf freiwillige Vereinbarungen und rein handwerkliche Verbesserungen hinauslaufen.

Darum mangelt es nicht an internationalen Gremien. Nur verfügen sie nicht über die Kompetenzen, tatsächlich Veränderungen herbeizuführen. Das herausragende Beispiel ist das Financial Stability Forum (FSF). Dies wurde geschaffen, nachdem in den Jahren 1997 und 1998 eine Finanzkatastrophe erst vier Schwellenstaaten Asiens, dann Russland und Brasilien erschüttert und viele Millionen Menschen in Arbeitslosigkeit und Not gestürzt hatte. Die Krise hatte zudem den Megafonds LTCM so in Schieflage gebracht, dass nur durch milliardenschwere Überbrückungskredite im letzten Moment ein Systemzusammenbruch verhindert werden konnte. Seit dieser »schlimmsten Finanzkrise nach der großen Depression« der 30er Jahre, wie der damalige US-Präsident Bill Clinton sagte, treffen sich mindestens zweimal im Jahr die Vertreter der Aufsichtsbehörden, Zentralbanken und Finanzministerien der als G10 bezeichneten Gruppe der großen Finanzzentren sowie des Internationalen Währungsfonds (IWF) und der Weltbank, um der nächsten Krise vorzubeugen. Zahlreiche Berichte über die Risiken unregulierter Hedge-Fonds und Offshore-Zentren oder die Gefahren der Kreditderivate wurden seitdem erstellt. Keine Finanzkrise wurde denn auch häufiger angekündigt als das Kreditdebakel von 2007.

Schon im Juni 2006 warnten die Ökonomen der Bank für Internationalen Zahlungsausgleich (BIZ), der renommierten Notenbanker-Zentrale in Basel, vor der »Anfälligkeit der Kreditmärkte«. Insbesondere die »verbrieften Hypothekenkredite« seien ein »Risikofaktor«, Anlegern drohten »unerwartet hohe Verluste« bei »übertriebenem Vertrauen in die Einschätzung der Ratingagenturen«, schrieben die BIZ-Experten. Das Wissen um die aufgetürmten Risiken war so verbreitet, dass die Ökonomen des IWF im April 2007 sogar sehr präzise die Kettenreaktionen beschrieben, die wenige Monate später auch eintraten.[119] Trotzdem fiel den von den Regierungen bestallten Experten des

FSF nichts Besseres ein, als »mehr Marktdisziplin« zu fordern oder die Banken zu mahnen, ihr »Gegenparteirisiko« zu prüfen. Ähnliches gilt für das Basel-Komitee für Bankenaufsicht, das gemeinsame Forum der Bankenaufseher und ihrer Kollegen von der Börsen- und Versicherungsaufsicht oder den Club der Notenbanker, der alle zwei Monate in Basel zusammentritt.

Allen Gremien ist gemeinsam, dass sie unter Ausschluss der Öffentlichkeit verhandeln und personell mit der Finanzindustrie verflochten sind. So war etwa der Vorsitzende des Stabilitätsforums, der italienische Zentralbankpräsident Mario Draghi, vor seinem Aufrücken ins Währungshüteramt Teilhaber bei Goldman Sachs. Umgekehrt arbeitet der langjährige BIZ-Chef Andrew Crockett heute für den Geldriesen J.P. Morgan Chase. Als ehedem informeller Sprecher aller Notenbanker hat er die besten Verbindungen und kann sicherstellen, dass nirgendwo allzu teure Regeln geschmiedet werden. Auch die beiden früheren Chefs der New-York-Filiale der Federal Reserve, die im US-Notenbanksystem für die Aufsicht zuständig ist, dienen heute jenen, die sie zuvor kontrollieren sollten. Gerald Corrigan, bis 1993 bei der Fed New York, gehört seitdem zum Leitungsgremium von Goldman Sachs, wo er heute auch Otmar Issing, dem langjährigen Chefökonomen der Europäischen Zentralbank, begegnen kann. Corrigans Nachfolger William McDonough arbeitet inzwischen für die Nr. 3 der Wall Street, Merrill Lynch. Die Deutsche Bank wiederum kaufte Deutschlands obersten Bankenaufseher ein. Helmut Bauer, bis 2007 Chef der Bankenabteilung bei der BaFin, leitet nun für seine früheren Gegenspieler die eigens für ihn geschaffene Abteilung »Aufsichtsangelegenheiten«. Zur Seite kann ihm dabei sein früherer Dienstherr Caio Koch-Weser stehen, der vom Posten des Staatssekretärs im Finanzministerium zur größten deutschen Bank wechselte. Die nahm dann gleich auch noch den Expräsidenten der US-Zentralbank Alan Greenspan in ihre Dienste. Koch-Wesers früherer Kollege und Exstaatsminister im Kanzleramt Hans-Martin Bury zieht derweil für das Wall-Street-Haus Lehman Brothers die deutschen Strippen, und Greenspans Vize Roger Ferguson wechselte in die Dienste des Versicherungskonzerns Swiss Re, um für diesen den Verkauf der Versicherungsrisiken auf den Kapitalmärkten zu organisieren. In seiner alten

Funktion hatte Ferguson eben davor, der Übertragung der Risiken an private Haushalte und Anleger, stets gewarnt. Die Liste ist beliebig verlängerbar und beschreibt den personellen Schild, den die Herren der Geldwelt gegen unerwünschte politische Interventionen geschmiedet haben.[120]

Nicht zuletzt deshalb steht die weltweite Debatte über das Großrisiko eines katastrophalen Zusammenbruchs der globalen Finanzmärkte etwa da, wo die Klimadebatte zu Beginn der 90er Jahre stand. Statt einen grundlegenden Umbau des Systems anzugehen, betreiben die Verantwortlichen ein ums andere Mal bloße Ersatzpolitik. So auch wieder im Gefolge der Kreditkrise 2007. Aus Rücksicht auf die »angelsächsischen Kreise«, wie Deutschlands Finanzminister Steinbrück es umschrieb, einigten sich Aufseher und Minister lediglich darauf, künftig auf mehr »Transparenz« und bessere »internationale Kooperation« zu drängen, genauso wie es US-Minister Paulson und sein britischer Kollege Alistair Darling frühzeitig formuliert hatten.[121] Die Ratingagenturen sollten ihre Bewertungsmethoden offenlegen, und die Finanzalchemisten der Investmentbanken sollten ihre Kreditderivate klarer bewerten. Mehr kam trotz zahlreicher Krisentreffen nicht heraus – ein grotesker Vorgang. Denn ganz gleich, wie »transparent« der Markt auch gestaltet ist, bessere Informationen ändern nichts an der bestehenden Fehlkonstruktion. Die Banker und Fondsstrategen spielen ja nicht aus persönlicher Bosheit auf volles Risiko, sondern weil der Markt, in dem sie sich bewegen, dies so erfordert. Sowohl die Gebühreneinnahmen der Banken als auch die Bonuszahlungen ihrer Angestellten und Fondsmanager richten sich vor allem nach der Höhe ihrer Umsätze, also den ausgestellten Wertpapieren, den ausgereichten Krediten und dem Handelsvolumen selbst. Solange es ihnen möglich ist, einen großen Teil der daraus entstehenden Risiken auf die Allgemeinheit und anonyme Aktionäre abzuwälzen, ist es nur rational, mit maximalem Einsatz und Risiko zu arbeiten. Wenn alles gut läuft, streichen sie die hohen Bonuszahlungen ein. Wenn nicht, zahlen die anderen, und die Fondsmanager müssen sich schlimmstenfalls einen neuen Job suchen. Wer da nicht mitspielt, steht im Wettbewerb schnell als Verlierer da.

Nichts verdeutlicht die Mentalität, die aus solchen Fehlanreizen entsteht, besser als ein Spruch des gescheiterten Citigroup-Chefs Charles Prince, mit dem er die Frage nach den Risiken des Kreditbooms beantwortete. »Wenn die Musik aufhört, im Sinne von Liquidität [für die Kreditpakete], dann werden die Dinge schwierig. Aber solange die Musik spielt, muss man mittanzen. Wir tanzen jedenfalls noch«, sagte er nur sechs Monate, bevor seinem Konzern 25 Milliarden Dollar in der Kasse fehlten.[122] Und Prince muss seine Fehlentscheidungen auch heute noch nicht bereuen; der Konzern schenkte ihm Aktienoptionen im Wert von 40 Millionen Dollar zum Abschied. Der goldene Fallschirm seines Schicksalsgenossen Stan O'Neal von Merrill Lynch brachte sogar 140 Millionen Dollar als Belohnung für den Milliardenschaden, den er hinterließ.

Wer weitere Finanzkatastrophen verhindern will, muss folglich die Regeln des Geschäfts grundlegend verändern. Wollten die Regierungen ihre Bürger schützen und das Übergewicht der Finanzindustrie zurückdrängen, müssten sie künftig prinzipiell verhindern, dass Bankgeschäfte ohne das vorgeschriebene Eigenkapitalpolster betrieben werden können, gleich ob innerhalb oder außerhalb der Bilanz, gleich ob von Banken oder von Fondsgesellschaften. Ein Weg dahin wäre es, den Handel mit Kreditderivaten, also das Weiterreichen von Risiken, nur noch über regulierte Börsen zu betreiben. Dort müssten alle beteiligten Akteure den gleichen Pflichten unterworfen werden wie die Banken selbst, also einen entsprechenden Anteil an Eigenkapital bereitstellen. Automatisch gäbe es damit eine Kostenbremse gegen allzu viel Risiko, das Vorhalten von eigenem Geld ist teuer.

Nicht minder dringend wäre die Trockenlegung der Offshore-Center und damit die Einbindung der Hedge-Fonds in die Aufsicht. Zwar handelt es sich bei den meisten dieser Inseln um quasisouveräne halbstaatliche Einheiten. Ihr Geschäft, das Finanzgesellschaften gegen kleine Gebühr Freiheit von Besteuerung und Aufsicht verschafft, ist gleichwohl von der wohlwollenden Duldung all jener Staaten abhängig, in denen die eigentliche Arbeit getan wird. (Siehe Kapitel »Wer Ungleichheit sät …«, Seite 174) Rein physikalisch sind die Steueroasen nichts anderes als exterritoriale Zonen in den Datenspeichern der Finanzindustrie in New York, Tokio oder Frankfurt. Insofern könnten die Regierungen der Wohlstandsstaaten ohne Weiteres »den Banken und Versicherungen im eigenen Lande verbieten, privaten Finanzinstituten Kredite zu geben, die sich durch einen rechtlichen Sitz auf jenen Inseln der Aufsicht ... entziehen«. So formulierte Altbundeskanzler Helmut Schmidt seinen Vorschlag, wie man dem »Raubtierkapitalismus« Grenzen setzen könnte – und schloss sich damit einer Forderung an, die Globalisierungskritiker schon seit Mitte der 90er Jahre erheben.[123]

Notwendig wäre schließlich auch eine Regulierung des Bezahlungssystems für die leitenden Mitarbeiter bei Banken und Fonds. Alle Sonderzahlungen sollten um bis zu zehn Jahre verzögert und an die Bedingung geknüpft werden, dass die getätigten Geschäfte sich wirklich als werthaltig erwiesen haben, forderte etwa der frühere Chefökonom des IWF, Raghuram Rajan. Das wäre gewiss ein harter Eingriff, aber er wäre durch die herausragende Sonderstellung der Banken allemal gerechtfertigt. Denn was immer geschieht, kein Staat der Welt lässt auch nur eine mittelgroße Bank pleitegehen, weil die Folgen für die übrige Wirtschaft viel teurer kämen als die Sanierung mit Steuergeldern und Notenbankkrediten. Der Chefökonom der *Financial Times,* Martin Wolf, kommentierte deshalb die Forderung nach Gehaltsregulierung mit den Worten: Die »Idee einer solchen Intervention ist schrecklich, aber die Alternative von endlos sich wiederholenden Krisen ist schlimmer«.[124]

Doch anstatt solche wirksamen Maßnahmen zu ergreifen, die das Ausmaß der Risiken im globalen Kasino begrenzen, wollen US-Finanzminister Paulson und seine Kollegen in Europa und Japan nur dafür sorgen, dass alle Beteiligten besser Bescheid wissen, wie sie das Geld anderer Leute verspielen. Oder, wie es der französische Ökonom und Chef des EU-Thinktanks Bruegel, Jean Pisani-Ferry, in Anlehnung an den Schiffsverkehr beschrieb: »Anstatt den Marktakteuren vorzuschreiben, mit einem intakten Schiffsrumpf zu fahren und mit Eisbergen gespickte Gewässer zu meiden, sollen alle Zugang zu aktuellen Wettervorhersagen und Radartechnologie haben.«[125]

Fraglich ist allerdings, ob die so demonstrierte Vetomacht

der globalisierten Plutokraten gegen die Re-Regulierung der Finanzmärkte noch lange vorhält. Der politische Druck zur Reform des Finanzsystems wird unweigerlich steigen. Die Kreditkrise von 2007/2008 fand noch unter den denkbar besten Bedingungen statt. Die Weltwirtschaft lief auf Hochtouren, die großen Schwellenländer waren kaum betroffen, und der Auslöser war, gemessen an der Größe des globalen Kapitalmarkts, lächerlich klein. Gerade mal ein Zehntel des amerikanischen Hypothekenmarktes erwies sich als faul. Doch das reichte schon aus, um eine weltweite Schockwelle auszulösen, mit der die Zentralbanken und Aufsichtsbehörden nur mit größter Mühe und unter Einsatz von viel öffentlichem Geld fertig wurden. Was aber würde geschehen, wenn ein viel größerer Schock das globale Kartenhaus aus aufgeblasener Geldmenge und Überschuldung erschüttern würde? Die Frage stellt sich keineswegs nur theoretisch. Schon seit Jahren warnen fast alle führenden Ökonomen und Finanzexperten der Welt vor einer weiteren, viel bedrohlicheren Fehlleitung der globalen Kapitalströme, an der gemessen die Hypothekenblase nur eine kleine Irritation war: die fortwährend wachsende Verschuldung der US-Ökonomie gegenüber dem Rest der Welt und die drohende Inflationierung des Dollar. Gerät erst dieser Pfeiler amerikanischer Vormacht in der Welt ins Wanken, dann wird eine Reform des globalen Finanzsystems unausweichlich. Und keine Regierung wird daran ein größeres Interesse haben als die der Vereinigten Staaten.

Die Dollarbombe

In der dritten Septemberwoche 2007 machten Amerikas Notenbanker eine ganz neue Erfahrung. Über Wochen hatten Fed-Präsident Ben Bernanke und seine Kollegen verfolgt, wie die Hypothekenkrise eskalierte. Immer größer wurden die Verluste, immer mehr Amerikaner verloren ihre Häuser, weil sie ihre Schulden nicht mehr begleichen konnten. Wie schon bei allen vorangegangenen Krisen machten die Finanzbranche und ihre wissenschaftlichen Helfer Druck, die Zentralbank solle die Zinsen senken, um die US-Wirtschaft vor einer Rezession zu bewahren. »Die Fed schläft, ihr Vorsitzender hat ja keine Ahnung, wie schlimm es da draußen zugeht«, tönte stellvertretend für die Wall Street Jim Cramer, Hedge-Fonds-Manager und einflussreicher Journalist mit eigener Show beim Fernsehsender CNBC.[126] Bernanke zögerte, wohl wissend, dass eine Senkung der Zentralbankzinsen wieder mehr Geld ins System pumpen und auch jene stützen würde, die das Chaos angerichtet hatten.

Beim Treffen Bernankes mit den übrigen Fed-Direktoren zum monatlichen Zinsratschlag am 18. September überwog jedoch die Furcht vor ausbleibender Nachfrage und steigender Arbeitslosigkeit. Gleich um ein halbes Prozent billiger machten die Hüter des Dollar das Ausleihen von frischem Tagesgeld für die Banken. 0,5 Prozent, das erscheint gering, schleust aber im Verlauf mehrerer Monate viele Milliarden Dollar zusätzlich in den Markt und ermöglicht über verbilligte Kredite zusätzliche Geschäfte. So jedenfalls lautet der Glaube, dem die meisten Marktakteure anhängen, und der genügt zunächst. Ein Teil der erhofften Wirkung traf prompt ein, die Börsenkurse zogen steil an.

Doch dann meldeten die Bildschirme der elektronischen Marktplätze ein unerwartetes Phänomen: Nicht nur fiel der Dollarkurs binnen weniger Tage um vier Prozent und drückte dessen Wert auf nur noch 70 Euro-Cent. Zugleich gingen auch die Preise für 10-jährige und 30-jährige Staatsanleihen in den Keller. Spiegelbildlich dazu stiegen die Zinsen, die die Staatskasse und andere Schuldner für solche langfristigen Darlehen bezahlen müssen. Die Fachwelt reagierte schockiert. Die Fed senkt am »kurzen« Ende, also beim Geld für einen Tag oder eine Woche, die Zinsen, aber am »langen« Ende werden die Kredite für langfristige Investitionen in Häuser oder Fabriken trotzdem teurer. Anstatt die Hypothekenschuldner zu entlasten, trat das Gegenteil ein. Der Fed-Beschluss machte Hypotheken mit flexiblen Zinsraten teurer. Was war geschehen? Sowohl Fed-Präsident Bernanke als auch Finanzminister Paulson vermieden jeden Kommentar, und das mit gutem Grund. Zu unangenehm, zu bedrohlich war die Erklärung. Umso klarer beklagte sich das Zentralorgan der globalen Geldkaste, die *Financial Times*. Die aggressive Zinssenkung und der anschließende Kursverfall habe Anleger weltweit an einen »wirklichen Albtraum« erinnert, schrieb das Blatt, »die Rückkehr der Inflation«.[127] Deshalb sinke die Nachfrage nach Dollaranlagen. Und, so formulierte es Tom di Galoma, Veteran im Handel mit Zinspapieren bei der großen Wall-Street-Maklerfirma Jefferies: »Ausländer halten die meisten unserer Staatsanleihen. Nun gibt es die Furcht, dass sie verkaufen wollen.«

So wurden Amerikas Weltenlenker inmitten der Kreditkrise unangenehm daran erinnert, dass die US-Ökonomie und mit ihr die ganze Weltwirtschaft höchst verwundbar geworden sind. Die Direktoren der US-Zentralbank sind nicht mehr die alleinigen Herren über den Wert der globalen Leitwährung und damit über die Kreditversorgung der US-Wirtschaft. Drehen sie den Geldhahn zu weit auf, können Dollarabwertung und Zinssteigerung gänzlich außer Kontrolle geraten. Ursache dafür ist die im laufenden Jahrzehnt explosiv angewachsene Abhängigkeit der US-Wirtschaft vom Kapitalzufluss aus dem Ausland (siehe »Die Mikadowelt«, Seite 47). Allein im Jahr 2006 kauften ausländische Zentralbanken und Investoren für 833 Milliarden Dollar mehr Wertpapiere und Unternehmensanteile in den USA, als von amerikanischen Firmen und Bürgern umgekehrt im Ausland investiert wurde. Der Überschuss ermöglicht Amerikas Bürgern einen Verbrauch von Waren und Dienstleitungen weit über das hinaus, was sie selbst produzieren. Darum beruhten im Jahr 2006 schon 6,2 Prozent der gesamten amerikanischen Wirtschaftsleistung darauf, dass ausländische Investoren bereit waren, an die Stabilität des US-Dollars zu glauben und in amerikanische Wertpapiere und Unternehmen zu investieren.

Dieses sogenannte Leistungsbilanzdefizit der USA ist im Grundsatz ein alter Hut und ein beinahe unvermeidliches Phänomen für das Ursprungsland der globalen Leitwährung. Weil der überwiegende Teil der globalen Handels- und Finanztransaktionen in Dollar abgewickelt wird und zudem viele Menschen aus Staaten mit unsicheren Weichwährungen seit je in Dollar sparen, kann die US-Notenbank weit mehr ihrer gedruckten und elektronisch gehandelten Greenbacks in Umlauf setzen, als es der realwirtschaftliche Gegenwert im Lande erlauben würde. Quasi automatisch kann Amerika damit mehr importieren, als es exportiert, oder wie der New Yorker Ökonom und Währungsfachmann Brad Setser es ausdrückt: »Die Ausländer liefern uns ihre Waren, und dafür kriegen sie von uns Papier mit den Bildern von unseren toten Präsidenten.«

Anders als bei anderen Defizitländern erfolgt die damit einhergehende Verschuldung der USA gegenüber dem Ausland zudem in der eigenen Währung, nicht in fremden Devisen. Wenn der Dollarkurs sinkt, ist das für die USA ein zusätzlicher Vorteil. Automatisch verringert sich die Verschuldung, jedenfalls relativ zu den anderen Währungen – ein »exorbitantes Privileg«, wie sich einst schon Charles de Gaulle, Frankreichs Nachkriegspräsident, empörte. Wie ungeheuer wertvoll dieses Privileg ist, lässt sich an der US-Schuldenbilanz ablesen. Brutto stieg die Auslandsschuld im Jahr 2006 um die vollen 833 Milliarden Dollar, die das Defizit ausmachte. Aber netto, verrechnet mit Amerikas Anlagen im Ausland, wuchs der Schuldenberg lediglich um 300 Milliarden Dollar. Die Differenz ergab sich durch den gestiegenen Wert ausländischer Währungen und die Kursgewinne der entsprechenden Wertpapiere. So erhielten die Vereinigten Staaten mehr Waren und Dienstleistungen geschenkt, als in Dänemark und Finnland im selben Jahr konsumiert wurden.

Getragen von dieser Mechanik konnten Amerikas Geldpolitiker seit Jahrzehnten jener Prämisse folgen, die John Connally, der Finanzminister des Skandalpräsidenten Richard Nixon, im Jahr 1971 seinen europäischen Kollegen entgegenhielt: »Der Dollar ist zwar unsere Währung, aber euer Problem.« Amerikanische Notenbankchefs und Finanzminister richteten ihre Politik stets ausschließlich an den Bedürfnissen der amerikanischen Binnenwirtschaft aus. Kippte die Konjunktur, warfen sie die Notenpresse an und nahmen eine mögliche Dollarabwertung in Kauf, auch wenn das für ihre Lieferanten aus aller Welt gravierende Einbußen brachte. Drohte Inflation, trieben sie Zinsen und Dollarkurs nach oben, auch wenn das viele Entwicklungsländer mit Auslandsschulden in den Ruin trieb. Am Status des Dollar als Leitwährung änderte sich nichts. Im Gegenteil, jede Krise trieb noch mehr Anleger in den als »sicheren Hafen« angesehenen US-Kapitalmarkt.

Doch seit der Jahrhundertwende ist die alte Dollarhegemonie ins Rutschen geraten und droht nun endgültig zu zerbrechen. Die Hüter des Dollars haben überzogen, ihre Schuldenmaschine läuft heiß, und die Dollarstrategen in Washington verlieren die Kontrolle. Schuld daran ist nicht zuletzt der legendäre ungekrönte König des Greenbacks, Alan Greenspan. Als der damalige Fed-Chef im Jahr 2001 mit Negativzinsen Amerikas Wirtschaft wieder auf Touren brachte, bedachte er nicht, dass Amerikas größter Handelspartner sich mit aller Macht einer Abwertung des Dollar entgegenstellen würde. Die Staatskapitalisten in Peking hatten schon früh erkannt, dass nichts das Turbowachstum ihres Landes besser auf Touren hielt als ein stabiler Wechselkurs. Wo mehr als die Hälfte der ganzen Volkswirtschaft vom Außenhandel abhängig ist, gibt der Fixkurs den Unternehmen langfristige Kalkulations- und Investitionssicherheit. Genauso hatten es einst auch die heutigen Reichtumsländer und Aufsteiger wie Südkorea und Taiwan gehalten. Auch das deutsche und japanische Wirtschaftswunder nach dem Zweiten Weltkrieg beruhte ganz wesentlich auf dem bis 1973 geltenden Festkursregime der westlichen Welt.

Diesem Beispiel folgend setzt auch Chinas Zentralbank seit 1995 mit eiserner Hand einen stabilen Dollarkurs durch, ganz gleich, wie die US-Währung im Rest der Welt gehandelt wird. Im Gegensatz zu den Regierungen der anderen asiatischen Schwellenländer ließen sich Chinas Wirtschaftslenker auch nicht auf einen freien Kapitalverkehr mit dem Ausland ein. Ex- und Import größerer Kapitalanlagen unterliegen der Genehmigungspflicht. Darum ging die asiatische Finanzkrise, die in Thailand, Indonesien und Südkorea verheerende Schäden anrichtete, an China vorbei. Der frühere US-Finanzminister Robert Rubin war im Jahr 1999 bei einer Reise nach Peking voll des Lobes darüber, dass China »ein Hort der Stabilität« inmitten der Krise geblieben war. Pekings Zentralbanker hatten den Yuan nicht abgewertet, obwohl die Währungen aller

Konkurrenten von Thailand bis Japan im Kurs gefallen waren und damit Chinas Exportwaren relativ teurer wurden.

Allerdings hielten die Meister des gelenkten Kapitalismus im Reich der Mitte an diesem Prinzip auch fest, als Dollarkönig Greenspan 2001 die US-Währung per Billigzins auf Abwärtskurs setzte. Um den Kurs des Yuan zu halten, begann die Zentralbank in Peking alle durch Handel und ausländische Direktinvestitionen nach China hereinströmenden Dollar gegen Yuan zu tauschen und in US-Staatsanleihen und ähnlich sicheren Papieren anzulegen. Das fing klein an, nahm aber schnell Fahrt auf. Je mehr Dollar Amerikas Banken in Umlauf brachten, umso größere Beträge flossen auch in Investments in China, die – wegen des Festkurses – nun ja auch zu niedrigen US-Zinsen finanziert werden konnten. Indirekt heizte Greenspans Konjunkturprogramm so auch die chinesische Produktionskapazität an. Entsprechend wuchsen der Handelsüberschuss mit den USA und die Devisenreserven Chinas.

Damit nicht genug: Die chinesische Konkurrenz setzte alle anderen asiatischen Wirtschaftsmächte von Japan bis Indien so unter Druck, dass diese ihrerseits über Jahre hinweg zig Milliarden Dollar kauften, um ihre Währungen vor Aufwertung zu schützen. Zur selben Zeit stiegen mit dem Ölpreis die Einnahmen der Ölstaaten steil an. Weil Erdöl zu Dollarpreisen gehandelt wird, haben auch die Ölexporteure am persischen Golf ihre Währungen an den Dollar gekoppelt. Entsprechend explosiv wuchsen ihre Dollarvermögen. Zu allem Überfluss schlugen zur selben Zeit auch die meisten Entwicklungsländer den gleichen Kurs ein. Unter Druck ihrer Handelspartner und Kreditgeber im reichen Norden haben fast alle diese Staaten mittlerweile ihren Kapitalverkehr liberalisiert. Das Schicksal der Krisenstaaten von 1998, die mangels Devisenreserven plötzlich zahlungsunfähig wurden, als ihre ausländischen Gläubiger alle kurzfristigen Kredite kündigten, war aber überall noch in Erinnerung. Darum folgten Zentralbanker auch noch in den ärmsten Ländern dem chinesischen Beispiel und legten ebenfalls große Dollarreserven an.

Das Ergebnis ist grotesk: Das Kapital fließt bergauf. Nicht mehr die reichen Staaten investieren in die armen, sondern umgekehrt, die ärmeren Staaten geben den reichen Staaten Kredit und finanzieren so die Käufer ihrer Exportwaren. Sogar die ehedem notorisch überschuldeten Staaten Lateinamerikas sind inzwischen nicht mehr Schuldner, sondern Nettogläubiger des Nordens. So drücken Dollarkäufer aus aller Welt mit dem Kauf von US-Anleihen die Zinsen auf dem amerikanischen Kapitalmarkt und tragen dazu bei, dass die US-Bürger mehr konsumieren und mehr Häuser bauen, als sie sich eigentlich leisten können. Insofern sei die Kreditkrise des Jahres 2007 »nicht nur Zeichen für ein defektes Finanzsystem«, sondern »auch Symptom für das Ungleichgewicht der globalen Ökonomie«, urteilte die *Financial Times*.[128]

Auch ganz ohne Krisen erzeugt diese unfaire Finanzordnung Not und Verelendung. Anstatt ihre ohnehin zu geringen Mittel in Bildung, Gesundheitsversorgung oder bessere Transportwege zum Wohl ihrer Völker zu investieren, müssen die Armutsländer Dollaranleihen kaufen, um sich gegen ein längst überholtes Weltfinanzsystem zu schützen, und ermöglichen so Amerikas Überkonsum zum Niedrigzins. Allein die Haltung von Devisenreserven kostet die Entwicklungs- und Schwellenländer jährlich ein Prozent ihrer gesamten Wirtschaftsleistung, berechnete der Entwicklungsökonom Dani Rodrik von der Harvard-Universität. Das sei ein Vielfaches der Ausgaben »selbst für die anspruchsvollsten Programme zur Armutsbekämpfung«, kalkuliert Rodrik und konstatiert: »Die Entwicklungsländer zahlen einen hohen Preis für die finanzielle Globalisierung.«[129]

Über die Verursacher der im Wirtschaftsjargon sogenannten »globalen Ungleichgewichte« führen Notenbankexperten und Ökonomen seit Jahren eine harte Debatte. Die eine Fraktion, angeführt vom New Yorker Makroökonomen Nouriel Roubini, halten die Vereinigten Staaten für die Schuldigen. Weil Staat und Bevölkerung der USA über ihre Verhältnisse leben, müssten sie sich immer tiefer verschulden, um ihren Verbrauch zu finanzieren. Der Verkauf entsprechender Schuldtitel auf dem globalen Markt ziehe vier Fünftel aller weltweiten Ersparnisse auf sich und führe die USA in die Schuldenfalle, meint Roubini. Oder, wie es Starökonom und *New-York-Times*-Kolumnist

Paul Krugman formulierte: »Wir sind so süchtig nach importiertem Geld wie nach importiertem Öl.«[130]

Notenbankchef Ben Bernanke und mit ihm Amerikas Konservative sehen dagegen die Schuld bei den Überschussstaaten in Asien und Nahost. Weil diese zu wenig im eigenen Land investieren und der dortige Finanzmarkt nicht genügend Anlagemöglichkeiten biete, gebe es eine »globale Ersparnisschwemme«, die auf den amerikanischen Kapitalmarkt fließe und dort eben Investments finde, glaubt Bernanke.[131] Eine dritte Gruppe wiederum vereint sich hinter den Thesen der Deutsche-Bank-Ökonomen Michael Dooley und David Folkerts-Landau. Sie führen das Ungleichgewicht darauf zurück, dass alle Schwellenstaaten gemeinsam eine Art zweites System von Bretton Woods geschaffen hätten, jenes Festkurssystem, das die USA und ihre westlichen Alliierten von 1946 bis 1973 unterhielten. Die daraus resultierenden großen Dollarreserven und mögliche Verluste durch deren Abwertung seien zu vernachlässigen. Schließlich bekämen die Aufsteigerstaaten im Gegenzug Stabilität und zögen Investitionen internationaler Unternehmen auf sich.[132]

Vermutlich haben alle drei Erklärungen einen wahren Kern. Aber ganz gleich, wer die Verursacher der bedrohlichen Schieflage sind, über eines sind sich Experten und Finanzpolitiker aller Richtungen und Nationen einig: Der amerikanische Überkonsum auf Kosten der übrigen Welt hat keine Zukunft. Früher oder später wird der Kapitalstrom in die USA zum Erliegen kommen, und Amerikas Wirtschaft wird eine harte Phase der Anpassung nach unten erfahren. Wenn sich dieser Prozess über eine lange Zeit von mehreren Jahren verteilt, wären die Folgen unangenehm, aber beherrschbar. Amerikas Unternehmen bliebe Zeit, ihre Produktion anzupassen, die teurer werdenden Importe zu ersetzen und selbst wieder mehr zu exportieren. Genauso könnten sich Amerikas Lieferanten umstellen. China etwa könnte über steigende Löhne die Binnennachfrage ankurbeln und müsste dann weniger exportieren, genauso Deutschland und Japan. Aber was geschieht, wenn – wie so oft an den Finanzmärkten – die Einschätzung der Kapitalverwalter binnen weniger Wochen oder Monate kippt? Könnte es auch passieren, dass weltweit der Glaube an die Leitwährung Dollar plötzlich zerbricht und Amerika im wahrsten Sinne des Wortes seinen Kredit verliert?

Barry Eichengreen, Ökonom an der kalifornischen Universität in Berkeley, hat sich sein halbes Leben lang mit dem internationalen Währungsgefüge und dessen Krisen beschäftigt und gleich mehrere Bücher zum Thema verfasst. Aber auf diese Frage hat auch er keine eindeutige Antwort. »Nie in der neueren Geschichte gab es eine solche Situation. Nie zuvor wies die größte Volkswirtschaft der Erde, die auch die Reservewährung der Welt stellt, solche Leistungsbilanzdefizite auf. Da sind wir in unkartiertem Territorium«, sagt Eichengreen. Deshalb könne er auch »keine seriösen Prognosen« abgeben. Nur eines sei gewiss, meint der 56-jährige Währungsexperte: »Je länger diese Situation anhält, desto größer wird die Wahrscheinlichkeit, dass wir schlimme Folgen erleben werden.«[133] Das sagte er im August 2006. Trotz des Kursverfalls des Dollar gegenüber dem Euro und anderen frei gehandelten Währungen hat sich wenig verändert.

Auch im Jahr 2007 wuchsen Amerikas Schulden erneut um 711 Milliarden Dollar, zu drei Viertel finanziert durch ausländische Notenbanken, davon allein 300 Milliarden aus China. Immer drängender wurden daher die Warnungen. Mit dem IWF, der Basler BIZ und der Europäischen Zentralbank (EZB) mahnten gleich drei internationale Institutionen politische Maßnahmen gegen die drohende Dollarkrise an, der IWF sogar schon das fünfte Jahr in Folge. Das Ausmaß globaler Ungleichgewichte stelle »eine der größten Herausforderungen für die Weltwirtschaft und die Politik dar« und berge »erhebliche Risiken«, schrieben nun auch die EZB-Experten.[134]

Kenneth Rogoff, bis 2003 Chefökonom des Internationalen Währungsfonds, sagte es noch deutlicher: »Die eigentliche Gefahr ist, dass der Zahlungsfluss sich ganz schnell ändert.« Komme es dazu, »würde der Dollar stürzen wie ein Stein, und die Zinsen würden abgehen wie eine Rakete«. Mit bis zu 40 Prozent Kursverfall sei zu rechnen, warnt Rogoff, heute Professor in Harvard.[135]

Die Konsequenzen wären verheerend. Der schlechter verdienende Teil der Bevölkerung der Vereinigten Staaten würde für einige Zeit regelrecht verarmen, weil Importgüter aller Art, vom Benzin bis zu Elektrogeräten, drastisch teurer würden. Lawrence Summers, der als Finanzminister in der Regierung von US-Präsident Bill Clinton selbst einige Zeit das Dollarimperium steuerte, erwartet für den Fall eines Dollarcrashs die Auslösung »mehrerer Teufelskreise«: Der Nachfrageeinbruch erzeugt zunächst automatisch eine Rezession, eine wirtschaftliche Schrumpfung. In der Folge steigt das Staatsdefizit rapide an, ebenso die Arbeitslosigkeit. Erstmals wird daraufhin auch der Schuldendienst zur ernsthaften Belastung für die US-Wirtschaft, weil die ausländischen Gläubiger eine höhere Risikoprämie, also höhere Zinsen, fordern. Damit schwindet weltweit das Vertrauen in die US-Wirtschaft. Die Notenbank Fed stünde in einem solchen Fall vor einem »schwierigen Dilemma«, warnt Summers.[136] Um die Konjunktur zu retten, kann sie die Zinsen radikal senken und noch mehr Dollar in Umlauf setzen. Nur würden die ausländischen Gläubiger dann erst recht Kapital abziehen und den Kurs noch tiefer drücken. Um den Dollar zu stärken, müssten die Fed-Direktoren die Zinsen also anheben. Das aber würde die Krise verschärfen.

Doch ganz gleich, wie Bernanke oder seine Nachfolger sich im Krisenfall entscheiden, ein schneller Dollarcrash würde unvermeidlich zu einem globalen wirtschaftlichen Einbruch führen. Am schlimmsten träfe es einmal mehr die Entwicklungsländer. Während auf der einen Seite die Einnahmen für ihre Rohstoff- und Agrarexporte einbrechen, müssten sie auf der anderen Seite wegen steigender Dollarzinsen umso höheren Schuldendienst leisten. Gleichzeitig würde die Anarchie des Kapitalmarktes auch voll auf deren Urheber zurückschlagen. Schließlich ist rund die Hälfte aller Wertpapiere der Welt in Dollar ausgewiesen. Wenn dieser unerwartet stark verfällt, müssten Händler und Vermögensverwalter panikartig Dollarpapiere auf den Markt werfen. Dann wären Bank- und Fondspleiten sicher, und das ganze Gefüge der globalen Produktionsketten und Kapitalbeteiligungen käme ins Rutschen. Spätestens dann wäre die wirtschaftliche Krise auch politisch nicht mehr kalkulierbar. Antiglobalisten aller Couleur könnten in vielen Staaten an die Macht drängen und ähnlich wie während der Weltwirtschaftskrise in den 30er Jahren des vergangenen Jahrhunderts mit nationaler Abschottung das globale Handels- und Finanzsystem zerstören.

»Der Tag der Abrechnung kommt«

Das Gute an diesem Szenario ist: Kein Staat der Welt hat ein Interesse daran, es so weit kommen zu lassen. Die Dollarbombe ist scharf, aber niemand wird sie mit Absicht zünden. Keine der großen Notenbanken, gleich ob in China, Japan oder Saudi-Arabien, wird ohne Not ihre Dollarbillionen auf den Markt werfen und einen Crash auslösen. Es wäre nur zu ihrem eigenen Schaden. Ihr Devisenschatz würde entwertet und ihr Hauptabsatzmarkt geschwächt. Nur leider ist das kein Grund zur Beruhigung. Weil kein unmittelbares Unheil droht, geschieht auch nichts, um einem möglichen plötzlichen Vertrauensverlust in den Dollar vorzubeugen. Der kann jedoch jederzeit durch politische Ereignisse oder wirtschaftliche Entwicklungen ausgelöst werden. Das könnte ein Regimewechsel in Saudi-Arabien sein oder ein amerikanisch-chinesischer Konflikt um Taiwan oder auch nur ein plötzlicher Sprung in der Dollarinflation, der Panik an den Märkten stiftet.

Den einzigen Versuch, dem möglichen Crash die Grundlage zu nehmen, unternahm im Herbst 2006 der damalige spanische Chef des Internationalen Währungsfonds, Rodrigo Rato. Er überredete die wichtigsten Akteure, die Finanzminister und Notenbankgouverneure von China, Japan, Saudi-Arabien, aus der Euro-Zone und den USA, zur Bildung einer gemeinsamen Arbeitsgruppe auf Ebene der Staatssekretäre und Vizedirektoren. Zunächst gingen IWF-Experten mit jeder Partei einzeln in Klausur, anschließend trafen sich die Verantwortlichen für die kommende Weltwährungskrise zu drei Konferenzen in Washington. »Es wurde hart diskutiert«, berichtet einer der europäischen Teilnehmer, »das war kein Diplomaten-Talk.« Aber heraus kam nach sechs Monaten Beratung trotzdem nur ein unverbindlicher Formelkompromiss, der »die gemeinsame Verantwortung« beschwor und festhielt, was wünschbar wäre:

Die Amerikaner sollten mehr sparen, die Chinesen ihre Währung aufwerten, die Saudis mehr investieren und die Japaner und Europäer weniger exportieren und mehr für die Nachfrage in den eigenen Ländern tun. »Wenigstens haben wir uns jetzt alle gut kennengelernt«, resümierte einer der beteiligten europäischen Beamten das Unterfangen resigniert, getreu dem Motto »Gut, dass wir darüber geredet haben«.

Ursache für den Stillstand ist, dass die US-Regierung auf der einen und ihre Gläubiger in Asien und Nahost auf der anderen Seite sich gegenseitig blockieren. Unterschwellig tragen sie einen Machtkampf darüber aus, wer auf welche Weise die Regeln auf dem globalen Finanzmarkt bestimmen darf. Dabei geht Amerikas politische und wirtschaftliche Führung noch immer davon aus, dass sich auf ihrer Seite nichts ändern muss.

So wie die Regierung Bush schon den Klimawandel ignorieren wollte, bestreitet US-Finanzminister Paulsen trotz enormer Ungleichgewichte im Finanzsystem, dass es überhaupt ein Problem gibt. Es sei »nur positiv, dass Ausländer unsere Staatsanleihen besitzen möchten«, bekannte er mehrfach, das nutze Amerika über niedrige Zinsen; eine Gefahr bestehe dabei nicht. Befragt zum extremen Außenhandelsdefizit seines Landes, weist er den Chinesen und ihren Nachahmern die Schuld zu. Es gelte »weiterhin Druck auszuüben«, den Wechselkurs des Yuan freizugeben, beschrieb er sein Konzept bei einer Anhörung im US-Kongress im Februar 2007.[137] Geben erst die Chinesen nach, so lautet das Kalkül, dann können auch die übrigen Schwellenländer sich mit der Aufwertung ihrer Währung abfinden, das US-Defizit würde langsam abnehmen. Mit anderen Worten: Nicht die USA, sondern alle anderen sollen sich anpassen.

In Peking sehen die Verantwortlichen das genau andersherum. Paulsons Gegenspieler dort ist Chinas Topökonom Fan Gang. Der 55-jährige Wissenschaftler, wie Paulson ein Absolvent der US-Elite-Universität Harvard, ist Mitglied des chinesischen Zentralbankrats und zählt damit zum inneren Machtzirkel des Regimes. Trotzdem übt Fan keine Zurückhaltung bei der Darstellung der chinesischen Sicht der globalen Finanzmisere. »Das eigentliche Problem ist nicht die Unterbewertung des Renmimbi Yuan, sondern die Abwertung des Dollar«, sagte er bei einer Weltkonferenz zum Thema in Amsterdam. Nicht Chinas Wechselkurskontrolle, sondern »die inflationäre Geldpolitik der USA« sei »die Wurzel des Problems«. Darum sei »der Dollar kein stabiler Anker mehr für das globale Finanzsystem«, erklärte Fan rundheraus, es werde »Zeit, nach Alternativen zu suchen«. Im Idealfall, so Fan, »müsste es einen internationalen Währungsstandard geben, der wirklich unabhängig von den Einzelinteressen der Mitgliedsländer verwaltet wird und gemeinsamen Nutzen für alle stiftet«.[138]

Eine Weltwährung gegen die drohende Weltkrise? Würde das die offizielle Regierungsposition in Peking, dann wäre China auf dem Weg zum globalen, kooperativen Regieren schon weiter als alle Staaten der vermeintlich führenden G8-Gruppe. Dass eine solche Lösung so unerreichbar erscheine, meint denn auch der chinesische Vordenker, unterstreiche nur einmal mehr »das Kernproblem unserer Zeit: den heillosen Mangel an globaler Regierungsführung [global governance] in der sich schnell globalisierenden Welt«. Dabei ist Fans Forderung keineswegs so abwegig, wie sie nach sechs Jahrzehnten mit der Leitwährung Dollar erscheint. Schon einmal, im Sommer 1944, verhandelte die Weltgemeinschaft über ebendiesen Vorschlag.

Damals kamen in dem Erholungsort Bretton Woods im US-Bundesstaat New Hampshire 730 Delegierte aus 44 Nationen zusammen, um eine krisenfeste Weltwirtschaftsordnung für die Zeit nach dem Ende des Zweiten Weltkriegs zu beschließen. Den Vorsitz führte der britische Ökonom John Maynard Keynes, der drei Jahre zuvor sein Konzept für eine »Internationale Clearing Union« vorgelegt hatte, die das Währungsproblem ein für alle Mal lösen sollte. Keynes hielt die unkontrollierten Kapitalströme zwischen Europa und den USA für eine der zentralen Ursachen der Weltwirtschaftskrise der Vorkriegszeit. Darum, so schrieb Keynes, sei »nichts sicherer, als dass die freie Bewegung von Kapitalfonds reguliert werden muss«. Andernfalls würden sie stets »mit dem Tempo eines Zauberteppichs [das Ziel] wechseln, und diese Bewegungen haben die Wirkung, jedes ordentliche Geschäft durcheinanderzubringen«. Die notwendigen Kontrollen, stellte sein US-Partner Harry Dexter

White klar, »bedeuten jedoch weniger Freiheit für die Besitzer liquiden Kapitals. Aber diese Beschränkung würde eben im Interesse der Völker ausgeübt«.[139]

Keynes' Vorschlag sah vor, dass alle Mitgliedsländer ihre Zahlungsbeziehungen über ein Konto bei der Clearing-Zentrale abwickeln sollten, einer Art Weltzentralbank. Diese Konten sollten in einer Buchwährung geführt werden, die er den »Bancor« nannte. Der Wechselkurs der jeweiligen nationalen Währungen zum Bancor sollte im Prinzip fest bleiben und nur verändert werden, wenn sich die Inflationsraten der Mitgliedswährungen auseinanderentwickelten. Handelsüberschüsse und -defizite wollte Keynes nur bis zu einer gewissen Grenze zulassen, berechnet nach dem Anteil des Landes am Welthandel. Jenseits dieser Quote sollten Überschussländer Strafzinsen auf ihr zu großes Guthaben entrichten, um sie davon abzuhalten, sich auf Kosten anderer Länder zusätzliches Wachstum zu verschaffen. Doch mit seinem Konzept des Verzichts auf die nationale Geldsouveränität zugunsten aller konnte sich Keynes nicht durchsetzen. Die US-Regierung bestand darauf, dass der Dollar, nicht der Bancor, zur globalen Leitwährung erhoben und für Ungleichgewichte kein Limit gesetzt wurde.

Eben daran scheiterte das System schließlich auch zu Beginn der 70er Jahre. Der damalige US-Präsident Nixon finanzierte den Vietnamkrieg mithilfe einer Ausweitung der Dollarmenge, die Dollarinflation sprengte die festen Wechselkurse, und die beteiligten Regierungen mussten den Kapitalverkehr freigeben. Arthur Burns, damals Chef der Federal Reserve, warnte, diese Entfesselung der Finanzmärkte werde »mit Sicherheit Elend über die Menschheit bringen« und, »einmal begonnen, nur schwer wieder zu beenden sein«.[140] Seitdem haben mehr als hundert nationale und internationale Finanzkrisen die weltweite wirtschaftliche Entwicklung immer wieder zurückgeworfen und zig Millionen Menschen in Not gebracht.

Doch nun, nach mehr als sechs Jahrzehnten, ist Keynes' Vorschlag aktueller denn je. Die Dollar-Hegemonie steuert unweigerlich immer tiefer in die Krise.

Ein untrügliches Zeichen dafür ist der Aufstieg des Euro zur zweiten Reserve- und Transaktionswährung. Im Jahr 2006 wurden bereits mehr private und staatliche Anleihen in Euro aufgelegt als in Dollar. Als Barzahlungsmittel hat der Euro den Dollar ebenfalls überrundet. Nach Wert bemessen sind mehr Euronoten im Umlauf als Greenbacks. Gleichzeitig haben die Ölexportstaaten Russland, Iran, Venezuela und in geringerem Umfang Kuwait begonnen, Ölliefervertträge auch in Euro abzuschließen. Das alles lässt die Nachfrage nach dem Dollar zurückgehen, weil er als Transaktionswährung weniger benötigt wird.

Viele Ökonomen erwarten deshalb einen Übergang zu einem Multiwährungsstandard, bei dem neben Dollar und Euro auch der japanische Yen und irgendwann der chinesische Yuan in ähnlich großen Mengen gehandelt werden. Aber das ist keineswegs ein Fortschritt. Im Gegenteil. Das Fehlen eines einheitlichen Währungsstandards wird noch mehr Unsicherheit stiften. Weil die beteiligten Notenbanken gegeneinander statt miteinander arbeiten, werden die Kursschwankungen zwischen den Währungsräumen noch zunehmen. Das verschafft zwar der Finanzindustrie höhere Umsätze für ihre »Versicherungsprodukte«, wird aber automatisch mit noch mehr Krisen »jedes ordentliche Geschäft durcheinanderbringen«, wie Keynes seinerzeit kritisierte.

Das bekommen seit 2007 auch die Europäer schmerzhaft zu spüren. Zwar hat der Euro das Problem der ständigen Kursschwankungen innerhalb der Eurozone beseitigt. Umso größer ist nun das Problem im globalen Maßstab. Weil Chinas Währungshüter das Dollarspiel von US-Regierung und Notenbank verweigern und den Außenwert des Yuan nur um höchstens drei Prozent pro Jahr gegen den Dollar steigen lassen, fällt Chinas »Volksgeld« gemeinsam mit dem Dollar gegenüber allen anderen frei gehandelten Währungen. Folglich ist der Eurokurs gegenüber der chinesischen Währung seit 2000 um volle 40 Prozent gestiegen. Entsprechend wurden Chinas Waren in Europa so unschlagbar billig, dass nun die Europäische Union noch vor den USA Chinas größter Handelspartner ist. 2007 rutschte nun auch die EU in ein genauso tiefes Handelsdefizit mit dem Reich der Mitte wie die USA. Prompt forderten die Finanzminister der Eurozone im Oktober 2007, China solle aufwerten. Und ebenso prompt antwortete die chinesische Regierung, sie bleibe beim Kurs der kleinen Schritte. Im Übrigen, erklärte ein Sprecher des Außenministeriums in Peking, handele es sich eher um ein Dollarproblem.[141]

Gleichzeitig geraten aber auch die Staaten, die an der Dollarbindung festhalten, in die Klemme. Schließlich müssen ihre Zentralbanken, um den Kurs zu halten, ständig größere Summen ihrer eigenen Währung einsetzen, um Dollar zu kaufen. Um dennoch die Geldentwertung im Griff zu halten, müssen sie das so in Umlauf gebrachte Geld gleich wieder abschöpfen, indem sie neue Staatsanleihen verkaufen. Währungsexperten nennen diesen Trick »Sterilisierung«. Aber auch der hat Grenzen, weil er bedeutet, dass die jeweiligen Notenbanken künstliche Staatsschulden anhäufen. In den Ländern am Arabischen Golf stößt die Dollarbindung inzwischen offenkundig an ihre Grenzen. Die Inflation läuft zusehends heiß und erreichte in den Vereinigten Arabischen Emiraten schon zweistellige Raten. Auch in Saudi-Arabien und China verdoppelte sich die Geldentwertung auf sieben Prozent im Jahr, Tendenz steigend. Weil die Dollarzinsen fallen, während die Yuanzinsen zur Inflationsbekämpfung hochgesetzt werden mussten, verzeichnet die Bank of China nun eskalierende Verluste. Die Erträge auf ihre Dollareinlagen sind geringer als die Zinszahlungen auf die Anleihen, die sie zur »Sterilisierung« der überschüssigen Geldmenge ausgeben muss.[142]

Nicht minder schwer wiegen die politischen Spannungen, die das chaotische Nichtsystem des globalen Währungsgeschachers aufwirft. Je mehr Dollarreserven die Staaten Ostasiens und des Nahen Ostens anhäufen, umso größer wird deren potenzieller Einfluss auf die Weltökonomie. Damit wächst die Gefahr, dass die USA und mit ihnen Europa aus Furcht vor diesem Einfluss beginnen, sich abzuschotten. Hillary Clinton machte bei den »Primaries« einen Wahlkampfschlager aus ihrer Warnung, »dass Amerika zur Geisel von wirtschaftlichen Entscheidungen wird, die in Peking oder Tokio gefällt werden«, und forderte gesetzliche Gegenmaßnahmen.[143] In die gleiche Richtung zielt der Plan der Bundesregierung und der EU-Kommission, den aus den Dollarüberschüssen gespeisten Staatsfonds aus Fern-

und Nahost den Einkauf in »unsere Schlüsselindustrien« zu verwehren, wie es im deutschen Bundeswirtschaftsministerium hieß. (Siehe »Die Mikadowelt«, Seite 44) Blieben solche Forderungen nicht mehr bloße Politparolen, dann wären die Dollarschätze hüben wie drüben freilich erst recht von Entwertung bedroht. Würden die USA sich gar durch Einfrieren der chinesischen oder arabischen Dollarkonten schützen wollen, wie es einige Patrioten vorschlagen, würde das globale Finanzsystem umgehend zusammenbrechen.

Kein Wunder, dass angesichts solcher Widersprüche schon kleine Ereignisse für wilde Gerüchte an den Märkten sorgen. Ein solcher Krisenmoment war die dritte Septemberwoche 2007. Erstmals wollte da die saudische Zentralbank nicht dem amerikanischen Partner folgen und aus Furcht vor der Inflation die Zinsen nicht weiter senken. Prompt verbreitete sich daraufhin das Gerücht, nach dem kleinen Kuwait werde nun auch das große Saudi-Arabien die Dollarbindung seiner Währung, des saudischen Riyal, aufgeben, folglich sei mit Dollarverkäufen im großen Stil zu rechnen. Einzelne Akteure versuchten das Gerücht noch zu verstärken, um mit eigenen Spekulationen Geld zu machen. So ließ sich der Fondsmanager Jim Rogers, ehedem Partner des legendären Spekulantenkönigs George Soros, mit dem Satz zitieren, die US-Zentralbank »spiele mit dem Feuer«. Als das britische Pfund seinen Status als Weltreservewährung verloren habe, sei es »um 80 Prozent nach unten gegangen, Ähnliches dürfte dem Dollar blühen«.[144]

Die saudische Regierung dementierte umgehend alle Gerüchte, und der Dollarkollaps fiel vorerst aus. Aber die Drohung bleibt, und die Episode demonstriert, wie schnell es gehen könnte. Hätte Rogers ausreichend Anhänger für seine These gefunden, wäre der Sturm kaum noch zu halten gewesen. Allenfalls eine Allianz aller großen Zentralbanken von Tokio bis Frankfurt könnte sich einer solchen Verkaufswelle glaubwürdig entgegenstellen. Aber: »Fraglich ist, ob sie das überhaupt wollen«, warnt ein leitender Beamter der europäischen Finanzaufsicht. »Warum sollte die ganze Welt auf immer die Amerikaner freikaufen?« Immerhin sind die Zentralbanker aber tatsächlich in der Lage, eine solche koordinierte Aktion zu organisieren. Sie kommen ohnehin traditionell alle zwei Monate in Basel zur Lagebesprechung zusammen, die Verständigung liefe reibungslos. Aber selbst wenn eine solche Notbremsung erfolgreich wäre, was käme dann? Das Problem wäre ja nur aufgeschoben, nicht gelöst.

Nicht nur offiziell geben die politisch ernannten Lenker der Weltfinanzen dazu keine Auskünfte, nicht einmal informell wollen sie zu dem Tabuthema etwas sagen. Aber vieles spricht dafür, dass eine große Dollarkrise genau der richtige Moment wäre, um ein neues globales System zu schaffen, das Lasten und Nutzen gleichmäßig verteilt. Diese Ansicht vertritt auch der Ökonom und Nobelpreisträger Joseph Stiglitz, der 2000 wegen seines Protests gegen die falsche Währungspolitik der USA und des IWF seinen Posten als Forschungschef bei der Weltbank verlor und heute an der New Yorker Columbia-Universität lehrt. Die amerikanische Defizit-Ökonomie »funktioniert nicht ewig. Der Tag der Abrechnung kommt«, meint Stiglitz. Für die Zeit danach, das sieht er genauso wie sein chinesischer Kollege Fan Gang, gelte es, eine Alternative zu finden. Dazu entwickelte er eine erweiterte Version von Keynes' Konzept für eine globale Reservewährung, die den Ausgleich zwischen Defizit- und Überschussländern auf die ganze Staatengemeinschaft verlagern würde. Dazu müssten die Mitgliedsstaaten jeweils jährlich feste Beträge ihrer eigenen Währung bei einer Weltwährungsbehörde einzahlen. Im Gegenzug würden sie »Weltdollar« erhalten, die von den Zentralbanken als Reserve für Notzeiten gehalten würden. In Krisenzeiten könnten die »Weltdollar« in beliebiger Höhe gegen jede Währung aller anderen Mitgliedsländer eingetauscht werden. Aufgrund der »genossenschaftlichen« Garantie, die alle Staaten gemeinsam übernähmen, müssten insgesamt viel weniger Reserven angelegt werden, und kein Land müsste sich, so wie derzeit die USA, in »selbstzerstörerischer Logik« immer tiefer verschulden, wie Stiglitz schreibt.

Der Anker des globalen Finanzsystems wäre eine künstliche Währung, die sich auf die Summe der Volkswirtschaften aller Mitgliedsstaaten stützen würde. Diese besäßen weiterhin eine eigene Währung und eine eigene Geldpolitik, aber es gäbe »einen Puffer« für ihr Verhältnis untereinander. Amerikas mutigster ökonomischer Vordenker hält es sogar für möglich, dass auf diesem Weg das »exorbitante Privileg« des Leitwährungslandes, nämlich die Emission von zusätzlichem Geld für Transaktionszwecke ohne handfeste Deckung, zum weltweiten Nutzen eingesetzt werden könnte. Insgesamt könnten 200 bis 400 Milliarden Dollar jährlich gewonnen werden, um sie für Entwicklungshilfe oder den Klimaschutz einzusetzen, kalkuliert Stiglitz. Und wenn die USA »sich nicht dazu überreden ließen, dem neuen System beizutreten, könnte man eine härtere Gangart einschlagen«, meint der New Yorker Ökonom. Denkbar sei, »dass der Rest der Welt sich darauf einigt, auf dieses System, eine Form genossenschaftlicher wechselseitiger Hilfe, umzustellen und nach und nach einen immer größeren Teil der Reserven in den Landeswährungen der teilnehmenden Staaten zu halten«. Weil die USA mit der Zeit »aus der Ausbeutung der Entwicklungsländer immer weniger Vorteile zögen, hätten sie immer stärkere Anreize, dem System beizutreten«, kalkuliert Stiglitz.[145]

Das klingt, gemessen am gegenwärtigen Zustand, wie blanke Utopie. Nicht nur verweigern sich die Mächtigen der Finanzindustrie und die von ihnen gestützten Regierungen bisher jedem politischen Eingriff. Zudem gibt es auch keine globale Institution, die einen solchen Prozess organisieren und die Rolle des globalen Währungshüters übernehmen könnte. Der Internationale Währungsfonds wurde zwar einst, im Jahr 1944, für genau diesen Zweck geschaffen. Aber seine Struktur ist heute hoffnungslos veraltet. Vier Fünftel der Menschheit sind entweder nicht oder nur mit Pro-forma-Stimmen im Direktorium vertreten. Zudem nutzten Amerikaner und Europäer den Fonds jahrzehntelang, um ihre Interessen gegen die Aufsteiger des Südens durchzusetzen. Als ein Ort der Vertretung des globalen Gemeinwohls ist das Institut vermutlich gar nicht mehr geeignet. Zu viele Menschen verbinden mit dem Kürzel IWF gegenteilige Vorstellungen (siehe Kapitel »Das UN-Paradox«, Seite 370). So mögen die Hürden zunächst unüberwindlich erscheinen. Trotzdem werden sich die neuen und die alten Mächte der vernetzten Welt in nicht allzu ferner Zukunft der Frage nach einer Radikalreform des Finanzsystems stellen müssen. Gerade den Veteranen des Geschäfts ist das auch längst klar. Paul Volcker zum Beispiel, der bis zum Jahr 1987 selbst an der Spitze der US-Notenbank stand und noch heute im Auftrag der UN im politischen Geschäft ist, hat daran gar keinen Zweifel. »Langfristig läuft die Entwicklung auf eine Weltwährung hinaus«, erklärte er im Mai 2007 auf die Frage nach der Zukunft des Dollar.[146] Eine globale Lösung erwarten erfahrene Bankenaufseher auch für die künftige Regulierung des Finanzgewerbes. Howard Davies, der bis 2003 der britischen Finanzaufsicht vorstand und heute die London School of Economics leitet, nennt das System nationaler Aufsichtsbehörden für die globalisierte Finanzindustrie ein »Konstrukt eines vergangenen Zeitalters«. »Wir kennen doch alle die Realität, wie die Risiken aufgeteilt und weltweit herumgereicht werden«, sagte er beim World Economic Forum in Davos im Januar 2007. »Aber die Architektur unserer Aufsicht ist noch immer so, als hätte sich nichts geändert«, kritisierte Davies. An einer Re-Regulierung der Finanzaufsicht in globaler Zusammenarbeit führe gar kein Weg vorbei.

Das gilt nicht nur wegen der Krisenanfälligkeit des alten Systems. Selbst ohne spekulative Blasen und Crashszenarien gibt es einen guten Grund, das globale Geldgeschäft wieder einer engeren politischen Lenkung zu unterstellen. Denn es steht im Kern einer weiteren gefährlichen Fehlentwicklung: Die extrem ungleiche Verteilung der großen Reichtümer, die der globalisierte Kapitalismus hervorbringt, bedroht die politische Stabilität, ohne die das globale Netzwerk nicht funktionieren kann. Das macht mittlerweile sogar den Reichen Angst.

4. Wer Ungleichheit sät …

Die Verarmung der Mittelschichten und die Abkehr von der Globalisierung

Die Referenten auf dem Podium gingen ihr Publikum hart an. Eine »mächtige kosmopolitische Klasse« häufe enorme Reichtümer an, während »die vielen Menschen, die zurückbleiben, unter immer größeren Druck geraten«, beklagte der erste Redner und forderte »in allen großen Ländern eine ernste Debatte darüber, wie wir verhindern, dass diese Ungleichheit immer schlimmer wird«. Um den Trend umzukehren, müsse »der Staat eine viel größere Rolle spielen«, argumentierte sein Co-Referent. Andernfalls drohe eine »sehr hässliche politische Gegenreaktion«. Es gehe nicht an, dass auf Dauer »aller Gewinn aus der Globalisierung an die Kapitalbesitzer geht, während die Einkommen der Arbeiter und Angestellten bestenfalls stagnieren«, mahnte auch einer der Teilnehmer im Publikum, den es nicht auf seinem Stuhl hielt. Darum bewege sich nun »das politische Pendel von rechts nach links«. So ergab ein Beitrag den nächsten, und so mancher Zuhörer wähnte sich schon bei einer Versammlung von Gewerkschaftern oder Globalisierungskritikern.

Doch diese Veranstaltung stand nicht im Zeichen der Protestkultur. Die warnenden Sätze gegen die zunehmend ungerechte Verteilung von Vermögen und Einkommen fielen im Saal des Konferenzzentrums im Schweizer Nobelskiort Davos beim Weltwirtschaftsforum im Januar 2007. Es waren auch keine zufällig eingelassenen Revoluzzer, die da zum Jahrestreffen des Weltclubs der Konzernlenker und Wirtschaftsgurus ihre Stimme erhoben. Die aufmüpfigen Redner kamen vielmehr aus den Zentren des marktliberalen Denkens in der amerikanischen Wirtschaftswissenschaft. Robert Shiller, Ökonom an der Elitehochschule von Yale, zählt zu den führenden Theoretikern der Finanzmärkte und erlangte Weltruhm mit der frühzeitigen Vorhersage des Börsencrashs vom Sommer 2000. Hier nun forderte er eine drastische Steuererhöhung auf die Einkommen der »kosmopolitischen Klasse«, der die meisten seiner Zuhörer angehörten. Sein Coreferent war der New Yorker Starökonom Nouriel Roubini, für dessen elektronische Infoplattform Global Economics Monitor die Analysten der Wall Street fünfstellige Zugangsgebühren zahlen. In Davos machte er sich für »ein starkes soziales Netz« und staatliche Eingriffe in die Einkommensverteilung stark. Der Mahner aus dem Publikum schließlich war kein geringerer als Stephen Roach, der damalige Chefökonom und heutige Asiendirektor der Investmentbank Morgan Stanley, der seit mehr als 20 Jahren die globalen Wirtschaftstrends für die Bankenklientel analysiert und nun das »Rekordhoch der Profite« anprangerte.

Dass ausgerechnet die größten Gewinner der Globalisierung ausführlich die Ängste und Sorgen der Verlierer diskutierten, geschah keineswegs zufällig. Das Forum in Davos war nur ein besonders auffälliger Ausdruck jener historischen Wende der politischen Wahrnehmung, die nach und nach alle Wohlstandsländer und auch die neuen Aufsteigerstaaten erfasst: Die immer tiefer gehende Spaltung der Weltgesellschaft und ihrer Völker in Arm und Reich, in wenige Gewinner und viele Verlierer, wird neben dem Klimawandel und dem instabilen Finanzsystem zum zentralen Thema der Weltpolitik. Gut drei Jahrzehnte lang haben die überwiegend wirtschaftsliberalen Regierungen der Reichtumszone die globale Ausdehnung des Kapitalismus vorangetrieben, indem sie Unternehmen und deren Eigentümer von staatlichen Auflagen und Steuern befreiten. Gleichzeitig stiegen die Steuerlasten für Arbeitnehmer, und die soziale Absicherung wurde eingeschränkt.

Der Markt ist gut, staatliche Eingriffe sind schlecht – so lautete im Kern die Ideologie, mit der die wohlorganisierten Managereliten und ihre Gefolgsleute in Wissenschaft und Medien dieses Programm rechtfertigten. Liberalisierung, Deregulierung und Privatisierung waren die politischen Instrumente der Wahl, mit denen der Einfluss von Politik und Staat auf Unternehmen und Märkte stetig vermindert wurde. Und gleich ob Amerika, Japan oder Europa, in einem Punkt war das Ergebnis überall gleich: Den Kapitaleignern und den von ihnen bezahlten Managern sowie deren Beratern, Anwälten und Experten wuchs ein immer größerer Teil der Einkommen zu, während eine wachsende Zahl von Menschen mit Hungerlöhnen auskommen muss und die Mehrheit von den gigantischen Zuwächsen der globalisierten Ökonomie ausgeschlossen bleibt. Der ungeschriebene Gesellschaftsvertrag der westlichen Marktgesellschaften nach dem Zweiten Weltkrieg, wonach der wirtschaftliche Erfolg »allen zugutekommen« sollte, wie es Deutschlands Wirtschaftswunderminister Ludwig Erhard einst formulierte, wurde Schritt für Schritt gekündigt.[147]

Doch nun, nach Jahrzehnten neoliberaler Kahlschlagpolitik gegen den Wohlfahrtsstaat, befällt die politischen und wirtschaftlichen Eliten die Furcht vor den politischen Konsequenzen der von ihnen selbst betriebenen sozialen Spaltung. Plötzlich fordern in so unterschiedlichen Ländern wie Japan, Deutschland, Großbritannien oder den USA auch konservative Politiker wieder gerechtere Steuern, höhere Löhne und eine Umverteilung von oben nach unten. Die Autoren der offiziellen Zusammenfassung des Davoser Forums beschrieben die dahinterstehende Sorge ganz unmissverständlich: »Die neue Ära des globalen Wachstums erzeugt dieselben Ungleichgewichte und Ungleichheiten, die während der industriellen Revolution den Aufstieg von Nationalismus, Faschismus und Kommunismus nährten. Viele fürchten, dass solche reaktionären oder sogar regressiven Kräfte erneut wachsen könnten.«[148]

Die Furcht ist nur allzu berechtigt. Zwar ist es höchst unwahrscheinlich, dass eine soziale Revolution oder gar ein kommunistischer Umsturz erneut die Welt erschüttert. Umso größer ist jedoch die Gefahr, dass die Angst vor Verarmung in einem Land nach dem anderen eine destruktive Politik hervorbringt, die sich gegen die übrige Welt richtet.

Das Ende des amerikanischen Traums

Nicht zufällig kommen die Warnungen vor einer solchen Entwicklung vornehmlich aus den Vereinigten Staaten. Gerade im Mutterland der zweiten Globalisierung hat die marktradikale Gegenreformation nach dem Ende des Kalten Krieges tiefe Wunden geschlagen. Dabei sind große soziale Gegensätze für die US-Gesellschaft keineswegs neu. Schon seit Beginn der 80er Jahre des vergangenen Jahrhunderts öffnet sich die Einkommensschere. Der Umbau der alten, vorwiegend auf dem amerikanischen Kontinent angesiedelten Industriekonzerne zu weltweit vernetzten Produktionsketten sprengte die überkommenen Strukturen. Die Zahl der gut bezahlten Produktionsjobs nahm kontinuierlich ab, während die Gewerkschaften – befördert durch die gegen die »Unions« gerichtete Gesetzgebung der Regierung des Präsidenten Ronald Reagan – auf breiter Front an Einfluss verloren. Dieser von Ökonomen beschönigend sogenannte Strukturwandel verändert kontinuierlich das Einkommensgefüge zugunsten der Kapitalbesitzer und der Hochqualifizierten.

Darum sanken die Bruttolöhne im unteren Fünftel der amerikanischen Einkommenspyramide, gemessen am Stand von 1973, schon bis Mitte der 90er Jahre um fast 20 Prozent. An die Stelle fest beschäftigter Arbeiter trat das Heer der Teilzeit- und Kurzfristbeschäftigten, die, häufig zum Mindestlohn von knapp fünf Dollar pro Stunde, einfache Dienstleistungen erbringen und als »working poor«, als arbeitende Arme, schon lange zum amerikanischen Alltag gehören. Mehr als 30 Millionen Menschen leiden inmitten der amerikanischen Überflussgesellschaft an Hunger und Mangelernährung.[149] Diese Verarmung am unteren Rand der Gesellschaft betraf jedoch lange Zeit vorrangig die spanischsprachigen Einwanderer und den schlecht ausgebildeten Teil der schwarzen Minderheit. Für die wirtschaftliche Elite und die von ihr finanzierte politische Klasse fiel das kaum ins Gewicht. Amerikas Arme gehen überwiegend nicht zur Wahl, ihre Stimme zählt im US-Politikbetrieb wenig.

Aber nun, nach einem weiteren Jahrzehnt des globalisierten

Strukturwandels, hat sich die Lage radikal verschärft. Der Einkommensrückgang und die Arbeitsplatzunsicherheit hat jetzt auch die breite Mehrheit der weißen Mittelschicht erfasst. Seit dem Jahr 2000 sinkt auch das Median-Einkommen. Das bedeutet, dass die schlechter bezahlte Hälfte der Erwerbstätigen Jahr für Jahr weniger Geld zur Verfügung hat – und das in einer Zeit, da die Volkswirtschaft als Ganzes bis einschließlich 2007 um mehr als 18 Prozent zulegte. »Die Arbeitnehmer haben allen Grund, sich über die wachsende Lücke zwischen ihrer Produktivität und ihren Gehaltsschecks zu ärgern«, bestätigt Jared Bernstein, Ökonom am Washingtoner Economic Policy Institute, das regelmäßig die US-Steuer- und Einkommensdaten analysiert. »Sie arbeiten härter und smarter, backen mit höherer Effizienz einen größeren Kuchen und stehen am Ende doch mit einem kleineren Anteil da.«[150]

Während die Mehrheit also leer ausgeht, landet fast der gesamte erwirtschaftete Zuwachs bei den ohnehin Privilegierten. Das einkommensstärkste Prozent aller Amerikaner erzielte im Jahr 2004 mehr als zweieinhalbmal so hohe Einkommen wie das eine Prozent Topverdiener des Jahres 1979. Und ein Zehntel dieser Spitzengruppe wiederum, 0,1 Prozent der Gesamtbevölkerung, eine Gruppe von rund 300 000 Superreichen, streicht mehr ein als die 120 Millionen Amerikaner im unteren Drittel der Einkommensskala zusammen.[151] Diese extreme Ungleichverteilung geht einher mit weit überdurchschnittlich wachsenden Ausgaben für die Ausbildung der Kinder. Beides zusammen erschüttert zusehends die Grundfesten der amerikanischen Identität. Wenn die Flut steigt, steigen mit ihr alle Boote – so lautete die einst vom legendären Präsidenten John F. Kennedy ausgegebene Formel über die allgemeine Teilhabe am wachsenden Wohlstand. Gleichzeitig durften die US-Bürger getrost an den klassischen amerikanischen Traum glauben, wonach sich jedermann mittels harter Arbeit aus der Armut befreien kann. Doch diese beiden Grundprinzipien sind heute weitgehend außer Kraft. Die Einkommen stagnieren oder schrumpfen trotz Wachstum, und die meisten Kinder erreichen nicht mehr als ihre Eltern. Die Löhne amerikanischer Männer im Alter zwischen 30 und 40 Jahren waren, soweit sie zur unteren Hälfte der Einkommensbezieher zählten, im Jahr 2004 sogar zwölf Prozent weniger wert als die Löhne der gleichaltrigen Männer in der Generation ihrer Väter 30 Jahre zuvor.[152] Den Kindern soll es einmal besser gehen – dieses klassische Lebensziel der Aufsteigergesellschaft ist nur noch Illusion.

Der Abwärtstrend gilt noch nicht für die Einkommen der Familien als Ganzes, aber dies nur deshalb, weil die Frauen häufiger und länger arbeiten als früher. Insgesamt muss die amerikanische Mittelschicht für die gleiche Kaufkraft mittlerweile etwa 50 Prozent länger außerhalb des eigenen Haushalts arbeiten als die Generation ihrer Eltern. Für immer mehr Familien reichen die Einkommen jedoch nicht aus, um ihren Kindern eine höhere Ausbildung zu finanzieren. Rund 400 000 Highschool-Abgänger jährlich beginnen trotz guter Noten kein Studium, weil ihre Eltern das nicht bezahlen können. Die für viele Amerikaner irritierende Folge ist, dass ausgerechnet in den USA, dem einstigen Land der unbegrenzten Möglichkeiten und Tellerwäscher-Millionärs-Karrieren, der soziale Aufstieg heute viel weniger Menschen gelingt als in vielen europäischen Staaten oder in Japan.

Gerade in jener Nation, die einst als Erste die erblichen Privilegien des Adels abschaffte und per Verfassung jedem Menschen die gleichen Rechte garantierte, ausgerechnet hier richtet sich der gesellschaftliche Status eines Menschen heute überwiegend nach der sozialen Herkunft. Soziologen sprechen schon von einer Refeudalisierung der Gesellschaft. »Wer in die Elite in den Vereinigten Staaten hineingeboren wird, erhält eine Konstellation von Privilegien, die nur sehr wenige Menschen in der Welt jemals erfahren haben. Aber als Armer in den USA geboren zu sein, belastet mit Nachteilen, die in keiner Weise mit Verhältnissen in Westeuropa, Japan oder Kanada vergleichbar sind.« So beschreibt der kalifornische Wirtschaftswissenschaftler David Levine Amerikas moderne Klassengesellschaft.[153] Das berührt fundamental das Selbstverständnis der amerikanischen Nation und hat eine breite Debatte über die Ursachen für diesen Rückschritt und die Antworten darauf ausgelöst. »Class matters«, auf die Klasse kommt es an, nannte die *New York Times* eine schon im Jahr 2005 publizierte Artikelserie, die den Umbruch in allen Aspekten beleuchtete. Der gemeinsame Wirtschaftsausschuss von Senat und Repräsentantenhaus organisierte eine große Anhörung zum Thema. Und die »Rückgewinnung des amerikanischen Traums«, wie es der Präsidentschaftsbewerber Barack Obama formulierte, ist eines der zentralen Wahlkampfthemen beim Rennen ums Weiße Haus.

Die gleiche Entwicklung bahnt sich in Deutschland an. Wie in den USA geht die globale Integration auch in der größten Volkswirtschaft Europas mit einer extrem ungleichen Verteilung der Einkommen einher. Real und netto, also nach Abzug von Inflation, Steuern und Abgaben, erhielten Arbeitnehmer für jede Arbeitsstunde im Jahr 2006 gerade mal 9,6 Prozent mehr Lohn als im Jahr 1991. Weil insgesamt mehr Menschen und vor allem mehr Frauen einer Lohnarbeit nachgingen, und das vielfach in Teilzeit oder befristet, ergibt sich pro Arbeitnehmer gerechnet in den ganzen 15 Jahren sogar eine Minderung um 1,8 Prozent. Im gleichen Zeitraum legten aber die Gewinneinkommen aus dem Besitz von Kapital und Unternehmen real und netto um fast 40 Prozent zu. Das heißt, fast der gesamte Zuwachs der Volkswirtschaft in 15 Jahren ging und geht noch immer an den Löhnen und Gehältern der Arbeitnehmer vorbei. Und das wirtschaftliche Wachstum war in dieser Periode enorm: Mit rund 500 Milliarden Euro jährlich entspricht es etwa der Summe, die die Deutschen während eines Jahres insgesamt an Steuern zahlen.[154]

Der Durchschnittswert für Löhne und Gehälter verbirgt jedoch eine noch weit tiefere Spaltung. Alle höher qualifizierten Arbeitnehmer und erst recht die führenden Manager in den Unternehmen erreichten selbstverständlich erhebliche Einkommenszuwächse, im Fall der Vorstände der führenden Großkonzerne von bis zu 500 Prozent. Demgegenüber muss die Mehrheit der Erwerbstätigen mit immer weniger Geld auskommen. Schon fast 19 Prozent aller Menschen in Deutschland, darunter 2,5 Millionen Kinder, müssen daher in relativer Armut leben. Mit Einkommen von weniger als 60 Prozent vom Durchschnitt, so die Definition, sind sie von allen scheinbar selbstverständlichen Wohlstandssymbolen wie Autobesitz, Urlaubsreise oder Markentextilien ausgeschlossen. Und ganz ähnlich wie in den

USA erkennen die Verantwortlichen nach und nach, dass diese ungleiche Verteilung womöglich unerwünschte Folgen bei ihren Wählern und Mitarbeitern haben könnte.

Stellvertretend für diese Wende stehen die Reden des Bundespräsidenten und früheren Chefs des Internationalen Währungsfonds, Horst Köhler. Noch im März 2005 forderte er, »wir brauchen eine Vorfahrtsregel für Arbeit ... Was anderen Zielen dient – und seien sie noch so wünschenswert –, ist nachrangig«. Diese Formel sollte begründen, warum die Löhne, die Renten und die Gesundheitsleistungen gekürzt werden sollten, während gleichzeitig die Besteuerung der Gewinne bei den Unternehmen gesenkt und die »Arbeitgeber« zudem zur Renten- und Krankenversicherung ihrer Beschäftigten nichts mehr beitragen sollten. So plante es damals Köhlers Partei, die CDU, und der Präsident fand das richtig. Gut zwei Jahre später beklagte dann derselbe Redner, dass »die Ungleichheit der Einkommensverteilung zugenommen hat, weil die Einkünfte aus Kapitalerträgen viel stärker gestiegen sind als die Arbeitslöhne«, und forderte: »Der Aufstieg der einen darf nicht der Abstieg der anderen sein!«[155]

Dabei sind die USA und Deutschland nur die Spitzenreiter. Derselbe Trend hat die gesamte Gruppe der alten Industrienationen erfasst. Seit 1983 nimmt im Durchschnitt aller dieser in der OECD organisierten 44 Wohlstandsstaaten der Anteil der Arbeitnehmer am Volkseinkommen kontinuierlich ab, während im gleichen Zeitraum bis 2003 der Anteil der Kapitalerträge von 28 auf 36 Prozent stieg.[156] Und überall wächst die Unruhe über diese Entwicklung. Denn die so herbeigeführte Stimmung in breiten Teilen der Bevölkerung ist spannungsgeladen und birgt politisch und wirtschaftlich enorme Risiken. Die Angst vor sozialer Deklassierung breitet sich aus und öffnet der Irrationalität die Türen zur Macht. Das zeigt sich vor allem in den USA.

Die Rückkehr der Protektionisten

Wenn Hillary Clinton, Barack Obama und andere Spitzenpolitiker der Demokratischen Partei den Niedergang der amerikanischen Mittelkasse beklagen, dann suchen sie die Schuld dafür vor allem im Ausland. Mal sind es die Chinesen, mal die Inder, mal die Mexikaner. Nicht um Reformen im Steuer-, Sozial- und Arbeitsrecht drehen sich die Reden der Kandidaten, mit denen die Stellung und das Einkommen der Arbeiter und Angestellten verbessert würden. Stattdessen versprechen die Anwärter auf das Präsidentenamt, sie könnten die Arbeitsplätze ihrer Wähler durch Handelsbarrieren gegen die Konkurrenz aus Niedriglohnländern schützen.

Hillary Clinton versprach eine »Auszeit« für weitere Handelsabkommen und erklärte, die alte Formel vom Freihandel, der allen nütze, stimme im 21. Jahrhundert nicht mehr. Künftig müsse der Import in die USA an die Einhaltung von sozialen Mindestnormen bei der Herstellung der entsprechenden Waren geknüpft werden. Barack Obama brachte denselben Ansatz auf die noch simplere Formel, »die Leute wollen keine billigen T-Shirts, wenn der Preis dafür der Verlust ihres Arbeitsplatzes ist«. Sein Mitbewerber bei den Demokraten, der als »links« geltende Senator John Edwards, behauptete sogar: »Handel ist ein schlechtes Wort für die arbeitenden Amerikaner geworden, und das aus einem einfachen Grund – unsere Handelspolitik war schlecht für sie.«[157]

Das wäre nicht weiter wichtig, ginge es nur um Wahlkampfgeklingel. Mit dem Rückgriff auf die ausländische Konkurrenz als Sündenbock für Amerikas soziale Probleme kommen die Wahlkämpfer jedoch der Stimmungslage in der Bevölkerung entgegen. Nur noch 28 Prozent der Befragten stimmten bei einer repräsentativen Umfrage des *Wall Street Journal* im Dezember 2007 der These zu, die Globalisierung sei gut für die amerikanische Wirtschaft, weil sie neue Märkte für US-Produkte und neue Jobs schaffe. Dagegen waren 58 Prozent der Meinung, die Integration der US-Wirtschaft in die globale Ökonomie sei schlecht, weil dies einheimischen Unternehmen einem unfairen Wettbewerb und Billiglöhnen aussetze. Zehn

Jahre zuvor war die Zustimmung für beide Thesen noch annähernd gleich hoch.[158]

Die Veränderung dokumentiert die tiefe Verunsicherung der US-Bevölkerung, ein Gefühl, das sie mit der Mehrheit der Bürger in anderen Wohlstandsstaaten teilt. So ergab eine Umfrage, die im Auftrag der *Financial Times* in Großbritannien, Frankreich, Spanien, Italien und Deutschland durchgeführt wurde, dass auch die Menschen in diesen Ländern die Globalisierung mehrheitlich als Bedrohung sehen.[159] Selbst in Deutschland, wo die Unternehmen mehr als in jedem anderen Land der Welt für den Export produzieren, fühlt sich die Mehrheit als Verlierer der Globalisierung. Auch in Europa steigt deshalb die Sehnsucht nach Abschottung und Schutz vor den Aufsteigern aus Fernost. 53 Prozent der Deutschen und sogar 70 Prozent der Franzosen beurteilen den chinesischen Wachstumserfolg inzwischen als »Gefahr«.[160]

Passend dazu haben populäre Medien begonnen, ein neues Feindbild vom bösen Chinesen zu kultivieren, der den Europäern ihren Wohlstand rauben will. Nicolas Sarkozy, der französische Präsident, erkannte als erster führender EU-Politiker die Chance, aus solchen Ängsten politisches Kapital zu schlagen. Im Wahlkampf um die Präsidentschaft punktete er im Frühjahr 2007 mit dem Versprechen, gegen den Missbrauch des freien Handels durch »Sozial- und Umwelt-Dumping« der asiatischen Produzenten vorzugehen. Auch müsse die Übernahme europäischer Konzerne durch Unternehmen und Fonds aus den Schwellenstaaten verhindert werden, forderte Sarkozy. Der Verkauf des europäischen Stahlriesen Arcelor an den indischen Magnaten Lakshmi Mittal sei ein »Fehler« gewesen, »unbegrenzter Freihandel« mit Waren und Kapital eine »Politik der Naivität«.

Solche Sätze klingen gut in den Ohren all jener, die unter dem Druck des weltweiten Strukturwandels Arbeit und Einkommen verloren haben oder dies fürchten müssen. Schließlich suggeriert die Rhetorik der neuen Protektionisten auf beiden Seiten des Atlantiks, diese Verluste ließen sich mit einer aggressiven Handelspolitik und Abschottung gegen die Billiglohnländer aufhalten oder gar rückgängig machen. Doch das ist eine massive Irreführung. Zwar ist nicht zu bestreiten, dass die arbeitsintensive Produktion von Waren aller Art in den Hochlohnländern schon seit Jahren schwindet, während sie in den Staaten mit niedrigen Löhnen zunimmt. Die Herstellung von Spielzeug, Textilien und Haushaltsartikeln oder die manuelle Montage von Elektronikgeräten geht in Westeuropa und den USA stetig zurück. Umso schneller wächst aber die Produktion höherwertiger Waren wie Maschinen, elektronische Bauteile oder komplexe Software. Die Einbindung in die weltumspannenden Produktionsketten hat die verbliebenen Betriebe um ein Vielfaches produktiver gemacht und ihnen riesige Märkte eröffnet. Mit den Zulieferungen aus den Niedriglohnländern und dem Verkauf dorthin steigt die Wertschöpfung im industriellen Sektor fortwährend an, und zwar auf beiden Seiten, sowohl in den Schwellenstaaten Osteuropas und Asiens als auch in den alten Industrienationen. In Deutschland schaffen die Unternehmen die meisten neuen Arbeitsplätze, die zugleich in allen Wachstumsmärkten mit eigener Produktion vertreten sind.

Das gilt auch für die USA. Dort räsonieren die neuen Antiglobalisierungs-Populisten wie der demokratische Senator Sherrod Brown aus Ohio oder der CNN-Journalist Lou Dobbs zwar über eine angeblich drohende »De-Industrialisierung« und »Zerstörung von Amerikas Produktionsbasis«. Tatsächlich aber wuchs die Produktion in Amerikas Fabriken zwischen 1990 und 2006 gemessen am Wert der verkauften Produkte real, also inflationsbereinigt, um 66 Prozent. Der Anteil der Industrie an der gesamten Wirtschaftsleistung des Landes blieb die ganze Zeit über konstant bei 13 bis 14 Prozent. Auch die Kapitalbilanz des industriellen Sektors ist positiv. Ausländische Industrieunternehmen investieren mehr in amerikanische Produktionsanlagen als die US-Konzerne ihrerseits im Ausland. Radikal verändert hat sich dagegen die Zahl der Arbeitsplätze. Allein von 2000 bis 2006 gingen in den US-Fabriken drei Millionen Jobs verloren, das entsprach gut 17 Prozent aller Industriearbeitsplätze. Spiegelbildlich stieg die Produktivität pro Arbeiter um fast 50 Prozent.[161]

Alle tonangebenden Ökonomen Amerikas, allen voran

Notenbankpräsident Bernanke, argumentieren daher, nicht die Globalisierung, sondern der »technische Fortschritt« sei die Ursache für den Jobverlust und den Druck auf die Löhne. Weil die Unternehmen fortwährend in die Automatisierung investierten, gebe es eben weniger Arbeit für Ungelernte. Doch ob der Jobabbau nun stärker auf die Importe aus Asien und Lateinamerika zurückgeht oder mehr auf den Einsatz von Robotern ist letztlich unwichtig. Entscheidend ist der Umstand, dass Zölle oder Handelshürden die Lage nicht bessern würden. Nicht nur würden viele Produkte teurer und damit die Kaufkraft der Arbeitnehmer weiter geschmälert. Gleichzeitig müssten auch die Industriebetriebe mehr für ihre Vorlieferanten bezahlen und wären so auf dem Weltmarkt weniger wettbewerbsfähig gegenüber Unternehmen aus Europa oder Japan. Unterm Strich gäbe es weniger Jobs und weniger Industrieproduktion – nicht mehr.

Besondere Ironie birgt in diesem Zusammenhang die Forderung von Amerikas neuen Protektionisten, in den Billiglohnländern müssten soziale Mindestnormen durchgesetzt werden, wie sie in den Konventionen der Internationalen Arbeitsorganisation (International Labour Organization, ILO) festgelegt sind. Denn ebendiese »Kernarbeitsnormen« gelten auch in den USA nur sehr eingeschränkt. Zwangsarbeit etwa ist nach den ILO-Statuten verboten, aber allein die Verwaltung der US-Bundesgefängnisse unterhält 100 Fabriken, wo Gefangene arbeiten müssen und dafür nicht einmal den gesetzlichen Mindestlohn erhalten.

Noch weit gewichtiger sind das Recht auf Streik und die freie Wahl der Selbstorganisation. Zu Recht beklagen Gewerkschafter, dass diese Freiheit Arbeitern in China und anderswo vorenthalten wird. Doch für die meisten erwerbstätigen Amerikaner steht es nicht viel besser. Gesetze und Rechtsprechung sichern Arbeitgebern eine so große Übermacht, dass sie außerhalb der Traditionsbetriebe der Auto- und Metallindustrie jede gewerkschaftliche Organisation oder Streiks ihrer Mitarbeiter verhindern können. Ganz legal können sie Streikenden einfach kündigen oder die Wahl von Arbeitnehmervertretern über Jahre hinauszögern und sabotieren. Kein Wunder daher, dass nur 10 Prozent aller US-Arbeitnehmer gewerkschaftlich organisiert sind. Völlig zu Recht stehen die USA im Ranking der ILO über die Einhaltung des Streikrechts daher auf einem Niveau mit Staaten wie dem Niger oder der Zentralafrikanischen Republik.[162] »Im Ausland können die Leute kaum glauben, dass wir uns ernsthaft in dieser Frage einen höheren moralischen Standpunkt anmaßen«, spottete deshalb der Ökonom Jagdish Bhagwati von der New Yorker Columbia-Universität im März 2007 anlässlich einer Anhörung im US-Senat zur Handelspolitik.[163]

Ohnehin müssten entsprechende neue Regeln für den Handel entweder bei der Welthandelsorganisation (WTO) mit all ihren 151 Mitgliedsländern oder in bilateralen Verträgen mit einzelnen Staaten vereinbart werden, wenn die USA nicht einseitig geltendes Handelsrecht brechen wollten. Schon allein Chinas Regenten würden ein solches Ansinnen aber sicher zurückweisen, weil sie eine Politisierung freier Gewerkschaften fürchten. Ein offener Handelskrieg mit dem Reich der Mitte würde Amerika aber mit Sicherheit in eine tiefe Wirtschaftskrise stürzen. All das bedeutet keineswegs, dass die Forderung nach weltweiten sozialen Mindeststandards nicht berechtigt wäre. (Siehe Kapitel »Weltmacht Weltbürger«, Seite 356)

Die Vorstellung dagegen, die wachsende Jobunsicherheit und ungleiche Einkommensverteilung in den Wohlstandsstaaten ließen sich mit den Mitteln der Handelspolitik bekämpfen, ist eine gefährliche Illusion. Ein nationaler oder regionaler Ausstieg aus der weltweiten Arbeitsteilung wäre extrem riskant. Die globale Vernetzung von Unternehmen und Märkten ist eine Einbahnstraße. Wer im Alleingang die Umkehr versucht, müsste mit einem drastischen Verlust an Wohlstand bezahlen. Das ist bislang – trotz aller gegenteiligen Wahlkampfversprechen – auch den meisten Politikern in den USA wie in Europa klar. Darum hatte alle Protektionismus-Rhetorik bisher nur wenig praktische Folgen. Wohl sind die seit 2001 in der sogenannten Doha-Runde geführten Verhandlungen der WTO-Staaten über einen weiteren Abbau von Handelshemmnissen gescheitert. Doch Ursache dafür waren vor allem der Streit über die geschützten Agrarmärkte der Wohlstandsländer – seit je der Sonderfall und zentrale Konflikt im Welthandelsregime –, und zudem das Tempo, mit dem die Industrieländer die Marktöffnung im Süden auf Kosten der dortigen Industrien erzwingen wollen. Den Fortgang der weltweiten Verschmelzung von Märkten und Unternehmen hielt das bisher aber nicht auf. Auch im Jahr 2007 wuchs der internationale Austausch von Waren und Dienstleistungen um gut neun Prozent, mehr als doppelt so schnell wie die weltweite Wirtschaftsleistung.[164]

Aber wie lange wird das noch so bleiben? Je länger Amerikas politische Klasse dem protektionistischen Reflex ihrer Wähler rhetorisch nachgibt, desto größer wird die Gefahr, dass daraus praktische Politik wird, vor allem wenn eine Rezession länger anhält und plötzlich Millionen Arbeitslose ins Bodenlose fallen – eben das Szenario, das Pessimisten schon infolge der Kreditkrise von 2007/2008 entwerfen. Dann wird sich rächen, dass Manager und Politiker über Jahre den steten Druck auf Löhne und soziale Absicherung damit rechtfertigten, dies sei nötig, damit die jeweilige Volkswirtschaft im internationalen Wettbewerb bestehen könne. Das war zwar fast immer nur ein Vorwand, um Unternehmen und ihren Eigentümern Steuervorteile zu verschaffen oder von der Finanzierung der Absicherung bei Krankheit, Arbeitslosigkeit und im Alter freizustellen. Nun aber ist tatsächlich der Glaube weitverbreitet, die Globalisierung selbst sei das Problem und nicht deren Gestaltung durch die jeweiligen nationalen oder übernationalen Regeln und Gesetze. Im Krisenfall wird es dann wenig nutzen, wenn Wissenschaftler und Wirtschaftspolitiker mahnen, dass Abschottung nur schaden würde. »Die Amerikaner verschließen die Augen vor der Realität und wollen die Welt anhalten«, beschrieb der Princeton-Ökonom und frühere Vizechef der Notenbank, Alan Blinder, im Januar 2008 die Stimmung während des Präsidentschafts-Wahlkampfes, »unser Land nähert sich der Gefahrenzone«.[165]

Würden aber kommende US-Regierungen, und in deren Gefolge auch Europäer und Japaner, tatsächlich beginnen, umfassende Handelshürden gegen China, Vietnam, Mexiko, Brasilien und andere Lieferländer mit geringen Sozial- und Umweltstandards zu errichten, würden die betroffenen Staaten zwangsläufig mit gleicher Münze zurückzahlen. Das Ergebnis wären eskalierende Handelskriege und der Zerfall des liberalen Welthandels- und Kapitalregimes, von dem doch bisher vornehmlich die reichen Staaten profitiert haben, gerade auch die USA. Einmal mehr, so wie schon im vergangenen Jahrhundert, wäre eine solche Entwicklung der Anfang vom Ende der Globalisierung. Auch damals kippte der Trend, weil die Verlierer zur politischen Kraft wurden. »Der Rückschlag ergab sich aus den Verteilungseffekten«, resümierte der Wirtschaftshistoriker Kevin O'Rourke seine Forschung über das Scheitern der globalen Integration im 20. Jahrhundert, »die Globalisierung zerstörte sich selbst.«[166]

Drastisch verschärft wird dieses Risiko durch eine weitere Gefahr, die mit der wachsenden Ungleichheit einhergeht: Unruhen, Gewalt und Terror erschüttern in wachsender Zahl jene Gesellschaften, die mit der Integration in die globale Ökonomie radikale Umbrüche erfahren. Je härter dabei die Gegensätze zwischen Arm und Reich aufeinanderprallen, je unerreichbarer Wohlstand und Sicherheit für viele dabei werden, desto eher bricht sich der Zorn Bahn. Vor allem junge Männer suchen Identität und Bestätigung in fundamentalistischen Ideologien und den Gewaltaktionen entsprechender Organisationen. Die Terroranschläge in Indonesien richteten sich nicht zufällig gegen die reichen Touristen auf der Ferieninsel Bali. In Indien breiten sich die Aufstände der sogenannten Naxaliten, einer Bauernguerilla nach maoistischem Vorbild, gerade in den ärmsten Regionen des Landes aus, meist dort, wo moderne Industrien als Symbole einer unerreichbaren Welt der Reichen die Lebensgrundlagen der ansässigen Bevölkerung bedrohen. Premierminister Manmohan Singh nannte die Aufstandsbewegung bereits das größte innenpolitische Problem des Landes. Meist sind es zudem die sozial schwachen Gruppen, die sich von hindunationalistischen Parteien immer wieder zu Pogromen gegen Moslems mobilisieren lassen – und umgekehrt.

Aber auch in Europa schwelen Rassismus und fremdenfeindliche Einstellungen. Auch hier öffnet sich das Einfallstor für rechtspopulistische und nationalistische Politik immer weiter; in Frankreich, wo Anhänger des Rechtsnationalisten Le Pen gegen Araber und andere Migranten vorgehen, in Spanien, wo afrikanische Flüchtlinge bedroht werden. Und auch in Deutschland.

Die Angst vor dem Abstieg nährt Hass und Ausgrenzung

Es ist später Abend, ein dunkelhäutiger Mann und seine schwangere Frau drängen mit einem Kinderwagen in einen voll besetzten Bus, in dem schon drei weitere Familien mit Kinderwagen unterwegs sind. Es wird eng. Plötzlich erklingt der laut gerufene Satz: »Für Ausländer haben wir keinen Platz.« »Scheiß Türken«, ruft ein anderer. Der Bus ist kaum losgefahren, da schlägt einer der Rufer der jungen Schwangeren mit seinem Ellenbogen ins Gesicht, ein anderer drückt sie mit aller Kraft Richtung Ausgang. Sie fällt, es kommt zu Geschrei und einem Handgemenge. »Macht mal die Tür auf, Ausländer stinken«, ruft einer der Beteiligten. Als der Fahrer anhält, flüchten die Täter, die geschlagene Frau muss ins Krankenhaus eingeliefert werden. Es gab ein gutes Dutzend Zeugen, aber keiner war der Schwangeren zu Hilfe gekommen.

So schilderte der irakische Bauarbeiter Ahmad Maaruf A. jene Busfahrt am Abend des ersten Dezember 2007 in Magdeburg, die selbst ihn, der seit neun Jahren in Deutschland lebt und einiges gewöhnt ist, noch schockierte. »Normale Menschen machen so etwas nicht«, sagte er einem Reporter anschließend, aber so einfach ist es nicht. Auch »normale Menschen« schaffen für »so was« zumindest ein Klima der Duldung.[167] Die Mehrheit der Bevölkerung lehnt aggressive Ausländerfeindlichkeit zwar entschieden ab. Aber die Zahl der Übergriffe auf Menschen mit dunkler Hautfarbe oder fremdländischem Aussehen nimmt ständig zu, und schon fast die Hälfte der deutschstämmigen Bevölkerung hegt starke Ressentiments gegen alle Fremden. Auch die Täter im Magdeburger Bus waren keine polizeilich bekannten Schläger oder Neonazis, stellten die Ermittler später fest.

»Den Alltagsrassismus finden wir überall«, bestätigt die Leipziger Historikerin Solvejg Höppner, die mit einem mobilen Beratungsteam Politik und Bürger bei der Bekämpfung rechtsradikaler Stimmungen unterstützt. Und das gilt keineswegs nur für Deutschland. Die Zahl der rassistisch motivierten Gewalttaten steigt mit Ausnahme von Schweden und Österreich seit Jahren in allen EU-Staaten an, in denen solche Tatmotive erfasst werden, berichtet die EU-Agentur für Grundrechte.[168] Gleichzeitig finden islamfeindliche Einstellungen immer mehr Anhänger. Je nach EU-Staat glauben 20 (Frankreich) bis 40 Prozent (Großbritannien) der Befragten, Muslime seien eine Bedrohung für die nationale Sicherheit. Und schon mehr als 50 Prozent aller Deutschen meint ernsthaft, man befinde sich in einem »Kampf der Kulturen« gegen die Muslime und es werde »zu Spannungen mit der muslimischen Bevölkerung kommen«, ergab eine Umfrage des Instituts für Demoskopie Allensbach.[169] Das zeigt, wie weit das Streben nach Abgrenzung zusehends die Wahrnehmung trübt.

Alle gründlicheren Studien über den gelebten Alltag der Muslime in Europa ergeben, dass die Unterschiede zu ihren nichtmuslimischen Zeitgenossen vor allem sozialer, nicht religiöser oder ideologischer Natur sind. Arabische und türkische Patriarchen unterdrücken ihre Frauen und Töchter etwa so, wie es christliche Patriarchen früherer Zeiten in Europa auch getan haben. Oder sie erziehen ihre Söhne mit den gleichen Prügelstrafen, die in deutschen Familien noch bis in die sechziger Jahre gang und gäbe waren. Die Differenz ergibt sich nicht aus der Religion, sondern aus dem Stand der wirtschaftlichen und kulturellen Modernisierung. Da allerdings müssen viele Einwanderer und ihre Kinder Jahrzehnte der Entwicklung überbrücken, und das gelingt umso schlechter, je geringer ihre Chancen auf Teilhabe am Wohlstand sind. In der Konsequenz entzünden sich dann Konflikte mit der Mehrheitsgesellschaft an kulturellen Symbolen wie dem Kopftuch oder dem Bau von Moscheen, obwohl es im Kern nicht um Religion, sondern um wirtschaftlich-soziale Rückständigkeit geht. Weil auch die Medien die religiöse Polarisierung forcieren, dringen solche Abwägungen jedoch bei immer weniger Bürgern durch. Je unsicherer sie sich fühlen, umso eher sind sie in allen sozialen Milieus bereit, die Schuld dafür bei den Fremden und deren Religion zu suchen.

Wie eng solche Denkmuster mit den wirtschaftlichen Umbrüchen verknüpft sind, das dokumentieren die Forschungsergebnisse des Bielefelder Sozialwissenschaftlers Wilhelm Heitmeyer und seines Teams. Seit 2002 befragen die Forscher jedes Jahr 2000 Deutsche über ihre wirtschaftliche Lage und ihre Einstellungen zu »gruppenbezogener Menschenfeindlichkeit«. Der Befund ist eindeutig. Je größer die Angst vor dem eigenen sozialen Abstieg ist, umso eher meinen die Betroffenen, es gebe »zu viele Ausländer in Deutschland«, die man »wieder in ihre Heimat schicken« müsse. Wer sich ausgegrenzt fühlt oder von sozialer Deklassierung bedroht sieht, sucht seinerseits Anerkennung und Halt bei Gleichgesinnten durch die gemeinsame Ausgrenzung von Schwächeren und Minderheiten. Diesen Prozess haben Soziologen schon lange als eine Art historische Konstante beschrieben, die in allen modernen Gesellschaften wirkt und auch zum Aufstieg faschistischer Bewegungen im Europa der Vorkriegszeit beigetragen hat. Heitmeyer und seine Kollegen belegen umfassend, wie nun das Phänomen erneut um sich greift. Der Ausgangspunkt dafür ist nach Erkenntnis der Sozialforscher das Grundbedürfnis nach sozialer Anerkennung und Kontrolle über die eigene Lebensplanung. Doch wer sich die in der Werbung allgegenwärtigen Attribute des »normalen« Lebens wie das eigene Auto oder Restaurantbesuche nicht leisten kann und keine Chance sieht, das je zu erreichen, der gehört nicht mehr dazu.

»Eigene Erfahrung von Desintegration führt zu geringerer Bereitschaft, Immigranten zu integrieren«, lautet das Fazit der Bielefelder Kartografen der »Deutschen Zustände«, wie sie ihre Studienreihe nennen. »Brandgefährlich« nennt Heitmeyer die Tatsache, dass mittlerweile auch in den mittleren Einkommensgruppen, der knapp zwei Drittel der Bevölkerung angehören, fast die Hälfte der Befragten sich vor dem sozialen Abstieg fürchtet. »Die anwachsende Spaltung in Reich und Arm ist ein sicherer Vorbote für mehr Ausbrüche von Gewalt«, warnt Heitmeyer. Insgesamt offenbarten 48,5 Prozent der Befragten in den Interviews offene Ausländerfeindlichkeit.[170] Diese Stimmungslage verschafft nicht nur jugendlichen Schlägern das diffuse Gefühl, ihre Überfälle auf Fremde und Muslime fänden im Grunde breite Unterstützung.

Über Jahre beschränkte sich die Reaktion der Politiker aller demokratischen Parteien auf fremdenfeindliche Übergriffe im Wesentlichen auf Appelle und Kampagnen. »Aufstand der Anständigen«, »Aktion Zivilcourage«, »Hingucken« – dies waren die Etiketten, mit denen die Regierenden in Deutschland versuchten, die vermeintliche Mehrheitsgesellschaft zu mobilisieren und mit ihrer Hilfe die Verirrten am rechten Rand in Schach zu halten. Ähnliche Aufrufe ergingen quer durch Europa von Finnland bis Spanien. Doch Fachleute wie Wilhelm Heitmeyer sind skeptisch gegenüber einer Politik der Appelle, die an den Ursachen vorbeigeht. Wichtiger als Kampagnen, konstatiert er, seien »konkrete Antworten, wo es um Ausgrenzungen und die Angst der Mitte vor Absturz und Deklassierung geht«.

Die Gerechtigkeitsheuchler

Diese Botschaft ist im Grundsatz bei vielen führenden Politikern quer durch die Wohlstandszonen des Planeten inzwischen auch angekommen. Besonders augenfällig ist die Wende in Deutschland. Allzu eindeutig sind die Ergebnisse von Wahlen und Umfragen. Angela Merkel etwa zog im Jahr 2005, damals noch als Führerin der Opposition, mit einem Programm in die Wahlkampf für den Bundestag, das für die überwiegende Mehrheit der Wähler weitere Ausgaben für Gesundheit und Altersvorsorge gebracht hätte, während gleichzeitig die Unternehmen und Spitzenverdiener weniger Steuern und Abgaben zahlen sollten. Prompt schrammte sie nur knapp an einer Niederlage vorbei. Der Misserfolg zwang sie in eine Koalition mit dem politischen Gegner SPD. Seitdem fordert die Kanzlerin nicht mehr »schmerzhafte Einschnitte« oder »mehr Eigenverantwortung«, sondern verspricht, das Wirtschaftswachstum müsse »bei allen ankommen«, und: »Wir wollen niemanden zurücklassen.«

Noch größer ist der Schwenk bei ihren Partnern von der SPD. Während ihrer sieben Jahre in der Regierung mit dem damaligen Kanzler Gerhard Schröder betrieben die Sozialdemokraten eine radikale Umverteilung von unten nach oben. Um zeitweilig bis zu 26 Milliarden Euro jährlich senkte die Schröder-Regierung die Steuerlast für Konzerne, Kapitalgesellschaften und Besserverdiener, während sie gleichzeitig die Unterstützungsleistungen für Arbeitslose zusammenstrich. Seitdem bezieht mehr als die Hälfte der Empfänger von Arbeitslosengeld weniger als vor der »Reform«. Vor allem aber stieg die Unsicherheit: Wer länger als ein Jahr arbeitslos und ohne Vermögen ist, fällt unweigerlich in die Armut und erhält nur noch so viel, dass es für Nahrung, Kleidung und Obdach reicht. Der »Anteil der betroffenen Leistungsempfänger, die nach internationalen Maßstäben als einkommensarm gelten, ist von gut der Hälfte auf zwei Drittel gestiegen«, ermittelten Forscher des Deutschen Instituts für Wirtschaftsforschung, dessen leitender Ökonom Klaus Zimmermann das Programm gleichwohl als »grundsätzlich positiv« pries.[171] Parallel dazu betrieb die Regierung Schröder eine Lohnsenkung auf breiter Front. Sie liberalisierte die Leiharbeit, die wiederholte Befristung von Arbeitsverträgen, die geringfügige Beschäftigung (Minijobs zu Minilöhnen) und betrieb die Auflösung der Bindung an Tarifverträge. Mit dem Umbau wurde lediglich erreicht, dass Arbeit billiger wurde. Mit anziehender Konjunktur wurden nicht mehr neue Stellen geschaffen als während der vorangegangenen Wachstumsphase auch. Zwar fanden 1,5 Millionen Arbeitslose neue Jobs, aber überwiegend als schlecht bezahlte Leiharbeiter oder Kurzfristbeschäftigte. In der Folge stieg auch in Deutschland die Zahl der arbeitenden Armen steil an. Bis Dezember 2007 waren mehr als eine Million Menschen auf staatliche Hilfszahlungen angewiesen, obwohl sie arbeiten gingen.

Vor diesem Hintergrund ist es nicht weiter überraschend, dass mittlerweile fast zwei Drittel der Deutschen die wirtschaftlichen Verhältnisse für »ungerecht« halten und gerade noch 15

Prozent für gerecht – ein historischer Tiefpunkt, wie eine Umfrage der Bertelsmann-Stiftung von 2007 ergab. Sieben Jahre zuvor beurteilte immerhin noch weit über ein Drittel der Befragten Deutschlands Wirtschaftsleben als gerecht.[172] Um den Verlust an Wählern und Zustimmung aufzufangen, mussten daher auch Deutschlands Sozialdemokraten umschwenken. Schröders Nachfolger Kurt Beck erhob die Bekämpfung von »Armutslöhnen« zum Programm und forderte einen »nationalen Pakt gegen Kinderarmut« – um zu bekämpfen, was er und seine Parteifreunde zuvor mit herbeigeführt hatten.

Doch im ersten Anlauf kamen die neuen Streiter für soziale Gerechtigkeit kaum über bloße Symbolpolitik hinaus. Die SPD beließ es bei der Forderung nach einem Mindestlohn und der Verlängerung der Zahlungen für ältere Arbeitslose um ein paar Monate. »Erst reißen sie alle Deiche ein, und jetzt stapeln sie Sandsäcke gegen die Flut«, spottete Dierk Hirschel, Chefökonom des Deutschen Gewerkschaftsbundes. Kanzlerin Merkel und ihre Partei beschränkten sich auf die vage Formel, man müsse »Arbeitnehmern einen besseren Zugang zu Kapitaleinkommen verschaffen«, ohne dazu irgendeinen praktikablen Vorschlag zu machen. Eine andere Variante dieser Pseudopolitik ist das Bildungsversprechen. Wo immer von den Verlierern der Globalisierung die Rede ist, verweisen die Verantwortlichen in Politik und Wirtschaft auf die nötige Verbesserung des Ausbildungsstandes der Bevölkerung. Weil es für Ungelernte immer weniger Jobs gibt, müsse eben die Qualifikation der Erwerbsbevölkerung gesteigert werden, fordern Manager und Wirtschaftspolitiker unisono. Wer viel weiß und kann, findet Arbeit. Die Arbeitslosigkeit von Akademikern ist darum konstant gering. Das ist eine simple Einsicht, doch was folgt daraus?

Für all jene, die bereits heute am Rande der Gesellschaft leben, erwächst daraus keine Hoffnung. Immerhin könnte aber mit einem massiven Ausbau der Bildungseinrichtungen die Lage der nachwachsenden Generation verbessert werden. Das ist allgemein Konsens, und doch geschieht – fast nichts. Das ist erstaunlicherweise genauso in den USA wie in allen Kernländern der EU außerhalb Skandinaviens zu beobachten. Mit

Ausnahme von Italien ist der Widerspruch allerdings nirgendwo schärfer als in Deutschland. Die deutsche Bildungsmisere ist seit Jahren tausendfach dokumentiert. Rund ein Fünftel der Jugendlichen eines jeden Jahrgangs bleibt ohne Schulabschluss oder Berufsausbildung, und das schon seit Mitte der 90er Jahre. Millionen junger Menschen, davon überdurchschnittlich viele aus Einwandererfamilien, haben damit schon im Alter von 16 Jahren kaum eine Chance, Arbeitslosigkeit und Armut zu entkommen.

Wie in den USA entscheidet in Deutschland die soziale Herkunft darüber, ob junge Leute es bis an die Universität schaffen, eine »unverzeihliche Ungerechtigkeit«, wie Bundespräsident Köhler, der Meister des Mainstreams, beklagte. Zehn Jahre zuvor hatte schon sein Vorgänger Roman Herzog genau die gleiche Klage erhoben und gefordert, auch in Sachen Bildung müsse »ein Ruck« durch das Land gehen. Seitdem gibt es vermutlich überhaupt keinen führenden deutschen Politiker gleich aus welcher Partei, der nicht eine Verbesserung des Schulsystems gefordert oder versprochen hat. Vor allem die frühkindliche Bildung in Kindergärten und Grundschulen müsste massiv gefördert werden, um die Nachteile auszugleichen, die Armut und Unbildung der Eltern mit sich bringen. Darin sind sich die Experten aller Richtungen einig. Doch hartnäckig weigern sich die Regierenden der beiden großen Parteien, ausreichend in Lehrer und Schulen zu investieren. Von 1995 bis 2005 sind die Ausgaben pro Schüler in Deutschland um nicht mal sechs Prozent gestiegen.[173] Das ist, gemessen am Bedarf, lächerlich wenig. Zwar bringen höhere Ausgaben nicht automatisch bessere Bildungsergebnisse. Aber ganz sicher können die enormen Defizite in diesem Bereich nicht ohne erhebliche Steigerung der Etats beseitigt werden. Weil das nicht geschieht, werden in einem der reichsten Länder der Welt Millionen Schüler in verrottenden Gebäuden mit technischer Ausstattung aus den 70er Jahren unterrichtet. Darum bleiben Zigtausende von Lehrern allein und überfordert mit den vielen Migrantenkindern in ihren Klassen, die kaum Deutsch sprechen. Und darum werden die Klagen der Unternehmen über den Mangel an Fachkräften immer lauter.

Die soziale Spaltung und die damit einhergehende Bildungsarmut offenbaren, wie unsinnig die von Deutschlands Sozialdemokraten und ihrem früheren Kanzler Schröder ausgegebene Parole ist, nicht Verteilungsgerechtigkeit, sondern die Herstellung von »Chancengerechtigkeit« sei Aufgabe der Politik. Tatsächlich ist beides seit je gar nicht voneinander zu trennen. Je größer aber die Kluft zwischen Reden und Handeln wird, desto unkalkulierbarer werden die politischen Gefahren. Wenn der lauthals verkündeten Einsicht und Klage über die Ungerechtigkeit jahrelang keine Veränderungen folgen, verlieren Demokratie und Marktwirtschaft die nötige Legitimation und den Rückhalt bei der Bevölkerung.

Diese drohende Radikalisierung von unten geht einher mit der Radikalisierung in den oberen Schichten der Gesellschaft. Ein klarer Ausdruck dafür ist die Skrupellosigkeit, mit der sich die Topmanager der großen Unternehmen bereichern. Während sie die Mehrzahl ihrer Beschäftigten unter Verweis auf die ausländische Billiglohnkonkurrenz mit schrumpfenden Einkommen abspeisen, lassen sich die Verwalter des Aktienvermögens in den Vorständen mit fürstlichen Zulagen belohnen. So ergab eine Untersuchung der Personalberatung Kienbaum, dass die Gehälter der 4300 Vorstandmitglieder bei den größten 1300 deutschen Unternehmen allein im Jahr 2007 um durchschnittlich 17,5 Prozent zulegten. Bei den börsennotierten Konzernen im Deutschen Aktienindex betrug der Zuwachs für Topmanager sogar 23 Prozent.[174] Die zugehörige Rechtfertigungsideologie brachte Alexander Mettenheimer, Chef der Privatbank Merck, Fink & Co., auf den Punkt. »Je größer die Spreizung der Einkommen, umso besser ist es«, erklärte der Mann, dessen Haus zu den führenden Vermögensverwaltern für die deutschen Globalisierungsgewinner gehört. Denn nur so könne »der Einzelne … auch richtig erfolgreich sein«, das sei »eine gute Sache für das Land«.[175]

So wächst mit jeder Wahl die Gefahr, dass populistische Politiker die soziale Spaltung nutzen und die anwachsenden Ressentiments gegen Ausländer, das Ausland und die Globalisierung einsetzen, um an die Macht zu kommen. Diese Gefahr scheint die deutsche Kanzlerin auch zu ahnen. Die Bürger dürften den Glauben an den Zusammenhalt der Gesellschaft nicht verlieren, erklärte Angela Merkel bei einer Parteitagsrede im Dezember 2007. »Wenn das nicht mehr funktioniert, fliegt uns der ganze Laden auseinander«, mahnte sie mit ungewöhnlicher Klarheit, wenn auch ohne praktische Konsequenzen.[176]

Die Verweigerung wirksamer Eingriffe in die Verteilung von Chancen und Einkommen ist jedoch nicht einfach nur Heuchelei. Dahinter steht auch die Furcht der politischen Klasse, die nötigen Konflikte mit den Gewinnern womöglich nicht durchstehen zu können. Denn wollten die Regierenden ernsthaft gegen Ausgrenzung und Ungerechtigkeit vorgehen, müssten sie auf jenes klassische Instrument zurückgreifen, das im Zuge der neoliberalen Ära systematisch tabuisiert wurde: die Umverteilung von den Reichen zu den Armen durch Steuern und Abgaben. Dies könne »nicht länger Politik unserer modernen Gesellschaft sein«, hatte Peter Struck, Fraktionschef der Sozialdemokraten im Bundestag, noch im Jahr 1999 nach Regierungsantritt seiner Partei verkündet – ein grandioser Irrtum.[177] Kaum etwas ist in der »modernen Gesellschaft« dringender als die Wiederherstellung ebendieses Prinzips. Erstaunlicherweise macht sich diese Erkenntnis neuerdings gerade dort breit, wo einst die Irrlehre der Marktradikalen unter den Regierungschefs Margaret Thatcher und Ronald Reagan ihren Durchbruch erlebte, in Großbritannien und den USA.

Milliardengeschäft Steuerflucht

Wenn der Finanzausschuss des britischen Parlaments tagt, ist der Unterhaltungswert der Veranstaltung in der Regel gering. Kaum jemand kennt die Abgeordneten oder versteht ihr Gerangel um die Feinheiten des Steuerrechts. Aber an diesem Tag im Juni 2007 war alles anders. Vor dem Tagungsort, einem Nebengebäude des Westminster-Palasts, reichte die Schlange der Wartenden bis auf die Straße, viele davon gekleidet in feinste Maßanzüge. Ein Schauspiel stand an, das es so noch nie gegeben hatte: Einige der mächtigsten und reichsten Männer der

Finanzindustrie sollten Rede und Antwort über ihre Geschäfte stehen.

Seit Monaten hatten Gewerkschafter mit einer landesweiten Kampagne gegen die Exzesse der Private-Equity-Unternehmen (PE) protestiert, jener Fondsgesellschaften für reiche Anleger, die Firmen kaufen, um sie mit hohen Krediten zu belasten, diese mit Einsparungen auf Kosten der Beschäftigten zu bezahlen und mit dem Weiterverkauf riesige Gewinne einzufahren. Schon ein Fünftel aller britischen Jobs ist von den Manövern der PE-Firmen abhängig. Bei der Automobile Association etwa, dem britischen ADAC, hatten gerade 3400 Menschen ihre Jobs verloren, um die Gewinne der Investoren und Manager der Permira Holding zu mehren, einer Firma, die auch in Deutschland als »Heuschrecke« beim Fernsehsender ProSiebenSat.1 und anderen Unternehmen Schlagzeilen machte.

Und nun hatte auch noch einer der Veteranen des Geschäfts, Nicholas Ferguson, Begründer und größter Teilhaber von Permira, ein schmutziges Geheimnis der Branche öffentlich kritisiert. Das britische Steuerrecht mache es möglich, dass die mit Millionengehältern bezahlten Fondsmanager »weniger Steuern zahlen als eine Putzfrau«, hatte Ferguson der *Financial Times* erzählt, »jeder vernünftige Mensch würde sagen, das kann nicht richtig sein«.[178] Der öffentliche Aufschrei war gewaltig. »Die neuen Räuberbarone«, die »hart arbeitende Familien betrügen«, titelte etwa die *Daily Mail.* Das konnten auch die zuständigen Parlamentarier nicht ignorieren und luden gleich vier Topleute der Branche zur öffentlichen Anhörung. Neben Damon Buffini und Philip Yea für die britischen Firmen Permira und 3i mussten auch Robert Easton und Dominic Murphy erscheinen, die Londoner Chefs der amerikanischen Superfonds Carlyle und KKR. Diese verfügen über einen weltumspannenden Firmenbesitz und haben auch Dutzende ehemaliger Spitzenpolitiker, darunter Expräsident Bush senior, als Partner engagiert.

So saßen sie nun dort, die Herren der Milliardendeals und der globalisierten Hochfinanz, alle mit einem dreistelligen Millionenvermögen ausgestattet, und mussten sich zurechtweisen lassen wie Schuljungs. Befragt nach den Risiken ihrer Schuldenstrategie für die Beschäftigten, beteuerte Murphy, seine Firma KKR sei »ein geduldiger, engagierter Langzeitinvestor«. Und Buffini versicherte für Permira, »wir tun nichts Unrechtes, ich und meine Partner haben mit eigenem Kapital einen der erfolgreichsten Finanzdienstleister der Welt aufgebaut« – Aussagen, für die der Ausschussvorsitzende John McFall nur Sarkasmus übrig hatte: »Die kleinen Leute kriegen einen Schlag ins Gesicht, aber niemand wird umgebracht, meinten Sie das?«

Anschließend befragte McFall einen nach dem anderen, wie viel Steuern sie denn nun eigentlich zahlen würden, doch keiner der Finanzjongleure mochte dazu Auskunft geben, und der Leiter des Ausschusses geriet in Rage: »Meine Herren, Sie sind die ›masters of the universe‹, ich frage Sie, wie viel Ertragssteuern Sie zahlen, und Sie können mir dazu nichts sagen? Das finde ich erstaunlich.« Mit Zurechtweisungen wie »streichen Sie diesen Unsinn«, »hören Sie mit dem Geschwafel auf«, »behandeln Sie uns nicht wie Idioten« verwandelten die Abgeordneten die knapp zweistündige Anhörung in ein Tribunal, und doch fehlte der eigentliche Adressat: der Regierungschef.

Denn niemand anderer als der britische Premier Gordon Brown war es, der zehn Jahre zuvor als Finanzminister selbst die Begünstigung durchgesetzt hatte. Seitdem müssen die PE-Manager ihre Beteiligung an den Fondsgewinnen, zumeist ein Fünftel der gesamten Rendite, nicht mehr als Arbeitseinkommen versteuern, sondern können sie als »Kapitalerträge« deklarieren. Statt bis zu 40 Prozent wie normale Arbeitnehmer führen sie lediglich 10 Prozent ihres Einkommens an den Fiskus ab. Unter dem Druck der Opposition und der eigenen Partei musste Brown einräumen, das sei kein »fairer« Anteil, und sein Finanzminister stellte eine Steigerung der Besteuerung von Kapitalgewinnen auf immerhin 18 Prozent in Aussicht. Ob er damit durchkommt, ist allerdings höchst ungewiss, die Auseinandersetzung hielt auch in den Folgemonaten unvermindert an, viele Abgeordnete erhoben viel weiter gehende Forderungen.

All das wäre kaum mehr als eine Episode, ginge es nur um irgendeine nationale Steuerdebatte. Dass aber gerade britische Politiker nun die Begünstigung der Reichen und Privilegierten radikal in Frage stellen, eröffnet die Chance, eine der größten Fehlentwicklungen des globalisierten Kapitalismus zu korrigieren: die fortwährende Flucht der transnationalen Unternehmen und vermögenden Kapitaleigner aus der Steuerpflicht. Denn dabei spielt Großbritannien eine Schlüsselrolle. Der Trend selbst ist schon Jahrzehnte alt und ergab sich beinahe automatisch aus der Liberalisierung des Kapitalverkehrs und der Internationalisierung der Ökonomie seit Beginn der 80er Jahre. Je mobiler das Kapital wurde, desto intensiver wurde der Wettbewerb der nationalen Regierungen, mit Steuererleichterungen Investitionen und Kapitalanleger anzulocken, um damit dem eigenen Land Vorteile und Arbeitsplätze zu verschaffen. Ausgehend von den USA entwickelte sich daraus ein weltweiter Steuersenkungswettlauf für Unternehmen und Vermögende, der bis heute anhält. In der Konsequenz haben Staaten und Regierungen de facto einen Teil ihrer Steuerhoheit verloren.

So sind in der Europäischen Union die Steuersätze für Kapitalgesellschaften im Durchschnitt aller Mitgliedsstaaten von 1985 bis 2005 von 50 auf nur noch 22 Prozent gesunken.[179] Um den Verlust auszugleichen, verbreiterten die meisten Staaten die Basis der Besteuerung, schränkten also Abzugs- und Verrechnungsmöglichkeiten ein oder erhöhten die Steuern auf Immobilienverkäufe und Grundbesitz. Doch diese Einschränkungen treffen vor allem kleinere Unternehmen, die vornehmlich im nationalen Rahmen tätig sind. Internationale Konzerne dagegen können ihre Gewinne systematisch dort anfallen lassen, wo die Steuern gering sind. Die Standardmethode dafür ist die Gründung einer Finanzgesellschaft in einem Niedrigsteuerland, etwa in Irland, das nur 12,5 Prozent Gewinnsteuer erhebt. Diese gibt dem Mutterkonzern im Hochsteuerland einen Kredit oder sie wird zum Inhaber von Markenzeichen und Patenten. Die Zinsen oder die Lizenzgebühren überweist der Konzern dann an die Finanztochter und mindert so den steuerpflichtigen Gewinn. Der fällt stattdessen im steuerbilligen Irland an.

So spart zum Beispiel der Weltkonzern Microsoft rund 500 Millionen Dollar Steuern pro Jahr in den USA und Europa, indem er etwa ein Viertel seiner gesamten weltweiten Lizenzeinnahmen über eine irische Tochtergesellschaft leitet, die den bezeichnenden Namen »Round Island One« trägt und als Geschäftsadresse den Sitz einer Anwaltsfirma in Dublin angibt.[180] Auch die Manager des weltgrößten Werbekonzerns Google, die sich gerne mit dem jugendlich-friedlichen Image der Gründertage schmücken, halten es nicht anders. »Don't be evil«, sei nicht böse, lautet ihr Firmenmotto, aber Steuervermeider zählen offenbar zu den Guten. Stolz schrieben die kalifornischen Internetmilliardäre in ihre Jahresberichte 2004 und 2005, dass sie die Steuerlast ihres Werbekonzerns um mehr als 100 Millionen Dollar gedrückt hätten, weil »anteilig mehr Einnahmen in unserer irischen Filiale gebucht werden«.[181] Das offene Bekenntnis illustriert, mit welcher Selbstverständlichkeit die globalisierten Wirtschaftslenker inzwischen die hohen Ausbildungs- und Infrastrukturstandards ihrer Wirtsländer in Anspruch nehmen, ohne zu deren Finanzierung angemessen beizutragen. Insgesamt sank in den USA der Anteil der Unternehmen am gesamten Steueraufkommen seit 1970 von knapp 30 auf nur noch 8 Prozent.

Genauso entwickeln sich Steuerpolitik und Steuermoral auf dieser Seite des Atlantiks. Mit der Schulden- und Lizenzmethode spart zum Beispiel auch der Möbelkonzern Ikea Steuern zulasten seiner Kunden, ermittelte der Wiesbadener Ökonom und Experte für Unternehmenssteuern, Lorenz Jarass. Demnach wies Ikea Deutschland im Jahr 2003 lediglich drei Millionen Euro Eigenkapital aus, aber 1,4 Milliarden Euro Schulden. Darum flossen 60 Millionen Euro als Schuldzinsen ins Ausland. Noch einmal 70 Millionen Euro überwiesen die deutschen Ikea-Statthalter als Lizenzgebühr für die Nutzung des Markennamens an eine weitere Auslandsgesellschaft. Unterm Strich musste der Möbelriese so auf einen in Deutschland erzielten Gewinn von knapp 300 Millionen Euro nur 50 Millionen Euro Körperschafts- und Gewerbesteuern zahlen, also gut 15 Prozent statt des damals noch gültigen Steuersatzes von 39 Prozent.[182] »Das Phänomen gibt es in großem Umfang«, versichert der Finanzwissenschaftler Stefan Homburg, einer der führenden Steuerberater für Unternehmen in Deutschland.[183] Dank solcher und vieler weiterer Tricks zahlten Deutschlands Kapitalgesellschaften im Jahr 2006 durchschnittlich gerade noch 17 statt der gesetzlich festgelegten 39 Prozent Steuern auf ihre Gewinne, berechnete Lorenz Jarass. Um die Lücke zu verkleinern, hat die Regierung die Sätze inzwischen auf nur noch 29 Prozent gesenkt. Das verursacht zwar weitere Einnahmeausfälle von mindestens sechs Milliarden Euro im Jahr – eine Summe, die immerhin für die Bezahlung von 120 000 neuen Lehrern reichen würde. Dafür sei der neue Satz aber »wettbewerbsfähig«, rechtfertigte Finanzminister Peer Steinbrück das Unterfangen, das die Ungleichheit der Steuerlast auf eine neue Spitze treibt.

Das ist jedoch nur die Seite der Unternehmen. Würden deren Gewinne aufseiten der Eigentümer und Aktionäre angemessen besteuert, ließe sich die Umverteilung der Steuerlast wenigstens teilweise ausgleichen. Doch stattdessen hat parallel zur transnationalen Steuerplanung der Unternehmen auch die private Steuerflucht der Vermögenden Ausmaße erreicht, die noch vor zwei Dekaden undenkbar schien. Möglich wurde dies durch das System der Offshore-Zentren, zu Deutsch beschönigend Steueroasen genannt, deren steten Ausbau die Regierungen in aller Welt mit augenzwinkernder Selbstverständlichkeit seit Jahrzehnten dulden. Nicht weniger als 73 Länder, Hoheitsgebiete und Städte zählen Fachleute der OECD zu den Orten, an denen organisierte Steuerflucht angeboten wird. Im Kern bieten sie alle das Gleiche: Die Erträge sind steuerfrei, nur für die Eröffnung der Konten und Briefkastenfirmen wird eine Gebühr fällig. Und die Inhaber bleiben anonym, sofern sie nicht eines Verbrechens beschuldigt werden, mit Ausnahme der Steuerhinterziehung natürlich. Die Liste reicht von der Karibikinsel Antigua über die Schweiz, Dubai, Hongkong und Singapur bis zur pazifischen Inselrepublik Vanuatu.

Das Volumen der über diese Steuerfluchtplätze gebuchten Anlagevermögen kann naturgemäß niemand genau benennen. Aber es gibt Anhaltspunkte wie die Statistik der Bank für Internationalen Zahlungsausgleich (BIZ) über die »offshore« gemeldeten Bankeinlagen sowie die Studien der Beratungsunternehmen Boston Consulting und Capgemini über das Anlageverhalten ihrer vermögenden Kunden. Auf dieser Basis kalkulierten Fachleute für das Netzwerk Steuergerechtigkeit, einen internationalen Zusammenschluss von Kritikern des Offshore-Unwesens, im Jahr 2005 die Summe der in Steueroasen gebuchten Privatvermögen auf mindestens zehn Billionen US-Dollar.[184] Darin sind die zahlreichen Fonds, Versicherungspools und Immobilienunternehmen, die auch formal ihren Sitz an solchen Orten haben, noch gar nicht enthalten.

10 000 000 000 000 Dollar! Das entsprach etwa dem fünffachen weltweiten Umsatz mit Rohöl oder dem Wert der gesamten jährlichen Wirtschaftsleistung der USA im Jahr 2003, dem Jahr der Datenerhebung für die Studie. Mittlerweile dürfte die Summe um noch mal 30 Prozent angewachsen sein. Unterstellt, die Anlagen brachten im Schnitt einen Ertrag von 7,5 Prozent, dann erzielten die Besitzer der Offshore-Vermögen damit nur 2003 ein Einkommen von 750 Milliarden Dollar, auf das sie keine Steuern zahlten. Selbst bei einem Steuersatz von nur 30 Prozent entgingen den Heimatstaaten der Steuerhinterzieher also Einnahmen in Höhe von 225 Milliarden Dollar. Diese Summe entspricht etwa dem Dreifachen der von den OECD-Staaten gezahlten Entwicklungshilfe in jenem Jahr. Wahrscheinlich ist, dass die Gesamtsumme der in der Offshore-Grauzone vermiedenen Steuerzahlungen noch weit höher ist.

Die Steuerparasiten

Ginge es bei alldem nur um die Pseudostaaten in der Karibik oder dem Ärmelkanal, wären die »Oasen« völlig bedeutungslos. Sie eignen sich weder als Wohnort für die globalisierte Geldelite noch als Sitz für die Global Player der Finanzindustrie. Tatsächlich aber dienen die Cayman Islands, die Isle of Man, das Fürstentum Liechtenstein und alle ihre Nachahmer lediglich als Pro-forma-Adressen für Tarnfirmen, Stiftungen, Trusts und andere Konstrukte, von denen eine ganze Armee von Anwälten und Unternehmensberatern lebt. Vornehmlich die feinen Privatbanken und die global tätigen Rechnungsprüfungs-Gesellschaften KPMG, PricewaterhouseCoopers und Ernst & Young betreiben »unakzeptable Arrangements zur Steuerminimierung« für ihre Klientel, kritisierten die Leiter der Steuerbehörden der OECD-Staaten schon 2006 in einer gemeinsamen Erklärung. Dieses Geschäft ist freilich nur deshalb möglich, weil viele Regierungen es klammheimlich dulden und einige Staaten es sogar ausdrücklich fördern.

Wie verlogen verantwortliche Politiker auch in scheinbar unbeteiligten Ländern mit der organisierten Steuerflucht umgehen, offenbarte sich in Deutschland, als Steuerfahnder im Februar 2008 den Skandal um die deutschen Kunden der Liechtensteiner Bank LGT aufdeckten. Der Bundesnachrichtendienst hatte von einem früheren Mitarbeiter des Geldhauses, das zum Besitz der regierenden Fürstenfamilie gehört, die kompletten Datensätze über die Konten und die Korrespondenz von rund 700 betuchten Deutschen gekauft, für die bei der LGT »treuhänderisch« und steuerfrei Stiftungen mit einem Vermögen von insgesamt rund einer Milliarde Euro geführt werden. Im Wege der Amtshilfe reichte der Geheimdienst die Daten an die Steuerbehörden und die Staatsanwaltschaft weiter.

Als die Fahnder dann bei dem Prominentesten auf der Liste, dem langjährigen Chef der Deutschen Post Klaus Zumwinkel, mit ihren Razzien begannen und dieser Steuerhinterziehung im Millionenumfang gestehen musste, inszenierten die Führungskräfte der regierenden Koalition einen Sturm der Entrüstung. Die christdemokratische Kanzlerin Merkel gab zum Besten, dies habe sie sich nun wirklich »nicht vorstellen können«. Der SPD-Vorsitzende Kurt Beck behauptete, der Vorgang habe ihn »aus den Socken gehauen«, und nannte ihn »asoziales Verhalten von oben«.[185] Den Zwergstaat in den Alpen zwischen Österreich und der Schweiz, dessen 16 Banken rund 100 Milliarden Euro Steuerfluchtgeld verwalten, bezichtigte Beck »des modernen Raubrittertums«; der führende SPD-Steuerpolitiker Joachim Poß sprach gar von einen »Schurkenstaat«.[186] Und alle gemeinsam taten so, als würde ihnen das Ausmaß der auch in Deutschland genutzten Steuerfluchtangebote von liechtensteinischen Stiftungen und ähnlichen Konstruktionen anderswo erst jetzt offenbar.

Tatsächlich aber handelte es sich bereits um den dritten

Liechtenstein-Skandal binnen acht Jahren. Im Jahr 2000 waren schon einmal mittels entwendeter Daten mehr als hundert deutsche Kunden des Liechtensteiner Treuhänders Herbert Batliner enttarnt worden, darunter der inzwischen verstorbene Milliardär Friedrich Karl Flick und der geschäftstüchtige Springreiter Paul Schockemöhle. Kurz darauf kam heraus, dass der gleiche Treuhänder auch jahrzehntelang eine geheime Schwarzgeldkasse für die Regierungspartei CDU und ihren Kanzler Helmut Kohl in Form einer »Stiftung« verwaltet hatte. Ohne diesen Skandal wäre Angela Merkel vermutlich niemals Kanzlerin geworden. Aber trotz dieser Enthüllungen bekamen die Liechtensteiner Steuerfluchthelfer keine Probleme. Zu harten Sanktionen wie der Behinderung des Geschäftsverkehrs oder des Handels mit dem Fürstentum, wie sie angesichts des neuen Skandals von Beamten des Bundesfinanzministeriums vorgeschlagen wurden, kam es nicht. Insofern sei alle Empörung »völlig unglaubwürdig«, kritisierte der deutsche Sprecher des Tax Justice Network, Sven Giegold. Und das zu Recht. Der eigentliche Kern des Skandals war nicht die aufgedeckte Steuerkriminalität, sondern die vorangegangene Untätigkeit der Politik. Im klammheimlichen Einverständnis mit Wirtschaftsführern und Geldadel waren sich bisher alle Finanzminister einschließlich des amtierenden Peer Steinbrück stets zu schade, zugunsten der Steuergerechtigkeit einen internationalen Wirtschaftskonflikt auszufechten.

Das wäre allerdings dringend notwendig. Die mit Abstand wichtigsten Akteure im Steuerflucht-Business sind nicht Liechtenstein oder Andorra, sondern die Kantonalverwaltungen der Schweiz und die Regierung Großbritanniens. Das verdeutlichen die Studien des amerikanischen Steuerinformationsdienstes Tax Analysts. Entgegen den Usancen seiner Branche hat sich dessen Inhaber Martin Sullivan den Prinzipien Transparenz und Fairness verschrieben und begonnen, mit eigenen Erhebungen Licht ins Dunkel der Steuervermeider zu bringen. Nach Sullivans Berechnung sind zum Zweck der Steuerhinterziehung allein bei den 331 Banken der Schweiz unter dem Siegel des »Bankkundengeheimnisses« Vermögen im Wert von rund 960 Milliarden Dollar in Form von Depot- oder Treuhandkonten angelegt,[187] zehnmal so viel wie in Liechtenstein. Weil dabei aber für Superreiche und Prominente noch immer ein Restrisiko bleibt, vielleicht doch per Zufall einmal entdeckt zu werden, gibt es parallel dazu den Wohnsitzservice. In beinahe allen Kantonen von der »Goldküste« des Zürichsees bis zur Hauptstadt Bern können Vermögende aus aller Welt daher anstelle regulärer Steuern eine Pauschale aushandeln, die sich nur an ihrem »Aufwand« für den Lebensunterhalt orientiert, vorausgesetzt sie verlegen ihren Wohnsitz dorthin.

Im Ergebnis mindern die Begünstigten ihre Steuerlast stets auf einstellige Prozentbeträge. Mindestens 4000 ausländische Milliardäre und Multimillionäre haben sich auf diesem Weg der Besteuerung in den Ländern entzogen, in denen ihre Einkommen erarbeitet werden. Zu den Nutznießern gehören etwa der Formel-1-Star Michael Schumacher oder der Ikea-Gründer Ingvar Kamprad. Jeder von ihnen zahlt auf seine geschätzten 100 Millionen Franken Jahreseinkommen nur ganze zwei Millionen Franken Steuern. Die wirtschaftliche Logik hinter dem eisern verteidigten Schweizer Bankgeheimnis und der Pauschalsteuer ist simpel: Ohne eigenen Aufwand wachsen der Schweiz viele Jobs in der Finanzindustrie und die zusätzliche Nachfrage der Reichen und ihrer Mitarbeiter zu. Die Ignoranz der dahinterstehenden Politik verdeutlicht der Tessiner Steuerberater Marco Bernasconi. Man könne »nicht wirklich von Steuerungerechtigkeit sprechen, da die Einkünfte ja nicht aus einer Erwerbstätigkeit in der Schweiz, sondern aus dem Ausland stammen«, argumentiert Bernasconi, der solche Weisheiten auch an der Universität lehrt.[188] Mit anderen Worten: Die Schweiz profitiert von den Schäden, die ihre Steuervermeidungsbranche im Ausland anrichtet, und verhält sich gegenüber dem Rest der Welt wie ein Parasit.

Das gilt erst recht für Großbritannien, dessen Regierungen über Jahrzehnte bewusst in ihren angeschlossenen »Territorien« auf Inseln in der Karibik und vor den heimischen Küsten die Installation von Nullsteuer-Regimen für Reiche förderten. Damit entwickelte sich London zur wichtigsten Drehscheibe der globalen Steuerflucht. Nach den Berechnungen des US-Experten Sullivan waren bis Mitte 2007 nur bei den Bankfilialen auf den beiden britischen Kanalinseln Jersey und Guernsey sowie der Isle of Man in der irischen See Vermögen im Wert von mindestens 1000 Milliarden Dollar für Nichtansässige zum Zweck der Steuervermeidung gebucht.[189] Die Summe entspricht etwa dem gesamten Bruttoinlandsprodukt Spaniens in einem Jahr. Passend dazu bietet das Vereinigte Königreich vermögenden Ausländern den Status des »Non-domiciled resident« an. Die Regelung aus dem Jahr 1799 war zu Zeiten des britischen Empire dafür gedacht, dass Plantagenbesitzer ihre Erträge aus den Kolonien zu Hause nicht versteuern mussten. Heute steht sie allen Nichtbriten offen und erlaubt ihnen, Einkommen, die sie außerhalb der offiziellen Staatsgrenzen erwirtschaften, in beliebiger Höhe steuerfrei zu vereinnahmen. Weil die Briten mit den meisten OECD-Ländern ein Abkommen zur Vermeidung von Doppelbesteuerung unterhalten, entgehen die Begünstigten auch den Nachstellungen ihrer heimatlichen Finanzbehörden, sofern sie sich überwiegend im Ausland aufhalten. Diese Kombination von rechtsstaatlich geschützten anonymen Konten in der Hand zuverlässiger Banker auf hübschen, englischsprachigen Inseln mit der Steuerfreiheit für »nichtansässige Bewohner« macht London zur wichtigsten Steueroase der Welt. Schon 112 000 »non-doms« führten die britischen Finanzämter im Jahr 2005 in ihren Registern. Neuere Daten sind nicht bekannt, aber die Zahl der Begünstigten wächst rasch, allein in den drei Jahren bis 2005 kamen rund 48 000 neue Steuerflüchtlinge mit Auslandseinkünften dazu.

Nach Berechnungen des britischen Steuerexperten Richard Murphy erspart allein diese in Britannien staatlich geförderte Steuervermeidung den Begünstigten Zahlungen von knapp 40 Milliarden Euro jährlich.[190] Zu den Profiteuren gehört etwa der indischstämmige Stahltycoon Lakshmi Mittal, der zwar mit der Globalisierung seines Konzerns ein Vermögen von 22 Milliarden Euro angehäuft hat, aber lieber die Normalbürger in aller Welt für die benötigte Infrastruktur oder die Schulbildung seiner Mitarbeiter zahlen lässt. Genauso hält es der russische Ölmilliardär Roman Abramowitsch, der statt Steuern zu zahlen lieber Starspieler für seinen Fußballclub Chelsea kauft. Deutschlands Geldelite ist unter anderem mit der Familie Engelhorn und Klaus Jacobs, dem Erben der Bremer Kaffeedynastie, vertreten. Die Engelhorns erlösten Ende der 90er Jahre elf Milliarden Dollar mit dem Verkauf ihrer Anteile am Pharmaunternehmen Boehringer Mannheim, die zuvor zwecks Vermeidung der damals noch geltenden Besteuerung von Verkaufserlösen in den Besitz einer Holding auf den Bermudas übertragen worden waren. Die Erträge aus diesem Vermögen genießen die Engelhorn-Abkömmlinge steuerfrei mithilfe von Offshore-Firmen in Panama und auf den Bermudas sowie dem passenden Londoner Wohnsitz. Derweil residiert der Patriarch am Steuerfluchtplatz Monaco. Kaffee-Erbe Klaus Jacobs wiederum transferierte sein Unternehmen schon früh in die Schweiz, ließ sich dort einbürgern und residiert nun schon seit Jahren steueroptimiert in London. Immerhin ließ er seiner Heimatstadt Bremen 200 Millionen Euro für eine Privatuniversität zukommen, die seitdem seinen Namen trägt.

Neben diesen und vielen anderen Mitgliedern des internationalen Geldadels sind es in erster Linie die Topverdiener der Finanzbranche selbst, denen die britische Steuerfluchthilfe zugutekommt. Banken und Investmentgesellschaften können ihre besten Leute aus aller Welt ins Land holen und Spitzeneinkommen mit Ministeuern bieten. Das ist der zentrale Vorteil der Londoner City gegenüber New York und verschaffte der britischen Metropole – auf Kosten der übrigen Welt – ihren Ruf als Welthauptstadt der Finanzindustrie.[191]

So kommt es denn auch, dass die Zunft der Firmenkäufer und -zerleger, die Private-Equity-Branche, ihre Firmensitze vornehmlich in London und Umgebung unterhält. Denn große Teile ihres Geschäfts würde es ohne die organisierte Steuervermeidung gar nicht geben. Mithilfe eigens verfasster Offshore-Gesellschaften sorgen Finanzinvestoren wie Permira oder Carlyle zunächst dafür, dass die übernommenen Firmen alle Gewinnsteuern sparen. Werden die Unternehmen später weiterverkauft, verhilft die Offshore-Konstruktion auch den beteiligten Anlegern zu einem steuerfreien Gewinn. Die Partner der Management-Gesellschaften wiederum, wie die im Juni 2007 geladenen Zeugen des Finanzausschusses in Westminster, kommen dann – Gordon Brown sei Dank – in den Genuss der besonders günstigen britischen Regelung für die Besteuerung von Kapitalerträgen oder sie sind als »non-doms« registriert.

»New Deal« zur Rettung der Globalisierung

Wie das funktioniert, dokumentiert der Fall der deutschen Firma Grohe, des Weltmarktführers für Sanitärarmaturen mit Sitz im westfälischen Städtchen Hemer. Bevor das Unternehmen in die Hände der Finanzjongleure der britischen BC Partners und später der amerikanischen Texas Pacific Group (TPG) fiel, erwirtschaftete es einen guten Profit und zahlte 30 bis 40 Millionen Euro Gewinnsteuern im Jahr. Nach der Übernahme gehörte das Unternehmen formal einer Gesellschaft mit Sitz in George Town, der Hauptstadt der Cayman Islands südlich von Kuba, und war mit zuletzt mehr als einer Milliarde Euro verschuldet. Denn die Finanzinvestoren tun in den meisten Fällen das Gegenteil von dem, was die Bezeichnung »Private Equity« suggeriert. Sie führen kein Eigenkapital zu, sondern ziehen es ab und bezahlen den Kauf ihrer Firmen mit Krediten, die sie dem Unternehmen aufbürden. Im Fall Grohe sank die Eigenkapitalquote von über 50 auf nur noch zwei Prozent, weil die Firma ihren eigenen Verkauf bezahlen musste. Gewinne fielen folglich nicht mehr an, Steuern also auch nicht. Die so eingesparten Zahlungen an die Finanzämter dienten stattdessen dem Schuldendienst. Nach Durchführung der »Umstrukturierung« mittels Verlagerung von rund 1000 Arbeitsplätzen in Niedriglohnländer soll Grohe wieder verkauft werden. Der Gewinn daraus wird dann auch in der Karibik anfallen und kann den beteiligten Investoren selbstverständlich steuerfrei zufließen. Derweil kassieren die verantwortlichen Manager von TPG in London ihren Anteil als Kapitalertrag und erfreuen sich eines Steuersatzes, der weit geringer ist als jener, den ihre Hilfskräfte zahlen müssen.[192]

So ist es keineswegs Zufall, dass der Steuerstreit sich gerade an den Spitzenverdienern der Heuschrecken-Branche entzündet. Weil diese zusätzlich auch von der Regelung für die »non-doms« profitieren, sah sich Britanniens Finanzminister Alistair Darling genötigt, auch hier einen Riegel vorzuschieben. Geplant ist eine Pauschale von jährlich 40 000 Euro, die zahlen muss, wer weiterhin sein Auslandseinkommen steuerfrei beziehen will. Ob es dazu kommt, ist jedoch ungewiss. Die Anwälte von Betroffenen drohten mit dem Wegzug ihrer Klienten in die Schweiz, deren Kantonalregierungen in London ungeniert Werbung für ihre Steuerflucht-Alternativen in Genf, Zürich und Zug machten.[193]

Das Steuerprivileg der Superreichen sorgt jedoch nicht nur in Großbritannien für Unruhe. Parallel zum Tribunal in Westminster gerieten Amerikas PE-Manager unter Beschuss. Auch in den USA fallen auf die Erträge von Personengesellschaften nur 15 Prozent Steuern an. Dies diente ursprünglich der Förderung von Gründern und kleinen Einzelunternehmern. Die Eigentümer der Private-Equity-Unternehmen, die mittlerweile allein in den USA über Firmenimperien im Wert von mehreren Hundert Milliarden Dollar gebieten, machten daraus aber eine Steuersubvention für die Spitzenverdiener der Nation. Oft erzielen sie mit nur einem Deal »so viel, wie der Vorstand eines Dax-Konzerns in zehn Jahren verdient«, berichtet ein Manager, der auf beiden Seiten gearbeitet hat. Die Ministeuer für die Megaeinkommen war zwar im Prinzip schon lange bekannt. Protest rührte sich jedoch, als die Eigentümer des weltgrößten PE-Konzerns Blackstone ihre Vermögen im Frühjahr 2007 mit einem Verkauf ihrer Firma an der Börse noch einmal vervielfachen wollten.

In Deutschland wurde Blackstone vor allem durch die Beteiligung an der Telekom bekannt. Diese ging mit einer Erhöhung der Dividende um 300 Millionen Euro im Jahr 2007 einher, während der Konzern zugleich 50 000 Mitarbeitern die Löhne kürzte. Anhand des Börsenprospekts erfuhr nun die amerikanische Öffentlichkeit, dass allein der Gründer und Seniorpartner Stephen Schwarzman 2006 knapp 400 Millionen Dollar kassiert hatte, etwa das 20-Fache des Jahresgehalts von Deutsche-Bank-Chef Ackermann. Mit dem Verkauf von zwei Prozent der Firmenanteile an der Börse sollten dem ungekrönten König der Wall Street noch einmal gut 640 Millionen Dollar zufließen, und das auch noch steuerfrei von einem Unternehmen, das im Gegensatz zu anderen börsennotierten Konzernen nur 15 statt 35 Prozent Gewinnsteuern zahlt. Das war selbst für US-Verhältnisse zu viel. »Die reichsten Arbeitnehmer zahlen den niedrigsten Steuersatz«, lautete das Resümee des Finanzwissenschaftlers Victor Fleischer, der das Phänomen für den US-Kongress untersuchte.[194] Darum lancierten Abgeordnete und Senatoren beider Parteien gleich mehrere Eilgesetze, um Private-Equity- und Hedge-Fonds-Manager dem gleichen Recht zu unterwerfen wie Normalverdiener.

Das war jedoch nur die Spitze der amerikanischen Steuerdebatte. Gleichzeitig überboten sich renommierte, streng marktliberale Ökonomen gegenseitig mit radikalen Vorschlägen für die Umverteilung der Einkommen zugunsten der ärmeren Hälfte der Bevölkerung. Matthew Slaughter zum Beispiel ist nicht nur Professor an einer Managementschule, sondern diente auch drei Jahre als Wirtschaftsberater des Präsidenten Bush. Noch im Jahr 2001 hatte er jene Steuerreform befürwortet, die den reichsten fünf Prozent der Bevölkerung mehr als 200 Milliarden Dollar jährlich an Steuerzahlungen erließ. Im Juli 2007 warnte Slaughter nun in der konservativen Zeitschrift *Foreign Affairs,* dass die Ungleichheit inzwischen »größer als jemals seit den 20er Jahren« sei und Amerika in die Falle des Protektionismus treibe. Um dies zu verhindern, forderte er – in Anspielung auf die Sozialreformen der Regierung des Präsidenten Roosevelt nach der Weltwirtschaftskrise in den 30er Jahren des vergangenen Jahrhunderts – einen »New Deal« zur »Rettung der Globalisierung«.[195]

Die »üblichen Antworten wie höhere Bildungsausgaben und bessere Hilfen für entlassene Arbeiter«, schrieb Slaughter, »reichen bei Weitem nicht aus«. Gebraucht werde eine Reform, die »aggressiv Einkommen umverteilt«, also ein »weitaus progressiveres Steuersystem«. Eine Möglichkeit sei die Beteiligung der Spitzeneinkommen an der Rentenversicherung. Wie in Deutschland müssen alle Arbeitnehmer in den USA in die Rentenkasse zahlen, aber nur bis zu einer oberen Grenze von 94 200 Dollar Jahreseinkommen. In der Praxis wirkt dieses Prinzip degressiv: je höher die Einkommen, desto geringer die prozentualen Beiträge zur Versorgung der Rentner. Würde man diese Bemessungsgrenze aufheben, könne man zugleich allen Versicherten in der unteren Hälfte der Einkommenspyramide die Beiträge erlassen und so 256 Milliarden Dollar unters ärmere Volk bringen, kalkulierte Slaughter – ein Konzept, dessen Anwendung nach Meinung von Sozialreformern wie dem Heidelberger Familienrichter Jürgen Borchert auch für Deutschland »segensreich« wäre. Begünstigt würden die Niedrigverdiener, und das Jobangebot für gering Qualifizierte würde steigen.

Noch radikaler ist der Vorschlag von Slaughters Kollege Robert Shiller, dem Finanzguru, der schon in Davos die Konzernelite vor den Gefahren der Ungleichheit gewarnt hatte. Ginge es nach Shiller, dann würden die Einkommensteuern für Besserverdiener parallel mit der ungleichen Verteilung anwachsen. »Die Finanzbehörden würden jedes Jahr die Steuern so berechnen, dass ein bestimmtes Maß an Ungleichheit nicht überschritten wird«, fordert Shiller. Die Reichen würden gebraucht, aber es schade ihnen nicht, »wenn man ihre relative Position einfriert«.[196]

Das weitere Schicksal der ersten Korrekturvorschläge im US-Kongress belegt jedoch auch, wie schwer es sein wird, das Steuersystem wieder vom Kopf auf die Füße zu stellen. Bis Anfang 2007 hatten die Titanen der Geldwelt aus den privaten Investmentgesellschaften gar keine speziellen Lobbyisten in Washington, weil sie über ihre Netzwerke ohnehin überall vertreten sind. Doch als der Volkszorn dann ins Repräsentantenhaus schwappte, mobilisierten die Fondsstrategen alle Kräfte. Allein Blackstone investierte 3,7 Millionen Dollar in Anwälte und Berater, um die drohende Gesetzgebung aufzuhalten. Gleichzeitig heuerten die Branchenverbände für mehrere Millionen Dollar Topexperten in Sachen Parlaments-PR an. Den ersten Durchbruch erzielten sie schließlich bei Harry Reid, Senator aus Nevada und Führer der Demokraten im Senat. Bei einem Dinner im Hotel Bellagio in Las Vegas, wo Reid eigentlich nur Spenden sammeln wollte, sprachen sich gleich mehrere Sponsoren gegen höhere Steuersätze für die Fondsbetreiber und ihre Investoren aus. Später bestätigte Reid, der Senat werde wohl in der laufenden Sitzungsperiode über die Vorschläge nicht mehr abstimmen.[197]

Weil 2008 die Präsidentschaftswahlen anstehen und keine Seite Erfolge der anderen zulassen wird, war damit die geplante Steuererhöhung von 15 auf 35 Prozent für mindestens zwei Jahre vom Tisch. Mit einem PR-Aufwand von höchstens zehn Millionen Dollar ersparte die Zunft der Private-Equity- und Hedgefonds-Manager sich und ihren Anlegern so mindestens zehn Milliarden Dollar Steuern, kalkulierte ein Experte von Tax Analysts.[198] Jetzt können die Reformer nur hoffen, dass einer der demokratischen Kandidaten die Wahl gewinnt und seine Wahlversprechen einhält. Immerhin haben sowohl Hillary Clinton als auch Barack Obama Steuererhöhungen für die Betuchten und harte Maßnahmen gegen die Steuerflucht in die Offshore-Zentren angekündigt.

Ähnlich kläglich scheiterte auch der Versuch des deutschen Finanzministers Peer Steinbrück, den Steuersparern bei den Heuschrecken-Fonds einen Riegel vorzuschieben. Steinbrücks Partei, die SPD, hatte im Jahr 2001 die Firmenverwerter zunächst regelrecht angelockt, als sie per Gesetz die Erlöse aus Unternehmensverkäufen steuerfrei stellte. Nach der massiven Kritik durch den damaligen Arbeitsminister Franz Müntefering wollte Steinbrück im Herbst 2006 mit einer weiteren Reform der Unternehmenssteuer den Fehler wieder ausbügeln. Darum plante er die Einführung einer »Zinsschranke«, um den Trick mit den Auslandsschulden künftig zu blockieren. Zinszahlungen sollten nur noch bis zu 30 Prozent mit den Gewinnen verrechenbar sein. Doch die Finanzindustrie funkte dazwischen. Clemens Börsig, Aufsichtsratschef der Deutschen Bank, forderte bei der CDU eine Ausnahmeregel ein, der er die ehrliche Bezeichnung »Escape-Klausel« verlieh. Roland Koch, Ministerpräsident in Hessen und Verhandlungsführer für die Union im Bundesrat, machte sich den Vorschlag einer derartigen Fluchtklausel prompt zu eigen, und Steinbrück gab nach. Bereits am 5. Dezember 2006, noch bevor der Bundestag das Gesetz auch nur debattiert hatte, konnte dann Gert Müller-Gatermann, der zuständige leitende Beamte des Berliner Finanzministeriums, den Branchenvertretern Vollzug melden. Es spreche nichts dagegen, dass die Beteiligungsfirmen die vorgesehene Escape-Klausel nutzen, um mittels hoher Fremdverschuldung die Körperschaftssteuer zu sparen, versprach der Ministerialdirigent bei einer Veranstaltung des Steuervermeidungskonzerns KPMG in Franfurt.[199]

An der gleichen Übermacht waren in den Jahren zuvor auch schon die Versuche gescheitert, die anwachsende Steuerflucht in die Schweiz und andere Ziele zu unterbinden. Die OECD etwa, die als internationale Denkfabrik und Koordinationsstelle für die Reichtumsstaaten dient, startete schon 1998 eine Initiative gegen »schädliche Steuerpraktiken«. Doch trotz unzähliger Konferenzen und Verhandlungen kam nicht mehr dabei heraus als die Versicherung der nicht zur OECD zählenden Steuerfluchtländer, »auf Ersuchen« eines anderen Staates Informationen über einzelne Individuen oder Firmen zu übermitteln. Das haben, bis auf Andorra, Liechtenstein und Monaco, die Regenten aller relevanten Steuerfluchtplätze unterschrieben, wohl wissend, dass es für den praktischen Steuervollzug wegen des Aufwands keine Folgen hat. Denn Rechtshilfe gibt es nur, wenn ein Anfangsverdacht belegt werden kann. Das ist jedoch nur in Ausnahmefällen möglich, wenn zum Beispiel bei Durchsuchungen verdächtige Kontoauszüge gefunden werden. Für die Steuerfluchthelfer aus den Mitgliedstaaten der OECD kam aber sogar nicht einmal diese Regelung zustande, weil die Schweizer Regierenden dies gemeinsam mit ihren Alliierten aus Österreich und Luxemburg ablehnten. Feinsinnig unterscheiden diese drei Staaten zwischen Steuerhinterziehung und Steuerbetrug. Ersteres gilt als bloße Ordnungswidrigkeit und unterliegt daher nicht den Vereinbarungen zur Rechtshilfe. Erst wenn ausländische Behörden einem Delinquenten Betrug nachweisen können, etwa wegen gefälschter Dokumente, wird auch mal in der Schweiz ermittelt. Bis auf wenige Ausnahmen haben ausländische Steuerhinterzieher in der Schweiz, Österreich und Luxemburg darum bis heute nichts zu fürchten

Nicht viel besser erging es dem Vorstoß der EU-Finanzminister, die Schweiz und andere wichtige Steuerfluchtländer dazu zu bringen, Kontrollmitteilungen über die Finanzanlagen von EU-Bürgern an die Steuerbehörden von deren Heimatländern zu schicken. Die Verhandlungen mit der Schweiz und den englischen Insel-»Territorien« verliefen weitgehend unter Ausschluss der Öffentlichkeit, und den Lobbyisten der Steuersparbranche gelang es mit Unterstützung der EU-internen Steuerfluchtländer Luxemburg, Österreich und Belgien, die nötigen Verträge bis zur Wirkungslosigkeit auszudünnen. Als die Schweizer Regierung schließlich im Jahr 2004 unterzeichnete, musste sie nur noch versprechen, eine Quellensteuer von zunächst 15, später 35 Prozent auf die Zinserträge von EU-Bürgern zu erheben und an die Staatskasse ihrer Heimatländer zu überweisen, anonymisiert selbstverständlich. Gleichzeitig sind aber Unternehmen, Stiftungen, Lebensversicherungen oder Derivatgeschäfte davon nicht betroffen, und jeder Steuerhinterzieher kann sich durch Gründung einer Scheinfirma der Fernsteuer entziehen. Erwartungsgemäß sammelten Schweizer Banken deshalb im Jahr 2006 gerade mal 329 Millionen Euro für alle 27 EU-Staaten ein. Für Deutschland, das die meisten Steuerfluchtkunden stellt, kamen nicht mal 90 Millionen Euro zusammen.[200]

Das kann so nicht bleiben. Und wird es wohl auch nicht. Denn die Konsequenz des Laisser-faire in Sachen Steuerflucht ist, dass Politik und Regierungen das zentrale Instrument fehlt, um die wachsende Kluft zwischen wenigen Gewinnern und vielen Verlierern zu überbrücken, bevor die politischen Folgen unkontrollierbar werden. Selbst die *Financial Times,* deren Leser überwiegend zu den Gewinnern zählen, mahnte im Juni 2007: »Eine Welt, in der eine globale plutokratische Klasse wenig oder gar keine Steuern zahlt, während sie von der Stabilität profitiert, die auf den Steuerzahlungen der kleinen Leute beruht, wird sich als nicht dauerhaft erweisen. Investoren leben nicht auf einem anderen Planeten. Sie hängen von den Regierungen am Ort ihrer Geschäfte ab. Die politische Gegenreaktion ist heute schon zu spüren, in der nächsten Krise wird sie sicher stärker. Das dürfen auch Finanziers nicht ignorieren.«[201]

Die Konsequenz kann daher nur lauten: Der Globalisierung der Finanzwelt muss die transnationale Kooperation der Steuerbehörden folgen. Vito Tanzi, der frühere Leiter der Fiskalabteilung beim Internationalen Währungsfonds, forderte schon 1996 die Einrichtung einer »internationalen Steuerorganisation«, um »Steuersysteme im öffentlichen Interesse der ganzen Welt zu gestalten und nicht nur im Interesse einzelner Länder«.[202] Das war damals vielleicht eine utopische Idee, ein gutes Jahrzehnt später ist sie zwingend. Nun öffnet der Meinungswandel in den Zentren der Finanzwelt, den USA und Großbritannien, die Chance auf ein abgestimmtes Vorgehen mit den Staaten der Eurozone und den übrigen OECD-Ländern. Gemeinsam könnten sie ohne Weiteres Mindestsätze für Einkommens- und Unternehmenssteuern festsetzen, die dem ruinösen Steuersenkungswettbewerb ein Ende machen würden. Noch leichter ließe sich der ganze Spuk mit den Steueroasen abstellen. Es würde völlig ausreichen, die Zulassung von Banken und Investmentgesellschaften an die Bedingung zu knüpfen, dass sie keine Beziehungen zu den Nullsteuerzonen unterhalten. Keine größere Bank könnte sich das Spiel dann noch leisten. Ohne ein Konto bei der Europäischen Zentralbank oder der Bank of England und der Federal Reserve ist das Geldgeschäft nicht zu betreiben.

Damit wäre auch das parasitäre Geschäftsmodell Schweiz am Ende. »Die Schweiz lehnt Verhandlungen mit der EU über Steuern ab«, ließen der Berner Bundesrat und das »Eidgenössische Finanzdepartment« noch im November 2007 mitteilen.[203] Das ist eine unhaltbare Position. Die Republik der Eidgenossen ist vollständig abhängig vom Wohlwollen der EU-Staaten. Nun, da ein Konsens mit Großbritannien möglich wird, könnten die Europäer endlich gemeinsam gegen die Steuerflucht der Vermögenden vorgehen und müssten nicht länger dulden, dass die Schweizer Finanzbranche ihre Gewinne auf Kosten der Steuerzahler im Rest der Welt mehrt. Was fehlt, sind nur noch die Initiative und der politische Mut, das in jeder Hinsicht legitime Anliegen nachdrücklich durchzusetzen. Auch Schweizer Banken sind zwingend auf ihre Zulassung in der Eurozone angewiesen.

Dabei ginge es keineswegs um die Bekämpfung oder gar Enteignung der Reichen, sondern lediglich um die Wiederherstellung einer gerechten Verteilung der Steuerlast nach Leistungsfähigkeit, wie das früher einmal hieß. Die meisten jener weltweit rund zehn Millionen »High Net Worth Individuals«, von denen die Anbieter des »Private Banking« und ihrer Steuer(hinterziehungs)berater leben, also Wohlhabende mit Finanzanlagen im Wert von einer Million Dollar und mehr, würden es vermutlich gar nicht merken, wenn sie die tatsächlich gültigen Steuersätze entrichten würden. Ihr Vermögen wächst auch so jedes Jahr mit zweistelligen Prozentsätzen.[204] Betroffen wäre vor allem die Heerschar ihrer Berater und Verwalter, denen ein wichtiger Geschäftszweig verloren ginge. Umso größer wäre dafür der Gewinn an Legitimation für Staaten und Regierungen.

Genau darum ist diese Ebene der Gerechtigkeit für eine friedliche Zukunft der Weltgesellschaft so unverzichtbar. Denn die so gewonnenen zusätzlichen Dollar-, Euro- oder Yen-Milliarden werden nicht nur für den Ausbau der Bildungssysteme und die Unterstützung der geringer Qualifizierten in den Wohlstandsstaaten gebraucht. Mindestens genauso dringend – und vermutlich noch teurer – ist die Überwindung des Abgrunds, der die Bewohner der Wohlstandszonen von jenen trennt, die von den Erträgen der globalisierten Ökonomie noch gänzlich ausgeschlossen sind. Im globalen Maßstab hat die ungleiche Verteilung längst bizarre Ausmaße erreicht. Ein Prozent der erwachsenen Weltbevölkerung besitzt 40 Prozent des gesamten handelbaren Vermögens und lebt überwiegend in den USA, Europa und Japan, ermittelten Forscher der UN-Universität in Helsinki. Demgegenüber verfügt die ärmere Hälfte der Menschheit über nicht einmal ein Prozent aller Vermögenswerte.[205] Und etwa eine Milliarde Menschen, die »Bottom Billion«, wie sie der Entwicklungsökonom Paul Collier vom Zentrum für afrikanische Wirtschaftsstudien der Universität Oxford nennt, sind so arm, dass sie keine Chance haben, jemals dem Elend zu entkommen, weil sie sich nicht mal ernähren und vor einfachen Infektionskrankheiten schützen können. Insgesamt muss sogar fast die Hälfte der gesamten Weltbevölkerung von weniger als zwei Dollar am Tag leben.

Dieses extreme Gefälle ist zugleich ein extremes Risiko für die globale Stabilität. Philippe Douste-Blazy, bis zum Frühjahr 2007 Frankreichs Außenminister, erklärte den Zusammenhang in einfachen Worten: »Die Bilder, die den Graben zwischen armen und reichen Ländern veranschaulichen, sind weltweit zu sehen. Ist uns bewusst, dass die zunehmenden Ungleichheiten Demütigungen und Ressentiments hervorrufen und damit ein fruchtbarer Boden für den internationalen Terrorismus sind? Mehr als je zuvor müssen Entwicklung und Bekämpfung des Fundamentalismus, ja ganz einfach der Friede, im Zusammenhang gesehen werden.«[206] Das deckt sich mit der Analyse des Entwicklungsökonomen Robert Wade von der London School of Economics. Die soziale Polarisierung teile die Welt zusehends »in eine Zone des Friedens und eine Zone des Aufruhrs«, warnte Wade. Das Resultat sei »eine Menge arbeitsloser und zorniger junger Leute, denen die neuen Informationstechnologien die Mittel verleihen, die Stabilität ihrer Gesellschaften zu bedrohen, ja sogar die soziale Stabilität der Reichtumszone. Mehr und mehr Menschen sehen in der Auswanderung dorthin ihre einzige Rettung.« Darum müsse »die Verteilungsfrage auf die Weltagenda« gesetzt werden.[207]

Das ist im Grundsatz ja auch unbestritten. Schon seit Jahrzehnten investieren die Wohlstandsstaaten in die sogenannte Entwicklungshilfe für die Armutsländer des Südens. Mehrere hundert Institutionen, von der Weltbank bis zu den kirchlichen Organisationen Misereor und Brot für die Welt, sind nur dazu da, die Armut zu bekämpfen. Rund 100 Milliarden Dollar Steuergeld jährlich geben die OECD-Staaten dafür aus. Trotzdem, so scheint es, wird das Problem eher größer als kleiner. Vor allem in Afrika nimmt die Zahl der Menschen, die in absoluter Armut gefangen sind, ständig zu. Ist also alles vergebens? Sollte die Entwicklungshilfe besser eingestellt werden, wie manche Kritiker fordern? Nichts wäre grausamer als das. Die Einstellung der Zahlungen würde viele Millionen Menschen einfach dem schnellen Tod durch Hunger und Krankheit überlassen.

Tatsächlich spricht vieles dafür, dass bisher nur mit den falschen Methoden und viel zu wenig Geld gearbeitet wurde, um das Massenelend zu überwinden.

Modellfall Ruanda

Ihre Hände sind voller Schwielen, die sehnigen Arme zeugen von Kraft und Ausdauer, das Gesicht ist schmal und faltig. Jacqueline Karenzo ist anzusehen, dass sie seit Jahrzehnten nichts anderes kennt als harte Arbeit. Jahr um Jahr hat die 48-jährige Bäuerin den anderthalb Hektar großen Acker ihrer Familie mit der Hacke und dem Erntemesser bestellt, hat täglich über vier Kilometer das Wasser für ihren kranken Mann und die fünf Kinder herangeschafft, hat geschuftet ohne Ende. Nie ist mehr dabei herausgekommen als das bloße Überleben. »Oft waren wir hungrig«, erzählt sie. Zudem forderte die Malaria steten Tribut. Die Moskitos mit den Erregern stachen jede Nacht, und viele Wochen des Jahres vergingen mit der Pflege der fiebernden Kinder. Hier in Mayange, einem kleinen Dorf im afrikanischen Ruanda, ging es allen so. »Wir kannten es nicht anders«, erinnert sich die Bäuerin.

Doch seit Mai 2006 ist alles anders. Ein Beamter der Regierung berief damals eine Versammlung ein, und ein Amerikaner erklärte dort, dass die 50 Familien des Dorfes neue Landbautechniken ausprobieren und damit viel mehr ernten könnten als bisher. Außerdem wäre mit ein paar einfachen Maßnahmen ihre Gesundheit zu schützen, erzählte der Mann. Die Malaria könnten sie besiegen, und die Durchfallerkrankungen der Kinder wären auch zu bekämpfen. Sie müssten nur ein Komitee wählen, dessen Mitglieder die neuen Methoden lernen und allen Nachbarn weitergeben sollten. Bäuerin Karenzo machte mit und übernahm den Posten der Agrarsekretärin. Seitdem ist sie für die Verbreitung besserer Anbautechniken in der Gemeinde zuständig. Ein einheimischer Berater kam und zeigte ihr, wie man den Mais in Reihen pflanzt, wie kleine Terrassen auf dem Acker das kostbare Regenwasser länger festhalten und wie der Mineraldünger einzusetzen ist. Alle Familien bekamen kostenlos einen Sack Saatgut und Dünger. Gleichzeitig verteilten die Krankenschwestern aus der regionalen Gesundheitsstation Moskitonetze, die mit Insektengift imprägniert sind. Zugleich lehrten sie die Mütter, wie sie ihre Kinder richtig ernähren und vor Darminfektionen schützen können.

Die kleine Umstellung brachte großen Erfolg. Erstmals erntete die Familie weit mehr, als für die eigene Ernährung nötig war. 300 Kilo Mais konnte Jaqueline Karenzo auf dem Markt verkaufen und mit dem Erlös die Gebühren für die Sekundarschule ihres ältesten Sohnes bezahlen. Zum ersten Mal in ihrem Leben hat sie im Mai 2007 auch einen Kredit aufgenommen, um damit Saatgut und Dünger für die nächste Anbausaison zu kaufen. Damit sich das rechnet, hat sie die Anbaufläche für Mais auf Kosten der wenig ertragreichen Bohnenpflanzung verdoppelt. Nach der nächsten Ernte, so hofft sie, wird noch weit mehr übrig bleiben als nur das Schulgeld, zumal jetzt auch die Kinder besser mithelfen können. Seit Monaten hat keines mehr das gefürchtete Fieber bekommen. »Es ist, als wären die Mücken einfach verschwunden«, sagt die über Jahre hart geprüfte Mutter, und die Hoffnung auf bessere Zeiten zaubert ein Lächeln auf ihr sonst so ernstes Gesicht. »Endlich können wir richtig leben, vielleicht können die Kinder sogar studieren.«

Geschichten wie diese können in Jaquelines Nachbarschaft neuerdings einige Tausend Menschen erzählen. Saatgut, Dünger, Moskitonetze, 12 neue Krankenschwestern im regionalen Gesundheitszentrum und zwei Dutzend Berater haben das Leben in dieser ärmsten Region des von Krieg und Völkermord gezeichneten Landes von Grund auf verändert. Für Frau Karenzo und ihre Nachbarn ist es »die Regierung«, die ihnen zu Hilfe kam. Aber die war es nicht allein. Denn das Wunder von Mayange ist Teil eines einzigartigen Experiments, dessen Urheber im fernen New York zu Hause sind.

Dort hatten die Regierungen aller UN-Staaten im Jahr 2000 feierlich beschlossen, binnen 15 Jahren weltweit die Zahl der Hungernden und der absolut Armen zu halbieren, allen Kindern den Besuch einer Schule zu ermöglichen, die Ausbreitung von Malaria und AIDS zu stoppen und fünf weitere sogenannte Millenniumsziele zu verwirklichen, um die Massenarmut zu bekämpfen. Weil dem Beschluss kaum Taten folgten, berief der damalige UN-Generalsekretär Kofi Annan eine hochrangig besetzte Wissenschaftlerkommission unter Leitung des US-Ökonomen Jeffrey Sachs zur Erarbeitung eines Plans. Im Jahr 2005 legte die Gruppe ein umfassendes Konzept vor, wie die Ziele doch noch zu erreichen seien. Ihr Vorschlag für das »Millenniumsprojekt« fußt auf der Theorie des »big push«. Mit dem einmaligen großen Einsatz von Hilfsgeldern in den besonders armen Staaten könnten die Menschen binnen fünf Jahren aus der »Armutsfalle« befreit werden, versprachen Sachs und seine Kollegen. Die meisten Afrikaner seien in einem Teufelskreis gefangen, argumentierte der UN-Ökonom. Weil die Bauern zumeist nur simple oder gar keine richtigen Anbaumethoden kennen, ist die Landwirtschaft wenig produktiv. Darum bleiben sie und ihre Familien oft hungrig und erwirtschaften kaum Einkommen. Der Mangel an Nahrung mache die Menschen krank, der Mangel an Geld verbaue jede Chance auf Ausbildung der Kinder, und alles zusammen mache es unmöglich, dass die Armen je Anschluss an den Markt und die Weltwirtschaft finden, meint Sachs. Vor allem in den afrikanischen Staaten südlich der Sahara bedürfe es der Förderung von moderner Agrartechnik, der massiven Bekämpfung der Malaria und anderer Krankheiten sowie des großflächigen Ausbaus von Straßen und Stromversorgung, forderte die Wissenschaftlerkommission. Auf diesem Wege, so ihre Vorstellung, könnten auch die armen Staaten die erste Stufe auf der »Leiter der Entwicklung« erklimmen und ihre Länder anschließend aus eigener Kraft wirtschaftlich voranbringen.

Kaum veröffentlicht, stieß das Konzept sofort auf breite Kritik von allen Seiten. Von einem »Rückfall in die 70er Jahre« sprachen erfahrene Entwicklungshelfer und verwiesen auf das Scheitern ähnlicher Programme in früheren Jahrzehnten. Entscheidend für die Entwicklung der armen Länder seien vielmehr gute Regierungsführung, die Bekämpfung der Korruption und die Überwindung der Frauenunterdrückung. Als »technokratisch« und »unpolitisch« geißelten auch die Nord-Süd-Aktivisten privater Hilfsorganisationen das Konzept. Solange die Wohlstandsländer in den Armutsstaaten mit subventionierten Agrarprodukten heimischen Bauern die Absatzchancen nähmen und die Weltbank mit ihren Kreditkonditionen nur das Terrain für die Rohstoff- und Agrarkonzerne des Nordens bereite, erhielten die Armen nie eine Chance. Armut, so hielt der deutsche Entwicklungssoziologe Wolfgang Sachs seinem amerikanischen Namensvetter entgegen, sei nicht die Folge »des Mangels an Einkommen, sondern des Mangels an Macht«.

Für alle diese Einwände gibt es gute Gründe. Die Agrarsubventionen der Amerikaner und Europäer richten ungeheuerliche Schäden in Afrika an. Von den Baumwollbauern Westafrikas bis zu den Getreidefarmern Kenias bringen die Billigexporte zig Millionen Menschen um Lohn und Brot. Die überdimensionierten und -subventionierten Fischfangflotten der EU fischen das Meer vor den Küsten Westafrikas leer und berauben ganze Nationen ihrer wichtigsten Eiweißquelle.[208] Noch verheerender wirkt sich die Politik der von den G8-Staaten gelenkten Weltbank aus, die Vergabe dringend benötigter Kredite in den Armutsstaaten Afrikas an die Bedingung zu knüpfen, dass der Handel liberalisiert und die Staatsausgaben zulasten der ärmeren Bevölkerung reduziert werden. An der Elfenbeinküste hieß das zum Beispiel, dass der arme nördliche Landesteil keine Subventionen mehr erhielt und die heimische Kleinindustrie unter dem Druck von Billigimporten zusammenbrach. Zu Recht empörten sich die Betroffenen, und die falsche »Entwicklungshilfe«-Politik stürzte das Land in einen jahrelangen Bürgerkrieg.[209]

Ebenso verheerend ist die Tradition der afrikanischen Eliten, den Staat als Beute zu betrachten. Als Kenia im Januar 2008 nach den nationalen Wahlen in Aufruhr und Revolte versank, lag die Hauptschuld bei einem Kenianer: Präsident Mwai Kibaki hatte nicht nur die Wahlergebnisse fälschen lassen, sondern zuvor auch jahrelang in die Taschen seiner Familie und seiner Stammesangehörigen gewirtschaftet. Trotz fünf Prozent Wirtschaftswachstum pro Jahr geriet die Mehrheit der Kenianer infolge von Dürre und Misswirtschaft immer tiefer ins Elend.[210]

Diese und andere Fehlentwicklungen widerlegen das zentrale Argument für eine groß angelegte Anstrengung zur Überwindung der Massenarmut jedoch nicht: Die Mehrheit der Afrikaner ist einfach zu arm, um sich selbst zu helfen. Darum warnt UN-Berater Sachs, die Fehler der Vergangenheit als »faule Ausrede« zu benutzen. Tatsache sei doch, dass dieselben Regierungen, die »von den Afrikanern good governance fordern, selbst nicht in der Lage sind, ihre Versprechen in verlässliche Politik umzuwandeln«, beklagt Sachs und verweist auf die Beschlüsse der G8-Staaten. Schon 2005 hatten diese ihr Gipfeltreffen im britischen Gleneagles mit dem pompösen Titel »Make Poverty History« geschmückt und versprochen, die Ausgaben für die Afrika-Hilfe bis 2010 zu verdoppeln. Das Versprechen erwies sich jedoch als reine Propaganda. In den folgenden beiden Jahren nahmen die Zahlungen insgesamt sogar ab. Nur Großbritannien und Deutschland erhöhten die entsprechenden Etats, wenn auch weit geringer als ursprünglich versprochen.[211] Zu Recht reklamieren darum die UN-Ökonomen um Jeffrey Sachs und die Afrikakommission der britischen Regierung, dass der von ihnen vorgeschlagene »ganzheitliche Ansatz« des »big push«, die gleichzeitige Bekämpfung von Hunger, Krankheit und Bildungsarmut auf breiter Front, noch nie richtig versucht worden sei. Folglich könne auch niemand behaupten, es funktioniere nicht. Das werde auch nicht dadurch widerlegt, dass über die 60 Jahre bis 2006 2,3 Billionen Dollar Entwicklungshilfe geflossen seien, meint Sachs. Nicht nur habe der Betrag gerade mal 16 Dollar pro Jahr und Kopf der Bevölkerung in den armen Ländern ausgemacht. Das Geld habe zudem überwiegend der Pflege korrupter Regime gegolten, die im Kalten Krieg auf Seite des Westens standen. Schon deshalb zähle der Verweis auf vergangene Misserfolge nicht.[212]

Um die Geberstaaten doch noch zu überzeugen, startete der UN-Berater mit missionarischem Eifer im Jahr 2005 das Projekt der »Millenniumsdörfer«, dabei unterstützt von privaten Geldgebern wie dem Finanzmagnaten George Soros. In zwölf ausgesuchten Siedlungen, verteilt über zehn verschiedene afrikanische Staaten und ökologische Zonen, soll bewiesen werden, dass der »big push« funktionieren kann. Fünf Jahre lang sollen die Dörfer mit jeweils rund 5000 Menschen bei Ausgaben von rund 70 Dollar pro Kopf und Jahr auf den Weg einer selbst tragenden Entwicklung gebracht werden. Mit weiteren 30 Dollar pro Kopf sollen sich die jeweiligen Regierungen beteiligen, 10 Dollar die Bewohner in Eigenleistung beitragen.

In Ruanda fiel auf Wunsch der Regierung und zum Glück von Jacqueline Karenzo die Wahl auf Mayange im Bugusera-Bezirk, gut 50 Kilometer südlich der Hauptstadt Kigali. Dort waren die Bedingungen alles andere als günstig. Die Region ist besonders trocken, der Boden nach langjähriger Übernutzung vielfach ausgelaugt. Im »Land der tausend Hügel«, wo 70 Prozent der Bevölkerung als absolut arm gelten, steht den Bauern im Schnitt gerade mal ein halber Hektar Land zur Verfügung. »Als wir kamen, herrschte wegen einer Dürre Hungersnot«, berichtet einer der Helfer. Ernährungssicherheit war darum erste Priorität. Gemessen daran war der Starterfolg enorm. Das schnell wachsende Saatgut und der Dünger trieben die Maisernte von 300 Kilo auf 3,7 Tonnen pro Hektar hoch. Zehn Prozent der Ernte legten alle Bauernfamilien in einem gemeinschaftlichen Lager für Notzeiten zurück. Gesundheitsberatung und Moskitonetze sorgten für einen dramatischen Rückgang der Malariafälle und der Kindersterblichkeit. Die regionale Gesundheitsstation betreut seit der Einstellung neuer Ärzte und Pflegekräfte über 100 Patienten pro Tag.

Ähnliche Erfolgsberichte trafen aus mehreren anderen Dörfen von Mali bis Malawi in New York ein. Für Experten der klassischen Entwicklungshilfe ist das noch keine große Leistung. »Geben Sie mir das Geld, und ich verwandle jeden Wüstenflecken in ein Paradies«, sagt einer der deutschen Entwicklungshelfer vor Ort und spottet über die »Potemkin'schen Dörfer des Herrn Sachs«. Entscheidend sei doch, ob der Erfolg auch anhalte, wenn die ausländischen Helfer abziehen und kein weiteres Geld mehr aus dem Ausland kommt. Erst recht sei fraglich, ob das Modell sich auf das ganze Land übertragen lasse. »Woher kommen die Ärzte und die Agrarberater, wer baut die Straßen und Stromleitungen; kann die Regierung die benötigten Summen überhaupt ordentlich verwalten?« Das seien die entscheidenden Fragen, folglich müsse gute Entwicklungspolitik vorrangig die Kapazität der staatlichen Verwaltung stärken. Scheinerfolge an einem Ort seien da nicht hilfreich.

Josh Ruxin kennt diese Einwände nur zu gut. Der 37-jährige amerikanische Gesundheitsökonom leitet das 45-köpfige Maynage-Team und kennt alle Fallen der Entwicklungsarbeit. Ruxin ist der klassische amerikanische Machertyp, leger im Umgang, hart im Entscheiden. Schon so mancher Mitarbeiter musste wegen mangelnder Leistung gehen. Ruxin hat Erfahrung beim Helfen. Seit 20 Jahren schon arbeitet er an Entwicklungsprojekten in einem halben Dutzend Länder. »Glauben Sie mir, über nichts denken wir mehr nach als über die Nachhaltigkeit des Erfolgs«, versichert er. Das Abhängigkeitssyndrom zum Beispiel. Wer regelmäßig beschenkt wird, der gewöhnt sich daran. Darum gab es Saatgut und Dünger nur im ersten Jahr umsonst. Für die zweite Anbausaison gewann er eine örtliche Bank zur Auflage eines Mikrokredit-Programms. Die meisten Bauernfamilien schreckten davor zunächst zurück, eine weitere Dürreperiode könnte sie in Schulden stürzen. Also organisierte Ruxin einen Garantiefonds, gespeist aus Minibeiträgen und Regierungsgeldern. Immerhin drei Viertel der erfassten Haushalte stiegen darauf ein.

Nicht minder komplex ist das ökologische Problem. »Mais und Mineraldünger sind nicht die Lösung«, weiß auch Ruxin. Dünger ist energieintensiv und wird infolge des Ölpreisschubs bald schon unbezahlbar. Zudem ist der tropische Boden arm an Humus, schnell können andere Nährstoffe fehlen. Bis zum Ablauf der fünf Jahre sollen darum die meisten Bauern auf mehrjährige Kulturen wie Avocadobäume oder Granatäpfel umsteigen, beschlossen die Agrarberater des Projekts, die alle selbst einmal Bauernkinder waren. Hecken aus stickstoffbindenden Sträuchern und Kühe sollen organischen Dünger liefern. Weil längst nicht alle Menschen im extrem dicht besiedelten Ruanda von der Landwirtschaft leben können, haben mehrere Hundert Frauen zudem auf Vorschlag der Berater Genossenschaften für die Herstellung geflochtener Körbe gegründet. Ein Liefervertrag mit einer amerikanischen Kaufhauskette sichert den Absatz für die ersten zwei Jahre.

Das zentrale Anliegen des Projekts ist jedoch ein ganz anderes. Das Hauptziel ist die Mobilisierung und Organisation der Bevölkerung. Ein Dutzend Mitarbeiter sind ausgebildete »community mobilizer«, die nur mit der Förderung des gemeindlichen Zusammenhalts und der Ausbildung von lokalen Führungspersonen beschäftigt sind. Jede Maßnahme wird zunächst in den örtlichen Komitees diskutiert. Dort entscheiden die Bewohner selbst, was zuerst erledigt und wem zuerst geholfen werden soll. Beratung gibt es zudem nur gegen die Verpflichtung, das Wissen weiterzutragen, ein erfolgreiches Konzept: Aus anfänglich 50 beteiligten Familien wurden bis Juni 2007 über 1000. Gleichzeitig geschieht nichts ohne Beteiligung der örtlichen Beamten. Regierung und Verwaltung müssen das Vorhaben am Ende übernehmen, »darum sind sie bei allen Entscheidungen dabei«, sagt Ruxin. Darum auch sind bis auf drei Amerikaner alle Mitarbeiter aus der Region selbst – ein Prinzip, das der Distriktchef enthusiastisch begrüßt. Jeder Erfolg, den er an die Zentralregierung melden kann, ist auch sein Erfolg. »Für mich war das Millenniumsprojekt ein Glücksfall«, gibt er unumwunden zu. »Die Leute hungern nicht mehr, das ist das Wichtigste.« Im kommenden Jahr soll eine weitere Gemeinde im Distrikt mobilisiert werden. »Da werden wir zeigen, dass wir das auch allein können. Das Wissen ist jetzt da und verschwindet nicht mit den Auslandsexperten«, versichert der Beamte selbstbewusst.

Damit erscheint das Vorhaben in der Praxis keineswegs als technokratischer Eingriff über die Köpfe der Menschen hinweg, sondern eher als eine Art Sozialmanagement. Aber reicht das auf Dauer? Kann ganz Ruanda so der Armutsfalle entkommen? Ruxin und sein Team glauben jedenfalls daran, und dabei verweisen sie keineswegs auf ihre eigenen Verdienste. Hoffnung macht ihnen vielmehr die amtierende Regierung des einstigen Rebellenchefs Paul Kagame, die schon vor Ankunft der New Yorker Berater mit der Planung eines ganz ähnlichen Programms landesweit begonnen hat. Kagame, der 1994 als Chef der siegreichen Tutsi-Armee dem Völkermord ein Ende bereitete, regiert das Land mit harter Hand. Jede Opposition, die auch nur subtil mit der ethnischen Frage operiert, wird im

Keim erstickt. Selbst die öffentliche Frage nach der Volkszugehörigkeit ist verboten. Die Präsidentschaftswahl im Jahr 2003, bei der Kagame 95 Prozent der Stimmen für sich verbuchte, hatte nur wenig mit Demokratie zu tun. Doch anders als in vielen anderen afrikanischen Staaten nutzt das Regime die Macht nicht zur eigenen Bereicherung, sondern zur radikalen Umgestaltung des Landes. Korruption aller Art wird hart verfolgt und ist nach Meinung der meisten Auslandsexperten vor Ort kein großes Problem mehr. Die Führung der öffentlichen Haushalte erfolgt so transparent, dass immer mehr Geberländer ihre Fördergelder als direkte Budgethilfe zur Verfügung stellen. In ihrer weltweiten Übersichtsstudie »Doing Business« setzte die Weltbank Ruanda auf der Rangliste der Länder mit dem besten Geschäftsklima unter allen afrikanischen Staaten südlich der Sahara auf Platz eins.

Im großen Stil betreibt die Regierung auch die Mobilisierung der Bevölkerung. Landesweit wurden die oft weit verstreuten Siedlungen zu Gemeinden zusammengefasst. 30 000 ausgebildete »community mobilizer« halten die Bewohner zur Bildung von Ortskomitees an, um über die Verteilung der kargen Mittel wie etwa einen Zuschuss zur Krankenversicherung zu entscheiden. Auch sind die Frauen des Landes nicht mehr nur die Lastesel der Nation, sondern an der Macht beteiligt. Die Hälfte der Parlamentsabgeordneten ist weiblich, im Kabinett besetzen Frauen mehr als ein Drittel der Posten, ebenso auf allen unteren Ebenen des Staates. Parallel dazu setzte das Kagame-Regime die Dezentralisierung der Verwaltung durch. Schon wird über die Verwendung eines Fünftels aller staatlichen Gelder in den Provinzen und Distrikten entschieden. »Die politische Dynamik hier ist einzigartig, kein Vergleich mit der sonstigen Lethargie in der Region«, bestätigt Alexander Kalk, der Vertreter der deutschen Entwicklungsagenturen in Kigali.

Das alles kann die großen Probleme des Landes nicht vergessen machen. Die Wunden des großen Mordens von 1994, als die Mehrheit vom Volk der Hutu, aufgehetzt von einer faschistischen Regierung, die Minderheit der Tutsi ausrotten wollte, sind längst nicht verheilt. Der dramatische Mangel an

Land facht den alten Konflikt der Volksgruppen immer wieder neu an. Zudem droht das noch immer starke Bevölkerungswachstum alle Erfolge zunichtezumachen. Viel zu spät hat die Regierung begonnen, landesweit für Familienplanung und Verhütung zu werben. Bis 2015 wird sich die Bevölkerungszahl auf dann 18 Millionen Menschen voraussichtlich verdoppeln. Ohne die radikale Beschleunigung des Wirtschaftswachstums wäre ein erneuter Niedergang nicht aufzuhalten.

Doch zusammen mit den erfolgreichen Strukturreformen macht genau dieser Umstand ausgerechnet das kleine Ruanda, das nur wenig größer ist als das deutsche Bundesland Hessen, zum idealen Kandidaten für den »big push«. Und tatsächlich wollen Kagame und seine Minister den großen Sprung wagen. Bereits 2008 soll in jedem der dreißig Distrikte des Landes jeweils eine weitere Modellgemeinde nach dem Prinzip Millenniumsdorf ausgebaut werden. Verläuft diese Phase erfolgreich, soll der Ausbau von Landwirtschaft, Gesundheitsversorgung, Handwerkskooperativen und Schulen ab 2009 schließlich landesweit erfolgen. Dieser »Vision 2020« genannte Plan hat freilich eine große Leerstelle: Die Finanzierung ist völlig ungeklärt. Schon bisher wird die Hälfte des ruandischen Staatshaushaltes aus dem Ausland finanziert. Um den Plan umzusetzen, müsste diese Hilfe von rund 250 Millionen Dollar im Jahr 2007 auf 500 Millionen Dollar verdoppelt werden, kalkuliert Finanzminister James Musoni, vor allem wegen des nötigen Ausbaus von Straßen- und Stromnetzen. Das sei zwar eine gewaltige Summe, entspreche aber nur dem, »was in Gleneagles versprochen wurde«, sagt Mussoni und verbindet die Forderung mit einem mutigen Versprechen: »Wenn wir jetzt investieren, können wir ab 2015 beginnen, die Auslandszuschüsse zu senken.« Ruanda habe einen Plan, den viele Fachleute für umsetzbar halten. Die Herausforderung liege nun bei »unseren Partnern in den Geberländern«, sagt Mussoni.

Das gilt nicht nur für Ruanda. Trotz der vielen Rückschläge mit manipulierten Wahlen und korrupten Regimen in Nigeria oder Kenia und blutigen Kriegen im Kongo oder im Sudan gibt es auch viele Staaten in Afrika, die ähnlich stabil und vernünftig regiert werden wie das kleine Land am Kiwusee. Auch in

Ghana oder Malawi, in Benin, Senegal, Sambia oder auch Sierra Leone könnte vielen geholfen werden, auf eigenen Füßen zu stehen. »Für die allermeisten geht es gar nicht um Wohlstand im europäischen Sinn«, sagt Fred Göricke, ein Veteran der Entwicklungsarbeit in Afrika, der für die deutsche Welthungerhilfe auch zwei »Millenniumsdörfer« mit ganz ähnlichem Konzept in Ruanda und Burundi betreut. »Die Menschen wollen nur in Würde und Sicherheit leben.« Da wäre mit ein paar erfolgreichen Befreiungsschlägen nach dem Prinzip Maynage schon unendlich viel gewonnen. Nichts überzeugt mehr als das erfolgreiche Vorbild.

»In zehn Jahren müsste Afrika nicht mehr arm sein«, verspricht UN-Ökonom Sachs, wenn nur »ganzheitlich« vorgegangen werde. Das ist zwar sicher übertrieben. Gleichwohl spricht alles dafür, dies zumindest überall dort zu versuchen, wo die politischen Verhältnisse es zulassen; absurd wäre es, dies am Geld scheitern zu lassen. Jährlich 50 bis 60 Milliarden Dollar zusätzlich, und das zehn Jahre lang, würde es kosten, die Millenniumsziele weltweit zu erfüllen, kalkulierte die Weltbank. Auch das ist wahrscheinlich wenig realistisch. Gebraucht wird vermutlich das Doppelte, wenn die unvermeidlichen Verluste und Fehler mitberechnet werden. Viel Geld, gewiss, aber die reichen Staaten könnten sich das durchaus leisten. 100 Milliarden Dollar sind gerade mal 0,3 Prozent oder drei Tausendstel der Wirtschaftsleistung der OECD-Staaten. Mehr als 800 Milliarden Dollar kostet allein die amerikanische Militärmaschinerie im Jahr. »Das Budget eines Tages für das Pentagon würde ausreichen, um alle Schlafplätze in Afrika für fünf Jahre mit Moskitonetzen gegen die Malaria auszustatten«, berechnete Afrika-Ökonom Sachs – und es wäre eine Investition in die eigene Sicherheit. Nichts befördert Gewalt und Krieg mehr als die Verzweiflung, die aus extremer Armut erwächst. Auch dem Zerfall des Staates Somalia im Bürgerkrieg, vor dessen Küsten nun Schiffe der deutschen Bundesmarine den Schmuggel von Terroristen und Waffen verhindern sollen, ging die massenhafte Verelendung der Bevölkerung voraus.

Eine Bedingung müsste jedoch zweifellos erfüllt sein, wenn die Bürger der Wohlstandszone einem verbindlichen Multimilliarden-Finanzausgleich für die armen Staaten auf Jahre und auch in Krisenzeiten zustimmen sollen: Die zugrunde liegende Steuererhebung müsste allgemein als fair und gerecht gelten. Mit Sicherheit werden weder Europas noch Amerikas Normalverdiener bereit sein, größere Summen für die Armutsbekämpfung zu bezahlen, wenn ausgerechnet die »plutokratische Klasse« der Globalisierungsgewinner sich daran nur mit publicityträchtigen Spenden, aber nicht mit Steuerzahlungen beteiligt. Anders ausgedrückt: Ohne nationale Gerechtigkeit wird sich auch keine globale Gerechtigkeit herstellen lassen. Ebendas, der solidarische Ausgleich über den ganzen Planeten hinweg, wird aber schon bald und unvermeidlich zu einer Frage von Krieg und Frieden werden. Denn die größte Herausforderung für die kommende Weltgesellschaft wird die Armen des Südens ungleich härter treffen als den reichen Norden.

5. Ressourcenkrieg im Treibhaus

Die heraufziehende Klimakatastrophe und der Kampf um einen Platz zum Leben

Scheich Hilal Abdalla war schon über achtzig Jahre alt, als die gottgegebene Ordnung aus den Fugen geriet. Er sehe das Ende der Welt kommen, beschwor der Älteste vom nomadischen Stamm der Jalul seinen englischen Besucher. Die beiden Männer tranken Tee zwischen Stapeln von Sätteln, Ledertaschen und Schwertern in einem schwarzen Beduinenzelt, während der Alte seine Sorgen erklärte: Wüstensand lege sich seit einiger Zeit überall auf die Felder im Norden der sudanesischen Provinz Darfur. Die ohnehin kurze Regenzeit falle manchmal ganz aus, und wenn der Regen dann nach langer Trockenheit zurückkehre, würden große Teile des fruchtbaren Schwemmlandes fortgewaschen. Auf einmal, erzählte der Scheich bekümmert, stellten die Bauern Zäune auf. Das Land reiche eben nicht mehr für alle – mit dieser Begründung verwehrten sie durchziehenden Hirten und Kamelzüchtern seines Stammes den Zugang zu ihren Weiden. So würden die uralten Regeln außer Kraft gesetzt, nach denen Ackerbauern und Viehzüchter seit jeher in Frieden miteinander gelebt, Böden und Brunnen geteilt und einander mit allem Nötigen versorgt hatten; mit Fleisch, Milch und Transportmöglichkeiten einerseits, mit Getreide und Eisenwaren andererseits. Dies alles berichtete der Scheich während der großen Dürre Mitte der 80er Jahre dem Afrikaforscher Alex de Waal, der heute Programmdirektor am Social Science Research Council in New York ist und in den letzten Jahren oft an Hilal Abdalla denken musste. Denn der alte Scheich sollte mit seinen düsteren Prophezeiungen recht behalten.[213]

2003, fast zwanzig Jahre nach der Begegnung im Zelt, stürmten arabische Milizen die Dörfer in Darfur. Die Dschandschawid – übersetzt etwa: »Männer mit Pferd und Waffe« – setzten die Hütten in Brand, folterten und ermordeten die Bauern, vergewaltigten ihre Frauen. Anführer der Banden war ein Jalul mit Namen Musa Hilal. Alex de Waal erkannte ihn wieder: Es war der Sohn des Scheichs. Gerade er war eine Schlüsselfigur am Beginn jenes grausamen Bürgerkriegs, in dessen Verlauf nach unsicheren Schätzungen seither mehr als 200 000 Menschen getötet und rund 2,5 Millionen in die Flucht getrieben wurden. Heute ist Darfur eine Hölle aus Hunger, Leiden und Krieg. Und für die Menschheit ein Menetekel – als Ort, an dem die drohenden Kämpfe um knapper werdende Ressourcen bereits blutige Wirklichkeit geworden sind.

Die Weltöffentlichkeit schaute lange nicht hin, und als die Bilder vom Gemetzel und Elend der Menschen im Westen Sudans dann doch auf den Fernsehschirmen erschienen, waren die Überfälle der Dschandschawid bald auf die Formel »ethnische Säuberung« gebracht, begangen von »Arabern« an »Schwarzafrikanern«; die US-Regierung sprach offiziell von einem Völkermord. Tatsächlich waren die systematischen Raubzüge und Grausamkeiten die Folge eines ganzen Bündels von wirtschaftlichen, politischen und ökologischen Ursachen.

So wurden Teile der berüchtigten Reitermilizen von den Machthabern in der sudanesischen Hauptstadt Khartum mit Waffen ausgerüstet und durch Luftangriffe der regulären Armee unterstützt, weil sie gegen Aufständische der »Sudanesischen Befreiungsarmee« (SLM), der »Bewegung für Gerechtigkeit und Gleichheit« (JEM) und später weiterer Splittergruppen vorgehen sollten. Diese Rebellen fanden ihren Rückhalt meist in den verarmten Bauernstämmen und auch bei Viehzüchtern, die sich von der Militärdiktatur Omar al-Baschirs an den Rand gedrängt und vernachlässigt fühlten. Die Dschandschawid ebenso wie die Rebellen konnten zur Mobilisierung uralte ethnische, aber auch religiöse und politische Spannungen nutzen, die unter rund 80 Volksgruppen, Stammesmilizen und Kriminellen vielfältig schwelten.

Besonders aber der Konflikt zwischen nomadischen Viehzüchtern und sesshaften Ackerbauern, der den alten Scheich Hilal so sehr verstört hatte, ließ sich für den Machtkampf instrumentalisieren. Die Konkurrenz um die existenziellen

Lebensgrundlagen hatte sich zunächst in lokal begrenzten Gefechten entladen und schließlich zum Bürgerkrieg gesteigert. Eine »starke Verbindung zwischen Landverödung, dem Voranschreiten der Wüste und dem Konflikt« stellten auch Experten des Umweltprogramms der Vereinten Nationen (UNEP) fest; dieser Krieg sei »ein tragisches Beispiel für den sozialen Zusammenbruch, der aus einem ökologischen Kollaps resultieren kann«.[214]

Seit jeher führt eine wachsende Bevölkerung in dieser unwirtlichen Landschaft einen harten Überlebenskampf. Und der Ausbau der mechanisierten Intensivlandwirtschaft verschärfte die Probleme noch. Dadurch laugten vielerorts ehedem fruchtbare Böden aus, und Kleinbauern wie Hirten waren gezwungen, in bereits dicht besiedelte Regionen abzuwandern. Dabei waren ohnehin schon so viele auf der Flucht – vor der Wüste. Deren alles vernichtende Schönheit dringt seit Jahrhunderten nach Süden vor, doch seit 20 Jahren mit immer größerem Tempo: Um 40 Prozent ist die durchschnittliche jährliche Regenmenge in der Region Darfur in dieser Zeit gesunken, und sie nimmt weiter ab. Dafür ist mit hoher Wahrscheinlichkeit jenes Phänomen verantwortlich, das mehr als alles andere die Zukunft der Menschheit prägen wird: der globale Klimawandel. Auch der Generalsekretär der Vereinten Nationen geht davon aus, dass sich infolge höherer Temperaturen des Indischen Ozeans die Dürren in diesem Teil Afrikas verschlimmern. Die Austrocknung, erklärte Ban Ki Moon im Frühjahr 2007, rühre »bis zu einem gewissen Grad von der vom Menschen verursachten Erderwärmung her«.[215] So machte er indirekt auch die reichen Staaten mitverantwortlich für das Geschehen in Darfur und verdeutlichte, wie gerade der Klimawandel alle Menschen miteinander verbindet – unauflösbar. Und höchst ungerecht, denn gerade jene sind seine ersten Opfer, die ihn am wenigsten zu verantworten haben.

Doch als wäre das Drama um Klima, Böden und Wasser nicht genug, wird das Morden im Sudan auch noch durch den globalen Konkurrenzkampf um das »schwarze Gold« angefacht: Erdöl, eine weitere Ressource, die immer knapper wird. Dabei sind die Vorgänge in Darfur nicht vom vorangegangenen Bürgerkrieg im Zentrum und im Süden des Sudans zu trennen, wo umfangreiche Ölvorkommen gefunden wurden. Die Schätzungen reichen bis zu drei Milliarden Fass; rund 520 000 Fass pro Tag werden bereits gefördert. Die laufend steigenden Milliardeneinkünfte könnten dabei helfen, das Land zu entwickeln – stattdessen drohen sie, es zu zerreißen. Denn alleinigen Anspruch auf die Petrodollar haben stets die Machtcliquen in der Hauptstadt im Norden erhoben. Deshalb schürte das Regime des Omar al-Baschir in einem jahrelangen Bürgerkrieg Mord und Vertreibung im Süden – wo die Befreiungsbewegung SPLA (Sudanesische Volksbefreiungsarmee) dafür kämpfte, dass die Öleinnahmen in der Region blieben. Anfang 2005 unterzeichnete das Militärregime unter internationalem Druck schließlich einen Friedensvertrag mit den Aufständischen des südlichen, ölreichen Landesteils. Das Abkommen sieht eine Teilung der Öleinkünfte und weitgehende Autonomie vor; sogar die Unabhängigkeit für den Fall, dass die Bevölkerung sich bei einem Referendum im Jahr 2011 dafür aussprechen sollte.

Es ist ein Frieden auf äußerst schwankendem Grund – aber auf die Rebellen in Darfur wirkte er anstachelnd. Nicht zufällig begannen SLM und JEM ihre ersten Aktionen gerade zu dem Zeitpunkt, als die Friedensverhandlungen zwischen Norden und Süden begannen – der Westsudan sollte ebenfalls ein Stück vom Kuchen bekommen. Zudem gibt es auch in Darfur Erdöl, und selbst wenn die Lagerstätten nicht detailliert erforscht sind und womöglich überschätzt werden, fallen die Parallelen auf: Wieder erhebt sich die lokale Bevölkerung mit der Forderung, an den Petrodollareinkünften beteiligt zu werden, teils Seite an Seite mit SPLA-Kämpfern aus dem Süden. Und wieder gehen von der Regierung unterstützte Milizen mit brutalen Feldzügen gegen diese Rebellen vor und terrorisieren die Zivilbevölkerung.[216]

Mitschuldig an der Entwicklung sind die öldurstigen Investoren und Abnehmer aus aller Welt. Amerikanische Ölkonzerne mussten in den 80er Jahren wegen des Bürgerkriegs und in den 90ern wegen Washingtons Wirtschaftssanktionen gegen das sudanesische Regime die Ölfelder verlassen. Darauf drängten russische, indische und malaysische Firmen in das entstandene

Vakuum. Und chinesische. Mit 40 Prozent hält die China National Petroleum Corporation den größten Anteil an Sudans staatlichem Ölbetreiber und hat gewaltige Summen in die technische Infrastruktur investiert. Rund zwei Drittel des sudanesischen Öls werden über eine Pipeline Richtung Norden an die Küste und von dort ins Reich der Mitte transportiert. Rund acht Prozent steuert der Sudan bereits zu Chinas Ölkonsum bei, und der Anteil soll noch steigen. Als Nachzügler im internationalen Poker um die letzten Ölreserven versucht der Wachstumsriese überall in Afrika, sich mit einer Entwicklungsoffensive den vorrangigen Zugriff auf Schürf- und Bohrrechte zu sichern.

Auch die Freundschaft zum Regime al-Baschirs wurde mit Zuschüssen zum Budget und mit Infrastrukturhilfen untermauert. Allerdings auch mit Militärhilfe und Waffenlieferungen im Wert von hundert Millionen US-Dollar,[217] die nach Angaben der britischen Menschenrechtsorganisation Global Witness auch für die Angriffe in Darfur genutzt wurden. So war es kein Zufall, dass Chinas Vertreter im UN-Sicherheitsrat über Jahre internationale Maßnahmen gegen Khartum verhinderte und die Entsendung von UN-Friedenstruppen in die Krisenregion verzögerte – und damit den Versuch, den Massenmord zu stoppen. Erst Mitte 2007 machte Peking doch noch seinen Einfluss auf den Diktator geltend und wirkte auf seine Zustimmung zu einem UN-Einsatz hin. Jetzt wurde auch ein Sonderbotschafter zur Lösung der Darfur-Krise eingesetzt, und chinesische Soldaten sollen die Blauhelmtruppen verstärken.

Ausgelöst wurde der Sinneswandel durch die immer lauter werdenden weltweiten Menschenrechtskampagnen und die Sorge vor einem möglichen Boykott der Olympischen Spiele in Peking. Hinzu kam wachsende Skepsis mancher afrikanischer Regierungen gegenüber Chinas Machtpolitik in den Rohstoffstaaten. Nicht zuletzt aber dürfte Chinas Interesse daran eine Rolle gespielt haben, dass das Gebilde Gesamt-Sudan überlebt. Denn wenn sich der Süden tatsächlich abkoppeln und womöglich sogar mit der Darfur-Region eine unabhängige Allianz eingehen würde, dann könnte nicht nur das Regime in Khartum die Kontrolle über einen Teil der sudanesischen Ölförderung verlieren. Auch die Chinesen und Inder hätten keinen privilegierten Zugriff mehr. Russland, Kanada, Frankreich, Schweden – Unternehmen aus all diesen Staaten standen schon Schlange bei den Ölbesitzern am Rande der Sahara.[218]

Auch für die USA spielt der Schwarze Kontinent bei der Rohstoffversorgung eine immer größere Rolle. Um die Abhängigkeit vom spannungsgeladenen Nahen Osten zu verringern, so sieht es die Energieplanung der Bush-Regierung vor, sollen die Lieferungen aus afrikanischen Ländern auf bis zu 40 Prozent des amerikanischen Bedarfs im Jahr 2015 gesteigert werden. Ein neuer Teilstaat im Süden des Sudan wäre also auch im Interesse der US-Regierung. Nicht zufällig unterhalten die Amerikaner daher gute Verbindungen zur SPLA. Gleichzeitig drängen Washingtons Weltpolitiker aber auch auf Frieden im vereinten Sudan hin. Sobald dieser erreicht sei, versicherte George Bush den Managern der amerikanischen Ölriesen Chevron und ExxonMobil, werde er die Wirtschaftssanktionen gegen Khartum aufheben.[219]

Das ursprüngliche Drängen der US-Regierung, der Nato und nicht den UN-Truppen im Krisengebiet Darfur die starke Rolle zuzuschreiben, ließ eine Ahnung davon aufkommen, wie die neuen Stellvertreterkriege um die Bodenschätze jederzeit eskalieren und die Großmächte dieser Welt direkt miteinbeziehen könnten. Am Ende haben sich dann doch alle Nationen, einschließlich Chinas und der USA, auf ein multilaterales Vorgehen mit UN-Truppen für Darfur geeinigt. Allerdings steht die Ausstattung der Soldaten in keinem Verhältnis zu ihrer Aufgabe, und sie kommen viel zu spät. Der Brandherd reicht mittlerweile über die Grenze des Sudan hinaus bis in den benachbarten Tschad und sogar nach Libyen.

»Klimawandel ist jetzt«

So verdichten sich in Darfur wie unter einem Brennglas die globalen Krisen und schaukeln sich gegenseitig hoch: der Wassermangel. Die Austrocknung und Auslaugung der Böden und das Vordringen der Wüsten. Der Run auf die letzten Tropfen Öl. Schließlich: der Klimawandel – der als Katalysator alle anderen Probleme bündelt und verstärkt. Weil er Kriege auch an anderen, ähnlich verletzlichen Orten auf dem Globus auslösen und in noch größeren Dimensionen eskalieren lassen könnte, brachte die britische Regierung den Tagungsordnungspunkt Klimawandel im Frühjahr 2007 erstmals im Weltsicherheitsrat ein. Die Folgen des Treibhauseffektes seien weit umfassender als die jedes einzelnen Konfliktes, sagte dort die damalige englische Außenministerin Margaret Beckett. Sie warnte vor »verheerenden Auswirkungen« für die kollektive Sicherheit; herauf ziehe »der Sturm unserer Generation«.[220]

Dass, bis dato nie geschehen, das mächtigste Gremium der Völkergemeinschaft überhaupt ein ökologisches Problem diskutierte und in Zusammenhang mit der globalen Sicherheit brachte, signalisiert ein spätes, aber nachhaltiges Erwachen.

2007 war das Jahr der Gewissheit. 29 000 Datenserien aus 75 großen Einzelstudien hatte der Klimarat der Vereinten Nationen (Intergovernmental Panel on Climate Change, IPCC) analysiert; eine sechs Jahre währende Arbeit von 2500 wissenschaftlichen Gutachtern aus 130 Ländern.[221] In früheren Jahren hatte der IPCC noch durchaus zögerlich mit vielen Konjunktiven vor den Konsequenzen des Treibhauseffektes gewarnt. Doch 2007 ließ er keinen Zweifel mehr: »Die Erwärmung des Klimasystems ist eindeutig«, so die Diagnose, und ebenso eindeutig korrigierte der Klimarat alle früheren Prognosen noch einmal deutlich nach oben. Er tat dies am Ende in aller Einigkeit, trotz der politischen Verwässerungsversuche, die vor allem die Regierungen Chinas, Saudi-Arabiens und der USA zuvor unternommen hatten.

Als regelrechtes Crescendo inszenierten die Forscher die Präsentation ihrer einzelnen Berichte übers ganze Jahr verteilt, sodass den erschreckenden Botschaften in immer neuen Pressemeldungen, Fernsehsendungen, Diskussionen nicht mehr zu entkommen war: Um 0,74 Grad Celsius ist die globale Durchschnittstemperatur gegenüber dem vorindustriellen Zeitalter bereits angestiegen. Das heißt: Regional ist der Zuwachs noch deutlich höher ausgefallen; in der Arktis beispielsweise um das Doppelte. Elf der zwölf Jahre von 1996 bis 2007 waren die wärmsten seit Beginn der Temperaturmessungen. Und als Verursacher kommt nur einer infrage: der Mensch, der mehr und mehr Land nutzt, Kohle, Öl und Erdgas verheizt, zur Stromerzeugung und für den Antrieb von Autos und Flugzeugen nutzt und damit die Emissionen ständig erhöht. Wie ein Symbol ging das Bild der legendären Nordwestpassage in der Arktis um die Welt, deren Undurchdringlichkeit in Filmen und Romanen beschrieben ist. Zum ersten Mal, seit es Aufzeichnungen gibt, war die einst vom »Schrecken des Eises und der Finsternis«[222] gezeichnete Rinne im Spätsommer 2007 komplett von den mächtigen Schollen befreit, sodass Tanker sie passieren konnten. Die Menschheit trete, so der IPCC, in »eine neue Klimaepoche« ein.

Das ist einer von wenigen pathetisch klingenden Sätzen im Bericht des UN-Klimarats. Sonst steigert gerade die wissenschaftliche Nüchternheit die Sprengkraft der Aussagen: Eine weitere Erwärmung von 0,9 Grad bis zum Ende des Jahrhunderts wäre selbst dann nicht mehr aufzuhalten, wenn die Emissionen von einem Tag auf den anderen gestoppt werden könnten. Denn das Klima reagiert äußerst träge und spiegelt die Auswirkungen längst vergangener Aktivitäten und Emissionen. 0,9 Grad wärmer, das bedeutet laut IPCC: Die Niederschlagsverteilung wird sich weltweit verändern, Gletscher werden schmelzen, die Meeresspiegel ansteigen, neue ansteckende Krankheiten und Schädlinge sich ausbreiten, Missernten und Dürren sich häufen und Überschwemmungen, starke Winde, Hurrikane.

Und all das ist ja längst zu beobachten, wird erlebt und erlitten. Nachrichten aus dem globalen Treibhaus, allein im Jahr der Gewissheit 2007: Im Januar legt der Orkan Kyrill halb Europa lahm. In 80 chinesischen Bezirken ist im Sommer für viereinhalb Millionen Menschen und ihre Nutztiere über Monate das Trinkwasser rationiert, Reis kann nicht angebaut werden. England erlebt im April hochsommerliche Temperaturen und im Juli im Norden die schwersten Überschwemmungen seit 70 Jahren, dann im Süden die schlimmste Trockenheit. Vor den Küsten Irans und Saudi-Arabiens tobt der erste jemals aufgezeichnete tropische Zyklon im Arabischen Meer. Im August muss in Ankara wochenlang das Wasser rationiert werden. 30 Millionen Menschen in Südostasien werden im gleichen Monat von sintflutartigem Monsunregen und Überflutungen heimgesucht; das Wasser zerstört ihre Hütten und reißt fruchtbaren Boden mit sich. 1,7 Millionen Afrikaner machen im September die gleiche Tragödie durch, von Mauretanien über Uganda und Togo bis in den Sudan. Ende Oktober stehen Mexikos Bundesstaat Tabasco und die Dominikanische Republik zu drei Vierteln unter Wasser. Im November tobt ein Zyklon über Bangladesch, mit Tausenden Toten. Australien ist dem sechsten, in einigen Landesteilen bereits dem zwölften trockenen Jahr in Folge ausgeliefert. In einer der größten Kornkammern der Welt ist das Flusswasser vielerorts bedroht von Verschlammung und Veralgung, die australischen Bauern ernten nur mehr halb so viel Getreide wie früher. Und das sind nur die größten Wetterextreme und Naturkatastrophen dieses einen Jahres. Auch wenn die Ereignisse jeweils für sich nicht zweifelsfrei dem Klimawandel zugeschrieben werden können – ihre Häufung und größere Intensität ist unter den Experten des IPCC unbestritten.

Die Erwärmung der Atmosphäre produziert also nicht erst in ferner Zukunft eine unvorstellbare Großkatastrophe, die die Menschheit dann urplötzlich überfallen wird; eine solche Vorstellung ist eher von biblischen Assoziationen geprägt, oder Hollywood legt sie aus dramaturgischen Gründen mit Filmen wie Roland Emmerichs »The Day After Tomorrow« nahe, in dem innerhalb weniger Tage die gesamte Ostküste des amerikanischen Kontinents von arktischer Kälte überzogen wird. Nein, der plötzliche Weltuntergang findet nicht statt. Längst in Gang gekommen ist aber ein unausweichlicher Prozess, der zunächst punktuell einzelne Regionen schwächt, dann immer weitere Weltgegenden ergreift und am Ende alle Ökosysteme und Bewohner des Planeten in Mitleidenschaft zieht; der dabei wachsende Unberechenbarkeit und Instabilität auf der ganzen Welt erzeugen wird und immer mehr Konflikte um sichere Lebensräume. Unausweichlich ist dieser Prozess zumindest bis zu jenem bestimmten Punkt, den die 0,9 Grad Temperaturerhöhung markieren. Er sei »furchterregend wie in einem Science-Fiction-Film«, sagte beschwörend der UN-Generalsekretär Ban Ki Moon im November 2007, »nur schlimmer, weil er Realität ist«.

»Die Leute meinen: Über den Klimawandel müssen sich später mal unsere Kinder Sorgen machen«, sagt der Kanadier Allan Carroll, »aber nein. Klimawandel ist jetzt.« Dem Forstwissenschaftler wurden die Augen vor seiner Haustür geöffnet, seit im grünen Band der Wälder Albertas und British Columbias ein winziger Borkenkäfer sein Jahr für Jahr größeres Zerstörungswerk treibt. Der »mountain pine beetle« verwandelt prächtige Kiefern in rostrote Gespenster, die schließlich als nadellose Gerippe nur mehr ihre nackten Zweige in den Himmel recken. Flächen von der Größe Bayerns hat er bereits vernichtet, die als grüne Lunge und Wasserspeicher lange ausfallen werden, und fraß sich im Sommer 2007 weiter Richtung Rocky Mountains vor. Solche Schädlinge hat es immer gegeben, doch früher blieb ihre Population durch eisige Winter von bis zu minus 20 Grad stets begrenzt. Aufgrund der steigenden Temperaturen aber ist die Vermehrung der Insekten außer Kontrolle geraten.[223] Fast überall auf der Welt sind es Menschen, die wie Carroll im Wald oder auf dem Land arbeiten, die das schleichende Vordringen des Klimawandels in den Alltag als Erste zu spüren bekommen.

Ein fremder und heißer Planet

»Terra Madre«, Mutter Erde: So war im Herbst 2006 ein Treffen von fast 5000 Kleinerzeugern aus aller Welt überschrieben.[224] Männer und Frauen von Kirgisien bis Argentinien, von England bis Madagaskar schienen mit ihren von rauen Wettern gegerbten Gesichtern und abgearbeiteten Händen so gar nicht in die schicken neuen Turiner Messehallen zu passen. Eine wahrhaft planetarische Versammlung in bunten Ponchos und Saris, mit Strohhüten, bestickten Umhängen und Kniebundhosen breitete bei einem Fest der Agrikulturen die ganze Vielfalt ihrer Produkte aus – und zeigte sich besorgt vom überall bemerkten Schwanken der Wetterbedingungen. Davon, dass sie nicht mehr wie ihre Vorfahren die Zeichen der Natur zu lesen wissen.

Für manche hat der Klimawandel positive Folgen: Schweden und Lappen können ihre Rentiere auf länger aufgetauten Weiden manchmal Wochen über die früher üblichen Zeiträume hinaus grasen lassen; Grönländer pflanzen Salat; Sauerländer bauen Mais an, wo es doch eigentlich immer viel zu kalt dafür war; selbst in Teilen des Sahel ermöglichen Verschiebungen der Regenfälle auf einmal wieder Ackerbau. Viele Besucher des Terra-Madre-Kongresses aber erzählen von Ausfällen und wachsender Unzuverlässigkeit bei der Ernte. Lorraine Gray etwa, eine Mohawk-Indianerin aus Kanada, baut am Sankt-Lorenz-Strom Bohnen, Kürbis und Süßmais an. Die Saison sei ohnehin kurz, sagt die runde Frau mit roten Wangen, aber jetzt könne man sich wohl auf nichts mehr verlassen: »Im Frühling, wenn wir säen, regnet es manchmal kaum, und hinterher gibt es so starke Güsse, dass wir wieder ganz von vorne beginnen mussten.« Viele seien schon fortgezogen aus der Gegend, weil sich der Anbau einfach nicht mehr lohne. Besorgt ist auch Monthien Thammawat aus dem Süden Thailands. Sie pflanzt auf ihrer Farm Kaffee und eine Vielfalt saftiger Früchte an. Mangos, Durians, Rambutans brauchen viel Regen, er fällt fast acht Monate im Jahr. Aber in letzter Zeit habe es für die Reifung manchmal nicht mehr gereicht: »Die Früchte sind gestorben«, sagt die junge Bäuerin.

Bauern sind Ungewissheit gewohnt, mit dem Risiko, ein, zwei schlechte Jahre über die Runden kommen zu müssen, haben sie schon immer gelebt. Aber jetzt werden sie andere Sorten und Arten pflanzen, ganz neue Anbaurhythmen und -systeme erlernen und damit auch Vermarktungsstrukturen aufbauen müssen. Und auch Städter trifft der Klimawandel längst in ihrem Alltag, über das Erleben ungewöhnlicher Temperaturen oder feuchter Keller hinaus. Dass beispielsweise die Preise für Lebensmittel erstmals seit Jahrzehnten weltweit wieder ansteigen, hat auch mit den katastrophalen Ernten in Australien zu tun. Das ist die Ouvertüre für das Unaufhaltsame. Ob und wie weit die Lage darüber hinaus eskaliert, das aber hat die Menschheit noch in der Hand.

Weil das weitere Ausmaß des Treibhauseffektes von komplexen Zusammenhängen, letztlich dem Verhalten von Politik, Wirtschaft und Verbrauchern abhängt, konnten die Experten des IPCC bei ihren Prognosen nur Bandbreiten beschreiben. Demnach droht sich der Temperaturanstieg je nach Entwicklung bis zum Ende des Jahrhunderts im günstigsten Fall um 0,9 Grad im globalen Mittel zu erhöhen – im schlimmsten aber um 6,4 Grad. Ein solches Extremszenario ist zumindest nicht auszuschließen. Denn schon bis zum Jahr 2030 sagen die Internationale Energieagentur (IEA) der OECD-Staaten und auch andere Institute eine weitere Zunahme des globalen Energieverbrauchs um 50 Prozent voraus – mit den entsprechenden Auswirkungen auf das Klima, wenn es nicht gelingt, sehr schnell auf emissionsfreie Energiequellen umzusteigen. Das Wachstum resultiert vor allem aus dem Boom in den Schwellenländern Indien und China, den »neuen Giganten der Weltwirtschaft«, wie die sonst nüchternen Analysten der IEA schreiben.[225] Dort soll sich mit zunehmendem Wohlstand der Energiekonsum sogar verdoppeln. Auch andere globale Trends befördern die falsche Entwicklung: Die Emissionen des Flugverkehrs etwa, der gegenwärtig mit rund drei Prozent noch einen relativ geringen Anteil an den Treibhausgasen auf dem globalen Konto verbuchte, stiegen von 1990 bis 2003 um fast 90 Prozent und könnten sich bis 2020 noch einmal verdoppeln. Die Transportschifffahrt hat sich in den letzten 15 Jahren mehr als versiebenfacht und belastet die Atmosphäre jedes Jahr mit doppelt so viel Kohlendioxid wie der Flugverkehr.

Käme es zu dem Extremszenario des IPCC, dann wäre die Erde am Ende des Jahrhunderts eine grundlegend andere Welt als heute. Ein fremder und heißer Planet mit völlig anderen Küstenlinien, Klimazonen und einer radikal dezimierten Lebenswelt würde dann durch den Kosmos ziehen. Den möglichen Zustand der Erde in diesem Fall vergleicht der englische Autor Mark Lynas mit dem Perm, einer Heißzeit vor mehr als 250 Millionen Jahren, in der 75 Prozent der Landtiere und 95 Prozent der Lebewesen im Meer ausgelöscht wurden – durch Methanexplosionen und einen »Super-Treibhauseffekt«.[226]

Doch selbst wenn es dazu nicht kommt und wenn es gelingt, den trägen Treibhaustanker weit vor diesem »point of no return« anzuhalten und zur Umkehr zu bewegen, werden die Herausforderungen gigantisch sein. Schon bei einer

Temperaturerhöhung von 2,5 Grad gegenüber dem vorindustriellen Zeitalter wären bis zu einem Drittel der Arten vom Aussterben bedroht. Bereits heute lebt weit mehr als eine Milliarde Menschen mit Wasserknappheit – 2025 könnten es drei Milliarden sein. Bis zum Ende des Jahrhunderts drohen sich die südlichen Regionen des nordamerikanischen Kontinents in Wüsten zu verwandeln, ebenso der Mittelmeerraum von Südspanien bis zum Peleponnes. Vor allem im südlichen Afrika könnte die Hälfte der ohnehin ärmsten Länder durch Austrocknung ein weiteres Fünftel ihrer ohnehin kargen Getreideproduktion verlieren. Ihre Abhängigkeit von Importen würde zunehmen, die Zahl der Unterernährten nicht wie in internationalen Verträgen versprochen sinken, sondern steigen.

Und nicht nur die Landwirtschaft wird betroffen sein. In Ghana zum Beispiel treffen die Hitze und der Mangel an Niederschlägen bereits heute auch den wichtigsten Motor der Wirtschaft: den Volta-Stausee. Wenn dort am Akosombo-Damm der Wasserspiegel sinkt, dann müssen im zugehörigen Wasserkraftwerk, das noch in den 80er Jahren das Land vollständig mit Elektrizität versorgte, Turbinen abgeschaltet werden. Ähnlich kann der Klimawandel in Zukunft auch anderswo Entwicklungserfolge zunichtemachen und neue Infrastrukturen erzwingen. Immense und vielfältige Anstrengungen sind dann notwendig, um sich der neuen Lage anzupassen und die Auswirkungen möglichst gering zu halten.

Die Summe aller Fehler

Die Erwärmung der Erde ist ein eigenes Problem, aber zugleich steht sie mit den anderen Ressourcenkrisen in enger Wechselwirkung und geht teils auf die gleichen Ursachen zurück. Diese Verbindungen und Rückkopplungen mitzudenken ist der Schlüssel für die Erfindung der nötigen Innovationen und muss zu anderen, ökologisch nachhaltigeren Lösungen und Anpassungsstrategien führen. So hat die industrielle Landwirtschaft in vielen Ländern ihre eigenen Grundlagen bereits zerstört, ehe der Klimawandel sie mit Dürren und Fluten zu gefährden begann. Seit den 60er Jahren gelang es Agrarwissenschaftlern, die Getreideproduktion mithilfe von Hochleistungssorten, Monokulturen, chemischen Düngemitteln und Pestiziden zu vervielfachen; Indien etwa wurde erstmals nach Jahrzehnten wieder unabhängig von Nahrungsimporten. Doch schon 1968 warnte gerade der dortige »Vater« dieser »grünen Revolution«, der vielfach ausgezeichnete Agrarwissenschaftler M.S. Swaminathan: »Wenn die Motive nur Profit oder unmittelbare Produktivitätserhöhungen sind, dann wird ein Intensivanbau, der sich nicht um Bodenfruchtbarkeit und Bodenerhaltung kümmert, am Ende zur Entstehung von Wüsten führen. Bewässerungssysteme ohne die entsprechende Entwässerung werden die Böden versauern und versalzen lassen. Der unterschiedslose Einsatz von Pestiziden, Fungiziden und Herbiziden könnte die biologische Balance ins Taumeln bringen.«[227]

Von den australischen Weiten bis zu den Ebenen Anatoliens ist es vielerorts genau so gekommen, wie es Swaminathan damals befürchtet hat. Auch in Europa gilt ein Drittel der Böden als angegriffen. Der Klimawandel trifft also bei den Agrarsystemen auf bereits geschwächte Opfer – die zugleich auch noch Täter sind. Denn rund ein Drittel der Treibhausgase – dazu liegen nur Schätzungen vor – entstammen der Agrarproduktion. Allein ein Fünftel des CO_2-Eintrags rührt von der Abholzung her, mit der landwirtschaftliche Flächen für eine wachsende Bevölkerung und Brennmaterial zum Heizen und Kochen gewonnen werden. Bäume aber sind CO_2-Speicher und sorgen dafür, dass Wasser und Nährstoffe im Boden bleiben.

Ungeheure Mengen des emittierten Kohlendioxids entstammen dem industriellen Anbau: Allein für die Düngemittelherstellung werden etwa in den USA pro Jahr 100 Millionen Fass Öl eingesetzt, mehr als die weltweite Ölförderung eines ganzen Tages. Hinzu kommt die Energie für Pestizide und Landmaschinen. Schließlich produziert die Tierzucht für den wachsenden Fleischkonsum der globalen Verbraucherklasse fast 40 Prozent des emittierten Methans, eines Treibhausgases, das über 20-mal schädlicher ist als CO_2 und mit rund einem Fünftel zum Treibhauseffekt beiträgt. Alternativen zur derzeitigen Form der Intensivlandwirtschaft zu finden und ressourcenschonende Produktionsmethoden für Kleinbauern zu entwickeln, heißt also mehrere große Probleme auf einmal zu lösen.

Zumal auch der Wassermangel in hohem Maße schon von der Art der Landnutzung herrührt. Bis zu 80 Prozent der existenziellen Ressource schluckt die Landwirtschaft vor allem in Entwicklungsländern, und von den Mais-Monokulturen des amerikanischen Corn Belts bis zu den Treibhäusern in Südspanien wird Wasser oft so überbeansprucht, dass sich die Quellen nicht mehr regenerieren können. Dass Regierungen armer Länder ihren Bauern Strom für Bewässerungspumpen oft kostenlos zur Verfügung stellen, verführte auch dort jahrelang zur Verschwendung. Im indischen Bundesstaat Punjab etwa musste man früher 90 Meter tief nach Grundwasser bohren, heute sind es vielerorts schon 270 Meter. Alte Traditionen, das Wasser aus dem Regen zu »ernten« und wieder zu verwenden, wurden vergessen. Heute deuten die Bauern im benachbarten Rajasthan auf eine vertrocknete Senke: »Das war einmal ein Fluss.«

Wieder verschärft also der Klimawandel ein längst vorhandenes ökologisches Problem – das ihn seinerseits intensiviert, denn auch ausgeräumte Landschaften und trockene Böden fördern die Überhitzung. Längst müssen sich auch die Manager der Lebensmittelkonzerne um den Wassernachschub für ihre Produkte sorgen, zumal die Brunnen in vielen Regionen pestizidverseucht sind. Allerdings hat das Drängen der Multis auf massenhaft billige Rohstoffe die Wassergier mancherorts erst mit befördert und damit den vom scheidenden Nestlé-Chef Peter Brabeck-Letmathe nun kritisierten »Raubbau am kostbarsten Gut«. Und immer schneller werden Teile der Welt zu Staub: In den 90ern fielen mit knapp 3440 Quadratkilometern pro Jahr mehr als doppelt so viele Flächen der Wüstenbildung anheim als noch in den 70 Jahren.

Die Austrocknung trifft auch die Städte, und diese treiben sie mit hohem Verbrauch durch neue Konsumbedürfnisse weiter voran. Nicht nur in China sind viele der wachsenden Metropolen auf Sand gebaut. Mithilfe von Dämmen und Pipelines muss das Wasser von immer weiter her geholt werden. Oft auf Kosten der Bauern an der Quelle leitet man es in Indien in gleicher Weise über Hunderte von Kilometern vom Cauvery-

Damm nach Bangalore, von der Nagarjuna-Sagar-Talsperre nach Hyderabad, vom Tehri-Staudamm nach Delhi. Und die verarmten Landbewohner müssen immer tiefer graben, damit die Reichen anderenorts jeden Tag ein Vielfaches dessen verbrauchen können, was ihnen selbst zur Verfügung steht. Nicht zufällig begann auch im Sudan der Bürgerkrieg zwischen Norden und Süden damit, dass Rebellen der SPLA eine gewaltige Baggermaschine in die Luft sprengten; sie sollte einen Kanal graben, um Wasser in den reicheren Norden zu lenken.[228]

Und all das, die dramatische Übernutzung der natürlichen Ressourcen, wurde erst möglich mit der Energiegewinnung aus fossilen Rohstoffen. Nicht nur das Agrobusiness mit Wasserpumpen und Chemikalieneinsatz, auch Zentralisierung und Verstädterung, die Konsumkultur, der massenhafte Warentransport und der Individualverkehr – alle Merkmale der westlichen Industriegesellschaft gründen bisher auf Kohle, Gas und Öl, die über Jahrzehnte billig zu haben waren. Die übermäßige Verbrennung dieser fossilen Energien ist ja bereits lange vor ihren Klimawirkungen schädlich. Die Debatte um den Klimawandel hat die Tatsache nur in den Hintergrund treten lassen, dass Gas-, Öl- und Kohlekraftwerke nicht nur CO_2, sondern auch Schwefeldioxid, Stickoxide und Rußpartikel emittieren. Zwei Millionen Todesfälle pro Jahr führen UN-Studien weltweit auf die Luftverschmutzung durch Kraftwerke und Verkehr zurück;[229] die Schuld an 60 000 Todesfällen gibt eine andere Untersuchung allein den besonders giftigen Abgasen der Meeresschifffahrt.[230] Selbst jene Länder sind am Ende doch nicht vor den Schadstoffen gefeit, die sich mit Filtern und Katalysatoren besser schützen und einen Teil ihrer schmutzigen Produktion in Staaten mit laxeren Gesetzen und entsprechend niedrigeren Kosten verlagert haben. Hoch in den Bergen Kaliforniens und Oregons messen Forscher immer wieder hohe Konzentrationen schädlicher Verbindungen und Partikel in der Luft. Sie kommen mit jener Wolke herbeigeweht, die aus chinesischen Kohlekraftwerken über Wüste und Meer an die amerikanische Westküste segelt. »Einer von Chinas weniger bekannten Exportartikeln«, kommentierte sarkastisch die *New York Times*.

Im Jahr der Gewissheit erschien neben dem IPCC-Report noch eine andere umfassende Bestandsaufnahme: der vierte Bericht des Umweltprogramms der Vereinten Nationen (UNEP).[231] Dessen zentrale Botschaft angesichts von Wassermangel, Wüstenbildung, Artenschwund und dem Verlust landwirtschaftlicher Flächen lautet: »Wir leben weit über unsere Verhältnisse.« Die Weltbevölkerung sei jetzt derart groß, so das UNEP-Papier, »dass die Mengen an Ressourcen, die sie zum Überleben braucht, das Angebot übersteigen«. Das liegt aber vor allem daran, dass der reiche Teil der Menschheit übergroße Anteile der öffentlichen Güter für sich beansprucht. Die norwegische Politikerin Gro Harlem Brundtland sagte schon vor 20 Jahren: »Die Welt ist nicht mit einer Umweltkrise, einer Entwicklungs- und einer Energiekrise konfrontiert, sondern diese Krisen verschmelzen alle zu einer einzigen.« Der Name dieser Krise lautet: Klimawandel. Dieser sei, urteilt die indische Umweltschützerin Sunita Narain, »die Summe aller Fehler«. Vermutlich ist er sogar ihr gemeinsames Vielfaches.

Seine weitere Eskalation zu verhindern, heißt, das Wirtschaften den Gesetzen der Natur anzupassen, statt sie zu ignorieren oder überwinden zu wollen; ihre Angebote so zu nutzen, dass sie sich wieder erneuern können. Sonst droht die Vision des Schriftstellers und Ökologen Carl Amery Realität zu werden, der in seinem provozierenden Buch »Hitler als Vorläufer« eine neue Selektion zwischen Begünstigten und Überflüssigen befürchtete, wenn die globalen Ressourcen nicht mehr ausreichen sollten: »Der ›fortschrittliche‹ Teil der Menschheit hat sich auf ein Wirtschaftssystem geeinigt«, schrieb Amery, »das dem Grundgesetz aller lebenden Systeme widerspricht: der Syntropie, das heißt der bestmöglichen Ausnutzung der ständig eintreffenden Sonnenenergie. Dieses Wirtschaftssystem ist demnach ein Verbündeter der Wüste.« Amery warnte davor, dass ein drohendes elitäres »Planet-Management« der Mächtigen versuchen könnte, auf neue Weise einen Konsens über die »Definition des oder der Überflüssigen« herzustellen – und dass dies dort gelingen könnte, »wo die Überflüssigen als konkrete Bedrohung des bisherigen Lebenszuschnitts erfahren und erlebt werden«.[232]

An Europas Südgrenzen zeigt sich bereits, dass solche Warnungen nicht übertrieben sind. Der Vergleich mit der Herrenmenschenideologie der Nazis mag überzogen sein, aber die zugehörige Menschenverachtung hat schon begonnen, sich zu verbreiten. Jene ausgemergelten und total erschöpften Männer und Frauen aus Afrika, die in zusammengeflickten Booten versuchen, die Strände Spaniens, Griechenlands oder Italiens zu erreichen, werden nicht selten zurückgestoßen. Griechische und italienische Grenz- und Marinesoldaten zwingen regelmäßig leckgeschlagene Flüchtlingsboote auf hoher See zur Umkehr, setzen Flüchtlinge auf unbewohnten Inseln ohne Wasser und Nahrung aus oder lassen sie einfach so ertrinken, berichteten die Organisationen Pro Asyl und Amnesty International.[233]

Ein anderer Vorbote der von Amery befürchteten Selektion sind die Internierungslager für illegale Migranten im Land des libyischen Diktators Muammar al-Gadafi, die mit italienischen Steuergeldern finanziert werden. Dort werden Flüchtlinge aus Sudan, Äthiopien und anderen Ländern unter menschenunwürdigen Bedingungen eingepfercht und in ihre lebensfeindliche Heimat zurückgeschickt. »Tod in der Wüste und im Meer vor Sizilien; Folter und sexuelle Gewalt in den Lagern; Deportationen in die Sahara; Mord in Polizeidienststellen«, so beschreibt die Flüchtlingsorganisation Fortress Europe das Schicksal vieler Migranten, die auf dem Weg über Libyen einen Platz zum Leben in der Wohlstandszone suchen – eine Schreckenswelt, für die auch die EU einen Teil der Verantwortung trägt.[234] Europa führe seine Werte ad absurdum, kritisiert der Schriftsteller Navid Kermani, indem es unter Flüchtlingsschutz »nicht mehr Schutz von Flüchtlingen, sondern Schutz vor Flüchtlingen« verstehe.[235]

Klimapolitik ist Sicherheitspolitik

Die Erosion ihrer Lebensräume und die Folgen des Klimawandels treiben viele dieser Menschen zur Flucht, und beides schürt auch über Darfur hinaus Gewalt in Afrika: Im Norden Kenias wie in Uganda häufen sich Konflikte um Vieh, Grund

und Wasserlöcher, weil in regenarmen Zeiten so viele Brunnen versiegen; im Jahr 2005 gab es dabei zahlreiche Tote. In der senegalesisch-mauretanischen Grenzregion kam es um das Wasser des Senegalflusses beinahe zum Krieg.[236] Misstrauen schwelt zwischen den Ländern, die von Nil und Okavango durchflossen werden, aber auch am Ober- und Unterlauf des Jordans oder Tigris.

Experten der Weltbank und Friedensforscher beschwichtigen zwar: Die gemeinsame Abhängigkeit vom existenziellen Lebensmittel Wasser fördere im Allgemeinen eher Kooperation als Konkurrenz der Staaten. Tatsächlich hat beispielsweise der Vertrag über die Nutzung des Indus zwischen Indien und Pakistan seit 47 Jahren alle Grenzstreitigkeiten, selbst den Groll wegen der beidseitigen Atomrüstung überdauert. Auch die türkischen Kraftwerke und Bewässerungsprojekte am Euphrat haben die Zusammenarbeit mit Syrien bei Agrarprojekten nicht verhindert, obwohl der Nachbarstaat über die anatolischen Staudämme verärgert ist. Doch wie lange hält der Frieden, wenn der Klimawandel das Wasserangebot drastisch senkt, und das in asiatischen und afrikanischen Ländern bei gleichzeitigem Bevölkerungswachstum? Wenn etwa China, wo einem Fünftel der Weltbevölkerung nur rund sieben Prozent der weltweiten Wasserreserven zur Verfügung stehen, den Abfluss vom tibetischen Himalajaplateau mithilfe von Dämmen ins eigene Staatsgebiet umlenken würde, dann könnte das anderen asiatischen Staaten buchstäblich das Wasser abgraben. Würden sie das hinnehmen?

Und vor der Trockenheit kommt nicht selten die Flut. »Wohin sollen sie gehen?« Auf diese schlichte Frage fokussierte der UNEP-Chef Achim Steiner seine Warnung vor Überlebenskämpfen und Massenfluchten infolge des Klimawandels.[237] Wenn beispielsweise die Eiskappen der majestätischen, 2500 Kilometer weiten Himalajakette schmelzen – und ihr Rückzug hat von Tibet über Nepal bis Indien längst begonnen –, dann könnten Hunderte Millionen Menschen in ganz Asien ihre Existenzgrundlage verlieren und aus Städten und Dörfern vertrieben werden. Auf den Gebirgszügen Bhutans und Tibets füllen sich zahlreiche Gletscherseen auf gefährlich hohe Niveaus;

sollten sie bersten, würden tsunamiartige Flutkatastrophen ausgelöst. Schon das Anschwellen des Schmelzwassers würde die Wasserspiegel der Himalajaflüsse ansteigen lassen, fruchtbares Land überschwemmen und mit sich reißen – gerade dort, wo Menschen besonders dicht siedeln.

In späteren Jahrzehnten dann, ohne den ständigen Nachschub des Schmelzwassers aus den Gebirgen, könnten die sieben großen Flüsse Asiens in den trockenen Monaten zu Rinnsalen verkommen. Wenn aber der heilige Ganges, der Brahmaputra, Huang Ho, Jangtse, Indus, Mekong und Salween die Felder Asiens nicht mehr speisen, »dann wäre ein schlimmerer Destabilisierungsfaktor wohl kaum mehr vorstellbar«, sagt Malini Mehra vom indischen Centre for Social Markets.[238] Dann werden sich die Menschen in Bewegung setzen. Und, sie werden, sagt UNEP-Chef Achim Steiner, zu anderen in Konkurrenz treten: »Welche Gemeinschaften werden sie aufnehmen wollen?«

Gletscher ziehen sich auch in Kenia zurück und bedrohen die Existenz von Mensch und Tier. Dort blickt der kenianische Ökonom Stanley Mbagathi, der in Nairobi lebt, mit Traurigkeit auf den mächtigen Mount Kenya, einen der fünf »Wassertürme«, wie die Leute in der Region sagen: »Ich könnte jedes Mal weinen, wenn ich nach Hause nach Nyeri komme«, sagt Mbagathi, »und wenn ich ein weiteres Mal erkennen muss, dass das Bild meiner Kindheit wohl für immer verschwunden bleibt. Mount Kenya ist jetzt nicht mehr Kirinyaga, der Berg mit der weißen Federhaube, wie er in der Sprache der Kikuyu heißt. Wahrscheinlich fühlt sich auch unser Gott, der dort oben lebt, nicht mehr wohl.« Die uralten Eispanzer schmelzen ebenso in den Anden Südamerikas. Dort sind 77 Millionen Menschen von Wassermangel bedroht. Und sie schmelzen auch in den Alpen.

So ergibt sich eine erschreckend lange Liste weiterer Brennpunkte für mögliche Krisen und Konflikte, die vom Klimawandel und der Ressourcenknappheit provoziert werden. Diese Regionen erstrecken sich von Nordafrika über Zentralasien und China bis nach Amazonien, wo »ein nicht auszuschließender Kollaps« der Regenwälder den Naturraum Südamerikas radikal umgestalten würde – »mit unabsehbaren wirtschaftlichen und gesellschaftlichen Folgen«, wie der Wissenschaftliche Beirat der Bundesregierung Globale Umweltveränderungen (WBGU) im Juni 2007 erklärte.[239]

Die Katastrophe zu verhindern oder dort, wo sie unaufhaltsam ist, zu bewältigen und abzumildern, wird in allen Lebens-, Wissens- und Politikbereichen ein fundamental neues Denken erfordern, das heute erst in den Anfängen steckt. Dazu gehört auch der Abschied von der alten Vorstellung, Staaten könnten jeder für sich ihre territoriale Integrität aufrechterhalten, indem sie ihre Grenzen nach außen militärisch absichern; sie erscheint fast rührend angesichts der Wucht zukünftiger Flutwellen und Stürme und der Millionen von Flüchtlingen in Not, die auf viele Regionen zukommen könnten. Von einer »neuen sicherheitspolitischen Herausforderung« spricht auch der WGBU. Die alles umwälzenden Dimensionen des Klimawandels würden »schwer beherrschbare Probleme des Staatenzerfalls, erodierender gesellschaftlicher Ordnung und steigender Gewaltneigung vergrößern«. Die Dynamik drohe, so die Gutachter des WBGU, »das etablierte Global-Governance-System zu überfordern«.

Die deutschen Wissenschaftler stehen mit ihrer Einschätzung nicht allein. »Multinationale und multiinstitutionelle Zusammenarbeit in einem nie gekannten Ausmaß« sei gefordert, erklären auch Experten des Strategic Studies Institute in Pennsylvania.[240] Die amerikanische Sicherheits-Community schlug im Jahr der Gewissheit Alarm: »Absolut jeden Aspekt des modernen Lebens« drohe der Klimawandel aus dem Gleichgewicht zu bringen, urteilen renommierte Thinktanks in einem gemeinsamen Bericht.[241] Als einzig vergleichbares Szenario nennen sie die »Nachwirkungen, die ein ... atomarer Angriff zu Zeiten des Kalten Krieges verursacht haben könnte«. »Der Kalte Krieg war ein Schreckgespenst«, sagte der Militärberater und frühere Personalchef der US-Armee, General Gordon R. Sullivan, »aber der Klimawandel ist unaufhaltsam.« Die Gefahren der Erderwärmung motivierten ihn und elf weitere hochdekorierte amerikanische Militärs im Ruhestand zu einem Sicherheitsgutachten.[242] Sie warnten vor dem »Auseinanderbrechen langjähriger Bündnisse«, weil Europa »mit seinen eigenen Grenzen genug beschäftigt« sein werde. Und langjährigen Ignoranten des Klimawandels wie dem US-Präsidenten George Bush hielten sie entgegen: »Als Militärs kennen wir die Situation, dass man keine hundertprozentige Gewissheit haben kann. Wenn man darauf wartet, dann wird auf dem Schlachtfeld Schlimmes geschehen.«

Zwei Grad: Das ist jetzt die magische Zahl. Unter dieser Obergrenze müsse der Temperaturanstieg bis zum Ende des Jahrhunderts gehalten werden, darauf haben sich die Regierungen der Europäischen Union und auch die meisten G8-Staaten nach zähem Ringen geeinigt. Denn nur wenn die zwei Grad nicht überschritten werden, wie WBGU und IPCC unisono verkünden, können sich Tier- und Pflanzenarten an die unvermeidlichen Veränderungen vielleicht noch anpassen und bleibt der Menschheit eine Chance, die Folgeschäden des Klimawandels zu bewältigen. Die Bewertungen gehen auseinander bei der Frage, auf welchem Niveau der Anteil des Kohlendioxids in der Atmosphäre nach seinem unvermeidlichen Anstieg in den nächsten Jahrzehnten stabilisiert werden muss: Darf er 550 ppm (parts per million) erreichen, nur 450 ppm, 400 oder noch weniger? Bei 280 ppm lag er vor der Industrialisierung, seither ist die Konzentration laufend und beschleunigt auf heute über 380 ppm angestiegen. Sicher ist aber, dass das Zwei-Grad-Ziel, das Europa bis zum Jahr 2050 Emissionsminderungen von 80 bis 90 Prozent abverlangt, nur mehr bei »rascher Einführung neuer und effizienterer Technologien« eine Aussicht auf Verwirklichung hat, wie die Wissenschaftler des IPCC darlegen. Und sehr wahrscheinlich ist auch, dass selbst diese in Aussicht genommene Ziellinie trotz der großen Anstrengung, die sie allen Nationen abverlangt, noch immer zu wenig ambitioniert ist.

Denn eine ganze Reihe von Wissenschaftlern warnt davor, dass der Prozess des Klimawandels seit der Jahrtausendwende sogar noch viel schneller ablaufe, als in den Prognosen des UN-Klimapanels beschrieben. Nach Berechnung des Australiers Tim Flannery haben die Treibhausgase in der Atmosphäre schon 2007 eine Konzentration erreicht, die der IPCC erst im kommenden Jahrzehnt erwartet hatte.[243] Selbst dessen umfassender Bericht ist tatsächlich in vielem überholt, weil er auf dem Wissensstand Mitte 2006 gründet. Das sichtbar beschleunigte Schmelzen des Grönlandeises etwa, das Politiker von Angela Merkel bis Ban Ki Moon als medienbewusste Arktistouristen besichtigten, konnten die UN-Klimaforscher ebenso wenig berücksichtigen wie eine Reihe bisher kaum erforschter Rückkopplungseffekte zwischen dem Klimawandel und seinen Folgen. Womöglich könnten einige dieser Effekte ihn bremsen, aber zu befürchten ist angesichts neuer Daten eher das Gegenteil.

So machen gleich mehrere Forscherteams die Winde auf den südlichen Weltmeeren, die der Klimawandel aufpeitscht, dafür verantwortlich, ihrerseits zu seiner Beschleunigung beizutragen.[244] Der Grund: Tiefere Wasserschichten mit einem höheren Kohlendioxidgehalt werden an die Oberfläche gewirbelt, und deshalb kann der Ozean nicht mehr so viel CO_2 aufnehmen. 60 Prozent des zusätzlich emittierten Kohlendioxids hat das Meer noch in den 90er Jahren absorbiert. Seit 2000 aber sank die Rate auf 54 Prozent. Folglich bleiben größere Mengen des Klimagases in der Atmosphäre.

Doch nicht genug damit, auch die globalen Emissionen steigen mittlerweile schneller an, als in den Szenarien des IPCC angenommen. Das ermittelten die Forscher des Global Carbon Project (GCP) in Australien.[245] Demnach ist die Kohlenstoffintensität des Wirtschaftswachstums, also die für jedes Wachstumsprozent zusätzlich an die Atmosphäre abgegebene CO_2-Menge, wieder gestiegen. Auch absolut wachsen die Emissionen schneller; um drei Prozent im Vergleich zu rund einem Prozent in den 90er Jahren. Ursache dafür ist der rasant steigende Energiebedarf der asiatischen Schwellenländer, der wegen der höheren Öl- und Gaspreise überwiegend mit Kohle gedeckt wird. Die Erde werde sich, so das explosive Fazit der GCP-Studien, noch »früher und stärker als erwartet« erwärmen.

Und noch ein weiteres Szenario ist nicht auszuschließen: Das Klima könnte sich auch binnen weniger Jahre radikal ändern und in einen neuen Gleichgewichtszustand kippen. Ein solcher »Tipping Point« könnte etwa dann erreicht sein, wenn die Permafrostböden in den Polarregionen so schnell auftauen, dass sie in kurzer Zeit sehr große Mengen Methan freisetzen, dessen Treibhauswirkung so viel stärker ist als die von Kohlendioxid. Allein in Westsibirien haben die heute noch gefrorenen Torfböden und Sümpfe mindestens 70 Milliarden Tonnen des Treibhausgases gespeichert.

Renditejäger auf dem Ökotrip

Die Wahrscheinlichkeit, dass die Folgen des Klimawandels nicht mehr beherrscht werden können, wächst mit jedem Zehntelgrad Temperaturerhöhung. Deshalb gilt jene Formulierung ausnahmsweise tatsächlich, die auf so vielen anderen Politikfeldern nur als Ausrede dient: »Es gibt keine Alternative.« Die Emissionen müssen so schnell wie möglich so weit wie möglich sinken. Die Schlüsselworte lauten »schnell« und »sofort«. Das gilt allen voran für die großen Industrieländer. Denn sie sind seit über einem Jahrhundert die größten Verursacher: Allein die USA stoßen heute pro Jahr fast ein Viertel der globalen CO_2-Emissionen aus, Indien nur vier Prozent – trotz der vierfachen Einwohnerzahl. Das Milliardenvolk Chinas liegt zwar fast gleichauf und hat nach Schätzungen des niederländischen Forschungsinstituts MNP die USA sogar schon überholt.[246] Doch pro Kopf verursacht jeder Amerikaner im Vergleich mit einem Chinesen statistisch gesehen fast das Siebenfache an schädlichen Emissionen, im Vergleich mit einem Inder gar das Zwanzigfache, und auch ein Europäer lebt mit dem zehnfachen Output eines Inders ungleich klimaschädlicher.

Und während amerikanische Kinder mit dem Auto zur Schule fahren und sich dort dicke Pullis anziehen, weil die Klimaanlage so kalt eingestellt ist; während es zugleich in Europa Mode ist, unter gasbetriebenen Heizpilzen auch bei Minusgraden im Winter nachts auf den Terrassen der Restaurants zu rauchen und zu speisen, während zu Hause alle elektrischen Geräte auf Stand-by summen, haben weltweit noch immer über zwei Milliarden Menschen keinen Zugang zu elektrischer Energie und sind fürs Kochen auf Holz angewiesen. Ausgerechnet diese Abgehängten aber sind von den Folgen der Erderwärmung am heftigsten betroffen; gerade sie müssen die Konsequenzen ertragen, die sich aus der Energieverschwendung der Reichen, einschließlich derer in ihren eigenen Ländern, ergeben. Ihnen muss mit dem Schutz ihrer Lebensräume, Energie- und Anbaualternativen und Versicherungen geholfen werden – und ihren Ländern dabei, sich von vorneherein emissionsarm wirtschaftlich zu entwickeln.

Wird die doppelte historische und aktuelle Ungerechtigkeit nicht ausgeglichen, dann wird es langfristig keinen Frieden mehr geben. In Bangladesch, wo weite Teile des Landes schon jetzt immer häufiger vom anschwellenden Wasserspiegel der Flüsse und Meere überschwemmt und in Zukunft womöglich verschlungen werden, sagt Saleemul Huq, einer der Autoren des IPCC-Berichts: »Wenn der Westen seine Verantwortung weiter leugnet, dann kommt der Tag, an dem die ärmsten Länder dem Westen den Krieg erklären.«[247]

Die Herausforderung ist also vor allem für die Staaten der OECD, des Clubs der reichen Länder, gigantisch: Sie müssen hohe Summen für die Unterstützung der ärmeren Länder bei der Anpassung an den Klimawandel aufbringen. Aber vor allem müssen sie im eigenen Land das Wirtschaften neu erfinden, mit neuen Technologien, Kulturen, Akteuren, veränderten Handelsströmen. Selten war so oft vom Umsturz die Rede: Eine Revolution, die »von Kopernikus her gedacht werden muss«, fordert der Philosoph Peter Sloterdijk;[248] wie die Planeten im seinerzeit bahnbrechenden Weltbild des mittelalterlichen Astronomen müssten auch die neuen Energietechnologien um die Sonne kreisen. »Nichts weniger als eine Dritte Industrielle Revolution« gelte es einzuleiten, sagt auch der Klimaforscher Hans Joachim Schellnhuber. Eine »große Transformation« beschworen die Nobelpreisträger, die der Berater der Bundeskanzlerin in das von ihm geleitete Potsdam-Institut für Klimafolgenforschung eingeladen hatte. In ihrem Memorandum plädierte die illustre Runde für ein globales »Apollo-Programm für mehr Energieeffizienz«, für eine Anstrengung, so aufwendig, zielstrebig und enthusiastisch wie seinerzeit die amerikanische Eroberung des Weltraums und die Landung auf dem Mond.[249]

Die gute Nachricht lautet: Diese Transformation zu einer emissionsarmen Gesellschaft hat bereits begonnen – zumindest in den Köpfen vieler Bürger, Unternehmer und Politiker. 30 Jahre nach den ersten Warnungen aus der Wissenschaft begreifen die Verantwortlichen, dass sie den Klimawandel ernst nehmen müssen. Nie zuvor wurden, global vernetzt, auf so vielen politischen Ebenen und in so unterschiedlichen gesellschaftlichen Gruppen neue Initiativen in die Wege geleitet, um seine zerstörerische Fortentwicklung aufzuhalten. Die unübersehbaren Naturkatastrophen, die dringlichen Warnungen des IPCC und der Militärs zeigen zusehends Wirkung. Dazu zählt auch die »unbequeme Wahrheit« des früheren amerikanischen Vizepräsidenten Al Gore, der gemeinsam mit dem UN-Klimarat 2007 den Friedensnobelpreis verliehen bekam. Gores Dokumentation führte gerade in den USA eine sensationelle Bewusstseinswende herbei. Laut Umfragen betrachten mittlerweile 83 Prozent der Amerikaner den Klimawandel als einschneidendes Problem; 70 Prozent von ihnen wären bereit, ihren Alltag zu verändern, um ihn zu verhindern.[250] Elektroautos sind jetzt celebritytauglich, alle großen Zeitschriften drucken Titelgeschichten über grüne Helden und Technologien. Hunderte von Firmen, Großstädten und Kommunen haben sich zum drastischen Herunterfahren ihrer Emissionen verpflichtet. Ein Gesetz zum Klimaschutz findet mittlerweile sogar die Unterstützung von früheren Klimaskeptikern wie dem Republikaner John Warner oder Max Baucus, der als Senator die Interessen des Kohlestaats Montana vertritt.

Am meisten trug aber vermutlich der Wirtschaftswissenschaftler Nicholas Stern zum globalen Sinneswandel in Politik und Wirtschaft bei. Im Auftrag der britischen Regierung analysierte der ehemalige Chefökonom der Weltbank und heutige Professor an der London School of Economics die wirtschaftlichen Aspekte der Erderwärmung und legte im Herbst 2006 einen umfassenden Bericht vor.[251] Dass der Klimawandel schon jetzt Investitionen vernichtet und Unternehmen in den Ruin treibt, zeigt sich seit Jahren bei Ertragsschwankungen in der

Landwirtschaft oder Einnahmeausfällen in den Wintersportgebieten der Alpen, wo die Skilifte mangels Schneefällen immer öfter abgeschaltet werden. Der Hurrikan Katrina ließ bei fast der Hälfte der amerikanischen Top-100-Unternehmen die Gewinne schrumpfen. Die Deutsche Bank bringt die globale Ungerechtigkeitsstruktur kühl auf den Punkt: Zukünftige Naturkatastrophen würden am meisten Todesopfer »voraussichtlich in Ländern wie Indien, Bangladesch, Süd- und Mittelamerika« fordern – die größten wirtschaftlichen Verluste aber entstünden in der entwickelten Welt.[252]

Die Zerstörungen durch den Klimawandel verglich Nicholas Stern spektakulär mit jenen der beiden Weltkriege und der Weltwirtschaftskrise des vergangenen Jahrhunderts. Dabei rechnete er vor, dass es die Weltwirtschaft je nach Szenario jährlich 5- bis 20-mal teurer käme, die Schäden durch Stürme, Fluten und Dürren auszugleichen, als ihr Eintreten durch »entschiedenes und frühes Handeln« zu verhindern. Die Kosten für die Anstrengung, die Treibhausgasemissionen zu reduzieren, schätzt sein Gutachten auf jährlich rund ein Prozent der weltweiten Wirtschaftsleistung bis zum Jahr 2050; »ein Niveau, das erheblich, aber tragbar ist«, sagt Stern. Bei aller Düsternis prophezeit er aber zugleich neue Chancen: Wenn die Emission von CO_2 einen Preis bekomme und in der Folge die Märkte für hoch effiziente kohlenstoffarme Waren und Dienstleistungen expandierten, dann würden sich auch »saubere« neue Geschäftsmöglichkeiten eröffnen.

So übersetzte der Stern-Bericht die Verheißung einer ökologischen Moderne, für deren Skizzierung viele Umweltexperten lange als Illusionisten diskreditiert wurden, zum günstigen Zeitpunkt in eine andere Sprache: die des vorherrschenden Verständnisses von Ökonomie. Weltweit in den Wirtschaftsressorts aller Medien diskutiert, verschaffte der britische Wirtschaftsweise der Dringlichkeit des Themas Glaubwürdigkeit auch bei Managern und Politikern – und verlieh zugleich einer lähmenden Schreckensperspektive eine optimistische Handlungsdimension, nach Meinung mancher Kritiker eine zu optimistische. Vor allem amerikanische Kollegen hielten Stern entgegen, er setze die Kosten der nötigen Investitionen für den

Klimaschutz zu niedrig an. Bis zu drei Prozent des globalen Bruttosozialprodukts seien realistischer. Doch Sterns Grundthese – Vorbeugen ist finanzierbar, und es lohnt sich – konnte sich das wirtschaftliche und politische Establishment der Wohlstandsnationen nicht verschließen, nachdem sich gerade die Eliten lange mehrheitlich gegen den ökologischen Umbau gestellt hatten.

So kam es beim alljährlichen Treffen der Wirtschaftsgiganten beim Weltwirtschaftsforum in Davos 2007 zu einem kleinen Umsturz: Während der Auftaktveranstaltung sollten die Teilnehmer darüber abstimmen, welche Fragen sie im weiteren Verlauf der Konferenz diskutieren wollten. Prompt bestand ein Redner nach dem anderen darauf, dass der Klimawandel mit auf die Liste der Themen gehöre – obwohl die Veranstalter dies gar nicht vorgesehen hatten. Der Reporter der *Financial Times Deutschland* fühlte sich inmitten des Weltvereins der mächtigsten Wirtschaftsführer an eine basisdemokratische Studentenvollversammlung erinnert.[253] Der Tagesordnungspunkt kam durch, und natürlich gab es im Verlauf der Diskussion weiterhin Stimmen wie die des Nestlé-Managers Brabeck-Letmathe, der gegen übertriebene Weltuntergangsszenarios lästerte. Eine Arbeitsgruppe aber gab eher die Aufbruchstimmung in Sterns Bericht wieder: »Make green pay« – lasst uns mit Ökologie Geld machen.

Geld ist ein starkes Motiv, und mit dem Klimawandel lässt sich bereits eine Menge verdienen. Vieles spricht dafür, dass darin sogar die größte Hoffnung liegt, dass die Kehrtwende gelingt. Denn im Gleichklang mit Stern widmet auch die mächtigste aller Wirtschaftsbranchen dem Thema Erderwärmung neuerdings größte Aufmerksamkeit: die Finanzindustrie. Während deren Manager und Händler mit ihrer atemlosen Jagd nach Rendite an den Kapitalmärkten in aller Welt Instabilität verursachen, zählen die gleichen Akteure an der Klimafront zu den hartnäckigsten Antreibern für den schnellen ökologischen Umbau. Denn ihr Erfolg ist vor allem auch von der richtigen Prognose künftiger Wertentwicklungen von Unternehmen und Investitionen abhängig. Die wird mit dem Klimawandel aber immer schwerer. Nicht nur die drohenden Katastrophen entziehen sich der Berechnung, noch unkalkulierbarer sind die möglichen politischen Reaktionen und damit die Rahmenbedingungen für Geschäfte jeder Art. Nicht zufällig sind die Lenker der Weltfinanzströme darum für schnelles Handeln, damit sie die ohnehin unvermeidlichen Veränderungen »einpreisen« können.

Dieses Umdenken begann zunächst nur bei den großen Rückversicherungsunternehmen wie der Swiss Re oder der Münchner Rück. Sie waren die Ersten, die mit den kaum mehr abschätzbaren Risiken zurechtkommen mussten. Ihre Kosten für Schadenausgleich und die entsprechenden Prämien steigen schon seit Jahren kontinuierlich an. Paul Clements-Hunt, Geschäftsführer der Finanzinitiative des UN-Umweltprogramms UNEP, stellte in diesem Zusammenhang fest, dass Schätzungen aus dem Jahr 2003, wonach die Verluste durch den Klimawandel für 2012 auf 150 Milliarden Dollar beziffert wurden, schon 2005 überholt waren. Entlang der amerikanischen Küste kosteten allein die Sturmschäden der Jahre 2004 und 2005 die Versicherungen die gigantische Summe von beinahe 60 Milliarden Dollar. Rund zwei Drittel der Weltbevölkerung lebt in Küstennähe, dort sind nicht nur Wohnquartiere, sondern auch Hafenanlagen und Infrastruktureinrichtungen für Energie, Verkehr, Industrie, Logistik und Tourismus hoch verdichtet – und oft hoch gefährdet. Kein Wunder, dass Versicherungsregeln und -prämien revidiert werden. Aber nachgedacht wird auch darüber, wie Teile der Finanzierung von Risiken und Schäden an die Kapitalmärkte ausgelagert und damit Spekulationsgewinne erzielt werden können. Die unterschiedlichsten Instrumente wurden bereits entwickelt, um globale Anleger ins Boot zu holen. Wetter- und Katastrophenderivate etwa, mit denen man am Nichteintreffen des Unglücks verdienen kann. In den Augen der Anlageberater sind das »neue, reizvolle Möglichkeiten«.

Auch in ihrer Rolle als institutionelle Investoren haben Versicherungen ihr ureigenes Interesse am Klimaschutz entdeckt. Gemeinsam mit den Pensions- und Immobilienfonds drängen sie zunehmend darauf, mehr über die Gefährdung ihrer Geldanlagen durch den Klimawandel zu erfahren. Wachsende Sturm- und Flutgefahr an einem Firmen- oder Kraftwerksstandort kann schließlich eine dramatische Umbewertung des Investitionskapitals bewirken. Auch bei Immobilien könnte bald schon ein veraltetes Heizsystem oder eine schlechte Wärmedämmung wertmindernd wirken, die bei steigenden Energiepreisen die Unterhaltskosten in die Höhe treiben. Eine ganze Industrie von Anlageberatern und Analysten, die sich bestens damit auskennt, Prognosen zu erstellen, bezieht solche Aspekte bei der Einschätzung potenzieller Anlagen immer selbstverständlicher ein. Deren Transparenzoffensive verändert zunehmend das Denken der Manager. Wenn ihre Firmen nichts gegen ihren hohen Energie- und Ressourcenverbrauch tun und sich nicht beim Emissionshandel positionieren, schadet das inzwischen auch der eigenen Reputation. Mit ihren unbequemen Fragen steuern die mächtigen Finanziers also die Wirtschaft peu à peu auf mehr Klimaschutz hin.

Die größte Aktion in diese Richtung startete bereits im Jahr 2000 eine Gruppe von 314 Investoren, die auf ein Anlagevermögen von weltweit 41 Billionen Dollar blicken können: das Carbon Disclosure Project (CDP), übersetzt etwa »Initiative für Kohlenstoff-Auskunft«.[254] Dessen jährlich erscheinender Bericht analysiert auf der Grundlage einer Umfrage bei 2400 börsennotierten Weltkonzernen die Treibhausgasemissionen und Klimaschutzinitiativen einzelner Branchen und vergleicht vor allem das Verhalten der 500 größten Player. Wer da seinen Fragebogen nicht zurückschickt – und das tun noch viele –, der macht sich schon beinahe verdächtig. Über die Strenge der Kriterien oder die Bewertung der Technologien beim CDP lässt sich streiten, doch in jedem Falle macht diese Form der Öffentlichkeit klimapolitischen Druck, und Umweltschützer staunen über ihre neuen Verbündeten.

Verlockend für die Finanzindustrie ist aber vor allem der explodierende globale Markt für neue Umwelt- und Klimaschutztechnologien. Sein Wachstum schätzt eine Studie auf jährlich acht Prozent,[255] allein mit Effizienztechnologien sollen im Jahr 2030 eintausend Milliarden Euro umgesetzt werden. »Der Megatrend«, jubeln Fachzeitschriften, und auch die Deutsche Bank wirbt bei ihren Kunden in bester Laune trotz

Klimagefahren: »Manche mögen's heiß.«[256] Selbst die Anpassung an den Klimawandel wird zum guten Geschäft: Empfohlen werden beispielsweise Beteiligungen an Firmen, die neue Deiche bauen; deren Auftragsbücher seien gefüllt und die Aktien aussichtsreich. Die neuen »Klimaanlagen« finanzieren aber auch Recyclingtechniken, verbrauchsarme und intelligente neue Materialien und alternative Energieträger. Vor allem der Kraft von Wind und Sonne bringt die Finanzwelt offenbar größeres Vertrauen entgegen als viele Energiepolitiker. Kein Wunder angesichts einer Wachstumsrate von jährlich bis zu 30 Prozent, die den Aktien von Firmen wie SolarWorld oder First Solar extreme Wertzuwächse beschert hat. Die Nachfrage nach Photovoltaik-Paneelen sei so groß, dass nun »Fabriken von der Stange« geliefert werden müssen, wie es in einem Branchenblatt hieß. Aus dieser Entwicklung, dem Richtungswechsel des Kapitals, lasse sich Hoffnung schöpfen, sagt der Philosoph Peter Sloterdijk. »Wenn das Geld klug wird, dann werden die neuen Energiequellen strömen.«

6. Aufbruch nach Ökotopia

Die Abwehrschlacht der alten Energie-Industrien und die ökologische Anpassung des Kapitalismus

Klein, ganz klein fing es an. Als Aloys Wobben sein Unternehmen Enercon startete, besaß er kaum mehr als einen rund 50 Quadratmeter großen Schuppen und eine Idee: Mit ein wenig Optimierung und Elektronik wollte der damals 32 Jahre alte Elektrotechnik-Ingenieur Windgeneratoren so konstruieren, dass sie Strom zu erschwinglichen Preisen liefern. Den ersten Prototyp errichtete er im eigenen Garten, das erste Geld brachte der Bau einfacher Elektromotoren, die erste Mitarbeiterin war eine Sekretärin auf Teilzeitbasis. Das war im Jahr 1984. 24 Jahre später ist der Tüftler von einst Eigentümer und Chef eines Weltkonzerns mit anderthalb Milliarden Euro Jahresumsatz, rund 10 000 Mitarbeitern und Produktionsstätten in Aurich und Magdeburg, in Brasilien, Indien und der Türkei. Wobbens erste Maschine leistete 55 Kilowatt und war nur 20 Meter hoch. Die 63 Meter langen Flügel des neuesten Modells drehen sich auf einem Turm in 135 Metern Höhe, und der damit angetriebene Generator produziert an einem Tag so viel Strom wie der Prototyp von einst in anderthalb Jahren, genug für die Vollversorgung von 5000 Haushalten. Bis zum Jahr 2007 haben Wobben und seine Leute bereits mehr als 10 000 Anlagen in alle Welt verkauft, und der begnadete Erfinderunternehmer aus Ostfriesland kann sich mit einem Vermögen von gut fünf Milliarden Euro zu den 25 reichsten Deutschen zählen.

Es sind Geschichten wie diese, die im Zeitalter der Klimaangst die größte Hoffnung verbreiten. Wobben ist ein Pionier. Längst sind ihm Tausende gefolgt. Gleich ob in Kalifornien oder Japan, in Indien oder China – weltweit erfahren die Industrien für neue Energietechniken jenseits von Kohle, Öl und Atom einen Boom, der allenfalls mit dem Siegeszug der Computertechnik vergleichbar ist. Im Jahr 2007 erreichte allein die Windkraftbranche bereits weltweite Umsätze von rund 18 Milliarden Euro, gefolgt von der Photovoltaik mit 10 Milliarden Euro Marktvolumen. Binnen zehn Jahren rechnen Branchenkenner mit einer weiteren Verdreifachung, und ein Ende ist nicht abzusehen. Denn sicher ist: Nichts wird schneller wachsen als der Hunger nach sauberen Energiequellen, ohne die der Klimafalle nicht zu entkommen ist.

Dass diese Hoffnung keine Illusion ist, haben besonders zwei Männer gezeigt, die dafür mit dem alternativen Nobelpreis geehrt wurden. Der amerikanische Ingenieur Amory Lovins erkannte als einer der Ersten, welch enormes Potenzial die Steigerung der Effizienz beim Energieeinsatz hat. Der deutsche Politiker Hermann Scheer war es, der als Gründer und Präsident der Vereinigung Eurosolar und Abgeordneter im Deutschen Bundestag mit verbissener Ausdauer dem Ausbau der erneuerbaren Energien den Weg ebnete.[257] Beide eint auch ihre Kritik, die Energie- und Klimapolitik sende mit ihrer Fixierung auf vermeintlich zu hohe Kosten der nötigen Umstellung eine falsche Botschaft aus. Die Energiewende bedeute »eben nicht Last, sondern Befreiung von den Zwängen der fossilen Energie«, meint Scheer und verweist auf deren teure und verwundbare Transportsysteme und die politisch-ökonomische Abhängigkeit von fragwürdigen Regimen.

Und auch Lovins sagt: »Klimalösungen sind nicht teuer, sondern profitabel.« Mit seinem Rocky Mountain Institute im Bergstaat Colorado hat er unter anderem das Zweiliter-»Hypercar« entwickelt und Manager von Boeing bis Wal-Mart dabei beraten, wie sie bei Transportlastwagen und Flugzeugen die eingesetzte Energie auf ein Drittel und weniger reduzieren können: durch Leichtbau mit neuen Karbonfasern, verbesserte Aerodynamik, optimierte Reifen oder Antriebe. »Die zusätzlichen Kosten werden fast immer innerhalb von ein bis zwei Jahren wieder eingespielt«, verspricht Lovins.

So verkörpern Scheer und Lovins die beiden Grundprinzipien des ökologischen Umbaus, ohne die das Überleben der Menschheit auf Dauer nicht möglich sein wird. Der Energieumsatz muss mithilfe der Effizienztechnik radikal sinken, der verbliebene Bedarf kann und muss aus erneuerbaren Quellen gedeckt werden.

Wie das möglich ist, war im Herbst 2007 sogar dort zu besichtigen, wo solche Perspektiven bis vor Kurzem noch als naive Spinnerei galten, in Washington nicht weit von der hoch aufragenden Kuppel des Kapitols, dem Sitz des US-Parlaments. Geduldig warteten die Menschen da in einer langen Schlange, um ein Gebäude zu erkunden, das im Land der Emissionsweltmeister noch ein echtes Exotikum ist: ein Bungalow, der zugleich ein Kraftwerk ist; ein Gebäude, das nicht mehr mit Energie versorgt werden muss, sondern mittels intelligenter Technik selbst Energieüberschüsse produziert.[258] Der amerikanische Energieminister und die Jury des internationalen Architekturwettbewerbs Solar Decathlon hatten dem Projekt den ersten Preis verliehen und ermöglichten so die Präsentation im Herzen der US-Hauptstadt. Das Wohnhaus, dem sich so mancher Besucher mit Unglauben näherte, ist mit neuen Materialien gut gedämmt, und wenn es im Sommer heiß wird, dient die Fassade aus Eichenholzlamellen zur Verschattung. Tintenblaue Solarzellen sind nicht nur auf dem Dach installiert, sondern auch in einem Teil der Außenwände, und über diese Photovoltaikanlagen kommt so viel Strom zusammen, dass nicht nur eine Wärmepumpe für Heizung und Warmwasser, sondern zusätzlich auch noch ein Elektroauto damit versorgt werden kann.

Außen japanisch anmutende Eleganz, innen cooler Komfort, demonstriert das Gebäude zugleich, dass Öko schon lange nicht mehr bloß kitschig oder eiskalt technizistisch aussieht, sondern auch schön sein kann. Konzipiert wurde das Bauwerk aber nicht von einem Stararchitekten, sondern von einer Studentengruppe der Technischen Universität Darmstadt. »Passivhäuser« wie dieses gibt es längst auch als kostengünstige Fertighäuser für jedermann. Eigentlich müssten sie »Aktivhäuser« heißen, weil sie sich nicht nur gegen Wind und Kälte schützen und durch geschickte Ausnutzung des Sonnenlichts Energie sparen, sondern zudem Wärme und Kühlung, Licht und Strom eigenständig aus der sie umgebenden Umwelt erzeugen.

Der Fortschritt beschränkt sich nicht auf neue Eigenheime. Auch Altbauten, die bisher bis zu 90 Prozent der Heizenergie an die kalte Umgebung verlieren, können zu ähnlich energieeffizienten Quartieren werden. Die neuesten Vakuumdämmstoffe machen es möglich. Und vieles mehr ist schon Realität oder in naher Zukunft nutzbar: das Dünnschicht-Photovoltaik-Modul mit doppeltem Wirkungsgrad beispielsweise, das sowohl das sichtbare Licht als auch den Infrarotbereich der Sonnenstrahlung nutzen kann und dadurch effizienter und billiger wird. Sonnenkollektoren für warmes Wasser, die durch Verspiegelung noch mehr aus dem Licht herausholen. »Phase change materials« können je nach Aggregatzustand Wärme im Sommer in der Fassade speichern und sie im Winter abgeben; intelligente Gläser regulieren den Lichteinfall und machen bei Hitze Jalousien überflüssig. Beides spart Energie bei Heizungen oder Klimaanlagen.

Speziell ausgerüstete Hybridautos werden bereits als Stromspeicher in der Garage eingesetzt; so kann die Energie, die beim Fahren erzeugt wurde, im Haus genutzt werden.[259] Elektrofahrzeuge speisen ihre Batterie mit solar eingesammeltem Strom oder aus Windkraftanlagen, die Firma SolarWorld schickt sogar einen solarbetriebenen Rennwagen auf die Strecke. Australische Politiker wollen in von der Dürre gepeinigten Küstenlandschaften Solarfarmen aufbauen und mit deren Energieertrag Meerwasser zur Bewässerung der durstigen Äcker entsalzen. Selbst die Seeschifffahrt entdeckt die regenerativen Energien neu. Die Firma SkySails des deutschen Erfinders Stephan Wrage testet große Zugdrachen; sie sollen vor Transportschiffe gespannt werden und je nach Gunst der Winde zehn bis fünfzig Prozent der Treibstoffkosten und damit auch der Emissionen einsparen.

Ein Ende dieser Innovationsserie ist nicht zu erwarten. Tüftler vom Typ Wobben arbeiten am Wirkungsgrad von Biogasanlagen, an Speichertechniken für Sonnen- und Windstrom, an Elektronikgeräten, die ihre Kraft unabhängig vom Stromnetz aus Solarzellen beziehen oder über Mikrogeneratoren Energie aus Vibrationen oder Wärme in der Umgebung »ernten«. Im ersten »nachhaltigen Tanzclub« in Rotterdam sollen Partygänger durch die Kraft ihrer beschwingten Körper einen elektrischen Generator antreiben. Forscher von Baden-Württemberg bis Kalifornien erproben Solarzellen, die man als Folie von der Rolle abziehen kann. Die Liste solcher Projekte ist beinahe beliebig verlängerbar.

Inzwischen findet sich die Avantgarde bei Erforschung und Einsatz der neuen Möglichkeiten auch nicht mehr nur in den Hightechschmieden Europas und Amerikas, sondern auch dort, wo man sie am wenigsten vermutet: im Zentrum des fossilen Zeitalters auf der Arabischen Halbinsel. Seine Hoheit Scheich Mohammed bin Rashid Al Maktoum, Herrscher Dubais, hat dort strenge grüne Bauvorschriften erlassen, um Wasser und Energie einzusparen – und Kosten.[260] In der benachbarten Hauptstadt der Vereinigten Arabischen Emirate, in Abu Dhabi, wird zudem ein riesiges Forschungszentrum für erneuerbare Energien entstehen.[261] In Zukunft wollen die Herren der Ölquellen nicht mehr nur den Schmierstoff des auslaufenden Industriezeitalters exportieren, sondern auch die neuen Technologien von morgen. Geplant ist außerdem eine ökologische Idealstadt, auto- und kohlendioxidfrei, in der es keinen Müll gibt und alles wiederverwertet wird, einschließlich des Wassers, das im Kreislauf fließen soll.

15 verlorene Jahre

Die Technologien für Ökotopia stehen also längst bereit. Auch Kapital könnte in ausreichendem Umfang mobilisiert werden, wie die Signale aus der Finanzbranche zeigen. Aber wird es auch gelingen, beides rechtzeitig zum Einsatz zu bringen? Die Bereitstellung von Heizwärme und Strom, von Transportkapazitäten und Nahrungsmitteln ist aufs Engste verknüpft mit den wirtschaftlichen und politischen Machtstrukturen einer jeden Gesellschaft. Um den Klimawandel noch zu begrenzen, müssten seit Generationen erprobte Industrietechnologien aufgegeben und ganze Branchen umstrukturiert werden. Eine Umleitung der verfügbaren Kapitalströme im Volumen von Billionen Euro ist erforderlich – und das ist die schwerste denkbare politische Aufgabe. Auch wenn der nötige Strukturwandel durchaus ohne große volkswirtschaftliche Verluste zu bewältigen ist, wie der Stern-Report und viele andere Studien belegen: Er wird doch unweigerlich Verlierer und Gewinner hervorbringen.

Ob neu gebaute Häuser mit Solarenergie und Wärmepumpen geheizt werden oder ob dazu ein Heizkessel benötigt wird, der über zigtausend Kilometer herangeschafftes Erdgas oder Heizöl verbrennt, ist keine Frage der Ingenieurskunst, sondern eine der staatlich gesetzten Rahmenbedingungen; darüber entscheidet allein die Politik. Wenn die Freisetzung von Treibhausgasen mit den Kosten der Schäden belastet wird, die sie tatsächlich anrichtet, dann sind Kohle, Öl und Erdgas nicht mehr wettbewerbsfähig. In diesem Fall würden Anlagenhersteller und Bauindustrie profitieren. Bleibt die Nutzung der Atmosphäre als Abgasdeponie dagegen kostenlos, dann gewinnen die Rohstoffländer und die mit ihnen verbündeten Energiekonzerne, die in der Regel auch die Verteilernetze betreiben. Unvermeidlich muss daher jede Regierung, die mit dem Klimaschutz Ernst macht, dazu bereit sein, sich in aufreibende Machtkämpfe zu verstricken.

Schon einmal ist die Klimapolitik genau daran gescheitert. Dass das Umsteuern zwingend notwendig ist, war auch vor 20 Jahren schon klar. Bereits 1987 setzte etwa der deutsche Bundestag eine Enquetekommission ein, die den Titel »Vorsorge zum Schutz der Erdatmosphäre« trug. Schon damals, so hieß es in der Begründung, bestand »der begründete Verdacht, dass innerhalb der nächsten 100 Jahre die mittlere Temperatur an der Erdoberfläche um drei Grad Celsius ansteigen wird«.[262] Fünf Jahre später galt das Problem auch weltweit als erkannt. In Rio de Janeiro versammelten sich 1992 die Staats- und Regierungschefs aus 116 Ländern zur bis dahin größten UNO-Konferenz aller Zeiten und unterzeichneten das »Rahmenübereinkommen der Vereinten Nationen über Klimaänderungen«. Auch dieses Dokument warnte bereits vor einer »gefährlichen anthropogenen Störung des Klimasystems«, also einem vom Menschen verursachten Klimawandel, und sogar der damalige US-Präsident George Bush senior setzte seine Unterschrift darunter. Trotzdem mussten die 2500 Wissenschaftler des UN-Klimarats (IPCC) 15 Jahre später noch einmal darum ringen, die gleiche Tatsache in ihrem Abschlussbericht als offiziell anerkannt festzuschreiben. Und trotz der frühen Erkenntnis ergriffen nur einige wenige Staaten wie Dänemark, Deutschland und Großbritannien wirksame Maßnahmen zur Senkung ihrer Emissionen.

15 kostbare Jahre gingen so für den Klimaschutz verloren, und das aus einem ganz einfachen Grund: Die Forschungsergebnisse der Klimawissenschaft bedrohten die Geschäfte der weltweiten und insbesondere der amerikanischen Öl-, Kohle- und Automobilindustrie. Darum setzten die Topmanager dieser Unternehmen all ihre Macht dafür ein, jede vorsorgende Politik zur Minderung des Rohstoffverbrauchs zu sabotieren. Das klingt verschwörungstheoretisch, ist aber umfassend dokumentiert.[263] Die zentralen Instrumente der Sabotage waren die gleichen, mit denen sich auch die Tabakindustrie jahrzehntelang gegen politische Eingriffe schützte: Desinformation und Pseudowissenschaft. Zweitrangige und selbst ernannte Klimawissenschaftler traten im zumeist geheim gehaltenen Auftrag von industrienahen Instituten an die Öffentlichkeit und bestritten mit haarsträubenden, aber ideenreich variierten Darstellungen den Klimawandel.

Die Global Climate Coalition (GCC), eine als Umweltinitiative getarnte Propagandagruppe der Ölindustrie, beklagte sodann in parlamentarischen Anhörungen und Anzeigen, es gebe noch zu viel »wissenschaftliche Unsicherheit« in den Klimaprognosen. Das Ziel war, so hieß es in einem internen Memo der GCC, den Klimawandel in der Öffentlichkeit »neu zu positionieren, und zwar als Theorie, nicht als Tatsache«. Und damit hatten sie durchschlagenden Erfolg. Über Jahre bezeichneten selbst seriöse US-Zeitungen wie die *New York Times* oder die *Washington Post* den Klimawandel als wissenschaftlich umstritten, obwohl es in den Reihen der aktiven Klimaforscher nur noch marginale Unsicherheiten gab. Nach der Machtübernahme durch George Bush junior gelang es den organisierten Leugnern der Klimagefahr sogar, im Weißen Haus einen Vertreter der Ölindustrie einzuschleusen, der dort die wissenschaftlichen Veröffentlichungen der bundesstaatlichen Forschungsinstitute zum Thema zensierte. Die so erzeugte Desinformation verfing zwar nur in den USA. Aber das reichte aus, um weltweit den Klimaschutz zu blockieren.

Der US-Kongress sagte Nein zum Klimavertrag von Kyoto und jeder anderen Klimaschutzverpflichtung und lieferte damit allen Profiteuren des Status quo von Brüssel bis Peking das zentrale Argument, sich ebenfalls zu verweigern. Ohne die USA, den weltgrößten Emittenten, sollten auch Europa und Deutschland zum Schutz »ihrer Wettbewerbsfähigkeit« beim Klimaschutz »keinen Alleingang« verfolgen, argumentierte etwa der Bundesverband der Deutschen Industrie im Jahr 1999 und fand damit breite Unterstützung in beiden großen Volksparteien – auch beim damaligen Bundeskanzler Gerhard Schröder. [264] Darum scheiterte selbst die erste Bundesregierung mit Beteiligung der Grünen während ihrer siebenjährigen Amtszeit am ursprünglich selbst gesetzten Ziel, die Emissionen schon bis 2005 um ein Viertel gegenüber dem Stand von 1990 zu mindern.

All das scheint heute Geschichte. Die Global Climate Coalition der Klimawandelleugner hat sich aufgelöst, selbst einige amerikanische Chemie- und Energiekonzerne fordern jetzt verbindliche Emissionsgrenzen, und glaubt man den Versprechungen der Kandidaten für die Präsidentschaftswahl im November 2008, dann ist die Wende in der US-Klima- und Energiepolitik nur noch eine Frage der Zeit. Gleichzeitig hat eine Welle der Besorgnis über die Klimagefahr fast alle Länder und ihre Regierungen erreicht. Von Kanada bis nach China ringen Politik und Wirtschaft um mehr Klimaschutz. Selbst in Australien, wo der konservative Premier John Howard nach dem Vorbild der USA über Jahre alle Klimawarnungen in den Wind schlug, hat die große Dürre das Nachdenken gefördert. Die vordem oppositionelle Labour-Partei gewann im November 2007 die allgemeinen Wahlen unter anderem mit dem Versprechen, dem UN-Klimaschutzvertrag von Kyoto nachträglich doch noch beizutreten.[265] Die Regierungschefs der Europäischen Union fassten im März 2007 sogar einen Beschluss, der sie auf ambitionierte Ziele festlegt. Bis 2020, also binnen 13 Jahren, soll erreicht werden, dass die gesamten Treibhausgasemissionen der Union um mindestens 20 Prozent gegenüber dem Stand von 1990 gesenkt werden. Ziehen die anderen Industriestaaten mit, sollen es sogar 30 Prozent sein. Das ist für einen wirksamen Klimaschutz zwar noch viel zu wenig. Die Hälfte dieser Minderung hatten die osteuropäischen Beitrittsländer bis 2006 allein durch ihren industriellen Niedergang nach dem Zusammenbruch der Planwirtschaften erbracht.[266] Dafür einigten sich die Regierungen im Rat der Union jedoch bei der praktischen Umsetzung auf Zielsetzungen, die tiefe Eingriffe in die wirtschaftliche Struktur der meisten EU-Staaten notwendig machen.[267] Bis 2020, so versprachen die EU-Regenten, soll der Energieverbrauch gemessen an der Wirtschaftsleistung um ein volles Fünftel fallen. Gleichzeitig soll der Anteil der erneuerbaren Energien am Gesamtverbrauch von rund 5 auf dann ebenfalls 20 Prozent vervierfacht werden. Angesichts dieser Vorgaben war es nur ein wenig übertrieben, dass die Ratsvorsitzende, Deutschlands Kanzlerin Angela Merkel, anschließend von einem »Durchbruch« sprach, der »die Initialzündung für eine dritte technische Revolution« sein könne.

Möglich wäre ein solches Ergebnis zweifellos, doch sicher ist keineswegs, dass es auch erreicht wird. Denn entschieden ist der globale Klimastreit allenfalls auf der Ebene der Wissenschaft – die organisierte Desinformation der Leugner ist Vergangenheit. Die Interessen, die dahinterstanden, sind es nicht. Darum wäre es auch naiv, sich von der neuen Einmütigkeit täuschen zu lassen. Die großen Konflikte um die Rettung des Planeten vor dem Klimachaos stehen erst noch bevor. Und nirgendwo ist das jetzt schon besser zu beobachten als in jenem Land, dessen Industrie als weltweit führend, ja als vorbildhaft bei der sauberen Energiegewinnung gilt und dessen Regierungschefin den Kampf gegen den Klimawandel als »Überlebensfrage für die Menschheit« bezeichnet: in Deutschland. Da beschloss das Regierungskabinett demonstrativ zu Beginn der Verhandlungen über einen neuen globalen Klimavertrag Anfang Dezember 2007 ihr seit August diskutiertes Gesetzespaket, das bis zum Jahr 2020 den Ausstoß von Treibhausgasen im Land um 40 Prozent gegenüber dem Stand von 1990 vermindern, also noch über den EU-Beschluss hinausgehen soll. Die geplanten Maßnahmen reichen von der Verschärfung der Energieverbrauchsstandards für Gebäude über den Ausbau der Warmwassererzeugung mit Solarkollektoren bis zur Senkung des Benzinverbrauchs bei Autos. Doch ausgerechnet bei der für den Klimaschutz wichtigsten Branche, der Stromerzeugung, scheuen die Klimaschützer im Berliner Regierungsviertel die nötigen einschneidenden Veränderungen. Daran droht der ganze Plan zu scheitern.

Modell Deutschland: Machtkampf um den Klimaschutz

Roland Heineck ist eigentlich eher der bodenständige, gemütliche Typ und alles andere als ein Rebell. Aber als Meister für Heizungstechnik und Inhaber eines Handwerksbetriebs im sächsischen Chemnitz hat er einen Sinn für technische Innovationen. Darum leuchtete ihm das Angebot sofort ein, das ihm die Firma SenerTec im Sommer 2003 ins Haus schickte. Ihre Anlage könne Häuser aller Größen heizen und »die Belastung der Umwelt mit dem Treibhausgas Kohlendioxid um bis zu 47 Prozent vermindern«, verhießen die Werber der Firma. Zugleich könne ein Hausbesitzer damit auch noch mehrere Tausend Euro im Jahr einsparen, versprach der Prospekt. Das Geheimnis hinter der wundersamen ökologisch korrekten Geldvermehrung war die Kopplung der Erzeugung von Strom und Wärme. Nicht eine einfache Heizung, sondern einen mit Erdgas getriebenen Motor einschließlich Stromgenerator bot die Firma an. Der Motor wärmt Heizungs- und Leitungswasser wie jede andere Heizung auch und erzeugt quasi nebenbei auch noch eine Menge Strom. Anstatt wie im normalen Großkraftwerk, wo an die 60 Prozent der eingesetzten Energie über die Abwärme verloren gehen, nutzt diese Anlage 80 bis 90 Prozent der im Erdgas oder Öl enthaltenen Energie tatsächlich aus und kann so einen Teil des schmutzigen Kraftwerksstroms ersetzen. Heineck war begeistert. »Das ist was für die Zukunft, habe ich gedacht«, erinnert sich der 63-jährige Handwerksmeister. Er machte sich ans Werk, schließlich war er vom Fach. Als Eigentümer eines Mietshauses mit 18 Wohnungen verfügte er zudem über das richtige Objekt. Gleich zwei Motoren bestellte er und ließ sie im Heizungskeller seines Mietshauses an das Warmwasser- und das Stromnetz anschließen.

Im Winter 2005 war es dann so weit. Die Mieter sollten fortan ihren Strombedarf aus der hauseigenen Anlage beziehen, den Überschuss wollte Heineck ans öffentliche Netz liefern, um dort ein wenig Kohlestrom zu verdrängen. Wie einfach und lukrativ konnte der Klimaschutz sein! So wollten es auch die Gesetzgeber im Bundestag, als sie sogar die Zahlung eines Förderzuschlags für diese »Kraft-Wärme-Kopplung« (KWK) genannte Art der Stromerzeugung eingeführt hatten. Aber so wollte es der Chemnitzer Stromversorger nicht, die Firma EnviaM, eine Tochtergesellschaft des Konzerns RWE, der in Deutschland fast 40 Prozent des Marktes für Elektrizität kontrolliert. Herr Heineck wolle eine »öffentliche Stromversorgung betreiben«, erklärte ein Konzernsprecher, dafür habe er aber keine Lizenz. Darum dürfe er auch die Stromzähler der Mieter nicht gegen seine eigenen austauschen, um mit den Kunden abzurechnen.

Roland Heineck ließ sich gleichwohl nicht aufhalten und wechselte den Hauptzähler kurzerhand aus. Daraufhin zogen die örtlichen RWE-Manager vor Gericht und erreichten dort eine einstweilige Anordnung gegen Heineck. 250 000 Euro Strafe, alternativ sieben Monate Gefängnis, ließen die Konzernanwälte ihm androhen, wenn er an der eigenen Stromabrechnung festhalte. Fortan mussten die Mieter wieder 22 Cent pro Kilowattstunde an EnviaM zahlen. Heineck dagegen erhielt für den selbst erzeugten und ins Netz eingespeisten Strom am gleichen Ort lediglich 13 Cent pro Kilowattstunde – eine Benachteiligung, die sein gut gemeintes Umweltprojekt zwangsläufig in die Verlustzone trieb. Zur Begründung berief sich das Unternehmen ausgerechnet auf das Recht der Mieter. Einmal an den privaten Zähler angeschlossen, sei ihnen die freie Wahl des Stromanbieters verwehrt. Das sei ungesetzlich, argumentierten die Konzernanwälte.

Zwei Jahre vergingen, bis der umweltbewusste sächsische Handwerksmeister schließlich doch noch zu seinem Recht und seinem Geld kam. Seine Mieter gründeten eine eigene Gesellschaft und mieteten die Anlage. Daraufhin entschied schließlich die Bundesnetzagentur, die Aufsichtsbehörde für Deutschlands Stromnetzbetreiber, dass die Mietergesellschaft über einen eigenen Zähler abrechnen darf. So ist zwar Heinecks Problem vorerst gelöst, doch auch EnviaM und RWE haben ihr Ziel erreicht: Weit über 10 000 Euro hat Heineck verloren, und sein Fall ist einer mehr, der Millionen anderer Hausbesitzer davon abschreckt, sich für ein solches Blockheizkraftwerk mit einem der etablierten Stromerzeuger anzulegen. »Da wird ganz klar seit Jahren und flächendeckend eine Blockadestrategie betrieben«, berichtet der Berliner Anwalt und Energierechtsexperte Martin Riedel, der Heineck und viele Dutzend weiterer Klienten mit ähnlichen Anliegen vertritt.

Dabei ist die Anschlussverweigerung nur eine Methode von vielen. Eine andere Möglichkeit bietet das »Auskaufen«. Sobald ein Industriebetrieb die Errichtung einer eigenen KWK-Anlage plane, biete der betroffene Energieversorger den Strom meist zu einem so niedrigen Preis an, dass sich der Neubau betriebswirtschaftlich nicht mehr rechne, erfuhr der Bremer Energieexperte Wolfgang Schulz, der für das Bundeswirtschaftsministerium die Potenziale für Kraft-Wärme-Kopplung in Deutschland erforschte. Das sei für die Konzerne mit großen Kraftwerksparks kein Problem, weil sie über Anlagen verfügen, die ihre Investitionskosten längst verdient haben und darum unschlagbar billig produzieren können.

Die Blockade hat weitreichende Folgen. Mit der gekoppelten Erzeugung von Elektrizität und Wärme in dezentralen Heizkraftwerken verschiedenster Größe könnte Deutschland mehr als die Hälfte seines gesamten Strombedarfs decken, ergab die Studie von Schulz und seinen Kollegen, und das ohne Mehrkosten für die Verbraucher.[268] Mehr als 80 Millionen Tonnen Kohlendioxid im Jahr ließen sich auf diesem Weg einsparen, weil der Betrieb von zahllosen Heizanlagen überflüssig würde, angefangen bei den rund 17 Millionen Wohngebäuden des Landes bis zu den vielen Tausend Industriebetrieben, die einen großen Bedarf an Prozesswärme haben. Fast ein Zehntel des gesamten deutschen Beitrags zum globalen Klimawandel könnte also auf diesem Weg vermieden werden. Das ist auch seit Langem bekannt. Schon seit 1997 versuchen die Umweltpolitiker von drei verschiedenen Bundesregierungen und auch die Brüsseler EU-Kommission, die Kraft-Wärme-Kopplung zu fördern. Trotzdem wird in Deutschland bislang gerade erst bei 12 Prozent der Stromerzeugung auch die Wärme genutzt. Im Nachbarland Niederlande werden dagegen gut 40 Prozent des Stroms in Kraftwerken produziert, die auch Heiz- und Prozesswärme liefern, in Dänemark sind es sogar mehr als 50 Prozent.

In diesen beiden Ländern allerdings liegt die Kontrolle über das Verteilernetz in der Hand des Staates. Darum konnten die jeweiligen Regierungen klare Vorgaben über die bevorzugte Art der Stromerzeugung durchsetzen. In Deutschland dagegen geboten die vier Konzerne Eon, RWE, Vattenfall und EnBw bis 2008 über das gesamte überregionale Stromnetz. Zudem sind sie an mehr als 300 kommunalen Versorgungsbetrieben beteiligt und können so auch deren Einkaufs- und Anschlussbedingungen diktieren. Gleichzeitig verfügen die großen vier über mehr als 80 Prozent der Erzeugungskapazitäten, fast ausschließlich große Kondensationskraftwerke auf der Basis von Kohle, Atomkraft und Erdgas. Ähnliche Oligopole, teils sogar in der Hand derselben Konzerne, beherrschen auch die Strommärkte in den meisten anderen EU-Staaten. Diese doppelte Kontrolle über die Produktion von Elektrizität und über die Infrastruktur zu deren Verteilung verschaffte den Konzernstrategen jahrzehntelang eine Macht, mit der sie einen fortwährend wachsenden Schaden anrichten – ökonomisch wie ökologisch.

Obwohl Europas Strommärkte seit 1999 formal liberalisiert sind, können die Oligopolisten mittels ihrer Kontrolle über Netz und Kraftwerke echten Wettbewerb weitgehend unterbinden. Nur so war es möglich, dass sie in Deutschland in den Jahren von 2000 bis 2007 die Preise um bis zu 40 Prozent anhoben, während die Kosten der Erzeugung im gleichen Zeitraum für die meisten Kraftwerke konstant blieben. Dementsprechend sind die Gewinne der Stromriesen regelrecht explodiert. Die Eon AG zum Beispiel, eines der ganz großen europäischen Energieunternehmen, konnte ihren Jahresgewinn von 2000 bis 2007 von 1,4 auf gut 7 Milliarden Euro mehr als verdreifachen, während die Preise für die Kunden in derselben Zeit um ein Drittel zulegten.[269] Für 2008 kündigte der Konzern erneut eine bundesweite Preiserhöhung um durchschnittlich 8,5 Prozent an. »Raubzug«, schnaubte Umweltminister Sigmar Gabriel, der Verband der Energieverbraucher sprach von »Abzocke«.

Noch schwerer wiegt, dass die Netzkontrolle den Strommanagern auch die Macht verlieh, den ökologischen Umbau aufzuhalten. Dass sie den vermehrten Einsatz von Kraft-Wärme-Kopplung über Jahrzehnte blockiert haben, ist da nur ein Beispiel von vielen. Auch den Bau von Windkraftwerken auf See haben sie über viele Jahre verzögert. Wie das ging, erfuhr der Berliner Energiefachmann Andreas Brockmöller auf die harte Tour. Der promovierte Ingenieur ist ein Unternehmer wie aus dem Lehrbuch. Heizkraftwerke, Biogasanlagen und Windparks, mit Projekten solcher Art ist der 55-Jährige seit mehr als 20 Jahren im Stromgeschäft aktiv. Die Büroräume seiner Firma im vierten Stock eines Gewerbehofs im Berliner Stadtteil Kreuzberg quellen über von Akten und Plänen für Dutzende unterschiedlichster Vorhaben.

So war er auch einer der Ersten, als es darum ging, die neue unerschöpfliche Energiequelle zu erschließen: den Wind über dem Meer, der im Schnitt doppelt so stark bläst und achtmal mehr Stromertrag bringt als über dem Binnenland. Nur ein Jahr nachdem sich die damalige Bundesregierung dazu durchgerungen hatte, für »Offshore«-Windstrom eine feste Vergütung einzuführen, reichte er einen ausgearbeiteten Bauantrag beim zuständigen Bundesamt für Seeschifffahrt ein. 80 Windgeneratoren, jeweils fünf Megawatt stark, wollte er mitten in der Ostsee errichten. Im Arkona-Becken Südost, 35 Kilometer nördlich der Insel Rügen, sollte bis zum Jahr 2008 Deutschlands erstes Kraftwerk auf hoher See entstehen, umweltfreundlich und wegweisend für die Stromversorgung der Zukunft. In einer zweiten Ausbaustufe wären dann noch einmal 120 Anlagen mit insgesamt 600 Megawatt dazugekommen.

Das war der Plan. Aber anders als bei Windparks auf dem Land lohnt sich die komplizierte Errichtung der stählernen Riesenpropeller im tiefen Wasser nur in großer Stückzahl. Schon die erste Ausbaustufe kalkulierte Brockmöller auf Kosten von einer dreiviertel Milliarde Euro. Folglich war er auf einen kapitalstarken Partner angewiesen, der bei den Banken über Kredit in dieser Größenordnung verfügt. Darum schlug er ein, als ihm der Manager Georg Barton von Eon viel Geld für seine Pläne bot und die Gründung einer gemeinsamen Gesellschaft vorschlug. Damals schien es, als wolle der Stromgigant tatsächlich im großen Stil in die Windstromerzeugung einsteigen. Denn neben dem Arkona-Projekt sicherten sich die Eon-Manager auch die Rechte an den beiden weiteren Vorhaben, die damals am weitesten gediehen waren, eines vor der holsteinischen Ostseeküste und ein weiteres westlich der Insel Amrum in der Nordsee. Auch die Konditionen schienen verlockend. Brockmöller sollte einen Zwei-Prozent-Anteil an der gemeinsamen Gesellschaft halten, er bekam die Stelle eines Geschäftsführers und übernahm die Projektleitung. Außerdem sagten seine Konzernpartner die Auszahlung eines zweistelligen Millionenbetrags nach Beginn der Bauphase fest zu. Aber dazu kam es nicht.

Zwar trieben die ungleichen Partner noch das Genehmigungsverfahren voran. Sogar die Kabeltrasse war schon geplant. »Ich dachte wirklich, jetzt läuft es«, erinnert sich Brockmöller an das erste Jahr der Zusammenarbeit. Schließlich hatte er »das beste und am schnellsten machbare Projekt«. Anders als bei den 15 weiteren genehmigten Vorhaben in Nord- und Ostsee gab es bei seinem Hochsee-Windkraftwerk kein Problem mit dem Anschluss ans Übertragungsnetz. Der Strom hätte ohne großen Aufwand durch eine Hochspannungsleitung fließen können, die gleich an der Küste einst für das ostdeutsche Atomkraftwerk Lubmin gebaut wurde und seit dessen Stilllegung nicht mehr genutzt wird. Zudem plant Eon gemeinsam mit dem russischen Gazprom-Konzern am gleichen Ort ein Gaskraftwerk, eine ideale Ergänzung bei windarmem Wetter. Gemeinsam hätten beide Anlagen rund um die Uhr liefern und so mit einem Bruchteil der Emissionen ein großes Kohle- oder Atomkraftwerk überflüssig machen können.

Doch ebendas entsprach nicht den Interessen der Stromstrategen von Eon. Ihre längst abgeschriebenen Kohle- und Atomkraftwerke werfen weit mehr Gewinn ab, als selbst die erhöhten Vergütungssätze für Windstrom jemals einbringen könnten. Bei den möglichen Hochseekraftwerken, so beschrieb es ein konzerninternes Strategiepapier, sei »die Rendite unter den gegebenen Rahmenbedingungen nicht auskömmlich«.[270]

Ab Sommer 2005 musste der Kreuzberger Unternehmer daher erleben, wie seine Eon-Partner das Projekt auf die lange Bank schoben. Mal ließen sie wichtige Fristen verstreichen, mal gaben sie Gelder nicht frei, oder sie wiesen seine Vorschläge zur Ausschreibung für die benötigten Maschinen ohne Begründung zurück. Schließlich erklärte Eon-Manager Barton beiläufig, vor 2010 werde eh nicht gebaut. Als Brockmöller sich dagegen zur Wehr setzte, kündigten seine Konzernpartner ihm kurzerhand den Posten als Geschäftsführer. Die Folge war ein jahrelanger Rechtsstreit – und der Stillstand des Projekts. Ganz ähnlich lief es mit den beiden anderen Vorhaben, die sich Eon gesichert hatte. Weil der Konzern so die wichtigsten Pilotvorhaben blockierte, konnten auch andere Planer zunächst keine Finanziers finden. Bis Ende 2007 war denn auch trotz neun Jahren Vorlauf in Deutschland kein einziges Windkraftwerk auf See im Bau. Lediglich auf einem »Testfeld« mit zwölf Maschinen verschiedener Hersteller sollte im Frühjahr 2008 nahe der Nordseeinsel Borkum mit dem Bau begonnen werden, gefördert aus Steuergeldern.

Das Motiv für die Hinhaltestrategie ist ebenso simpel wie destruktiv: Die Vorstände von Aktiengesellschaften werden nicht für den Schutz der Umwelt bezahlt, sondern für die Vermehrung des Vermögens ihrer Aktionäre. Also setzen Deutschlands Stromfürsten alle verfügbaren Mittel ein, um ihr bisher so lukratives, aber überholtes Geschäftsmodell zu verteidigen. Und das ist eben die Stromproduktion in Großkraftwerken auf Basis von Kohle, Erdgas und Uran. Damit erzielen sie weitaus höhere Renditen als mit allen umweltgerechten Alternativen, deren Infrastruktur sie erst neu errichten müssen. Gleichzeitig erzeugt der Stromsektor aber fast die Hälfte aller Emissionen von Kohlendioxid in Deutschland. Ohne den radikalen Umbau dieser Branche ist das Ziel einer Verminderung um 80 Prozent bis zur Jahrhundertmitte, wie es die Klimaforscher für notwendig halten, nicht erreichbar. Wer als regierender Politiker dem Klimaschutz zum Durchbruch verhelfen will, muss folglich die Bedingungen so verändern, dass die bisherige betriebswirtschaftliche Logik der Stromindustrie durchbrochen wird.

Das ist im Grundsatz auch schon lange klar und belegt nicht

zuletzt jene Reform, die Deutschlands Ruf als Vorreiter begründete: das Erneuerbare-Energien-Gesetz. Seit dessen Inkrafttreten im Jahr 2000 erhalten die Betreiber von Solar-, Windkraft-, Biogas- und Geothermie-Generatoren einen auf 20 Jahre garantierten Vergütungssatz für den damit erzeugten Strom.[271] Zugleich wurden die Inhaber der Übertragungsnetze, also die etablierten Stromkonzerne, verpflichtet, die Anlagen anzuschließen und die Vergütungen auszuzahlen. Die Mehrkosten gegenüber dem herkömmlich erzeugten Strom, gemessen am Großhandelspreis an der Strombörse, dürfen sie auf alle Verbraucher umlegen. Dabei planten die Autoren des Gesetzes, eine Gruppe von hartnäckigen rot-grünen Abgeordneten des Bundestages, von vorneherein so, dass keine Dauersubventionen etabliert werden. Die Vergütungssätze für neue Anlagen sinken jährlich je nach Erzeugungsart um zwei bis acht Prozent.

Der Erfolg ist überwältigend. Kein anderes Förderprogramm für einen neuen Industriezweig hat jemals für so wenig Geld so schnell so viel erreicht. Die feste Vergütung für 20 Jahre macht die Errichtung neuer Anlagen kalkulierbar und damit auch für Privatleute attraktiv. So konnten die Ersparnisse von Millionen Bürgern, die eine sichere Kapitalanlage suchen und mit einstelligen Renditen zufrieden sind, mithilfe von Fondsgesellschaften in die gewünschten Investitionen gelenkt werden. Deutschlands Stromkonzerne investieren dagegen in der Regel nicht für weniger als 15 Prozent Gewinn. Darum ging der Boom jahrelang gänzlich an ihnen vorbei. Im Durchschnitt der ersten sieben Jahre wuchs die Kapazität für Strom aus sauberen Quellen um 3000 Megawatt jährlich. Der Anteil der erneuerbaren Energien an der deutschen Stromerzeugung stieg von 6 auf rund 14 Prozent. Dies verminderte, gemessen an den Werten des alten Kraftwerksparks, den Eintrag von Kohlendioxid in die Atmosphäre um etwa 50 Millionen Tonnen jährlich. Gleichzeitig entstanden in den beteiligten Branchen vom Stahlbau für die Türme der Windräder bis zu den Handwerksbetrieben für die Montage der Solarpaneele rund 140 000 neue Arbeitsplätze, und das zu vergleichsweise geringen Kosten. Der Preis einer Kilowattstunde für Privatkunden stieg infolge der EEG-Umlage bis zum Jahr 2007 um gerade mal 0,75 Euro-cent. Im Durchschnitt zahlten die privaten Haushalte damit einen Euro im Monat mehr.[272]

Und selbst diese Zahl stimmt nur noch in der Theorie. Denn der zusätzliche, also neben dem normalen Markt ins Netz gelieferte Windkraftstrom, der allein schon sieben Prozent der Gesamterzeugung ausmacht, trägt erheblich dazu bei, dass der Großhandelspreis an der Leipziger Strombörse im Jahresschnitt um ein bis zwei Zehntel Cent geringer ausfällt. Dieser Preis bildet aber die Grundlage für die meisten Stromrechnungen in Deutschland, ohne die Windkraft wären also die Strompreise noch höher als ohnehin. Folglich sparen Betriebe und Haushalte je nach Windleistung zwei bis drei Milliarden Euro pro Jahr, ergab eine Studie, die von Experten des Stromkonzerns Eon erstellt wurde.[273] Die Gesamtkosten der Förderung aller deutschen Windkraftanlagen über die EEG-Umlage betrugen dagegen im Jahr 2006 nur noch 1,1 Milliarden Euro. Folglich schreibt die Windenergie volkswirtschaftlich berechnet bereits schwarze Zahlen. Dieser Erfolg ist so überzeugend, dass 18 EU-Staaten und weitere 30 Länder außerhalb Europas ähnliche Regelungen nach dem deutschen Vorbild eingeführt haben.

Vor diesem Hintergrund erscheint es eigentlich selbstverständlich, dass Deutschland auf dem gleichen Wege weitergeht. Würde nur das bisherige Ausbautempo fortgesetzt, würde binnen 40 Jahren die gesamte deutsche Stromerzeugung aus sauberen Quellen ohne Atommüll und Klimagase stammen. Weil die benötigten Technologien wegen der zunehmend größeren Produktionsanlagen immer billiger werden, während die Kosten für Strom aus fossilen Rohstoffen unvermeidlich steigen, wäre das Ziel einer Stromerzeugung, die sich vollständig auf erneuerbare Quellen stützt, vermutlich sogar schon weit früher erreichbar. Begünstigt würde eine solche Umstellung zudem durch einen historischen Glücksfall: Knapp die Hälfte des Kraftwerksparks der deutschen Strombranche mit einer Kapazität von etwa 50 000 Megawatt steht schon bis zum Jahr 2020 zur Stilllegung an, weil viele Kohlemeiler das Ende ihrer Lebensdauer erreichen und der schon 1999 beschlossene Ausstieg aus der Kernenergie die Abschaltung der verbliebenen 17 Atomkraftwerke vorsieht.

Binnen 13 Jahren müsste daher die Erzeugung von etwa 220 Terawattstunden (TWh) und damit rund 40 Prozent des bisherigen Verbrauchs eingespart oder aus sauberen Quellen erzeugt werden. Technisch und wirtschaftlich wäre das zweifellos machbar, das belegt eine ganze Reihe von Studien, nicht zuletzt auch im Auftrag der Bundesregierung.[274] Gut 15 Prozent der benötigten Strommenge (35 TWh) könnten allein dadurch eingespart werden, dass der energetisch und ökologisch unsinnige Betrieb von Elektroheizungen und elektrischer Warmwasserbereitung verboten wird. Noch einmal 15 Prozent ließen sich erzielen, wenn in Europa und Deutschland nach japanischem Vorbild die jeweils effizientesten Elektrogeräte gesetzlich verpflichtend den Mindeststandard für alle Geräte der gleichen Art setzen würden und so der größte Teil der ineffizienten Geräte binnen zehn Jahren aus dem Verkehr gezogen würde. Schon die Minimierung des Verbrauchs im Stand-by-Betrieb von Elektronikgeräten aller Art könnte zwei Kraftwerke mit zusammen 2000 Megawatt Leistung überflüssig machen. Knapp 40 Prozent (80 TWh) der wegfallenden Erzeugung in Atom- und Kohlemeilern könnte ohne Probleme durch Ökostrom ersetzt werden, kalkulieren die Gutachter des Bundesumweltministeriums. Verzichten müssten die Stromversorger zudem auf den Stromexport in die Nachbarländer (20 TWh). Den Rest (50 TWh) könnten dann neue Anlagen mit Kraft-Wärme-Kopplung auf Basis von Erdgas erzeugen.[275] Würde – wie von der Regierung selbst vorgesehen – zur selben Zeit im großen Umfang in die Wärmedämmung bei Altbauten investiert, müsste nicht einmal der Erdgasverbrauch steigen. Deutschland könnte – trotz Ausstiegs aus der Atomkraft – allein über den Stromsektor den Ausstoß von 110 Millionen Tonnen Kohlendioxid einsparen, knapp die Hälfte dessen, was Kanzlerin Merkel und ihr Umweltminister Sigmar Gabriel insgesamt bis 2020 erreichen wollen.

Dabei würde sich die Stromerzeugung der Zukunft immer mehr auf viele Tausend kleinere, in der Fläche verteilte, je nach den Umweltbedingungen unterschiedlich kombinierte Anlagen verteilen. Von den Solarzellen in den Fassaden der Gebäude über die Biogasverstromung bei Landwirtschaftsbetrieben, die

Laufwassergeneratoren an tausend Bächen, den Windpark auf Hügeln und Deichen bis zum Blockheizkraftwerk im Krankenhaus oder der Wohnsiedlung könnte und müsste die Stromversorgung eine völlig neue Struktur annehmen. Das wäre zugleich auch ein Gewinn für die Demokratie. Die Kommunen und mit ihnen die Bürger könnten wieder mitbestimmen, wie sie sich versorgen und wer dabei verdient. Eine autonome Versorgung wird möglich, am schnellsten in kleineren Gemeinden. Sie werden damit ein Modell für die vielen Millionen Dörfer, die in den Entwicklungsländern bisher noch völlig ohne Elektrizität auskommen müssen.

Eine Stromversorgung nach diesem Muster müsste auch keineswegs auf Dauer teurer sein als das alte System. Dieses basiert auf dem Prinzip, dass die Erzeugung umso günstiger ist, je größer die Kraftwerke sind. Eine solche »economy of scale«, wie die Ökonomen sagen, würde sich beim Aufbau einer dezentralen Struktur zwar nicht bei der Stromgenerierung selbst, wohl aber bei der Produktion der Anlagen ergeben. Tatsächlich sinken die Kosten der Herstellung von Windgeneratoren und Solarzellen im Zuge der wachsenden Serienfertigung um mehrere Prozentpunkte pro Jahr. Darum kann Windstrom auch nach Erwartung der Großversorger schon in den nächsten Jahren mit solchem aus Kohlekraftwerken konkurrieren. Solarstrom vom Dach wird für die Haushalte, die ihn erzeugen, voraussichtlich ab 2015 selbst im verregneten Deutschland nicht teurer sein als der Strom aus dem Kraftwerk.

Gegen ein solches Energiekonzept erheben die Verteidiger des alten Systems stets denselben Einwand: Für eine Vollversorgung seien die natürlichen Energiequellen zu unzuverlässig. »Ein doppelter Ausstieg aus Kernkraft und Kohle« sei »unmöglich«, behauptet etwa der neue RWE-Chef Jürgen Großmann, oder nur dann realisierbar, »wenn wir alle bei Kerzenschein sitzen wollen«, wie es Eon-Boss Wulf Bernotat formuliert. Schließlich müssten Großkraftwerke da sein, »wenn die Windkraftanlagen für längere Zeit durch Windstille nicht zur Verfügung stehen«, erklärt Alfred Tacke, Kraftwerkschef bei Evonik, der früheren Ruhrkohle AG.[276] Diese Übung in jahrzehntealter Angstrhetorik belegt jedoch nur, dass die alten Herren in den Vorstandsetagen technologisch nicht auf der Höhe der Zeit sind – ein Umstand, der in der Branche Tradition hat. Die gleichen Unternehmen verbreiteten auch in einer gemeinsamen Zeitungsanzeige im Jahr 1994 die wilde These, »regenerative Energien können auch langfristig nicht mehr als 4 Prozent unseres Strombedarfs decken«.[277] Die lange Frist dauerte keine acht Jahre, 2007 waren es schon fast 14 Prozent.

Was also soll in einer sauberen Energiezukunft geschehen, wenn die Menschen gegen Abend ihre Fernseher, Herde und Lichter einschalten wollen, aber die Sonne nicht mehr scheint und im Sommer wochenlang Flaute herrscht? Genau diese Frage kam auch auf, als Bundeskanzlerin Angela Merkel 2006 die zuständigen Minister für Wirtschaft und Umwelt mit den Chefs der Stromkonzerne und den drei führenden Herstellern von Ökostromtechnologien zum »Energiegipfel« ins Kanzleramt lud. Angesprochen waren drei Unternehmer, die vielleicht einmal als Trio einer solaren Gründerzeit in die Geschichte eingehen werden: der Windkraftmilliardär und Enercon-Chef Aloys Wobben, der Boss des weltweit erfolgreichen Photovoltaik-Unternehmens SolarWorld, Frank Asbeck, und Ulrich Schmack, Gründer und Chef des gleichnamigen Herstellers von Biogasanlagen. Ihre Antwort war das »virtuelle Kombinations-Kraftwerk«, eine Innovation auf der Basis moderner Netzwerkelektronik. Durch die Zusammenschaltung der verschiedenen sauberen Stromquellen untereinander und mit einem Speicherkraftwerk sei das durchaus möglich, versprachen die Pioniere der Zukunftsenergien.

»Dann zeigen Sie das mal«, forderte die Regierungschefin, und die Unternehmer nutzten die Gelegenheit. Sie gewannen die Experten des Instituts für solare Energieversorgungstechnik (Iset) an der Universität Kassel für das Projekt, um die Demonstration wissenschaftlich überprüfbar zu gestalten. Die Iset-Ingenieure verbanden elf Windgeneratoren von Aachen bis an die Nordsee, dazu zwanzig Photovoltaik- und vier Biogasanlagen in Hessen und Bayern über ein Messnetz, um deren Stromproduktion zu erfassen. Sodann simulierten sie im Computer anhand der realen Daten die Zusammenschaltung all dieser Quellen zu einem einzigen Kraftwerk und demonstrierten ein Jahr lang, wie sich nur aus der Kombination dieser Quellen der Strombedarf einer typischen Kleinstadt mit 12 000 Einwohnern auf die Minute genau decken ließ. Zusätzlich notwendig war lediglich die Nutzung eines Teils der Kapazität des Pumpspeicherwerkes Goldisthal in Thüringen. Um überschüssigen Strom aus Windkraft und Solaranlagen an sonnigen und windigen Tagen zu speichern, muss dort nur Wasser in die hochgelegene Talsperre gepumpt werden. Bei Bedarf kann es durch Rohre wieder zu Tal schießen und Generatoren antreiben, mit denen sich die so gespeicherte Energie wieder abrufen lässt.

Das Modell der Kasseler Forscher bildete im Maßstab von 1:10 000 exakt den bundesweiten Strombedarf ab; es zeige so »im Kleinen, was auch im Großen möglich ist: eine Vollversorgung durch erneuerbare Energien«, erklärte Solar-Unternehmer Asbeck.[278] Neben der massiven Ausweitung der Ökostromgewinnung bedürfte es allerdings des Baus zusätzlicher Stromspeicherwerke. Neben der gängigen Technologie, dem Wasserspeicher in Bergtälern, könnten auch Druckluftspeicher oder Schwungräder die gleiche Funktion erfüllen. Das Umweltministerium denkt sogar an die Errichtung von unterirdischen Pumpspeichern in stillgelegten Bergwerken. »Das Potenzial ist vollkommen ausreichend«, sagt einer der mit dem Projekt befassten Beamten.

Das Klimaschutz-Szenario der Stromreformer birgt jedoch ein enormes politisches Problem: Die Auslastung der bestehenden Kraftwerke und die Gewinne ihrer Betreiber würden stetig sinken, und auf lange Sicht geriete das ganze Geschäftsprinzip Großkraftwerk zum Auslaufmodell. Wenn sie ihre Unternehmen nicht auf Schrumpfkurs setzen wollten, dann wären die Führungskräfte der Stromversorger gezwungen, radikal umzudenken und völlig neue Geschäftsstrategien zu erfinden. Und genau dazu sind die verantwortlichen Manager seit Jahren nicht bereit. Stattdessen versuchen sie mit aller Macht, die Energiewende so lange aufzuhalten, wie es geht. Schon das Stromeinspeisungsgesetz für die Windenergie hatten sie in den 90er Jahren bis hinauf zum Europäischen Gerichtshof vergeblich zu Fall zu bringen versucht.

Seit 2000 hat die Stromindustrie jedes Jahr ein Prozent ihres

Marktes an die neue politisch geförderte Konkurrenz verloren, weil sie den Boom verschlafen hat. Dass private Investoren den Ökostromsektor aufbauen würden, hatten die Strommanager nicht erwartet. Als es zu spät war, verweigerte dann zum Beispiel der Eon-Konzern an der holsteinischen Nordseeküste, wo die Windgeneratoren besonders viel Strom bringen, den nötigen Ausbau des Netzes mit Erdkabeln. Bei starkem Wind sind die bestehenden Kabel nun schon seit Jahren überlastet. Kurzerhand verfügte die Netzgesellschaft von Eon darum, dass ihre Techniker bei Starkwind ganze Windparks per Fernsteuerung einfach abschalten. In der Folge kam der Windkraftausbau an der Küste praktisch zum Stillstand.

In den Bundesländern Bayern, Baden-Württemberg, Nordrhein-Westfalen und Hessen verbündeten sich die Verteidiger des Großkraftwerks mit konservativen Politikern gegen die vermeintliche »Landschaftszerstörung« durch Windräder. Die Landesregierungen erließen Vorschriften, mit denen der Bau von Windkraftanlagen fast vollständig gestoppt wurde. Dabei sind gerade die Unternehmen der konventionellen Stromwirtschaft für die Verwüstung von mehreren Tausend Quadratkilometern Kulturlandschaft und die Vertreibung ihrer Bewohner in der Lausitz und im Rheinland verantwortlich. Dort lassen sie Braunkohle in riesigen Tagebaugruben fördern, um sie anschließend in Kraftwerkskesseln zu verheizen. Parallel zu ihrem romantisch aufgeladenen Kampf fürs ländliche Idyll inszenierten die Konzernstrategen zudem über Jahre eine Desinformationskampagne, wonach Windstrom »das Vierfache der Kosten des heutigen Kraftwerksparks« verursache, wie etwa Jürgen Elsässer, der frühere Leiter des Stromgeschäfts bei Eon, behauptete.[279]

Erst im Laufe des Jahres 2007 wurde diese Kampagne stillschweigend aufgegeben. Mit einer propagandistischen Kehrtwende, die selbst Branchenkenner verblüffte, stellten sich ausgerechnet die vier Konzerne und ihre Vorstände plötzlich als Vorkämpfer für die ökologisch angepasste Stromversorgung dar. »Für eine saubere Energieversorgung setzen wir auf Mutter Natur«, ließ da RWE-Chef Großmann in ganzseitigen Zeitungsanzeigen verbreiten und kündigte an, ab 2008 jährlich eine Milliarde Euro in die Erzeugung von Ökostrom zu investieren. Auch Großmanns Kollege von Eon, Wulf Bernotat, eigentlich ein Hardliner der Atomfraktion, investierte Millionen in eine Imagekampagne. »Bei erneuerbaren Energien sind wir in unserem Element«, proklamieren die Strommanager nun und verweisen auf Milliardeninvestitionen in spanische und amerikanische Windparks oder »Strom aus dem Meer« mittels exotischer »Gezeitenkraftwerke«. Selbst EnBW, der südwestdeutsche Stromversorger und Ableger des französischen Staatskonzerns EdF, versprach die Ausweitung seines Ökostromanteils auf 20 Prozent.

So erfreulich die Wende wäre, bisher könnte die Irreführung größer kaum sein. Tatsächlich wollen die vier Konzerne bis 2012 mindestens 19 Großkraftwerke auf der Basis von Braun- und Steinkohle zusätzlich errichten und so den CO_2-Ausstoß steigern statt mindern. Sechs dieser Klimakiller waren im Frühjahr 2008 schon im Bau, alle weiteren im Genehmigungsverfahren. Um ihre Pläne gegen alle klimapolitische Vernunft durchzusetzen, bedienen sich die Unternehmen unhaltbarer Versprechungen auf eine Technologie, die es gar nicht gibt. Und niemand verkauft diese große Illusion besser als ein freundlicher Herr aus Schweden, der sich als überzeugter Klimaschützer ausgibt und gute Beziehungen zu Deutschlands Regierungschefin unterhält.

Die Kohlelüge

Lars Göran Josefsson ist ein angenehmer Gesprächspartner. Stets lächelt er freundlich, hört geduldig zu und gibt sich sichtlich Mühe, jede noch so komplizierte Frage zu beantworten. Josefsson ist Vorstandsvorsitzender von Vattenfall, dem europäischen Stromkonzern in schwedischer Staatshand. Er gebietet über ein weitverzweigtes Großunternehmen mit fünf Millionen Kunden und 16 Milliarden Euro Jahresumsatz in Polen, Finnland, Schweden, Dänemark und Deutschland. Gleichwohl hat der 57-jährige Schwede wenig gemein mit seinen Kollegen in vergleichbarer Position. Deren berufsbedingter Hang zur

Selbstdarstellung und ihre plumpe Marktideologie sind Josefsson fremd. Seine Sorge, versichert er mit ernstem Blick, gilt vielmehr dem drohenden Klimawandel. Dieser werde, »wenn wir nichts tun, so stark in alle Lebensbereiche eingreifen, dass dies die Stabilität unserer Gesellschaften« bedrohe, erklärt der schwedische Stromboss, und wahrscheinlich meint er das auch so. Überzeugend kann er berichten, wie ihn der Vortrag eines kanadischen Indianerhäuptlings über die enormen Schmelzwasserfluten in der Arktis infolge der Erwärmung erschüttert habe. Seinen »Weckruf« nennt er diese Begegnung. Darum will Josefsson das Problem nicht der Politik überlassen und die Geschäftswelt aufrütteln. Darum hat er gemeinsam mit anderen Konzernbossen eine Resolution für die weltweite Einführung von Gebühren für CO_2-Emissionen unterzeichnet. Darum auch hat ihn Kanzlerin Angela Merkel zum klimapolitischen Berater berufen. Schließlich versprechen Vattenfall und dessen Chef per Zeitungsanzeige, keine »leeren Worte« machen zu wollen, sondern »Energie für Aktivisten«. Zur Illustration dient das Bild eines Redners, aus dessen Mund roter Qualm aufsteigt.[280]

Das klingt gut und ist doch nur genau die heiße Luft, mit der Vattenfall nichts zu tun haben will. Denn jenseits seiner verbalen Bekenntnisse verfolgt Josefsson einen Kurs, der den Klimaschutz in Deutschland regelrecht torpediert. Das von ihm geführte Unternehmen ist mit einem Ausstoß von jährlich 82 Millionen Tonnen Kohlendioxid der zweitgrößte Klimaschädling in Europa.[281] Seine drei ostdeutschen Kraftwerkszentralen verbrennen die besonders umweltschädliche Braunkohle. Für jede Kilowattstunde setzen sie fast ein Kilogramm CO_2 frei, mehr als doppelt so viel wie ein Erdgaskraftwerk. Trotzdem will Vattenfall seine Emissionen noch ausweiten. Ein weiterer Braunkohleblock im sächsischen Boxberg ist schon im Bau und wird ab 2010 voraussichtlich noch einmal 4,5 Millionen Tonnen CO_2 jährlich produzieren. Gleichzeitig ist die Errichtung zweier Steinkohlekraftwerke mit zusammen 1640 Megawatt Leistung in Hamburg bereits fest eingeplant und vom dortigen Bürgermeister schon zugesagt. Ein Steinkohleblock ist zudem in Berlin vorgesehen. Werden diese Kraftwerksneubauten tatsächlich errichtet, dann wird die Bundesregierung schon allein dadurch ihr Emissionsziel bis 2020 verfehlen. Ihr Plan sieht vor, dass bis dahin trotz der Abschaltung von 17 Atomkraftwerken in der übrigen Stromindustrie die Emissionen um 80 Millionen Tonnen pro Jahr sinken. Das werde möglich, so versprach Umweltminister Sigmar Gabriel, wenn neben dem Ausbau von Wind-, Solar- und Biogaskraftwerken und der Kraft-Wärme-Kopplung alte durch neue Kohlekraftwerke ersetzt und so über deren höhere Effizienz Brennstoff eingespart würde. Dieses Konzept setzt freilich voraus, dass tatsächlich genauso viel Erzeugungskapazität in alten Meilern abgeschaltet wird, wie neue ans Netz kommt. Aber genau das ist, entgegen den Behauptungen des Ministers, in Josefssons Planung nicht vorgesehen, genauso wenig wie bei den anderen Konzernen.

RWE etwa verspricht, das Unternehmen werde durch »neue hocheffiziente Kraftwerke« den CO_2-Ausstoß »im Vergleich zu Altanlagen um 13 Millionen Tonnen pro Jahr verringern«. Tatsächlich aber werden vier neue Braunkohleblöcke des Konzerns, die schon im Bau sind, ein Drittel mehr Kapazität haben als die alten, stillzulegenden Anlagen. Die Emissionen werden bestenfalls gleich hoch bleiben. Ganz ähnlich verhält es sich mit den Planungen für mindestens weitere zehn Kohlekraftwerke. Und selbst wenn es bei diesem Übergang zu einer geringfügigen Minderung der Emissionen käme, wäre die Verwirklichung der Baupläne trotzdem verhängnisvoll. Denn Deutschland würde mit neuen Kraftwerken im Wert von zig Milliarden Euro für Jahrzehnte auf die Kohleverbrennung festgelegt, obwohl nach dem Willen der breiten Mehrheit des Bundestages bis 2050 die Emissionen doch um 80 Prozent vermindert werden sollen.

Angesprochen auf diesen Widerspruch, gibt der freundliche Herr Josefsson eine scheinbar simple Antwort: Ja, die Braunkohle sei »ein Klimakiller«, und Kohlekraftwerke seien »langfristig ein großes Problem«. Aber man werde irgendwann, vielleicht schon 2015, vielleicht aber auch erst ab 2020, die Anlagen auf ein »Verfahren umstellen, dass sie kaum mehr CO_2 ausstoßen«. Er sei, sagt der Braunkohlenstratege, »davon überzeugt, dass es möglich und wirtschaftlich ist, das Gas abzuscheiden und zu lagern«. Es gebe eben nur »diese zeitliche Lücke«, bis die Technologie verfügbar sei. Darum sei es auch gar »nicht nötig«, schon in den kommenden zehn Jahren die Emissionen zu drosseln. Vielmehr werde es »in 20, 30 Jahren« möglich, »den CO_2-Ausstoß schnell und drastisch nach unten zu fahren, ohne dass hohe Kosten entstehen«.

Klimaschutz ganz entspannt, nach dem Prinzip »Schau'n mer mal«? Josefsson und seine Kollegen in den anderen Stromkonzernen setzen auf die sogenannte CCS-Technologie (Carbon Capture and Storage). Dabei soll das CO_2 in der Abluft abgetrennt, anschließend gekühlt und verflüssigt und schließlich in wasserführende Gesteinsschichten einige Hundert Meter tief unter der Erdoberfläche oder sogar unter dem Meeresgrund verpresst werden.

Zwar haben sowohl Vattenfall als auch RWE mit der Planung für entsprechende Pilotanlagen begonnen. Parallel dazu erkunden die Unternehmen gemeinsam mit staatlichen Forschungseinrichtungen potenzielle Lagerstätten. Daher ist es gut möglich, dass es tatsächlich schon 2015 ein oder zwei Pilotkraftwerke geben wird, in denen das Treibhausgas abgefangen und gelagert wird. Dennoch werden diese Forschungsprojekte nach Meinung der meisten Fachleute für den Klimaschutz völlig bedeutungslos bleiben. Denn auch wenn die CO_2-Abscheidung technisch machbar sein sollte – dass sie je im großen Stil in die Praxis umgesetzt wird, ist mehr als unwahrscheinlich.

Dagegen spricht schon, dass diese Technologie den Verbrauch fossiler Ressourcen nicht senken, sondern massiv in die Höhe treiben würde, weil das Verfahren selbst erhebliche Mengen an Energie verbraucht. Der Wirkungsgrad der Stromerzeugung würde wieder auf das Niveau der 70er Jahre zurückfallen. Gleichzeitig würden sich die Kosten mindestens verdoppeln. Jede Tonne deponiertes Kohlendioxid wird voraussichtlich mit 35 bis 50 Euro zu Buche schlagen, kalkulieren die Autoren der bisher gründlichsten Studie zum Thema, die von drei Forschungsinstituten im Auftrag der Bundesregierung erstellt wurde.[282] Gleichzeitig sei langfristig mit steigenden Preisen für Kohle und Gas zu rechnen. Demgegenüber werde die

Stromerzeugung aus erneuerbaren Quellen stetig billiger. Mit einer verpflichtenden Einführung der CCS würde sich daher »bereits viel früher eine Konkurrenzfähigkeit zwischen erneuerbaren Energien und der fossilen Stromerzeugung einstellen«, erwarten die Gutachter. Dies werde schon ab dem Jahr 2020 der Fall sein, also jenem Zeitpunkt, zu dem die CCS-Technik frühestens kommerziell einsetzbar wäre. Mit anderen Worten: Volkswirtschaftlich ergeben die Technikfantasien von Josefsson und seinen Kollegen überhaupt keinen Sinn. Der Aufwand für die Beseitigung der Abgase aus der Kohlestromherstellung wird teurer, als wenn die Elektrizität gleich ohne Treibhausgase hergestellt wird.

Zu diesem Ergebnis kommt erst recht, wer die gesamte Prozesskette betrachtet. Zum einen wären auch CCS-Kraftwerke keineswegs CO_2-frei. Einschließlich der Verluste im Kraftwerk, bei der Kohleförderung und beim Transport aus und zu den Lagerstätten könnten gerade mal 70 Prozent des produzierten Treibhausgases zurückgehalten werden, kalkulieren die Gutachter. Vor allem aber würden der Abtransport und die Lagerung von täglich Millionen und Abermillionen Tonnen Gas eine teure und komplexe Infrastruktur mit enormen Sicherheitsproblemen erfordern. Für den ganzen Kontinent werde »man wohl ein neues Pipeline-Netz bauen müssen«, erklärt Josefsson dazu lapidar. Die Trassen müssten jedoch »aus Sicherheitsgründen entfernt von dicht besiedelten Gebieten« verlaufen und mit einer aufwendigen Leckage- und Überdrucksicherung versehen werden, warnen die Experten der Bundesregierung. Denn CO_2 ist schwerer als Luft. Bei einem Leck würde das Gas am Boden schnell den Luftsauerstoff verdrängen. Schon ab einem Anteil von acht Prozent in der Atemluft wirkt Kohlendioxid tödlich. Bereits heute ist absehbar, dass viele Bürger sich gegen solche potenziellen Todesfallen in der Nähe ihrer Wohnorte wehren werden.

Jahrzehnte würden vergehen, bevor auch nur alle Kraftwerke angeschlossen wären. »Selbst wenn die Speicherung funktionieren sollte, so kommt sie zu spät, sie wird zu teuer, und sie bindet viel zu viel Kapital, das in saubere Energiegewinnung besser investiert wäre«, meint Hermann Ott, Experte für Klimapolitik des Wuppertal Instituts für Klima, Umwelt, Energie und Berater der Bundesregierung bei den Verhandlungen für einen neuen Weltklimavertrag. Darum müsse man so planen, als ob diese Technologie nicht funktioniere. »Ansonsten wachen wir 2020 auf, und es ist zu spät für die Entwicklung der Alternativen«, warnt Ott.

Die von der alten Stromindustrie verbreitete Hoffnung, ihr CO_2-Problem ließe sich so wie einst beim Schwefelabgas einfach mit einer Art Filter lösen, ist also nichts als ein Ablenkungsmanöver, um den nötigen Umbau der Stromwirtschaft zu blockieren. Das haben Josefsson und seine Mitarbeiter schon demonstriert, als sie der Hamburger Stadtregierung ihr 1600-Megawatt-Steinkohlekraftwerk verkauften. Ab 2015 werde die Anlage mit CCS nachgerüstet, vereinbarte Josefsson im persönlichen Gespräch mit dem Bürgermeister. Und wenn das dann doch nicht klappt? »Dann haben wir ein Problem«, gestand der Vattenfall-Chef treuherzig Journalisten gegenüber und sicherte für diesen Fall eine Strafzahlung von 10,5 Millionen Euro in einen »Klimafonds« zu, gerade so, als ob sich Klimaschutz per Ablasshandel regeln ließe. Auf die gleiche Propaganda ließ sich auch die Regierung des Braunkohlelandes Brandenburg ein und treibt nun die Planung von weiteren hundert Quadratkilometern Tagebauverwüstung voran.

All das wäre nur eine Farce, wenn es ein rein deutsches Problem wäre. Doch Deutschland hat sich weltweit als eine Art Leitnation für den Klimaschutz etabliert. Schon dient die Propagandalüge von der »Clean Coal Technology« der gesamten traditionellen Energieindustrie als grünes Feigenblatt. Mit dem Versprechen, ihre Anlagen dereinst nachzurüsten, investieren Kohle- und Ölunternehmen von Australien über China bis nach Kanada in neue Geschäfte mit dem schmutzigen schwarzen Gold. Nicht zufällig fördert auch die Regierung des Klimawandelleugners George Bush die Entwicklung der CCS-Technik, um auf diesem Weg die alten Industrien davor zu bewahren, dass ihre Rohstofflager und Anlagen wertlos werden. Selbst der Ölkonzern Exxon, dessen Management noch bis vor Kurzem den Klimawandel als eine Erfindung hysterischer Umweltschützer bezeichnete, macht mittlerweile Werbung mit seiner Beteiligung an entsprechenden Forschungsprogrammen. Ein Prototyp im Bundesstaat Illinois, den das US-Energieministerium geplant hatte, wurde allerdings Anfang 2008 gestoppt, weil sein Bau zu teuer geworden wäre. Auch Norwegen hatte wenige Wochen zuvor bereits ein ähnliches Projekt eingestellt.[283] Würde nun ausgerechnet Deutschland sich auf Dauer von der Kohleverstromung abhängig machen, ginge davon unvermeidlich ein verhängnisvolles Signal für die ganze Welt aus.

Auch Umweltminister Sigmar Gabriel musste im November 2007 auf hartnäckige Nachfragen der Umweltorganisation Greenpeace einräumen, dass die Bundesregierung »die Klimaschutzziele nicht erreichen« werde, wenn die Industrie ihre Kraftwerkspläne durchsetze. Er habe »keine Lust, mit einem Riesenaufwand ein Energiepaket durch die Regierung zu kriegen«, beschwerte sich Gabriel in aller Öffentlichkeit, nur damit »dann hinterher durch eine Energiepolitik von vier Konzernen ein Teil davon wieder aufgefressen wird«.[284] Ein paar Wochen zuvor hatte Gabriel noch ganz anders argumentiert. Nachdem seine Parteigenossen in der Stadt Krefeld gegen ein neues Kohlekraftwerk votiert hatten, war er sogar eigens zu einem Bezirksparteitag gereist, um sie vom Gegenteil zu überzeugen.

Gabriels Schlingerkurs dokumentiert das Dilemma seiner sozialdemokratischen Partei. Traditionell ist sie aufs Engste mit den Konzernen verbunden. Gleich mehrere frühere SPD-Wirtschaftsminister und Staatssekretäre stehen in den Diensten von RWE oder Eon und waren aktiv daran beteiligt, deren Monopolmacht auszubauen.[285] Gleichzeitig verteidigen die beiden SPD-nahen Gewerkschaften IG Bergbau, Chemie, Energie und ver.di eisern die alten Konzernstrukturen. Die Dienstleistungsgewerkschaft organisierte im Februar 2007 eigens eine Demonstration mit rund 20000 Arbeitern aus dem Kohlebergbau in der Berliner Innenstadt gegen mögliche Klimaschutzauflagen.[286]

Der Umweltminister, die Kanzlerin und ihre große Koalition im Parlament sind dem Widerstand der Konzernstrategen und ihrer gewerkschaftlichen Hilfstruppen jedoch keineswegs hilflos ausgeliefert. Im Gegenteil: Längst hat sich auch an der Basis der Parteien und bei vielen Wählern herumgesprochen, dass die Stromversorgung der Zukunft auch ohne Großkraftwerke organisiert werden kann. In den Städten Bremen und Krefeld entschieden die Stadträte im Laufe des Jahres 2007 gegen geplante Kohlemeiler. Selbst in der Gemeinde Ensdorf inmitten der Kohle- und Stahlregion des Saarlandes stimmten die Bürger mehrheitlich gegen die Pläne des RWE-Konzerns für einen neuen 1600-Megawatt-Block. Wollten Gabriel und Merkel diese Bereitschaft der Bevölkerung zum Wandel nutzen, stünde ihnen zudem ein gewichtiger Bündnispartner zur Seite: die EU-Kommission in Brüssel. Dort sind zwei mächtige politische Instrumente in Arbeit, mit denen der nötige Umbau der Stromindustrie leicht zu erzwingen wäre.

Kapital gegen Kapital

Ein wirksamer Hebel könnte schon das europäische Emissionshandelssystem sein. Im Jahr 2003 endlich eingeführt, hätte es den Klimaschutz in Europa eigentlich längst zu einem Selbstläufer machen sollen. Die Idee dahinter, die der kanadische Ökonom John Dales bereits vor 40 Jahren formulierte, ist ebenso einfach wie genial. Anstatt jedem einzelnen Betrieb vorzuschreiben, wie viel Abgas er ausstoßen darf, legen die Staaten lediglich eine jährliche Gesamtmenge an Emissionen für Industrieanlagen fest und teilen diese auf die betriebenen Werke auf. Diese Funktion haben die »Nationalen Allokationspläne«, die alle EU-Staaten erstellen mussten, nachdem sie im Dezember 2002 das System einstimmig beschlossen hatten.

Die zugeteilte Menge richtet sich in der Regel nach den Emissionen der jeweiligen Anlagen in der Vergangenheit, abzüglich der von der Politik gewollten Kürzung. Anschließend haben die Unternehmen zwei Möglichkeiten: Entweder sie investieren in neue Technik, die weniger Abgas produziert. Dann kommen sie mit ihren zugeteilten Lizenzen aus oder können sogar überschüssige verkaufen und einen zusätzlichen Gewinn erzielen. Oder aber sie müssen Zertifikate hinzukaufen, weil neue Anlagen sich noch nicht lohnen. Im Ergebnis findet der Klimaschutz dort statt, wo er zu den geringsten Kosten zu haben ist. »Cap and trade«, begrenzen und handeln, lautet die Ökonomen-Formel für das System. Darum musste etwa der RWE-Konzern für seine Braunkohlekraftwerke bis zum Jahr 2006 bei anderen Unternehmen, bei denen Einsparmaßnahmen schneller zur Hand waren, Lizenzen für rund neun Millionen Tonnen CO_2-Ausstoß dazukaufen.

Die Grundvoraussetzung für das Funktionieren des Systems ist freilich gleichzeitig eine hohe politische Hürde: Der »Cap«, die Obergrenze, muss unter dem Bedarf liegen und auch kontinuierlich sinken. Nur so entsteht ausreichend Anreiz für Investments in saubere Technik. Das ist im ersten Anlauf in Europa gründlich schiefgegangen. Unter dem gut organisierten Lobbydruck der betroffenen Industrien erteilten die meisten Regierungen während der ersten, dreijährigen Probezeit bis 2007 mehr Lizenzen, als am Ende tatsächlich gebraucht wurden. Zum Schluss der ersten Handelsperiode waren die mit einem ungeheuren bürokratischen Aufwand eingeführten Lizenzen nur noch ein paar Cent pro Tonne wert und erzeugten so keinerlei Handlungsdruck mehr in den Unternehmen.

Ein weiterer großer und teurer Fehler war die freie Zuteilung der Zertifikate. Wenn Mangel besteht, haben sie einen Wert. Im Frühjahr 2008, zum Beginn der zweiten Handelsperiode, wurden sie an Europas Strombörsen für rund 21 Euro pro Tonne gehandelt. Diesen Wert rechnen die Produzenten, vor allem aber die Stromkonzerne in den Preis für ihre Waren ein, obwohl sie die Lizenzen vom Staat geschenkt bekommen. Im Ergebnis streichen die Unternehmen bei rund 500 Millionen Tonnen CO_2-Emissionen jährlich auf Kosten ihrer Kunden auch noch bis zu zehn Milliarden Euro im Jahr zusätzlich ein, ohne zusätzliche Leistungen zu erbringen. Die Stromhersteller »haben aus dem Emissionshandel ein Instrument zur Bereicherung und Umverteilung gemacht«, urteilte der Energieexperte des Bundesverbands der Verbraucherzentralen, Holger Krawinkel.

Beide Defizite des Systems sind aber durchaus zu heilen. Für die Zeit nach 2012, wenn der Klimavertrag von Kyoto ausläuft, müssen die EU-Regierungen die Regeln ohnehin neu gestalten. Die Obergrenzen könnten dann in Jahresschritten zehn Jahre im Voraus so festgelegt werden, wie es die politisch gewollten Minderungsziele ohnehin vorsehen. Und gleichzeitig müssten die Lizenzen im vollen Umfang versteigert werden, anstatt sie frei zu verteilen. Die Vorteile wären enorm. Nicht nur hätte saubere Technik riesige Vorteile am Markt. Zudem würde der Staat viele Milliarden Euro einnehmen. Damit könnten die Regierungen die neuen Aufgaben finanzieren, die unvermeidlich mit dem Klimaschutz verbunden sind. Die Wohlstandsstaaten müssen den Opfern des Klimawandels in den Armutsländern helfen, mit den Folgen fertig zu werden. Und sie müssen die ärmeren Bevölkerungsschichten in ihren eigenen Ländern dafür entschädigen, dass ihre geringen Einkommen auch noch durch steigende Energiepreise geschmälert werden.

Denn das ist die – von den meisten Umweltschützern verdrängte – Kehrseite einer wirksamen Klimapolitik. Die Ärmsten trifft es am härtesten, wenn Strom, Heizung und Verkehr zunächst teurer werden, weil Gebäude, Fahrzeuge und Produktionsanlagen umgerüstet werden. Schon im Jahr 2007 erschreckte die Boulevardzeitung *Bild* ihre Leser mit Schlagzeilen wie »Autofahren nur noch für Reiche?«. Sobald aber der Klimaschutz in den Ruf gerät, die ohnehin zunehmend ungleiche Verteilung der Einkommen noch zu verschärfen, wird es kaum noch möglich sein, die Mehrheit der Wähler dafür zu gewinnen.

Im Grundsatz hat sich auch Deutschlands Umweltminister Gabriel bereits dafür ausgesprochen, ab 2013 nicht mehr nur zehn Prozent der Lizenzen wie bisher an den jeweils Meistbietenden zu verkaufen, sondern die gesamte Tranche. Würde er seine Ministerkollegen in den übrigen EU-Staaten dafür gewinnen, könnte die Union das auch frühzeitig gesetzlich festlegen. Die verantwortlichen Beamten der EU-Kommission, die über die Einhaltung der international versprochenen Klimaziele wachen müssen, sind ohnehin dafür. Schon allein damit würden vermutlich einige der vorgesehenen Kohlekraftwerke über das Planungsstadium nicht mehr hinauskommen, weil die künftigen Kosten nicht zu kalkulieren wären.

Die Versteigerung der Lizenzen erweist sich allerdings ebenfalls als extrem bürokratisch, das ganze Regelwerk mit kiloschweren Vorschriften also als ungeheuer planungs- und kontrollaufwendig. Das entbehrt nicht einer gewissen Ironie, wurde es doch seinerzeit bei der Aushandlung des Kyoto-Protokolls in den 90er Jahren gerade als vermeintlich flexibleres und dynamischeres Marktinstrument einer simplen Steuer auf Kohlenstoffemissionen vorgezogen – auf Drängen der USA, die das Kyoto-Protokoll dann selbst gar nicht unterzeichneten. Die CO_2-Steuer würde den gleichen Zweck auf sehr viel einfachere Weise erfüllen, was mittlerweile auch viele Ökonomen in den USA und Großbritannien so sehen.[287] Ein Aufschlag auf die Umsatzsteuer bei allen Brennstoffen, der im Ergebnis jede Tonne emittiertes Kohlendioxid mit 30 Euro belastet, hätte den Vorteil, dass alle Marktteilnehmer von vorneherein wüssten, mit welchen Preisen sie kalkulieren müssen. Parallel dazu könnte der Gesetzgeber eine feste Summe festlegen, die jeder Bürger im Jahr zurückerstattet bekommt. Die größte Last hätten diejenigen zu tragen, die am meisten verbrauchen. Sparsame Konsumenten würden dagegen mehr zurückerhalten, als sie für die höheren Brennstoffpreise ausgeben. Die Signale wären also sehr viel eindeutiger und bürgerfreundlicher gesetzt. Es ist allerdings nicht sehr wahrscheinlich, dass eine globale CO_2-Steuer noch neben dem Emissionshandel politisch durchsetzbar wird – oder ihn gar nach dem gigantischen Aufwand seiner Einführung doch noch ersetzen kann. Umso wichtiger ist, dass das bestehende Instrument schärfere Zähne bekommt.

Neben dem Emissionshandel haben die EU-Kommissare aber noch ein weiteres Instrument geschmiedet, dessen Umsetzung entscheidend für Erfolg oder Misserfolg der Energie- und Klimapolitik wird. Geht es nach dem Vorschlag der niederländischen Wirtschaftspolitikerin und amtierenden Kommissarin für Wettbewerbsfragen, Neelie Kroes, sowie ihres für Energie zuständigen Kollegen Andris Piebalgs, dann müssten die Energiekonzerne europaweit die Netze zur Verteilung von Elektrizität und Erdgas an den Staat oder neutrale Unternehmen verkaufen, die nicht selbst mit der Herstellung von Strom und Gas befasst sind. Die Kommissare begründen ihren Vorschlag damit, dass nur so das Kartell der Produzenten gebrochen und echter Wettbewerb auf den Energiemärkten geschaffen werden könne. Ihnen geht es vor allem um den Schutz der Verbraucher vor überzogenen Preisen. Doch mindestens ebenso wichtig wäre eine ganz andere Wirkung: Nicht die Kraftwerksbetreiber, sondern allein der Netzbetreiber und die staatlichen Vorgaben würden darüber entscheiden, wer wo zu welchen Bedingungen Strom und Gas einspeist.

Käme es zu dieser Freiheit, würden zahlreiche Innovationen möglich, die bisher an der Blockademacht der alten Konzerne scheitern. Enorme Wirkung könnte etwa die Installation elektronischer Zähler mit Internetanschluss bei den Kunden haben. Darüber könnten Netzbetreiber oder andere Dienstleister den Strombedarf viel leichter steuern als bisher. Wenn Haushaltskunden sich gegen einen ermäßigten Preis bereit erklären, Großgeräte wie Waschmaschinen oder Kühlschränke bei Spitzenlast zeitweilig per Fernsteuerung für einige Minuten ausschalten zu lassen, könnten Millionen Haushalte dazu beitragen, teure Regelkraftwerke zu ersetzen, mit denen die schwankende Stromlast bisher ausgeglichen wird. Würde der Stromfluss in beiden Richtungen laufen, ließen sich auch Tausende von Mikroturbinen in den Heizkellern oder Solarzellen auf den Dächern zu virtuellen Kraftwerken zusammenschalten und als solche vermarkten.

Unabhängige Netzbetreiber würden – aus eigenem Interesse – auch die Verbindungen zwischen den nationalen Netzen so ausbauen, dass die bisherigen Engpassstellen an den Grenzen beseitigt würden. Auf diesem Weg könnte der Nachteil der Windkraft, die unstete Erzeugung, europaweit ausgeglichen werden. Das würde zum Beispiel das Problem des dänischen Netzbetreibers Eltra lösen, der an vielen Tagen des Jahres mehr Windstrom zur Verfügung hat, als im Land benötigt wird. Mangels Abnehmer müssten viele Anlagen zuweilen abgeschaltet werden oder man müsse den Strom verschenken, klagt Chefingenieur Jon Eli Nielsen. Er wünscht sich einen Euroverbund. »Je größer der Pool der Netzbetreiber, desto mehr gleichen sich die Schwankungen aus, irgendwo weht der Wind immer«, prophezeit Nielsen. Selbst Sturmfronten und Flauten ließen sich so leicht ausregulieren.[288]

Wäre der Zugang zu den Netzen frei, hätte womöglich sogar der »Desertec«-Plan des Club of Rome eine Chance. Der sieht die Errichtung solarthermischer Kraftwerke in den nordafrikanischen Staaten vor, um von dort aus Europa mit zusätzlichem Strom zu versorgen. Die nötige Technologie ist in Kalifornien und Spanien schon in Betrieb. Auch die Übertragungstechnik, die ohne große Verluste die Entfernungen überbrückt, ist verfügbar. Bei Serienfertigung könnte der Preis für den afrikanischen Sonnenstrom auf vier bis fünf Cent pro Kilowattstunde sinken, kalkulierten Gutachter im Auftrag der Bundesregierung. Das Potenzial wäre praktisch unbegrenzt. Pro Quadratkilometer können 250 Millionen Kilowattstunden jährlich produziert werden, genug für rund 50 000 Vierpersonenhaushalte in Deutschland.[289] Sogar der Autoverkehr wäre dann klimagerecht zu gestalten. Elektromotoren könnten an die Stelle der Benzin- und Dieselaggregate treten, eine Entwicklung, die inzwischen die meisten Automobilkonzerne ohnehin anstreben.[290] Die Batterien von Millionen parkenden und ans Netz angeschlossenen Fahrzeugen wiederum könnten als kollektiver Massenspeicher dienen, um den unregelmäßig produzierten Ökostrom aufzunehmen. Vermutlich ist dies sogar die rationellste Form überhaupt, um den genauen Ausgleich zwischen Erzeugung und Nachfrage zu regeln, meint Dirk Uwe Sauer, Physiker an der RWTH Aachen.

Ob sich diese oder andere Konzepte letztlich durchsetzen, kann niemand vorhersehen. Darum ergebe »die Erstellung von irgendwelchen Masterplänen für Jahrzehnte im Voraus keinen Sinn«, meint Felix Matthes, Leiter der Energieabteilung des deutschen Öko-Instituts, einer der führenden europäischen Denkfabriken für Umwelt- und Energiepolitik. Stattdessen müsse man »nur den Raum öffnen, um Lösungen möglich zu machen«. Darum »sollte der Netzbetrieb unbedingt unabhängig von anderen Interessen werden«, fordert Matthes. Schließlich überlasse man das Straßennetz ja auch nicht den Autokonzernen. Der Schlüssel zur Lösung des Energieproblems sei »der freie Zugang zur Infrastruktur«, meint Matthes und ist sich darin einig mit dem berühmtesten Klimaaktivisten der Welt, dem US-Politiker Al Gore. Die Öffnung des Stromnetzes werde »die gleiche explosive Wirkung« für die Entstehung »smarter Energietechniken« haben, wie der Aufbau des Internets für die Verbreitung der Computertechnik, erwartet der Friedensnobelpreisträger.[291]

Gore setzt darum einen großen Teil seines Geldes und seiner Werbewirkung auf die Mobilisierung innovativer Unternehmer. Mithilfe eines früheren Managers der Investmentbank Goldman Sachs hat er den Fonds »Generation Investment« aufgelegt; daran ist auch die Firma des Internetmilliardärs John Doerr beteiligt, der einst mit dem Kauf der ersten Anteile von Google und Amazon sein Vermögen machte. Gemeinsam wollen sie einen zweistelligen Milliardenbetrag in neue Energieunternehmen investieren. »Technik für Nachhaltigkeit und Umwelt ist das nächste große Ding. Das ist wirklich die Mutter aller Märkte«, meint der Kalifornier Doerr, der im Sommer 2006 mit vielen seiner Freunde aus dem Silicon Valley eine Kampagne für die Klimaschutzvorschläge des Gouverneurs Arnold Schwarzenegger startete.

Genauso wie in Deutschland wehren sich auch dort die alten Industrien und die Kraftwerksbetreiber gegen Emissionsauflagen und Netzöffnung. Mit den »willkürlichen Emissionsgrenzen« drohe »die Vertreibung von Arbeitgebern« in andere Bundesstaaten, warnte da der Chef der Handelskammer. Die neuen staatlichen Vorgaben würden einen Markt mit einer stabilen Nachfrage für neue Technologien schaffen, hielt Doerr dagegen. Kalifornien sei in Hightech und Biotech führend. Nun gehe es darum, »ob wir bei Greentech führen oder hinterherlaufen«, mahnte der Klimaaktivist und verwies auf die vergangenen Erfolge: »Vor sieben Jahren gab es noch gar kein Google. Das zeigt, wie schnell die Kalifornier die Welt verändern können.«[292] Nicht zuletzt dank solcher Unterstützung setzte sich Schwarzenegger schließlich gegen die Gegner in seiner eigenen Partei und im Parlament durch.

So illustriert der Verlauf der kalifornischen Klimadebatte, dass es letztlich um die Entscheidung zwischen den gegenläufigen Interessen verschiedener Branchen und Fraktionen von Kapitaleignern geht. In der Klimafrage stehe »nicht das Gemeinwohl gegen private Interessen, wie die meisten glauben«, erklärt der Lobbyist Scott Segal, der in Washington die Interessen einiger US-Stromversorger vertritt. »Die Debatte ist komplexer, der eigentliche Streit läuft zwischen den unterschiedlichen Geschäftsinteressen«, sagt Segal. Anlagenbauer, Dienstleister und die Finanzindustrie seien für schnelle Maßnahmen, die energieintensive Chemie-, Automobil- und Stahlindustrie dagegen. Deshalb seien die klassischen Wirtschaftsverbände zusehends gelähmt. Ein Teil der Mitglieder meine, sie könnten mit dem Klimaschutz Geld machen, während andere ihre Gewinne gefährdet sehen.[293] Eine ähnliche Spaltung deutet sich auch in Deutschland an. Jahrelang stellte sich der Bundesverband der Deutschen Industrie (BDI) hartnäckig gegen jeden Vorschlag, der nicht den Interessen der etablierten Strom-, Automobil- und Chemiekonzerne entsprach. Das ließ sich in 2007, dem Jahr der Klimawende, nicht länger durchhalten. Doch als Verbandschef Jürgen Thumann dann von Gutachtern des Beratungsunternehmens McKinsey untersuchen ließ, welche Maßnahmen wirtschaftlich seien, gerieten die unterschiedlichen Lager in Streit. »Blut, Schweiß und Tränen« habe der Kampf um die Schlussfassung des Gutachtens gekostet, erzählt einer der Beteiligten. Heraus kam eine in sich widersprüchliche Expertise, die zum Beispiel gleichzeitig die Förderung der erneuerbaren Energien und neue Kohlekraftwerke empfahl.

Für die Politik könnte die Konstellation eigentlich gar nicht besser sein. Wenn sogar ein großer Teil der kapitalstarken Industrien ein Interesse an einer konsequenten Klimapolitik hat und sich verschiedene Branchen gegeneinander ausspielen lassen, sollte eine konsequente Klimaschutzpolitik nicht so schwer durchzusetzen sein. Doch ausgerechnet die deutsche Klimakanzlerin und ihre sozialdemokratischen Partner schrecken davor zurück, im Stromsektor, dem wichtigsten Feld, Platz für Innovationen zu schaffen und die Netze freizugeben. Selbst die Ökonomen der Deutschen Bank, linksradikaler Neigungen unverdächtig, sprachen sich für »die vollständige Trennung der Erzeuger von den Netzen« aus. Das greife zwar in die Eigentumsrechte ein. Aber »die jahrzehntelange Akkumulation von Kapital – auch für den Ausbau der Netze« sei nicht zuletzt deshalb zustande gekommen, »weil Monopolrenditen erwirtschaftet werden« konnten. Insofern erscheine die Eigentumsfrage doch »in einem anderen Licht«, argumentieren die Banker.[294]

Aber die Kanzlerin und ihr Vize, Außenminister Frank-Walter Steinmeier, stellten sich schützend vor die Konzernmächtigen und legten in Brüssel ihr Veto ein. »Wir brauchen starke deutsche Energieversorger, die auch als Global Player mitmischen können«, begründet Steinmeier sein Festhalten an den alten Strukturen, gerade so, als ob der erzwungene Verkauf des Stromnetzes die milliardenschweren Großunternehmen ins Verderben stürzen würde.[295] Tatsächlich wäre es aber genau andersherum, als Steinmeier fürchtet: Ihrer Monopolmacht beraubt, wären Eon, RWE, Vattenfall und deren Konzernschwestern in Frankreich, Italien und anderen EU-Staaten gerade noch rechtzeitig gezwungen, ihre Geschäfte auf zukunftstaugliche Konzepte umzustellen, bevor sie von den Ereignissen überrollt werden und erneut die Marktchancen verpassen.

Zur Überraschung der Konzernlobbyisten an der Regierungsspitze ließ sich EU-Kommissarin Kroes denn auch nicht vom Widerstand der Regierungen in Berlin und anderen EU-Hauptstädten aufhalten. Bei einer umfassenden Durchsuchungsaktion in den Zentralen der vier deutschen Stromkonzerne im Dezember 2006 hatten EU-Beamte zahlreiche Unterlagen gefunden, mit denen sie den Stromoligopolisten massive Verstöße gegen das europäische Kartellrecht nachweisen konnten. Als die EU-Kommission auf dieser Grundlage Anfang 2008 dem Eon-Konzern mit einer Geldstrafe in Milliardenhöhe drohte, musste Eon-Chef Bernotat nachgeben. Um dem Strafbefehl zu entgehen, ließ er sich im Februar 2008 mit den Brüsseler Wettbewerbshütern auf einen Handel ein. Demnach soll Eon seinen Teil des Hochspannungsnetzes mit Kabelstrecken von rund 10 000 Kilometern sowie einen Teil seines Kraftwerksparks verkaufen. Im Gegenzug erklärte sich die Kommission bereit, das laufende Verfahren gegen Eon zu beenden. Das allein wird die Sperrmacht der etablierten Stromindustrie gegen den ökologischen Umbau der Stromversorgung zwar noch nicht aufheben. Aber der Rückzieher der Eon-Manager zeigte an, dass das alte System ins Rutschen gerät. Kanzlerin Merkel kündigte zunächst an, sie wolle gleichwohl die anderen drei Konzerne vor einer Abspaltung ihrer Netzbetriebe schützen. Aber der Ausstieg von Eon wird auch diese Unternehmen unter Druck setzen. Erstmals rückte damit die Chance in greifbare Nähe, das Netz großflächig für den Ausbau dezentraler und umweltfreundlicher Erzeugungsanlagen zu öffnen. Der gesamte Netzbetrieb könnte an einen staatlichen Betreiber übertragen werden, und die Politik wäre frei, jenen Unternehmen vorrangig Netzzugang zu verschaffen, deren Form der Stromproduktion den Klimaschutz voranbringt.

Gelingt dieser Befreiungsschlag jedoch nicht, droht dem vermeintlichen Klimaschutzvorbild Deutschland eine weitere Niederlage – mit weltweiten Folgen. Kann die Stromversorgung nicht rechtzeitig und ausreichend umgestellt werden, müssen die Deutschen früher oder später eingestehen, dass sie das in aller Welt versprochene Ziel einer weiteren Minderung der CO_2-Emissionen um 24 Prozent binnen zwölf Jahren nicht erreichen können – jedenfalls dann nicht, wenn gleichzeitig wie geplant 17 Atomkraftwerke stillgelegt werden. Die ausreichende Minderung der Treibhausgase sei »ohne Kernenergie nicht möglich«, behaupten Hardliner wie Eon-Chef Bernotat ohnehin seit je. Gemeinsam mit seinen Kollegen aus den anderen drei Konzernen hofft er auf die Bundestagswahl im Herbst 2009. Kann die CDU danach ohne die Sozialdemokraten regieren, dann »soll es den Energie-Erzeugern überlassen bleiben, die Kernkraftwerke so lange zu betreiben, wie das technisch möglich ist«, hatte Angela Merkel schon vor der Wahl 2005 versprochen. Setzt sich diese Vorstellung durch, und Deutschland ist weit länger auf Atomkraftwerke angewiesen als geplant, würde dies eine weitere fatale Botschaft in die Welt setzen, deren praktische Umsetzung volkswirtschaftlich widersinnig und für die Gesellschaft so bedrohlich ist wie der Klimawandel selbst.

Die Atomillusion

Wo immer in der Welt Betreiber und Befürworter der Atomkraft auftreten, ein Argument vergessen sie nie: Die Energiegewinnung aus der Spaltung von Uranatomen erzeugt nur wenig Treibhausgase. »Kernkraftwerke stoßen kein Kohlendioxid aus. Das verhindert Jahr für Jahr 150 Millionen Tonnen CO_2«, ließ etwa Deutschlands Stromkartell mit einer aufwendigen Anzeigenkampagne im Sommer 2007 verbreiten, um für die Auflösung des Vertrages zu werben, mit dem sich dieselben Unternehmen 1999 auf die schrittweise Abschaltung ihrer Reaktoren bis zum Jahr 2022 verpflichtet haben. »Atomkraft ist die Antwort auf den Klimawandel«, proklamierte auch die russische Regierung anlässlich der Konferenz der G8-Staaten in Heiligendamm im Juli 2007 und kündigte den Bau von zwei Dutzend neuer Reaktoren an.[296] Genauso halten es US-Präsident George W. Bush, die englische Regierung sowie China, Indien und die von der Atomkraft abhängigen Staaten Frankreich und Japan sowieso. Selbst das Europaparlament unterstützte im Oktober 2007 die Förderung der Nuklearenergie mit einigen Milliarden Euro aus dem Forschungsetat der EU-Kommission mit der Begründung, diese »derzeit größte kohlenstoffarme Energiequelle in Europa« biete einen »potenziellen Beitrag zur Bekämpfung des Klimawandels«. Triumphierend berichtet der Weltverband der Atomindustrie (WNA) denn auch von der »nuclear renaissance«, die mit dem weltweiten Streben nach Versorgungssicherheit und Emissionsvermeidung einhergehe.

Doch das ist pure Fantasie. Die Vorstellung, die Atomenergie könne nennenswert zur Lösung des irdischen Treibhausproblems beitragen, ist der größte anzunehmende Irrtum der globalen Klimadebatte. Tatsächlich wird der Anteil der Atomkraft an der weltweiten Stromerzeugung von 16 Prozent im Jahr 2006 in den kommenden Dekaden fallen und nicht steigen, ebenso die Zahl der Kraftwerke, prognostiziert der Pariser Kernkraftexperte Mycle Schneider, Autor des »World Nuclear Industry Status Report«, dessen Zahlen auch von Befürwortern der Atomtechnik nicht bestritten werden.[297] Ursache für den anhaltenden nuklearen Niedergang ist die Überalterung des bestehenden Kernkraftwerksparks. Allein bis zum Jahr 2015 werden 90 der 2007 weltweit noch betriebenen 339 Reaktoren das Ende ihrer Lebensdauer erreichen. Gleichzeitig sind jedoch nur 21 neue Einheiten so weit geplant oder im Bau, dass sie bis dahin in Betrieb gehen können. Selbst wenn man die 11 Projekte hinzurechnet, deren Fertigstellung wegen politischer, technischer oder finanzieller Probleme seit mehr als

20 Jahren ungewiss ist, müssten mindestens 40 weitere Atomzentralen mit zusammen mehr als 42 000 Megawatt Leistung binnen sieben Jahren geplant, finanziert und gebaut werden, nur um den Status quo aufrechtzuerhalten. Schon das ist angesichts der nötigen Planungs- und Bauzeiten und der fehlenden industriellen Kapazitäten praktisch unmöglich. In der folgenden Dekade bis 2025 stehen sogar 192 alte Reaktoren mit zusammen 168 000 Megawatt zur Schließung an. Das heißt, im Durchschnitt müsste zehn Jahre lang etwa jeden Monat irgendwo in der Welt ein neues Atomkraftwerk mit einer Kapazität von 1200 Megawatt in Betrieb gehen, um nur die bisherige nukleare Stromproduktion aufrechtzuerhalten.

Für den Klimaschutz wäre damit aber noch nichts gewonnen. Wollte man für diesen Zweck den Anteil der Atomenergie wenigstens auf ein Drittel anheben und hätte man dafür bis zum Jahr 2075 Zeit, so müssten angesichts des steigenden Bedarfs bis dahin noch einmal rund 2500 Urankraftwerke gebaut werden, kalkulierte das britische Friedenforschungsinstitut Oxford Research Group.[298] Ab 2008 gerechnet wäre das eines alle zehn Tage. Für deren Betrieb gäbe es jedoch bei Weitem nicht genügend Reserven an spaltbarem Uran, das im natürlichen Uran nur einen Anteil von 0,7 Prozent ausmacht. Die Umstellung auch nur eines Drittels der globalen Stromversorgung auf Atomkraft wäre darum nur machbar mit dem Einstieg in den Bau von Brüterkraftwerken, um darin durch Neutronenbeschuss von Natururan Plutonium zu »erbrüten« und anschließend als Reaktorbrennstoff zu verwenden. Die weltweit gehaltenen Vorräte an diesem extrem giftigen Element würden sich von bisher schon 400 Tonnen auf dann 4000 Tonnen verzehnfachen, warnen die britischen Experten. Zudem müsste sich der größte Teil dieser Plutoniumwirtschaft in Ländern entwickeln, die bisher weder über funktionierende Aufsichtsbehörden noch über rechtsstaatliche Strukturen verfügen. »Die Wahrscheinlichkeit für den nächsten Supergau könnten wir dann anhand des Rangs der Staaten auf dem Korruptionsindex kalkulieren«, spottet der langjährige Leiter der deutschen Reaktor-Sicherheitskommission, Michael Sailer.

So offenbaren schon einfache Plausibilitätsberechnungen,

dass die Vision vom nuklear betriebenen Klimaschutz in die Irre führt. Umso gefährlicher ist aber der Missbrauch des Klimaarguments durch die Nuklearindustrie und ihre staatlichen Förderer. Denn die Parole von der CO_2-freien Atomspaltung verstellt den Blick auf die enormen Gefahren, die mit der weiteren Verbreitung der Atomtechnik verbunden sind. Das beginnt schon damit, dass Atomkraftwerke auch 50 Jahre nach ihrer Markteinführung noch immer nicht ohne milliardenschwere Subventionen zu betreiben sind und gigantische Kapitalmengen binden, die anderswo weit effektiver eingesetzt werden könnten.

Exemplarisch ist die Entwicklung in den USA. Dort drückte die Bush-Administration, die personell eng mit der klassischen Energiewirtschaft verflochten ist, im Kongress bereits im Jahr 2005 ein Atomkraft-Fördergesetz durch. Danach sollen die Erbauer für die ersten 6000 Megawatt neuer Atomstrom-Kapazität pro Kilowattstunde 1,8 Cent Zuschuss bekommen, entsprechend rund 125 Millionen Dollar pro Jahr und Reaktor, und das für zehn Jahre. Außerdem versprach die Regierung Bürgschaften auf Risiko des Steuerzahlers, ein vereinfachtes Genehmigungsverfahren, eine Haftungsbegrenzung bis 2025 und zusätzliche Zahlungen im Fall von Bauverzögerungen. Trotzdem hat bisher kein Unternehmen einen konkreten Baubeschluss gefasst.

Auch das Vorzeigeprojekt des französisch-deutschen Atomkonzerns Areva-Siemens im finnischen Olkiluoto, dem ersten Reaktorneubau in Europa nach 15 Jahren, basiert auf großzügiger staatlicher Unterstützung. Den Stromverkauf sichert ein staatlich sanktioniertes Abnehmerkartell von finnischen Industrieunternehmen zum Festpreis und – im Fall einer Krise bei den beteiligten Unternehmen – auf Risiko der finnischen Staatskasse. Die Kredite, ausgestattet mit Staatsbürgschaften, gab es zum Vorzugszins. Gleichzeitig garantiert der französische Staatskonzern Areva den finnischen Käufern einen Festpreis von drei Milliarden Euro für die Anlage. Doch im Herbst 2007, zwei Jahre nach Baubeginn, lag das Projekt schon 18 Monate hinter dem ursprünglichen Zeitplan, während die Baukosten das geplante Budget bereits um 50 Prozent überschritten haben. Die Mehrkosten in Höhe von voraussichtlich 1,5 Milliarden Euro gehen über den Verlust beim Unternehmen zulasten der französischen Staatskasse.

Auch die Projekte der russischen und japanischen Konkurrenz offenbaren das eigentliche Motiv hinter der von einigen Staaten propagierten »Renaissance« der Atomenergie: Es geht nicht um den Klimaschutz, sondern um die Mobilisierung von Steuermilliarden für die Förderung einer Industrie im Niedergang. Über sechs Jahrzehnte sind mindestens eine Billion (1000 Milliarden) Dollar an Subventions- und Forschungsgeldern in die Entwicklung der »zivilen« Atomenergie geflossen, gut 20-mal mehr als in die Entwicklung regenerativer Energiequellen.[299] Damit sich diese enormen Ausgaben vielleicht doch noch rentieren, sollen Know-how und Kapazität noch einmal für eine weltweite Exportoffensive genutzt werden. Nicht zufällig geht die Atom-PR darum in erster Linie von Frankreich, Großbritannien, den USA, Russland und Japan aus, wo die großen Hersteller ihren Sitz haben. Deutschlands Reaktorbetreiber operieren da nur im Windschatten. Ihr Motiv ist die Verlängerung des sogenannten goldenen Endes ihrer Anlagen. Deren Baukosten waren während der 70er und 80er Jahre auf die Verbraucherpreise umgelegt worden und sind längst abgeschrieben, nun ist der laufende Betrieb extrem günstig. Könnten etwa RWE und Eon ihre 13 AKW künftig 45 anstatt der per Vertrag mit der Bundesregierung vereinbarten 32 Jahre lang betreiben, würde dies den beiden Unternehmen jeweils 3,4 und 4,6 Milliarden Euro zusätzlicher Einnahmen bescheren, kalkulierte die Investmentbank Sal. Oppenheim.[300] Gleichzeitig würde allerdings auch die Menge an hochradioaktivem Abfall noch einmal um 5400 Tonnen anwachsen, errechnete das Bundesamt für Strahlenschutz. Bis zur Abschaltung des zuletzt errichteten AKW in Neckarwestheim um das Jahr 2037 wäre der deutsche Atommüllberg dann fast 23000 Tonnen schwer, und ein sicheres Endlager ist nicht in Sicht, nirgendwo auf der Welt.[301]

All das wäre nur ein teurer Nebenschauplatz des weltweiten Streits um die richtige Antwort auf den Klimawandel, wenn es lediglich um eine Energiequelle ginge. Doch die Mehrzahl der neuen Kunden für die französisch-amerikanisch-russische Atominternationale verfügt über Gas- und Ölreserven im Überfluss oder könnte auf ausgedehnten Wüstenflächen Solarstrom weit kostengünstiger gewinnen. Atomkraft dagegen ist teuer, schmutzig und riskant. Dass es dennoch so viele Interessenten gibt, liegt an dem Faktor, der die Atomenergie von allen anderen Energiequellen unterscheidet: Sie produziert auch Macht.

Bomben für alle

Die Anlage erstreckt sich über mehrere Quadratkilometer und steht hinter hohen Zäunen in einem abgelegenen Landesteil. Rund um die Uhr wachen Polizei und Geheimdienste über die Sicherheit und die Mitarbeiter. Schließlich kann hier binnen weniger Tage das nötige Spaltmaterial für eine Atombombe des Hiroshima-Typs gewonnen werden. Gleichwohl handelt es sich nicht um die Waffenschmiede eines Atomwaffenlandes. Die Anlage hinter dem Sicherheitszaun ist auch nicht das Geheimprojekt irgendeines Schurkenstaates. Die offensichtlich hochgefährliche Fabrik steht vielmehr in der friedlichen westfälischen Kleinstadt Gronau nahe der niederländischen Grenze. Sie gehört der britisch-niederländisch-deutschen Firma Urenco und dient der Anreicherung von spaltbarem Uran auf Konzentrationen, wie sie für die Brennstäbe von Kernkraftwerken benötigt werden. Alles geschieht ganz legal. Der Betreiber und die Bundesregierung sind vertraglich verpflichtet, ausschließlich Brennstoff für zivile Zwecke zu produzieren, und niemand zweifelt an ihrer Vertragstreue.

Genau das Gleiche reklamiert auch die Regierung des Iran für sich. Das Regime der Mullahs betreibt beim Städtchen Natanz eine Anlage mit der gleichen Technologie, wie sie in Gronau zum Einsatz kommt. Auch die iranischen Regenten sind verpflichtet, die Anlage nur zivil zu nutzen. Auch sie beteuern Vertragstreue. Alles ist ganz legal. Allerdings haben die Iraner allen Grund, einen Angriff der US-Armee zu fürchten. Ihr Präsident drohte dem US-Alliierten Israel mit Vernichtung. Zuvor hatte der amerikanische Präsident den Iran auf die »Achse des

Bösen« gesetzt. Außerdem besetzten amerikanische Soldaten ohne UN-Mandat das westliche Nachbarland Irak, dessen gestürzter Diktator zwei Jahrzehnte zuvor mit amerikanischer Unterstützung den östlichen Nachbarn mit einem grausamen Angriffskrieg überzogen hatte. Gleichzeitig verfügt Iran über die zweitgrößten Erdgasreserven der Welt, den idealen Brennstoff für Kraftwerke. Darum liegt der Verdacht nahe, die Iraner benötigen die Urananreicherungsanlage nicht zur Deckung ihres Energiebedarfs und den Betrieb ihres ohnehin noch nicht fertiggestellten ersten Atomkraftwerks, sondern um sich den Stoff für eine Atomwaffe und damit die nukleare Abschreckung zu verschaffen.

Gronau und Natanz, zwischen den beiden Anlagen und ihren Betreibern liegen Welten. Gleichwohl illustriert die Verwendung der gleichen Technologie an beiden Orten den zentralen Widerspruch der bisherigen Politik gegen die Weiterverbreitung von Atomwaffen. Einerseits verspricht der schon 1968 abgeschlossene Atomwaffensperrvertrag allen Mitgliedsstaaten freien Zugang zur zivilen Nutzung der Atomkraft, wenn sie auf Atomwaffen verzichten. Die IAEO, die die Einhaltung dieses Verzichts überwacht, ist sogar verpflichtet, die Verbreitung der Atomtechnik weltweit zu fördern. Gleichzeitig ist aber jede Nation mit einer entwickelten Atomindustrie stets auch ein Atomwaffenstaat im Wartestand, nicht nur der Iran. Auch die Bundesrepublik Deutschland hat diesen Stand-by-Status. Während der Zeit des Kalten Krieges hat sie das sogar durch die Lagerung mehrerer Tonnen bombentauglichen Plutoniums in einem bundeseigenen Bunker im hessischen Hanau jahrzehntelang demonstriert.[302]

Die gleiche Strategie verfolgt nun offensichtlich auch das Regime in Teheran. Zwar mussten die US-Geheimdienste einräumen, es gebe keine Beweise für ein iranisches Atomwaffenprogramm. Aber das ist ja auch gar nicht nötig. Im Notfall können geübte Ingenieure binnen Wochen eine solche Waffe bauen.[303] Die entscheidende Hürde ist die Beschaffung von hochreinem spaltbaren Material, nicht die Mechanik der Bombe selbst. Darum erscheint es zunächst nur logisch, dass Amerikaner und Europäer mit aller Macht versuchen, den Iran zum

Verzicht auf die Urananreicherung zu bewegen. Der französische Präsident Nicolas Sarkozy drohte sogar unverhohlen mit Krieg: Es müsse alles getan werden, »damit uns nicht nur die beiden schlimmsten Alternativen bleiben: entweder die iranische Atombombe oder die Bombardierung des Iran«.

Das klingt bitterernst. Doch ausgerechnet die Regierungen der USA und Frankreichs, die im UN-Sicherheitsrat auf scharfe Sanktionen gegen den Iran drängen, liefern sich gemeinsam mit Russland einen Wettbewerb um die Belieferung der instabilen Diktaturen Nordafrikas und des Nahen Ostens mit ziviler Atomtechnik. Von Marokko über Libyen, Algerien und Tunesien bis Ägypten und Saudi-Arabien haben die jeweiligen Regenten den Bau von Atomkraftwerken angekündigt. All diesen Staaten hat die französische Regierung die Lieferung der nötigen Technologie angeboten. Ihre amerikanischen und russischen Wettbewerber beschränken sich auf Algerien, Ägypten und Saudi-Arabien.[304]

So bahnt sich ein ziviler nuklearer Rüstungswettlauf an. Denn natürlich gebe es überall stets auch den Gedanken, »ein Fenster in Richtung einer Waffenoption aufzustoßen«, bestätigt Oliver Thränert, Nuklearexperte der Stiftung Wissenschaft und Politik, des außenpolitischen Beratungsinstituts der Bundesregierung. Hinter der nuklearen Verkaufsoffensive stehe offenbar die Vorstellung, bei der Verbreitung der potenziell militärisch nutzbaren Atomtechnik »könnte man zwischen guten und bösen Ländern unterscheiden«, kritisiert auch der Berliner Politikwissenschaftler Lutz Mez, der seit drei Jahrzehnten über die Politik der Atomkraftnutzung forscht. Das laufe »am Ende darauf hinaus, dass alle die Bombe haben«, warnt Mez und fragt: »Was werden sie tun, wenn in Algerien, Ägypten oder Saudi-Arabien Islamisten an die Macht kommen, die Europa und Amerika feindlich gesinnt sind? Die vorher gelieferten Anlagen mit Bombenangriffen zerstören?« Darauf haben die Atomtechnik-Verkäufer in Washington, Paris und anderswo keine Antwort. Wollten sie wirklich die Weiterverbreitung von Atomwaffen verhindern, müssten sie die grundlegende Reform des Sperrvertrages betreiben und zumindest mittelfristig selbst aus der Atomkraft aussteigen.

So demonstrieren die Irrwege der Kohle- und Atomstrategen, wie das Festhalten an den Strukturen von gestern in die klimapolitische Sackgasse führt. Doch auch ökologisch sinnvolle Lösungsansätze können ins Gegenteil verkehrt werden. Das belegt auf fatale Weise der neue globale Boom für die Energie aus pflanzlichen Rohstoffen. Die Konsequenzen könnten verheerend sein, wenn die richtige Idee in die falschen Hände gegeben oder undurchdacht in die Praxis umgesetzt wird.

Der Biosprit-Irrweg

Mannshohe Gestecke aus Maisstroh schmücken den Saal der Sophie-Scholl-Gemeinde in Schwäbisch Hall an diesem Tag im November 2007. Die Dekoration passt zum Thema der Versammlung: Es geht um die Energiegewinnung aus Pflanzenrohstoffen. Zerstören die örtlichen Stadtwerke Regenwald in Indonesien? So jedenfalls lautet der erstaunliche Vorwurf, der hier zur Debatte steht. Die Bürger der 37000-Einwohner-Stadt strömen in Scharen herbei. Denn die Energiefrage ist hier nicht irgendein Thema. Seit vielen Jahren schon hat sich die Kommune im Hohenloheschen weit über die Region hinaus einen guten Ruf erworben, weil sie ihre Stromversorgung früh und konsequent auf erneuerbare Energien und effiziente Anlagen für Kraft-Wärme-Kopplung umgestellt hat. Für das engagierte Konzept schlagen die Herzen der Bürger, erst recht, seitdem das Klimaproblem ein politisches Kernthema geworden ist. Die Stadt bekam den Europäischen Solarpreis. Unermüdlich verteidigten Stadtwerke-Chef Johannes van Bergen und Oberbürgermeister Hermann-Josef Pelgrim in bundesweiten Auseinandersetzungen die Chancen selbstständiger kommunaler Energieversorger gegen die Vereinnahmungsstrategien der großen Stromkonzerne. Im Namen des konsequenten Klimaschutzes beschlossen sie schließlich, auch noch das Erdgas, das ihre Wärmekraftwerke heizt, durch Biomasse zu ersetzen. Denn weil bei der Verbrennung von Pflanzen nur so viel Kohlenstoff freigesetzt wird, wie zuvor bei ihrem Wachstum biochemisch gebunden wurde, kann ihre Nutzung im Gegensatz zu den fossilen Rohstoffen klimaneutral sein. Der Rohstoff der Wahl: Palmöl aus Südostasien. Es brennt gut und ist vergleichsweise billig. Doch damit begann der Ärger.

Kaum wurde der Entschluss bekannt, fielen Umweltschützer aus ganz Deutschland über die grünen Energiepioniere her. Tausende von E-Mails gingen ein, und es hagelte Vorwürfe vom Bund für Umwelt- und Naturschutz über Robin Wood bis zum Verein Rettet den Regenwald: »Kahlschlag-Energie!« Die Begründung: In den Produktionsländern Malaysia, Indonesien oder Papua-Neuguinea fallen den neuen Ölpalmenplantagen zumeist intakte Regenwälder zum Opfer. Und Entwaldung ist eine der Hauptursachen des Klimawandels, verantwortlich für immerhin rund 30 Prozent des weltweiten CO_2-Eintrags. »So stolz waren wir auf unsere Stadtwerke«, sagt eine ältere Bürgerin Schwäbisch Halls, »und jetzt?« Jetzt steht der ökologische Musterknabe auf einmal als »Regenwald-Plünderer« da.

Und ein nachdenklicher Bürgermeister muss sich noch mehr unangenehme Tatsachen anhören: Durch die Rodungen in Südostasien entweiche nicht nur CO_2 und entfalle die Kraft der Urwälder, Feuchtigkeit und Kohlenstoff zu binden, kritisiert auf dem Podium im Saal der Sophie-Scholl-Gemeinde der Klimaexperte Gerald Knauf vom Forum Umwelt & Entwicklung. Gleichzeitig drohten Torfböden oder Moore auszutrocknen und in Flammen aufzugehen; riesige Kohlenstoffspeicher würden in schädliche Klimagase umgewandelt. In Indonesien ist die Hälfte dieser überlebensnotwendigen Naturräume bereits verloren – der wesentliche Grund dafür, dass das Entwicklungsland nach den USA und China der drittgrößte Emittent von Treibhausgasen ist. Derzeit sind 6,4 Millionen Hektar mit Ölpalmen bepflanzt, und Umweltorganisationen befürchten, dieser Wert könnte sich verdreifachen, wenn die Nachfrage anhält. Wo der Einschlag verboten ist, da wird nachgeholfen; rund vier Fünftel der Wald- und Moorbrände in Indonesien gelten als vorsätzlich gestiftet. So werde die schöne Energiebilanz zu Hause mit hohen Emissionen und dem Verlust unwiederbringlicher Artenvielfalt in den tropischen Ländern erkauft, sagt Gerald Knauf. Ein ökologischer Bumerang: »Wir können das Lokale von der Weltpolitik gar nicht mehr trennen.«

Das Problem Entwaldung ist nicht neu und geht keineswegs allein aufs Konto der Bioenergie. So wie die Europäer ihre eigenen Urwälder schon vor Jahrhunderten vollständig vernichteten, schlagen sich auch heute die Bauern weltweit Platz für neue Felder frei. Der größte Teil der Baumriesen in Asien fiel zudem schon lange vorher für die Palmölplantagen der Kosmetik- und Speiseölindustrie. Doch der globale Biomasse-Boom verschärft jetzt den Druck auf die Waldbestände enorm und lässt Befürchtungen wahr werden, die Geografen schon früh formulierten: »Werden die großen tropischen Wälder, dieses riesige Labor der Klimate, die feuchten und warmen Samtgürtel aus Pflanzen, aus denen rhythmische Spiralen atmosphärischer Wellen harmonisch aufsteigen, wirklich weise umgewandelt werden?« So fragte, von Ehrfurcht überwältigt, der Autor eines Atlas bereits am Ende des 19. Jahrhunderts. »Oder wird die Menschheit der Verführung erliegen, die Erde zu überfallen und den Wald aggressiv anzugreifen, ohne nachzudenken? Im letzteren Falle ist es ... die Menschheit selber, die gefährdet wäre. Denn die Atmosphäre wäre dann aus dem Gleichgewicht, und die fehlende Stabilität würde das Klima rund um die Welt beeinflussen.«[305] Hundert Jahre der Zerstörung sind seither vergangen. Das Klima ist aus dem Gleichgewicht. Und längst geht es weltweit nur noch um die letzten Dschungelreste.

Oberbürgermeister Pelgrim verteidigt sich, er hat in bester Absicht gehandelt: »Die Uhr beim Klimawandel tickt«, sagt er, »man musste doch schnell anfangen, etwas zu tun. Und was sind die Alternativen? Wollen Sie lieber ein Kohlekraftwerk bauen?« Ursprünglich hätten die Stadtwerke auch den Bauern der Umgebung Rapsöl abkaufen wollen. Doch das Palmöl sei seinerzeit eben deutlich billiger gewesen; nur mithilfe der Importe habe man der Preiskonkurrenz der großen Stromkonzerne standhalten und gleichzeitig »Klimapionier sein« können. Außerdem bezögen die Stadtwerke ihr Öl einzig von bereits bestehenden Plantagen, betont Pelgrim. Und um in Zukunft ganz sicherzugehen, dass keine Moore und Urwälder verdrängt würden, hätten sie jetzt gemeinsam mit anderen Anlagenbetreibern eine Gesellschaft gegründet, die weltweit Palmöl und andere pflanzliche Ressourcen aus umweltgerechter Produktion organisieren soll. Die Gesellschaft für Technische Zusammenarbeit (GTZ) sei beauftragt worden, Regeln für eine nachhaltige Palmwirtschaft zu entwickeln. Außerdem habe man im vollen Vertrauen auf die Einschätzung der Bundesregierung entschieden: Die förderte den Import des Palmöls zur Verstromung seinerzeit noch ohne Einschränkungen mit Vergütungen nach dem Erneuerbare-Energien-Gesetz. Mit der für 2008 vorgesehenen Novelle sollen die Importeure nun verpflichtet werden, die ökologisch unbedenkliche Herstellung ihrer Rohstoffe nachzuweisen.

Mit ihrem Bioenergie-Dilemma stehen die Energiepioniere von Schwäbisch Hall keineswegs allein da. Ihr Fall demonstrierte nur an einem ungewöhnlichen Ort, wie konzeptionslos Regierungen in aller Welt die Energiegewinnung auf den Äckern eingeführt haben. In 41 Ländern schon werden Anbau und Nutzung der nachwachsenden Rohstoffe, die im Fachjargon »Nawaros« heißen, mit Steuererleichterungen und Subventionen gefördert. Und sie treffen auf einen stetig wachsenden Bedarf. Ursache dafür sind jedoch sonst nur selten Wärmekraftwerke wie das in Schwäbisch Hall, sondern die Energieverschwendungsmaschine mit der größten Verbreitung, das Automobil. Biologisch erzeugte Kraftstoffe, vom Biodiesel aus Palmöl, Soja und Raps bis zum Ethanol, dem Alkohol aus vergorenem Mais und Weizen, Zuckerrohr und Zuckerrüben, sollen schnelle klimapolitische Erfolge im Verkehrsbereich erzielen und zugleich Versorgungssicherheit gewährleisten. Denn es ist der Transportsektor, der die übrige Welt an rückständige und politisch gefährliche Regime bindet, wie sie im Iran, in Saudi-Arabien, in Russland oder Venezuela an der Macht sind. Noch immer fahren 97 Prozent aller Fahrzeuge weltweit mit Treibstoff, der aus Erdöl hergestellt ist. Biokraftstoffe, so scheint es, verhelfen dagegen der eigenen Landwirtschaft zu erhöhten Einnahmen. Und sie verschaffen den Regierenden auch die Möglichkeit, politische Konflikte mit ihren Auto fahrenden Wählern und den Autokonzernen zu vermeiden. Die ineffizienten und längst veralteten Verbrennungsmotoren sollen mit dem grünen Mantel Biosprit eine weitere Schonzeit erhalten.

In Deutschland trugen die pflanzlich erzeugten Kraftstoffe im Jahr 2007 bereits 6,3 Prozent zur Treibstoffversorgung bei, dreimal mehr als vier Jahre zuvor. Bis 2020 soll dieser Anteil nach dem Willen der Bundesregierung sogar auf 20 Prozent steigen. Die EU insgesamt strebt bis dahin einen Biosprit-Anteil von mindestens 10 Prozent an. Doch der jähe Boom wirft brisante Fragen auf: Wie wirksam schonen die Ökotreibstoffe überhaupt das Klima? Ist es ethisch vertretbar, Nahrungspflanzen für Spritztouren zu vergeuden? Oder beginnt damit tatsächlich jener »Wettlauf um Getreide zwischen 800 Millionen Autobesitzern und den zwei Milliarden ärmsten Menschen der Welt«, vor dem Jean Ziegler, UN-Sonderberichterstatter für das Recht auf Nahrung, warnt?[306] Gewiss ist: Auch auf diesem Feld wirken die Beharrungskräfte überkommener Strukturen als Hemmnis ökologisch sinnvoller, dezentraler Entwicklungen – nur lässt in diesem Fall nicht die Stromwirtschaft die Muskeln spielen, sondern die Auto- und Mineralölindustrie sowie das Agrobusiness. Unübersehbar ist das schon seit Langem in den USA, deren Farmer wie nirgendwo sonst die Bestellung der Äcker fast nur noch mit industriellen Methoden betreiben.

Klimakiller Landwirtschaft

Die wenigen Gaststätten heißen noch immer »Cattle Company« oder »Ranch«, doch Tiere grasen hier schon lange nicht mehr. Soja und Mais, Mais und Soja, Mais, Mais, Mais, wohin man schaut: Hunderte von Meilen bietet sich das immer gleiche Bild längs der Straßen durch den Mittleren Westen Amerikas. Im Hochsommer ist die leere Landschaft in zwei Grüntöne getaucht: links vom Highway das gelbliche Grün der Sojapflanze, rechts das Flaschengrün des stramm stehenden Mais. Einsam liegen die Farmhäuser, am Horizont ragen Silos in den Himmel über dem Corn Belt, dem Maisgürtel, in dessen feuchtwarmem

Klima rund 40 Prozent der Weltproduktion dieser anspruchsvollsten aller Getreidepflanzen gedeiht.

Hier will die Regierung von George Bush die erzeugte Menge an Ethanol in den nächsten zehn Jahren auf rund 110 Millionen Tonnen verfünffachen. Und nicht nur die Bush-Administration. Ob Barack Obama, John Edwards oder Hillary Clinton, vor den Präsidentschaftswahlen ließ es sich auch kein Bewerber der Demokratischen Partei nehmen, den Wählern aus den Agrarbundesstaaten seinen Einsatz für die neu sprudelnde Einnahmequelle zu versichern. »Alles am Ethanol ist gut, gut, gut!«, jubelte auch der republikanische Senator Chuck Grassley im Agrarherzland Iowa im Namen der großen Farmer. Seit Jahrzehnten hatten sie sich wie ihre Kollegen in Europa und anderswo trotz gigantischer Subventionen in der Tretmühle des »Wachse oder weiche« abgestrampelt. Nur wer jeden Dollar in neue Flächen investierte, überlebte; sonst drückten bei lange Zeit sinkenden Getreidepreisen die steigenden Produktionskosten zu sehr auf die Einnahmen. Hunderttausende mussten aufgeben, mit der Folge einer extremen Konzentration des Landbesitzes. Die Überschussproduktion, die aus solchen Rahmenbedingungen resultierte, war nach der Ölkrise der 70er Jahre sogar ein früher Grund dafür, Ethanolfabriken staatlich zu fördern: Durch Vergärung und Verbrennung ließ sich ein Teil der Maismassen entsorgen, und die Farmer hatten einen neuen Absatzmarkt. Seitdem das politische Amerika das Energieproblem erkannt hat, ist aus der Biokraftstoffproduktion ein wahrer Boom geworden. Innerhalb von nur fünf Jahren hat sich bis 2007 der Anteil der Ernte, die mit Sonderförderung in die Ethanolfabriken wandert, beinahe verdreifacht. Mehr als ein Fünftel der gesamten Maisproduktion endet nun in den Motoren der US-Autoflotte. Zusätzlich wird weiteres Ethanol aus Brasilien importiert. Im Biosprit-Rausch verzichten viele Großfarmer jetzt sogar schon auf den Fruchtwechsel mit Soja, produzieren mehrere Jahre hintereinander nur noch ihren »King Corn« – und gehen ein hohes Risiko für die Bodenfruchtbarkeit ein.

Dabei ist die ökologische und energetische Bilanz des Maisalkohols verheerend. Vier Fünftel des gesamten Energieertrags werden durch die Verwendung von Mineraldünger und Pestiziden, den Betrieb der Landmaschinen und der zur Destillation benötigten Heizanlagen schon vorab von Maschinen verbraucht, die mit fossilen Brennstoffen angetrieben werden. Der chemisch erzeugte Dünger setzt darüber hinaus hohe Mengen Distickstoffmonoxid (Lachgas) frei, ein Treibhausgas, das gut 300-mal wirksamer ist als Kohlendioxid. Für den Klimaschutz ist das ganze Programm folglich nutzlos, und trotz des enormen Aufwandes ersetzt es nur etwa 3,5 Prozent des amerikanischen Benzinverbrauchs.

Monokulturen werden nun noch ausgeweitet, obwohl sie aus ökologischen Gründen eigentlich zurückgeführt werden müssen. Als Folge der agroindustriellen Intensivproduktion einer zwar ertragreichen, aber hungrigen und durstigen Pflanze gehen in Teilen der USA jährlich 6,5 Tonnen Mutterboden pro Hektar verloren. Umso mehr chemische Nachhilfe wird vielerorts für den Anbau gebraucht. Der Abfluss des Kunstdüngers aus den Feldern verschmutzt dann über den Lauf des Mississippi sogar den Golf von Mexiko. Die Herstellung eines Liters Ethanol schluckt zudem nicht nur 3 bis 5 Liter Grundwasser, das im Maisgürtel schon seit Jahrzehnten übernutzt wird; sie verursacht darüber hinaus bis zu 13 Liter Abwasser – und dessen Klärung erfordert wiederum Energieaufwand. Angesichts solcher Zusammenhänge verwirft Eric Holt-Giménez, Direktor des renommierten kalifornischen Instituts für Agrarentwicklung Food First, das Ethanolprojekt in Bausch und Bogen: Das scheinbar »unerschöpfliche Füllhorn« Biokraftstoff erweise sich als »Mythos«.[307]

Auch in Deutschland hat sich die Anbaufläche für Energiemais allein im Jahr 2005 verdoppelt und seither laufend weiter vergrößert. Auf etwa 12 Prozent der Ackerfläche von insgesamt knapp 12 Millionen Hektar steht als bedeutendste Energiepflanze aber vor allem der leuchtend gelb blühende Raps. Dessen Energiebilanz ist besser als beim Maisalkohol, weil der nach der Ölgewinnung abgetrennte Rapskuchen als Viehfutter und das Stroh zur Verstromung in Biogasanlagen verwertet werden. Aber auch Raps wird zumeist in Monokultur mithilfe von Kunstdünger und Pestiziden kultiviert;

auch Raps ist ein Klimaschädling zur Rettung des Klimas. Und auch in Deutschland werden die Bauern nachlässiger bei abwechslungsreichen Fruchtfolgen und widmen im Hype um die Bioenergie immer mehr Grünland wieder in Ackerland um, obwohl dieses eigentlich zur Regeneration der Böden benötigt wird.

So folgt der selbstbetrügerische Umgang mit der Bioenergie lediglich der alten industriellen Logik. Eric Holt-Giménez jedenfalls erkennt darin das Aufbäumen der mächtigen Agrarindustrie gegen ihre sich abzeichnende »Involution«, also Rückbildung; die Konzerne, schreibt der Food-First-Experte, stießen an die Grenzen ihres Wachstums. Die einst rasanten Ertragssteigerungen seien heute oft ausgereizt. Den immer höheren Investitionen in die Erforschung neuer Dünger und Pflanzenschutzmittel, Saaten und Landmaschinen stünden keine entsprechend hohen Produktionssteigerungen auf den Äckern mehr gegenüber. Auch auf dieses Problem, sagt Holt-Giménez, gäben Biokraftstoffe die perfekte Antwort: Hoch subventioniert, helfen sie den schwindenden Gewinnen wieder auf.

Im Zentrum dieser Entwicklung stehen die traditionellen Riesen des globalen Getreidegeschäfts, die Konzerne Cargill und Archer Daniels Midland (ADM). Allein diese beiden Firmen beherrschen weltweit 65 Prozent des Getreidehandels, und sie sind auch mit Unternehmen der Agrochemie und der Gentechnikforschung eng verbunden. ADM profitiert in Milliardenhöhe von den staatlichen Förderprogrammen für Biosprit, für die der Konzern zuvor oft selbst mit hohem Finanzeinsatz Lobbyarbeit betrieben hat. Die ADM-Zweigstelle in Deutschland gehört denn auch hierzulande zu den führenden Herstellern von Biodiesel.

Auch für die Agrochemie-Konzerne zahlt sich das neue Biosprit-Geschäft aus. Das US-Unternehmen Monsanto etwa, das gemeinsam mit Syngenta ein Viertel der 60 Milliarden Dollar schweren Gentechnikindustrie beherrscht und bei der Agrochemie zum Weltmarktführer aufgestiegen ist, konnte im Sommer 2007 eine Gewinnsteigerung um 71 Prozent vermelden. Bayer Crop Science erzielte im Jahr 2007 einen Gewinnsprung von 23 Prozent, und das Management erwartet eine Verdoppelung des Weltmarkts für Biokraftstoffe innerhalb der nächsten sieben Jahre. Auf diesem neuen Feld, spotten Kritiker, gediehen vor allem »nachwachsende Monopole«.[308]

Auf dem Umweg über die Ökoschiene wittern die Gentechnikkonzerne zudem Morgenluft für ihr bisher vergebliches Bemühen, das anhaltende Misstrauen der europäischen Bevölkerungsmehrheit gegen die ungeliebte Hightechzucht zu entkräften. Ihre neuen genmanipulierten Energiepflanzen, verheißen sie, sollten ertragreicher und anspruchsloser werden; so bekommt – ähnlich wie bei der Atomkraft – eine Risikotechnologie im Zeichen des Klimaschutzes ein Ökoimage. Transgene Rapssorten mit höherem Ölgehalt beispielsweise gibt es auch in Deutschland bereits, doch ihr Anbau scheiterte bisher an der Opposition der um ihre Kunden bangenden Landwirte. Bei der Zähmung der Widerspenstigen will nun die Bundeskanzlerin Schützenhilfe bieten: In einer Regierungserklärung forderte Angela Merkel von den Bürgern im Interesse von Energiesicherheit und Klimaschutz »ein etwas unbefangeneres Verhältnis zur Gentechnologie«. Nicht im Lebensmittelbereich, aber wenn es um die nachwachsenden Rohstoffe gehe, »dann müssen wir Vorreiter sein«, forderte sie.[309] Als Einfallstor scheinen den Gentechnik-Promotoren die riesigen Flächenbetriebe im Osten des Landes besonders geeignet. Sie könnten gewährleisten, dass sich manipulierte Gene nicht auf allzu eng benachbarte Äcker auskreuzen können, versprechen die Konzernexperten. Tatsächlich sind aber solche genetischen Verunreinigungen so gut wie unvermeidbar.

Bei diesem Streit können die Manager der Agrochemie auch auf kapitalkräftige Alliierte setzen, die Kollegen aus der Mineralöl- und der Autoindustrie. Seien es Shell oder British Petroleum, DuPont oder Daimler, sie alle sind im neuen Biospritgeschäft aktiv. Und es ist ein Symbol für die neuen Allianzen, dass Patricia Woertz, seit 2006 Chefin von ADM, zuvor Managerin beim Ölriesen Chevron war. So fließen die Interessen des Getreide- und des Mobilitätssektors ineinander und treiben die bodenzerstörende Industrialisierung der Landwirtschaft auf eine weitere Spitze. Diese Dynamik kann die Lage der Bauern als Rohstoffproduzenten mancherorts zwar verbessern – aber nur für kurze Zeit. Am Ende werden viele von ihnen noch mehr von einigen wenigen Abnehmern abhängig sein als bisher.

Das beginnt schon damit, dass nur Konzerne und Großbauern bei jenem Hauen und Stechen um Flächen mithalten können, das mit dem Boom der Bioenergien einhergeht und die Bodenpreise nach oben treibt. Von Argentinien über die Ukraine bis in die südafrikanischen Ebenen: Überall auf der Welt kaufen jetzt auch urbane Kapitalgeber und Mineralölkonzerne neuen Grund für Anpflanzungen. Überall beginnt der Ölpreis den Wert des Ackerlandes mitzubestimmen. Das ist gut für Grundbesitzer, aber schlecht für Kleinbauern und Pächter. Vor allem in Entwicklungsländern werden einfache Farmer wie im indischen Orissa oder indigene Völker in den Regenwäldern Südamerikas und Asiens nicht selten von finanzkräftigen Unternehmern übervorteilt oder vertrieben.[310]

Dabei geraten die Herstellung von Nahrungsmitteln und Biotreibstoff zusehends miteinander in Konkurrenz. Speiseöl ist bereits weltweit von 2005 bis 2007 um bis zu 50 Prozent teurer geworden, der Maispreis hat sich fast verdoppelt. Mais ist gemeinsam mit Soja, dessen Öl ebenfalls immer öfter zu Biodiesel verarbeitet wird, der wichtigste Rohstoff für Viehfutter. Darum stieg auch dessen Preis parallel um 85 Prozent an und jener für Fleisch, Milchprodukte und Eier um bis zu 25 Prozent. In der Folge wird seit 2007 schließlich auch der Weizen fortwährend teurer, und ein Ende der Preissteigerungen ist nicht abzusehen. Anlageberater sprechen deshalb von »exzellenten Gewinnchancen« bei den »neuen Superrohstoffen«.[311] Für die klassischen Nahrungsmittelkonzerne schlägt die Verteuerung ihrer Rohstoffbasis direkt auf die Gewinne durch. Coca-Cola etwa beklagte sich in den USA darüber, dass der aus Mais gewonnene, jahrzehntelang spottbillige Sirup teurer wird; Unilever hatte in Europa schon Probleme, an Rapsöl für Margarine zu kommen. Und wohl nicht zuletzt aus Sorge um die Bewertung der eigenen Aktien prangerte auch Nestlé-Chef Brabeck-Letmathe verärgert den »ökologischen Wahnsinn« der Biokraftstoffe an.[312]

Missmut erzeugen die höheren Preise natürlich auch bei den

Verbrauchern. Dabei sind ein paar Euro Mehrausgaben für Lebensmittel von europäischen oder amerikanischen Durchschnittsbürgern wohl zu verkraften; sie wenden oft nur noch ein Zehntel ihres Einkommens oder noch weniger fürs Essen auf. Die ärmeren Bevölkerungsschichten aber werden existenziell getroffen, vor allem in den Entwicklungsländern, in denen die Menschen bis zu zwei Drittel ihrer Einkommen für Lebensmittel ausgeben müssen. In Mexiko führte das Freihandelsabkommen mit den USA in den 90er Jahren dazu, dass der Import amerikanischer Getreideüberschüsse den größten Teil der landeseigenen kleinbäuerlichen Maisproduktion verdrängte. Weil die USA nun wegen des Ethanolbooms ihre Maisexporte drosselten, waren die Mexikaner den hohen Preisen wehrlos ausgeliefert und gingen wegen der »Tortilla-Krise« im Frühjahr 2007 zu Hunderttausenden auf die Straße.[313]

Und das ist erst der Anfang. Schon vor dem Run auf Biotreibstoff hatten weltweit mehr als 800 Millionen Menschen nicht genug zu essen, weil sie nicht dafür bezahlen konnten. Weil mit jedem Prozent Preissteigerung das Risiko der Unter- und Mangelernährung zunimmt, könnten im Jahr 2025 bereits 1,2 Milliarden Menschen an Hunger leiden – 600 Millionen mehr als nach früheren Prognosen.[314] Dabei hatte sich die Weltgemeinschaft mit dem feierlichen, von allen UN-Staaten getragenen Beschluss der Millenniums-Entwicklungsziele das Gegenteil vorgenommen: Die Zahl der Hungernden sollte bis 2015 halbiert werden. Doch auch das Welternährungsprogramm der Vereinten Nationen sieht sich schon vor der Entscheidung, seine Hilfe wegen der steigenden Preise einschränken zu müssen. Er wäre »nicht überrascht, wenn wir weitere Unruhen sehen würden, falls sich die Preisentwicklung fortsetzt«, warnte der Chef der Welternährungsorganisation FAO, Jacques Diouf.[315]

Je teurer die pflanzlichen Rohstoffe, desto weniger rentiere sich noch ihre Verbrennung, halten manche Ökonomen einem solchen Krisenszenario entgegen; Öl- und Lebensmittelpreise könnten sich ab einem bestimmten Niveau gegenseitig in Schach halten. Allerdings steht auch der Ölpreis mit wachsender Knappheit unter stetem Aufwärtsdruck. Wahrscheinlich ist also, dass beide Kurven nach oben gehen und mit ihnen die Inflation. Die Relationen sind grotesk: Die Tankfüllung eines Luxusgeländewagens erfordert, alle Inputs eingerechnet, so viele aus Mais gewonnene Kalorien, wie ein Mensch sie ein Jahr lang für seine Ernährung benötigt.[316] In der EU-Kommission brach darüber eine Kontroverse aus, und auch die Fachleute der OECD, des Clubs der großen Industrienationen, kamen ins Grübeln. Der Vorsitzende ihres »runden Tisches für nachhaltige Entwicklung« plädierte für Entschleunigung: Europa müsse seine Ziele für die Steigerung der Biosprit-Verwendung im Transportsektor zurücknehmen.[317] Um ein »Verbrechen gegen die Menschheit« zu verhindern, fordert auch der UN-Sonderberichterstatter für das Recht auf Nahrung, Jean Ziegler, ein fünfjähriges Moratorium – so lange, bis eine zweite Generation der Pflanzentreibstoffe zur Verfügung stehe.

Multitalent Biogas

Die Hoffnung auf neue Optionen ist nicht unbegründet. Tatsächlich ist die gesamte Bioenergie-Gewinnung nicht nur politisch, sondern auch technologisch unterentwickelt. Ethanol aus Zuckerrohr etwa, das in Brasilien 40 Prozent zur heimischen Spritversorgung beiträgt und ein Exportschlager werden soll, ist bereits deutlich effizienter als die Maisvariante und verursacht 80 Prozent weniger Treibhausgase als normaler Sprit. Aber klimaneutral ist auch das Süßgras nur dann, wenn es auf etablierten Landwirtschaftsflächen wächst. Werden hingegen für seinen Anbau erst Sumpfgebiete neu erschlossen oder fallen gar tropische Wälder, dann kann deutlich mehr CO_2 in die Atmosphäre entweichen als bei Sprit auf fossiler Basis. Brasilianische Politiker versichern zwar, dass die gigantischen Ausbaupläne für den Zuckerrohranbau auf deutlich mehr als das Doppelte der Flächen keine Urwaldgebiete beträfen. Doch Kritiker halten dagegen, von den ins Visier genommenen Flächen würden dann eben Viehzucht und Sojaanbau nach Norden in Richtung Amazonasgebiet verdrängt.[318]

Es gibt aber auch Alternativen ohne derartige negative Effekte. Der Agrarwissenschaftler David Tilman von der Universität Minnesota hat zum Beispiel mit Präriegräsern, die in den USA auch auf geschädigten Böden wachsen, experimentiert. Diese lokal angepassten Pflanzen brauchen kaum Dünger, liefern einen deutlich höheren Energieertrag als Mais und entziehen der Atmosphäre zugleich netto CO_2; besonders ausgeprägt, wenn viele verschiedene Arten auf der gleichen Fläche wachsen.[319]

Auch in Deutschland erproben Agronomen und Landwirte Gräser, Fruchtfolgen und Zwischenfrüchte für die Herstellung von Biosprit und Biogas. Einige schnell wachsende Energiepflanzen können zum Beispiel noch nach der Getreideernte bis zum Winter gedeihen und dabei Nährstoffe in den Boden bringen. Das heißt: Die gleiche Fläche wird mehrfach genutzt und die Lebensmittelproduktion nicht verdrängt. Bayerische Landwirte pflanzen Leindotter als Ölfrucht gleichzeitig mit Erbsen und Getreide auf ein und demselben Feld und reichern im Rahmen sorgfältig komponierter Anbaupläne die Fruchtbarkeit an. In der Vielfalt der Natur nach geeigneten anspruchslosen Pflanzen und ökologisch verträglichen Anbausystemen zu suchen, ist ein bisher noch unterentwickeltes Forschungsfeld.

Auch für bessere Verarbeitungsstrategien sei »der Scheck schon in der Post«, erwartet der Entwicklungsökonom Ricardo Hausmann von der Harvard-Universität.[320] Seine Hoffnung richtet er vor allem auf die Ethanolgewinnung aus Zellulose. Diese Pflanzenfasern bestehen aus langkettigen Molekülen, die vor der Vergärung erst aufgeschlossen werden müssen. Das ist technisch aufwendiger, ermöglicht aber die Verwendung von pflanzlichem Material jeder Art und ist daher weit effizienter als die traditionelle Vergärung oder Ölpressung, die nur die Früchte nutzt. Das Verfahren ist bisher am weitesten in Schweden entwickelt, wo Abfälle aus der Papier- und Holzindustrie umgewandelt werden. Zwei Anlagen für einen BTL (»Biomass to liquid«) genannten synthetischen Kraftstoff baut in Deutschland das Freiberger Unternehmen Choren Industries gemeinsam mit Volkswagen und Daimler. Als Rohstoff sollen organischer Müll, Abbruch- und Schwachholz sowie pflanzliche

Reststoffe aller Art dienen, die für die Lebensmittelproduktion keinen Wert haben. So soll BTL bei gleicher Fläche drei- bis sechsmal mehr Kohlendioxid einsparen als Rapsöl und Maisethanol. Der Transport der benötigten Rohstoffe frisst allerdings einen Teil des Ertrags wieder auf.

Darum bleibt vorerst nur ein sinnvolles Bioenergie-Konzept übrig: die Verwertung von Pflanzen, organischem Müll und Reststoffen in dezentralen Biogasanlagen. Dabei kann das gewonnene Methan vielfach verwendet werden, zum Heizen, für die Stromerzeugung oder zum Autofahren. Sowohl beim Energiegehalt als auch bei der CO_2-Einsparung bringen Biogaskraftwerke noch ein Drittel mehr als BTL, zumal die Methanbakterien in den Kesseln fast alles fressen. So kann die Gemeinde Flörsheim zum Beispiel 4000 Haushalte allein mit Strom aus dem Biogas versorgen, das aus den organischen Abfällen der Region gewonnen wird.

Ein Vorbild für regionale Energie- und Wirtschaftskreisläufe und die intelligente Mehrfachverwertung pflanzlicher Rohstoffe ist auch die Biogasanlage, die der Landwirt Thomas Karle in Kupferzell-Füßbach nicht weit von Schwäbisch Hall entfernt betreibt. In zwei großen Kesseln vergast er zunächst die Gülle aus seinem Veredelungsbetrieb für Schweine. »Ich kann aus tierischen Exkrementen finanzielle Wertschöpfung erzielen«, lacht der gewitzte und experimentierfreudige Bauer; das ist seine Übersetzung für »aus Scheiße Geld machen«. Mit in die Anlage kommen Mais, Gräser oder Roggen vom eigenen Acker; außerdem Abfälle aus einer nahe gelegenen Saftfabrik und Salatreste aus einem Gartenbauunternehmen, die vorher ungenutzt in der Kläranlage gelandet sind. Karles Mikrogasturbinen produzieren aus dem Biogas 3,5 Millionen Kilowattstunden Strom jährlich, genug für 1000 vierköpfige Familien. Per Kraft-Wärme-Kopplung lässt sich außerdem noch die bei der Vergasung entstandene Wärme nutzen: Sie wird über mächtige Rohre direkt in eine gut isolierte Halle geblasen, wo sie die Reste aus den Gaskesseln zu einem besonders fruchtbaren Dünger trocknet. Wie Blumenerde sieht er aus, »und was ich nicht auf meine eigenen Felder ausbringen kann, kann ich an Gartenbesitzer verkaufen«, sagt Karle. Zur Verstromung ist das Biogas am effizientesten genutzt. Wenn er wollte, könnte Energiewirt Karle aber auch eine lokale Tankstelle für gasgetriebene Fahrzeuge versorgen.

Ein solches Konzept passt allerdings nicht in die Strukturen der Mineralölkonzerne. Deren Manager wollen keine neuen Konkurrenten mit eigenen regionalen Tankstellen, sondern die Fortsetzung ihres bisherigen Geschäfts, allenfalls mit leicht veränderter Rohstoffbeschaffung. Deshalb wehrten sie sich zunächst grundsätzlich gegen eine größere Rolle für die Pflanzenenergie und bekämpften dann das Konzept, reine Biokraftstoffe zu fördern. Diese waren bis Anfang 2008 von der Mineralölsteuer befreit. Der Preisvorteil brachte zahlreiche mittelständische Biodieselbetriebe hervor, die ganze Landkreise versorgten. Als Alternative setzten Konzernlobbyisten und ihre Unterstützer in der EU-Kommission den Beimischungszwang nach amerikanischem Vorbild dagegen: eine vorgeschriebene Quote an Agrarsprit, die dem konventionellen hinzugefügt wird. Bei diesem Modell werden die Erdölressourcen über einen längeren Zeitraum »gestreckt«, die Vorherrschaft der alten Anbieter an den Zapfsäulen bleibt bestehen.

Vorangetrieben wurde der Ansatz von einer großen Koalition aus dem sozialdemokratischen Finanzminister Peer Steinbrück und dem hessischen Ministerpräsidenten Roland Koch. Zwar war die Mehrheit der SPD-Fraktion gegen das US-Modell. Auch bei der Anhörung im Bundestag argumentierte der Vertreter der Ölindustrie gegen alle anderen geladenen Fachleute.[321] Trotzdem drückte Steinbrück im Juli 2006 die Aufhebung der Steuerbefreiung und die Einführung der Beimischungsregelung ab 2007 im Parlament durch. Die Folgen werden gravierend sein. Nicht nur die gerade erst entstandene mittelständische Biospritindustrie verschwindet wieder, die auf den regionalen Markt für reine Biokraftstoffe gesetzt hat. Zugleich erzeugt die Bioquote allzu schnell einen hohen Bedarf, der aus einheimischen Quellen gar nicht zu decken ist und Importe aus den Entwicklungsländern erzwingt. Damit heizt die Regierung der Klimaschutzkanzlerin Merkel genau jenen perversen Wettbewerb zwischen Hungernden und Autofahrern an, der weltweit in der Kritik steht. So verhält es sich mit der

Importstrategie der Ölstrategen ganz ähnlich wie mit der Exportoffensive der Atomindustrie. Anstatt einen Beitrag zur Lösung des Klimaproblems zu leisten, verschärft sie nur ein anderes Menschheitsproblem, das ohnehin seit Jahren eskaliert: die Krise der Landwirtschaft.

9,2 Milliarden. Auf diese Zahl wird die Menschheit im Jahr 2050 angewachsen sein, wenn die Prognosen der Vereinten Nationen zutreffen. 9,2 Milliarden Menschen: Das sind etwa ein Drittel mehr Esser als heute. Könnten sie überhaupt noch alle satt werden, wenn eine jetzt schon geschwächte Agrarproduktion immer mehr Aufgaben bekommt und die globale Landwirtschaft angesichts des Klimawandels ohnehin grundlegend reformiert werden muss? Dabei ist die Fleischproduktion das zentrale Problem, weil aus Hunderten Millionen Rindermägen Methangas aufsteigt und die Herstellung der benötigten Futtermittel immer größere Flächen in Anspruch nimmt. Eingerechnet der dafür notwendigen Entwaldung gehen 18 Prozent aller weltweit emittierten Treibhausgase auf den Fleischkonsum zurück, mehr als im gesamten Transportsektor anfällt.[322] Aufgrund des steigenden Wohlstands in Schwellenländern könnte es bis zum Jahr 2020 sogar zu einer nochmaligen Verdoppelung der Fleischerzeugung kommen, fürchten die Fachleute der UN-Welternährungsorganisation FAO. Nach Berechnungen des amerikanischen Umweltwissenschaftlers Lester Brown wäre diese Expansion weder tragbar für die Ökosysteme des Planeten noch verantwortbar mit Blick auf eine gerechte Lebensmittelverteilung, ja, sie stelle in Frage, dass es überhaupt noch für alle reichen kann.[323]

Schlüssige Antworten auf diese existenzielle Herausforderung sind bisher spärlich. Denn mit urbaner Arroganz haben die meisten Regierungen in Nord wie Süd sich jahrelang um ihre Landwirtschaft schlicht nicht gekümmert. Nicht Experten für Pflanzen, Boden und Wasser, sondern vor allem Ökonomen haben die sensible Agrarproduktion einer Subventions- und Handelspolitik unterworfen, die sie allein unter dem Gesichtspunkt komparativer Vorteile auf den Weltmärkten und der Economy of Scale zu optimieren versuchte. Aufgrund dieser verengten

Weltsicht wurden in den 90er Jahren Fördermittel und Beratungsstrukturen für die Bauern ausgerechnet in den armen Agrarländern beinahe flächendeckend eingespart, und ihre Organisationen und Genossenschaften wurden aufgelöst statt reformiert. In den zwei Jahrzehnten bis 2000 sanken zugleich die internationalen Hilfsgelder für die ländliche Entwicklung auf fast die Hälfte; auch der Etat der FAO wurde laufend gekürzt. Die globalen Handelsstrategien der Agrar- und Nahrungsmittelindustrie förderten weltweit die industrialisierte Produktion auf großen Flächen und trieben mehrere Hundert Millionen Menschen in die Slums der großen Städte. Gemessen an ihrer Nahrungsbasis sei die Welt der Menschen daher nur noch ein »Koloss auf tönernen Füßen«, urteilen die Agrarexperten Marcel Mazoyer und Laurence Roudart.[324] Erst seit wenigen Jahren gibt es darüber ein politisches Erwachen, und nationale Regierungen, globale Institutionen wie die Weltbank und auch private Stiftungen wie die Bill-&-Melinda-Gates-Stiftung stellen wieder höhere Summen für die Erneuerung der ländlichen Räume bereit.

Aber mit welchem Ziel? Angesichts der Vielfalt der Herausforderungen streiten die Experten: Intensivierung der Produktion über noch mehr Einsatz von Chemikalien und Gentechnik oder biologischer Landbau? Weiteres »Wachse oder weiche« oder wieder mehr bäuerliche Landwirtschaft? Lebensmittel für den Weltmarkt oder für eine regionale Kreislaufökonomie? Gewiss sind diese Polarisierungen grob und zugespitzt: Auch manche Biobauern arbeiten mit industriellen Methoden; auch große Industriebetriebe wirtschaften längst ökologisch verträglicher, indem sie weniger Pestizide verwenden oder zur Bewässerung die Pflanzen gezielter tröpfchenweise befeuchten. Und auch globalen Agrarhandel muss und wird es immer geben; schon damit sich die ländlichen Räume des Südens entwickeln können; schon weil wasserreiche Regionen jene mitversorgen müssen, die auf dem Trockenen leben. Antworten werden zudem immer regional unterschiedlich sein. Aber überall fehlen Schwerpunkte und Zukunftskonzepte: »Was wir brauchen, ist eine Vision, wie wir unsere Landwirtschaft in Zukunft organisieren wollen«, mahnt Louis Verchot vom internationalen Waldforschungsinstitut ICRAF, einem von 15 Agrarforschungsinstituten unter dem Dach der Weltbank, die sich den Kampf um die Rettung der Landwirtschaft vor dem Klimawandel jetzt auf ihre Fahnen geschrieben haben.

Ein Ansatz indes gewinnt an Boden, nicht nur in Europa, der im deutlichen Widerspruch zum bisherigen Mainstream steht: »Multifunktionalität«. Das heißt: Landwirtschaft, wo und von wem sie auch betrieben wird, hat immer viele Rollen auf einmal zu spielen. Sie ist mehr als die reine Herstellung von Getreide, Früchten und Fleisch. In ihr bündeln sich auch Kultur, Wissen, sozialer Halt, die Pflege der Landschaft und der Natur. Neben ihrer Aufgabe als Nahrungserzeuger müssen daher Bauern von der Gesellschaft zunehmend auch dafür »wertgeschätzt«, also gefördert werden, dass sie sich um Wasser, Wald und Böden, Landschaft und Artenvielfalt kümmern; um ihre Erhaltung und Erneuerung. Sie sollen zu »Treuhändern« der natürlichen Lebensgrundlagen werden, so Louis Verchot.[325]

Wie wichtig diese Rolle gerade in den von Dürre gefährdeten Regionen der Entwicklungsländer ist, zeigt die Geschichte von der Wiedergeburt des indischen Dorfes Laporiya. »Hören Sie nur!«, sagt dort Laxman Singh. »Die Musik!« Der reiche Viehzüchter hält immer wieder inne auf seinem Weg durch die Felder und deutet nach oben in die Zweige: »Vögel – die gab es hier vor 20 Jahren überhaupt nicht mehr.« Es gab keine Vögel, weil es keine Bäume und Sträucher gab wegen der Trockenheit in Rajasthan. Einst waren weite Teile des indischen Bundesstaates noch mit dichtem Urwald bedeckt. Doch Abholzung und Überweidung führten auch in diesem Teil der Welt dazu, dass heute monatelang alles verdorrt ist. Dann flimmert die Luft bei bis zu 46 Grad, die Erde ist aufgerissen, die Menschen müssen ihr Trinkwasser über die von der Regierung geschickten Tankwagen beziehen. Auch in Laporiya ringen rund 2000 Bauern und Hirten mit einer Natur, die ihnen von September bis Anfang Juli keinen Tropfen Regen gönnt und dann drei Monate lang Monsungüsse vom Himmel stürzen lässt. Und die rauschten jahrelang mit dem Bahala-Fluss weitgehend ungenutzt davon. Bis Laxman Singh vor 20 Jahren begann, das Regenwasser zu zähmen.

Dazu musste er erst einmal Mitstreiter mobilisieren. Die kämpferische Kaste der Gurjar, erzählt der Mittfünfziger, habe damals die ganze Gegend unterdrückt und auch alle Rechte über den Dorfteich für sich in Anspruch genommen – doch ohne Verantwortung zu zeigen; die Befestigungsdämme waren überall eingestürzt. Zunächst konnte Singh seine eingeschüchterten Nachbarn nicht überzeugen, sich gegen die Gurjar zu wehren. So haben er und ein Freund eines Tages einfach zu zweit mit der Reparatur begonnen. »Das schafft ihr doch nie«, sagte der erste Nachbar, der vorbeikam. »Dann hilf halt mit«, antworteten die beiden. Nach und nach sei das ganze Dorf dabei gewesen, erzählt Singh, der auch Sozialarbeit gelernt hat. Die Erfahrung gemeinschaftlicher Arbeit machte Mut, auch das »Chouka-System« mit vereinten Kräften aufzubauen, eine einfache Technologie, die Singh entwickelt hat, um in der Regenzeit Wasser zu »ernten«.

Chouka heißt Rechteck, und lauter viereckige Felder, etwa 65 mal 130 Meter groß, wurden auf dem kollektiven Weideland angelegt. Sie sind jeweils an drei Seiten von Lehmwällen eingedämmt und leicht versetzt hintereinander angeordnet. Wenn es zur Monsunzeit schüttet, dann sammelt sich das Wasser in der niedriger gelegenen, geschlossenen Seite und »springt« ab einem bestimmten Pegelstand zum nächsten Chouka über; und so fort, bis es schließlich in drei Bewässerungsteichen aufgefangen wird. So werden die Regenfluten länger auf der Weide gehalten und zugleich das Salz daraus mit fortgespült. Bald wuchsen wieder Gras und Kräuter für die Tiere, sogar Neembaum, Tamarinde und Babul. Langsam kann das Nass auch ins Grundwasser versickern, das 103 Brunnen speist. Selbst in sehr trockenen Jahren sind sie bei sparsamer Nutzung nicht versiegt. Für seine »Feldflaschen« haben Singh und seine Nichtregierungsorganisation GVNML Preise bekommen. 42 000 Familien profitieren mittlerweile auch in anderen Dörfern davon.

Dabei ist die Chouka-Technik nur eine Möglichkeit, Regenwasser zu nutzen. Runde oder schlangenlinienförmige Dämme, Steinwälle auf den Feldern oder den Höhenlinien eines Bergs folgende Gräben – die unterschiedlichsten Methoden der Wasserernte hängen immer ganz von den lokalen Gegebenheiten ab. Die Leute von Laporiya konnten nun Bäume und Sträucher pflanzen, und sie erweisen ihnen mit einem traditionellen Freundschaftsfest regelmäßig Respekt. Denn Bäume bewahren nicht nur das Wasser, sie verlieren auch Blätter, und über die Jahre hat sich in der fast schon verloren gegebenen Gegend neuer fruchtbarer Boden aufgebaut. Die Hirten verdienen an ihrer Milch, aber sie können jetzt auch Futter, Mais, Weizen und Gemüse anbauen. Und neuerdings auch Heilkräuter, »zum Beispiel Safed Musli«, erzählt Laxman Singh lachend, »das ist unser einheimisches Viagra«. Die Mittel verkaufen sie an Pharmaunternehmen für den wachsenden Ayurveda-Markt. Es geht ihnen jetzt viel besser – ihnen und der Natur.

Klimaretter ökologischer Landbau

Techniken und langfristige Strategien wie diese könnten bei weltweiter Verbreitung so viel zur Stabilisierung der Weltgesellschaft beitragen wie die Umstellung der Stromerzeugung auf erneuerbare Energiequellen, erst recht wenn sie mit dem Ausbau des ökologischen Landbaus einhergehen. Denn Biobauern erzeugen im Vergleich mit der konventionellen Anbauweise weit weniger CO_2-Emissionen; abhängig von der Art der Böden und ihrem Management können die Einsparungen bis zu 60 Prozent betragen. Der Grund ist simpel: Ökolandwirte verzichten auf den mit hohem Energieaufwand erzeugten Dünger und andere Agrochemikalien. Sie verwenden nur organische Nährstoffe und bekämpfen Schädlinge und Pflanzenkrankheiten allein mit biologischen Mitteln. So leisten sie im Kern das Gleiche wie die Protagonisten erneuerbarer Energien: Sie stellen das Wirtschaften von einer fossilen wieder auf eine solare Energiegrundlage um.

Durch ihren Umgang mit Gülle, Mist und Fruchtfolgen wird außerdem die Humusschicht des Bodens nicht mehr ab-, sondern aufgebaut – und damit die Grundlage aller Existenz, daran erinnert der amerikanische Autor Michael Pollan: »Der Psalmendichter, der das Leben als einen Übergang von Staub zu Staub beschrieben hat, hätte korrekter formuliert: Humus zu Humus.«[326] Die nährstoffreiche Erde ist nicht nur fruchtbar, sie bindet auch große Mengen Kohlendioxid. Weil beim Biolandbau keine Kosten für Saatgut oder Chemikalien anfallen, bietet er zudem gerade dort Chancen, wo das Risiko zu hungern am größten ist: bei Millionen von Subsistenz- und Kleinbauern. Gerald Herrmann, Präsident des Internationalen Verbandes für organische Landwirtschaft (IFOAM), sagt daher kategorisch: »Neun Milliarden Menschen trotz des Klimawandels zu ernähren – das geht überhaupt nur mit Bio.«

Die Verfechter der Agrarchemie dagegen schütteln den Kopf, sie trauen dem Ökolandbau weiterhin nur eine Nischenfunktion zu. Norman Borlaug zum Beispiel, der 1970 für seine Beiträge zur »grünen Revolution« den Friedensnobelpreis erhielt, behauptet, der ökologische Landbau würde ein Mehrfaches der Fläche benötigen, um die Menschheit zu ernähren. Weil Ökobauern ihren Dünger in Form von Mist oder stickstoffbindenden Pflanzen selbst produzierten, müssten sie dafür auch Platz abgeben – also seien die Nahrungserträge pro Hektar geringer. Würde Bio in großem Stil praktiziert, so spitzte die britische Zeitschrift Economist diese Auffassung zu, »dann bliebe auch für die Regenwälder nicht viel Platz«. Doch darin drückt sich die gleiche Angst vor dem Kleinen aus, die auch den Aufstieg der erneuerbaren Energien lange blockiert hat.

Denn entgegen der Tonnenideologie der Chemieagrarier beweisen inzwischen zahlreiche Untersuchungen, dass der Ökoanbau vielerorts im Gegenteil sogar mehr Ertrag bringen kann als der konventionelle, der auf fossilen Rohstoffen basiert – jedenfalls dann, wenn global und systemisch analysiert wird. Zwar ernten die Ökobauern in den Industrienationen zumindest anfangs etwa 20 Prozent weniger Mais oder Weizen als ihre konventionellen Kollegen. Anders sieht es jedoch bei Kleinbauern in Asien, Afrika und Südamerika aus: In den Tropen fahren sie oft deutlich höhere Ernten ein, wenn sie biologische Anbaumethoden gelernt haben. Ein Grund: Gerade unter feucht-heißen Bedingungen reagieren die Böden auf die Agrarchemie noch empfindlicher als in nördlichen Breiten. Umgekehrt kann der ökologische Landbau auf den meist winzigen

Flächen der Kleinbauern mehr Fruchtbarkeit bewirken.[327] Die wohl umfassendste empirische Untersuchung dazu lieferten schon im Jahr 2001 Jules Pretty und Rachel Hine vom Institut für Umwelt und Gesellschaft an der Universität Essex im Auftrag von Greenpeace, Brot für die Welt und dem britischen Entwicklungshilfeministerium.[328] Sie trugen 208 Agrarprojekte verschiedenster Ökolandbausysteme von Guatemala über Madagaskar bis Indien zusammen, und so gut wie überall fanden die Autoren »klare Zuwächse bei der Nahrungsmittelproduktion«: mal um 20 Prozent, mal um das Doppelte und mehr. Davon profitierten rund um den Globus neun Millionen Bauern mit ihren Familien.

Aber reicht es für die ganze Welt, wenn man solchen Strategien folgt? Inspiriert von einem Studienbesuch auf einem üppigen Biohof in Kalifornien, wollten Catherine Badgley von der Universität Michigan und ihr Team das genauer wissen. Sie nahmen 293 Ertragsstudien über den Ökolandbau unter die Lupe, rechneten ihre Ergebnisse auf die Weltbevölkerung hoch und verglichen sie mit konventionellen Ernten.[329] Vom Ergebnis sei sie, sagt Catherine Badgley, »ziemlich überrascht« gewesen. Denn schon bei ihrer pessimistischsten Berechnungsvariante, die nur die vergleichsweise niedrigeren Bioerträge aus Industrienationen zur Grundlage nahm, schnitt der Ökolandbau mit 2641 Kalorien pro Kopf der jeweils zu versorgenden Bevölkerung kaum schlechter ab als der konventionelle mit 2786 Kalorien – beides mehr als genug zum Sattessen. Wurden aber die Ergebnisse aus Entwicklungsländern einbezogen, dann kam Badgleys Team auf bis zu 4381 Kalorien pro Person. Auch Niels Halberg vom Dänischen Institut für Agrarwissenschaften resümiert nach eigenen Studien: »Das Vorurteil, der Bioanbau produziere nicht genug, kann man ad acta legen.«

Zur Überraschung der traditionellen Nahrungsmittelindustrie ist das Wissen um die Überlegenheit des ökologischen Landbaus bei den Verbrauchern in vielen Ländern Europas auch schon angekommen. Von Großbritannien bis Italien erobern dessen Produkte die Supermarktregale. Bio boomt. In Deutschland wächst der Markt schon seit 2005 kontinuierlich um rund 15 Prozent pro Jahr. Weitgehend ohne Nachhilfe der Politik sind es so die Verbraucher selbst, die von Schwaben bis Südafrika die Produktionsstrukturen im doppelten Sinn des Wortes nachhaltig verändern. Dieser mächtige Trend zeigt, dass es gelingen kann, die so oft beschworene Macht der Konsumenten tatsächlich für die von den Klimaforschern geforderte dritte industrielle Revolution zu mobilisieren. Wofür sie ihr Geld ausgeben, das verändert schließlich unmittelbar den Stoffwechsel der Welt; Kaufentscheidungen sind »Akte des biophysikalischen Metabolismus«, sagt der Co-Autor einer Studie über Lebensstile, Fritz Reusswig.[330] Jene etwa 25 Prozent der Menschheit, die zur globalen Verbraucherklasse zählen, verursachen mit der Wahl ihrer Kleidung, ihrer Verkehrsmittel, ihrer Wohnungen oder Urlaubsreisen die Hälfte der weltweiten Energienachfrage und mindestens 40 Prozent der Treibhausgase.[331] Aber trotz einer mehr als 30 Jahre währenden Umweltdebatte, trotz enormer technischer Effizienzgewinne bei Maschinen aller Art kennt die Kurve des Energie- und Emissionsaufwands des durchschnittlichen Verbrauchers in der Wohlstandszone bisher nur eine Richtung: aufwärts. In den USA stieg der Energieverbrauch pro Kopf von 1975 bis 2005 um satte 40 Prozent. Europa war besser, aber der Trend ist der gleiche, ebenso in Japan. Erst »ressourcenleichte Lebensstile« könnten die Bekämpfung des Klimawandels ermöglichen, meint Wolfgang Sachs vom Wuppertal Institut für Klima, Umwelt, Energie; ein Konsum also, der mit einem geringeren und intelligenteren Einsatz von Rohstoffen und Energie auskommt. Darüber reden Politiker ungern, weil sie fürchten, ihre Wähler zu vergraulen. Den Lebensstil ändern, das sei doch nichts Unanständiges, frotzelte deshalb schon Rajendra Pachauri, der Vorsitzende des IPCC und Friedensnobelpreisträger.

Dabei ist der übergroßen Mehrheit der Bevölkerung in den Industrienationen längst klar, dass es so nicht weitergehen kann. Eine Umfrage der BBC in 21 Ländern ergab, dass 83 Prozent der Befragten eine Änderung ihres Lebensstils für nötig halten. Auch in Deutschland, bestätigt der Marburger Sozialwissenschaftler Udo Kuckartz, der über viele Jahre das Umweltbewusstsein untersucht hat, sind je nach Umfrage 80 bis 90 Prozent der Bevölkerung mit den Herausforderungen des Klimawandels vertraut. Allerdings: Wenn nach persönlichen Konsequenzen gefragt wird, dann sind die Zahlen schon deutlich niedriger. Weniger Flugreisen und Autofahrten; Investitionen in Ökofonds? Da antworten meist nur noch 30 bis 40, manchmal 60 Prozent der Befragten mit Ja. Die Kluft zwischen Denken und Handeln ist noch immer tief.

Diese latente Schizophrenie der Gesellschaft spiegelt sich überall: Die gleiche Lufthansa, die in doppelseitigen Anzeigen ihren Einsatz für geringere CO_2-Emissionen durch Leichtbauweise preist, verführt mit »1 Million zusätzlichen Plätzen ab 99 Euro« zu energieaufwendigen Spaßtrips quer durch Europa. Angela Merkel, wegen ihrer Klimapolitik von der *Bild*-Zeitung zur »Miss World« erkoren, forderte die Autoindustrie auf, sich nicht um »kurzfristiger Vorteile« willen aus der Verantwortung für CO_2-Verringerungen zu stehlen – um im gleichen Atemzug das Zugeständnis zu formulieren, dass »größere Autos nicht zu sehr belastet« werden dürften.

Das scheinbare Paradox gründet in der anhaltend falschen Wachstumslogik des Wirtschaftens. Noch immer wächst der westliche Kapitalismus vorrangig über die Ausdehnung des materiellen Verbrauchs anstatt über die Herstellung und Vermarktung von dauerhafteren Waren und höherer Lebensqualität. Folglich verschwinden alle Effizienzgewinne im Konsumrausch. Beispielhaft ist der Käfer von Volkswagen. Der Wagen von 1955 hatte 30 PS, wog 730 Kilogramm und verbrauchte im Schnitt 7,5 Liter auf 100 Kilometer. Der Motor des New Beetle von 2005 holt aus dem Treibstoff gut das Doppelte an Bewegungsenergie heraus, trotzdem verbraucht der neue Käfer so viel wie der Alte. Denn das moderne Gefährt ist 500 Kilogramm schwerer und hat in der Basisversion doppelt so viel PS wie jenes von damals. Das gleiche Phänomen findet sich in allen Bereichen des Lebens. Die Wärmedämmung wird immer besser, aber gleichzeitig werden auch die Wohnungen größer; die Zahl der Elektrogeräte steigt parallel zu deren sinkendem Verbrauch.

Diesen Trend zu brechen, damit sind die meisten Konsumenten allein überfordert. Denn damit müssen sie sich oft nicht nur gegen Konventionen stellen, sondern auch gegen Anforderungen im Job, der ihnen beispielsweise häufiges Reisen in kürzester Zeit abverlangt. »Wenn Strukturen bestimmte Lebensweisen nahelegen, dann braucht man fast einen Heiligenschein, um anders zu handeln«, meint auch der Bremer Umweltsenator Reinhard Loske. Der grüne Politiker, der ehedem selbst als Ökonom am Wuppertal Institut über umweltgerechte Lebensstile forschte, sieht darum die Politik in der Pflicht, Normen zu verschärfen und Regeln zu setzen. Ohne solche Leitplanken laufe »die Bereitschaft der Bevölkerung, Opfer in Kauf zu nehmen, wenn es dem Klima hilft, ins Leere«, meint auch der grüne Umweltexperte Roland Schaeffer.[332]

Doch eben dafür fehlt der politischen Klasse bisher überall der Mut. Exemplarisch ist da Deutschlands Umweltminister Sigmar Gabriel. Der scheut kein Pathos bei der Beschwörung der »globalen Herausforderung«, aber gleichzeitig verspricht er seinen Wählern, wenn sie glaubten, dass Klimaschutz wehtue, dann seien sie »schiefgewickelt«.[333] Doch selbstverständlich werden die nötigen Investitionen vom Hausbesitzer bis zum Aktionär des Großkonzerns die Gewinne zunächst schmälern und sich erst langfristig auszahlen. Und unvermeidlich werden die Verbraucher über höhere Energiepreise zur Änderung verschwenderischer Gewohnheiten gezwungen. All das wäre umso einfacher, je ehrlicher die Kenner der tatsächlichen Lage die nötigen Opfer benennen. Eingebettet in die so erzeugte öffentliche Stimmungslage, könnte jeder Einzelne die Veränderungen leichter erbringen und akzeptieren, so wie es in kollektiven Notlagen schon immer möglich war.

Geringer würde damit auch das andere Hindernis, das bisher noch die meisten Menschen vom Handeln abhält: das Erschrecken angesichts der atemberaubenden Dimensionen. Was nützt mein kleiner Beitrag bei einem derart umfassenden Problem? So ergab eine Umfrage des Emnid-Instituts, dass 44 Prozent der Deutschen bei allem Klimabewusstsein eine Änderung ihrer eigenen Gewohnheiten für zwecklos halten. Diese Einstellung beruht jedoch vor allem auf einem Mangel an Vorstellungskraft. Wie bedeutend der individuelle Beitrag ist, rechnet der englische Umweltjournalist Fred Pearce vor: Würden 100 Millionen Menschen in den reichen Nationen ihre Emissionen um zehn Tonnen jährlich senken – das entspricht etwa einem Hin- und Rückflug nach Australien –, dann würden damit immerhin fünf Prozent der globalen Emissionen eingespart. Das ist nicht genug, gewiss – aber für die Rettung des Planeten vor dem Klimachaos auch noch aus einem anderen Grund elementar: Mehr als alles andere zählt das Vorbild, das die Minderheit der Reichen und Privilegierten all jenen gibt, die genauso leben wollen wie sie. Ändert sich ihr vorherrschendes Modell des Lebensstils nicht, dann wird es kein Entkommen geben. Daran lassen schon die zweieinhalb Milliarden Bewohner der asiatischen Großmächte China und Indien keinen Zweifel.

Das China-Syndrom

Wenn Ruan Qiantu aus seinem Büro hoch oben im Turm der Shanghai Power Company guckt, dann kann er der Klimakrise beim Wachsen zusehen. Baukräne und halb fertige Bürotürme mit bis zu 100 Stockwerken reihen sich da in allen Himmelsrichtungen aneinander, unterbrochen nur von den schon fertigen Hochhaussiedlungen und Autobahnbrücken, die in luftiger Höhe einen endlosen Fahrzeugstrom durch das Betongebirge leiten. Wo andere nur die neuen Gebäude wahrnehmen, da sieht Herr Ruan außerdem Zigtausende von zusätzlichen Klimaanlagen, Computern, Waschmaschinen und Lampen, die demnächst in Betrieb gehen. Als Chefingenieur für das Schanghaier Stromnetz ist er verantwortlich für die Energieversorgung von rund 15 Millionen Menschen in Chinas Megametropole. Und schon seit Jahren wächst deren Stromverbrauch um bis zu 18 Prozent jährlich. Wie in aller Welt plant man unter solchen Bedingungen ein stabiles Stromsystem?

Ruan, ein Machertyp in den Vierzigern mit Brille und gewinnendem Charme, überlegt einen Moment, dann lacht er laut. »Planen? Das ist eine deutsche Frage. Wir planen nicht, wir bauen die Trafostationen und Leitungen da, wo Platz ist«, sagt der Netzchef, »und natürlich auch neue Kraftwerke.« Im Jahr 2002 war er beim deutschen Stromkonzern RWE zu Besuch, erzählt Ruan, »einem der größten in Europa, sagten sie uns.

Drei Jahre später hatten wir schon mehr Kraftwerkskapazität als die.« Ein Besuch in der Leitzentrale seines Unternehmens zeigt, was er und seine Kollegen für die Zukunft erwarten: Die Leittechnik schlägt alles, was seine europäischen Kollegen zu bieten haben, und ist für eine weitere Verdoppelung der Stromlast ausgelegt.

Aber wird das nicht die globale Erwärmung dramatisch beschleunigen, weil der meiste Strom aus Kohle gewonnen wird? Droht nicht auch Schanghai der Untergang durch steigende Fluten und apokalyptische Stürme? Gewiss, darüber werde auch in China diskutiert, räumt Ruan ein, und plötzlich weicht sein Plauderton dem Ernst einer Regierungserklärung: »Wir tun alles, um die Emissionen zu begrenzen. Aber Sie sollten auch das chinesische Problem verstehen: Wir müssen die wachsende Nachfrage decken. Wir können ja nicht verbieten, dass die Menschen Häuser, Klimaanlagen und Internetanschluss haben wollen.« Ruan nickt, dann fällt ihm noch etwas ein: »Sind nicht auch in Deutschland 19 neue Kohlekraftwerke geplant?«

Die Sätze des Schanghaier Stromchefs beschreiben präzise das fundamentale Dilemma der globalen Klimapolitik: 1,3 Milliarden Chinesen wollen genauso leben, wie es in Europa, Amerika und Japan seit Jahrzehnten üblich ist. Doch die Kapazität der Atmosphäre als Abgasdeponie reicht dafür nicht aus. Das gilt erst recht, wenn alsbald weitere drei Milliarden Menschen in Indien und den übrigen Staaten der Dritten Welt dem chinesischen Vorbild folgen. »Die Entkolonisierung der Imagination ist noch nicht erreicht«, beschreibt der Soziologe Wolfgang Sachs die globale Sehnsucht nach dem Aufstieg in die »globale Verbraucherklasse«. In der Welt der Armen gelte eine Gesellschaft nach wie vor dann als umso erfolgreicher, »je mehr sie den nördlichen Gesellschaften« gleiche. Mündet diese Globalisierung des amerikanisch-europäischen Traums nun also in einem globalen Albtraum aus Klimakriegen und Flüchtlingsströmen? Oder kann es gelingen, die späten Nachahmer davon abzuhalten, die Fehler der Reichtumsnationen zu wiederholen?

Von dieser Hoffnung scheint das moderne China zunächst unendlich weit entfernt. Seit dem Start der Wirtschaftsreformen im Jahr 1980 hat sich die Wirtschaftsleistung des Landes verzehnfacht, und das auf sehr konventionellem Weg. Kraftwerke, Kohlenminen, Staudämme, Hochspannungsleitungen, Raffinerien – wo immer im Reich der Mitte überhaupt gebaut wird, da wachsen unübersehbar auch diese baulichen Zeichen des stetig anschwellenden Hungers nach der Kraft für die Maschinen, die den Wohlstand bringen. Die wirtschaftliche Aufholjagd des größten Volkes der Welt geht einher mit einer Ausdehnung des Energieverbrauchs, der in der Geschichte der Menschheit ohne Beispiel ist. Allein in den ersten sechs Jahren des neuen Jahrtausends stieg Chinas Energiekonsum um gut eine Milliarde Tonnen Steinkohleeinheiten (SKE) pro Jahr, zweimal so viel wie ganz Deutschland verbraucht. Im Jahr 2006 gingen im asiatischen Riesenreich neue Kraftwerke mit einer Kapazität von 105 000 Megawatt ans Netz, etwa so viel wie Deutschlands Stromversorger insgesamt betreiben. In der gleichen Größenordnung ist ein weiterer Zubau auch für das laufende Jahr vorgesehen. Und drei Viertel der neuen Stromfabriken werden mit Steinkohle befeuert.

Kohle! Das Wort steht für Chinas größten Reichtum und schlimmsten Fluch. Nach Russland und den USA verfügt das Land über die größten Vorräte weltweit. Sie stellen die mit Abstand billigste Energiequelle. Sechs Millionen Chinesen in rund 24 000 Bergwerken förderten 2006 über zwei Milliarden Tonnen und damit 45 Prozent der gesamten weltweiten Produktion. Die Schwefelabgase aus alten Kraftwerken und Zigmillionen Öfen sind darum die Geißel des Landes. 16 der 20 Städte mit der weltweit höchsten Luftverschmutzung liegen in China. Gut eine halbe Million Chinesen sterben jährlich an den Folgen. 30 Prozent der Landfläche sind von saurem Regen bedroht.

Wie das ist, wenn ein Milliardenvolk sich die Welt des elektrisch betriebenen Komforts erschließt und Kraftwerkskohle billig verfügbar ist, lässt sich beim Staatskonzern Huainan Mining Industries in der Stadt gleichen Namens in der Provinz Anhui besichtigen. Die Region 600 Kilometer südwestlich von Schanghai zählt zu den ärmsten des Landes. Die meisten Häuser sind marode, viele Straßen schlecht befestigt. Doch mittendrin wachsen teure Glaspaläste, sechsspurige Autobahnen und modernste Hotelanlagen. Dazwischen zeigt ein endloser Treck von schwarz verstaubten Schiffen, Lkws und bis zu 200 Waggons langen Güterzügen die Zukunft an: König Kohle verheißt Reichtum für alle. Angefeuert durch milliardenschwere, fast zinslose Kredite der staatlichen Banken macht das Unternehmen aus brüchigen Uraltminen die modernsten Bergwerke der Welt. Das jüngste wurde in nur 35 Monaten Bauzeit errichtet, und seine Schächte stoßen bis zu 1000 Meter in die Tiefe vor. Weitgehend automatisiert, überwacht aus einer mit 32 Monitoren ausgestatteten Leitzentrale, schaffen Förderbänder und Seilzüge einen endlosen Strom des schwarzen Goldes an die Oberfläche. Jeder Förderturm bringt alle 110 Sekunden 64 Tonnen nach oben – ein Bergwerk, »wie es niemand sonst auf der Welt baut« sagt bewundernd der deutsche Bergbauexperte Bodo Goerlich. Er vertritt die Evonik AG in China, die aus dem alten Ruhrkohle-Konzern hervorgegangen ist.

Möglicherweise hat China die USA als weltgrößten Emittenten von Kohlendioxid schon überholt, und ein Ende des Booms ist nicht absehbar. Die gleiche Entwicklung droht in Indien, nur mit einem guten Jahrzehnt Verzögerung. Im Jahr 2006 gehörte auch Asiens zweite Milliardennation bereits zu den Top Ten der CO_2-Produzenten. Und wie in China ist auch Indien abhängig von der Kohle. Schon bis 2020 soll der Verbrauch chinesisches Niveau erreichen. »Es fehlt an allem, deshalb müssen wir alle Optionen nutzen«, erklärt Kirith Parikh, Energieexperte der Planungskommission, des wichtigsten Beratungsgremiums der indischen Regierung.

Kein Klimaschutz ohne Klimagerechtigkeit

Immer lauter werden daher die Klagen aus den Staaten der Wohlstandszone, dass Asiens Aufsteiger alle Anstrengungen in Europa zunichtemachen und die Menschheit in den Klimakollaps führen. »In China entwickelt sich die ökologische Apokalypse«, warnt etwa Jonathon Porritt, Leiter der britischen Kommission für nachhaltige Entwicklung. Zugleich liefert die wachsende Abgasfahne aus Fernost den Regierungen der USA und ihrer Verbündeten die zentrale Entschuldigung für ihre Weigerung, sich zur Minderung der eigenen Emissionen zu verpflichten. Genauso argumentieren auch die Verweigerer in Europa. Die von den EU-Regierungen betriebene Klimapolitik werde nur die »energieintensive Industrie in Europa erdrosseln«, klagt etwa Dieter Ameling, Präsident der deutschen Wirtschaftsvereinigung Stahl. Für den Klimaschutz sei es dagegen »völlig bedeutungslos«, ob in Deutschland 30 Millionen Tonnen CO_2 im Jahr mehr oder weniger emittiert werde. Schließlich mache Chinas Zuwachs das schon binnen eines Jahres wieder wett, meint der Cheflobbyist der Stahlindustrie.

Doch die neuen Warner vor der gelben Gefahr ignorieren eine zentrale Tatsache: Chinas Aufstieg erfolgt im direkten Auftrag und zum Nutzen der Konzerne des Westens und ihrer Kunden. Mehr als 70 Milliarden Dollar haben ausländische Unternehmen allein im Jahr 2006 in China investiert. Schon 34 Prozent der chinesischen Wirtschaftsleistung beruhen auf der Exportproduktion. Mindestens ein Drittel des enormen Verbrauchszuwachses an Strom und Treibstoff diene darum letztlich der Herstellung von Waren für die Märkte in Übersee, schätzt Jianping Zhao, Energieexperte der Weltbank in Peking.

Schon deshalb sei das China-Argument als Begründung für das eigene Nichthandeln »kompletter Unsinn«, ärgert sich der britische Diplomat und China-Kenner John Ashton, den der frühere Premier Tony Blair zum Sonderbotschafter für Klimafragen berief. Klimaschutz müsse genauso global vernetzt konzipiert werden, wie auch die Weltwirtschaft operiere. »Was wir tun, hat immer auch Folgen für Chinas Industrie und umgekehrt«, erklärt Ashton. Europäische Anlagen seien Vorbild für China, chinesische Produkte verändern die europäische Energiebilanz. Die wichtigste Zukunftsfrage sei daher, wie Europa Chinas Regierung beim Aufbau einer klimaschonenden Produktionsweise unterstützen könne, sagt Ashton. »Billige Bausätze für Energiesparhäuser, effiziente Küchengeräte oder sparsame Leichtbauautos, das ist es, was die Welt aus China braucht«, meint Ashton, »da müssen wir investieren.«

Ailun Yang, die 28-jährige Leiterin des Klimateams der

Greenpeace-Filiale in Peking, sieht das genauso. »Ach ja, die Europäer kriegen jetzt die Panik. Dabei halten wir euch doch nur den Spiegel vor, und ihr seht plötzlich, dass eure Lebensweise nicht nachhaltig ist«, kommentiert sie die anschwellende China-Angst im Westen. Der Vorteil sei, dass jetzt niemand mehr daran zweifle, wie unausweichlich der ökologische Umbau der Industriegesellschaften sei. Vielleicht könne China dabei sogar die Führung übernehmen, hofft die junge Frau, die in London studiert hat und in beiden Welten zu Hause ist. Man müsse doch nur sehen, welchen Weg ihr Land in den vergangenen 30 Jahren zurückgelegt habe. »Wenn meine Generation hier die Macht übernimmt, kann wieder alles ganz anders sein«, beschreibt die Aktivistin ihre Variante des chinesischen Traums.

Das klingt idealistisch, fast naiv. Doch die Chancen stehen weit besser, als es scheint. Denn kaum bemerkt von der Weltöffentlichkeit hat auch in Chinas Führungsklasse ein hartes Ringen um die richtige Energiepolitik eingesetzt. Den Auftakt dazu setzte kein Geringerer als Wen Jiabao, der Ministerpräsident selbst. Bei der Verabschiedung des Fünfjahresplans für die Jahre 2006 bis 2010 im Staatsrat sorgte er nach Auskunft seiner Berater persönlich für einen erstaunlich mutigen Beschluss: Binnen fünf Jahren, so will es der Führungszirkel von Chinas Staatspartei, soll der Energieeinsatz gemessen an der Wirtschaftsleistung um volle 20 Prozent sinken – ein Effizienzziel, das anspruchsvoller ist als alles, was sich Europas Regierungen bisher vorgenommen haben.

Anschließend legte die Nationale Entwicklungs- und Reformkommission (NDRC), Pekings Wirtschaftsleitstelle und eine Art Überministerium, einen umfassenden Plan für zehn Schlüsselsektoren von der Stahlindustrie bis zur Gebäudesanierung auf. Gelingt ihnen das angekündigte Programm, dann werden in den nächsten Jahren mehr als 6000 veraltete Kleinkraftwerke stillgelegt, effiziente Haushaltsgeräte systematisch begünstigt und die Produktvorschriften dem jeweils besten Angebot angepasst. Landesweit sollen Energieberatungsunternehmen entstehen, die bei Industriekunden in Effizienztechnik investieren und ihr Geld mit den eingesparten Energiekosten verdienen. Die Standards für die Wärmedämmung von Gebäuden werden auf europäisches Niveau angehoben, die Altbaubestände mit milliardenschweren Subventionen energetisch saniert und die Verbrauchsgrenzen für Autos so verschärft, dass schon ab 2009 amerikanische Spritschlucker und Deutschlands Großlimousinen in China nicht mehr verkäuflich sind.

Zeitgleich plant Peking im großen Stil den Ausbau CO_2-freier Energiequellen. Weltweite Beachtung findet dabei Chinas Atomprogramm. Im Jahr 2007 orderte die Regierung sechs neue Reaktoren bei der japanisch-amerikanischen Firma Toshiba-Westinghouse und bei Frankreichs Atomkonzern Areva. Doch Fachleute beurteilen die rund 20 Milliarden Dollar teuren Investitionen lediglich als Sicherung einer technischen Option. Ihr Anteil an der Energieversorgung wird auf absehbare Zeit kaum über zwei Prozent hinauskommen. Da ist das Land bei den erneuerbaren Energien viel weiter. Schon heute ist China weltweit führend bei der Warmwassergewinnung aus Solarwärme. Bis 2020 sollen zudem Windkraftanlagen mit einer Kapazität von 40 000 Megawatt doppelt so viel Strom liefern wie derzeit im Windkraftland Deutschland. Alle großen Hersteller errichten Fertigungsstätten vor Ort. Vor allem aber sollen ein Dutzend riesiger Staudämme am Yangtse-Fluss sowie Zigtausend kleiner Wasserräder den Anteil der Wasserkraft zulasten der Kohleverstromung steigern. Binnen 13 Jahren wollen Pekings Energiestrategen den Anteil der erneuerbaren Energien an der Stromerzeugung auf 40 Prozent verdoppeln – mehr als in Deutschland im gleichen Zeitraum vorgesehen ist.

Ganz ähnliche Programme verfolgen auch Indiens Energieplaner. Dort richtete die Regierung schon vor vielen Jahren ein Ministerium für erneuerbare Energien ein, und neuerdings gibt es auch eine Bundesbehörde zur Förderung der Energieeffizienz. Beschlossen habe Indien sogar »das weltweit strengste Energiespargesetz«, urteilt Albrecht Kaupp, der als Energieberater der Gesellschaft für Technische Zusammenarbeit (GTZ) die indischen Behörden bei der Umsetzung des Effizienzgesetzes unterstützt.

Diese ambitionierten Vorhaben hatten ursprünglich wenig

damit zu tun, dass die Regenten der beiden asiatischen Großmächte die globale Erwärmung fürchten. Ihr Ziel waren in erster Linie die Bekämpfung der Luftverschmutzung und die Senkung der Importe von Öl und Gas. Offiziell weisen die Regierungen in Peking und Delhi auch jede Verpflichtung zurück, gegen den wachsenden Abgasstrom vorzugehen. »Der Klimawandel wird durch die langen historischen Emissionen der entwickelten Länder hervorgerufen, sie tragen unausweichlich die Verantwortung«, heißt es stets in den Erklärungen des Pekinger Außenministeriums zur Klimafrage. »Wir haben das Klimaproblem nicht verursacht«, sagen lakonisch auch Delhis Energieplaner.

Aber auch an dieser Front dreht sich der Wind. Im Dezember 2006 forderten 25 führende chinesische Umweltwissenschaftler per Brief an den Staatsrat einen Kurswechsel, erzählt einer der Beteiligten. Seitdem gibt es monatliche Tagungen zum Thema auf höchster Ebene, und seit Anfang 2007 berichten Chinas Medien fast täglich über die Klimagefahr. Alles andere wäre auch gar nicht durchzuhalten. Schon jetzt fordert die Erwärmung hohen Tribut. Allein 2006 verzeichnete China durch gewaltige Taifune und extreme Dürren volkswirtschaftliche Schäden in Höhe von 240 Milliarden Dollar.

Doch so groß der politische Druck ist, so hartnäckig ist auch der Widerstand gegen den nötigen Umbau. Dabei ähneln die Konflikte auf verblüffende Weise jenen in den Wohlstandsnationen. Die kurzfristigen wirtschaftlichen Gewinne erscheinen vielfach wichtiger als die möglichen langfristigen Schäden. In Schwellenländern wie China und Indien ist dieser Widerspruch allerdings auch weit schwerer zu überwinden als etwa in Europa. So müssen die Regierungen in Chinas 22 Provinzen mit extremen sozialen Spannungen fertig werden, welche die chinesische Gesellschaft zu zerreißen drohen. Jahr für Jahr strömen bis zu 15 Millionen weitere Menschen auf der Suche nach Arbeit in die Städte. Folglich haben die Provinzgouverneure wenig Interesse an Vorhaben, die auch nur im Verdacht stehen, die wirtschaftliche Expansion zu bremsen.

So ist das Defizit bei der praktischen Umsetzung der Effizienzvorhaben riesig. Anstatt wie vorgesehen um vier Prozent zu sinken, wuchs der Energieverbrauch 2006 sogar noch schneller als die Wirtschaft. Aber die Zentralregierung versuchte keineswegs, die Lage zu beschönigen. Im Gegenteil: Die staatlich gelenkte Presse berichtete ausführlich. »Das Verfehlen des Ziels wird als nationales Versagen empfunden«, erfuhr der deutsche Energiefachmann Jörg Moczadlo bei seinen Gesprächen mit Regierungskadern. Moczadlo, der im Auftrag der GTZ Chinas Stromwirtschaft bei der Kraftwerkserneuerung berät, erwartet daher radikale Veränderungen, »die Stimmung kippt«. Das bestätigt auch Regierungsberater Pan Jiahua: »Unternehmen, die das Energieproblem ignorieren, laufen Gefahr, die politische Unterstützung zu verlieren.« Und ohne die, versichert Pan, »kann niemand in China Geschäfte machen«.

Wie der Energiekonflikt intern ausgetragen wird, darüber sprechen Pekings Regenten nicht in der Öffentlichkeit. Aber alle regierungsnahen Experten berichten, dass die Parteiführung begonnen hat, ihre wichtigste Trumpfkarte auszuspielen: die Macht über die Karrieren der Kader. Jahr für Jahr müssen sich alle Funktionäre einer Beurteilung unterwerfen. Wer durchfällt, kann nicht aufsteigen. Und wo bislang vor allem Wachstum und Beschäftigung zählten, soll nun die Energieeffizienz als weiteres Erfolgskriterium gelten. Um jeden Zweifel auszuräumen, sprach Präsident und Parteichef Hu Jintao anlässlich der Sitzung des Politbüros im Dezember 2006 wie ein überzeugter Umweltkämpfer. »Partei und Gesellschaft müssen begreifen, wie dringend die Steigerung der Energieeffizienz ist«, ließ er über die amtliche Nachrichtenagentur verbreiten. Dabei gehe es »um das Überleben und die Entwicklung der menschlichen Gesellschaft«. Prompt verkünden seitdem Provinzregierungen und Minister einen Energiesparplan nach dem anderen. So erhielten auf Druck von Peking Anfang 2007 die 1000 Betriebe mit dem höchsten Energieverbrauch von ihren regionalen Behörden die ultimative Aufforderung, binnen Jahresfrist ein Energiesparprogramm aufzulegen.

Dabei setzen Chinas Energiestrategen konsequent auf Unterstützung aus dem Ausland. Offenbar hat die schiere Größe des China-Problems von Washington über Brüssel bis Tokio einen Geist transnationaler Kooperation in ganz neuer

Qualität geschaffen. So betreiben alle großen EU-Staaten und Japan umfangreiche Energieberatungsprojekte. China werde zum »Energielabor der Welt«, beobachtete Yang Fuqiang, Vizepräsident der amerikanischen Energy Foundation, die eng mit Chinas Energiebehörden zusammenarbeitet. Peking mache »jetzt Ernst mit dem Klimaschutz«, versichert Yang, der ehedem selbst Mitarbeiter der Planungsbehörde NDRC war. Binnen zehn Jahren könne das Land energietechnisch zu den führenden Industriestaaten aufschließen.

Aber wird das reichen? Kann China damit Wohlstand erreichen, ohne das globale Klima zu ruinieren? Darüber hat kaum jemand mehr nachgedacht als der Ökonom Zhou Dadi, der bis Mitte 2007 zwölf Jahre lang das energiewissenschaftliche Institut des NDRC-Superministeriums geleitet hat. Nicht zuletzt sein Rat war es, der Chinas Staatsführer alarmierte. Aber Wunder mag auch Zhou nicht versprechen. Selbst im besten Fall, wenn alle Pläne aufgehen, werde Chinas Kohleverbrauch bis zum Jahr 2020 noch einmal um mindestens 50 Prozent zunehmen und mit ihm der Ausstoß von Treibhausgasen, erwartet Zhou. Nur eine mögliche Alternative gebe es, meint der freundliche Professor mit der großen Brille, dann greift er zum Stift und zeichnet eine Grafik aufs Papier, die den Verlauf des Brennstoffverbrauchs pro Kopf über die kommenden Jahrzehnte abbildet. »Da unten stehen wir jetzt«, sagt er und zeigt auf den Wert 1,4 Tonnen Öleinheiten pro Kopf. »Und da«, der Stift wandert nach oben auf einen viermal höheren Wert, »da stehen die reichen Industrieländer.« Anschließend zieht er zwei Kurven. Die erste, die chinesische, steigt stetig an. »Aber was passiert da bei Ihnen? Könnte der Verbrauch bei Ihnen in 20 Jahren auf die Hälfte sinken?«, fragt er und zeichnet die zugehörige abfallende Kurve. Wenn das gelinge, »dann könnten wir es mit den gleichen Methoden vielleicht schaffen, noch besser zu sein«, sagt Zhou und verlängert nun die chinesische Kurve mit einem Knick nach unten, noch bevor sie die andere kreuzt. »Glauben Sie mir, unsere Regierung nimmt die Gefahr des Klimawandels sehr ernst, aber was uns fehlt, ist das Modell. Wachstum ohne mehr Verbrauch von Kohle und Öl, wie soll das gehen?«

Die Antwort, da lässt Pekings führender Energieplaner keinen Zweifel, werden dieselben Nationen geben müssen, die der Welt auch das falsche Modell beschert haben. Das sieht Sunita Narain, eine der führenden Umweltaktivistinnen Indiens, genauso. Anders als Zhou zählt sie nicht zur Regierungselite ihres Landes, und sie ist eine harte Kritikerin der indischen Umweltpolitik. Aber auch sie weist den Anspruch zurück, Länder wie Indien und China könnten leisten, was dem Norden selbst noch nicht gelungen ist. »Wir sollen alles gleichzeitig schaffen: die Wirtschaft entwickeln, die Armut bekämpfen und jetzt auch noch einen kohlenstoffarmen Lebensstil erfinden?«, fragt sie. Nicht zu überhören ist so bei Narain, Zhou und anderen Repräsentanten der Entwicklungs- und Schwellenländer der Zorn über die »Tragik des historischen Moments«, wie Wolfgang Sachs es nennt: Gerade zu dem Zeitpunkt erreicht das Wachstum der alten Form des Kapitalismus die ökologischen Grenzen des Planeten, da die arme Mehrheit der Menschheit erstmals die Aussicht hat, an den damit geschaffenen Reichtümern teilzuhaben.

Diese Konstellation lässt es beinahe unmöglich erscheinen, dass die Regierungen der Welt sich jemals mit einem rechtlich verbindlichen Vertrag auf ein globales Klimaschutzregime einigen werden; auf ein Regelwerk, das den Wandel tatsächlich in beherrschbaren Grenzen halten kann. Viel zu groß erscheint der berechtigte Anspruch der Schwellenstaaten und erst recht der noch ärmeren Länder auf faire Entwicklungsbedingungen und finanziellen Ausgleich. Viel zu schwer erfüllbar erscheinen die Forderungen an die Wohlstandsländer, sie sollten ihre Energiepolitik radikal erneuern und die Verlierer des Klimawandels über viele Jahre mit Milliardensummen entschädigen. Doch trotzdem arbeiten Tausende von Diplomaten und Politikern rund um den Erdball an genau diesem Megaprojekt. Und vielleicht ist ihre Anstrengung doch nicht vergeblich.

Diesen Eindruck jedenfalls mussten all jene haben, die am Nachmittag des 15. Dezember 2007 im International Convention Center auf der indonesischen Insel Bali jene Schicksalsstunde der Weltgesellschaft erlebten, die selbst die Veteranen der Klimadiplomatie tief bewegte. Erstmals mussten die

Abgesandten des US-Präsidenten George Bush vom Rest der Welt lernen, dass auch sie ihrer Verantwortung nicht entkommen können.

Der Showdown von Bali

Die Sache schien schon verloren. Zwei Wochen lang hatten die 10000 Delegierten der UN-Klimakonferenz bereits um Kompromisse gerungen und doch in den wichtigsten Fragen wenig erreicht. Der klimapolitische »Wanderzirkus«, wie ihn Umweltaktivisten spöttisch nennen, schien einmal mehr auf den gleichen Schienen ins Nirgendwo zu fahren wie in den vorangegangenen 15 Jahren. Schon 1992, bei der Weltkonferenz über Umwelt und Entwicklung in Rio de Janeiro, war es um genau die gleichen Fragen gegangen: Wie viele Vorleistungen muss der reiche Norden erbringen, um das Klima zu retten? Wie viel Raum für weitere Entwicklung muss den Entwicklungsländern bleiben und damit welcher Anteil an der Gasdeponie Atmosphäre? Wer finanziert den ärmeren Staaten Schutzmaßnahmen und neue Energietechnologien? Wie viel ist der Erhalt der Regenwälder wert? Schon damals sprachen Warner vom »last exit Rio«. Um wie viel treffender war die Notausgangs-Metapher nun hier in Nusa Dua, dem edlen indonesischen Ferienrefugium.

Im Jahr der Klimawahrheit 2007 lasten höhere Erwartungen denn je auf den Schultern der Diplomaten und Minister. Die paradiesisch anmutenden Luxushotels mit ihren goldgewandeten, ewig lächelnden Empfangsdamen und ihren eleganten Strandlandschaften wirken da nur als deplatzierte Kulisse für einen bitterernsten »Prozess«, wie die Delegierten die Klimaverhandlungen fast ehrfürchtig nennen. Zwar geht es formal nur um wenig. Die vielsprachige Gemeinschaft aus Beamten und Experten soll lediglich beschließen, ob und mit welchen Zielen in den folgenden zwei Jahren über die Erweiterung der UN-Klimakonvention verhandelt werden soll. Zur Diskussion steht auch die Zukunft des Kyoto-Protokolls, jenes Zusatzvertrags, mit dem sich 1997 in Japan 36 Industrieländer und die Europäische Union verpflichtet hatten, ihre Emissionen von

Treibhausgasen um durchschnittlich fünf Prozent bis 2012 zu senken. Die Details der künftigen Vertragswerke stehen noch gar nicht an, sondern zunächst sollen lediglich die allgemeine Konstruktion und die Verhandlungsziele festgelegt werden. Eine Roadmap, eine Straßenkarte mit Wegweisern zur Rettung der Welt vor dem Klimachaos, sollen die Delegierten entwerfen. Die eigentlichen Interessenkämpfe um Verfahren, Pflichten und Summen sollen in den folgenden zwei Jahren bis zur übernächsten »Cop« (Conference of the Partys) in Kopenhagen erst noch folgen.

Und doch geht es um viel, nämlich um die grundsätzliche Frage, ob die beiden Hauptkontrahenten, die Vereinigten Staaten auf der einen Seite und die Volksrepublik China nebst allen anderen Schwellen- und Entwicklungsstaaten auf der anderen, überhaupt eine gemeinsame Verhandlungsbasis finden. Gelingt das nicht, dann könnte das Weltklimaprojekt schon hier und jetzt scheitern. Die Vertreter der Pekinger Politbüro-Diktatur signalisieren zu einem frühen Zeitpunkt ihre Bereitschaft zum Kompromiss. Die drohende Austrocknung und Überflutung ihres Reiches macht Chinas Führer pragmatisch. Die Vertreter der westlichen Supermacht dagegen, die zunächst Amerikas »leadership«, also Führungsanspruch, reklamiert haben, führen sich als Saboteure auf. Gemeinsam mit Saudi-Arabien und Japan formieren sie »eine Crew, die das Schiff zum Untergang bringen will«, urteilt Jennifer Morgan, Programmdirektorin Klimawandel bei e3g, einer europäischen Umweltorganisation, und zugleich Aktivistin des weltweiten Climate Action Network.

Da ist es Donnerstag, zwei Tage vor dem Ende der Konferenz. In allen Arbeitsgruppen, von der für den Fonds zum Schutz der Wälder bis zu jener über den Nord-Süd-Transfer von Klimaschutztechnologie, bringen die US-Delegierten Anträge ein, die für die in der »G77« organisierten Entwicklungs- und Schwellenländer einschließlich Chinas nicht akzeptabel sind. Nach elf Verhandlungstagen sprechen die ersten Diplomaten von einem möglichen Scheitern. Am Freitag, dem zwölften Tag und dem offiziellen Schlusstag der Konferenz, ist dies der Ernstfall. Dem indonesischen Konferenzpräsidenten Rachmat Witoelar bleibt nichts anderes übrig, als kurzerhand eine

Verlängerung zu beschließen. Denn die eine Frage ist noch immer offen, die entscheidende: Werden die USA als die größten Klimasünder sich doch in die Verantwortung nehmen lassen – und im Gegenzug dann auch China und die anderen bevölkerungsreichen Schwellenländer?

Am späten Abend wirkt das Konferenzzentrum wie ausgestorben. Die vielen Verbände und Umweltgruppen haben ihre Informationsstände längst abgebaut, nur noch Kisten stehen herum. Da schlägt sich in einem Nebenraum eine Runde von 40 Ministern schon die zweite Nacht um die Ohren. Samstagmorgen gegen halb drei Uhr finden sie endlich einen Kompromiss: Auch die Schwellenländer erklären sich dazu bereit, »Aktivitäten« für den Klimaschutz zu ergreifen – entsprechend ihren Fähigkeiten und Wohlstandszuwächsen und unter der Voraussetzung, dass ihnen die Industriestaaten dabei mit Geld, Rat und Technologie zur Seite stehen. Auf der anderen Seite wollen die Amerikaner zwar noch immer nicht das Kyoto-Protokoll unterschreiben und sie legen sich auch weiterhin auf keine konkreten Ziele fest. Lediglich eine Fußnote im Abschlussdokument verweist auf die von den Wissenschaftlern des UN-Klimarats errechnete nötige Senkung der Emissionen in den Industriestaaten um bis zu 40 Prozent bis 2020 – als einem Ziel von vielen möglichen. Gleichwohl gestehen die USA zu, dass auch sie »Aktivitäten«, zudem »Verpflichtungen« zum Klimaschutz eingehen werden. Diese Pflichten sollen sogar mit denen anderer Industrienationen »vergleichbar« sein. Gegen eine solche Festlegung hatten sie sich besonders hartnäckig gewehrt, denn sie bringt sie in die Nähe dessen, was die Kyoto-Staaten leisten müssen.

Derlei Wortklauberei wirkt für Beobachter surreal, aber im diplomatischen Florettkampf ist dies der entscheidende Schritt nach vorn. Die beiden Nationen mit den größten Emissionen sind im Boot. Nur eine Frage ist noch offen: Wird die Lösung auch im Plenum durchgehen? Wird die Regierung in Washington akzeptieren, dass ihre Delegierten im letzten Moment nachgegeben haben? Erschöpft ziehen sich die Minister in ihre Hotels zurück, nur um sich fünf Stunden später erneut im großen Saal zu versammeln.

Acht Uhr früh, die Nervosität der Delegierten ist unüberhörbar, ein Raunen erfüllt den Saal, und der Streit bricht gleich wieder aus. Einige Entwicklungsländer wollen die Hilfsverpflichtung der Industrienationen im Abschlussdokument noch stärker betonen. Die Beratungen der verschiedenen Staatenallianzen darüber sind noch nicht abgeschlossen, als die Plenarsitzung erneut eröffnet wird. Ein chinesischer Diplomat wirft daraufhin dem UN-Klimasekretariat Manipulation vor – zu viel für dessen völlig übernächtigten Chef Yvo de Boer, vor der versammelten Konferenz bricht er in Tränen aus. Wieder eine Unterbrechung, Indien findet einen Kompromiss. Nun kommt es endlich zur letzten Aussprache. Paula Dobriansky meldet sich zu Wort, die ebenso zierliche wie zähe amerikanische Delegationschefin, und ihr Statement mündet in den Satz: »We are not prepared to accept.« Den mehr als 2000 Menschen im Saal stockt der Atem. Haben sie richtig gehört? Die USA können sich – nicht einverstanden erklären?

Und plötzlich bricht sich die ganze Anspannung und der Groll der vergangenen zwei Wochen Bahn, bei manchem mag es gar die Wut von Jahren sein. Auf einmal können sich Minister und Diplomaten, die sonst auf internationalem Parkett jedes Wort wägen, jede Regung kontrollieren, nicht mehr zurückhalten, hemmungslose Buhrufe hallen durch den Saal. Dann herrscht kurze Stille. Das Erschrecken ist so groß, dass die Luft zu schwingen scheint. Soll wirklich »die Rettung der menschlichen Art an Formulierungen scheitern«, wie wenige Minuten zuvor der indonesische Staatspräsident in einer ungeplanten Intervention noch mahnend gefragt hatte? Sollen alle Appelle der kleinen Inselstaaten unerhört geblieben sein, denen das Wasser bald buchstäblich bis zum Halse steht? Auch der UN-Generalsekretär Ban Ki Moon wäre vergeblich noch einmal eingeflogen, um der Versammlung in seltener Direktheit die Leviten zu lesen: »Offen gesagt: Ich bin über den Mangel an Fortschritt enttäuscht.« Und die Predigt von Al Gore: auch sie wirkungslos? Als »Bürger der Vereinigten Staaten« hatte er zwei Tage zuvor im festlichen Ballsaal des Westin Hotels vor 1000 Konferenzteilnehmern eine Rede voller Pathos gehalten, wahrscheinlich mit beklemmenden Déjà-vu-Gefühlen. Zehn Jahre zuvor hatte er noch als amerikanischer Vizepräsident an Bill Clintons Seite gestanden, als die USA das Abkommen ebenfalls erst blockierten, dann zu ihren Gunsten manipulierten – und das nur, um dann selber nicht beizutreten. In Nusa Dua hatte Gore tief eingeatmet, ehe er ausrief, unüberhörbar gerichtet an die Adresse der US-Delegation: »Mein eigenes Land, die Vereinigten Staaten, ist hauptsächlich dafür verantwortlich, dass hier in Bali der Fortschritt aufgehalten wird.« Alles umsonst?

Ein südafrikanischer Diplomat findet als Erster wieder Worte und attackiert Dobrianskys Einwände als »zutiefst unwillkommen und ohne jede Grundlage«. Auch die Vertreter von Tuvalu, Brasilien, Mali und Pakistan, allesamt potenzielle Klimaopfer, machen Front. Ugandas Delegationschef versucht es mit einer anderen Tonlage: »Wir flehen die USA an, ebenfalls zuzustimmen.« Sogar Japan, der letzte eiserne US-Alliierte, stimmt offiziell dem gefundenen Kompromiss zu. Kevin Conrad, der Vertreter Papua-Neuguineas, setzt schließlich einen subtilen Appell ans Ende der Aussprache: »Wir hoffen auf Ihre Führungsrolle«, sagt der Mann, den Umweltaktivisten als charismatischen Waldschützer kennen. Aber wenn die USA diese Führungsrolle nicht auszuüben bereit seien, sagt er, »dann überlassen Sie die Sache uns, den Übrigen. Treten Sie bitte zur Seite.« »Please, get out of the way«: Der Satz macht Geschichte.

Jetzt steht Mrs. Dobriansky allein. Sie hat in den vergangenen Minuten hektisch telefoniert, schließlich drückt sie auf den Knopf ihres Mikrofons und sagt: »Wir machen einen Schritt nach vorn und schließen uns dem Konsens an.« Aufatmen, Erleichterung, die Diplomaten springen auf zu Standing Ovations. Für ein paar Minuten rückt die ganze Welt unter dem Druck des gemeinsamen Problems tatsächlich zusammen. Es ist ein ums Haar gescheiterter, in der Sache minimaler, aber politisch-psychologisch enorm wichtiger Sieg für die Klimagerechtigkeit. Und auch darüber hinaus: Zum ersten Mal konnten die amerikanischen Blockierer ihre materielle und militärische Überlegenheit nicht mehr in politische Macht verwandeln; erstmals mussten sie sich der Realität verschobener globaler Machtverhältnisse und dem neuen Gewicht der Schwellenländer fügen. So gibt es zumindest in diesem Moment in Bali die

Hoffnung, dass die multipolare Welt im Angesicht der kollektiven Bedrohung doch fähig wird zu Kooperation. Nie war die Bereitschaft dazu bei einer Mehrheit so deutlich zu spüren; nie waren die Chancen so groß, dass die Gefahren doch noch abgewendet werden können. Es war ein großer Schritt für die Menschheit, sagt eine ganze Reihe von Klimaverhandlern, bevor sie in ihre Heimat aufbrechen.

Oder war es doch nur ein winziger Schritt? Die Antwort hängt von der Perspektive ab. Auf der einen Seite lobten Regierungsvertreter wie der deutsche Umweltminister Sigmar Gabriel den »Fall der Mauer« in Bali. Und im Widerspruch zur Zähflüssigkeit der Verhandlungen in der Schlüsselfrage, bestätigen Delegationsmitglieder aus Nord wie Süd, habe sich die Kooperationsbereitschaft bei der Mehrheit der Nationen in den einzelnen Fachgremien positiv verändert; es gebe »weniger Entgleisungen«, keinerlei klimaskeptische Grundsatzdebatten mehr, einen neuen, konstruktiven Ernst. »Ein Quantensprung in einem einzigen Jahr!«, meint auch Christoph Bals, Geschäftsführer der Umweltorganisation Germanwatch, der die Klimaverhandlungen seit 1992 begleitet. Dass es gelang, die USA zu isolieren, ist zudem einer neuen Allianz der Entwicklungsländer und Chinas mit der Europäischen Union zu verdanken. Das könnte Zukunft haben.

Auf der anderen Seite jedoch gibt es, trotz der eindeutigen Feststellungen der Wissenschaftler des UN-Klimarates, noch immer keine klare Festlegung der Staatengemeinschaft auf die nötige radikale Minderung der Emissionen aus Kohle, Öl und Gas und der Rodung der Urwälder. Völlig offen ist deshalb auch nach wie vor, auf welcher Grundlage welcher Nation welcher Anteil an der atmosphärischen Abgasdeponie zugestanden werden soll. Ein gewisses Maß an CO_2-Emissionen, etwa die Hälfte des bisherigen Volumens und beim derzeitigen Stand der Weltbevölkerung wahrscheinlich höchstens zwei Tonnen pro Kopf, können die Ozeane und Wälder der Erde halbwegs schadlos absorbieren. Doch wie soll diese ökologische Kapazität aufgeteilt werden? Soll jedem Menschen die gleiche Menge zustehen, wie es Bundeskanzlerin Angela Merkel zur Verblüffung selbst radikaler Umweltschützer vorgeschlagen hat?

Würde das die Verhandlungsbasis, dann könnten und müssten die Industriestaaten den Entwicklungsländern zunächst über viele Jahre diese Emissionsrechte abkaufen, und eine komplizierte Übergangsregelung müsste ausgehandelt werden. Bis zu diesen wirklich entscheidenden Fragen ist die Klimadiplomatie in Bali noch gar nicht vorgedrungen. So sei zwar das Scheitern verhindert worden, aber noch immer fehle es an »Substanz«, lautete daher die Kritik der Umweltorganisationen von Greenpeace bis zum WWF.

Zudem hat vermutlich der laufende Wahlkampf um die US-Präsidentschaft das Zugeständnis der Amerikaner in allerletzter Sekunde beeinflusst, weil dieser sich auch zu einem Tribunal über die Klimaignoranz der regierenden Republikaner entwickelt hat. Da durfte der amtierende Präsident im Interesse seiner Partei und ihrer Kandidaten nicht die Anschuldigung riskieren, dass die Bali-Konferenz seinetwegen geplatzt sei. Allerdings passte der Kompromiss so gar nicht zu seiner eigenen Klimaschutzinitiative, die allein auf Technologieförderung ohne jede Verpflichtung setzt. Darum kritisierte Bush schon am nächsten Tag prompt das ausgehandelte Ergebnis. Umso freudiger begrüßten es dagegen die demokratischen Kandidaten Hillary Clinton und Barack Obama und fachten so die Hoffnung an, dass der Nachfolger oder die Nachfolgerin des jetzigen US-Präsidenten ab 2009 tatsächlich jene »leadership« übernimmt, die Bushs Abgesandte für sich in Anspruch nahmen, ohne sie auszufüllen.

Gleichzeitig ist es aber gelungen, neue Pfade für mehr Klimagerechtigkeit in die »Bali Roadmap« einzutragen. So soll ab 2012 auch die Rettung der letzten Urwälder Teil des Klimaschutzabkommens sein. Trotz ihrer existenziellen Bedeutung kamen diese Kohlenstoffsenken in den bisherigen Verträgen nicht vor; jetzt wird auch ihr Schutz im Emissionshandel anrechenbar. Über einen Fonds namens REDD (Reduced Emissions from Deforestation and Degradation) sollen Gelder aus den Wohlstandsnationen zukünftig Programme speisen, die Bauern und Waldanrainern von Kolumbien bis Papua-Neuguinea alternative Einkommensquellen verschaffen, wenn sie auf die Rodung der Wälder verzichten. Vorangekommen sind auch Gespräche über den Transfer des ganzen Spektrums CO_2-freundlicher Technologien von Nord nach Süd. Das war für die 130 Staaten der G77-Gruppe und für deren Unterstützer China elementar. Sie sind ja, wie die Klimapolitik Indiens und Chinas zeigt, schon aus Eigeninteresse sehr wohl dazu bereit, ihr Wirtschaftswachstum von vorneherein auf Effizienz und erneuerbare Quellen zu bauen. Doch viele Effizienz- und Energietechnologien sind mit Patenten geschützt und schlicht zu teuer für ärmere Länder. Selbst die beiden Wachstumsriesen Asiens verfügen bisher kaum über eigene Industrieforschung. Unternehmen aus den reichen Ländern hingegen geben ihr Wissen nur ungern oder gegen hohe Gebühren preis, aus Sorge, sich Konkurrenten heranzuziehen. Weitere harte Auseinandersetzungen über eine Vielfalt von Lösungsansätzen – Forschungskooperationen, freie Lizenzen, die Förderung von Joint Ventures bei Umweltfirmen – sind unvermeidlich.

Schließlich kann nach Bali ein allzu lange verdrängtes und längst akutes Thema des Klimawandels endlich angepackt werden: Hilfe für die armen Länder bei der Bewältigung der unvermeidbaren Klimaschäden, um jene »Anpassungs-Apartheid« zu verhindern, vor der der südafrikanische Bischof Desmond Tutu gewarnt hatte. Ein Jahr zuvor bei der Klimakonferenz in Nairobi hatten sich die Vertreter der Armutsländer des Südens und der Wohlstandszone des Nordens noch lautstark angebrüllt, als es um die Kontrolle eines entsprechenden Fonds ging. In Bali wurde nun ein Kompromiss gefunden, der den Entwicklungsländern mehr Mitsprache zubilligt.

Die Herausforderung bei der Anpassung ist gigantisch. Niemand weiß genau, was überhaupt möglich ist und wo begonnen werden muss: In Afrika fehlen schon die meteorologischen Messstationen, um die Veränderungen durch den Klimawandel überhaupt einschätzen oder vorhersagen zu können. Erst recht vermag kaum jemand die möglichen Kosten für neues Saatgut, Warnsysteme, Versicherungen, Deichbauten, mögliche Umsiedlungs- und Stadtplanungsprogramme wirklich abzuschätzen: Die Weltbank rechnet mit bis zu 41 Milliarden Dollar pro Jahr, die Hilfsorganisation Oxfam kalkuliert die Summe doppelt so hoch, andere reden sogar von 100 Milliarden Dollar jährlich und mehr. Bis 2012 werden im nun beschlossenen Anpassungsfonds aber erst maximal um die 600 Millionen Dollar zusammenkommen – eine, gemessen an den Herausforderungen, lächerlich geringe Summe. Sie entspricht etwa der Hälfte dessen, was ein einziger amerikanischer B2-Bomber vom neuesten Modell kostet. Bei der Mobilisierung zusätzlicher Gelder wird es daher im weiteren Klimaprozess ans Eingemachte der Gerechtigkeit gehen: Sollen globale Steuern auf Flugbenzin erhoben werden? Wird man eine Art globaler Steuer auf Gewinne aus dem Emissionshandel erheben? Letztere werden umso mehr steigen, je höher die Minderungsverpflichtungen der Industrieländer ausfallen und je mehr Staaten sich beteiligen. Nun stehen 25 bis 40 Prozent Minderung bis zum Jahr 2020 im Aufgabenbuch für die Weiterverhandlung des Kyoto-Protokolls, allerdings nur in einer Fußnote, nicht als feste Absicht, sich auch praktisch daran zu orientieren.

»Global reden – national aufschieben«

Dies ist denn auch die dunkle Seite des bisherigen globalen Klimaregimes: Alle Ergebnisse sind beklemmend unzulänglich. Das Tempo der Verhandlungen und der Umsetzung steht in keinem Verhältnis zum Pathos der vielen Reden – und vor allem zur Dringlichkeit des Problems. 15 Jahre hat es gedauert, bis aus Absichtserklärungen Praxis wurde, und das auch nur für einen geringen Teil der Weltgemeinschaft und mit einem verwirrenden System von Fonds, Institutionen, Einzelprogrammen und Regeln. Diese sind mittlerweile so mit Abkürzungen und Querverweisen überladen, dass selbst die Autoren ihre Paragraphen kaum mehr durchschauen. Und stets zieht die Diplomatenkarawane weiter, verhandelt über die nächsten Verhandlungen, einigt sich dabei »pro Tag auf einen Satz«, wie Kevin Conrad aus Papua-Neuguinea in Bali genervt kritisierte, um erst frühestens in vier Jahren die notwendigen Veränderungen konkret in Angriff zu nehmen.

Folgt man den wissenschaftlichen Analysen, dann bleiben aber nur noch weniger als zehn Jahre Zeit für die entscheidenden Weichenstellungen. »Sorgt dafür, dass die neuen Regeln nicht erst 2012 gelten, sondern schon 2010!«, hatte Al Gore den Delegierten ungeduldig zugerufen – ohne Widerhall. Die indische Umweltschützerin Sunita Narain, die zur »Strandparty der großen Verschmutzer« gar nicht erst anreiste, urteilt gnadenlos: Die bisherige Klimadiplomatie verfolge »eine Herangehensweise auf Kindergartenniveau – höchste Zeit, dass wir erwachsen werden«. Ähnlich scharf klingt der Vorwurf Hermann Scheers, des deutschen Verfechters einer solaren Energiewende: »Global reden – national aufschieben«, dies sei die bisherige Bilanz der Weltklimapolitik.[334]

Für seine These spricht, dass viele Industriestaaten nicht einmal ihre bisher geringen Verpflichtungen zur Minderung ihrer Emissionen einhalten konnten und so die Glaubwürdigkeit des gesamten Klimaschutzregimes untergraben. Darum gab der Chef des UN-Klimasekretariats Yvo de Boer im Vorfeld der Bali-Konferenz sorgenvoll einen »neuen Höchststand« der Emissionswerte der Kyoto-Staaten zu Protokoll: »Wir sollten nicht verschweigen«, mahnte er, »dass einige Länder weiterhin einen kontinuierlichen Anstieg der Treibhausgase verzeichnen.« Spanien etwa legt, wenn nichts Einschneidendes geschieht, bis 2012 gegenüber seinen Reduktionsversprechungen um 25 Prozent zu, Italien um fast 20 Prozent, Österreich um 30 Prozent, Portugal um 17 Prozent, Japan um 12 Prozent, Kanada gar um 44 Prozent. Deutschland und einige andere Länder von Schweden bis Großbritannien werden ihre Ziele zwar voraussichtlich erreichen. Aber die Europäische Union insgesamt kommt bis zur Deadline der ersten Verpflichtungsperiode im Jahr 2012 nach derzeitigen Berechnungen statt auf die versprochenen acht auf nicht einmal zwei Prozent Reduktion.

Gibt es also in den nächsten vier Jahren keine dramatischen Fortschritte, dann bricht ausgerechnet Europa seine völkerrechtlich bindenden Verpflichtungen. Das ist gewiss kein gutes Omen für die Wirksamkeit und Legitimität des angestrebten neuen Weltklimapaktes. Auch Kanzlerin Merkel warnte vor einem »kommunikativen Desaster«. Europa hatte bisher nur das Glück, dass sich alle Kritik auf die USA richtet. Zudem konnte die Gemeinschaft mit ihren neuen Klimabeschlüssen bei den

Entwicklungsländern gute Stimmung machen. Yvo de Boer hält es aber nicht für ausgeschlossen, dass die Kyoto-Staaten noch elf Prozent Minderung schaffen könnten – vorausgesetzt, die jetzt geplanten Klimaschutzmaßnahmen werden tatsächlich rasch umgesetzt.

Doch selbst wenn die reichen Staaten ihre Ziele auf dem Papier erreichen, heißt das noch nicht zwingend, dass sie ihre Emissionen im eigenen Land tatsächlich gesenkt haben; ja, es ist nicht einmal garantiert, dass überhaupt weniger CO_2 emittiert wird. Denn absurderweise gibt das Kyoto-Protokoll dem Weiter-So vieler Länder mit dem sogenannten Clean Development Mechanism (CDM) eine billige Fluchthilfe an die Hand. Dabei klang die Idee eines »Mechanismus für umweltverträgliche Entwicklung« ursprünglich so bestechend: Der Klimawandel ist ein globales Problem, also ist es physikalisch gleichgültig, an welchem Ort westliche Unternehmen ihrer Minderungsverpflichtung nachkommen. In Entwicklungsländern sind die Kosten dafür oft niedriger und die Wirkungen umso größer; deshalb können Unternehmen und auch ganze Staaten aus dem Norden ihre Verpflichtungen auch dadurch einhalten, dass sie durch Investitionen in emissionsmindernde Anlagen im Süden zusätzliche Zertifikate erwerben. Dieser Mechanismus entlastet zwar die Industrieländer vom Innovationsdruck. Aber dafür, so seine Urheber, könne er viele Probleme auf einmal lösen: Gelder und neue Technologien kommen in die Entwicklungsländer, sie tragen zu deren wirtschaftlicher Entwicklung bei und zur Verbesserung ihrer Umweltsituation. Aus einem Prozent des CDM-Aufkommens in einer Höhe von potenziell einigen hundert Milliarden Dollar pro Jahr soll auch der Anpassungsfonds gespeist werden. Rund 850 CDM-Projekte waren bis Ende 2007 registriert und 100 Millionen Zertifikate ausgegeben, dabei flossen im Jahr 2006 bereits 4,2 Milliarden Dollar in Entwicklungsländer. 1800 weitere Vorhaben in 49 Ländern sind noch im Genehmigungsverfahren.

Doch ähnlich wie beim Emissionshandel ist die Theorie besser als die Praxis. So gibt es in Afrika bisher nur ganze 23 Projekte, das heißt: Es fließt gerade dorthin am wenigsten Geld aus dem Norden, wo es am dringendsten gebraucht würde. Die

Zertifikatejäger zieht es eher nach China oder Indien, in den »Wilden Osten« des Kohlenstoffmarktes, wie es in der Branche heißt. »Die rennen uns die Türen ein«, bestätigt ein indischer Projektprüfer. Aber er sagt auch: »Die Unternehmen pflücken bisher nur die niedrig hängenden Früchte.« Von wegen Technologietransfer: 70 Prozent der bisherigen CDM-Projekte dienen bisher nur dazu, mit billigen und gängigen Verfahren klimawirksame Industriegase unschädlich zu machen. Für den technologisch aufwendigeren, aber langfristig wirksameren Ausbau erneuerbarer Energiequellen hingegen wurden bisher nur 15 Prozent der CDM-Gelder eingesetzt. Profiteure der Investitionen aus dem Norden sind zudem oft mächtige Konzerne wie das indische Unternehmen Tata Industries, der brasilianische Ölkonzern Petrobras oder Hu Chemicals in China. Sie haben eigene CDM-Abteilungen eingerichtet und sind dem immensen bürokratischen Aufwand bei der technischen, juristischen und finanziellen Begutachtung am ehesten gewachsen. Mittlere Unternehmen, gar kleine Dorfgemeinschaften, die Biogas oder Solarenergie benötigen, haben in dem Verfahren nur selten eine Chance.

Noch absurder ist, dass viele CDM-Projekte völlig am eigentlichen Ziel vorbeigehen. Rechtlich müssen die Investoren aus dem Norden oder ihre Projektmakler eigentlich nachweisen, dass die effizientere Kraftwerksturbine in China oder die Kraft-Wärme-Kopplungsanlage in Indien, für deren Einrichtung sie Zertifikate bekommen, nicht ohnehin geplant waren oder schlicht den gesetzlichen Vorschriften im Lande entsprechen. Schließlich würden die Emissionen sonst auch ohne Zutun aus dem Norden vermieden, und es gäbe keine zusätzliche Einsparung, mit der die Unterlassung zu Hause legitimiert werden soll. Doch die Autoren einer Studie des deutschen Öko-Instituts fanden heraus, dass diese geforderte Zusätzlichkeit bei rund 40 Prozent aller CDM-Projekte fehlte oder zumindest fraglich war.[335] So erwirbt zum Beispiel die deutsche Steag, die Kraftwerkssparte des Evonik-Konzerns, viele Zertifikate durch die Ausrüstung chinesischer Kohlenbergwerke mit Anlagen zur Erfassung und Verstromung des gefährlichen Grubengases, das großteils auch aus Methan besteht. Diese Investition wäre jedoch auch ohne Zertifikate wirtschaftlich und ist aus Sicherheitsgründen ohnehin nötig. Über den Strompreis, der durch die Kosten für die Emissionslizenzen in die Höhe getrieben wird, subventionieren so Deutschlands Stromkunden den Ausbau des Kohlenbergbaus in China – eine absurde Form des Klimaschutzes.

De facto erzielt also das einst auch von Umweltschützern gepriesene CDM-System mit großem Aufwand nur sehr wenig Emissionsminderung. Damit biete der Mechanismus den Industrieländern einen »perversen Anreiz, die Atmosphäre weiter anzuheizen«, kritisiert Martin Khor, Sprecher des Third World Network, dessen Mitglieder für gerechte Wirtschaftsstrukturen streiten. Auch Sunita Narain nennt die bisherige Anwendung des CDM-Systems »das größte Beispiel für die Zerstörung eines richtigen gesellschaftlichen Anliegens durch Unternehmen und Bürokraten«. Die reichen Länder hätten, so die indische Umweltschützerin, »die Regeln derart kompliziert und mit einem solchen Mangel an politischer Klugheit festgelegt, dass vom Ziel nicht viel bleibt«.

Schuld daran ist die trotz Bürokratie offenbar wenig wirkungsvolle Prüfung der Projekte durch die beauftragten Gutachter. Trotz fragwürdiger Bedingungen werden kaum Anträge zurückgewiesen, ergab die Studie des Öko-Instituts. Vermutlich decken sich die Interessen aller beteiligten Akteure einfach zu gut: Die Firmen in den Industriestaaten benötigen schnell viele Zertifikate, um sich von ihren Verpflichtungen freizukaufen. Ihre Partner in den Schwellenländern wollen schnelles Geld – egal wofür. Und für beide zusammen arbeiten die CDM-Makler und Projektentwickler, die die Interessenten zusammenbringen und nur auf ihre Kosten kommen, wenn alles reibungslos läuft. Sie sind die größten Gewinner der ganzen CDM-Strategie. »An einen Goldrausch erinnert« fühlte sich in diesem neuen Eldorado der CDM-Berater Axel Michaelowa und berichtet von »Kohlenstoff-Millionären«.[336] Wenn das System einen Sinn haben soll, müssten zumindest die Kontrollen der CDM-Vorhaben durch das UN-Sekretariat und dessen Gutachter einfacher und zugleich weit strenger werden.

Und dennoch, trotz solcher Konstruktionsschwächen sind

die Anstrengungen für einen globalen Klimapakt nicht vergebens. Zwar ist der planetarische Notfall Klimawandel nicht allein auf Ebene der Vereinten Nationen zu lösen, wo 192 Staaten in jeder Frage einen Konsens erzielen müssen. Da sind die Erwartungen der Öffentlichkeit und auch vieler Umweltorganisationen zu hoch. Doch im globalen Rahmen muss um verbindliche Ziele und Normen gerungen werden, um finanzielle Transfers und den Austausch von Wissen. Und dabei sind die internationalen Verträge unersetzbar, das hat gerade der Showdown von Bali gezeigt. Noch wirksamer wäre der angestrebte neue Klimavertrag, wenn er ähnlich wie die Abkommen der Welthandelsorganisation all jene Staaten mit schmerzlichen Sanktionen belegen würde, die ihre völkerrechtlich bindenden Versprechen nicht einhalten.

Die großen Umweltkonferenzen sind außerdem stets Katalysatoren der globalen Debatte. Ohne den politischen Druck, den ihr Herannahen auslöst, wäre auf Ebene der Nationalstaaten oder der EU vermutlich noch weit weniger geschehen. Dies belegt nicht zuletzt die ganze Dynamik des Klimajahres 2007, deren Katalysatoren vor allem die UN-Gremien waren. Aber die nötigen praktischen Veränderungen können und müssen am Ende schneller, wirksamer und demokratischer auf europäischer, nationaler oder auch lokaler Ebene gefunden werden. Nur so lässt sich dauerhaft durch eine Vielfalt von Ansätzen der politische und wirtschaftliche Wettbewerb erzeugen, der für den Klimaschutz-Umbau der Weltökonomie unverzichtbar ist. Welcher Weg der bessere oder effektivere ist, das können alle Beteiligten dann wieder voneinander bei den Weltkonferenzen lernen.

Dies war jedenfalls auch ein zentrales Ergebnis des Treffens der 20 000 in Bali. Bei täglich über fünfzig Diskussionen, Foren und Präsentationen rund um die offiziellen Veranstaltungen verständigten sich Besucher aus aller Welt über viele weiter gehende Strategien. Da erklärte Norwegen zum Beispiel seine Bereitschaft, einseitig 2,5 Milliarden Dollar in fünf Jahren in den globalen Waldfonds zu speisen. Gemeinsam mit Neuseeland und Costa Rica trugen die Skandinavier auch vor, wie sie in ihren Ländern bis zum Jahr 2030 ihre Emissionen auf null verringern wollen. Der New Yorker Bürgermeister Michael Bloomberg erklärte bei einer anderen Veranstaltung im Namen der 40 größten Städte der Welt deren Selbstverpflichtung, ihren Treibhausgasausstoß in 40 Jahren um 60 bis zu 80 Prozent zu reduzieren. Der World Future Council, ein Zusammenschluss prominenter Wissenschaftler, Künstler und Politiker, schickte sein prominentes Zugpferd Bianca Jagger, um das deutsche Einspeisegesetz für erneuerbare Energien als globales Vorbild zu preisen. Oder die Basisaktivistin Ivonne Yanez aus Ecuador von der Organisation Oil Watch warb für eine andere »wirkliche Lösung«. Ihre Regierung biete an, im Yasuni-Nationalpark »das Öl im Boden zu lassen«, um dafür von den Industrieländern einen finanziellen Ausgleich für 50 Prozent der entgangenen Einkünfte zu erhalten. Mit dem Geld sollen der Regenwald geschützt und soziale Projekte finanziert werden.

Bei dieser und Hunderten weiterer Debatten über radikale neue Ansätze, über klimafreundliche Architektur und Stadtplanung, über Konzepte der Anpassung und Elektroautos, kamen so unterschiedliche Menschen wie UN-Beamte aus Genf und New York, Industrieverbandssprecher aus Europa und Japan, Massai-Hirten aus Kenia und Bauernsprecher aus Brasilien, amerikanische Gewerkschafter und australische Senatoren zusammen. Und sie offenbarten gemeinsam, dass jenseits aller regierungsamtlichen Politik und Diplomatie längst eine weitere politische Kraft die Entwicklung der Weltgesellschaft vorantreibt: Auch die Zivilgesellschaft globalisiert sich und bewegt die Dinge auf ihre Weise.

7. Weltmacht Weltbürger

Die neue Internationale und die Erfindung des Regierens von unten

Der Zaun. Zwölfeinhalb Kilometer lang, zweieinhalb Meter hoch, jeder Kilometer kostet eine Million Euro. Bewehrt mit Stacheldraht, Kameras und Bewegungsmeldern schlängelt er sich im Juni 2007 an Wiesen und Straßen und der Strandpromenade des Ostseebads Heiligendamm entlang und verwandelt das schneeweiße Kempinski Grand Hotel in eine Trutzburg. An diesem Ort treffen sich die Staats- und Regierungschefs der acht wirtschaftsstärksten Industrienationen. Der Zaun: Er soll das immer aufwendiger inszenierte Weltereignis vor befürchteten Terroranschlägen oder Protestaktionen schützen. Zugleich aber schottet er den Club der Entscheider von Zigtausenden friedlichen Globalisierungskritikern ab, die aus allen Kontinenten angereist sind. Deren Kundgebungen, Konzerte und Diskussionen hat man in die 15 Kilometer entfernte Hafenstadt Rostock verbannt – auf Distanz. Die Demarkationslinie hat schon im Vorfeld des G8-Gipfels für Schlagzeilen gesorgt. Sie gibt kontrastreiche, starke Bilder her: diesseits die Weltverbesserer – jenseits die Weltenlenker. Diesseits die Ohnmacht – jenseits die Macht. Doch diese Symbolik trifft die Realität schon lange nicht mehr. Draußen stehen keineswegs bloß Zaungäste. Auch die Schar bewegter Bürger hat hohen und wachsenden Einfluss auf die politischen Geschicke der Welt.

In der ganzen Vielfalt ihrer Organisationsformen und Richtungen erscheinen die Demonstranten und die Teilnehmer des »Alternativgipfels« in der Rostocker Nikolaikirche vielen vielleicht unübersichtlich, ja chaotisch: katholische Friedensbewegung und Gewerkschaftsaktivisten, »Clown Army« und Klimawissenschaftler, »Linksruck«-Studenten und Europaparlamentarier, kleine Schülergruppen und Vertreter des Umweltunternehmens Greenpeace mit weltweit 2,7 Millionen Mitgliedern. Dazu Sprecher mexikanischer Bauern, afrikanischer Flüchtlingsorganisationen, indischer Gentechnikkritiker, indigener Völker; Kirchenvertreter, Menschenrechtsanwälte aus Mali, Venezuela, Libanon, von überall her. Die einen antikapitalistisch, die anderen pragmatisch; die einen radikal, die anderen auf Konsens bedacht.

Aber sie vereint ein gemeinsames Ziel: Sie wollen einer bisher rein ökonomisch getriebenen Globalisierung soziale und ökologische Grenzen setzen. Vorbei sind die marktgläubigen Zeiten, in denen sie dafür von Politikern und Kommentatoren als unverbesserliche Anachronisten abgetan wurden, als Anhänger einer »trüben Romantik«, die noch immer nicht begriffen hätten, »dass die Politik nicht das Metier ist, das der Welt den Stempel aufdrückt«, wie die *Frankfurter Allgemeine Zeitung* den G8-Demonstranten noch vor wenigen Jahren attestierte.[337] Die Globalisierungskritiker werden auch nicht mehr pauschal mit jenen Gewalteruptionen in Verbindung gebracht, mit denen Möchtegernrevolutionäre an den Rändern ihrer Kundgebungen die Proteste regelmäßig in Beschlag zu nehmen versuchen. Vor dem Gipfel in Heiligendamm sind die kritischen Analysen und Forderungen der Gipfelstürmer zu Klimaschutz und Armutsbekämpfung vielmehr breit in allen Medien zu hören und zu lesen – nicht zuletzt, weil sie jetzt auch vom Glamour der Popstars wie Bob Geldof, Bono, Herbert Grönemeyer und zahlreicher Hollywood-Prominenter angestrahlt werden; weil sich zudem milliardenschwere Unternehmer und Investoren wie Bill Gates oder Warren Buffett und politische Prominenz von Jeffrey Sachs bis Bill Clinton in großem Stil bei den gleichen existenziellen Problemen engagieren.

Die gleichen Fragen stehen außerdem auch im Grand Hotel auf der Tagesordnung. »Wir müssen der Globalisierung ein menschliches Antlitz geben«, ruft jetzt die Bundeskanzlerin, ja, bei den internationalen Klimaschutzzielen scheint Angela Merkel mit der Forderung nach mehr globaler Gerechtigkeit durch Pro-Kopf-Emissionsrechte mancher Umweltinitiative sogar voranzugehen. Gewiss sind die Probleme schlichtweg zu überwältigend geworden, als dass Regierungen sie noch länger unter den Tisch kehren könnten. Aber dass Ökologie, Aidspolitik und Armut in Afrika regelmäßig diese und andere internationale Regierungskonferenzen beschäftigen, ist nicht zuletzt ein Verdienst der jahrelangen Arbeit von Bürgerinitiativen, sozialen Bewegungen und Nichtregierungsorganisationen (NRO – im Englischen »Non-governmental Organization«, NGO). »Wir sind mit unserer Botschaft durchgedrungen«, reklamieren denn auch Sprecher des Alternativgipfels in Heiligendamm; dass »eine andere Welt nötig ist«, sei mittlerweile auf allen politischen Ebenen Konsens.[338]

Wenn es um konkrete Ziele, Maßnahmen und Gesetze geht, dann sind die Gegensätze diesseits und jenseits des Zauns zwar wieder groß. Dann liegen Welten zwischen einer Klimapolitik mit Kernkraft und Kohle hier und dem konsequenten Wechsel zu erneuerbaren Energien dort; zwischen der rigorosen Verteidigung von Patentrechten und der Rohstoffsicherung hier – der Forderung nach globaler Verteilungsgerechtigkeit dort. Die Gruppen der Zivilgesellschaft werden also alles andere als arbeitslos, ja, sie stehen vor neuen Herausforderungen: Wie ändert sich ihre Rolle, wenn das Ziel des »Agendasettings« erreicht ist und nun ein konfliktreicher Wettstreit der politischen Antworten auf der Tagesordnung steht; wenn es zugleich um Entschlossenheit und Tempo bei ihrer Durchsetzung geht? Und wie sind sie für die wachsende globale Verzahnung der Wirtschafts- und Entscheidungsprozesse gewappnet?

Doch so offen diese Fragen sein mögen, so unübersehbar ist zugleich: Es herrscht Aufbruchstimmung – und das weit über das Gipfelspektakel und auch über die organisierte globalisierungskritische Bewegung hinaus. Nie zuvor waren überall auf dem Globus so viele unterschiedliche Menschen so engagiert auf der Suche nach Lösungswegen, die zu einer ökologischen Heilung der Welt und zu mehr Wohlstandsgerechtigkeit führen. Und auch wenn manche skeptisch sind wie der Politikwissenschaftler Elmar Altvater, dem eine Weltgesellschaft schon wegen der globalen Ungleichheit als »Fata Morgana« erscheint, die manche »nach einem Durstmarsch durch die ›Wüste Gobi‹ zu sichten meinen«,[339] genau diese Weltgesellschaft ist Schritt für Schritt im Entstehen. »Netzwerke«, so heißt der Schlüsselbegriff ihres Einflusses auf die globalen Geschicke. Und deren Knotenpunkte und Verbindungen werden über die Grenzen der Länder und Kontinente hinweg jeden Tag dichter geknüpft – von Organisationen und Einzelnen, im Großen wie im Kleinen und bis hinein in ganz neue, teils zuvor völlig unpolitische soziale Milieus.

War nicht zum Beispiel die in Italien entstandene Vereinigung Slow Food mit ihren edel aufgemachten Restaurantführern jahrelang vor allem etwas für Gourmets auf der Suche nach wechselnden Kicks? Angesichts des dramatischen Schwindens der natürlichen Ressourcen und Pflanzenarten hat sich die Organisation inzwischen in ein hochpolitisches, agrikulturelles Netzwerk verwandelt; darin setzen Bauern, Köche und Lebensmittelproduzenten von Südostanatolien bis nach New Orleans, von Lappland bis Südafrika die regionale Kultur und Wertschöpfung gegen ungerechte Welthandelsregeln, Saatgutmonopole und umweltschädliche Anbauweisen. Auch immer mehr Konsumenten denken über »Geiz ist geil« hinaus und bezahlen höhere Preise, damit Kleinbauern von Kenia bis Nicaragua gerechtere und verlässlichere Einkommen erhalten. Längst stehen Kaffee, Tee oder Orangen aus solchem fairen Handel nicht mehr nur im Eine-Welt- oder Bioladen, sondern auch in den Regalen fast aller großen Supermärkte. Die Verkaufszahlen steigen seit Beginn des Jahrtausends weltweit jedes Jahr um 20 Prozent – der Erfolg einer »wahrlich globalen Bewegung mit Mitgliedern in 60 Ländern«, wie es in einer Studie über die europäischen Fairtrade-Märkte heißt.[340] Dass solche Produkte regelrecht schick werden, beweist Utopia.de, eine Website für »Lohas« (für »Lifestyle of Health and Sustainability«), wie Marketingexperten die eher genuss-, aber zugleich wertorientierten Konsumentengruppen nennen. Unter der Überschrift »Kauf dir eine bessere Welt« werben der Schauspieler Axel Milberg und andere Prominente für die erste systemkonforme Utopie, in der man seinen Wohlstand hier »nicht auf Kosten von anderswo« ausleben und beim Einkaufen CO_2-Sünden vermeiden soll.

Auch Gewerkschaften, die bisher oft in nationalem Egoismus erstarrt waren, schauen jetzt weiter über den Tellerrand hinaus. Ende 2006 gründeten über 300 Verbände aus 150 Ländern die International Trade Union Federation, um die Rechte der Arbeitnehmer global besser verteidigen und ausweiten zu können. In Konzernen entstehen offizielle Weltbetriebsräte und auch informelle Gruppen von Kollegen, die sich unter gleichem Firmendach in verschiedenen Ländern nicht mehr so leicht gegeneinander ausspielen lassen wollen. Daimler-Betriebsräte etwa haben mit ihren Kollegen in Südafrika oder Brasilien bei Arbeitskämpfen kooperiert. Oder Mitglieder von ver.di und der Nahrungs-Gewerkschaft NGG beginnen, sich mit der Situation illegaler Migranten zu beschäftigen, die in ungeregelten Arbeitsverhältnissen oft völliger Willkür ausgeliefert sind. Meist geht die Initiative dazu von den Wanderarbeitern selbst aus, die sich ihrerseits in europäischen Netzen gegenseitig unterstützen; »Babaylan« etwa mit Sitz in den Niederlanden bietet philippinischen Hausangestellten ein Forum, über ihre Probleme zu reden und politische Forderungen zu entwickeln.

Am ganz anderen, oberen Ende der Gesellschaft stiftet der Hamburger Reeder Peter Krämer einen Teil seiner Millionengewinne an »Schulen für Afrika« und fördert mit einem Netz digitaler Radios zugleich das Entstehen einer demokratischen Öffentlichkeit auf dem vergessenen Kontinent; zudem plädiert er im eigenen Land für eine deutlich höhere Vermögenssteuer, dabei würde sie ihn selbst als Ersten treffen. Solche Beispiele eines ansteckenden Engagements lassen sich überall finden, in Großbritannien, den USA, Brasilien, Senegal oder Indien. »Das Gefühl, eine Verantwortung für die Welt zu haben, ist einfach wesentlich breiter geworden«, beobachtet der Magdeburger Professor Roland Roth.[341]

Die Initiativen erscheinen tatsächlich ohne Zahl: An der Hamburger Gewerbeschule 8 – einer von vielen – sammeln die Schüler für eine Photovoltaikanlage nebst Solarkochern und -lampen und bringen sie zu einer Grundschule in Bandiagara in Mali. »100-Prozent-Regionen« tauschen sich im Kampf gegen den Klimawandel über Ländergrenzen hinweg darüber aus, wie sie sich ausschließlich aus erneuerbaren Quellen versorgen können.[342] Bürger inszenieren »Stromwechselpartys«, um für die Anbieter von Ökostrom zu werben, »Weltrettung, sofort und hausgemacht«. Sogar kontroverse politische Richtungen finden angesichts der Dramatik der globalen Krise zu gemeinsamen Aktionen: Der Ex-EU-Kommissar Franz Fischler von der konservativen Österreichischen Volkspartei (ÖVP) etwa macht sich Seite an Seite mit der linken Globalisierungskritikerin Susan George in der Initiative zur Durchsetzung eines »Globalen Marshallplans« für massive Geldtransfers in die Entwicklungsländer stark. Oder der CDU-Mann Heiner Geißler tritt unter großem Medienrummel bei Attac ein; dieses eher im linken und grünen Spektrum angesiedelte globalisierungskritische Netzwerk versammelt seit der Jahrtausendwende weltweit soziale Bewegungen und Organisationen unter einem Dach, um noch wirkungsvoller für die Kontrolle der Finanzmärkte streiten und die öffentlichen Güter Atmosphäre, Wasser, Bildung gegen ihre globale Kommerzialisierung verteidigen zu können. 90 000 Mitglieder sind mittlerweile in 45 Ländern dabei.

Attac Deutschland wurde in den ersten Jahren von einer Lebens- und Arbeitsgemeinschaft im niedersächsischen Verden an der Aller aufgebaut, deren heimeliges »Ökohaus« wie eine Verkörperung der alten, heute mehr denn je aktuellen Losung »global denken – lokal handeln« erscheint. Und dort entstehen laufend weitere Ideen, »damit sich was bewegt«, wie einer der Initiatoren, der Politikwissenschaftler Felix Kolb, ein Buch über die Veränderungskraft sozialer Bewegungen überschrieben hat.[343] Die »Bewegungsstiftung« zum Beispiel versucht, einen Teil der zahlreichen Erben von Nachkriegsvermögen für die Unterstützung politischer Kampagnen zu gewinnen. Das Geld kommt dann »Euromärschen« gegen prekäre Arbeitsverhältnisse zugute oder der Organisation Lobby Control, die Machtverflechtungen zwischen Wirtschaft und Politik aufs Korn nimmt. Als Nächstes haben die Verdener auch noch Campact ausgebrütet, das Onlinenetzwerk »für eine bessere Politik«. Dessen Mitstreiter mobilisieren Bürger bei ökologisch oder sozial brisanten Gesetzen, um in entscheidenden Phasen Druck auf Parlamentarier in Berlin oder Brüssel auszuüben. Auch andere NRO können Campact als Verstärker ihrer

Anliegen nutzen, wenn sie zum Beispiel strengere CO_2-Grenzwerte für Neuwagen durchsetzen wollen.

In solchen und vielen anderen weltweiten Initiativen, Organisationen und individuellen Kümmerern glaubt der US-Autor Paul Hawken schon »die größte soziale Bewegung der Menschheitsgeschichte« zu erkennen.[344] Diese politische Welle sei erstmals weder durch eine dogmatische Heilslehre noch durch einen charismatischen Führer ins Rollen gekommen, schreibt der Umweltschützer; vielmehr zeige sie auf scheinbar paradoxe Weise gerade in der großen Vielfalt ihre Stärke. Die »segensreiche Unruhe«, die durch die »lebensbedrohliche Krankheit des Planeten« entstanden sei, vergleicht Hawken gar mit den komplexen Abwehrmechanismen des menschlichen Immunsystems. Das alles mag ein wenig pathetisch klingen. Doch in ungewohnt emotionsgeladener Tonlage beschwört sogar das deutsche Nachrichtenmagazin *Der Spiegel* »die Hoffnung auf die Geburt einer Weltzivilgesellschaft, in der sich Manager, Politiker und Wissenschaftler, in der sich die Bürger der Erde vereinen«.[345] Auch der Philosoph Peter Sloterdijk beobachtet das Entstehen einer »Fern-Nachbarschaft«: »Man muss nicht mehr zusammenleben, um verbunden zu sein; man muss nicht mehr verwandt sein, um füreinander etwas übrigzuhaben, man muss keine gemeinsamen Illusionen nähren, um sich miteinander zu solidarisieren; man muss sich nicht persönlich gesehen haben, um füreinander etwas zu tun.«[346] Ein Wert feiert Renaissance, so praktisch wie nie: internationale Solidarität. Es wird enger auf dem Planeten – aber die Menschen rücken auch immer näher zusammen.

Generation Global

Die konstruktive Opposition gegen die zerstörerische Seite der Globalisierung verdankt sich Veränderungen der weltweiten Kommunikation, die ihrerseits selbst Globalisierungsfolgen sind: Migranten auf allen sozialen Stufen konfrontieren die Gesellschaften nicht nur, wie es Schlagzeilen suggerieren, mit Konflikten, sondern fördern auch immer vielfältigere Beziehungen zwischen den Kulturen. Der Tourismus, das billige Reisen schaden dem Klima, aber sie haben die Menschen einander auch näherkommen lassen. Satellitenfernsehen und CNN schaffen eine globale Öffentlichkeit, bei der Ghanas Abschneiden bei der Fußballweltmeisterschaft und der Eisbär Knut, der Tsunami und der Hurrikan Katrina von Bombay über Nigeria bis Finnland zum Thema werden – zumindest in den Mittelschichten. Deren Kinder verbringen heute bereits ihre Schulzeit gemeinsam mit Gleichaltrigen der verschiedensten Herkünfte, sie schauen Bollywood und Hollywood zugleich, für sie wird die Welt zum selbstverständlichen Bezugsrahmen. Diese »Generation Global«, wie der Soziologe Ulrich Beck sie nennt, fliegt dann zum Schüleraustausch nicht mehr nach Großbritannien, sondern nach Ecuador, Südafrika oder Neuseeland. Sie zieht nach dem Abitur zu Sprachaufenthalten, Praktika und Studien von einer Weltregion zur nächsten – und hält die überall gewonnenen Freundschaften und Kontakte per E-Mail und Chat über das Internet lebendig.

Vor allem dessen demokratisches Potenzial ist es, das über die Kontinente hinweg potenziell jeden Menschen mit jedem anderen weltweit in Millisekundengeschwindigkeit verbindet. Man schreibt in Englisch, das spätestens auf diesem Weg wie von selbst zur Weltsprache geworden ist; man nennt sich statusunabhängig beim Vornamen, und diese angelsächsische Netikette scheint räumliche und kulturelle Distanzen noch weiter aufzuheben. Ein Mausklick – und so gut wie in Echtzeit löst die Nachricht vom Protest der Mönche in Birma in aller Welt einen Sturm von Solidaritätserklärungen aus. Klick – und Studenten in amerikanischen Mensen erfahren gleichzeitig mit italienischen Naturschützern von Recherchen indischer NROs, die Pestizide in Coca-Cola entdeckt haben; klick – hat die Konzernzentrale schon ein paar Stunden später Proteste und Boykottandrohungen aus aller Welt auf dem Schirm. Klick – und alle gentechnikkritischen Gruppen vom indischen Andhra Pradesh bis nach Mecklenburg-Vorpommern wissen, dass man jetzt auch in Peru unkontrolliert ausgekreuzte Maispflanzen gefunden hat. Sofort können sie – klick – die Brisanz und auch die Seriosität dieser Information in PDF-Dateien gleich welcher Hochschulstudie überprüfen. Oder klick – und Oliver Windgätter stolpert beim Surfen durch internationale Zeitungen über eine Annonce und wird zum begeisterten Internet-Mikrobanker. Der 26-jährige Rechtsreferendar aus Bonn ist auf den Seiten von Kiva.org gelandet, einem Portal, dessen Besucher Kleinstunternehmen in Armutsregionen mit zinsgünstigen Krediten unter die Arme greifen – ein Treffpunkt der Weltbürger.

Dort begegnet man beispielsweise der Kamerunerin Victorine Funkuin: Die junge Köchin ist neben einem dampfenden Topf hockend abgelichtet und erklärt, sie brauche neue Vorräte, damit ihr kleines Restaurant an der Hauptstraße noch besser läuft. Oder Lek Heab in Kambodscha: Von der Reisernte allein kommt ihre Familie nicht mehr über die Runden, deshalb soll sich ihr Sohn als Handwerker selbstständig machen; aber dafür braucht er erst einmal Werkzeuge. Solche einfachen Geschäftsleute werden von gemeinnützigen Organisationen oder lokalen Sparkassen ausgewählt und mit Porträtfoto und Rückzahlungsperspektive auf den Kiva-Seiten vorgestellt. Dort suchen sich dann Casper aus Dänemark, Jerry aus North Carolina oder eben Oliver Windgätter aus Bonn, der im Netz einfach »Oli« heißt, »ihre« Projekte und Schuldner aus. Sie legen, und sei es mit Beiträgen von 20 Euro, ihr Geld zusammen, bis die jeweils angestrebte Leihsumme von 200, 600, 1000 Euro erreicht ist, überweisen per PayPal – und können sich ein bisschen wie Muhammad Yunus fühlen, der für seine Mikrokredit-Bank in Bangladesch den Friedensnobelpreis bekam. Oli allein hat 15 Kreditnehmer in seinem »Portfolio« versammelt; Schweinezüchter, Elektriker, Kioskbesitzer von Bulgarien bis Tansania. 13 Millionen Dollar sind auf diese Weise an 20 000 Kreditnehmer geflossen, in eineinhalb Jahren seit der Kiva-Gründung Mitte 2006.

Kritiker bemängeln, das Projekt folge einer entwicklungspolitischen Mode; vor allem biete das zinslose Kapital den zwischengeschalteten Mikrokredit-Instituten Wettbewerbsvorteile und behindere daher den Aufbau lokaler Bankensysteme. Aber die Initiatoren, Jessica und Matt Flannery, die im kalifornischen Silicon Valley leben, halten dagegen: Vielerorts gebe es noch keine Angebote für Mikrokredite, und ihr Projekt solle eine Starthilfe dafür sein. Das Interesse der Wohlstandsbürger zu helfen ist jedenfalls riesig: Kreditwünsche auf den Kiva-Seiten sind oft innerhalb weniger Minuten erfüllt; willige Kreditgeber müssen sich dann gedulden, bis neue Anfragen eingehen. So demonstriert Kiva vor allem, wie viele Bürger sich für andere, wildfremde Menschen in weiter Ferne engagieren wollen; eine Bereitschaft, die von Politikern regelmäßig unterschätzt wird.

Oliver Windgätter meint, dass die unmittelbare Auseinandersetzung mit dem Lebensmut dieser Armen seine ganze Wahrnehmung verändert habe: »Meine zweite Station im Referendariat wollte ich eigentlich bei einer Firma machen«, sagt der Jurist. »Aber jetzt habe ich mich für ein Institut für Menschenrechte in Botswana entschieden.« »Kiva«, das ist übrigens Kiswahili und heißt: Einheit.

Das Internet als grenzenloses Informations- und Kommunikationsmedium unterstützt vielfältig die Arbeit auch anderer Nichtregierungsorganisationen. Sie sind die immer professioneller arbeitenden Lotsen im globalen Gegenstrom der Zivilgesellschaft und wirken nach ihrem Selbstverständnis als Katalysatoren für politische Forderungen, die von den breiteren sozialen Bewegungen ausgehen. Eigene, unabhängige wissenschaftliche Analysen sind dabei ihre wichtigsten Instrumente: Sie dienen der politischen Orientierung wie auch der Untermauerung kritischer Kampagnen. Von Institut zu Institut können NRO sich per E-Mail über Ländergrenzen austauschen und auf diesem Wege gemeinsame Studien erstellen.

Ihre Expertenarbeit unterstützt aber auch die Praktiker direkt an der Basis: Dann sitzt beispielsweise der deutsche Zivildienstleistende Max Mayer im südindischen Deodurg auf dem staubigen Campus seiner NRO Samuha, den Laptop auf den Knien, und berät sich per Skype-Verbindung beinahe kostenlos mit der Kanadierin Jeanine Rhemtulla; die kennt sich mit der Anrechenbarkeit verstreuter Mangobaum-Anpflanzungen im Emissionshandel aus, und Samuha hofft, daraus Gelder für die entwicklungspolitische Arbeit mit den Dorfbewohnern zu beziehen. Jeanine ist ihrerseits gerade auf Forschungsreise im peruanischen Amazonasgebiet unterwegs und meldet sich bei Max aus einem winzigen Internetcafé in der Stadt Iquitos.

Allein im deutschsprachigen Raum arbeiten mittlerweile über 400 NRO für Umwelt- und Klimaschutz, Frieden und Schuldenerlass, Flüchtlingshilfe und Frauenrechte;[347] weltweit sind es nach Angaben der Union of International Associations 7300 Gruppen.[348] Andere Quellen schätzen diese Zahl mit 15 000, 50 000 und mehr indes viel höher ein. Die Ungewissheit rührt nicht zuletzt vom Wesen solcher Organisationen, die zu bestimmten Zwecken neu entstehen und sich auch wieder auflösen oder in anderen Konstellationen zusammentun, die aus einer Handvoll ehrenamtlicher Aktivisten bestehen können oder wie Greenpeace aus weltweit 1200 bezahlten Mitarbeitern. So unterschiedlich, ja teils gegensätzlich ihre politischen Stoßrichtungen sein mögen: Gemeinsam ist ihnen, dass sie unabhängig von Regierungen, parteipolitischen und ökonomischen Interessen und orientiert am Gemeinwohl für eine bestimmte Sache streiten. So jedenfalls lassen sich die vielen Definitionen des Idealfalls am überzeugendsten zusammenfassen.

Denn angesichts der immensen Vielfalt der NRO herrscht unter Sozialwissenschaftlern ein »begrifflicher Mischmasch«.[349] Wer gehört dazu? Die Übergänge zwischen NRO und sozialer Bewegung etwa sind fließend. Und sind Gewerkschaften, Verbände, Kircheninitiativen, wissenschaftliche Institute etwa auch Nichtregierungsorganisationen? Halbstaatliche »Quangos« (Quasi-NGOs), die von Regierungen initiiert oder gefördert werden, um Themen zu besetzen; gemeinnützige Institute von Wirtschaftsunternehmen, die aber oft nur verdeckt Lobbyismus machen? Zählen nur jene Organisationen zur NRO-Familie, die kontinuierlich auf globaler Bühne aktiv sind? Oder auch die nationalen, von denen es allein in Uganda 3500, in China 320 000, in Indien eine Million geben soll,[350] Basisvereinigungen wie das Frauenzentrum im indischen Dorf Cuddalore, die Stadtteilinitiative gegen die Privatisierung der Wasserversorgung in Manila oder die Aidshilfe in den Slums von Nairobi? Ein breiter, alle politischen Ebenen einschließender Begriff ist einerseits diffus und verschleiert auch hierarchische Beziehungen innerhalb der Zivilgesellschaft. Andererseits scheint er sinnvoll, denn immer öfter verschalten die Kommunikationsbahnen des Internets die Arbeit auch kleiner, lokaler Grüppchen mit den großen globalen Verstärkern, die wie Oxfam oder Greenpeace in vielen Ländern der Welt aktiv sind.

Ein Computeranschluss im Dorf reicht, und irgendeiner muss Englisch können – und selbst aus dem entlegensten Winkel Chinas können Umweltaktivisten, die aus Angst vor Repressionen meist verdeckt arbeiten, westliche Mitstreiter in Peking um praktischen Rat und politischen Rückhalt bitten. So wurde Greenpeace zum Beispiel von jungen Leuten alarmiert, die sich angesichts eines durch Schadstoffe beinahe umgekippten Sees um ihr Trinkwasser sorgten, berichtet Gerd Leipold, Geschäftsführer der Zentrale in Amsterdam.

Andere Bürgerinitiativen stoßen bei der Suche nach Unterstützung via Google-Anfrage oder per E-Mail-Rundruf vielleicht auf eine Initiative wie »Urgewald« im westfälischen Sassenberg. Deren Ziel ist es, »die Umweltschäden zu verhindern, die deutsche Finanzinstitutionen anderswo auf dem Planeten verursachen«, so formuliert es die Gründerin Heffa Schücking. Im Jahr 2006 meldete sich eine bulgarische Gruppe aus dem Städtchen Belene mit einem Hilferuf: Zwei deutsche Geldinstitute wollten dort ein neues Atomkraftwerk mitfinanzieren. Ausgerechnet in einem Erdbebengebiet sollte es errichtet werden, und bei Bulgariens bestehendem AKW Kosloduj hatte man schon schlimme Erfahrungen mit erheblichen Sicherheitsmängeln hinter sich. Darauf planten die Urgewald-Mitarbeiter gemeinsam mit anderen Organisationen Kundgebungen vor 60 Filialen jener deutschen Banken, die zur Finanzierung des AKW in Belene beitragen wollten. Allein die Androhung solcher Demonstrationen »direkt am Kunden«, wie Heffa Schücking sagt, brachte erst die Deutsche Bank und dann auch die HypoVereinsbank dazu, ihr Engagement zurückzunehmen – sodass sich die Proteste in Dankeschön-Demos verwandelten.

Nicht immer sind die gerade mal acht Urgewald-Mitarbeiter derart erfolgreich, wenn sie die Finanzierung schlecht geplanter Großprojekte verhindern wollen. Der Pak-Mun-Damm in Thailand etwa, das erste Projekt, das die kleine Initiative 1992 in Angriff nahm, wurde trotz aller Warnungen vor ökologischen Schäden am Ende doch gebaut. Immerhin konnten die Sassenberger aber ein deutsches Nein zu diesem Projekt im Entscheidungsgremium der Weltbank bewirken: »Das hatte es in den über 40 Jahren deutscher Mitgliedschaft zuvor noch nicht gegeben«, sagt Heffa Schücking. Als Bonns Vertreter in Washington die Ablehnung wohl etwas missmutig mit dem Druck der Bürgerinitiative begründet habe, sei die Antwort des amerikanischen Weltbankkollegen lakonisch gewesen: »Welcome to democracy!«

Das demokratische Vakuum

Dass sich die Zivilgesellschaft auch international engagiert, ist nicht neu. Schon im 19. Jahrhundert haben sich Bürger zusammengetan und über Grenzen hinweg Koalitionen für ihre gemeinsamen Ziele geschlossen; ob in der Bewegung für die Abschaffung des Sklavenhandels, jener zur Einführung des Frauenwahlrechts oder in den »Internationalen« der sozialistischen und kommunistischen Arbeiterschaft. Eine der frühesten NRO war das Rote Kreuz, dessen Vertreter bereits nach dem Ersten Weltkrieg Rederecht vor dem Völkerbund, dem historischen Vorläufer der Vereinten Nationen, bekamen. Amnesty International, Terre des Hommes, die Internationale Liga für Menschenrechte: Sie alle kämpfen schon seit Jahrzehnten für die weltweite Durchsetzung der Grundrechte und humaner Lebensbedingungen. Mit den Demokratie- und Umweltbewegungen der 70er Jahre tauchten in der politischen Arena immer neue Gruppen auch zu diesen neuen Themen auf. Noch stärker aber ließ die Liberalisierungspolitik, die Mitte der 80er Jahre in England und den USA ihren Ausgang nahm und auch die Politik von Weltbank und Internationalem Währungsfonds (IWF) prägte, die Zahl der internationalen NRO nach oben schnellen. Die Implosion der Staatsökonomien des Ostblocks verlieh ihrer Entwicklung einen weiteren kräftigen Schub.

Nach dem Fall des Eisernen Vorhangs war es eine Zeit lang Euphorie, die der Zivilgesellschaft Flügel verlieh; die Hoffnung auf eine »Friedensdividende« nach dem Ende der Systemkonkurrenz und des Milliarden verschlingenden Wettrüstens. Es würde, so dachte man, Mittel, Energien und politischen Willen freisetzen für die Gestaltung einer neuen internationalen Solidarität. Höhepunkt dieser globalen Aufbruchstimmung war die UN-Konferenz für Umwelt und Entwicklung 1992 in Brasilien, bei der auch der Klimawandel erstmals global thematisiert wurde. Nie zuvor hatten Regierungen den NRO derart breiten Raum gegeben, um ihre Positionen darzustellen. Die ganze Atmosphäre einer erweiterten Demokratisierung des UN-Systems war »ein »Riesenerlebnis«, erinnert sich Barbara Unmüßig, heute Leiterin der Heinrich-Böll-Stiftung und damals aktiv in entwicklungspolitischen Organisationen. Der »gute Geist von Rio« strahlte allein in Deutschland bis in heute 2600 Kommunen hinein aus, wo Bürger in Nachhaltigkeitsräten und Agenda-21-Büros nach wie vor an der praktischen Umsetzung der Umwelt- und Entwicklungsziele wirken.

Doch schon bald war nicht mehr Aufbruch, sondern Abwehr, Verteidigung angesagt. Denn parallel und im scharfen Kontrast zu Rio verhandelten dieselben Regierungen den Vertrag zur Gründung der Welthandelsorganisation WTO und deren Regelwerk, das von mächtigen Wirtschaftsinteressen vorgegeben wurde. Mit seiner Unterzeichnung 1994 in Marrakesch wurden im Gleichklang mit dem »Washington-Konsens« der globalen Finanzinstitutionen Weltbank und IWF weltweit die staatlichen Strukturen ausgehebelt. Der »Geist von Marrakesch« ließ den »Geist von Rio« verblassen und politische Entscheidungen zur »Anpassung des Sozialen an ökonomische und technische Erfordernisse verkümmern«, analysiert Thomas Gebauer von medico international.[351]

Fortschreitender Raubbau an der Umwelt und die Unterminierung des sozialen Zusammenhalts waren der Preis. Die Selbstentmachtung der Regierungen geschah in internationalen Gremien, die keiner formalen Kontrolle durch Parlamente unterlagen und aus denen meist erst Beschlüsse nach außen drangen, wenn praktisch nichts mehr zu ändern war. Die Folge war, so Gebauer, »eine allgegenwärtige Krise der Legitimation globaler Politik«. Diese demokratische Leerstelle zwischen starker Wirtschaft und schwachem Staat versuchen seither die

NRO neu auszufüllen: indem sie über Hintergründe der Entscheidungsprozesse bei Firmen wie Regierungen informieren; indem sie Gegenexpertise entwickeln, kreativ neue Konzepte entwickeln, Kampagnen organisieren.

Ihr wichtigstes Einflusspotenzial mussten sie dabei erst selbst mit schaffen: eine globale Öffentlichkeit. Deren Neustart sieben Jahre nach Rio lösten sie 1999 durch spektakuläre Proteste bei der am Ende gescheiterten Welthandelskonferenz von Seattle aus. Dass die mächtigen Industrienationen dort mit ihrem Drängen auf eine ungebremste Ausweitung des Freihandels trotz aller Verhandlungstricks erstmals aufliefen, war zwar in erster Linie Konflikten innerhalb der WTO geschuldet, die bis heute brodeln: EU und USA konnten sich nicht auf einen Abbau ihrer Agrarsubventionen einigen; Delegierte der Entwicklungsländer ließen sich nicht mehr gefallen, dass man sie bei entscheidenden Gesprächen einfach nicht einbezog. Doch zusätzlichen Druck lösten die heftigen, von 1500 NRO aus aller Welt getragenen Straßenproteste aus, und die Stimme der Zivilgesellschaft bot den widerborstigen Süddelegierten Rückhalt. Vier Jahre später in Cancun brachte die gleiche Koalition aus Demonstranten und Regierungen der Schwellen- und Entwicklungsländer den globalen Liberalisierungszug ein weiteres Mal zum Entgleisen. Gleichzeitig wurden die Weltsozialforen im brasilianischen Porto Alegre, bei denen bis zu 100 000 Teilnehmer zusammenströmten, zu Manifestationen neuer Hoffnung, dass »eine andere Welt möglich« werden könnte. So entwickelte sich das bis ins neue Jahrtausend verlängerte »neoliberale Jahrzehnt« zugleich zur »Dekade der NRO«.[352]

Anfangs noch misstrauisch beäugt, gewannen sie zunehmend Respekt aufgrund ihrer Werteorientierung, ihrer Basisnähe und Sachkompetenz. Als »dritter Sektor« neben Staaten und Wirtschaft wurden sie nun auch von Regierungen finanziell unterstützt und als Berater gefragt. Geradezu euphorisch feierten manche Sozialwissenschaftler und Kommentatoren die »Supernova am Firmament globaler Politik«;[353] ihr sei die »Wiedererfindung des öffentlichen Regierens von unten« zu verdanken.[354] Der Frankfurter Politikwissenschaftler und Friedensforscher Harald Müller klingt da nüchterner;

NRO, schreibt er, seien »weder unbedeutendes Beiwerk der internationalen Politik noch der Heilige Gral«.[355] Doch auch er misst ihnen eine wichtige Rolle bei. In einem internationalen Konfliktfall sieht er sie sogar »am ehesten in der Lage, einer Großmacht Paroli zu bieten, ohne damit die riskantesten politischen Auswirkungen für die Stabilität der Weltpolitik zu provozieren«. Beispielsweise könnten NRO einen globalen Konsumboykott gegen ein Land organisieren, das langfristig jedes Engagement im Klimawandel verweigere. Eine solche Kampagne, »um ein internationales Rechtsprinzip gegen einen Regelbrecher durchzusetzen«, wäre laut Müller »ein Test auf das Maß, in dem heute bereits eine Weltgesellschaft existiert, und zugleich ein Beitrag zum Bau einer Weltgesellschaft«.

Ein Boykott in diesem Ausmaß ist bislang Theorie, doch mehr als einmal gelang es den Organisationen der Zivilgesellschaft, international vernetzt Regierungspolitik konkret zu verändern. Ohne eine von 2000 Gruppen mitgetragene massive Kampagne wäre zum Beispiel 1999 kein Beschluss der G8 gefallen, den ärmsten Ländern unter bestimmten Voraussetzungen ihre Schulden zu erlassen; die Unzulänglichkeit seiner Umsetzung prangern die NRO seither ebenso hartnäckig an, wie sie ihn erstritten haben. Netzwerke wie Eurosolar haben europaweit Fördergesetze für die alternative Energieversorgung vorangetrieben; auch in den USA waren es die Union of Concerned Scientists, California Environment, Public Citizen und zahllose Solarinitiativen, die Arnold Schwarzenegger und andere Gouverneure zu Energiereformen ermunterten, schon lange vor Al Gores Kampagne gegen den Klimawandel. Oder die Gentechnik: In ständig neuen Anläufen versuchen die US-Regierung, die WTO und Teile der EU-Kommission seit vielen Jahren, die gesetzlichen Dämme gegen eine breite Einführung manipulierter Pflanzen in Europa zum Einsturz zu bringen – und geradezu sisyphoshaft haben Hunderte von Initiativen in Europas Regionen und in Brüssel sie im Namen der übergroßen Mehrheit der Konsumenten immer wieder neu errichtet. Erst der Druck aus der Zivilgesellschaft sorgte auch dafür, dass im globalen Artenschutzabkommen die Natur und die Nutzungsrechte der Einheimischen geschützt werden und nicht allein die

Ausbeutungsinteressen der Pharma- und Agrarindustrie. Und einen ganz besonderen Erfolg konnte die Internationale Kampagne für das Verbot von Landminen verbuchen: Ihr gelang es sogar, hartes Kriegsvölkerrecht mitzuschreiben.

Klein, billig, allgegenwärtig und daher auch gegen die Zivilbevölkerung gnadenlos: Antipersonenminen sind besonders heimtückische Waffen. Zigmillionen dieser Sprengsätze aus vergangenen Kriegen sollen von Mozambique bis Tschetschenien noch immer in der Erde liegen. Die Idee, ein Verbot ihres Einsatzes zu erstreiten, entstand in einer kubanischen Prothesenwerkstatt, die von der deutschen Hilfsorganisation medico international, einer Schweizer und einer amerikanischen NRO unterstützt wurde. Der Ausbilder, selbst ein an beiden Beinen amputierter Kriegsveteran, vermittelte den Kontakt zur Vietnam Veterans of America Foundation. Vernetzt mit zunächst sechs, dann 40 weiteren NRO, rüttelten medico und die Veteranen mithilfe der Medien die Menschen weltweit auf. Sie zeigten das Leiden der Opfer und griffen auch die verantwortlichen Minenhersteller von Motorola bis Armscor frontal an. Millionen von Unterschriften kamen von Kambodscha bis Großbritannien zusammen, und auch durch diesen Druck gelangte das Thema auf die Tagesordnung einer Konferenz zur Revision der UN-Waffenübereinkunft. Als die Verhandlungen in diesem Rahmen zu scheitern drohten, wurden die NRO diplomatisch kreativ: Anfang 1996 brachten sie die Vertreter von zunächst acht »gleich gesinnten Staaten« an einem Tisch zusammen, die ihre Gesprächsbereitschaft signalisiert hatten. In die Verhandlungen dieser Vorreiter waren die Sprecher der Minenkampagne eng eingebunden, sie brachten sogar konkrete Textvorschläge ein. Bald waren es schon 16 Regierungen und im Dezember 1997 schließlich 122 Nationen, die sich auf die Ottawa-Konvention einigten; heute haben 155 Staaten unterzeichnet. Dass gerade die Großmächte Russland, China und USA nicht dabei sind, weil sie einen Präzedenzfall für weitere Waffenverbote fürchten, ist mehr als ein Wermutstropfen. Zudem konnten nur Antipersonenminen einbezogen werden und nicht die größeren Kaliber, die nach wie vor gegen Fahrzeuge eingesetzt werden und deren Insassen zerfetzen.

Die modellhafte Bedeutung des schließlich vom Friedensnobelpreis gekrönten Erfolgs wird auch von der Tatsache nicht geschmälert, dass die Koalition der NRO danach wieder an Bedeutung verlor. Dergleichen transnationaler Aktivismus ähnele »eher einer Serie von Wellen, die auf den internationalen Strand spülen und sich wieder und wieder auf die heimischen Ozeane zurückziehen«, so hat der Sozialwissenschaftler Sidney Tarrow das globale Wirken von NRO und sozialen Bewegungen beschrieben, das meist nur auf begrenzte Kräfte und Kapazitäten zurückgreifen kann – »doch auf dem Strand«, so Tarrow, »haben sie wertvolle Veränderungen hinterlassen«.[356]

Wie mobilisiert man weltweit?

Zehn Jahre nach der medico-Kampagne sind aber eine ganze Reihe globaler Bündnisse durchaus auf Dauer gestellt, zumindest auf Stand-by geschaltet, schnell mobilisierbar. Aus den großen Weltsozialforen etwa seien zahlreiche Netzwerke innerhalb der Kontinente hervorgegangen, sagt Sven Giegold, einer der Pioniere von Attac. Regional gebe es noch mehr gemeinsame Fragestellungen als global. Bewegungen und NRO in Südamerika etwa diskutieren die Rolle einer eigenen Entwicklungsbank; jene in Afrika kümmern sich um Aids, Agrarmärkte und die gerechte Verteilung von Rohstoffeinkünften; in Europa sprechen sich Netzwerke zum Thema Regulierung der Finanzmärkte oder zum Stellenwert öffentlicher Dienstleistungen untereinander ab. Andere mobilisieren in Kooperation mit afrikanischen NRO gegen die Europäischen Partnerschaftsabkommen (EPA) mit afrikanischen Staaten, die nach Ansicht ihrer Kritiker den Aufbau eigener Landwirtschaftskonzepte und Industrien in den ärmsten Entwicklungsländern behindern werden. Die regionale Arbeit fließt dann in globale Kampagnen wie »Our World is Not For Sale« ein (Unsere Welt ist nicht verkäuflich), deren Träger sich in monatlichen Telefonkonferenzen über politische Einschätzungen oder gemeinsame Aktionen austauschen. Auch der »Global Call for Action Against Poverty« (»Deine Stimme gegen Armut«) ist mit Organisationen aus 102 Ländern ein fest etabliertes globales Netzwerk mit weltweit konzertierten Aktionen. Am 17. Oktober 2007 konnte es 43,7 Millionen Menschen zum »Aufstehen gegen Armut« mobilisieren. Seine Koordinationstreffen finden kaum weniger regelmäßig statt als unter Außenministern oder Managern eines globalen Konzerns.

»Die Zivilgesellschaft globalisiert sich immer intensiver«, bestätigt Claudia Warning, Vorstand des Evangelischen Entwicklungsdienstes EED und zugleich Vorsitzende von VENRO. Auch dieser Dachverband von entwicklungspolitischen NRO stimmt seine politischen Schwerpunkte und Statements mittlerweile vor wichtigen internationalen Konferenzen wie dem G8-Treffen verbindlich mit den vergleichbaren Schirmorganisationen anderer Staaten ab. Im Jahr der deutschen G8-Präsidentschaft ist Claudia Warning dann ebenso automatisch als Koordinatorin der zivilgesellschaftlichen Gruppen an der Reihe wie Angela Merkel bei den Regierungschefs. »Man kann sich vorstellen: Ganz leicht ist es nicht, Japan und die USA, England und Frankreich auf die gleiche Position einzuschwören«, sagt Warning. Denn auch bei den NRO gibt es unterschiedliche nationale Interessen und Prioritäten: Die Engländer wollten sich beispielsweise vor Heiligendamm vor allem auf eine Forderung konzentrieren – mehr Entwicklungshilfe! –, weil das bei Tony Blair das chancenreichste Thema sei; die Deutschen hatten aus ihrer heterogenen Mitgliedschaft einen ganzen Forderungskatalog mitgebracht. »Aber meist schaffen wir es, uns zu einigen«, sagt Warning, »und gemeinsame Forderungen haben dann ein ganz anderes Gewicht.«

Wenn im Vorfeld des Heiligendamm-Gipfels Tony Blair über die politischen Forderungen diskutieren will, welche die NRO in einem Brief an alle Staatschefs geschickt haben, dann reist Claudia Warning auch als Abgesandte in die Londoner Downing Street: »Bei unserem Grad der Globalisierung muss sich niemand mehr davor scheuen, in die Hoheitsgebiete des anderen vorzudringen«, sagt sie. Anfang 2008 war entsprechend auch schon die japanische NRO-Koordinatorin mit Blick auf den nächsten Gipfel in Toyako bei Angela Merkel zu Gast. Global vernetzt, können die NRO zudem politisch geschickt über Bande spielen. Wenn etwa im EU-Parlament ein Vorstoß über die Einbeziehung des Flugverkehrs in den Emissionshandel verwässert zu werden droht, dann startet die europäische Sektion des weltweiten Climate Action Network (CAN) einen Rundruf: Der Ausschussvorsitzende in Brüssel kommt aus Hamburg, hat jemand eine Idee? Daraufhin versucht das CAN-Mitglied Germanwatch, über CDU-Kontakte in der Hansestadt den Politiker daran zu erinnern, dass sich Hamburg unter Ole von Beust doch eigentlich als Hauptstadt des Klimaschutzes profilieren wollte.

Auch wenn im konkreten Fall der Vorstoß nicht sehr erfolgreich war, CAN ist mit mehr als 400 Mitgliedsorganisationen aus aller Welt eines der größten und am schnellsten wachsenden Netzwerke. Es tritt vor allem rund um die großen Weltklimakonferenzen in Erscheinung mit dem Ziel, den Abkommen mehr Biss zu verleihen. Und das nicht nur, indem die Klimaschützer kritisch über den Fortgang der Verhandlungen informieren und schon traditionell allabendlich die Auszeichnung »Fossil des Tages« an diplomatisch besonders unbewegliche Staaten verleihen; den Preisrekord halten die USA, vor Kanada, Japan und Saudi-Arabien. Mitglieder des Klimanetzes haben auch Beobachterstatus und teilweise ein Rede- und Vorschlagsrecht. Über hundert CAN-Mitglieder aller Länder sitzen also in den diversen Arbeitsgruppen zur Aushandlung des Klimaschutzabkommens, und so entsteht ein annähernd rundes Gesamtbild der Abläufe, wenn sich alle mehrmals am Tag bei Strategietreffen austauschen. »Immer wieder haben wir Informationen früher als einzelne Regierungen«, meint der Germanwatch-Geschäftsführer Christoph Bals, »denn wir kriegen ja auch sehr zeitnah mit, was in vielen anderen Delegationen gedacht wird.« Regierungs- und NRO-Vertreter fragen sich also gegenseitig aus, auch das Klimasekretariat meldet sich, um zu erfahren, was die CAN-Leute gehört haben und denken.

Die Verbreitung von Handys hat den Informationsfluss noch beschleunigt, Nachrichten können jetzt auch direkt quer durch die Sitzungen gesendet oder für die Öffentlichkeitsarbeit genutzt werden. Dann wird zum Beispiel ein Textvorschlag Japans, den die NRO als Blockadeversuch gegen feste Emissionsobergrenzen interpretieren, flugs der japanischen Presse zugespielt. Das macht Wirbel in Tokio und zwingt die Regierung klarzustellen: Nein, als Einschwenken auf die amerikanische Linie, multilaterale Verpflichtungen abzulehnen, sei die Formulierung nicht zu verstehen. Auch japanische Journalisten interpretieren die Geschichte im Nachhinein so, dass diese Transparenzoffensive der NRO eine sich abzeichnende klimapolitische Neupositionierung der japanischen Regierung mit befördert haben könnte. Wie hoch der Anteil auch sein mag: Im großen Spiel der Klimapolitik ist CAN zu einer gewichtigen Einflussgröße geworden – die keineswegs immer unumstritten agiert.

Mehr als sechs Stunden lang saßen die Mitgliedsgruppen des Climate Action Network in Bali bei ihrer strategischen Planung fürs kommende Jahr zusammen, und da wurde besonders heftig über ein Thema diskutiert: den Stellenwert des Südens. Dessen Stimmen seien nämlich bisher bei CAN »alles andere als angemessen vertreten«, räumt Antonio Hill ein, Klimareferent bei Oxfam International in London. Einer der Gründe für die Dominanz des Nordens ist, dass in den armen Ländern NRO-Kompetenz für das komplizierte Klimaregime rar gesät ist; oft fehlt auch schlicht das Geld fürs Ticket, um zu internationalen Konferenzen reisen zu können. Zudem wurde in Nord wie Süd die Brisanz des Klimawandels für die Entwicklungsländer erst in den letzten Jahren in ihrem ganzen Ausmaß begriffen. So sind bei den Klimakonferenzen vor allem Umweltschützer von Greenpeace bis zum WWF präsent, und obgleich die armen Länder am härtesten betroffen sind, kommt ihre Perspektive und die der Schwellenländer bei den Klimaaktivisten erst allmählich zum Tragen – genauso wie auf Seiten der staatlichen Verhandler.

Dabei spricht einiges dafür, dass eine größere Zahl von Afrikanern, Amerikanern und Asiaten in den Klimanetzwerken auch die Strategien der NRO-Vertreter beim Kyoto-Prozess verändern würde. Die Durban Group for Climate Justice etwa, ein neu gegründetes Netzwerk mit Basis in Südafrika, wirft den CAN-Diplomaten ganz konkret vor, dass sie den Clean-Development-Mechanism (CDM) und überhaupt den Emissionshandel allzu kritiklos mitgefeiert hätten. Das Geld fließe oft in die falschen Entwicklungskonzepte, und den Ökos aus dem

Norden gehe es »nur noch um das Einsparen von CO_2-Tonnen, egal wie«, kritisierte provozierend die indonesische Bürgerrechtlerin Ovi Ferahsofa von der Durban Group. Der Klimawandel sei aber Ausdruck einer »politischen Gesamtkrise«, und deshalb könne man ihn nicht bekämpfen, wenn man nicht zugleich über soziale Fragen rede.

Auch bei anderen Themen gibt es zwischen Umweltschützern und Entwicklungspolitikern unterschiedliche Perspektiven. So haben die CAN-Strategen beispielsweise das Thema Anpassung an den Klimawandel in den globalen Verhandlungen jahrelang bewusst hintangestellt; es sollte nicht davon ablenken, dass man zunächst möglichst hohe CO_2-Minderungsverpflichtungen der Industrienationen erreichen wollte. Für die armen Länder aber ist beides dringlich, und wie sehr sie auf Hilfe bei Warnsystemen, möglichen Umsiedlungen und Deichbauten angewiesen sind, das wird wohl auch wegen dieses Versäumnisses erst allmählich bewusst. So handeln die NRO-Aktivisten noch allzu oft aus der Perspektive der Wohlstandsbürger.[357]

Immerhin ist dieses Legitimitätsproblem bei CAN erkannt, werden Möglichkeiten erdacht, den Süden stärker zu machen: »Wir sind jetzt dabei, Rio neu zu erfinden«, meint Meena Raman, die temperamentvolle Präsidentin von Friends of the Earth International; dort wurden Umwelt und Entwicklung zusammengedacht. Auch Greenpeace lenkt jetzt einen deutlich größeren Teil der Spenden, die im Norden zusammenkommen, in Aktionen, die die Armutszonen des Planeten mit umfassen. Die Büros in China und Indien wurden ausgebaut, und in Afrika soll eine erste Greenpeace-Zweigstelle eröffnet werden. Friends of the Earth wollen ihre Aufmerksamkeit ebenfalls stärker auf den vernachlässigten Schwarzen Kontinent richten, sagt Meena Raman. Außerdem habe sie unter den Mitgliedsorganisationen in aller Welt einen zweijährigen Diskussionsprozess angeregt – auf der Suche nach einer gemeinsamen Zukunftsvision.

Seit einigen Jahren holt der Süden aber auch auf, indem sich seine Organisationen und Bewegungen unabhängig zusammenschließen. Pioniere sind Walden Bellos »Focus of the Global South« und das Third World Network (TWN), beides Wissenschaftsnetzwerke, die ein anderes Bild der Welt aus Perspektive der Entwicklungsländer liefern. Den Direktor des TWN, Martin Khor aus Malaysia, nennt der Globalisierungsexperte Ernst Ulrich von Weizsäcker deshalb »eine der wichtigsten Stimmen des Südens«. Khor ist Ökonom, Verbraucherschützer, Autor zahlreicher globalisierungskritischer Bücher – ein Aufklärer. Ob in Bali oder vor allem bei der Welthandelsorganisation am Ufer des Genfer Sees: Meist findet man ihn in irgendeiner Ecke an seinem Laptop, und er verschickt gerade Hintergrundberichte über den Ablauf der Sitzungen. Parlamentarier, Zeitungsleute, Professoren, Bauernsprecher und Gewerkschafter von Nairobi bis Manila, von Hyderabad bis São Paolo können dann damit politisch arbeiten. Auch als Berater vieler Regierungen aus Entwicklungsländern ist der stets bescheiden auftretende Malaysier aktiv. Dass es seit ein paar Jahren ein deutlich gestiegenes Selbstbewusstsein der Entwicklungsländer in der globalen politischen Arena gibt, sei »nicht unbeträchtlich Martin Khor zuzuschreiben«, meinen der Globalisierungsforscher Wolfgang Sachs und auch WTO-Mitarbeiter.

Dazu beigetragen haben aber auch Netzwerke wie La Via Campesina, das für die Rechte der Kleinbauern und Landarbeiter in aller Welt streitet. Seit seiner Gründung 1993 verteidigen seine 132 Organisationen in 56 Ländern den »bäuerlichen Weg« gegen eine Landwirtschaftspolitik, die vorrangig auf den Weltmarkt und das kapitalintensive Agrobusiness setzt. Mit den Farmern im Süden kämpfen auch europäische und amerikanische Kollegen für »Nahrungsmittelsouveränität«, also das Recht jedes Landes, selbst zu bestimmen, wie es seine Lebensmittelproduktion und Ernährung gestalten will. Seinen politischen Schwerpunkt aber hat La Via Campesina in Entwicklungsländern, wo die übergroße Mehrheit der Menschen von der Landwirtschaft und oft in Armut lebt. Ihre Forderung nach Agrarreformen gegen Großgrundbesitzer hat dort große Sprengkraft, und nicht selten kommt es zu Festnahmen, wenn »Karawanen des Volkes« mit grünen Kappen und Halstüchern in Protestmärschen zu einer WTO-Konferenz in Hongkong oder durch asiatische Reisregionen ziehen. Das internationale Koordinationszentrum liegt in Indonesien, sein Vorsitzender,

der Bauernpräsident Henry Saragih, ist ein passionierter Verteidiger des Regenwalds in Kalimantan und Sumatra und streitet dort gegen die Inbesitznahme durch Palmölbarone. Anfang 2008 wurde er von der englischen Tageszeitung *The Guardian* zu einer der 50 Persönlichkeiten erklärt, die »den Planeten retten könnten«.[358]

Im Süden entsprungen ist auch die globale »Volksgesundheitsbewegung« (People's Health Movement). Gegründet wurde sie im Jahr 2000 bei einer »Weltgesundheitsversammlung von unten« in Bangladesch. Ihre Mitgliedsorganisationen in 90 Ländern engagieren sich national für eine bessere Basisversorgung und auf globaler Ebene für andere Prioritäten bei der Pharmaforschung und in der Weltgesundheitsorganisation. Solche Zusammenschlüsse führen immer öfter zu einem ganz praktischen Wissensaustausch zwischen Süd und Süd. Der ist schon deshalb wichtig, weil die Produktions- und Lebensbedingungen eines asiatischen Entwicklungslandes mit jenen eines südamerikanischen viel eher vergleichbar sind als mit denen in einer westlichen Industrienation.

Herausragend ist zum Beispiel die Zusammenarbeit bei der Versorgung mit Medikamenten. Da sitzen im Frühjahr 2007 in einem Frankfurter Gemeindezentrum eine energische Dame und ein weißhaariger Herr über Businessplänen und biochemischen Formeln beisammen. Eloan Pinheiro ist eine Schlüsselfigur für Brasiliens Erfolge bei der Aidsbekämpfung, denn als frühere Leiterin des staatlichen Pharmaunternehmens hat sie sich dafür engagiert, im Land erschwingliche Aidsmedikamente, Nachahmerpräparate der teuren westlichen Mittel, herzustellen. Ihr Gegenüber, Zafrullah Chowdhury, hat das »Volksgesundheitszentrum« in Bangladesch gegründet; das ist eine Kette kleiner Selbsthilfeeinrichtungen, in denen die Menschen lernen, ihre Lebensbedingungen selbst zu verbessern. Der Träger des Alternativen Nobelpreises und die Brasilianerin treffen sich, um gemeinsam ein Problem zu lösen: Die globalen Patentregeln gestatten es Firmen in reicheren Schwellenländern wie Brasilien oder Indien nicht mehr ohne Weiteres, Arzneimittel billig zu kopieren. Nur die allerärmsten Länder dürfen dem internationalen Welthandelsabkommen zufolge noch bis zum Jahr 2016 auch ohne patentrechtliche Genehmigung die sogenannten Generika herstellen – was die meisten aber gar nicht können, weil ihnen die technischen Fähigkeiten dazu fehlen. Außer eben Bangladesch: Dort hat Chowdhurys Volksgesundheitszentrum schon in den 80er Jahren eine eigene Pharmaproduktion aufgebaut, um sich wenigstens bei Alltagsmedizin von der Marktpolitik der Konzerne unabhängig zu machen. Die verkaufen zwar ihre Präparate in Entwicklungsländern meist preisgünstiger als in den Industrieländern und stellen auch durchaus großzügige Spenden zur Verfügung; über den industrieeigenen Global Pharma Health Fund werden jetzt zudem Aidsprogramme finanziert.

»Aber wir zielen auf mehr«, sagt Chowdhury mit einem listigen Lächeln, »auf das Glücksgefühl, es selbst machen zu können.« Ist die kleine, gemeinnützige Firma in Bangladesch überhaupt imstande, in Zukunft auch Aidsmedizin für die Armen in Asien und Afrika herzustellen? Welche Geräte braucht sie, welche Kompetenzen? Das Projekt ist erst in Planung, aber Eloan Pinheiro hat Chowdhurys Betrieb in der Nähe von Dacca schon in Augenschein genommen. Und bisher kam solche Expertise immer nur aus dem Norden – jetzt aber fließt sie auch von Entwicklungsland zu Entwicklungsland.

Das gilt in ähnlicher Weise für das indische Centre for Science and Environment, das jüngst ein kleines Büro in Kenia eröffnet hat, um zwischen Afrika und Asien Erfahrungen mit Systemen der Regenwasserernte und -speicherung auszutauschen. Und die Friends of the Earth brachten Bauerngruppen in Malaysia mit Kollegen aus Indien zusammen, die beim Ökoanbau schon seit Langem Erfolge mit Kompostierung durch Wurmkulturen erzielen; ein anderes Mal schickten sie Fischer nach Thailand, wo es ein vorbildhaftes Kommunalprojekt zur Erneuerung und Erhaltung der Mangrovenwälder gibt. Denn diese fischartenreichen Biotope sind auch in Malaysia durch Umweltverschmutzung und die Ausbreitung der Städte in Gefahr.

Stachel im Fleisch der Konzerne

Schon seit Langem gut eingespielt ist die transnationale Kooperation zwischen Nord und Süd bei solchen Kampagnen, die Gerechtigkeit in der globalen Wirtschaft fordern. Schließlich versucht der »dritte Sektor« nicht nur auf die Regierungen Einfluss zu nehmen, die NRO sind auch ein Stachel im Fleisch globaler Konzerne – und machen zugleich der globalen Verbraucherklasse Beine, deren Verhalten Unternehmen wie Regierungen wiederum unter Druck setzen kann. Besonders wirkungsvoll verfolgt das weltweite Netzwerk Clean Clothes Campaign (CCC) mit Basis in den Niederlanden seit 1990 sein Ziel, von Nicaragua bis Indien für bessere Arbeitsbedingungen in der Bekleidungs- und Sportartikelindustrie zu streiten. Es demonstriert aber zugleich die Grenzen dessen, was Nichtregierungsorganisationen erreichen können – und wo dann doch der Staat gefragt ist.

Kaum ein europäisches oder auch amerikanisches Textilunternehmen produziert noch in seinem Ursprungsland, fast alle lassen ihre Jeans, T-Shirts und Fußbälle in Entwicklungs- und Schwellenländern nähen. Dort profitieren sie – und die Konsumenten – von Hungerlöhnen und von den weitgehend rechtsfreien Räumen sogenannter Sonderwirtschaftszonen. Vor allem in China, von woher allein ein Viertel der weltweiten Textilimporte stammt, aber auch in Indonesien oder Bangladesch gehören Kinderarbeit, Lohndumping und Nachtarbeit ohne Erholungspausen zum Alltag der Beschäftigten. In einer Firma in der chinesischen Stadt Shaxi wurde den Arbeiterinnen sogar nahegelegt, ihre Augen mit Wäscheklammern offenzuhalten.[359] Rund 200 Frauenrechtsorganisationen, Verbraucherinitiativen, Gewerkschaften und kirchliche Entwicklungsgruppen in den Hersteller- wie Abnehmerländern haben sich daher in der Clean Clothes Campaign zusammengetan und setzen seit Jahren große Markenkonzerne wie Nike, C&A oder Puma in konzertierten Aktionen unter Druck, gegen solche unmenschlichen Arbeitsbedingungen bei ihren Lieferanten vorzugehen. Die Unternehmen sind empfindlich gegen das »Name and Shame« (beim Namen nennen und vorführen), immer wertvoller wird gerade auf globalisierten Märkten ihr sogenanntes Reputationskapital. Mit einer halben Million Unterschriften konfrontierten die CCC-Aktivisten etwa bei den Olympischen Spielen 2004 in Athen die Sportartikelfirmen mit der Forderung, auf faire Arbeitsbedingungen zu achten; auch 2008 in China sind wieder Aktionen geplant. Laufend werden Kunden dazu angestachelt, mit E-Mails und Postkarten ihre Missbilligung ausbeuterischer Verhältnisse kundzutun.

Die hartnäckige Öffentlichkeitsarbeit hat über die Jahre bei einer wachsenden Zahl von Verbrauchern zu einem Bewusstseinswandel beigetragen; das ist einer der größten Erfolge der CCC. So stellen jetzt wie bei Biokost und fair gehandelten Lebensmitteln Branchenkenner auch in der Mode fest, dass die Konsumenten genauer hinschauen, ehe sie sich entscheiden: »Ethische Kleidung zu kaufen ist ein Trend geworden«, sagt ein Branchenkenner. Auf Empathie und das Interesse am guten Gewissen kann dann ein US-Unternehmen wie American Apparel setzen, mit dessen T-Shirts man sich auch in Europa schmückt: Sie werden nach Angaben der Firma nicht in chinesischen Sweatshops, sondern von Migranten in Los Angeles weitgehend aus ökologisch produzierter Baumwolle hergestellt. Mit dem Ethiklabel hat American Apparel seinen Umsatz innerhalb von vier Jahren auf 35 Millionen Dollar verdoppeln können und ist mittlerweile einer der größten T-Shirt-Produzenten in den USA.[360] Auch Jeans und T-Shirts finden reißenden Absatz, die Gap, Levi's oder die Bekleidungsfirma Edun Apparel des U2-Sängers Bono unter sozialverträglichen Arbeitsbedingungen in Lesotho produzieren lassen. Rund 10 000 Jobs in der Textilindustrie waren in dem kleinen afrikanischen Land verloren gegangen, weil chinesische Billigimporte den Markt überfluteten; nun finden Tausende wieder Arbeit in den Nähereien der neuen Labels. Christian Kemp-Griffin, CEO bei Edun Apparel, bekräftigt: »Unternehmen müssen die Gewinnmargen ihrer Produkte nicht opfern, wenn sie ethisch produzieren. Tatsächlich ergibt das auch für die Konsumenten einen Mehrwert.«[361]

In Deutschland wagt sich jetzt mit der Otto Group sogar das weltgrößte Versandhaus daran, einen Massenmarkt mit verantwortungsvoll erzeugten Rohstoffen zu beliefern – und die gesamte Wertschöpfungskette umzubauen. Die Initiative »cotton made in Africa« steht zwar erst am Anfang, aber Schritt für Schritt sollen Anbau und Vermarktung der Baumwolle vom Ackerbauern in Mali bis zum Kleiderbügel in Hamburg sozial und ökologisch verträglich organisiert werden. Dafür sitzen die Otto-Manager mit den globalen Baumwollhändlern zusammen, mit der Modefirma Tom Tailor und Vertretern der GTZ; als Berater sind Verbände und NRO wie der Naturschutzbund Deutschland, der World Wildlife Fund und die Welthungerhilfe mit am Tisch. Eingespielte Produktions- und Handelsstrukturen aufzubrechen, ohne die Preise für T-Shirts und Betttücher allzu sehr in die Höhe zu treiben, ist ein mühseliges Geschäft. Aber die ersten Produkte stehen, beworben von Peter Maffay, bereits im Otto-Katalog. Und in den nächsten drei bis fünf Jahren wolle man 120 000 Farmern 100 000 Tonnen Baumwolle für etwa 300 Millionen T-Shirts zu fairen Preisen und mit einer dauerhaften Abnahmegarantie abkaufen, kündigen die Otto-Manager an.

Noch bleiben solche Anstrengungen allerdings die Ausnahme, und für das Gros der Produktion erhöhten das Auslaufen des Welttextilabkommens Ende 2004 und die damit verbundene Ausweitung des Freihandels die globale Konkurrenz noch einmal kräftig. Mit der nunmehr weltweit flexiblen Beschaffungspolitik der Konzerne ist ihr Erpressungspotenzial gegenüber den lokalen Herstellern weiter gestiegen und damit auch der Druck auf die Arbeiterinnen. Außerdem dringen immer mehr Discounter auf den Markt für Textilien, die wollen es noch einmal billiger haben – Jeans für 9,99 Euro – und peitschen den Unterbietungswettbewerb zusätzlich an. Die Clean Clothes Campaign – in Deutschland »Kampagne für saubere Kleidung« – hat also weiterhin zu tun. Ihrer Rechercheurin Ingeborg Wick steht dabei stets eine »wichtige Lernerfahrung« vor Augen. Wenn sie sich während ihrer vielen Reisen nach Südostasien mit Textilarbeiterinnen unterhalten habe, sagt die Expertin, dann habe sie immer wieder die Einstellung der jungen Frauen bewegt: »Obwohl sie oft unzumutbar ausgebeutet werden, sind sie meist dankbar, überhaupt einen Job in der

Stadt gefunden zu haben«, erzählt Wick. »Ihre Kritik an den Arbeitsbedingungen kommt immer erst an zweiter Stelle.« Das sagt eine Menge über die Zwänge und die Not auf dem Land aus, die die Näherinnen hinter sich lassen wollen, über ihre Freiheitshoffnung – und auch darüber, wie sehr sie der Willkür ihrer Arbeitgeber ausgeliefert sind.

Ingeborg Wick, die beim kirchennahen Siegburger Forschungsinstitut SÜDWIND arbeitet, pflegt seit vielen Jahren intensive Kontakte zu Gewerkschaften, Juristen, NRO und Arbeiterinnen von China bis Indonesien; sie und Kollegen aus elf europäischen Ländern halten sich »ständig gegenseitig über die Bedingungen in den Fabriken auf dem Laufenden«. Denn wo keine Organisationsfreiheit herrscht oder wo Informantinnen Repressionen fürchten müssen, ist es alles andere als einfach, an Informationen zu kommen. Mehr als einmal drohte Rechercheuren der Kampagne bereits die Inhaftierung. »Detektivisch« müsse man zudem vorgehen, um einem Konzern konkrete Lieferbeziehungen zu den jeweiligen Unternehmern nachweisen zu können, sagt Wick. Denn die Auftragnehmer wechseln häufig, zu Hunderten unterbieten sie einander mit Niedrigstangeboten, und die Vermittlung durch Zwischenhändler ermöglicht es, direkte Handelskontakte zu vertuschen. Viele Kleidungshersteller konnten daher lange ihre Verantwortung für menschenunwürdige Verhältnisse abstreiten, die bei den asiatischen Zulieferern herrschten.

Dass sie das heute kaum mehr tun, rechnet Ingeborg Wick der Kampagne als einen weiteren Erfolg an. Sogar das notorisch publizitätsscheue Management der Ladenkette Aldi, auf die der jüngste Angriff der CCC-Wachhunde in Deutschland zielt, scheint die Kritiker zu fürchten. Als der Billigladen-Pionier mit einer Studie der Kleiderkampagne konfrontiert wurde, derzufolge in China und Indonesien Zulieferer eines Aldi-Lieferanten den Beschäftigten überlange Arbeitszeiten abverlangt, Löhne einbehalten und Kinder beschäftigt hätten, reagierte der Konzern im März 2007 prompt: »Wir sind uns als Unternehmen, das über seine Geschäftstätigkeit mit der ganzen Welt in Verbindung steht, sehr bewusst über die Verantwortung, die uns aus dieser Stellung erwächst«, schrieben die Aldi-Manager.

Man empfinde »angesichts der schwierigen Bedingungen in den Produktionsländern die Notwendigkeit, neben das Vertrauen in unsere deutschen Partner nun auch Formen der Kontrolle treten zu lassen«. Mittlerweile ist das Unternehmen auch der Business Social Compliance Initiative (BSCI) beigetreten, die von der europäischen Außenhandelsvereinigung Foreign Trade Association ins Leben gerufen wurde. Ihr Verhaltenskodex sieht eine existenzsichernde Bezahlung vor; für die Arbeitszeit sollen faire Regeln gelten.

Auch bei anderen Unternehmen zeigte der Druck der NRO Wirkung: Der Discounter Lidl unterwarf sich, nachdem CCC und ver.di ihn im Jahr 2006 wegen seiner Arbeitsbedingungen bedrängt hatten, ebenfalls dem BSCI-Kodex; Nike, Adidas, Levi's oder der Otto-Versand haben sich aufgrund des öffentlichen Drucks unabhängigen Kontrolleinrichtungen angeschlossen, an denen Gewerkschaften und NRO vor Ort beteiligt sind. Oder Tchibo legte sich nach Schlagzeilen wie »Skandal in Tchibos Nähstube« eine eigene Abteilung zu, die Besserungen bei den Arbeitsbedingungen erreichen soll.

»Privates Regieren« hat Grenzen

Die praktische Umsetzung solcher Selbstverpflichtungen erweist sich allerdings als zwiespältig. So gebe es zwar bei einigen Herstellern deutliche Verbesserungen, etwa eine angemessene Gesundheitsversorgung der Beschäftigten und teilweise auch höhere Löhne, resümiert Ingeborg Wick. Aber während Nike, Adidas und andere Firmen »die Fortschritte in einzelnen Betrieben als Pars pro Toto verkaufen«, zeigten die punktuellen Positivbeispiele in Wirklichkeit keinerlei Auswirkungen auf die gesamte Industrie: »Rundherum bleibt alles beim Alten«, sagt Wick, »ja es verschärft sich sogar mit der zunehmenden Konkurrenz.« Ähnlich kritisch fallen Praxisstudien der »Initiative für ethischen Handel« (Ethical Trading Initiative) aus, der über 40 Unternehmen sowie Gewerkschafts- und NRO-Vertreter angehören. Für den Bekleidungs-, Schuh- und Nahrungsmittelsektor stellten zwar auch sie einzelne Fortschritte bei

Sozialleistungen fest. Aber die Gewerkschafts- und Organisationsfreiheit war so gut wie nirgendwo durchgesetzt. In vielen Fällen wurde den untersuchten Unternehmen nachgewiesen, dass sie Unterlagen gefälscht hatten. Saisonarbeiterinnen und Migrantinnen profitierten überhaupt nicht von den sozialen Selbstverpflichtungen, und auch in Zulieferbetrieben würden sie nicht angewandt.[362] Die Selbstüberprüfung der BSCI im Jahr 2006 deckte ebenfalls große Mängel auf. In den untersuchten Fabriken seien »noch nicht genug Anreize bei den Lieferanten geschaffen« worden, »sich dem System unterzuordnen«, stellten die Sachwalter der Unternehmensverantwortung fest. Weltweit wurden die Arbeitsverhältnisse bei 75 Prozent der untersuchten Bezugsquellen für Firmen mit BSCI-Kodex als problematisch eingestuft – bei nur 8 Prozent als gut.[363]

Die Gründe sind vielfältig. Sie liegen in der Unübersichtlichkeit der Zulieferer, aber auch in der Tatsache, dass sich bisher nicht genügend Einzelhändler dem freiwilligen Kodexsystem angeschlossen haben. Solange nur wenige vorangehen, bleiben auch die Mehrkosten alleine an ihnen hängen, und die Pioniere fühlen sich trotz aller Imagegewinne im harten Wettbewerb gegenüber den anderen benachteiligt: »Das ist wie beim Doping im Radsport«, meint ein Manager eines großen Unternehmens. Ihm wären, sagt er, mittlerweile vom Staat festgeschriebene Regeln schon lieber, die dann auch niemand mehr unterlaufen könne. Aber damit möchte er nicht unter seinem Namen zitiert werden – »sonst gibt es unter den Kollegen einen Aufschrei«. Ingeborg Wick kann da offener reden: »Die Freiwilligkeit hat Grenzen«, sagt sie. »Wir brauchen global verbindliche soziale Standards und auch klare Sanktionen.« Nicht zuletzt aus Gründen der größeren Übersichtlichkeit. Denn bei den unzähligen branchenübergreifenden oder firmeninternen, von unterschiedlichen staatlichen Institutionen oder von NRO ausgearbeiteten Selbstverpflichtungen blicken weder die Kunden noch die Zulieferunternehmen noch durch.

Auch in anderen Branchen als dem Einzelhandel haben vergleichbare Kampagnen und Initiativen der Vereinten Nationen wie der Global Compact zwar einen regelrechten Ethikboom bei global wirtschaftenden Unternehmen ausgelöst. Eigene

Ressorts für »Corporate Social Responsibility« sind keine Ausnahme mehr, und dort arbeiten von der Telekom über Wal-Mart und die Metro bis zum Nestlé-Konzern auch viele engagierte Mitarbeiter, die es ernst meinen mit Klimaschutz- und Sozialprogrammen. Doch allzu häufig geht es ihnen gegenüber den anderen Abteilungen ähnlich wie den Umwelt- gegenüber den Wirtschaftsministern: Letztere setzen sich durch. So bleibt es oft bei Kompromissen, die den Kern des Wirtschaftens kaum berühren. Tatsächlich dienen freiwillige Selbstverpflichtungen und Ethiklabels aus Unternehmenssicht vor allem einem Ziel: bloß keine Gesetze, keine rechtsverbindlichen Vorschriften und damit zusätzliche Kosten. Entsprechend blieben Bemühungen der Vereinten Nationen, einen Katalog von Normen zur Unternehmensverantwortung zu verabschieden, bisher erfolglos: Sie scheiterten in der Menschenrechtskommission stets daran, dass konkrete Entschädigungspflichten vorgesehen waren. Die OECD hat zwar Leitsätze beschlossen, die Kernarbeitsnormen und Sozialstandards der Internationalen Arbeitsorganisation ILO sind ohnehin völkerrechtlich gültig – aber keine Institution verfügt über wirkungsvolle Sanktionen, weil sich die Industrie mit Händen und Füßen dagegen wehrt.

In das »private Regieren«, Regeln also, die sie mit den Unternehmen direkt aushandeln, haben NRO jahrelang Hoffnung gesetzt. Aber damit haben sie auch ihre eigene Rolle überschätzt. Trotz aller Mobilisierungserfolge macht sich bei vielen jetzt Ernüchterung, ja Katzenjammer breit. »Substanzielle Veränderungen wurden nicht erzielt«, kritisieren Peter Fuchs und Jörn Hagenloch von der NRO-Denkfabrik weed. Und sie schreiben noch schärfer: »›Corporate Social Responsibility‹ steht heute leider vor allem für die Pervertierung einer politischen Initative zu einem Modethema.«[364] So geht das Rennen zwischen dem Igel Globalisierung und dem Hasen Zivilgesellschaft in die nächste Runde; man könnte auch sagen: zurück auf Anfang. Der Staat ist wieder gefragt. Der Schiedsrichter. Er soll dafür sorgen, dass soziale und ökologische Regeln verbindlich werden, und an die Stelle von Freiwilligkeit Rechenschaftspflicht setzen. Er soll die völkerrechtlichen Normen in konkrete Gesetze gießen, damit Unternehmen auch rechtlich und nicht mehr nur moralisch belangt werden können. Dafür setzen sich jetzt neue Netzwerke wie CorA (Corporate Accountability) und die European Coalition for Corporate Justice ein.

Der Weg dorthin ist noch weit, und so lange sehen viele NRO ihre Aufgabe auch darin, »Ethik-PR« und »Greenwashing« zu entlarven. »Wenn jetzt alle reden wie wir«, meint Stephan Schilling, neu im Entscheidungsgremium von Attac, »dann muss man umso mehr den Unterschied zwischen Reden und Handeln deutlich machen.« Das gilt für Energiekonzerne, die wie Eon auch in Zukunft von Kohle und Kernkraft leben wollen, sich aber nach außen gern mit Windkraftanlagen und Gezeitenkraftwerken schmücken. Das gilt für die Frage, ob ein Bioblumenkohl noch »bio« ist, wenn er mit hohem Energieaufwand tiefgekühlt und quer durch Europa transportiert wird. Das gilt zudem für manche ethischen Geldanlagen. Auch deren Volumen wächst laufend, in Deutschland von 19,1 Milliarden Euro 2006 auf 21,6 Milliarden Euro 2007 – aber dann und wann schauen die Analysten auch mal nicht so genau hin.

Das südafrikanische Bergbauunternehmen Anglo Platinum etwa ist Bestandteil gleich mehrerer »Nachhaltigkeitsfonds«; die Firma wird also Anlegern einschließlich kirchlicher Investoren empfohlen, die in sozial und ökologisch integre Unternehmen investieren wollen. Der eloquente Südafrikaner John Capel hingegen malt bei einer Tagung in Bonn ein differenzierteres Bild: Die Manager bemühten sich zwar tatsächlich neuerdings um mehr Arbeitsschutz, berichtet er. Doch noch immer hätten Arbeitsunfälle in den Edelmetallminen von Anglo Platinum in den letzten Jahren im Durchschnitt jeden Monat zwei Todesopfer gefordert. Frauen müssten unter Tage sexuelle Belästigungen fürchten, für neue Minen seien mehrmals Bauern von ihrem Land vertrieben worden. Capel arbeitet für die Benchmarks Foundation, die seit dem Jahr 2000 die »Corporate Social Responsibility« großer Konzerne beobachtet. Er ist auf Einladung von SÜDWIND nach Bonn gekommen, um gemeinsam mit Wirtschaftsexperten aus anderen Entwicklungsländern Analysten und Anlageberater deutscher Banken zu beraten. Warum es manchmal zu derart oberflächlichen Beurteilungen komme? Das erklären die Finanzleute mit dem hohen Zeitdruck, unter dem sie ihre Analysen verfassen müssten; dann greife man eben bei der Ethikprüfung vor allem auf die Selbstdarstellungen der Unternehmen zurück. In Bonn diskutieren sie, aus welchen Quellen sie noch genauere Informationen über die alltägliche Praxis der Unternehmen erhalten können. So bemühen sich NRO auch auf den Ethikmärkten, die sie selbst mit erzeugt haben, um größere Transparenz.

Auch Aktivisten sind nicht unfehlbar

Mit ihrem gestiegenen Einfluss wächst aber auch Kritik: Wen vertreten eigentlich die manchmal kaum mehr als eine Handvoll Personen, die mit ihren Kampagnen die Gewinnkurven ganzer Konzerne – zumindest vorübergehend – in den Keller jagen und den Verlauf globaler Verhandlungen verändern können? Der tschechische Präsident Václav Klaus glaubte jüngst sogar schon vor einem »neuen Sozialismus« namens »NGOismus« warnen zu müssen.[365] Aber auch weniger verschwörungstheoretisch orientierte Kritiker werfen die Frage nach der formalen Legitimation der »Harlekine im Politik-Theater« auf«[366] – die schließlich niemand gewählt habe. Doch bei solcher Kritik wird übersehen, wie vielfältig die Standpunkte innerhalb der NRO sind. Untereinander wie in der Öffentlichkeit bewegen sie sich im pluralen Wettbewerb der Meinungen, und ihr Potenzial, die Bürger zu beeinflussen, greife schließlich nur, schreibt der Konfliktforscher Harald Müller, »wenn die Menschen freiwillig dem Aufruf zum Handeln folgen«. Jeder Einzelne werde »zum Schiedsrichter über die Politik der NRO«, schreibt Müller, ihre Legitimität gelte jeweils »für den besonderen Fall«.[367] Auch Lutz Schrader vom Institut für Frieden und Demokratie der Fernuniversität Hagen winkt ab: »Nahezu parteiübergreifend« würden die NRO heute »als notwendige Ergänzung repräsentativer Demokratie wahrgenommen«. Begründen müssten sie ihre Legitimation allerdings durchaus in Bezug auf die Frage, ob sie »tatsächlich die Interessen vertreten, die sie zu vertreten vorgeben«.[368] Denn das wichtigste Kapital der NRO ist ihre Glaubwürdigkeit. Und manchmal haben sie durchaus auch eigene Interessen.

Geld? Das ist bei den meisten Initiativen nach wie vor knapp. Mit geringen Mitteln müssen Ehrenamtliche gegen die milliardenschweren Werbe- und Marketingetats jener Unternehmen antreten, denen sie auf die Finger schauen. In Teilen aber ist der »dritte Sektor« mittlerweile auch selbst ein Wirtschaftsfaktor geworden. Die Anerkennung ihrer öffentlichen Rolle lässt manchen NRO hohe Spendensummen zufließen, Greenpeace Deutschland etwa nahm 2007 über 40 Millionen Euro ein. Andere erhielten Mittel für Gutachten aus der Industrie und aus Ministerien, zudem direkte staatliche Förderung. Das hat die Arbeit der Bürgerinitiativen professioneller und damit seriöser und wirkungsvoller gemacht. Aber einige große Organisationen beschäftigen mittlerweile »Exekutivdirektoren« und »Abteilungsleiter« – wenn auch schlechter bezahlt als in den Konzernen –, sie bieten Karrierechancen, beraten Regierungen und Unternehmen – und das kann die Wahrnehmung verändern und die Rolle als kritische Angreifer entschärfen, mit der man Diskussionen in Gang setzt.

Auch aus Sorge um Spendengelder haben Umweltorganisationen beispielsweise das Auto als größten Klimaschädling jahrelang kaum bekämpft. Als unpopulär gilt nach wie vor Aufklärung darüber, dass die reichen Länder ihre CO_2-Sünden im Süden bezahlen müssen. Oder: »Die Klima-Allianz spricht sich gegen neue Kohlekraftwerke aus, aber sie fordert nicht den Ausstieg aus der Kohle«, kritisiert Alexis Passadakis von Attac. »Wenn es darum geht, unseren Way of Life zu sehr infrage zu stellen, dann wächst die Angst, dass man die Unterstützung verlieren könnte«, räumt Jennifer Morgan ein, die lange Klimaexpertin beim WWF war; heute arbeitet sie bei e3g, einer Organisation, die als »dritte Generation der Umweltbewegung« auf diplomatischem Wege die globale Klimapolitik voranzubringen sucht. Auch der Bewegungsforscher Dieter Rucht hat beobachtet, dass »mit zunehmender Institutionalisierung die Forderungen weicher werden«.

Ambivalent ist zudem die Beziehung, die sich zwischen Teilen der Zivilgesellschaft und den Regierungen entwickelt hat, die »paradoxe Verbrüderung der Gegner«, wie der Soziologe Ulrich Beck es provokativ nennt.[369] Besonders von den Umwelt- und Entwicklungsministerien wird die Arbeit der NRO jedes Jahr höher gefördert.[370] Das Geld kommt vor allem Hilfsorganisationen in Krisengebieten zu, aber auch den vielen kirchlichen Gruppen, Forschungsinstituten, öffentlichen Kampagnen, Transfair-Initiativen. Das ist richtig und wichtig, denn in Entwicklungsländern können NRO eine Reihe von Aufgaben glaubwürdiger übernehmen als offizielle Institutionen, und auch der Natur- und Klimaschutz braucht zweifellos Unterstützung. Aber zugleich besteht die Gefahr, dass mithilfe der zweckgebundenen Fördertöpfe Teile der Zivilgesellschaft für die Regierungsagenda instrumentalisiert werden – sodass Thomas Gebauer von medico international schon von ihrer »Staatswerdung« spricht. Wie unabhängig bleibt etwa ein NRO-»Forum Umwelt und Entwicklung«, wenn es im Auftrag des Bundesumweltministeriums die Regierungskonferenz »Renewables« koordiniert? Besonders die EU-Gelder, die zu erhalten immensen bürokratischen Aufwand erfordert, schließen kleinere Entwicklungsprojekte praktisch aus, und wer immer mehr auf die EU-Töpfe schiele, vernachlässige womöglich eigene inhaltliche Akzente, kritisieren Experten wie Rupert Neudeck, der einst die Hilfsorganisation »Cap Anamur« ins Leben rief. Nicht wenige NRO finanzieren ihre Mitarbeiter zudem nicht aus freien Mitteln, sondern mühsam über einzelne Projektzuschüsse der Regierungen. Da könne, um den Apparat aufrechtzuerhalten, schon mal die Schere im Kopf klappern, räumt auch Klaus Milke von Germanwatch ein: »Manche fragen sich schon: Ist es hilfreich, einem Geber ans Bein zu treten, den ich vielleicht noch einmal brauchen könnte?« Milke schlägt deshalb vor, dass die Ministerien ihre Finanzmittel in Zukunft ungebunden für Programme zur Verfügung stellen sollten anstatt für eng definierte Projekte und Themen, die Regierungen vorgeben: »Das würde den NRO als wichtigen Akteuren der Zivilgesellschaft eher gerecht«, sagt Milke. »Ihr enormer Vorteil ist ja, dass sie keine Legislaturperioden oder Qualitätsabschlüsse im Blick haben müssen, sondern auch langfristig und unabhängig planen und denken können.«

Geld spielt auf ganz andere Weise auch bei den »neuen Playern der Zivilgesellschaft« eine Rolle; so nennt die VENRO-Sprecherin Claudia Warning die Prominenten von Bono bis Geldof, von Julia Roberts bis Leonardo DiCaprio und auch die Manager und Stifter, die jetzt riesige Summen in Armutsbekämpfung und Klimaschutz investieren. Gewiss sei deren Engagement erfreulich, und mit Unterstützung der Prominenten sei es gelungen, ganz neue Bevölkerungsschichten mit dem Problem der weltweiten Armut zu konfrontieren, meint Warning; »andererseits kommt kaum rüber, dass es um Gerechtigkeit geht und nicht um Wohltaten«. Außerdem: Geld ist Macht. Und da ist besonders eines der reichsten Ehepaare der Welt in die Kritik geraten: der legendäre Microsoft-Gründer und seine Ehefrau mit ihrer Bill-&-Melinda-Gates-Stiftung.

Wo immer in der Welt sie auftreten, gewinnen die beiden mit ihrem bescheidenen, natürlichen Auftreten Sympathien. »Sie beobachten genau, sie nehmen mit den einfachen Bauern Kontakt auf, sie können zuhören«, so hat der Agrarwissenschaftler Akin Adesina von der Alliance for a Green Revolution in Africa das amerikanische Powerpaar erlebt, als er mit ihm durch Westkenia gereist ist. »Wenn man neben ihnen im Auto sitzt, dann spürt man: Diese Leute wollen wirklich erreichen, dass sich etwas ändert.« Und sie haben die Mittel dazu: Ein Grundkapital von 60 Milliarden Dollar umfasst ihre Stiftung, seit der amerikanische Großinvestor Warren Buffett 30 Milliarden Dollar zugeschossen hat; mit dem Zinsertrag aus dem Vermögen können sie jedes Jahr drei Milliarden Dollar für soziale Zwecke spenden. Eine fantastische Summe, und Gates und seine Ehefrau ernten Lob und Zuspruch, solange sie damit Computer und Bibliotheken für arme Dörfer und Kleinstädte bezahlen, in die Aidsbekämpfung investieren und in die Erforschung der Tropenkrankheiten.

Ihre jüngste Initiative gilt nun der afrikanischen Landwirtschaft: Den kargen Böden auf dem Schwarzen Kontinent wollen sie doppelt bis dreifach höhere Erträge abtrotzen, gemeinsam mit jener Rockefeller-Stiftung, die auch die Grüne Revolution der 60er Jahre in Gang setzte. Als aber Bill Gates dafür als Erstes mehrere Schwergewichte aus der Agrarindustrie abwarb und dabei unter anderem den früheren Vizepräsidenten des Saatgut- und Gentechnikriesen Monsanto, Robert Horsch, einstellte; als Gates' Leute dann erklärten, im Mittelpunkt der Initiative solle eine Infrastruktur für die Verteilung von Dünger und Saatgut liegen, da horchten NRO und Experten in aller Welt auf: Sind das nicht nur die alten Rezepte, die schon mal versagt haben? Welches Konzept des Landbaus soll da mit zunächst 150 Millionen Dollar und dann jährlichen Steigerungen 20 Jahre lang über Afrika kommen? 70 Organisationen aus zwölf Ländern schickten einen Protestbrief nach Seattle und bekundeten misstrauisch ihre Sorge, dass diese Strategie vor allem den Agrarkonzernen Märkte öffnen werde; eine »fehlgeleitete Initiative aus dem Norden«. Gates habe sich bei seinen Plänen nicht mit der Zivilgesellschaft rückgekoppelt, kritisiert auch Claudia Warning: »Dabei würde ich gerne mal mit ihm darüber diskutieren, wie sehr sein Fokus auf womöglich genmanipuliertes Saatgut die Bauern in Entwicklungsländern in neue Abhängigkeiten treibt.«

Tatsächlich gelten Mr. und Mrs. Gates nicht nur als engagiert, sondern auch als lernfähig. Die Programme, die sie in Afrika fördern, schließen mittlerweile auch Ressourcenschutz und Humusbildung ein. Doch zumindest fragwürdig ist die Macht, mit der ein amerikanisches Philanthropenpaar und ein Großinvestor mit ihren individuellen Entscheidungen auf einem ganzen Kontinent »die Landschaft komplett verändern« können, wie Agrarexperten prophezeien – während zugleich staatliche Instanzen, deren Entscheidungen demokratisch legitimiert sind, immer mehr geschwächt werden. Co-Stifter Warren Buffett, der sein Geld unter anderem mit Beteiligungen an chinesischen Ölprojekten im Sudan verdient hat,[371] zahlt in den USA 17,7 Prozent Steuern; wären es 13 Prozent mehr wie bei seinem Pförtner, wie die amerikanische Kolumnistin Marcia Pally schreibt, dann kämen schon eine Menge öffentliche Gelder zusammen.[372] »Beeindruckend wäre gewesen«, kritisierte auch der Friedensnobelpreisträger Muhammad Yunus aus Bangladesch, »wenn Buffett mit seinen Milliarden und seinem Know-how eine Krankenversicherung gegründet hätte für die knapp 50 Millionen Amerikaner, die keine haben.«[373]

Assoziationen zum Feudalismus kommen endgültig auf,

wenn Mitarbeiter der Welternährungsorganisation FAO von jenem Tag berichten, an dem die Bill-&-Melinda-Gates-Stiftung dort ihre Agrarprojekte präsentierte: Nie sei die Beteiligung an einer Veranstaltung im Haus so groß gewesen: »Jeder hoffte: Hier wird jetzt Geld verteilt. Es war wie der Besuch vom reichen Onkel aus Amerika.« Tatsächlich warb die Gates-Stiftung der FAO auch manchen Experten ab. Allein die Startsumme des privat finanzierten Agrarprogramms umfasst deutlich mehr als ein Drittel des gesamten FAO-Jahresetats; die drei Milliarden, die Gates jedes Jahr ausgeben kann, liegen um ein Drittel höher als das Budget der Vereinten Nationen. »Ist das noch Zivilgesellschaft?«, fragt Claudia Warning und wirft damit die Frage auf: Wer regiert wen bei den globalen Problemen? Wenn die Gemeinschaft der Völker das Primat der Politik nicht endgültig preisgeben will, dann muss sie sich auch Gedanken um den Wert und die Durchsetzungskraft ihrer globalen Institutionen machen.

8. Das UN-Paradox

Der Niedergang der Weltinstitutionen und die neue Kunst des globalen Regierens

Manche Bilder fangen das Gefühl eines historischen Moments ein und machen dann selbst Geschichte. So war es, als die Welt im Juni 1972 die Aufnahme jenes neunjährigen vietnamesischen Mädchens sah, das nackt und mit angstverzerrtem Gesicht nach einem amerikanischen Bombenangriff vor dem brennenden Napalm floh. So war es bei den Bildern, die Berlins Jugend am 9. November 1989 beim Tanz auf der Mauer am Brandenburger Tor zeigten. Und so war es auch bei jenem Augenblick, den ein Fotograf der französischen Nachrichtenagentur AFP am 15. Januar 1998 in Jakarta in der Residenz des damaligen indonesischen Präsidenten Suharto festhielt: Am Schreibtisch sitzend, unterzeichnet da der Staatschef des 230-Millionen-Volkes ein Dokument, und neben ihm steht ein Europäer mit verschränkten Armen, der ihm mit ernstem Blick prüfend über die Schulter schaut. Das Foto erschien am nächsten Tag groß in allen ostasiatischen Zeitungen von Kuala Lumpur bis Manila.

Die Szene erscheint für Nichtasiaten harmlos, aber die indonesische Bevölkerung und mit ihr viele Millionen Menschen in Südostasien werden den Anblick für immer als tiefe Demütigung in Erinnerung behalten. »Wie konnte unser Präsident nur derart erniedrigt werden? Die Leute sprachen über nichts anderes.« So beschrieb der indonesische Politikwissenschaftler Dewi Anwar damals die Stimmung seiner Landsleute.[374] Die Frage stellte sich nicht nur, weil verschränkte Arme im Inselreich am Südrand Asiens als Beleidigung gelten. Die Symbolik entsprach auch dem Inhalt des von Suharto unterzeichneten Vertrages. Mit ihm unterwarf er sich und sein Land dem Diktat einer Institution, die damals das zentrale Machtinstrument der westlichen Wohlstandsnationen bei der Durchsetzung ihrer Regeln für die Globalisierung war: dem Internationalen Währungsfonds (IWF) mit Sitz in Washington. Der Mann ohne Kenntnis der Landessitten war der damalige IWF-Generaldirektor Michel Camdessus, und die Szene markierte den Höhepunkt der asiatischen Finanzkrise am Ende der 90er Jahre.

Auf massiven Druck der US-Regierung und des von ihr gelenkten IWF hatten vier der damals sogenannten Tigerstaaten, Thailand, Malaysia, Südkorea und Indonesien, in den Jahren zuvor den Kapitalverkehr ihrer Länder mit dem Ausland liberalisiert. Die Region boomte mit zweistelligen Wachstumsraten, und die amerikanische Finanzindustrie wollte daran teilhaben. Über kurzfristig vergebene Kredite waren anschließend Zigmilliarden Dollar aus den USA, Europa und Japan in die neuen Schwellenstaaten geströmt und hatten einen gigantischen spekulativen Immobilienboom ausgelöst. Der damals amtierende Zentralbankgouverneur Indonesiens befand sarkastisch: »Wir hatten begonnen, die Fundamente unseres Hauses zu bauen, aber plötzlich waren wir Gastgeber einer globalen Party.«[375] Als klar wurde, dass viele der begonnenen Projekte nicht rentabel waren, zogen die Geldgeber aus Amerika und Europa ihr Geld dann aber noch schneller wieder ab, als sie es zuvor investiert hatten, und kündigten ihre Kredite. Nur war das geliehene Geld langfristig investiert. Binnen weniger Wochen waren im Herbst 1997 darum die Devisenreserven der Boomstaaten erschöpft, ihre Währungen stürzten ins Bodenlose, und die Regierungen in Bangkok, Seoul und Jakarta wandten sich an den IWF mit der Bitte um Überbrückungskredite.

Die Fondsdirektoren gaben sich gemeinsam mit ihren Kollegen von der Weltbank großzügig und stellten mehr als 100 Milliarden Dollar bereit. Doch im Direktorium des IWF haben die Amerikaner und Europäer das Sagen, und ganz anders als bei Krisen in ihren eigenen Ländern forderten sie von den Kreditnehmern, die Zinsen drastisch zu erhöhen und die Staatsausgaben zu drosseln. Das aber verwandelte eine zunächst harmlose Zahlungsbilanzkrise in eine tiefe Rezession. Um nicht gänzlich vom Welthandel abgekoppelt zu werden, mussten die Tigerstaaten um weitere Kredite bitten, und nun gingen die IWF-Gewaltigen mit ihrem Direktor Camdessus an der Spitze aufs Ganze. Willkürlich formulierten sie Forderungen und Auflagen, die nicht mehr auf Krisenbekämpfung zielten, sondern darauf, westlichen Investoren die Türen zu öffnen. Allein Indonesien sollte an die 50 Bedingungen erfüllen. Mit seiner Unterschrift musste Suharto unter anderem zusichern, die bis dahin geltende Beschränkung für ausländischen Besitz an Unternehmen und Immobilien aufzuheben, den Aufbau einer nationalen Automobil- und Flugzeugindustrie abzubrechen, den Tropenholzhandel für Ausländer zu öffnen und Subventionen für Nahrungsmittel und Treibstoffe zu kürzen. Die folgenden Preissprünge erschütterten die ganze Volkswirtschaft und provozierten landesweite Unruhen, die schließlich in eine Revolution mündeten. Sieben Monate nach Beginn ihrer vermeintlichen Rettungsaktion konnten die IWF-Experten ihr Heil nur noch in der Flucht suchen. Vorbei an brennenden Barrikaden und umgestürzten Militärlastern erreichten sie im Morgengrauen des 14. Mai 1998 mit Mühe einen Militärflugplatz, von wo eine eigens georderte Chartermaschine sie außer Landes schaffte.[376]

Ihre Operation aber war gelungen. In großem Stil kauften sich westliche Konzerne und Anleger in den Krisenstaaten zu niedrigen Preisen ein, und Südostasien erfuhr »die umfangreichste Besitzübertragung von inländischen an ausländische Eigentümer, die je in Friedenszeiten in den letzten 50 Jahren stattgefunden hat«, kalkulierte der Ökonom Robert Wade von der London School of Economics.[377] Aus Sicht der damaligen US-Regierung war das ein Erfolg. »Die Probleme der Tiger-Ökonomien eröffneten eine goldene Chance für den Westen, seine wirtschaftlichen Interessen geltend zu machen«, erklärte Mickey Kantor, der damalige US-Handelsminister. »Wenn die Länder die Hilfe des IWF suchen, dann sollten Europa und Amerika den IWF wie einen Rammbock benutzen, um Vorteile zu gewinnen.«[378]

Diese Botschaft war eindeutig und fand weltweit Gehör. »Nie wieder mit dem IWF« wurde eine Parole, die sich nicht nur die Regierungen Koreas, Thailands und Indonesiens zu eigen machten. Von Südafrika über Argentinien bis nach Indien begannen fast alle Regierungen des Südens nach chinesischem

Vorbild ihre Währungen zu schützen und große Devisenreserven anzulegen. Das geht zwar auf Kosten ihrer eigenen Entwicklung, aber es schützt sie vor plötzlichem Kapitalabzug. Binnen zehn Jahren stiegen die Rücklagen der Entwicklungsländer von 900 Milliarden auf rund vier Billionen Dollar, und alle früheren IWF-Kunden zahlten frühzeitig ihre Kredite zurück. Nun, ein Jahrzehnt nach der Asienkrise, macht der Internationale Währungsfonds mangels Kundschaft und Zinseinnahmen jedes Jahr dreistellige Millionenverluste. Im Laufe des Jahres 2008 sollen mindestens 300 der 2700 Angestellten entlassen werden, und der Verkauf eines Teils der Goldreserven soll die Verluste decken. Derweil haben die ökonomisch stärkeren Staaten Asiens und Lateinamerikas begonnen, eigene regionale Währungsfonds aufzubauen, um unabhängig vom Einfluss der alten Industriestaaten zu werden.

Insofern steht das Bild von der denkwürdigen Vertragsunterzeichnung in Jakarta nicht nur für die Demütigung einer ganzen Region, sondern auch für den Anfang vom Niedergang einer der wichtigsten Institutionen der Weltgesellschaft. Als die westlichen Alliierten 1944 im amerikanischen Kurort Bretton Woods den Internationalen Währungsfonds gründeten, wollten sie ein Instrument der internationalen Solidarität schaffen, um den Mitgliedsstaaten bei Zahlungsbilanzkrisen zu helfen. Heute aber ist nicht einmal mehr klar, ob der Fonds überhaupt eine Zukunft hat. Erneut steht die Welt inmitten einer schweren Krise des internationalen Finanzsystems. Dringend würde eigentlich eine schlagkräftige globale Finanzinstitution gebraucht, die weltweit Autorität genießt. Nur mithilfe eines von allen großen Wirtschaftsblöcken getragenen Fonds könnte der Aufbau einer neuen stabilen Währungsordnung gelingen. (Siehe »Das globale Kartenhaus«, Seite 135) Aber ausgerechnet jetzt ist die einzige Organisation, die für einen solchen Zweck geeignet ist, in ihrer Legitimität schwer beschädigt und kaum noch handlungsfähig. In den Lenkungsgremien des IWF sind drei Viertel der Menschheit nicht angemessen vertreten, und die bisher angewandten politisch-ökonomischen Konzepte sind völlig diskreditiert. Weil ihm die Akzeptanz fehlt, wird auch der im Herbst 2007 zum Generaldirektor berufene frühere französische Finanzminister Dominique Strauss-Kahn eine Führungsrolle in der Krise kaum übernehmen können.

Der Widerspruch gilt nicht nur für den IWF. Ganz ähnlich steht es auch um fast alle anderen Institutionen der Weltgemeinschaft. Die Globalisierung hat die Staaten in eine tiefe gegenseitige Abhängigkeit verstrickt und zugleich globale Krisen und Gefahren hervorgebracht. Diese können nur mithilfe globaler Instanzen der Zusammenarbeit und Koordination bewältigt werden. Aber gerade jetzt, da sie am dringendsten gebraucht werden, erweisen sich die bestehenden Organisationen und Strukturen als hoffnungslos veraltet und ineffektiv. Vom Sicherheitsrat der Vereinten Nationen und ihren vielen Unterorganisationen über die Welthandelsorganisation, den IWF und die Weltbank bis zur vermeintlichen Weltkoordination der G8-Staaten gilt überall die gleiche Diagnose: Die Machtverteilung in den Leitungsgremien ist einseitig auf die Wohlstandsstaaten und die Großmächte von gestern zugeschnitten. Nicht nur, dass die Verlierer der Globalisierung aus den Armutsstaaten und -zonen nicht ausreichend Gehör finden. Auch die Gewinner, die neuen Wirtschaftsmächte von Brasilien über Indien und Südafrika bis China, können in den jeweiligen Gremien nicht den Einfluss auf die globalen Geschicke nehmen, der ihrem wirtschaftlichen und politischen Gewicht entspräche. Den Widerspruch brachte der britische Politiker und langjährige UN-Beamte Mark Malloch Brown im Januar 2008 auf den Punkt: »Nie in der Menschheitsgeschichte war die Welt so stark miteinander vernetzt – und nie wurde sie so wenig regiert.«[379]

Browns Feststellung war sein Resümee nach sechs Jahren als Kabinettschef von Kofi Annan, dem früheren Generalsekretär der Vereinten Nationen. Während dieser Zeit erfuhr die Weltorganisation eine paradoxe Entwicklung. Obwohl sie durch die Mitgliedsstaaten fortwährend geschwächt wurde, übertrugen dieselben Mitgliedsstaaten ihr immer mehr Aufgaben. Im Zentrum der Völkergemeinschaft, im UN-Hochhaus am Ufer des Hudson River in New York, organisieren die 9000 Mitarbeiter heute nicht mehr nur die Konferenzen des Sicherheitsrates, der Vollversammlung und ihrer vielen Ausschüsse. Das UN-Sekretariat treibt auch die Kooperation mit Weltunternehmen aller Branchen voran, um sie als Global Player bei sozialen Aufgaben in die Pflicht zu nehmen. Zugleich koordinieren UN-Beamte die wachsende Zahl von Hilfsprogrammen, mit denen Aids und Malaria, Hunger, Wassermangel und vieles mehr bekämpft werden. Und über alldem wächst die Last der wichtigsten und ureigenen Aufgabe fortwährend an: Immer häufiger und in immer größerer Zahl kommen Soldaten mit dem Blauhelm zum Einsatz, um den Frieden in Krisenregionen zu schützen.

Die Vernachlässigung der Vereinten Nationen

Doch schon der Zustand des UN-Hauptgebäudes an der First Avenue zeugt von der Überforderung eines völlig veralteten Apparates: Die mangelhafte Klima- und Heiztechnik erzeugt mal Überhitzung, mal Eiseskälte und mal Durchzug. Zugleich ist die Brandgefahr hoch, es gibt keine Sprinkleranlagen, und das Hochhaus gilt als »Asbesthöhle« von fragwürdigem Charme.[380] Als 2007 der frisch gewählte Präsident der UN-Generalversammlung, der Mazedonier Srgjan Kerim, die Glastür seines Büros zum Balkon mit Panoramablick über den East River öffnen wollte, ruckelte er vergeblich an der Klinke. Der Rahmen sei leider verrostet, tat ihm schulterzuckend der herbeigerufene Hausmeister kund. Darauf Kerim: »Verrostet ist nicht die Tür, verrostet sind die Köpfe der Leute hier.«[381] Der Balkonaustritt wurde repariert, und das gesamte Gebäude soll bis zum Jahr 2015 Schritt für Schritt renoviert werden. Noch viel dringender wäre eine solche Grundsanierung jedoch auch für die innere Struktur der Weltorganisation. Seit je stehen deren Missmanagement und ihre zähflüssige Bürokratie in der Kritik. Wichtige Posten werden noch immer nach nationalem Prestigedenken in »Hinterzimmer-Deals« vergeben, wie Mark Malloch Brown offen berichtet. Nur zu oft mangelt es dem UN-Führungspersonal darum an Professionalität.

Gleichzeitig verfügt das UN-Sekretariat über lächerlich wenig Geld. Das Budget für das Jahr 2008 beträgt gerade mal 2,1 Milliarden Dollar; weniger, als das US-Militär 2008 an zwei

Tagen kostet, und real nur ein halbes Prozent mehr als in den Vorjahren. »Das ist nicht viel«, kommentierte mit asiatischer Zurückhaltung der heutige Generalsekretär, der koreanische Karrierediplomat Ban Ki Moon.[382] Die mangelnde Ausstattung der Zentrale geht einher mit der Verschwendung in anderen Teilen des UN-Systems, dort, wo eine unklare Arbeitsteilung Überschneidungen gebiert – ein weiterer Punkt auf der Mängelliste. So gibt es mit der Welternährungsorganisation (FAO), dem Welternährungsprogramm (WFP) und dem Internationalen Fonds für landwirtschaftliche Entwicklung (IFAD) gleich drei Organisationen zur Nahrungssicherung in den armen Ländern. Gleichzeitig spiegelt die Organisationsstruktur der UN an vielen Stellen nicht mehr die politischen Prioritäten. Zum Beispiel fehlt noch immer eine starke Organisation für die Umwelt- und Klimapolitik. Das Umweltprogramm UNEP in Nairobi ist weitgehend von freiwilligen Beiträgen einzelner Regierungen abhängig und kann daher bei allem Reformeifer seines Leiters Achim Steiner kaum mehr leisten als Öffentlichkeits- und Forschungsarbeit. Auch der UN-Wirtschafts- und Sozialrat (Ecosoc), der eigentlich eine Wächterfunktion für die faire Ausgestaltung der globalen Wirtschaftsbeziehungen ausüben soll, führt mangels klarer Kompetenzen nur ein Schattendasein.

Und selbst die vornehmste Aufgabe der Vereinten Nationen, die Friedenssicherung, leidet an einem gravierenden Systemfehler. Für jeden Einsatz der Blauhelme muss stets aufs Neue, monate- und manchmal jahrelang, über Umfang und Ausstattung der Truppen verhandelt werden. Die UN seien »die einzige Feuerwehr, die erst ihre Leute zusammensuchen und Ausrüstung beschaffen muss, um ausrücken zu können«, beschrieb Kofi Annan diesen Zustand. Friedenseinsätze, die mögliche Brände gleich im Keim ersticken könnten, würden eigentlich eine eigene, stehende UN-Armee erfordern. Aber ein solches Unterfangen wollten die »Vereinten Regierungen«, wie Kritiker das System nennen, bisher niemals angehen. Es ist wie bei den knappen Etats der Welternährungsorganisation oder des UN-Umweltprogramms, dessen Budget gerade mal dem eines mittelständischen Unternehmens entspricht: Die UN können nur so stark sein, wie die Regierungen sie werden lassen.

Einen Teil der Misere verantwortet die Generalversammlung, wo die 192 gleichberechtigten Mitgliedsstaaten ihre Beschlüsse nach dem Konsensprinzip fällen. Dort scheiterten bisher alle Reformversuche von Kofi Annan und seinen Vorgängern am Block der Entwicklungsländer, die dem alten Nord-Süd-Denken fast rituell verhaftet sind. Die Diplomaten der Armutsstaaten, deren Treiben in den Heimatländern nur selten der demokratischen Kontrolle unterliegt, betrachten die UN häufig als Bastion für Eitelkeiten und Pfründe, die sie eisern verteidigen, auch wenn es ihren Ländern keinen Nutzen bringt und der UN-Arbeit schadet.

Die Kehrseite dieser Selbstblockade ist die Dominanz der alten Großmächte im Weltsicherheitsrat, dem mächtigsten Gremium der UN, das über Krieg und Frieden in allen Weltregionen wachen soll. Dort ist wie in einer historischen Momentaufnahme die politische Konstellation aus dem Gründungsjahr 1945 per Statut in der Verteilung von Sitzen und Macht festgeschrieben. Mit Russland, den USA, England, Frankreich und China verfügen nur die Sieger des Zweiten Weltkriegs als ständige Mitglieder über ein Vetorecht. Indien dagegen, das allein ein Sechstel der Weltbevölkerung und fünfmal mehr Friedenstruppen stellt als China, ist in diesem Fossil der Nachkriegszeit nur gelegentlich als Wahlmitglied vertreten. Auch Südamerika und der ganze afrikanische Kontinent haben keinen ständigen Sitz in dem Gremium, damit auch kein einziges arabisches oder muslimisches Land. Ihr längst überholtes Privileg ermöglicht es den Vetomächten immer wieder, mit engstirniger Interessenpolitik notwendige Aktionen der UN zu blockieren oder aufzuschieben. Mehr als einmal wurden existenzielle Entscheidungen verschleppt, mit denen Mandate erteilt oder notwendige Mittel mobilisiert werden sollten. Ruanda, Srebrenica, zuletzt Darfur: Die Schauplätze angekündigter Massaker und Völkermorde markieren die Tiefpunkte des Versagens der Vereinten Nationen. So wird das UN-System gleichzeitig machtpolitisch missbraucht und chronisch vernachlässigt – ein Verhängnis, das seine ganze Geschichte durchzieht.

Dabei hatte alles so hoffnungsvoll begonnen. Als im Jahr 1945 in San Francisco, unmittelbar nach den Gräueln des

Zweiten Weltkriegs, die erste Vollversammlung zusammentrat, waren die Diplomaten beseelt von dem Ziel, dass sich eine derartige Katastrophe niemals wiederholen sollte. Die neue UN sollte die Welt stärker einen als der gescheiterte Völkerbund von 1919, in dem sich allein die Sieger des Ersten Weltkriegs zusammengeschlossen hatten. Nun wurden alle Länder bei dem umfassenden Anspruch einbezogen, das Selbstbestimmungsrecht der Staaten, die allgemeinen Menschenrechte und das Völkerrecht zu gewährleisten. Konflikten vorbeugen sollten nicht mehr allein diplomatische Vermittlung und später gemeinsame Friedenstruppen, sondern auch die Zusammenarbeit der Nationen bei der wirtschaftlichen und sozialen Entwicklung. Daher entstand alsbald der Kranz von Organisationen, der um das UN-Sekretariat gewunden wurde, von der Weltgesundheitsorganisation (WHO) bis zum UN-Entwicklungsprogramm (UNDP). Der Ansatz atmete unverkennbar den Reformgeist des amerikanischen Präsidenten Franklin Delano Roosevelt, der seine innenpolitischen Reformprojekte im Rahmen des »New Deal« ebenfalls mit eigens geschaffenen Regierungsagenturen umsetzte. Im Neubau der UN in New York drückte sich damals der zukunftsorientierte »Spirit« aus: In das Architektenteam wurden mit Oscar Niemeyer und Le Corbusier Ikonen der Moderne berufen.

Doch die Aufbruchstimmung kippte sofort mit dem gleichzeitigen Ausbruch des Ost-West-Konfliktes. Die zuweilen dramatischen Auseinandersetzungen von der Berlinblockade bis zu den Stellvertreterkriegen in Afrika, Asien und Südamerika beschädigten schon früh die Integrität der Vereinten Nationen. Auch wenn sie in den 50er Jahren die ersten Friedensmissionen entsandten, in den 60ern die erste Entwicklungsdekade ausriefen, Anfang der 70er das erste Umweltprogramm gründeten: An ernsthafter Kooperation im UN-Rahmen waren die Kalten Krieger nicht interessiert. Ihre internationalen Aktivitäten konzentrierten sie im Wettkampf der Systeme außerhalb der Völkergemeinschaft auf ihre jeweiligen Verteidigungsallianzen Nato und Warschauer Pakt sowie auf die Wirtschaftsbündnisse der Blöcke: das multilaterale Handelsabkommen GATT und OECD im Westen und im Osten den Rat für gegenseitige Wirtschaftshilfe oder Comecon. Auch den »blockfreien« Staaten und der in ihrer Mitgliedschaft großenteils deckungsgleichen »Gruppe der 77« (G77) gelang es trotz ihrer Mehrheit nicht, die zunehmende Bedeutungslosigkeit des UN-Systems überwinden. Die Generalversammlung mit ihrem Prinzip »Ein Land, eine Stimme« bot diesen Ländern der »Dritten Welt« zwar die einzige internationale Bühne für Kritik; bis heute wachen sie auch deshalb misstrauisch über jede Veränderung. Doch dass die Entwicklungsländer kraft ihrer mit jeder neuen Exkolonie wachsenden Zahl die mächtigen Industrienationen des Westens immer öfter in eine Minderheitenposition drängten, manchmal auch instrumentalisiert durch die Sowjetunion, beförderte nur die weitere Abwendung der Mächtigen – allen voran der USA.

Das Prinzip Desinteresse regierte auch nach dem Fall des Eisernen Vorhangs. Daran änderte selbst die Euphorie nichts, mit der viele Regierungen in den 90er Jahren die politische Lähmung der UN zu beenden hofften: Endlich, so schien es zunächst nach dem Zusammenbruch der Sowjetunion, konnten die globalen Institutionen gestärkt und die großen Menschheitsprobleme gelöst werden. Diese Stimmung fand ihren Ausdruck in den zahlreichen Mammutkonferenzen der UN; es gab tatsächlich jedes Jahr eine. Der Weltgipfel für Umwelt und Entwicklung in Rio de Janeiro 1992 bildete den Auftakt. Dann folgten unter anderen die Weltkonferenzen für Menschenrechte, Weltbevölkerung und Soziales sowie die Habitat-Konferenz über die Zukunft der Städte. Zur Jahrtausendwende erlegten sich die UN-Mitglieder schließlich beim legendären Millenniumstreffen jene ehrgeizigen Ziele auf, die bis 2015 eine Wende bei den Armuts- und Umweltkrisen herbeiführen sollten.

Weltbank und Währungsfonds – mit Hybris in die Bedeutungslosigkeit

Alle diese Konferenzen setzten der Weltgesellschaft wichtige gemeinsame Normen, aber in der Praxis blieben sie weitgehend folgenlos. Harte Entscheidungen, mit denen Investitionen und Regeln für die globalisierte Ökonomie beschlossen wurden, fielen in jenen Institutionen, in denen die westlichen Industrienationen kraft ihres Geldes das Sagen haben; nun auch noch mit kapitalistischer Siegerhybris ohne Gegenpol. Das war, neben dem IWF, vor allem die Weltbank. Auch sie war einst in Bretton Woods als Instrument der Solidarität gegründet worden, um ärmere Staaten mit Beratung und günstigen Krediten zu unterstützen. Aber auch »The Bank«, wie ihre Mitarbeiter sagen, wurde von ihren Lenkern aus Amerika, Europa und Japan missbraucht, um in den Empfängerländern ein Wirtschafts- und Energiesystem zu etablieren, das vornehmlich den Konzernen des Nordens diente. Die per Kreditkonditionen erzwungene Handelsliberalisierung setzte Armutsstaaten der vollen Konkurrenz überlegener Volkswirtschaften aus, sie unterhöhlte die Existenzgrundlagen zahlloser Kleinbauern und der jeweiligen nationalen Industrien. Zugleich verloren die betroffenen Staaten die Macht, eigene Prioritäten für ihre Wirtschaftsentwicklung zu setzen.[383] Nicht zufällig sind darum fast ausschließlich jene Entwicklungsländer erfolgreich, die sich wie China und Indien oder Vietnam und Malaysia nicht den Forderungen der Weltbank und des IWF unterwarfen.

Genau wie der IWF hat daher auch die Weltbank heute dramatisch an Gewicht verloren. Auch ihr gehen jetzt die Kunden aus, weil sich immer mehr Länder ihren Kreditauflagen entziehen und lieber den freien Kapitalmarkt nutzen. Gerade noch sieben Prozent der gesamten staatlichen Entwicklungshilfe laufen über das Institut in Washington.[384] China zahlt nun selbst bereits 5,5 Milliarden Dollar Entwicklungshilfe im Jahr und vergibt mehr Kredite an afrikanische Länder als die Weltbank.[385] Dabei wäre eine Institution, die weltweit die Hilfe für die Armutsländer koordiniert, heute wichtiger denn je. Die Vergabe der Entwicklungsgelder läuft bisher über nicht weniger als 230 verschiedene nationale und internationale Hilfsagenturen, die hohe Verwaltungskosten verursachen und oft mehr schaden als nutzen. Aber auch die Machtverteilung im Exekutivdirektorium der Weltbank ist anachronistisch und verhindert, dass die Interessen ihrer eigentlichen Kundschaft, der Armutsbevölkerung des Südens, wirklich beachtet werden. Der Beitrag, den allein die vier »BRIC«-Staaten Brasilien, Russland, Indien und

China zum Wachstum der Weltwirtschaft leisten, wird voraussichtlich bereits im Jahr 2010 zusammengerechnet denjenigen der USA, Japans, Deutschlands, Großbritanniens und Italiens übersteigen.[386] Dennoch halten nur diese fünf alten Industrienationen gemeinsam in der Weltbank deutlich mehr als 40 Prozent der Anteile und damit der Stimmen. Allein die USA sind mit 17,1 Prozent beteiligt, und weil wichtige Entscheidungen mit 85 Prozent der Anteile gefällt werden müssen, verschafft das der US-Regierung de facto ein weiteres Vetorecht.

Auf der Suche nach einer neuen Rolle und auch Legitimität für die Weltbank hat der im Herbst 2007 neu berufene Präsident Robert Zoellick immerhin einen Chinesen als neuen Chefökonom auserkoren. Zudem will er die Weltbank zukünftig verstärkt als Förderin der vernachlässigten Landwirtschaft sowie als Weltagentur gegen den Klimawandel profilieren. Für einige Programme im Rahmen des Klimaschutzabkommens von Kyoto fungiert die Bank bereits als Treuhänderin. Aber auch diese inhaltliche Neubestimmung der Prioritäten droht zu scheitern – an mangelnder Glaubwürdigkeit. Der Bock werde zum Gärtner gemacht, kritisieren Organisationen wie Oxfam oder der WWF. Denn ungeachtet aller Bekenntnisse von Robert Zoellick treiben die Direktoren der Weltbank im Auftrag ihrer Anteilseigner noch immer mit Verve Investitionen in die Förderung von Kohle, Öl und Erdgas voran – gerade so, als ob es den Klimawandel gar nicht gäbe. Noch im Jahr 2004 verwarfen die Weltbankmanager die Empfehlung eines eigens eingesetzten Beratergremiums, sich nur noch auf die Förderung von Wasser- und Windkraft, Solar- und Bioenergie zu konzentrieren.[387] Zwar wurden die Ausgaben der Weltbank für erneuerbare Energien und Energieeffizienz auf 1,43 Milliarden Dollar im Jahr 2007 erhöht, größtenteils für neue Wasserkraftwerke.[388] Doch kräftig wird zugleich weiterhin die Erschließung neuer Öl- und Erdgasquellen finanziert. Allein die International Finance Corporation (IFC), die Weltbanktochter für den privaten Sektor, stellte 2007 Kredite in Höhe von 645 Millionen Dollar für den Ausbau der Förderung fossiler Energieressourcen zur Verfügung. Auch das Jahr 2008 begann mit einem 300-Millionen-Dollar-Kredit, den die IFC im Februar

2008 für ein Erdgasprojekt in Peru bewilligte – um den Preis, dass dort wertvoller Regenwald großflächig zerstört wird. So ist die Weltbank auch energiepolitisch selbst ein Fossil.

Im Einklang mit dem Liberalisierungskonzept der beiden Finanzinstitute formten die Industrienationen im Jahr 1994 schließlich auch die Welthandelsorganisation (WTO). Deren erklärter Zweck war von Beginn an, Zollschranken und andere Hindernisse für den Marktzugang weltweit abzubauen, völlig ungeachtet des Entwicklungsstandes einzelner Länder. Mit der ganzen Wucht ihrer juristischen Expertise und teils mit der Drohung, bei Widerstand Entwicklungshilfe und andere Vergünstigungen zu streichen, drückten die Industrienationen den übrigen Mitgliedsstaaten Willen und Vorstellung ihres Wirtschaftssystems auf. So wurde mit dem WTO-Projekt die historische Chance verpasst, nach dem Zusammenbruch der Sowjetmacht ein neues globales Handelssystem unter dem Dach der Vereinten Nationen und im Einklang mit deren übrigen Programmen und Konventionen zu schaffen. Die Normen des Internationalen Arbeitsrechts oder der Umweltabkommen fanden keinen Eingang in das neue globale Handelsrecht. Ein Bruch von Patentrechten verstößt gegen die Regeln der WTO. Aber der Verstoß gegen die Menschenwürde in Ausbeuterfabriken oder bei der Kinderarbeit ist mit keinerlei Sanktionen belegt.

Allerdings gilt in der WTO auch das Prinzip »ein Land, eine Stimme«. Darum konnte sich die neue Macht der Schwellenländer im WTO-Palast am Ufer des Genfer Sees erstmals formieren. Obwohl sie auf vielen Feldern zu den noch ärmeren Staaten in Verdrängungskonkurrenz treten, gelang es den Aufsteigern des Südens unter Führung von Brasilien, bei den WTO-Verhandlungen eine neue Koalition zu bilden. Sie hält den Forderungen der USA und Europas nach weiterer Marktöffnung eigene Forderungen entgegen, zum Beispiel nach Öffnung der streng abgeschotteten und subventionierten Agrarmärkte des Nordens. An diesem Konflikt sind bereits drei WTO-Regierungskonferenzen in Seattle, in Doha und zuletzt im mexikanischen Cancun im Jahr 2003 gescheitert. Gleichzeitig sind die Verhandlungen durch den Druck dieser Koalition aber transparenter geworden und beziehen immer mehr unterschiedliche Interessen und Gruppen mit ein. Jetzt muss auch über die Wünsche armer Länder diskutiert werden, die für sich die gleiche Freiheit beim Schutz vor der Weltmarktkonkurrenz wünschen, wie sie etwa die Bundesrepublik mit Schutzzöllen beim Wiederaufbau nach dem Krieg in Anspruch nahm oder die USA bei ihrer eigenen Aufholjagd gegenüber Europa im 19. Jahrhundert. Die neue Vielstimmigkeit beschrieb die französische Wirtschafts- und Finanzministerin Christine Lagarde mit einem treffenden Bild: »Handelsgespräche waren früher ein Tango, dann wurden sie zum Volkstanz und heute sind sie wie eine große Rock-'n'-Roll-Party, bei der jeder auf die Tanzfläche will.«[389]

Die Handelsstrategen der Industrieländer, die noch immer der alten Weltordnung anhängen, behandeln diese Entwicklung indes eher als Störfall, und so kommt erneut das Prinzip Desinteresse zum Tragen. Zunehmend versuchen die EU und die USA, aber auch Japan und einige Schwellenländer, ihre Handelsinteressen an der WTO vorbei bilateral durchzusetzen. Anfang 2008 waren bereits 44 verschiedene Handelsabkommen in Verhandlung oder schon geschlossen. Für die Konferenzen zur Fortentwicklung des global gültigen Handelsrechts bei der WTO hingegen verwenden Beobachter und Delegierte seit Jahren die gleichen Metaphern: »Die Uhr tickt«, ein neuer Vertrag stehe »auf der Kippe« oder liege »auf Eis«. Dabei sollte die jüngste sogenannte »Entwicklungsrunde« gerade den Handelsinteressen der ärmeren Länder dienen und damit jenem gerechten Ausgleich, der Voraussetzung ist für mehr Stabilität in der Welt.

G8 – die Ohnmacht der Mächtigen

Während sie die Weltinstitutionen fortwährend schwächen, haben die alten Industrienationen zugleich versucht, ihre eigene politische Koordination über ein informelles Gremium umso pompöser in Szene zu setzen: Die G8-Gruppe der ehedem stärksten Wirtschaftsnationen stieg zur meistbeachteten politischen Instanz der Welt auf. Einst war die G8 noch ohne Russland – und zunächst auch Kanada – als »Treffen unter Freunden« gestartet; der »Weltwirtschaftsgipfel« fand 1975 erstmals auf Initiative des französischen Präsidenten Valéry Giscard d'Estaing und des deutschen Bundeskanzlers Helmut Schmidt im Schloss Rambouillet bei Paris statt. Man traf sich aus Sorge über die Ölkrise und den Dollarkurs, und es ging eher um einen intellektuellen Austausch, den sich die Regierungsführer der sieben größten Westmächte in aller Abgeschiedenheit gönnten. Das offizielle Foto des ersten G6-Gipfels zeigt neben dem Gastgeber Giscard d'Estaing und Helmut Schmidt den US-Präsidenten Gerald Ford, Englands Premier Harold Wilson, Aldo Moro aus Italien und den Japaner Takeo Miki, die die Kamera gar nicht zu beachten scheinen. Heute ist aus dem informellen Kamingespräch ein gewaltiger Staatsakt mit 2500 Mitarbeitern, Übersetzerinnen und Beratern geworden, mit Zigtausenden von Journalisten, Polizisten und Demonstranten, auf den die Medien aller Kontinente blicken.

Die G8 verhandeln nicht mehr allein über Wirtschaftsfragen, sondern auch über Verteidigung und Sicherheit, Umwelt und Entwicklung. Sie formten ein »wichtiges Gravitationszentrum ... bei der Fortentwicklung des internationalen multilateralen Systems wirtschaftlicher und politischer Governance«, formulierte die Bundesregierung aus Anlass des Gipfeltreffens 2007 im Ostseebad Heiligendamm bedeutungsschwanger. Im Kern dienen die Treffen aber nur zu Absprachen eines Clubs der Reichen, der zwar fast zwei Drittel der globalen Wirtschaftsleistung auf sich vereint, aber immer weniger bewegen kann. Formal haben die G8 keinerlei rechtliche Kompetenz, und ihre Initiativen gegen Armut und Klimawandel kommen über Ankündigungen selten hinaus. Und je aufwendiger die Teilnehmer ihr Treffen als eine Art Weltregierung inszenieren, umso sichtbarer wird der reale Machtverlust, den der Aufstieg der Schwellenländer auch der G8-Gruppe längst beschert hat.

Dem versuchten die selbst ernannten Weltenlenker bei ihrem Treffen in Heiligendamm zwar erstmals Rechnung zu tragen, indem sie den »Outreach 5« einrichteten. Die Staatschefs von Indien, China, Brasilien, Südafrika und Mexiko waren eingeladen, um einen Vormittag lang an den Beratungen teilzunehmen. Aber der Versuch, die Führer von Milliardennationen mit einem Platz am Katzentisch zu beteiligen, erweckte eher den Eindruck von Herablassung. Indiens Premier Manmohan Singh ließ jedenfalls undementiert berichten, er habe seinen Ausflug nach Heiligendamm als Zeitverschwendung empfunden.[390] Und auch Frankreichs Präsident Nicolas Sarkozy räumte später ein, es sei »töricht« gewesen, die fünf Vertreter der Schwellenstaaten einzuladen, »nur um am dritten Tag an einem Frühstück teilzunehmen«. Die G8 hätten doch »jedes Interesse daran, sie wie Partner zu behandeln und mit ihren Verpflichtungen zu konfrontieren«.[391] Der »Elitezirkel« G8 werde in Zukunft immer unbedeutender, prophezeit denn auch der UN-Berater und Harvard-Ökonom Jeffrey Sachs. Seine Mitglieder sollten endlich erkennen, »dass er nicht länger ein weltpolitisches Monopol innehat«.[392]

Das wird im Grundsatz auch von keinem der G8-Regenten mehr bestritten. Allen ist längst klar, dass fast alle internationalen Organisationen und Gremien einer grundlegenden Reform bedürfen. »Archaisch, undemokratisch und umständlich« sei das ganze System der globalen Institutionen geworden, urteilte kategorisch der frühere russische Präsident Wladimir Putin.[393] Auch sein Finanzminister Alexej Kudrin bekräftigte: »Das Zeitalter der Imperien ist in der globalen Wirtschaft vorüber.«[394] Präsident Sarkozy kündigte gar eine »Renaissance« der globalen Kooperation an: Man könne »nicht länger die Hälfte der Menschheit ignorieren«, erklärte er anlässlich seiner Pressekonferenz zum neuen Jahr im Januar 2008.[395] Anzustreben sei unter anderem eine Erweiterung der G8 zu einer G13 unter echter Beteiligung der fünf Staaten des »Outreach« von Heiligendamm. Kurz darauf forderte auch Englands Premierminister Gordon Brown bei einem Staatsbesuch in Indien eine »radikale« Reform aller globalen Institutionen, damit sie einer »neuen Weltordnung und neuen Weltgesellschaft« endlich einen angemessenen Rahmen böten; zudem müssten sie größere Stabilität gewährleisten in einer Ära, in der »die einzige Gewissheit in Ungewissheit zu bestehen scheint, die einzige Garantie darin, dass es keine Garantien gibt, und in der das einzig beständige Thema der Wandel ist«.[396]

Aber bisher ist es bei der starken Rhetorik geblieben. Die alten Weltorganisationen der neuen multipolaren Welt anzupassen, ist eine komplexe und langfristige Mammutaufgabe und darum politisch undankbar. Zudem erfordert sie, dass alle Staaten bei ihren Interessen Abstriche machen und das nationale Prestige hintanstellen. Ein ums andere Mal ließen die G8-Staaten deshalb bisher alle Gelegenheiten für eine grundlegende Reform der von ihnen geprägten Weltorganisationen verstreichen. Und als größte Blockademacht neben den USA erweisen sich dabei ausgerechnet die EU-Staaten. Deren politische Führer preisen zwar gern die multilaterale Ausrichtung ihrer Außenpolitik. Doch zugleich halten sie eisern an der überholten Vormachtstellung Europas in allen Gremien fest.

Dies war auch einer der Gründe, warum im Jahr 2005 die Reform des Sicherheitsrates scheiterte. Damals machte sich die Bundesregierung dafür stark, dass Indien, Brasilien, Japan und zwei afrikanische Staaten als ständige Mitglieder in den Sicherheitsrat einrücken sollten. Einige Monate lang schien es für einen solchen Umbau auch ausreichend Unterstützung zu geben. Doch zugleich erhoben die Deutschen den Anspruch, auch selbst in diesen Status aufzurücken. Und das stieß bei vielen Regierungen auf Kritik: Sie meinen, Europa sei mit England und Frankreich ohnehin überrepräsentiert. Plausibel im Sinne der gerechten Repräsentanz wäre es gewesen, wenn Europa sich auf einen gemeinsamen Sitz verständigt hätte. Aber über diesen Ansatz waren die beiden EU-Atommächte nicht einmal bereit zu verhandeln. Angesichts dieser Verweigerung fehlte dem Reformvorschlag von Beginn an die nötige Überzeugungskraft. Warum sollten, wenn schon die Europäer ihr Privileg nicht aufgeben wollen, andere Staaten großzügiger sein? So wehrten sich die Mexikaner gegen die Aufwertung Brasiliens, die Chinesen wollten die Japaner nicht, und die Afrikaner konnten sich gleich gar nicht auf einen Repräsentanten einigen. Die überfällige Anstrengung, dem Sicherheitsrat mehr Legitimität zu verleihen, fiel wieder in sich zusammen. Seitdem gleichen alle Bemühungen um die Herstellung echter Repräsentanz aller Weltregionen im Sicherheitsrat nur noch dem »Zucken eines Leichnams«, diagnostizierte der pakistanische UN-Botschafter.[397]

Das gleiche Muster wiederholte sich im Herbst 2007, als sich die Gelegenheit bot, den IWF und die Weltbank neu aufzustellen. Kurz nacheinander waren zuvor die Chefs der beiden Bretton-Woods-Institute zurückgetreten. Weltbankpräsident Paul Wolfowitz, ein Abgesandter der Bush-Regierung, musste gehen, weil herausgekommen war, dass er seine Freundin mit einem überbezahlten Posten begünstigt hatte; der letzte Anlass, nachdem er intern auch seines Führungsstils wegen umstritten war. IWF-Generaldirektor Rodrigo de Rato, vormals Finanzminister in Spanien, nahm aus privaten Gründen seinen Hut. So hätte sich die Möglichkeit ergeben, endlich mit der überholten Tradition zu brechen, dass Europäer und Amerikaner die Vergabe der beiden Leitungsposten unter sich ausmachen. Seit der Gründung im Jahr 1944 stellen die Amerikaner den Bankpräsidenten, die Europäer den IWF-Chef. Nun hätten die Eigner von Bank und Fonds demonstrativ in offener Ausschreibung Führungspersönlichkeiten suchen und ernennen können, die nicht nur qualifiziert, sondern auch weltweit anerkannt sind. Aber die Idee hatte, obwohl seit Jahren diskutiert, keine Chance. Die Regierung Bush pochte auf die Ernennung von Robert Zoellick zum Weltbankchef, obwohl dieser als früherer Handelsbeauftragter und WTO-Unterhändler gerade bei Entwicklungsländern als bloßer Interessenwalter der US-Regierung gilt. Die Europäer spielten anstandslos mit und beharrten ihrerseits darauf, dem früheren französischen Finanzminister Dominique Strauss-Kahn die Leitung des Währungsfonds zu übertragen. Anschließend versicherte der luxemburgische Premier Jean-Claude Juncker als Sprecher der Eurogruppe zwar, Strauss-Kahn werde »der letzte Europäer« auf diesem Posten sein, künftig werde alles anders. Eine Erklärung, warum der Postenschacher dann nicht gleich aufgehört hatte, blieb er allerdings schuldig.

Erst recht kläglich verlief der Versuch, die Verteilung der Anteile und Stimmrechte im Fonds der modernen Welt anzupassen. Bisher halten die Eurostaaten volle 23 Prozent der Anteile und stellen sechs der 24 Direktoren, die USA 17 Prozent und einen Direktor. Demgegenüber ist China mit einem Direktor und nur 3,6 Prozent der Stimmrechte vertreten. In einer

Organisation, die der Stabilität des Währungssystems verpflichtet ist, wäre es nur logisch, wenn dort die Staaten der Eurozone gemeinsam das gleiche Gewicht hätten wie die USA und einen gemeinsamen Vertreter im Exekutivdirektorium stellen würden. Genau das hatte der frühere Generaldirektor Rato auch vorgeschlagen. Würden die Europäer und Amerikaner ihre jeweilige Quote sogar auf 13 Prozent senken, könnten die frei werdenden Anteile auf China und die Ölstaaten am Golf übertragen werden – und damit endlich auch jene Staaten mitentscheiden, von deren Verhalten die Stabilität des Finanzsystems maßgeblich mitbestimmt wird. Zudem gäbe es für keinen Währungsblock mehr ein Vetorecht, die Ausrichtung des Fonds würde endlich für eine gleichberechtigte Kooperation geöffnet. Das hatte zuvor auch die in der »G24« zusammengeschlossene Gruppe der IWF-Vertreter aus Schwellen- und Entwicklungsländern gefordert. Doch die Europäer verweigern sich bisher rundheraus und bestehen eifersüchtig auf ihren Posten. »Ich bin dagegen, dass die Eurozone auf eine einzelne Stimme reduziert wird«, erklärte Deutschlands Finanzminister Peer Steinbrück schlicht.

Der Wiederaufstieg der UN hat schon begonnen

So gibt es scheinbar keinen Grund zur Hoffnung, die globalen Institutionen könnten in absehbarer Zukunft tatsächlich die Aufgaben erfüllen, für die sie gegründet und heute mehr denn je benötigt werden. Doch bei allen inneren Reformblockaden: Im praktischen Handeln zwingt der Druck der äußeren Verhältnisse die Staaten in vielen Bereichen dennoch zur Kooperation. Die institutionelle Stagnation hat nicht verhindert, dass die weltweite Zusammenarbeit bei der Bekämpfung von Armut, Not und Krieg sich fortwährend intensiviert. Nichts dokumentiert das besser als die erstaunliche Erfolgsbilanz der Vereinten Nationen auf manchen Gebieten. Die Strukturen sind veraltet. Die Mehrzahl ihrer Mitarbeiter aber ist hoch motiviert, und ihre praktischen Leistungen gewinnen immer mehr an Bedeutung.

Eines von vielen Beispielen ist das Welternährungsprogramm (WFP). Zwischen 2005 und 2007 retteten die Nahrungsmittellieferungen der UN-Organisationen 80 bis 100 Millionen Menschen jährlich vor dem Tod durch Hunger und Mangelernährung. Zu Beginn der 90er Jahre erreichten die WFP-Helfer nicht einmal halb so viele Bedürftige. Schon über die Hälfte der Nahrungsspenden kaufen die Mitarbeiter des WFP mittlerweile auch in den jeweiligen Regionen selbst. Die einstige Praxis, mit den Überschüssen des Nordens den Hungernden zu helfen und so die Landwirtschaft der Empfängerstaaten zu untergraben, soll alsbald ganz beendet sein.[398] Nicht minder wichtig ist die Arbeit des UN-Flüchtlingshilfswerks (UNHCR). Auf knapp 20 Millionen Menschen stieg bis zum Jahr 2006 die Zahl der Flüchtlinge und Vertriebenen, denen die UN-Helfer in 50 verschiedenen Ländern beistehen. Das jährliche, aus freiwilligen Zahlungen einzelner Staaten gespeiste Budget stieg seit 2001 von rund 900 Millionen auf knapp 1,5 Milliarden Dollar im Jahr 2007.[399] Parallel zur Arbeit ihrer Hilfswerke sind die UN unbestritten die führende Instanz bei der weltweiten Koordination von Katastrophenhilfe aller Art. Trotz aller diplomatischen Zerwürfnisse speisen die reichen UN-Mitgliedsstaaten einen Nothilfefonds mit gut 400 Millionen Dollar im Jahr, auf den der zuständige UN-Koordinator, der stellvertretende Generalsekretär John Holmes, jederzeit rechnen kann. So sind die UN fast überall präsent, wo andere Hilfsorganisationen trotz großer Not nicht rechtzeitig zur Stelle sind.

Noch stärker wuchsen die Erfolge der UN als Instanz der Friedenssicherung. Im Jahr 1991 gab es gerade einmal 10 000 uniformierte UN-Helfer im Friedenseinsatz. Ende 2007 stellen 119 verschiedene Staaten schon mehr als 83 000 Soldaten, Polizisten und Militärbeobachter zum Einsatz unter der blauen Flagge bei insgesamt 20 Friedensmissionen in aller Welt. Außerdem sind an die 5000 zivile internationale Mitarbeiter, knapp 2000 Freiwillige und mehr als 11 000 zivile lokale Kräfte für die UN im Friedenseinsatz tätig.[400] Die Kosten dafür werden im Jahr 2008 mehr als sechs Milliarden Dollar betragen. Das entspricht nur einem halben Prozent aller weltweiten Militärausgaben, aber die erzielten Erfolge sind enorm.

Mithilfe der Blauhelmsoldaten und der hartnäckigen Vermittlungsarbeit der UN-Diplomaten kamen allein in den ersten sieben Jahren des 21. Jahrhunderts die Kriege in Aceh, Angola, Burundi, Kongo, Liberia, Nepal und Osttimor zum Stillstand. Auch Völkermord und Massengewalt gegen Zivilisten wurden eingedämmt. Dass erst mehr als 200 000 Menschen in Darfur umkommen mussten, ehe die UN Ende 2007 ihre mit 26 000 Soldaten größte Mission dorthin entsandten, ist bitter. Doch seit den 80er und 90er Jahren, in denen es einschließlich der Massaker in Ruanda, Burundi und Bosnien zu zehn Ausbrüchen von ethnisch begründetem Massenmord kam, ist die Zahl solcher Konflikte insgesamt zurückgegangen, und das führen viele Forscher auch auf eine »immense Zunahme« der vorbeugenden Diplomatie und der Friedensmissionen zurück.[401]

Ein wichtiger Durchbruch auf dem Weg zu einem globalen Friedenssystem war dabei die 2005 in der Generalversammlung beschlossene Resolution über die »Pflicht zum Schutz« vor Massenmord und Genozid. Seitdem sind alle UN-Staaten völkerrechtlich verpflichtet, ihre Bürger vor Massengewalt zu schützen. Das Prinzip der Unantastbarkeit von nationaler Souveränität und Territorium hob die Völkergemeinschaft für den Fall der Zuwiderhandlung erstmals auf. Die Intervention von außen wurde völkerrechtlich legalisiert.

Schon ein Jahr später zeigte der Fall Darfur, dass mit dem Beschluss allein noch nichts gewonnen war. China widersetzte sich als Schutzmacht des Regimes im Sudan mit seinem Veto im Sicherheitsrat einem frühen Eingreifen. Aber dieser Widerstand war auch für die Chinesen nicht durchzuhalten. Die einmal in UN-Sprache gefasste Weltmeinung entfaltete am Ende doch Wirkung, nachdem neben zahlreichen Regierungen auch prominente Künstler wie George Clooney, Steven Spielberg und viele Nichtregierungsgruppen öffentlich Druck machten. Im Februar 2008 setzte sich Chinas Regierung dann selbst an die Spitze derer, die das Regime in Khartum dazu zwangen, den Einsatz der UN-Truppen nicht länger zu behindern.[402]

Nicht minder wichtig für die Befriedung der Weltgesellschaft war die Einrichtung des Internationalen Strafgerichtshofs in Den Haag im Jahr 2002. Obwohl von der US-Regierung zunächst heftig bekämpft, kann das Gericht inzwischen Wirkung entfalten. Diktatoren und Unterdrücker können nicht mehr sicher sein, dass sie nicht früher oder später zur Rechenschaft gezogen werden. Bis Ende 2007 hatte das Gericht 105 Mitgliedsstaaten gewonnen. Seine Ermittler arbeiteten mittlerweile in fünf Ländern, und die Richter stellten bislang acht Haftbefehle aus. Mit dem früheren liberianischen Diktator Charles Taylor steht seit Januar 2008 erstmals ein Expräsident wegen Verbrechen gegen die Menschlichkeit vor den Schranken des Weltgerichts. Ange-Félix Patassé, Exdiktator der Zentralafrikanischen Republik, könnte schon bald der Nächste sein. So groß ist die Unterstützung für den Gerichtshof, dass auch die US-Regierung ihren Widerstand dagegen weitgehend aufgegeben hat. Zunächst hatte sie 21 Staaten in Lateinamerika, Europa und Afrika alle Zahlungen von Militär- und Entwicklungshilfe gesperrt, weil sie dem Abkommen zur Einrichtung des Weltstrafgerichts beitraten. Mitte Oktober 2006 wurden die Sanktionen in aller Stille wieder aufgehoben, und das US-Außenministerium signalisierte sogar, es werde die Arbeit des Gerichts gegen die Anführer des Mordens in Darfur unterstützen.

So spricht vieles dafür, dass die Bedeutung der UN und die Bereitschaft zur globalen Zusammenarbeit der Regierungen weiter ansteigen werden. Nach dem »Aufstieg und Fall« der Vereinten Nationen sei nun mit einem »Wiederaufstieg« zu rechnen, urteilte das britische Magazin *Economist.* Die Hoffnung auf multilaterale Kooperation wachse, weil »die heutige Unordnung nicht so sehr aus Konflikten zwischen den Großmächten resultiert, sondern aus Problemen, die zu lösen alle ein Interesse haben«.[403] Die Welt habe sich »zugunsten der UN verändert«, meint auch UN-Generalsekretär Ban Ki Moon. Es gebe eine »neue Wertschätzung für Multilateralismus und Diplomatie«, beobachtete der Koreaner an der Spitze der UN, weil die Eindämmung der globalen Krisen vom Klimawandel bis zur Armutsbekämpfung dies erfordere.[404]

Ein Symbol für diese Rückbesinnung auf die neutrale Weltinstanz setzte im Sommer 2007 schließlich sogar die Regierung des US-Präsidenten Bush. Als sie 2003 den Krieg im Irak begann, hatte die Bush-Administration sich noch rücksichtslos über das Völkerrecht hinweggesetzt und die UN als bedeutungslos abgetan. Umso verblüffender las sich daher die Schlagzeile auf Seite eins der *Washington Post* am 10. August 2007. Unter der Überschrift »Die Vereinigten Staaten bitten um Hilfe der UN bei Gesprächen über den Irak« berichtete das Blatt über die geplanten Verhandlungen mit den irakischen Nachbarstaaten zur Befriedung der verfeindeten Volksgruppen im Zweistromland. »Wir brauchen die Hilfe der ganzen Region, um die Iraker zusammenzubringen«, begründete der US-Botschafter in Bagdad den Vorstoß. »Für uns allein ist das schwer.« Auf Bitten der USA beschloss der Sicherheitsrat schließlich ein Verhandlungsmandat für UN-Diplomaten im Irak.[405]

Für den Wiederaufstieg der Vereinten Nationen spricht nicht zuletzt auch das Vertrauen, das die Bürger weltweit den UN-Organisationen entgegenbringen. Bei einer repräsentativen Umfrage in 17 Staaten, die mehr als die Hälfte der Weltbevölkerung stellen, sprachen sich 74 Prozent der Befragten dafür aus, dass die UN eine größere Rolle in der Weltpolitik spielen sollen. Selbst drei Viertel der befragten US-Bürger, deren Politiker die UN traditionell skeptisch beurteilen, schlossen sich dieser Meinung an.[406]

Global Governance im demokratiefreien Raum

Der Widerspruch ist eklatant. Unzweifelhaft gibt es weltweit den Wunsch nach einer neutralen Führungsinstanz, die jenseits nationaler Interessen den Kampf gegen die heraufziehenden globalen Krisen anleitet und koordiniert. Aber dieser Mehrheitswille hat keinen Einfluss auf die politische Praxis. Die meisten Regierungen verfolgen innerhalb des multilateralen Systems nur ihre nationalen Interessen, ohne dass dies auch nur Gegenstand der Debatte in den Landesparlamenten wäre. Diese Diskrepanz ist das zentrale Defizit der Politik im Zeitalter der Globalisierung. Immer mehr Entscheidungen fallen auf der supranationalen Ebene, aber die Bürger haben fast keine Möglichkeit, darauf Einfluss zu nehmen. Gleich ob im UN-Sekretariat oder in den Direktorien von IWF und Weltbank, ob bei den Verabredungen der G8-Konferenzen oder der Regulierung der globalen Kapitalmärkte: Eine demokratische Kontrolle der Akteure findet praktisch nicht statt. Nichtregierungsorganisationen haben zwar den Part teilweise übernommen, und die vormaligen Closed Shops von der WTO bis zum Klimaschutzabkommen haben die Türen für Kritik und Mitgestaltung einen Spalt weit geöffnet. Aber formal erfolgt die »Global Governance« im demokratiefreien Raum.

Könnte das überhaupt anders sein? Lassen sich Weltinstitutionen, die als Konzert von Regierungen arbeiten, demokratisieren? Viele Politiker und Aktivisten sind davon überzeugt. Als der deutsche Völkerrechtler und Unternehmensberater Andreas Bummel mit ein paar Mitstreitern im Jahr 2004 ein »Komitee für eine demokratische Uno« ins Leben rief, galt das vielen als ein reichlich utopisches Unternehmen ohne jede Aussicht auf Erfolg. Doch Bummel gelang es, nach und nach mehr als hundert Nichtregierungsorganisationen aus 20 Ländern in allen Kontinenten zu überzeugen. Seit 2007 betreiben die Aktivisten eine weltweite Kampagne zur »Errichtung eines Parlaments bei den Vereinten Nationen«. Bis Anfang 2008 haben sich 470 Parlamentarier und 1200 Einzelpersonen aus 113 Ländern dem Aufruf angeschlossen, darunter auch 48 deutsche Mandatsträger aus Bundestag und Europaparlament. Die Liste der prominenten Unterzeichner des Aufrufs reicht vom deutschen Nobelpreisträger Günter Grass über die Oscar-gekrönte britische Schauspielerin Emma Thompson bis zur Präsidentin des panafrikanischen Parlaments Gertrude Mongella.[407] Der qualifizierteste Mitstreiter ist der Ägypter Boutros Boutros-Ghali, ehedem selbst Generalsekretär der UN in New York. Ein UN-Parlament werde »die Transparenz der Vereinten Nationen erhöhen« und sie »effektiver und demokratischer« machen, begründete er seine Unterstützung.

Ein erster Schritt soll die Einberufung einer »parlamentarischen Versammlung« sein, zusammengesetzt aus Abgeordneten der Parlamente aller UN-Staaten. Ausgestattet mit dem Recht auf Anfragen und Zugang zu internen Dokumenten könnte eine solche Versammlung zunächst einmal die üblichen »Hinterzimmer-Deals« bei der Vergabe von Posten und Budgetmitteln eindämmen und vor allem größere Öffentlichkeit über die Vorgänge bei den Unterorganisationen schaffen, hoffen die UN-Aktivisten. Vorbild für das Projekt ist das EU-Parlament, das im ersten Jahrzehnt seiner Arbeit auch nur eine Versammlung nationaler Abgeordneter war.

Regierungen indes haben sich den Vorschlag nicht zu eigen gemacht. Selbst der frühere grüne Außenminister Joschka Fischer ließ eine entsprechende Initiative im Bundestag ausbremsen, obwohl seine Partei sich in ihrem Wahlprogramm für ein UN-Parlament ausgesprochen hatte. Kampagnen-Initiator Bummel interpretiert diese Weigerung als Ausdruck des Widerstands in den Ministerialbürokratien. Dort wolle man eben »keine neuen Akteure, die den Umgang mit der UN sowie IWF und Weltbank erst einmal komplizierter machen würden«. Fraglich ist allerdings auch, ob eine parlamentarische Versammlung bei der UN ausreichende Schlagkraft entwickeln könnte. Schließlich sind, von China über Russland bis zu vielen Staaten Afrikas, zahlreiche UN-Mitgliedsländer selbst höchst undemokratisch verfasst. Ihre Abgesandten wären doch nur Marionetten des heimischen Regimes und nicht besser legitimiert als die Diplomaten. Gleichwohl, so meint UN-Reformer Bummel, wären Demokraten in einer solchen Versammlung in der Mehrheit. Von ihnen könnten wichtige Impulse ausgehen, da müsse man »langfristig denken«. Eine »Revolution« werde nicht stattfinden. Vielmehr gehe es darum, »einen Anfang zu machen«.

Das wäre freilich zuallererst die Aufgabe der nationalen Volksvertreter. Doch in den meisten nationalen Parlamenten spielt das Geschehen in den Weltinstitutionen noch immer kaum eine Rolle. Nach wie vor herrsche dort »ein unglaublicher Provinzialismus«, kritisiert der Politikwissenschaftler Michael Zürn, Leiter der Hertie School of Governance in Berlin, in deren Seminaren junge Leute aus aller Welt für Aufgaben in den internationalen Organisationen ausgebildet werden. Auch der Deutsche Bundestag nehme da seine Aufgaben nicht wahr. Mit welcher Position geht der Finanzminister in die Debatte über die Neuverteilung der Stimmrechte beim IWF? Warum stimmt der deutsche Vertreter bei der Weltbank der Finanzierung von Erdölprojekten zu, die der Umwelt schaden? Mit welchem Auftrag verhandelt die EU-Kommission bei der WTO? All diese Fragen werden kaum debattiert, in den meisten Fällen haben die Ministerien völlig freie Hand. Wichtiger als die »Parlamentarisierung der internationalen Gremien« sei daher »die Internationalisierung der nationalen Parlamente«, meint Zürn. Das größte Hindernis dabei sei, dass die Beschäftigung mit solchen Fragen dem einzelnen Politiker »wenig Profil« einbringe und auch keine nachweisbaren Vorteile für die eigene Klientel, etwa bei der Zuweisung von Haushaltsmitteln.

Doch auch hier dreht sich der Wind. Das Ringen um die Strukturen und Institutionen zur globalen Regierungsführung wird schon bald zum politischen Topthema aufrücken. Denn auch wenn die Reform der traditionellen Organisationen kaum vorangeht, entwickelt sich die Internationalisierung der Politik rasend schnell. Da dürfe man sich vom Stillstand an der Oberfläche nicht blenden lassen, meint auch Markus Ederer, Leiter des Planungsstabes im Berliner Auswärtigen Amt. Längst haben das Außenministerium und das Ministerium für wirtschaftliche Zusammenarbeit ihr Monopol auf Außenpolitik verloren, vom Umwelt- bis zum Justizminister sind heute beinahe alle Ministerien auf internationaler Bühne aktiv. Umgekehrt hat Außenminister Frank-Walter Steinmeier eigens einen Beauftragten zur Koordination der Klimaschutzpolitik einsetzen müssen. Beide, Zürn als Wissenschaftler und Ederer als Praktiker, erwarten daher, dass die »Global Governance« sich in Zukunft noch stärker in Form eines »Flickenteppichs« entwickeln werde. Und das müsse sie auch, meint Ederer: »Die Probleme drängen. Besonders bei der Umweltfrage haben wir nicht die Zeit dafür, erst auf die perfekte Reform der Institutionen zu warten.«

So versuche eine Reihe »gleich gesinnter Staaten« auf Initiative der Bundesregierung, voranzugehen und eine Internationale Agentur für Erneuerbare Energien (IRENA) zu gründen. Sie soll helfen, die Ökotechnologien vor allem in den ärmeren Ländern voranzutreiben; laufend wächst die Zahl der Staaten, die sich beteiligen wollen. An anderer Stelle des Flickenteppichs planen der kalifornische Gouverneur Arnold Schwarzenegger und Minister Steinmeier, die Emissionshandelssysteme einiger US-Westküstenstaaten und der Europäischen Union miteinander zu verknüpfen; eine ungewöhnliche Kooperation auf ganz verschiedenen föderalen Ebenen. Auch die G8 könnten in der Frage der Repräsentanz Pionierarbeit leisten, meint Ederer, indem sie sich auf die großen Schwellenstaaten ausweiten und eine Reform der Institutionen zunächst im Kreis der Führungsnationen vorwegnehmen. Zunehmend einflussreich, unterstützen nicht zuletzt die großen Städte einander immer häufiger, besonders beim Klimaschutz; immerhin entstehen dort die meisten Emissionen. Weltweit befinde sich mithin das globale Regieren »in einer experimentellen Phase«, resümiert Planungschef Ederer. Überall werde auch daran gearbeitet, die Regierungsapparate besser auf die globale Kooperation auszurichten. In Gesprächen mit den Kollegen aus den anderen Außenministerien treffe man »auf erstaunliche Parallelen« von Washington bis Peking. Schon die Verständigung darüber habe »einen Wert an sich«.

Zu den Versatzstücken des Flickenteppichs gehört aber auch, dass Regierungen bei sich zu Hause ihre globale Verantwortung wahrnehmen und von ihren Bürgern und Unternehmen die Einhaltung jener völkerrechtlichen Verträge einfordern, denen ihr Staat beigetreten ist. Das reicht von den Konventionen zur Einhaltung sozialer Mindestnormen bis zum Artenschutz-Übereinkommen. Bei der Bekämpfung der Korruption kommt dieses Prinzip schon länger zur Anwendung. Manager internationaler Unternehmen werden immer häufiger vor den Gerichten ihrer Heimatländer angeklagt, weil sie in einem anderen Land in Korruptionsfälle verwickelt waren; damit wird eine internationale Konvention der OECD umgesetzt. In ähnlicher Weise müssten Staaten ihren »extraterritorialen Pflichten« auch bei den Menschenrechten entschlossener folgen, fordert der Sonderbeauftragte der Vereinten Nationen für Wirtschaft und Menschenrechte, John Ruggie. Wenn etwa ein Unternehmen anderswo Kinder beschäftigt oder mit Abfällen aus seiner Produktion das Wasser vergiftet, dann muss es – was bisher nicht geschieht – von der Regierung seines Stammlandes dafür haftbar gemacht werden.[408] Das erfordere keine eigene Weltpolizei, sondern nur ein geschärftes Bewusstsein für das globale Recht.

Mit aufstrebenden Nachwuchskräften der internationalen Politik wie der Inderin Archna Negi könnte die Politik nach einem solchen Muster schon bald selbstverständlich werden. Im Herbst 2007 besucht die junge indische Politikwissenschaftlerin zusammen mit 17 Teilnehmern aus anderen Schwellenländern die »Global Governance School« in Bonn. Gemeinsam lernen die Teilnehmer dort, wie das Regieren im globalen Kontext funktioniert. An einem der Seminartage steht der G8-Gipfel von Heiligendamm auf dem Stundenplan. Und ein Rollenspiel: Negi im dunklen Sari ist die indische Sherpa, Beauftragte ihres Regierungschefs für die G8-Koordination, und soll mit ihren Amtskollegen aus China, Mexiko, Brasilien und Südafrika für den Outreach-Prozess eine Strategie gegenüber den G8-Staaten entwickeln. Erfahrene Regierungsberater aus Schanghai und Genf stellen dabei ihre Sparringspartner. In einem glänzend vorbereiteten Vortrag entwickelt die Inderin eine Prioritätenliste für die Zusammenarbeit, auf der unter anderem die Themen Technologietransfer und Klimawandel stehen. Und sagt am Schluss: »Wir fünf Schwellenländer, die großen, dürfen aber nicht nur unsere eigenen Interessen verfolgen. Wir müssen im Gespräch mit den G8-Staaten auch die Interessen der kleineren Länder in unseren Regionen miteinbeziehen.«

Diese Denkweise sei es, auf die es künftig ankomme, sagt später Dirk Messner, der Leiter des Deutschen Instituts für Entwicklungspolitik, das die Regierungsschule gemeinsam mit der Agentur InWEnt im Namen des Bundesministeriums für wirtschaftliche Zusammenarbeit organisiert. Denn dies, so meint Messner, sei die entscheidende Zukunftsfrage: »Kann es uns gelingen, eine globale Wir-Identität zu entwickeln?«

9. Weltkrieg oder Weltgesellschaft?

Die Verwundbarkeit der globalisierten Ökonomie und die Verantwortung der Europäer

Als das Krisenkabinett im Lagezentrum des Weißen Hauses zusammentritt, herrscht an den Börsen schon Panik. Nach neuen Hinweisen auf eine geheime Atomanlage im Iran drohen die Regierungen der Vereinigten Staaten und der Europäischen Union dem Regime in Teheran mit radikalen Sanktionen wie der Sperrung aller iranischen Bankkonten im westlichen Ausland. Irans Präsident Mahmud Ahmadinedschad antwortet mit gleicher Münze. Er verabredet mit seinem Alliierten, dem venezolanischen Staatschef Hugo Chávez, »Sanktionen gegen den Westen« zu verhängen. Gemeinsam kürzen die Ölproduzenten den Export von Rohöl um 700 000 Fass pro Tag und kündigen weitere Kürzungen an, wenn der Westen seine Sanktionsdrohung nicht zurücknimmt. Die Nachricht treibt den Ölpreis binnen Stunden um mehr als 50 Prozent auf 145 Dollar pro Fass, die Welt steht vor einer wirtschaftlichen Katastrophe. Im Auftrag des US-Präsidenten hat der Vorsitzende des nationalen Sicherheitsrats daher die Minister für Energie, Wirtschaft, Finanzen und Verteidigung sowie die Chefs der Geheimdienste und des Generalstabes zur Krisensitzung einberufen. Nur eine Stunde bleibt, bis der Präsident vor die Weltpresse treten soll, um Amerikas Antwort zu präsentieren. Diese Runde soll die Strategie erarbeiten: Wie jetzt reagieren?

Während auf den Bildschirmen an der Wand immer neue schlechte Nachrichten von der Wirtschaftsfront durchlaufen, wird die Debatte hektisch. Der Finanzminister fordert ein schnelles und teures Konjunkturprogramm sowie die Freigabe der »strategischen Ölreserve« gegen den Preisauftrieb. Das provoziert den Widerspruch seines Kollegen aus dem Pentagon. Im Kriegsfall sei die Reserve für das Militär unverzichtbar. »Wir brauchen drei Tonnen Öl, um eine Tonne Material in den

Nahen Osten zu schaffen, die Zivilisten müssen ihre Finger von unserem Öl lassen«, stellt er klar. Die Energieministerin schlägt eine landesweite Absenkung des Tempolimits und andere Sparmaßnahmen vor, um die Nachfrage nach Ölprodukten zu senken und so das verminderte Angebot auszugleichen. Dagegen warnt der PR-Berater des Präsidenten vor Protesten der Bürger. So etwas gehe nur, »wenn wir Iran und Venezuela dämonisieren, damit klar wird, wer der Feind ist und die Schuld trägt«. Der CIA-Chef wendet ein, der Iran könne auch noch eine weitere Million Fass pro Tag aus der Produktion nehmen, um alle Sparmaßnahmen zu konterkarieren. Zudem drohe eine »massive Flucht aus dem Dollar«, der Ölpreis werde weiter steigen. Da meldet sich der Verteidigungsminister zu Wort. Man solle »der Krise mit diplomatischen Mitteln begegnen«, sagt er, aber zur Diplomatie gehöre militärisches Drohpotenzial. »Wir müssen die gesamte pazifische Flotte in den Mittleren Osten verlegen, und zwar sofort«, fordert er, darüber hinaus seien alle Reservisten zu mobilisieren. Zudem solle der Präsident die Wiedereinführung der Wehrpflicht ankündigen.

Für einen Moment tritt Stille ein, da fasst der Generalstabschef schon die nächste Stufe der Eskalation ins Auge. »Die Iraner werden dann sicher beginnen, unsere Truppen in Afghanistan und Irak unter Druck zu setzen«, sagt er. Sein Minister setzt noch eins drauf: »Der Präsident muss jetzt den internationalen Notstand erklären und globale Führung übernehmen. Wir erleben eine tödliche Bedrohung unseres Way of Life, und er muss jetzt alle Kräfte mobilisieren; während des Zweiten Weltkriegs haben die Leute auch nicht über die wirtschaftlichen Folgen lamentiert.« Der Außenminister will noch wissen, was denn genau »die Mission« sei und wie man mit den Chinesen und Russen zu verfahren gedenke, aber der Vorsitzende vertagt diese Fragen. Der Präsident müsse nun entscheiden, sagt er, »wir präsentieren ihm die Optionen«.

So endete am Nachmittag des 1. November 2007 die Krisensitzung eines US-Kabinetts, das es in dieser Form niemals geben wird. Die Ministerrunde tagte nicht im Weißen Haus, sondern in einem nachgebauten Lagezentrum im Festsaal des Ritz-

Carlton-Hotels in Washington. Die von Industriellen und Exmilitärs gegründete Aktionsgruppe »Securing Americas Future Energy« hatte das Schauspiel organisiert, aber nicht etwa um für den neuesten Politthriller aus Hollywood zu werben, sondern um öffentlichen Druck für eine Wende in der Energiepolitik zu machen.[409] Dementsprechend folgte die dramatische Debatte über Ölschock und Krieg am Persischen Golf nur einem fiktiven Szenario. Aber dies war »absolut plausibel«, versichert der britische Militärberater und Ölexperte Paul Domjan, der für die Ölindustrie und die US-Armee Sicherheitsanalysen erstellt. Allzu plausibel war auch das Verhalten der Akteure, denn alle Teilnehmer waren ehedem selbst hochrangige Regierungsmitglieder und kennen die Krisendynamik einer US-Regierung unter Druck. Den Vorsitz als Stellvertreter des Präsidenten führte Robert Rubin, vormals Finanzminister des US-Präsidenten Bill Clinton. Den Leiter des Generalstabes spielte John Abizaid, der bis März 2007 das Central Command der US-Armee für alle Einsätze in Nahost und Asien führte. Als Chef des Pentagon fungierte John Lehman, der frühere Marineminister von Ronald Reagan, und Richard Armitage mimte den Chef des State Department, wo er selbst als stellvertretender Außenminister im ersten Kabinett von George Bush tätig war. Ähnlich hochrangig besetzt waren auch alle anderen Rollen. Regierungsveteran Rubin klagte nach dem Ende des Rollenspiels denn auch, wie »furchtbar realistisch die Show« abgelaufen sei.

(K)ein Krieg ums Öl

Eindrücklich demonstrierte das fiktive Krisenkabinett so, wie hochgradig instabil das neue Weltsystem im Zeitalter der globalen Interdependenz ist. Und es illustrierte zugleich den Punkt der höchsten Verwundbarkeit: Die Versorgung mit dem zunehmend knapper werdenden Rohstoff Erdöl ist die Achillesferse der Weltwirtschaft. Noch immer erfolgen mehr als 90 Prozent der weltweiten Transportleistung mit Fahrzeugen, die mit Treibstoffen aus Öl angetrieben werden. Der globale Ölverbrauch werde daher von 85 Millionen Fass pro Tag im Jahr

2006 schon bis 2015 auf knapp 100 Millionen Fass pro Tag ansteigen, prognostiziert die Internationale Energieagentur (IEA) in Paris, die im Auftrag der reichen OECD-Staaten die Entwicklung der globalen Energiemärkte verfolgt. Bis 2030 werde der Verbrauch sogar auf täglich 116 Millionen Fass anwachsen, eine Steigerung um 36 Prozent.[410] Das klingt, als ließe sich die Entwicklung der vergangenen 50 Jahre beliebig verlängern. Doch das ist völlig unmöglich.

Zwar gibt es theoretisch noch genügend Erdöl in den ausgewiesenen Fördergebieten, um weitere 40 Jahre den derzeitigen Bedarf zu decken. Aber lange bevor der letzte Tropfen verbraucht ist, wird sich die Förderung insgesamt nicht mehr steigern lassen und sogar sinken. Ursache dafür ist die geologische Struktur der ölführenden Gesteinsschichten. Dort ist das Öl, das einst aus den Planktonsedimenten urzeitlicher Flachmeere entstand, in den Poren des Gesteins gebunden. Mit der Förderung fällt der Druck stetig ab und lässt sich auch nur begrenzt künstlich erhöhen. In allen bisher bekannten Ölfeldern sinkt die Produktion deshalb schon dann, wenn rund die Hälfte der vorhandenen Reserven abgepumpt ist. Darum hat etwa die Förderung in den USA bereits 1971 ihren Höhepunkt überschritten, in der Nordsee sinkt sie seit dem Jahr 2000, und die Produktion auf drei der vier größten Ölfelder der Welt in Kuwait, Mexiko und China hat ebenfalls schon begonnen zu fallen. Weil gleichzeitig die Förderung schon seit 1980 jedes Jahr das Volumen der neuen Funde übersteigt, erwartet eine wachsende Zahl von Ölgeologen, dass auch im Weltmaßstab das Fördermaximum alsbald erreicht ist.[411] Diese sogenannte Peak-Oil-Theorie wurde vonseiten der Ölkonzerne und der großen Förderländer lange bestritten, nicht zuletzt weil sie um ihr Geschäftsmodell und ihre Aktienkurse fürchteten. Darum versprachen sie, durch neue Technologien und die Ausbeutung von schwer förderbaren Ressourcen wie den kanadischen Ölsanden werde sich der steigende Bedarf noch lange decken lassen. So behauptete etwa der langjährige Chef des BP-Konzerns Lord John Browne noch im Jahr 2004, es gebe »keinen physikalischen Grund«, der einer Steigerung der Ölproduktion entgegenstehe.

Diese Einschätzung hat sich inzwischen aber weitgehend erledigt. Die Verdreifachung des Ölpreises seit 2003 hätte den Produzenten allen Grund gegeben, die Produktion drastisch auszuweiten, um ihre Kassen zu füllen. Tatsächlich stieg die Förderung weltweit lediglich um gut sieben Prozent, und viel mehr steht auch nicht zu erwarten. Das bestätigte im Oktober 2007 auch Sadad al-Husseini, der langjährige Chefingenieur der staatlichen saudischen Ölfirma Aramco. Seine Meinung hat Gewicht, soll doch gerade Saudi-Arabien nach Erwartung der Öloptimisten bei der IEA die Hauptlast der benötigten Produktionssteigerung tragen. Das hält der Topexperte für Arabiens Ölfelder für »unrealistisch«.[412] Das »Plateau« der weltweiten Produktion sei vermutlich schon erreicht, sagte Husseini, es zu halten werde »schwer genug« – eine Prognose, der sich auch die Bosse der westlichen Ölkonzerne kaum noch entziehen können. Spätestens ab 2015 werde die Produktion von Öl und Gas die Nachfrage nicht mehr decken können, räumte im Januar 2008 sogar Jeroen van der Veer ein, der Chef des Ölriesen Shell.[413]

Die Konsequenzen sind brutal. Schon die Preissteigerung auf über 100 Dollar pro Fass bis Anfang 2008 hatte dramatische Folgen für viele Millionen Menschen in aller Welt, gerade in den armen Ländern. Mangels nationaler Versorgungssysteme bricht vielerorts die Stromversorgung zusammen, weil der Treibstoff für die dezentralen Generatoren unbezahlbar wird. Nach Berechnung des IEA-Ökonomen Fatih Birol kostet die Preisexplosion die zwölf größten afrikanischen Staaten, die nicht über eigene Ölquellen verfügen, mehr Geld, als ihnen durch die Entschuldung und Entwicklungshilfe zufließt.[414] Und das ist erst der Anfang. Unvermeidlich werden die Preise für Gas und Öl weiter steigen; ein Trend, der allenfalls infolge einer schweren globalen Wirtschaftskrise unterbrochen werden könnte. Nicht nur fließt den Exportstaaten im Nahen Osten und Afrika sowie Russland, Mexiko und Venezuela damit ein stetig wachsender Anteil am Ertrag der Weltwirtschaft zu. Unvermeidlich wächst bei den bisherigen Hauptnutzern des fossilen Ölerbes in Amerika und Europa damit auch die Furcht, dass sie im Zuge des Aufstiegs der neuen Großverbraucher China und Indien und möglicher Bürgerkriege oder Machtwechsel in den Ölstaaten vom Zugang zu den Öl- und Gasquellen verdrängt werden könnten. In gespenstischer Gleichförmigkeit haben daher alle Groß- und Mittelmächte ein politisches Konzept wiederbelebt, das lange Zeit als ein Relikt früherer Zeiten galt: die Geostrategie. Gleich ob in Peking oder Brüssel, Washington, Tokio oder Delhi: Eine Regierung nach der anderen versucht, mit wirtschaftlichen und militärischen Mitteln Einfluss auf die Ölexporteure zu gewinnen oder zu verteidigen, um »Energiesicherheit« herzustellen.

Spektakulär erscheint da etwa die Offensive der chinesischen Staatskonzerne in Afrika, die schon mehr als zehn Milliarden Dollar in Ölprojekte im Sudan, in Nigeria und in Angola investiert haben. Gleichzeitig liefern sich die europäisch-amerikanischen Ölkonzerne im Auftrag und mit Stützung durch ihre Regierungen einen Wettlauf mit Russland und China um die Verwertung der Öl- und Gasfelder am Kaspischen Meer und in Zentralasien. Die mit milliardenschweren Subventionen unter Führung des Ölkonzerns BP errichtete Pipeline von Aserbaidschan bis zum türkischen Mittelmeerhafen Ceyhan, die seit 2006 rund eine Million Fass pro Tag transportiert, war da nur der erste Schritt. Eine Erdgasröhre gleicher Größenordnung, die Europa auch die kaspischen Erdgasquellen erschließen soll, ist bereits in Planung. Derweil wetteifern auch China und Japan um den Zugang und den Pipelinebau zu den kasachischen Gasfeldern, wo gleichzeitig der russische Staatskonzern Gazprom versucht, ein Monopol zu errichten. Ähnliche Konkurrenzverhältnisse entstehen in beinahe jedem Ölförderland und schaffen dort Konflikte zwischen rivalisierenden Gruppen und Parteien.

Parallel zum diplomatisch-wirtschaftlichen Poker um Förderlizenzen und Pipelines rückt die Sicherung des Ressourcenzugangs auch immer weiter ins Zentrum der militärischen Planungen. Die Regierungen der Vereinigten Staaten halten die militärische Kontrolle über die rohstoffreichen Regionen und da insbesondere den Nahen Osten seit je für unverzichtbar, um ihre globale Vormachtstellung zu erhalten. Nach dem Amtsantritt der Regierung von George W. Bush wurde der »Zugang zu Schlüsselmärkten und strategischen Ressourcen« ab 2003 sogar zum offiziellen Ziel der nationalen Sicherheitsstrategie. Im Zuge der absehbaren globalen Ölverknappung haben aber auch Europas Regierungen begonnen, ihre »Energiesicherheit« militärisch zu definieren. So erklärten alle Nato-Staaten gemeinsam zum Abschluss ihres Gipfeltreffens in Riga im November 2006, dass »die Sicherheitsinteressen der Allianz durch die Unterbrechung des Zuflusses vitaler Ressourcen betroffen sein könnten«. Parallel dazu stellte die Nato eine schnelle Eingreiftruppe auf, bei deren erstem Manöver gleich deutlich wurde, dass Ölstaaten zu ihrem Einsatzgebiet zählen. Geübt wurde auf den Kapverden die »Rückeroberung« einer Insel. Das Szenario war unübersehbar an der Besetzung des Inselstaats São Tomé und Principe im Golf von Guinea orientiert, in dessen Gewässern große Ölfelder liegen.

Noch weiter gingen die Militärexperten des von den EU-Staaten gemeinsam betriebenen Instituts für Sicherheitsstudien in Paris. Diese legten 2004 ein »European Defence Paper« vor, das als Vorlage für eine gemeinsame EU-Militärstrategie dienen soll. Da werden nicht nur der »Schutz von Handelsrouten und der Fluss von Rohstoffen« zum »vitalen Interesse« der Europäischen Union erklärt, sondern gleich auch noch Szenarien für kommende Energiekriege entwickelt: »In einem Land X, das an den Indischen Ozean grenzt, haben antiwestliche Kräfte die Macht erlangt und benutzen Öl als Waffe, vertreiben Westler und greifen westliche Interessen an. Außerdem haben sie eine Invasion des Nachbarstaates Y eingeleitet, dessen Regime prowestlich ist und eine zentrale Rolle für den freien Fluss von Öl in den Westen spielt. Land Y bittet die EU und die Vereinigten Staaten um Beistand.«[415] So beschreiben die Energiestrategen im EU-Auftrag eine mögliche Krise, die sodann militärisch bewältigt werden soll. Das Ziel sei, »das *besetzte* Gebiet zu *befreien* und die Kontrolle über Ölinstallationen, Pipelines und Häfen des Landes X zu erhalten«. Dazu müsse Europa 60000 Soldaten für eine von den USA geführte Truppe mit 250000 Kämpfern stellen. Kein Wort verloren die Pariser Schreibtischstrategen dagegen über die Frage, wie eine solche Intervention womöglich in China oder Indien ankäme, die genauso auf die Öllieferungen aus Nahost angewiesen sind. Und sogar die deutsche Bundeswehr bekam von der Regierung Merkel mit der Verabschiedung eines »Weißbuches« im Oktober 2006 den Auftrag, für »gesicherte Rohstoffzufuhr« und die »Sicherheit der Energieinfrastruktur« zu sorgen.[416] Ob die Regierungen in Peking oder Delhi ähnliche Pläne zur Sicherung ihrer Ölversorgung haben, ist bisher nicht bekannt. Aber die Wahrscheinlichkeit ist hoch, dass die asiatischen Großmächte ebenfalls derartige Überlegungen anstellen.

All das erinnert beängstigend an den Wettlauf um Ressourcen und Einflusssphären zu Zeiten des Globalisierungsbooms am Beginn des 20. Jahrhunderts. Und würde die künftige Entwicklung historischen Mustern folgen, wäre früher oder später ein großer Krieg ums Öl oder andere Rohstoffe wohl unvermeidlich. Oder, wie es der britische Historiker Timothy Garton Ash formulierte: »Wesentliche Machtverwerfungen zwischen werdenden und vergehenden Großmächten waren bisher zumeist von großen Kriegen begleitet.«[417] Auch Harald Müller, Leiter der Hessischen Stiftung Friedens- und Konfliktforschung mit jahrzehntelanger Erfahrung, beurteilt »den schnell wachsenden Energiebedarf« als »die größte Gefahr« für den Weltfrieden, zumal sich die Ölreserven überwiegend im politisch instabilen Nahen Osten konzentrieren, »eine der gefährlichsten Regionen der Welt«. Wenn dieses Problem von den ölabhängigen Großmächten »als Wettbewerb nationaler Politiken betrieben« werde, warnt Müller, dann könne es bei einer größeren Krise, etwa infolge eines Zusammenbruchs des Regimes in Saudi-Arabien, »zu dem Versuch kommen, sich dort militärische Vorteile zu verschaffen, also mit Gewalt eine neue Regierung einzusetzen«. Käme es dazu, »dann könnten in 10 oder 20 Jahren chinesische, indische und amerikanische Streitkräfte aufeinanderstoßen«.

Aber alle derartigen Schreckensszenarien enthalten einen grundlegenden Widerspruch: Würde es je zur militärischen Konfrontation der großen Mächte im Kampf ums Öl kommen, wäre das Hauptziel schon nicht mehr erreichbar, bevor der erste Schuss gefallen ist. Der globale Ölmarkt und mit ihm das System der weltweiten Arbeitsteilung würden zusammenbrechen. Die ganze gigantische Transportmaschine der Weltwirtschaft wäre nicht mehr sicher, Investitionen im Wert von Zigtausend Milliarden Dollar würden wertlos. Der Wohlstand wäre schon verloren, bevor er »verteidigt« werden kann, und die Nachfrage für die umkämpfte Ressource Erdöl fiele ins Bodenlose. Insofern haftet allen geostrategischen Konzepten der alten und neuen Groß- und Supermächte etwas merkwürdig Anachronistisches an. Würde der Tag X, auf den sie sich vorbereiten, jemals eintreten, wäre das wirtschaftliche Chaos so groß, dass niemand die politischen und sozialen Konsequenzen kontrollieren könnte.

Schon die Vorstufe zum großen Konflikt, der Überfall auf einen der großen Ölproduzenten in Nahost wie etwa den Iran, wäre mit hoher Wahrscheinlichkeit der Anfang vom Ende der Globalisierung und allen Reichtums, der damit verbunden ist. Würden die USA, wie es auch das Szenario des fiktiven Krisenkabinetts im Ritz-Carlton-Hotel vorsah, die Atomanlagen im Iran mit Luftangriffen zerstören, würde dies nach Einschätzung des britischen Militärexperten Paul Rogers sofort »zu mehreren Tausend Toten in den ersten Tagen« und einem »lang anhaltenden Krieg« führen. Rogers, ein ausgewiesener Kenner der Nahostregion, hatte auch vor dem Krieg gegen den Irak vorhergesagt, dass dieser in einen anhaltenden Aufstand gegen die Besatzer und eine Stärkung von Terrororganisationen münden würde. Im Fall Iran erwartet Rogers aber weit dramatischere Konsequenzen. Die Iraner würden genauso wie in ihrem Abwehrkrieg gegen Saddam Husseins Invasionstruppen in den 80er Jahren mit allen erdenklichen Mitteln zurückschlagen, prognostiziert Rogers. Iranische Schnellboote, die mit Selbstmordkommandos bemannt sind, könnten Tanker in der Straße von Hormus sprengen und diese wichtige Öltransportroute sperren. Terrorangriffe von iranischen Kämpfern und ihren verbündeten Hisbollah-Gruppen könnten den ganzen Nahen Osten in Brand setzen. Die Folge wäre die Unterbrechung eines großen Teils der globalen Ölversorgung und damit eine weltweite wirtschaftliche Katastrophe.[418]

Dass die Mächtigen sowohl in den USA und China als auch in einigen EU-Staaten dennoch an der Vorstellung festhalten, es gebe militärische und machtpolitische Lösungen für das Energiedilemma ihrer von Öl oder Gas abhängigen Nationen, dokumentiert darum vor allem eines: Die regierenden Politiker in allen Führungsnationen haben extreme Mühe, das wahre Ausmaß der globalen Interdependenz, der gegenseitigen Abhängigkeit aller großen Machtblöcke voneinander, zu begreifen und ihre Politik diesem Umstand anzupassen. Genauso wie beim Klimaschutz, der Regulierung der Finanzmärkte oder der Steuerpolitik folgen sie den seit vielen Jahrzehnten eingespielten Reflexen der nationalen Politik. Dabei ist das Streben nach einer Energiesicherheit, die nur national gilt, allerdings besonders irrational.

So ergibt etwa Chinas Öloffensive in Afrika wirtschaftlich keinen Sinn, versichert Bracheninsider und Ölexperte Domjan. Rechne man alle zusätzlichen Ausgaben für Entwicklungshilfe, Straßenbauten oder Waffenlieferungen an die Regime in Sudan, Angola oder Nigeria mit ein, »dann zahlen sie für das Öl dort mehr, als sie mit langfristigen Verträgen auf dem normalen Markt erreichen könnten«, kalkuliert Domjan. Einen Sinn ergebe das Ganze erst, wenn China mit Gewalt vom Ölhandel abgeschnitten werde und wirklich eigene, exklusive Quellen benötige. In diesem Fall freilich wäre Chinas kollabierender Wirtschaft auch mit dem afrikanischen Öl nicht mehr geholfen, denn sie ist zu einem Drittel vom Export abhängig. Die gleiche Überlegung trifft erst recht auf Amerikas Powerplay in Nahost zu. Nach Berechnungen der überparteilichen National Defense Council Foundation, die seit Langem die »versteckten Kosten« des US-Ölimports verfolgt, kostet die militärische Sicherung der Ölländer am Persischen Golf knapp 138 Milliarden Dollar Steuergeld im Jahr. Umgerechnet auf alle Ölexporte der Region ergibt allein das einen Aufschlag von 18 Dollar je Fass – eine Summe, mit der die Vereinigten Staaten leicht binnen einer Dekade ihr Energiesystem auf regenerative Quellen umstellen könnten.[419]

Vor diesem Hintergrund spricht alles dafür, dass der Ölmangel die großen Importeure in Europa, Asien und Amerika auf Dauer eher zur Zusammenarbeit zwingt, als dass Kriege eine ernsthaft erwogene Option werden. Schon bisher gibt es viel mehr Kooperation als Alleingänge, gerade weil das Muster des Kolonialismus früherer Jahrhunderte keine brauchbaren Resultate verspricht. Chinas Ölunternehmen arbeiten in nicht weniger als 299 Projekten von der Exploration bis zur Raffinierung mit internationalen Partnern wie British Petroleum, dem US-Konzern Exxon, der französischen Total und der malaysischen Petronas zusammen.[420] Gleichzeitig haben China und Indien begonnen, bei Ausschreibungen von Ölbohrlizenzen gemeinsam zu bieten, um teure Preiskämpfe zu vermeiden. Die systematische Einbindung der beiden asiatischen Großmächte in alle mit dem Ressourcenmanagement befassten Institutionen von der Energieagentur der OECD bis zur G8-Koordination könnte diese Zusammenarbeit vertiefen und würde mögliche Konflikte von vorneherein in Verhandlungsbahnen lenken. Und solange das System der globalisierten Ökonomie intakt bleibt und allen Vorteile bringt, wird gewiss keine der großen Mächte ohne Absprache mit den anderen den militärischen Weg zur Rohstoffbeschaffung beschreiten wollen, selbst wenn es zu schweren Konflikten im Nahen Osten kommt.

Doch ebendiese Bedingung – die Funktionsfähigkeit des globalisierten Kapitalismus – ist hochgradig gefährdet. Wie lange noch lassen sich weltumspannende Produktionsketten, grenzenlose Kapitalströme und transnationale Besitzstrukturen aufrechterhalten, wenn die Verlierer rebellieren und mit ihnen nationalistische Politiker die Oberhand gewinnen? Wie lange kann die Politik der Forderung nach nationaler Abschottung widerstehen, wenn mit dem Klimawandel die Bevölkerung ganzer Regionen ihre Lebensgrundlage verliert? Absehbar ist, dass das System nur stabil bleiben kann, wenn es gelingt, die drei großen Zukunftsaufgaben gleichzeitig zu bewältigen: die Bändigung der globalisierten Finanzindustrie, die Überwindung der Massenarmut in den Entwicklungsländern und der sozialen Spaltung in der Wohlstandszone und die Ersetzung der fossilen und nuklearen Ressourcen durch erneuerbare Energiequellen.

Gemessen am endlosen Strom schlechter Nachrichten aus den Krisengebieten in aller Welt erscheinen diese Ziele unendlich weit entfernt, eigentlich nicht erreichbar. Doch der Eindruck täuscht. Tatsächlich hat die Menschheit auf dem Weg zur kooperativen Weltgesellschaft schon erhebliche und messbare Fortschritte erzielt. So sind dank der Integration der Schwellenländer in die Weltmärkte allein in den fünf Jahren von 1999 bis 2004 nach Berechnungen der Weltbank-Ökonomen rund 135 Millionen Menschen der absoluten Armut entkommen.[421] Die Zahl hat sich seitdem vermutlich noch einmal verdoppelt. Zugleich erreicht der Bildungsfortschritt immer größere Teile der Menschheit. Waren im Jahr 1975 noch etwa 25 Prozent aller Menschen im Alter von 15 bis 25 Jahren Analphabeten, so sank deren Anteil inzwischen auf nur noch gut zehn Prozent.

Parallel zu den wirtschaftlichen Erfolgen verbreiten sich Krankheitsprävention, Hygiene und Wasseraufbereitung; die Erfolge sind spektakulär. Im Jahr 2005 fiel zum ersten Mal die Zahl der an Krankheit und Unterernährung gestorbenen Kinder unter zehn Millionen jährlich. Das waren, gemessen an der Größe der Weltbevölkerung, nur noch halb so viele wie im Jahr 1960 und 25 Prozent weniger als 1990. Dies markiere »einen historischen Moment«, sagte Ann Veneman, die Direktorin des UN-Kinderhilfswerks Unicef, bei Bekanntgabe der neuesten Daten im Herbst 2007.[422] Weil die G8-Staaten und private Spender wie die Gates-Stiftung seit 2005 mit mehreren Milliarden Dollar den Kampf gegen Malaria, Tuberkulose und Aids massiv gestärkt haben, rechnen Fachleute mit einem weiteren erheblichen Rückgang der Kindersterblichkeit in den Jahren bis 2010. Diese Entwicklung geht einher mit der Aussicht auf die Entschärfung eines weiteren Krisenfaktors, der übermäßigen Vermehrung. Lange galt die »Bevölkerungsexplosion« als die größte Bedrohung von allen. Aber die Industrialisierung, die sinkende Kindersterblichkeit und die Verbreitung von Verhütungsmitteln senken den »Bedarf« an Kindern für die Altersvorsorge und stärken die Möglichkeit der Frauen, ihre Sexualität und die Zahl der Geburten selbst zu bestimmen. In der Folge fiel die Geburtenrate seit 1970 in Südasien von sechs auf drei Kinder pro Frau, in Ostasien von 5,4 auf 2,1 und in der Welt insgesamt von 4,8 auf 2,6. Damit rückt das Ziel einer stabilen Bevölkerungszahl im Weltmaßstab in greifbare Nähe – wenn es nur gelingen würde, die Fortschritte bei Kindersterblichkeit und Ernährung auch in Afrika durchzusetzen.[423]

Auch die Zurückdrängung von Krieg und Gewalt ist viel weiter vorangekommen, als es die Kriegsberichterstattung im globalisierten Mediennetz vermuten lässt. Noch 1992 gab es einschließlich aller Bürgerkriege weltweit 51 bewaffnete Konflikte unter Beteiligung von staatlichen Truppen. 13 Jahre später im Jahr 2005 waren es nur noch 31, zählten die Experten der kanadisch-schwedischen Forschungsgruppe Human Security Report Project.[424]

Gewiss, einen großen Gegentrend gibt es. Die Zahl der Terroranschläge hat seit 2001 erheblich zugenommen. Der allergrößte Teil davon geht allerdings auf die Brandherde Palästina und Irak zurück und forderte dort auch mehr Opfer als in der ganzen übrigen Welt zusammen. So gemahnt das andauernde Nahostdrama daran, dass auch der Einsatz absoluter militärischer Übermacht nutzlos ist oder die Lage nur verschlimmert, wenn der zugrunde liegende Streit um Land, Wasser und Öl nicht mit Verträgen und breiter Zusammenarbeit gelöst wird.

Insofern gibt es keinen Grund, das Projekt Weltgesellschaft aufzugeben. Der zumeist übersehene und vergessene Fortschritt gibt vielmehr eine Ahnung von dem, was erreichbar wäre, wenn es gelänge, die Kooperation über alle geografischen und ideologischen Grenzen hinweg zum Grundprinzip der Weltpolitik zu erheben. Klar ist jedoch auch, dass all die Erfolge sich binnen weniger Jahre ins Gegenteil verkehren werden, wenn es nicht gelingt, in der Energie- und Klimapolitik sowie der Armutsbekämpfung das globale Gemeinwohl über die jeweiligen nationalen Interessen zu stellen. Und dabei ist die entscheidende Frage noch ohne Antwort: Wer wird dieses Ziel repräsentieren? Welche Großmacht, welche Regierung geht voran und überzeugt durch das eigene Handeln alle anderen?

Amerika verharrt im Gestern

Die einfachste denkbare Lösung wäre eine Führung durch die Vereinigten Staaten. Würden Amerikas politische und wirtschaftliche Eliten akzeptieren, dass ihre nationale Sicherheit nichts wert ist, wenn sie nicht auch für alle anderen Nationen gilt, dann wäre dies zweifellos der Beginn einer goldenen Ära. Die USA verfügen in jeder Hinsicht über die nötigen Instrumente und Mittel, um eine kooperative Weltordnung zu etablieren. Zwar stellen ihre Bürger nur ein Zwanzigstel der Weltbevölkerung. Aber diese produzieren fast ein Viertel der weltweiten Wirtschaftsleistung und finanzieren die größte Militärmaschinerie aller Zeiten. Im Dienst der UN könnten Amerikas Soldaten allein jedem Land der Welt eine Sicherheitsgarantie gegen Angriffe von außen bieten. Und niemand könnte die nötige Umlenkung der Kapitalströme zur Entschärfung des Klimawandels schneller voranbringen als eine entschlossene Regierung in Washington. Auch die Durchsetzung von Standards für eine faire globale Steuerordnung oder ein Handelssystem, das die Schwachen schützt, wäre unter Führung einer US-Regierung zwar mühsam, aber machbar. Doch nach aller bisherigen Erfahrung ist ebendiese Stärke der USA zugleich das größte Hindernis auf dem Weg zur globalen Kooperation. Denn die scheinbare Übermacht erzeugt bei der großen Mehrheit der US-Bürger und ihrer politischen Führer bis heute die Illusion, sie wären völlig unabhängig in ihren Entscheidungen und könnten militärischen und politischen Druck beliebig einsetzen, um ihre nationalen Interessen zu verfolgen. Trotzig verweigern selbst Gegner der Bush-Regierung die Einsicht, dass sich Amerikas »Independence«, dieser Gründungsmythos der amerikanischen Nation, längst im wirtschaftlichen und ökologischen Geflecht des globalisierten Kapitalismus aufgelöst hat. Schon die demonstrative Zurückweisung jeglicher internationaler Verpflichtung durch die Neokonservativen der Bush-Ära lässt sich als eine Art Regression verstehen, als unbewussten Versuch, einen Zustand wiederherzustellen, der eigentlich längst verloren ist.

Folgt man den Aussagen der außenpolitischen Berater der

Kandidaten für die Präsidentenwahl im Herbst 2008, dann wird sich an dieser Realitätsverweigerung auch nach dem Regierungswechsel im Januar 2009 nur wenig ändern. Verblüffend schlicht ist etwa das Konzept, das die beiden Außenpolitikexperten Ivo Daalder und Robert Kagan der künftigen Nummer eins im Weißen Haus empfehlen. Daalder war ehemals Europadirektor im Stab von Präsident Bill Clinton und gilt als enger Berater von Präsidentenanwärter Barack Obama. Kagan ist prominenter Vordenker der Konservativen und erlangte Weltruhm mit der Formel, die Amerikaner folgten den Prinzipien des Kriegsgottes Mars, während die Europäer es eher mit der Liebesgöttin Venus hielten. Gemeinsam schrieben die beiden zum Auftakt der Wahlkämpfe einen Plan zur »Überwindung der Spaltung in der Außenpolitik« zwischen den beiden politischen Lagern. Das Ergebnis ist ernüchternd.

Demnach gelten multilaterale Verhandlungen und Verträge unter gleichberechtigter Beteiligung aller Mächte auch künftig als Rezept für »Paralyse« und Stillstand. Das Völkerrecht, die UN-Charta und der Sicherheitsrat sollen auch weiterhin nicht die Richtschnur für Amerikas Weltpolitik sein. Stattdessen, so empfehlen es die beiden Topexperten für Amerikas Umgang mit der übrigen Welt, sollte die künftige US-Regierung versuchen, eine »globale Organisation von Demokratien« zu gründen, an der neben den bisherigen demokratischen Alliierten in Europa, Japan und Australien auch Staaten wie Indien, Brasilien und Südafrika teilnehmen sollen. Mittels dieser Allianz der Demokraten, so hoffen die außenpolitischen Vordenker, ließe sich die »Legitimität« für Amerikas globale Politik des Waffenklirrens zurückgewinnen. Und »insbesondere« müssten »die Vereinigten Staaten ihre Ressourcen mit denen der Alliierten für den Wiederaufbau der Länder vereinen, in denen die USA interveniert haben«.[425]

Das deckt sich mit dem Bekenntnis des ansonsten so weltläufig auftretenden Barack Obama, dass kein US-Präsident »jemals zögern sollte, Gewalt anzuwenden, wenn nötig auch unilateral«. Genauso klingt der Vorschlag aus dem Stab von Hillary Clinton, ein »alternatives Forum« aller Demokratien aufzubauen, »um notfalls den Einsatz von Gewalt zu billigen«.[426] Parallel dazu trommeln einflussreiche Intellektuelle wie der demokratische Exstaatssekretär und Wirtschaftsprofessor in Yale, Jeffrey Garten, oder der Senator und Kandidat John McCain auf der konservativen Seite für die Verteidigung »westlicher Werte« gegen den aufsteigenden »autoritären Kapitalismus« in China und Russland.[427]

Dieses Denken in Lagern, Allianzen und ideologischen Fronten offenbart jedoch nur, wie sehr die US-Elite und ihre Anhänger in Europa und Japan noch im Gestern verharren. Längst ist völlig klar – und auch die Planer des Pentagons haben das schon festgestellt –, dass keine der eskalierenden globalen Krisen ohne die umfassende Einbindung von China und auch Russland bewältigt werden kann. Jede Blockbildung wäre folglich kontraproduktiv. Zudem verkennt das Gerede von den überlegenen westlichen Werten oder dem Führungsanspruch der Demokraten, wie hoffnungslos diskreditiert diese Vorstellung inzwischen bei großen Teilen der Menschheit ist. Auch bei den einheimischen Kritikern der menschenfeindlichen Repression und Verfolgung von Oppositionellen in China und Russland oder Iran und Syrien hat »der Westen« unter Führung der Vereinigten Staaten auf absehbare Zeit allen Anspruch verspielt, der übrigen Welt Lehren zu erteilen.

Schuld daran ist keineswegs nur der Krieg im Irak, der »als historische, strategische und moralische Katastrophe« in die US-Geschichte eingehen wird, wie der frühere Nationale Sicherheitsberater Zbigniew Brzezinski bei einer Anhörung im US-Senat beklagte. Noch schwerer wiegt die provozierende Doppelmoral, mit der die Möchtegernführer der imaginären Allianz der Demokratien alle ihre hehren Absichten täglich mit Lügen strafen. Irans immerhin halbwegs demokratisch gewählte Regierung bedroht Israel und soll deshalb nicht die Atomtechnik betreiben dürfen, die ihr völkerrechtlich mit dem Sperrvertrag zugesichert wurde. Aber gleichzeitig erhält das atomar bewaffnete, korrupte und unfähige Militärregime in Pakistan weiterhin milliardenschwere Subventionen aus Washington und Handelshilfe aus Europa. China und Russland stehen wegen der gewalttätigen Unterdrückung der politischen Opposition am Pranger. Aber das hindert die Verteidiger der Freiheit in den Wohlstandsländern nicht daran, die arabischen Despoten von Marokko über Tunesien und Ägypten bis nach Saudi-Arabien mit vielen Milliarden Dollar Militärhilfe und Handelsprivilegien zu stützen. Und das, obwohl die Begünstigten gnadenlose Polizeistaaten betreiben und ihren Völkern systematisch jede Entwicklung vorenthalten – ein Umstand, der militanten Islamisten und der Terrorsekte Al Qaida fortwährend in die Hände arbeitet. »Das ist eine eurer Haupteigenschaften«, schrieb Osama bin Laden schon 2002 in seinem »Brief an Amerika«, »eure Heuchelei, ... eure Freiheit und Demokratie gelten nur für euch.« Der Vorwurf fand in der ganzen islamischen Welt und bei vielen Intellektuellen in anderen Entwicklungsländern von Mexiko bis Indonesien breiten Widerhall, und die Verteidiger westlicher Werte hatten ihm nichts entgegenzusetzen.

Selbst die nun von vielen Politikern in Europa und Amerika erhobene Warnung vor dem autoritären Staatskapitalismus in China und Russland muss in den Ohren der betroffenen Völker einfach nur hohl klingen. Gerade der vom Westen gelenkte Internationale Währungsfonds und die marktgläubigen Berater aus Amerika waren es, die zu Zeiten des »demokratischen« Präsidenten Boris Jelzin maßgeblich zur Plünderung des vordem sowjetischen Staatsbesitzes unter aktiver Beteiligung der westlichen Finanzindustrie beitrugen. Währenddessen versanken große Teile der russischen Bevölkerung im Elend, aber Jelzin stand hoch im Kurs. Die von den Marktpredigern des Westens vielfach erhobene Mahnung, die staatliche Lenkung der chinesischen Ökonomie bedrohe die Weltwirtschaft, erscheint erst recht bizarr, nachdem die Apologeten der Deregulierung mit ihrer Finanzanarchie gerade erst wieder ein Billionendesaster angerichtet haben.

Gewiss gibt es für diese Politik mit zweierlei Maß im jeweiligen Fall stets eine mehr oder weniger gute Begründung. Aber es ist absurd anzunehmen, dass die kleine reiche Minderheit der westlichen Marktdemokratien auf dieser Basis einen Führungsanspruch erheben kann, den die große Mehrheit im Rest der Welt akzeptieren könnte. Ein sicherer Indikator für diesen Einflussverlust ist das stetig sinkende Ansehen, das die Vereinigten Staaten bei den weltweiten Umfragen des US-Demoskopie-Unternehmens Pew Research Center genießen. »In den letzten fünf Jahren ist Amerikas Image in großen Teilen der Welt regelrecht abgestürzt«, konstatierten die Demoskopen in ihrem Jahresbericht 2007 zur Stimmung in 47 über alle Regionen und Kontinente verteilten Nationen.[428]

Illusionär wäre es allerdings auch, auf fernöstliche Weisheit zu setzen und zu hoffen, die Regierungen der asiatischen Milliardenvölker China und Indien würden alsbald die Führung im Kampf um ökologische und soziale Stabilität auf dem Planeten übernehmen. Trotz aller Wachstumserfolge: Beide Nationen sind von enormen inneren Konflikten bedroht. Ihr Schnellstart in den Turbokapitalismus hat krasse Ungleichheiten hervorgebracht, die zusehends härtere Verteilungskämpfe provozieren. Bauern- und Arbeiteraufstände erschüttern beide Staaten. Gleichzeitig leiden sie unter extremer Umweltzerstörung, und der Wasserversorgung droht in ganzen Provinzen der Zusammenbruch. Anders als im demokratischen Indien kämpfen die Regenten des Reichs der Mitte zudem mit einem Problem, das täglich schwerer wiegt: Ihre autoritäre Regierungsform und das Prinzip Einheitspartei sind für die Steuerung einer komplexen Industriegesellschaft nicht geeignet. Auch für die vermeintlich allgewaltigen Pekinger Parteidiktatoren ist das Regieren im Kapitalismus eine komplizierte Angelegenheit geworden. Die neue Dynamik wurde vor allem dadurch ausgelöst, dass die Zentralregierung die meisten wirtschaftlichen Entscheidungen – und einen Großteil der Steuereinnahmen – an die Provinzregierungen und Kommunen delegiert hat.

In der Folge verwandelt sich die einstige Einheitspartei jedoch zusehends in einen lockeren Verbund konkurrierender Wirtschaftseinheiten. So blockieren sich die widerstreitenden Interessen oft gegenseitig. Und mangels demokratischer Entscheidungswege herrscht bei überlebenswichtigen Aufgaben wie der Umweltsanierung oder dem Aufbau einer Sozialversicherung Stillstand.

All das lässt wenig Spielraum für Weltpolitik. Zudem stellt die Integration in das globale Marktsystem die Regenten der Aufsteiger vor ein schwer auflösbares Dilemma. Erst seit wenigen Jahren finden sie als wieder erstarkte Großmächte weltweite Anerkennung und erfahren so einen erheblichen Zuwachs an Macht und Selbstbestimmung. Der damit gewachsene Nationalstolz der Bürger trägt erheblich zur Befriedung der inneren Konflikte bei. Doch zur selben Zeit erfordert die globale ökologische und wirtschaftliche Interdependenz, dass diese Staaten zugunsten weltweiter Regulierung auf einen Teil der neu gewonnenen Souveränität wieder verzichten. Der Widerspruch überfordere die Führer der neuen Mächte noch, beobachtete Dirk Messner, Leiter des Deutschen Instituts für Entwicklungspolitik und kluger Analytiker des Ringens um die Global Governance. Vor allem Chinas Politiker verstünden sich zwar mehr und mehr als weltpolitische Akteure, »aber sie fürchten jede weiter gehende Verpflichtung«, erfuhr Messner bei Gesprächen mit Pekinger Regierungsmitgliedern, die ihn als Berater engagiert haben. So orientieren sich Asiens Mächtige eher wie ihre amerikanischen Rivalen am alten Konzept von nationaler Souveränität und militärischer Machtsicherung. Auf sich gestellt werden die alte und die kommenden Supermächte voraussichtlich nicht mehr zustande bringen als einen kalten Frieden, in dem sie unter gegenseitiger Abschreckung ihre Interessen austarieren.

Soft Power: das Modell Europa

Ungeplant, ja sogar unfreiwillig wird so dem vereinten Europa im kommenden Jahrzehnt immer stärker die Aufgabe zuwachsen, die globale Kooperation gegen die heraufziehenden Weltkrisen voranzutreiben. Denn die Europäer verfügen über Erfahrungen und Fähigkeiten, die sie von allen anderen Akteuren in der globalen Arena unterscheiden: Sie haben viele der schwierigen Anpassungsprozesse schon hinter sich, die das Zusammenwachsen der Menschheit früher oder später von allen Nationen erzwingen wird. Gegenseitige Abhängigkeit und geteilte Souveränität sind für europäische Politiker und mittlerweile auch für viele ihrer Wähler selbstverständlich. Dass sie auf nationaler Ebene nicht viel, aber gemeinsam sehr viel erreichen können, wissen alle, die in Brüssel am Tisch des Ministerrates die Gesetze schmieden. Dass große Teile der Politik jenseits der jeweiligen nationalen Grenzen gemacht werden müssen, ist europäischer Alltag.

Darüber hinaus ist in Europa gelungen, was im Weltmaßstab unbedingt folgen muss: der Ausgleich zwischen reichen und armen Regionen. Als Spanien und Portugal 1986 der damals noch sogenannten Europäischen Gemeinschaft beitraten, galt die Iberische Halbinsel als Armenhaus Europas. Zwei Dekaden später hat Spanien in der Wirtschaftskraft schon zu Italien aufgeschlossen, und auch Portugal ist kein Armutsland mehr. Absehbar ist, dass die neuen Mitglieder in Mittel- und Osteuropa den gleichen Weg gehen werden. In Polen, Tschechien und Slowenien ist der Fortschritt schon messbar, die Arbeitslosigkeit sinkt, und viele, die auf der Suche nach Arbeit ins Ausland zogen, kehren wieder zurück in ihre Heimat. Derweil erschließen sich für die Unternehmen der alten EU-Länder riesige neue Märkte, und alle gemeinsam erfahren, dass die Subventionsmilliarden aus dem Brüsseler Topf gut investiert sind. Mit dem erweiterten Markt haben auch die »Nettozahler« des EU-Budgets nur gewonnen.

So ist die Europäische Union aus der Sicht ihrer Bürger zwar häufig nur ein schwer durchschaubares Gebilde, das bürokratisch und schwerfällig daherkommt. Ihre Konstruktion scheint irgendwo auf der Mitte zwischen Staatenbund und Bundesstaat hängen geblieben zu sein; die Gesetzgebung dauert zuweilen quälend lang, und die notwendigen Kompromisse kommen nur zu oft jenseits demokratischer Prinzipien vorbei an allen Parlamenten zustande. Aber die europäische Langsamkeit birgt auch einen alles überragenden Fortschritt: Die Integration der europäischen Staaten zu einem Binnenmarkt mit gemeinsamer Rechtsprechung und Gesetzgebung hat das Gespenst des Krieges zwischen den Mitgliedsstaaten so weit gebannt wie noch nie zuvor. Die Vorstellung, dass deutsche Soldaten wie einst ihre Großväter in Polen oder Frankreich einfallen könnten, ist heute so abwegig, dass nicht einmal rechtsradikale Spinner das ernsthaft anstreben.

Mehr noch: Die Europäische Union hat eine ganz neue politische Gestalt hervorgebracht, ein Imperium, das niemanden bedroht. Ökonomisch ist Europa ein Koloss, der ein Viertel der globalen Wirtschaftsleistung auf sich vereint. Dies verleiht enorme Macht. EU-Gesetze setzen weltweite Normen, kein anderer Staat der Welt ist im Export von Gesetzen und Vorschriften so stark wie die EU. Aber diese Anwendung von EU-Recht in fremden Ländern geschieht freiwillig. Es geht um Marktzugang und wirtschaftliche Teilhabe, nicht um erzwungene Unterwerfung. Auch wenn europäische Soldaten in Afghanistan kämpfen oder in Afrika im Einsatz sind, so muss – jedenfalls bisher noch – niemand fürchten, dass eine europäische Streitmacht ohne Mandat des UN-Sicherheitsrates andere Länder besetzt und »Regimewechsel« betreibt.[429]

Amerikanische Politiker sehen das als Mangel an Mut und Entschlossenheit. Die Vorliebe der meisten EU-Regierungen für transnationale, multilaterale Verhandlungslösungen interpretieren sie als Politik der Schwäche. Darum drängen Vertreter beider US-Parteien, Europa solle aufrüsten und zur militärischen Großmacht aufsteigen. So forderte etwa Nicholas Burns, stellvertretender US-Außenminister unter Condoleezza Rice, anlässlich der Münchner Sicherheitskonferenz im Februar 2008, Europa solle sich doch »als Weltmacht sehen«, sich endlich eine »globale Strategie« zulegen und natürlich »mehr Truppen« für US-geführte Nato-Einsätze stellen.[430]

Aber würde es je dazu kommen, würden die Europäer ihr wertvollstes Kapital verspielen: das Ansehen als friedlicher Wirtschaftsriese, dessen politische Grundprinzipien weltweit als Vorbild dienen. Keine andere global aktive Macht erfährt so viel Zustimmung wie die EU. Das bestätigte erneut die Ausgabe 2007 von »Voice of the People«, der weltgrößten politischen Umfrage, die das Unternehmen Gallup jedes Jahr durchführt. Die Befragung von 57000 Menschen in 52 Staaten ergab, dass immerhin jeder Dritte sich einen wachsenden Einfluss der Europäischen Union auf die Weltpolitik wünscht, während nur ein Fünftel der Befragten sich gegen Europa aussprach. Mit diesem Ergebnis sei die EU »einzigartig unter den vier großen Mächten (neben den USA, China und Russland), dass niemand ihren Aufstieg verhindern möchte«, kommentierten Fachleute des European Council on Foreign Relations das Ergebnis. Für die anderen drei Mächte wünschte stets eine Mehrheit die Einschränkung ihres Einflusses.[431]

Diese globale Ausstrahlung ist von unschätzbarem Wert. Denn sie verleiht der EU jene Art von Einfluss, die der amerikanische Politologe und Politiker Joseph Nye einst als »Soft Power« definierte. Gemeint ist die Fähigkeit eines Staates, andere Staaten dazu zu veranlassen, die gleichen Ziele zu verfolgen. Voraussetzung dafür sei, dass die eigene Politik und Gesellschaft so gestaltet sind, dass sie nachahmenswert erscheinen. »Wenn die Macht eines Staates in den Augen der anderen als legitim erscheint, dann wird er auf weniger Widerstand gegen seine Wünsche treffen. Wenn seine Kultur und Ideologie attraktiv sind, werden andere leichter folgen. Wenn er internationale Standards durchsetzen kann, die denen der eigenen Gesellschaft entsprechen, dann muss er sich selbst weniger anpassen«, schrieb Nye 1990 in seinem Grundlagenwerk über die Natur der damals noch selbstverständlichen Hegemonie Amerikas. »Weiche, kooptive Macht« sei daher »genauso wichtig wie harte Befehlsgewalt«, konstatierte Nye.[432] Heute habe Amerika in weiten Teilen der Welt diese Ebene der Macht verloren, schrieb Nye nach dem Irakkrieg. Der Ruf, proamerikanisch zu sein, sei zum »Todeskuss« für Politiker vieler Staaten beim Werben um Wählerstimmen geworden, auch in früher befreundeten Ländern wie der Türkei oder Mexiko.[433]

Umso größer wird somit aber auch die Verantwortung für Europas Staatenlenker, die ihnen zugewachsene Soft Power nicht nur für den Ausbau wirtschaftlicher Macht, sondern für die Bewältigung der globalen Herausforderung zu nutzen. Wie viel sie weltpolitisch erreichen können, wenn sie gemeinsam auftreten, haben die EU-Staaten schon mehrfach bewiesen. So waren es die Europäer, die gegen den Willen der US-Regierung die Einrichtung des Internationalen Strafgerichts durchsetzten. Und auch nur dank des gemeinsamen Engagements der EU-Staaten gelang es, das Kyoto-Protokoll in Kraft zu setzen. Vor allem aber ist die Europäische Union in vielen Aspekten eine Art Laboratorium der Globalisierung. Finanzausgleich, Mindeststandards, permanente Politikkoordination und vieles mehr könnten als Vorbild dienen, um Schritt für Schritt eine globale

Föderation aufzubauen. Und selbst wenn Europas Instrumente dafür nicht taugen, bietet doch die europäische Erfahrung die beste Basis, die Zukunft der Menschheit sicherer zu machen. Schließlich ist das die Essenz des europäischen Modells: Je dichter die wirtschaftliche Verschmelzung über alle Grenzen hinweg in Gesetz und Recht verankert wird, umso stabiler ist der Frieden und umso höher die Wahrscheinlichkeit, dass gemeinsame Lösungen für gemeinsame Probleme gefunden werden. Sogar Bill Clinton, der doch immerhin acht Jahre lang selbst als »mächtigster Mann der Welt« die USA führte, vertritt mittlerweile diese Ansicht. »Die ganze Welt müsste mehr so wie eure Europäische Union werden«, erklärte er während der Werbetour für die Hilfsaktionen seiner Stiftung.[434]

Ohne Demokratie keine europäische Weltpolitik

Aber werden Europas Präsidenten, Kanzler und Premierminister und mit ihnen der ganze EU-Apparat diese Chance nutzen? Wollen sie es überhaupt? Ginge es nur nach ihren programmatischen Reden, wäre das gar keine Frage. Frankreichs Präsident Nicolas Sarkozy zum Beispiel erkennt durchaus, dass die Umwälzungen der Globalisierung »einen Planeten geschaffen haben, auf dem alle voneinander abhängig sind und Chancen, Risiken und Krisen auf alle verteilt sind«, dass aber zugleich ein »Aufeinanderprallen machtpolitischer Strategien« drohe. Das jedenfalls erklärte er im August 2007 Frankreichs Diplomaten anlässlich ihrer Jahreskonferenz in Paris. Gegen die »Exzesse einer schlecht kontrollierten Globalisierung« forderte Sarkozy daher ein »starkes Europa, das als wichtiger Akteur der internationalen Szene entscheidend für die Herstellung einer gerechteren, harmonischeren Weltordnung« sei, »wie sie von unseren Völkern gefordert wird«.[435] Und von der Reform des UN-Sicherheitsrates bis zur Erweiterung der G8 um die neuen Großmächte machte sich Sarkozy alle wesentlichen Elemente zu eigen, ohne die das globale Regieren nicht gelingen kann. Ganz ähnliche Sonntagsreden haben auch Britanniens Premier Gordon Brown oder die deutsche Kanzlerin Angela Merkel schon gehalten, und vermutlich würden die meisten anderen EU-Regierungen auch nicht widersprechen.

Doch wenn es um die praktische Umsetzung dieser hehren Absichten geht, versagt Europas politische Klasse bisher kläglich. Die »gemeinsame europäische Außenpolitik« ist eine bloße Schimäre, ein Versprechen an die EU-Bürger, das täglich gebrochen wird. De facto verfolgt jeder EU-Staat seine eigene Außenpolitik, die Vertretung der EU nach außen wechselt alle halbe Jahre mit der Präsidentschaft, und die theoretisch vorhandene Soft Power verflüchtigt sich in der kleinkarierten Profilierung der jeweiligen nationalen Zampanos. Da pflegen die Briten ihre »special relationship« mit den USA, die Deutschen treffen ihre Sonderabsprachen mit Russland, und die Franzosen intervenieren in Afrika nach Gutdünken. Chinesische und indische Diplomaten machen sich darüber lustig, dass es nicht eines, sondern zehn verschiedene europäische Programme zur Kooperation mit ihren Ländern beim Klimaschutz gibt; und die Amerikaner könnten jederzeit wieder wie schon beim Irakkrieg die vermeintliche Union spalten, wenn sie wollen. Charles Grant, ein erklärter Europäer und Leiter des britischen Centre for European Reform, berichtete im Februar 2008 von »der außerordentlichen Geringschätzung«, mit der seine Gesprächspartner in China, Russland und den USA »über die derzeitigen EU-Institutionen und besonders die rotierende Präsidentschaft und die Teilung zwischen EU-Kommission und Ministerrat« sprächen.[436] So steht es um die EU genauso wie um die Vereinten Nationen: Sie wird immer dringender benötigt und ist immer weniger handlungsfähig.

Ursache für Europas Versagen auf der Weltbühne ist die große Leerstelle des europäischen Projekts: der Mangel an Demokratie. Die Regierenden betreiben die Union noch immer als reine Elitenveranstaltung. Das Volk hat in allen zentralen Politikfeldern von der inneren Sicherheit über die Steuererhebung bis eben zur Außenpolitik nichts zu sagen. Entweder die Regierungen einigen sich, oder es gibt eben keine gemeinsame Politik. Das ergab in den 50er und 60er Jahren des vergangenen Jahrhunderts, als die Wunden des Krieges noch nicht verheilt waren, durchaus einen Sinn. Aber nun, 50 Jahre später, wo es darauf ankäme, die Union handlungsfähig zu machen, ist die Verweigerung klarer Regeln zur demokratischen Mehrheitsfindung und Gestaltung der EU-Politik eine Sabotage an der ganzen europäischen Idee. Soll Europa gemeinsam aufrüsten oder besser in die Stärkung der UN-Strukturen investieren? Sollen im Steuerwettbewerb Kapitalbesitzer begünstigt und Steueroasen geschont werden, oder soll die Steuerlast wieder fair nach Leistungsfähigkeit verteilt werden? Soll Europa zur Festung gegen Immigranten ausgebaut werden, oder soll das Geld zur Stabilisierung der Armutsländer verwendet werden? Diese und viele andere existenzielle Fragen werden seit Jahren nicht entschieden, weil sich die Regierungen nicht einigen können und das EU-Parlament gerade auf den wichtigen Feldern nichts zu sagen hat.

Genau daran scheiterte auch die sogenannte Europäische Verfassung. Die Wahlbürger in Frankreich und den Niederlanden haben sie ja nicht abgelehnt, weil sie gegen die europäische Einigung wären. Vielmehr wehrten sie sich gegen die Festschreibung eines marktliberalen Elitenkonsenses, die dem »Wettbewerb« und der Pflicht zur Aufrüstung Verfassungsrang geben sollte. Hätte zur Abstimmung gestanden, ob die Europäer den Präsidenten der EU-Kommission selbst wählen dürfen und ob der geplante europäische Außenminister vorrangig dem Straßburger Parlament verpflichtet sein soll, wäre die Abstimmung gewiss anders ausgegangen.

Das Votum gegen »die Verfassung« war unzweifelhaft eines gegen das demokratische Defizit der Union. Alle Analysen ergaben, dass die Mehrheit fürchtete, ihre Interessen würden in Brüssel nicht vertreten. Trotzdem haben die EU-Regenten sich kühl darüber hinweggesetzt und beschlossen, das gleiche Vorhaben in abgespeckter Form als bloße Änderung der alten EU-Verträge durchzusetzen. Statt auf demokratischem Weg die Integration voranzutreiben, sparen sie sich aus Angst vor dem Volk die Demokratie gleich ganz.

Das muss scheitern. Der EU drohe eine »schleichende Rückentwicklung«, mahnte deshalb der deutsche Philosoph Jürgen Habermas und forderte »Erste Hilfe für Europa«. Die Regierungen »müssten über ihren Schatten springen und den eigenen Bürgern eine Chance geben, in einem Referendum über die Zukunft Europas zu entscheiden«. Das sei nicht nur wegen der inneren Probleme der Union nötig. Gerade auch »die Herausforderungen, denen Europa als Ganzes in der Welt ausgesetzt« sei, verlangten eine »Entscheidung«, forderte Habermas und plädierte leidenschaftlich für eine von Europa angetriebene »Institutionalisierung einer Weltinnenpolitik«.[437] Die Alternative sei entweder der schleichende Rückfall »ins bekannte Muster nationaler Machtspiele« oder ein klarer Entschluss zu fortschreitender Integration.

Käme es tatsächlich zu einem solchen europaweiten Referendum, das Ergebnis stünde schon vorher fest: Außer in Großbritannien gäbe es in jedem Land eine Mehrheit für ein demokratisiertes Europa. Und notfalls wäre Europa auch ohne britische Beteiligung handlungsfähig.

Kann das je gelingen? Können die Europäer ihre Selbstblockade überwinden und mit einer gemeinsamen und demokratisch legitimierten EU-Regierung den Ausbau der globalen Institutionen vorantreiben, die, wie Sarkozy so richtig erkannte, »von unseren Völkern gefordert wird«? Es liegt nahe, eine solche Vision als unrealistisch abzutun. Aber auch die Einführung der gemeinsamen Währung war über Jahrzehnte unrealistisch, bis es die historische Konstellation nach dem Fall der Mauer möglich machte. Das große Ziel der deutschen Einheit war dem damaligen Kanzler Helmut Kohl dann doch wichtiger als der Kampf der Bundesbanker um die Deutsche Mark. Wenn historische Umwälzungen anstehen, gibt es andere als nur wirtschaftliche Argumente, um neue Wege zu gehen. Genauso wird die Eskalation der globalen Konflikte um die ökologische und soziale Stabilität der Weltgesellschaft es schon bald erzwingen, dass Europa neue Prioritäten setzt, wenn es die Gestaltung der Zukunft nicht allein den Vereinigten Staaten und den Großmächten Asiens überlassen will.

Norman Angell, der britische Träger des Friedensnobelpreises von 1933, hatte einst, vier Jahre vor dem Ersten Weltkrieg, in seiner Streitschrift über »die große Illusion« überzeugend dargelegt, wie irrational das Streben nach nationaler Überlegenheit und militärischen Eroberungen schon damals war.

Doch sein Appell war vergebens und verhallte bei den kriegslüsternen Regenten des alten Europa ungehört. Als die innereuropäischen Feindschaften mit der Machtübernahme der Nazis in Deutschland dann erneut eskalierten, schrieb er 1933 fast schon verzweifelt: »Wenn es doch durch einen glücklichen Zufall der europäischen Geschichte so etwas wie einen föderalen Bund gäbe, in dem Frankreich und Deutschland etwa die gleiche Position innehätten wie sie Pennsylvania und Ohio im amerikanischen System haben, dann wäre der Krieg zwischen den beiden Nationen am Rhein heute so unbekannt wie zwischen den Staaten der Amerikanischen Union.«[438] Es bedurfte erst einer weiteren Großkatastrophe mit Millionen Toten, um aus dieser Vision praktische Politik zu machen und Europa in ein Zeitalter des Friedens zu führen. So haben Europäer beides erfahren: das Grauen des Weltkriegs und das Gelingen der friedlichen Kooperation. Ein stärkeres Motiv kann es gar nicht geben, beim Aufbau einer befriedeten Weltgesellschaft voranzugehen.

Dank

Unser großer Dank gilt den Kollegen in den Redaktionen der *Zeit* und des *Tagesspiegels*, deren großzügige Unterstützung die Recherchen für dieses Buch ermöglicht hat. Außerdem danken wir allen, die uns zu diesem Buch ermutigten und die, oft unter widrigen Umständen, Zeit für Gespräche und wertvolle Anregungen fanden:

Werner Abelshauser, Jörg von Bilavski, Georg Blume, Earl Brown, Margo Buchanan, Rudi Buntzel-Cano, Stephan-Andreas Casdorff, Carlos Candeias, Zhou Dadi, Ulrich Deupmann, Heribert Dieter, Robbie Diamond, Paul Domjan, Lutz Durst-hoff, Charles Emmerson, Klaus Engelen, Thomas Fues, Yang Fuqiang, Thomas Gebauer, Bodo Goerlich, Jörg Haas, Benny Härlin, Gerd Häusler, Dierk Hirschel, Pilar Isaac-Candeias, Joachim Jahnke, Lutz Klevemann, Martin Jähn, Lorenz Jarass, Li Jiao Xa, Felix Matthes, Lorenz Maroldt, Stanley Mbagathi, Lutz Mez, Amitabh Mehta, Dirk Messner, Harald Müller, Sunita Narain, Hermann Ott, Stefan Rahmstorf, Nouriel Roubini, Sonja Rückert, Josh Ruxin, Wolfgang Sachs, Hans-Joachim Schellnhuber, Stefan Schöneich, Brad Setser, Dana-Lee Smirin, Nikolas Supersberger, Norbert Thomma, Barbara Unmüssig, Renate Willke-Launer, Michael Zürn

Ein besonderer Dank geht an Barbara Wenner, ohne die wir das Buch nie geschrieben hätten.

Anmerkungen

1. Kapitel Globalisiert in den Abgrund

1 Zitiert nach Niall Ferguson, Sinking Globalization, in: Foreign Affairs, März/April 2005
2 Richard Ely, Studies in the Evolution of the Industrial Society, New York 1903, S. 68 f.
3 Kevin H. O'Rourke, Jeffrey G. Williamson, Globalization and History, Cambridge, MA, 1999, S. 2
4 Peter Hertner, German Multinational Enterprise before 1914: Some Case Studies, in: Peter Hertner, Geoffrey Jones, Multinationals. Theory and history, Aldershot (Gower) 1986, S. 113 ff.
5 Hugo Ott, Hermann Schäfer (Hrsg.), Wirtschafts-Ploetz. Die Wirtschaftsgeschichte zum Nachschlagen, Würzburg 1984, S. 409 ff.
6 Herbert Giersch, Das mobile Kapital erzieht die Wirtschaftspolitik zur Verantwortung, Handelsblatt, 31. August 1998
7 Norman Angell, The Great Illusion (1910), Nachdruck: North Stratford, New Hampshire, 2006
8 Zitiert nach Joachim Radkau, Das Zeitalter der Nervosität, München 1998
9 Werner Abelshauser, Die BASF. Von 1865 bis zur Gegenwart. Geschichte eines Unternehmens, München 2002, S. 168
10 Radkau, a.a.O.
11 Joseph A. Schumpeter, Zur Soziologie der Imperialismen, in: Archiv für Sozialwissenschaft und Sozialpolitik, Bd. 46 (1918/1919), S. 309 ff.
12 Zitiert nach Angaben von Prof. Werner Abelshauser, Universität Bielefeld
13 Ludwig Pohle, Deutschland am Scheidewege: Betrachtungen über die gegenwärtige volkswirtschaftliche Verfassung und die zukünftige Handelspolitik Deutschlands, Leipzig 1902, S. 126–130
14 Norman Angell, The Great Illusion, a.a.O.
15 UNCTAD, World Investment Report 2006, Genf, S. 5
16 Daten aus »Cargo Cults«, The Economist, 15. Juni 2006
17 McKinsey Global Institute, Mapping the Global Capital Market, Januar 2007
18 Bundesbank, Das deutsche Auslandsvermögen Ende 2006, Pressenotiz 26, September 2007
19 Harald Schumann, Bye, Bye, Babel, Tagesspiegel, 2. Dezember 2006
20 Jean Ziegler im Interview mit der Germanwatch-Zeitung, Nr. 4, 2005
21 Ben Bernanke, Global Economic Integration: What's New and What's Not?, Rede beim Annual Economic Symposium, Jackson Hole, Wyoming, 25. August 2006

2. Kapitel Die Mikadowelt

22 Der Nachteil des Systems ist die fehlende Risiko- und Kostenkontrolle. Darum kämpfen die Staatsbanken mit einem Berg an faulen Krediten, also zahlungsunfähigen Schuldnern. Je nach Schätzung sind 10 bis 30 Prozent des ausstehenden Kreditvolumens davon betroffen, und Chinas Regierung hat darum begonnen, durch die Teilprivatisierung der Banken über den Aktienverkauf an den Börsen von Hongkong und Schanghai den Banken zusätzliches Kapital zuzuführen und den Finanzsektor unter Effizienzdruck zu setzen. Am Grundprinzip hat sich aber bis heute nichts geändert.

23 Das birgt zwar die Gefahr, dass zu viel Geld in Umlauf kommt und die Inflation außer Kontrolle gerät. Aber in den meisten Jahren haben Chinas Wirtschaftslenker sogar dieses Problem im Griff behalten.

24 Nach Angaben der Weltbank, siehe http://sima-ext.worldbank.org/

25 Daten aus: BP Statistical Review of World Energy, Juni 2007

26 Rebecca Schultz, How High Oil Prices Are Affecting Africa, Center for American Progress, Washington, 17. Juli 2007

27 Abdoulaye Wade, Africa over a Barrel, Washington Post, 28. Oktober 2006

28 Bei einer Rede in der Parteizentrale der SPD am 21. Juni 2007

29 Im Interview mit der Financial Times, 22. Oktober 2007

30 Lawrence H. Summers, Sovereign Funds Shake the Logic of Capitalism, Financial Times, 30. Juli 2007

31 Robert Wade, Sovereign Funds a Useful Weapon for Poorer Nations, Financial Times, 10. August 2007

32 More Objections to Port Takeover by Arab Entity, Associated Press, 19. Februar 2006

33 Zitiert nach William Wallis, Dubai Sees Future as Ally, Entrepot and Playground, Financial Times, 8. März 2006

34 Robert Write, Windfall for DP World on US Ports Sale, Financial Times, 12. Dezember 2006

35 Nach Berechnungen von Goldman Sachs, Global Economic Papers No. 99, 2003

36 Gabor Steingart, Weltkrieg um Wohlstand, Der Spiegel 37/2006

37 UN Industrial Development Organization, Share in Regional and World MVA, siehe www.unido.org/data/country/stats/

38 Peoples Bank of China, www.pbc.gov.cn; AFX news, China forex reserves at 1.53 trln usd at end of 2007, 11. Januar 2008

39 Harald Schumann, Die Dollar-Bombe, Tagesspiegel, 20. November 2004

40 Nach Angaben der Organisation National Priorities Project, die amtliche Budgetdaten transparent aufbereitet, siehe http://www.nationalpriorities.org/

41 Angaben nach: Brad Setser, Estimating the Currency Composition of Chinas Reserves, Roubini Global Economics, Mai 2007

42 James Mawson, Renée Schultes, Tracing the Assets That Make the Gulf an Economic Powerhouse, Dow Jones Financial News, 2. August 2007

43 In die Bilanz sind Direktinvestitionen und Goldreserven nicht eingerechnet. Aber auch dieser Wert ist noch irreführend, weil die US-Behörden die Schuldenposition stets mit den durch den Kursverfall gestiegenen Dollarwerten amerikanischer Auslandsinvestitionen verrechnen. Absolut steigt die US-

Auslandsschuld jährlich um mehr als 800 Milliarden Dollar. Angaben nach: Bureau of Economic Analysis, US Departement of Commerce, U.S. Net International Investment Position at Year-end 2006

44 Financial Times, 5. Oktober 2004

45 Christopher Swann, Paulson Says Foreign Treasuries Holdings Not Threat, Bloomberg, 4. März 2007

46 Lawrence H. Summers, The United States and the Global Adjustment Process, Rede am 23. März 2004 im Institute for International Economics, Washington

47 Joseph Kahn, China Tries to Charm Couple of Senate Sceptics, New York Times, 23. März 2006

48 Nouriel Roubini, Global Economics Blog, 22. Februar 2006

49 Goldman Sachs, Global Economic Papers No. 99, 2003

50 Francisco Guerrera, Jet-Set Diplomacy Forges Strong Ties With China, Financial Times, 1. Juni 2006

51 Workers Protest at Nokia Subcontractor's Factory in China, Helsingin Sanomat, 23. August 2007

52 Liu Cheng, The Draft Labor Contract Law of the Peoples Republic of China and its Background; zitiert nach Global Labor Strategies, Undue Influence: Corporations Gain Ground in Battle over China's New Labor Law, März 2007, http://laborstrategies.blogs.com

53 Bei der Konferenz »Globalisierung fair gestalten« in Berlin, 22. November 2006

54 David Barboza, China Drafts Law to Empower Unions and End Labor Abuse New York Times, 13. Oktober 2006

55 Disputes Over New Labour Contract Law, Foreign Business Groups Threaten to Withdraw Investments, China Labour Bulletin, Hongkong, 7. Juni 2006

56 Die US-Handelskammer distanzierte sich später von diesem Auftritt, aber er ist dokumentiert, siehe http://www.itglwf.org/DisplayDocument.aspx?idarticle=15269&langue=2

57 Shi Jingtao, New Labour Law Would Bring Conflicts, European Firms Fear, South China Morning Post, 22. April 2006

58 21st Century Economic Report, Foreign Investors Strongly Oppose the Draft Labour Contract Law and Threaten to Withdraw Investment, Guangzhou, 11. Mai 2006

59 Dexter Roberts, Rumbles over Labor Reform: Bejing's Proposed Worker Protections Are Giving Multinationals a Jitter, Business Week, 1. März 2007

60 Andreas Lauffs, Employers Face Tougher Rules, Financial Times, 31. Januar 2007

61 Geoff Dyer, China's Labour Law Raises US Concerns, Financial Times, 2. Mai 2007

62 Josephine Lau, U.S. Urges China to Buy Mortgage-Backed Securities, Bloomberg, 31. Juli 2007

63 Wu Yi, Engage in Sincere Dialogue, Redetext vom 24. Mai 2007, veröffentlicht bei: US China Business Council, www.uschina.org

64 Mure Dickie, China Joins FBI in Piracy Operation, Financial Times, 24. Juli 2007

65 Niall Ferguson, Buy Chimerican, Los Angeles Times, 5. März 2007

66 Wolfgang Proissl, EU ängstigt sich vor Russland, Financial Times Deutschland, 25. Oktober 2007

67 Im Interview mit dem Magazin Focus, 29. Oktober 2007

68 Gazprom sucht neue deutsche Partner, Financial Times Deutschland, 22. Januar 2007

69 Im Interview mit der Financial Times, 30. Oktober 2007

70 Im Interview mit dem Magazin Capital, 22. Mai 2007

71 Ruth Berschens, Schluss mit dem Schulterklopfen, Handelsblatt, 25. September 2006

72 Associated Press, 15. Oktober 2007

73 Chris Abbott, Paul Rogers und John Sloboda, Global Responses to Global Threats, Briefing Paper, Oxford, Juni 2006; die Buchveröffentlichung erschien unter dem Titel »Beyond Terror: The Truth About the Real Threats to Our World«, London 2007

74 Global Risks 2007, World Economic Forum, Genf

75 So zum Beispiel in der Hamburger Color Line Arena am 7. Oktober 2007

3. Kapitel Das globale Kartenhaus

76 Das 1944 im US-Kurort Bretton Woods vereinbarte System kettete die westliche Marktwirtschaft auf Gedeih und Verderb an den guten Willen der Amerikaner, ihre Geldpolitik nicht ausschließlich an nationalen Interessen auszurichten. Mit der Eskalation des Vietnamkrieges ließ jedoch der damalige Präsident Richard Nixon ab 1969 die Rüstungslasten mit der Notenpresse bezahlen und flutete die Welt mit billigen Dollars. Parallel dazu förderte die britische Regierung den Aufbau eines unkontrollierten, damals sogenannten Euro-Kapitalmarkts in der Londoner City. Die Inflationierung der Leitwährung und die Mobilisierung von liquidem Kapital für spekulative Zwecke sprengten schließlich das System. Die Banken boten europäischen Unternehmen zinsbillige Dollarkredite an. Die Kreditnehmer tauschten diese sofort zum festen Kurs in Deutsche Mark. So gerieten die Mark und andere EG-Währungen unter steten Aufwertungsdruck, den die Bundesbank mit immer neuen Dollarkäufen auszugleichen suchte. Als die Abwehr der spekulativen Wellen nicht mehr zu finanzieren war, trugen die EG-Regierungen 1973 den Währungspakt gemeinsam mit den USA offiziell zu Grabe und gaben Wechselkurse sowie den Kapitalverkehr frei.

77 McKinsey Global Institute, Mapping the Global Capital Market, San Francisco 2007

78 Entgegen der vor allem von Vertretern der Finanzindustrie und den von ihr bezahlten Ökonomen verbreiteten Behauptung macht dies die Renten in alternden Gesellschaften nicht sicherer. Die Höhe der möglichen Rentenzahlungen hängt immer vom wirtschaftlichen Erfolg einer Gesellschaft insgesamt ab, ganz gleich auf welchem Wege er zustande kommt. Der Unterschied zur Umlagefinanzierung ist lediglich, dass die Kapitaldeckung keine Umverteilung zwischen Reich und Arm zulässt und wesentlich höhere Verwaltungskosten verursacht, die als Gebühreneinnahmen der Finanzindustrie zufließen.

79 Martin Wolf, Why It Is so Hard to Keep the Financial Sector Caged, Financial Times, 6. Februar 2008
80 Robert Wade, The Ever-Growing Structural Power of Finance, Financial Times, 5. Januar 2008
81 Z.B. Claudio Borio, Philip Lowe, Asset Prices, Financial and Monetary Stability: Exploring the Nexus, BIS Working Paper No. 114, Basel 2002
82 Internationaler Währungsfonds (IWF), Awash with Cash: Why are Corporate Savings so High?, in: Global Economic Outlook, Washington 2006, S. 135
83 Dierk Hierschel, Martin Stuber, Made in Germany im Griff der Finanzmärkte, Neue Gesellschaft/Frankfurter Hefte, 3/2007
84 John Maynard Keynes, Allgemeine Theorie der Beschäftigung, des Zinses und des Geldes, Nachdruck der 1. Auflage 1936, Berlin 1994, Kapitel 12
85 Ausführlich beschrieben in: Die Globalisierung folgt dem falschen Programm, in: Christiane Grefe u.a., Attac – Was wollen die Globalisierungskritiker?, Berlin 2002
86 Bear, Stearns Asset Management, Brief an die Investoren des »High-Grade Structured Credit Strategies Fund« und »High-Grade Structured Enhanced Leverage Fund«, 30. Juni 2007
87 Greg Ip, Did Greenspan Add to Subprime Woes?, Wall Street Journal, 9. Juni 2007
88 Michael Mandel, It's a Low, Low, Low-Rate World, Business Week, 19. Februar 2007
89 Nell Hendersson, The ATM That Is out of Money, Washington Post, 30. Mai 2007
90 Nach Angaben der Mortgage Bankers Association, www.mortgagebankers.org
91 Weil es für viele Kredite und Anleihen aus spekulativen Gründen ein Vielfaches an CDS-Verträgen gibt, überzeichnet die Summe das »versicherte« Kreditvolumen. Aber sie dokumentiert den Umfang der Trennung von Risiko und Kreditvergabe. Bank für Internationalen Zahlungsausgleich, http://www.bis.org/statistics/derstats.htm
92 Bank für Internationalen Zahlungsausgleich (BIZ), 77. Jahresbericht, S. 111, Basel 2007
93 Gillian Tett, The Dream Machine: Invention of Credit Derivatives, Financial Times, 24. März 2006
94 Mara Hovanesian, The Mortgage Mess, Business Week, 2. April 2007
95 Stefan-Michael Steinmann, Susanne Knips, Dresdner Kleinworth, How Important Are Hedge Funds for the Investment Banking Industry?, Frankfurt 2007
96 Vortrag bei einer Tagung des Bundesministeriums für wirtschaftliche Zusammenarbeit in Berlin am 18. Oktober 2006
97 Wiedergegeben nach einem bestätigten Bericht von Seth Lubove, Daniel Taub, Subprime Fiasco Exposes Manipulation by Mortgage Brokerages, Bloomberg, 30. Mai 2007
98 David Evans, The Poison in Your Pension, Bloomberg, 26. Juni 2007
99 Moody's Investors Service, US Subprime Mortgage Update, April 2007
100 Ders., Global Credit Research, 16. August 2007
101 William Gross, Enough is Enough, Pimco Investment Outlook, New Port Beach, Kalifornien 2007

102 Patrick Chang von der Firma CIMB-Principal Asset Management, zitiert nach Tobias Bayer, Gute Gründe für eine Panik, Financial Times Deutschland, 17. August 2007

103 So Ackermann beim Kongress »Banken im Umbruch« am 4. September 2007 in Frankfurt

104 Nicholas Dunba, Conservative Mittelstand Lender IKB Has Transformed itself into Germany's Biggest Investor in Structured Credit, Risk, 1. Februar 2004

105 Daniel Schäfer, Ackermann besänftigt die Finanzmärkte, Frankfurter Allgemeine Zeitung, 5. September 2007

106 Melanie Bergmann u. a., Tor zur Hölle. Wie gefährlich ist die Finanzkrise für Ihre Lebensversicherung?, Wirtschaftswoche, 13. August 2007

107 Martin Wolf, The Policy Challenge of Rescuing the World Economy, Financial Times, 12. September 2007

108 Zitiert nach Andreas Oldag, Mit fremdem Geld, Süddeutsche Zeitung, 18. September 2007

109 Gilian Tett, Out of the Shadows. How Banking's Hidden System Broke Down, Financial Times, 17. Dezember 2007

110 Genau wie J.P. Morgan und die Deutsche Bank kam Goldman Sachs auch mit vergleichsweise geringen Verlusten durch die Krise. Offenbar erkannten die Händler der Häuser, die am besten mit den »strukturierten« Kreditpaketen verdient hatten, zur rechten Zeit die »Giftmüll«-Qualität ihrer Produkte.

111 Nouriel Roubini, The Rising Risk of a Systemic Financial Meltdown: The Twelve Steps to Financial Disaster, RGE monitor, New York, 5. Februar 2008

112 David Enrich u.a., World Rides to Wall Street's Rescue, Wall Street Journal, 16. Januar 2008

113 James Kantner, Paulson Cautions Against Rush to Regulation in Credit Crisis, New York Times, 18. September 2007

114 Reuters, 30. August 2007

115 Bertrand Benoit, Steinbrück Eases Fear of Fresh Regulation, Financial Times, 19. September 2007

116 Michael K. Ozanian, Wall Street's Highest Earners, Forbes Magazine, 21. Mai 2007

117 Nach Angaben des Center for Responsive Politics, das den Geldfluss in US-Wahlkämpfen seit vielen Jahren systematisch untersucht. Nachzulesen unter: www.opensecrets.org.

118 Ben White, Race to Become $1bn president, Financial Times, 2. Februar 2008; ders., Donations End GOP Reign on Wall St, Financial Times, 5. Februar 2008

119 Bank für Internationalen Zahlungsausgleich, 76. Jahresbericht, Basel, Juni 2006; Internationaler Währungsfonds, Financial Stability Report, Washington, April 2007

120 Nach Recherchen von Klaus Engelen, dem langjährigen Finanzkorrespondenten des Handelsblatts; siehe auch Beamte werden Banker, Handelsblatt, 17. Oktober 2006

121 Peggy Hollinger, Paulson Seeks to Assuage Subprime Concerns, Financial Times, 18. September 2007

122 Michiyo Nakamoto, Bullish Citigroup is »Still Dancing« to the Beat of the Buy-Out Boom, Financial Times, 10. Juli 2007

123 Helmut Schmidt, Beaufsichtigt die neuen Großspekulanten!, Die Zeit, 1. Februar 2007
124 Martin Wolf, Why Regulators Should Intervene in Bankers' Pay, Financial Times, 16. Januar 2008
125 Jean Pisani-Ferry, Durchsichtige Forderungen, Financial Times Deutschland, 29. August 2007
126 Zitiert nach Louis Uchitelle, Market Swings Are First Test for Fed Chairman, New York Times, 11. August 2007
127 Martin Wolf, The Fed Must Weigh Inflation Against the Risk of Recession, Financial Times, 26. September 2007
128 Ders., Why the Federal Reserve Has to Keep the Party Going, Financial Times, 22. August 2007
129 Dani Rodrik, The Social Cost of Foreign Exchange Reserves, paper presented at the American Economic Association, Boston, Januar 2006
130 Paul Krugman, Debt and Denial, New York Times, 13. Februar 2006
131 Ben Bernanke, The Global Saving Glut and the U.S. Current Account Deficit, Rede am 10. März 2005 in Richmond, Virgina
132 Michael P. Dooley, David Folkerts-Landau, Peter Garber, An Essay on the Revived Bretton Woods System, NBER Working Paper 9971, Cambridge, MA, 2003
133 Interview auf www.manager-magazin.de, »Die Risiken sind unüberschaubar«, 1. August 2006
134 EZB, Monatsbericht August 2007, Frankfurt
135 Jonathan Shaw, Debtor Nation, Harvard Magazine, Juli 2007, S. 40
136 Ebd.
137 Christopher Swann, Paulson Says Foreign Holdings Not Threat, Bloomberg, 4. März 2007
138 Fan Gang, Currency Asymmetry, Global Imbalances, and the Rethinking of the International Currency System, in: Global Imbalances and the US Debt Problem – Should Developing Countries Support the US Dollar?, Den Haag, Dezember 2006
139 Zitiert nach Marcello de Ceco, Origins of the Post-War Payments System, Cambridge Journal of Economics, Nr. 3/1979, S. 49 ff.
140 Zitiert nach Steven Solomon, The Confidence Game, New York 1996, S. 294
141 John Frahner, EU Calls on China to Let Yuan Appreciate Against Euro, Bloomberg, 9. Oktober 2007
142 Richard McGregor, Beijing Begins to Pay Price for Forex Sterilisation, Financial Times, 1. Februar 2008
143 Reuters, 30. August 2007
144 »Viele verlieren das Vertrauen in den Dollar«, Interview auf: www.faz.net, 27. September 2007
145 Joseph Stiglitz, Die Chancen der Globalisierung, München 2006, S. 324 ff.
146 Bei einer Diskussionsveranstaltung des Council on Foreign Relations in Washington am 23. Mai 2007

4. Kapitel Wer Ungleichheit sät ...

147 Wie es dazu kam, ist nachzulesen in: Hans-Peter Martin, Harald Schumann, Die Globalisierungsfalle, Reinbek 1996

148 World Economic Forum, Annual Meeting 2007, Genf

149 US Department of Agriculture, Household Food Security in the United States, Economic Research Report, Washington, 29. November 2006

150 Krishna Guha u.a., Anxious Middle: Why Ordinary Americans Have Missed out on the Benefits of Growth, Financial Times, 2. November 2006

151 David Cay Johnston, '04 Income in U.S. Was Below 2000 Level, New York Times, 28. November 2006

152 Isabell Sawhill, The Brookings Institution, Is the American Dream Alive and Well?, Washington 2007

153 Janny Scott, David Leonhardt, Shadowy Lines That Still Divide, New York Times, 15. Mai 2005

154 Bundesministerium für Finanzen, Monatsbericht Dezember 2007, Berlin; Statistisches Bundesamt, Volkswirtschaftliche Gesamtrechnung, Fachserie 18, Reihe 1.1., Wiesbaden 2007

155 Horst Köhler, Die Ordnung der Freiheit, Rede beim Arbeitgeberforum, 15. März 2005; ders., Berliner Rede, 1. Oktober 2007

156 Berechnung auf Basis von Daten der OECD von Professor Robert Wade, London School of Economics

157 Edward Lee, The Grab for a Job, Democrats Turn Protectionist, Financial Times, 9. Oktober 2007

158 Greg Hitt, Americans' Anti-Global Turn May Stir Race for President, Wall Street Journal, 20. Dezember 2007

159 Chris Giles, Rich Nations Backlash Against Globalization, Financial Times, 22. Juli 2007

160 Perspectives on Trade and Poverty Reduction. A Survey of Public Opinion, German Marshall Fund, Washington, Dezember 2006

161 Daten nach Angaben des Bureau of Economic Analysis im US-Wirtschaftsministerium, www.bea.gov, und dem Bureau of Labor Statistics im US-Arbeitsministerium, www.bls.gov

162 So ist es legal, wenn Arbeitgeber Streikenden kündigen und durch neue Mitarbeiter ersetzen. Damit eine Gewerkschaft überhaupt in einem US-Betrieb zugelassen wird, muss zudem die Mehrheit der Beschäftigten sich offen dafür aussprechen – eine Voraussetzung, die sich in der Regel durch simple Drohungen verhindern lässt. Wenn nicht, kann der Arbeitgeber die Abstimmung wiederholen lassen, eine Gegenorganisation gründen und die Beschäftigten in Einzelgesprächen mit den Vorgesetzten unter Druck setzen lassen. Gleichzeitig haben alle leitenden Kräfte und sogar simple Vorarbeiter kein Recht, Mitglied einer Gewerkschaft zu sein. Allein diese Regel verweigert acht Millionen Arbeitnehmern die Organisationsfreiheit. Siehe auch Theodore Moran, Georgetown University, Why a Grand Deal on Labour Could End Trade Talks, Financial Times, 13. März 2007

163 Jagdish Bhagwati, Senate Finance Committee, Testimony on US Trade Policy: The China Question, Washington, 27. März 2007

164 Weltbank, Global Economic Prospects, Washington, Januar 2008

165 Alan S. Blinder, Americans Ready to Stop the World and Shut out Reality, International Herald Tribune, 6. Januar 2007

166 Kevin O'Rourke, Jeffrey Williamson, Globalization and History, Cambridge 1999
167 Florian Gathmann, »Für Ausländer haben wir keinen Platz«, Spiegel Online, 3. Dezember 2007, www.spiegel.de/politik/deutschland/0,1518,521198,00.html
168 EU-Agentur für Grundrechte, Report on Racism and Xenophobia in the Member States of the EU, Wien, August 2007
169 Elisabeth Noelle, Thomas Petersen, Eine fremde, bedrohliche Welt – Die Einstellungen der Deutschen zum Islam, Frankfurter Allgemeine Zeitung, 17. Mai 2006
170 Wilhelm Heitmeyer (Hrsg.), Deutsche Zustände, Folge 5, Frankfurt 2007; ders., Wo sich Angst breitmacht, Die Zeit, 14. Dezember 2006
171 Jan Goebel, Maria Richter, Nach der Einführung von Arbeitslosengeld II: Deutlich mehr Verlierer als Gewinner, DIW Wochenbericht 50, Berlin, Dezember 2007
172 Bertelsmann-Stiftung, Soziale Gerechtigkeit 2007, Gütersloh
173 OECD, Education at a Glance 2007, Chart B1.7, Paris
174 Kienbaum Consultants, Vorstandsbezüge steigen – und fallen, Pressemitteilung, 18. Februar 2008, Gummersbach
175 »Berlin hat eine starke Anziehungskraft«, Interview in: Tagesspiegel, 19. November 2008
176 Rede auf dem CDU-Parteitag am 3. Dezember 2007 in Hannover
177 »Nicht von den Reichen nehmen«, Interview in: Stern, Nr. 31, 12. August 1999
178 Martin Arnold, Buy-out Tax Rate is ›Lower than a Cleaner's‹, Financial Times, 4. Juni 2007
179 Susanne Uhl, Thomas Rixen, Unternehmensbesteuerung europäisch gestalten, Gutachten im Auftrag der Friedrich-Ebert-Stiftung, Berlin 2007
180 Glenn R. Simpson, Wearing the Green: Irish Subsidiary Lets Microsoft Slash Taxes in U.S. and Europe, Wall Street Journal, 7. November 2005
181 Google, 2004 und 2005 Annual Report, Mountain View, Kalifornien, S. 27 bzw. 46. Seit 2007 vereinbarten die Steuerplaner von Google mit der US-Finanzbehörde eine Begrenzung der Steuerersparnisse, aber vermutlich nur auf Kosten anderer Staaten. Die effektive weltweite Steuerquote werde unverändert bleiben, kündigte der Konzern im Jahresbericht 2006 an. Siehe auch Colm Keena, US Limits Google's Tax Savings, Irish Times, 5. Februar 2007
182 Lorenz Jarass, Gustav Obermaier, Unternehmenssteuerreform 2008, Münster 2006
183 Georg Meck, Die Firmen fahren die Gewinne aus dem Land, Frankfurter Allgemeine Sonntagszeitung, 13. August 2006
184 Tax Justice Network, Tax Us if You Can, Essex 2005
185 Kurt Beck: »Asoziales Verhalten von oben«, Süddeutsche Zeitung, 20. Februar 2008
186 »Schurkenstaat Liechtenstein«, Interview in: tageszeitung, 21. Februar 2008
187 Darin enthalten sind 356 Milliarden Dollar, die über Treuhänder wiederum in anderen Offshore-Zentren oder im Ausland angelegt sind. Martin A. Sullivan, Offshore Explorations: Switzerland, Tax Notes, Falls Church, Virgina, USA, 10. Dezember 2007

188 Armando Mombelli, Umstrittene Steuerprivilegien für Superreiche, Swissinfo, 24. Februar 2005

189 Ders., Offshore Explorations: Jersey, Guernsey, Isle of Man, Tax Notes, 10., 23. Oktober, 5. November 2007

190 Richard Murphy, The Missing Billions, The UK Tax Gap, London 2008

191 Diese Stellung müssen allerdings auch britische Normalbürger teuer bezahlen. Zwar geben die »non-doms« mehr als 20 Milliarden Euro jährlich aus und beschäftigen Tausende von Dienstboten und eine ganze Branche von Spezialdienstleistern, die besonders exklusive Wünsche erfüllen. Zugleich hat die hohe Konzentration von Reichtum in London aber die Immobilienpreise in extreme Höhen getrieben. Für Normalverdiener gibt es in den Innenstadtbezirken kaum noch bezahlbare Wohnungen; Edelbezirke wie Kensington oder Chelsea sind zu reinen Reichtumsenklaven geworden.

192 Heinz Kussmaul, Leveraged Buyout am Beispiel der Friedrich Grohe AG, Der Betrieb, 25. November 2005; Harald Schumann, Heuschrecken am Wasserhahn, Tagesspiegel, 3. Juni 2005

193 Haig Somonia, Swiss Step up Efforts to Lure UK Non-Doms, Financial Times, 3. Februar 2008

194 Jenny Anderson, Tax Gap Puts Private Equity Firms on Hot Seat, New York Times, 16. Juni 2007

195 Kenneth F. Scheve, Matthew J. Slaughter, A New Deal for Globalization, Foreign Affairs, Juli/August 2007

196 Robert Shiller, Inequality-Indexing of the Tax System, The Tobin Project, Discussion Paper, Mai 2007; »Eine Psychologie der Furcht«, Interview in: Süddeutsche Zeitung, 30. August 2007

197 Eoin Callan, Investment Industry in US Tax Dog-Fight, Financial Times, 1. November 2007

198 Joann M. Weiner, Saving Private Equity, Tax Notes Today, 24. Oktober 2007

199 Angela Maier, Bund verschont Private Equity bei Zinsbesteuerung, Financial Times Deutschland, 6. Dezember 2006

200 Robert Kracht, Anleger können Schweizer Quellensteuer umschiffen, Financial Times Deutschland, 5. Mai 2007

201 Why Finance Will Not Be Unfettered, Financial Times, 25. Juni 2007

202 Vito Tanzi, Does the World Need a World Tax Organization?, paper presented at the 52nd Congress of the International Institute of Public Finance, Tel Aviv, August 1996

203 Schweizer Depeschenagentur, 13. November 2007

204 Capgemini, Merrill Lynch, World Wealth Report 2007, New York

205 James B. Davis u.a., Estimating the Level and Distribution of Global Household Wealth, World Institute for Development Economics, Research Paper 77/2007, New York

206 Philippe Douste-Blazy, Für eine gerechte Globalisierung, Frankfurter Allgemeine Zeitung, 26. März 2007

207 Robert Wade, Global Inequality, Economist, 28. April 2001

208 Michaela Schiessl, Not für die Welt, Der Spiegel, 22. Mai 2007

209 Jean-Paul Azam, The Redistributive State and Conflicts in Africa, Journal of Peace Research, 4/2001

210 Iris Krebber, Armut ist die eigentliche Ursache für Unruhen in Kenia, Welthungerhilfe, 3. Januar 2008

211 Der Bundesetat 2008 sieht zwar eine Aufstockung der Mittel für Entwicklungshilfe um 870 Millionen Euro auf insgesamt 7,3 Milliarden Euro vor. Aber diese Summe bleibt weit hinter der im Rahmen der EU zugesicherten Zielmarke zurück, wonach bis 2010 ein Volumen von 0,51 Prozent des Bruttoinlandsprodukts erreicht werden soll. Dazu wäre eine jährliche Aufstockung von 1,2 Milliarden Euro nötig. Terre des Hommes, Welthungerhilfe, Die Wirklichkeit der Entwicklungshilfe, Bonn, Oktober 2007

212 »In zehn Jahren müsste Afrika nicht mehr arm sein«, Interview in: Tagesspiegel, 3. Juni 2007

5. Kapitel Ressourcenkrieg im Treibhaus

213 Alex de Waal, Counter-Insurgency on the Cheap, London Review of Books, August 2004; ders: Is Climate Change the Culprit for Darfur?, SSRC Blog; Stephan Faris, The Real Roots of Darfur, The Atlantic Monthly, April 2007

214 Sudan – Post-Conflict Environmental Assessment, United Nations Environment Programme, Nairobi, Juni 2007

215 Ban Ki Moon, Aus Darfur lernen – Warum der Kampf um das Klima und der Kampf für die Menschen in Sudan zusammenhängen, Der Tagesspiegel, 18. Juni 2007

216 Kurt Pelda, Der Darfur-Konflikt eine Folge des Klimawandels?, Neue Zürcher Zeitung, 27. Juni 2007

217 Mandy Turner, Scramble for Africa, The Guardian, 2. Mai 2007

218 Gérard Prunier, Darfur – Motive eines Völkermords, Le Monde Diplomatique, 9. März 2007

219 C. Bergman, Chinas Interesse am Sudan/Hauptabnehmer des sudanesischen Erdöls, Neue Zürcher Zeitung, 27. November 2004

220 Rede von Margaret Beckett: »Klimawandel – Der Sturm zieht auf«, Winston Churchill Memorial Lecture 2007, New York, 16. April 2007

221 Vierter Sachstandsbericht des Intergovernmental Panel on Climate Change, www.ipcc.ch; Michael Müller, Ursula Fuentes, Harald Kohl, Der UN-Weltklimareport. Bericht über eine aufhaltsame Katastrophe, Köln 2007

222 So der Titel eines Romans von Christoph Ransmayr über die Durchquerung der Nordwestpassage

223 Doug Struck, »Rapid Warming« Spreads Havoc in Canada's Forests, Washington Post, 1. März 2006

224 Terra Madre wird von der Organisation Slow Food organisiert.

225 International Energy Agency: World Energy Outlook, 2007

226 Mark Lynas, Six Degrees. Our Future on a Hotter Planet, London 2007

227 Zitiert nach einer E-Mail Swaminathans an die Autoren

228 1983/1984; siehe auch: http://afk-web.de/Stroh_KonflikumWasser-FallstudieNild.pdf, S. 54

229 Z. B. Beate Willms, Die Vereinten Nationen warnen: 5 Millionen Umwelttote schon jetzt, tageszeitung, 26. Oktober 2007

230 Z.B. Axel Bojanowki, Gefährliche Abgase – Schiffsverkehr fordert 60000 Tote jährlich, Süddeutsche Zeitung, 8. November 2007

231 Global Environment Outlook, GEO 4: Environment for Development, Nairobi/New York, Oktober 2007
232 Carl Amery, Hitler als Vorläufer. Auschwitz – der Beginn des 21. Jahrhunderts?, München 1998
233 Pro Asyl, Wenn Sie ins Wasser fallen, ertrinken Sie, Frankfurt, Oktober 2007
234 Dominic Johnson, Weg in die Unmenschlichkeit, tageszeitung, 13. November 2007
235 Navid Kermani, Menschenrechte oder Leichensäcke, tageszeitung, 13. November 2007
236 Gesellschaft für bedrohte Völker, Klimawandel schürt ethnische Konflikte und Gewalt in Uganda, 2. April 2007; Ökumenischer Nachrichtendienst, Umgehender Handlungsbedarf für schmelzende Eiskappen auf Afrikas höchsten Bergen, 30. Mai 2007; Deutsche Welle, Über beides reden, Frieden und Umwelt in Kenias Norden, 20. April 2006
237 Reuters, 17. April 2007
238 china dialogue, 30. Oktober 2007
239 Wissenschaftlicher Beirat der Bundesregierung Globale Umweltveränderungen, Sicherheitsrisiko Klimawandel, Juni 2007
240 Strategic Studies Institute und Triangle Institute for Security Studies, Global Climate Change: National Security Implications, Kolloquium März 2007
241 Center for Strategic and International Studies und Center for a New American Security, zitiert nach: Inter Press Service, 6. November 2007
242 The CNA Corporation, National Security and the Threat of Climate Change, Washington, April 2007
243 Tim Flannery, Wir Klimakiller – Wie wir die Erde retten können, Frankfurt 2007
244 Joseph Canadell, Proceedings of the National Acadamy of Sciences, zitiert nach Ozeane speichern weniger Kohlendioxid, Berliner Zeitung, 24. Oktober 2007; Ute Schuster, Andrew Watson, University of East Anglia, zitiert nach Christopher Schrader, Mehr Gas im Treibhaus, Süddeutsche Zeitung, 23. Oktober 2007
245 Global Carbon Project, www.globalcarbonproject.org; sowie Fritz Vorholz, Der Fluch des teuren Öls, Die Zeit, Nr. 45, 31. Oktober 2007
246 Siehe Spiegel Online, 20. Juni 2007; www.spiegel.de/wissenschaft/mensch/0,1518,489612,00.html
247 Anita und Marian Blasberg, Vor der großen Flut, Die Zeit, Nr. 21, 17. Mai 2007
248 Bei einer Diskussionsveranstaltung im Frankfurter Literaturhaus im hessischen Wahlkampf 2007
249 Potsdam Memorandum, Eine Globale Zielvereinbarung für die Große Transformation, anlässlich der Konferenz »Global Sustainability: A Nobel Cause«, Oktober 2007
250 Environmental Law and Policy Center, Gallup, 24. April 2007
251 Sir Nicholas Stern, The Stern Review on the Economics on Climate Change, www.hm–treasury.gov.uk/independent_reviews/stern_review_economics_climate_change/sternreview_translations.cfm
252 Deutsche Bank Research, Klimawandel bewältigen – Die Rolle der Finanzmärkte, Frankfurt, 24. September 2007

253 Peter Ehrlich, Wirtschaftselite spielt die grüne Karte, Financial Times Deutschland, 26. Januar 2007
254 Carbon Disclosure Project, www.cdproject.net
255 Hamburgisches WeltWirtschaftsInstitut und Berenberg Bank, Strategie 2030 – Vermögen und Leben in der nächsten Generation, Hamburg 2007
256 Deutsche Bank Research, Klimawandel und Branchen: Manche mögen's heiß!, Frankfurt, 4. Juni 2007

6. Kapitel Aufbruch nach Ökotopia

257 Amory Lovins, Winning the Oil End Game. Innovation for Profit, Jobs and Security, Earthscan 2005; Hermann Scheer, Solare Weltwirtschaft. Strategie für die ökologische Moderne, München 2000
258 www.solardecathlon.org
259 Erneuerbare Energien, Nr. 11, 2006
260 Franz Alt, www.sonnenseite.com, 3. November 2007
261 Rainer Hermann, Am Golf entsteht ein Silicon Valley für erneuerbare Energien, Frankfurter Allgemeine Zeitung, 19. Juni 2007
262 Deutscher Bundestag, Abschlussbericht der Enquete-Kommission »Schutz der Erde«, Bonn 1990
263 Z.B. bei Sharon Begley, Global-Warming Deniers: A Well-Funded Machine, Newsweek, 13. August 2007
264 So etwa der damalige BDI-Präsident Olaf Henkel in einem Brief an Bundeskanzler Schröder vom 30. September 1999
265 Hält sich die Regierung an das Wahlversprechen, dann muss sie jedoch bis 2012 Australiens Emissionen von Treibhausgasen um rund 25 Prozent gegenüber dem Stand von 2006 mindern, ein fast aussichtsloses Unterfangen.
266 Demgegenüber hatten die 15 Länder der alten EU bis dahin gerade mal zwei Prozent Minderung erreicht, und auch das nur wegen der Deindustrialisierung der DDR. In 7 von 15 alten EU-Staaten sind die Emissionen gegenüber 1990 sogar gestiegen.
267 Rat der Europäischen Union, Dokument 7224/07, Schlussfolgerungen des Vorsitzes, Brüssel, 9. März 2007
268 Bremer Energie Institut, DLR: Analyse des nationalen Potenzials für den Einsatz hocheffizienter Kraft-Wärme-Kopplung, Herrsching 2006
269 Eon AG, Geschäftsberichte 2000 und 2007
270 Dies., Rahmenterminplan für die Realisierung des 400 MW Offshore Windparks Arkona-Becken Südost, 18. April 2006
271 Zu den Details siehe Bundesministerium für Umwelt, Naturschutz und Reaktorsicherheit, EEG-Erfahrungsbericht 2007
272 Ebd.
273 Jürgen Neubarth u.a., Beeinflussung der Spotmarktpreise durch Windstromerzeugung, Energiewirtschaftliche Tagesfragen, Juni 2006
274 Z.B. J. Nitsch in Zusammenarbeit mit DLR (Deutsches Zentrum für Luft- und Raumfahrt), Leitstudie 2007 »Ausbaustrategie Erneuerbare Energien«, Untersuchung im Auftrag des BMU, Februar 2007; Felix Chr. Matthes u. a., Klimaschutz und Stromwirtschaft 2020/2030, Technologien, Emissionen.

Kosten und Wirtschaftlichkeit eines klimafreundlichen Stromerzeugungssystems, Studie des Öko-Instituts und des arrhenius Instituts für Energie- und Klimapolitik für WWF Umweltstiftung und Deutsche Umwelthilfe, Berlin/Hamburg, Juni 2007

275 Siehe auch die gut nachvollziehbare Berechnung von Rainer Baake, Klimaschutz, Kohle und Atom, Deutsche Umwelthilfe, Oktober 2007

276 Interviews in: Thomas Tuma, Frank Dohmen, Vor einem tief greifenden Umbruch, Der Spiegel, 3. Dezember 2007; Annette Beutler, Jochen Schuster, Karl-Heinz Steinkühler, Wir brauchen Gewinne, Focus, 29. Oktober 2007; RAG-Magazin 2/2007

277 Dokumentiert unter: www.sfv.de//briefe/brief97_1/sob97135.htm

278 Bei einer Pressekonferenz am 9. Oktober 2007

279 Siehe auch Harald Schumann, Strategiespiel um die Windkraft, Geo, Mai 2005

280 Originaltext z.B. im Economist, 20. Januar 2007, S. 35: »Empty Words Just Add Carbon Dioxide. Our Climate Map Is All About Reducing It. Vattenfall – Energy for Activists«

281 PricewaterhouseCoopers, Changement climatique et énergie: Comparaison des émissions de CO_2 des principaux électriciens européens, Paris, November 2007

282 Wuppertal Institut für Klima, Umwelt, Energie, DLR-Zentrum für Sonnenenergie- und Wasserstoff-Forschung, Potsdam-Institut für Klimafolgenforschung: Strukturell-ökonomisch-ökologischer Vergleich regenerativer Energietechnologien mit Carbon Capture and Storage, Wuppertal, Stuttgart, Potsdam, Februar 2007

283 USA stoppen CO_2-Speicherung, tageszeitung, 6. Februar 2008

284 Bei einer SPD-Veranstaltung in Salzgitter am 26. November 2007

285 U. a. setzte die Regierung des früheren Bundeskanzlers Gerhard Schröder gegen den Willen und die ausdrückliche Warnung des Bundeskartellamtes durch, dass der ohnehin schon größte Stromversorger Eon auch noch den größten Gasversorger, die Ruhrgas AG, kaufen durfte und damit auch den deutschen Gasmarkt beherrscht. Zur Belohnung durfte der verantwortliche Wirtschaftsminister Werner Müller später Chef der Ruhrkohle AG werden, die mehrheitlich Eon und RWE gehört und deren Chemie- und Kraftwerkszweig unter dem Namen Evonik an der Börse verkauft werden soll. Bei RWE sitzt wiederum Müllers Nachfolger im Ministeramt Wolfgang Clement im Aufsichtsrat, der zuvor die Stromindustrie erfolgreich vor Klimaschutzauflagen geschützt und den Ausbau der erneuerbaren Energien mit massiver Desinformation bekämpft hatte.

286 Demonstration in Berlin am 7. Februar 2007

287 Darunter sogar die Experten der regierungsnahen US-Forschungsgesellschaft RAND Corporation; siehe Keith Crane, James Bartis, On Carbon Dioxide, a Better Alternative, in: Think Tank Town, www.washingtonpost.com, 29. November 2007, http://www.washingtonpost.com/wp-dyn/content/article/2007/11/28/AR2007112802160.html

288 Siehe Bundesministerium für Umwelt, Naturschutz und Reaktorsicherheit, EEG-Erfahrungsbericht 2007

289 Trans-Mediterranean-Renewable-Energy-Cooperation (TREC), Clean Power from Deserts, Hamburg, November 2007

290 Christian Wüst, Suche nach dem Wunderakku, Der Spiegel, 25. November 2007

291 Fiona Harvey, International Star Plays Coy on Domestic Plans, Financial Times, 13. November 2007

292 Michael Gardner, Global-warming Bill Generates Political Heat, San Diego Union Tribune, 21. August 2006

293 Stephanie Kirchgaessner, Even Reluctant Lawmakers Are Speaking Out, Financial Times, 12. Oktober 2007

294 Deutsche Bank Research, EU-Energiepolitik: Höchste Zeit zu handeln!, EU-Monitor 44, 5. März 2007

295 Rede beim Europaforum der Herbert-Quandt-Stiftung am 16. November 2007

296 Igor Schuwalow, G8-Beauftragter des russischen Präsidenten Wladimir Putin im Interview mit Wolf Schmiese, Die beste Antwort ist Atomkraft, Frankfurter Allgemeine Zeitung, 30. Mai 2007

297 Mycle Schneider Consulting, The World Nucelar Industry Status Report 2007, Brüssel, November 2007

298 Frank Barnaby, James Kemp, Too Hot to Handle? The Future of Civil Nuclear Power, Oxford Research Group, Juli 2007

299 Christiane Grefe, Ganz von gestern, Die Zeit, 27. April 2006

300 Jürgen Flauger u. a., Verlängerung der Laufzeiten. Merkels Atompolitik erspart Firmen Milliardeninvestitionen, Handelsblatt, 6. Juni 2005

301 Bundesamt für Strahlenschutz, Abfallprognosen bei unterschiedlichen Laufzeiten der Atomkraftwerke, http://www.bfs.de/de/transport/endlager/abf_progn_laufz.html

302 Erst die rot-grüne Regierung von Kanzler Gerhard Schröder ließ den Stoff im Jahr 2004 in das Lager der französischen Plutoniumfabrik La Hague abtransportieren.

303 Das bewiesen zwei amerikanische Physikstudenten schon 1964. Im Auftrag der US-Regierung demonstrierten sie erfolgreich, dass »ein glaubwürdiger Atomsprengsatz entwickelt werden kann, mit bescheidenem Aufwand, von ein paar gut ausgebildeten Leuten ohne Zugang zu Geheiminformationen«, wie es in den später freigegebenen Akten heißt. Siehe Mycle Schneider, The Permanent Nth Country Experiment, Nuclear Weapons Proliferation in a Rapidly Changing World, Paris 2007

304 Einen guten Überblick geben: Hans-Christian Rößler, Nukleare Renaissance in Nahost, und Leo Wieland, Auch der Maghreb will Atomstrom, Frankfurter Allgemeine Zeitung, 23. November 2007

305 Franz Schrader, Atlas de géographie historique, Paris, Hachette, 1896

306 Zitiert nach Karl-Otto Sattler, Brot oder Sprit, Das Parlament, Nr. 48, 26. November 2007

307 Eric Holt-Giménez, Sprit vom Acker, Le Monde diplomatique, 8. Juni 2007

308 Thomas Fritz, Das Grüne Gold. Welthandel mit Bioenergie – Märkte, Macht und Monopole, Forschungs- und Dokumentationszentrum Chile-Lateinamerika, Berlin 2007

309 Rede vor dem Europatag der Deutschen Wirtschaft, 30. Januar 2007

310 »Biofuel Drama«, Down to Earth, Center for Science and Environment, Neu Delhi, 15. Oktober 2007

311 Thomas Wolf, Agrarrohstoffe – Reiche Ernte, Focus Money, 12. September 2007

312 Rüdiger Jungbluth und Marcus Rohwetter, Raubbau am kostbarsten Gut, Die Zeit, 4. April 2007

313 Biotreibstoff aus Palmöl – Klimaschutz oder ökologischer Bumerang? Der Fall Indonesien. Kurzberichte aus der Internationalen Entwicklungszusammenarbeit der Friedrich-Ebert-Stiftung, Jakarta, Dezember 2007

314 C. Ford Runge und Benjamin Senauer, How Biofules Could Starve the Poor, Foreign Affairs, Mai/Juni 2007

315 Christiane Grefe, Wie viele Menschen ernährt die Erde?, Die Zeit, 13. März 2007

316 Runge/Senauer, a.a.O.

317 Zitiert nach Andrew Bounds, Doubts raised over EU's biofuels target, Financial Times, 13. September 2007

318 Thomas Fatheuer, Mit Agrotreibstoffen aus Brasilien gegen den Klimawandel?, Heinrich-Böll-Stiftung, www.boell.de/oekologie/oekologie-1557.html

319 David Tilman und Jason Hill, Corn Can't Solve Our Problem, Washington Post, 25. März 2007

320 Ricardo Hausmann, Biofuels Can Match Oil Production, Financial Times, 6. November 2007

321 Solarzeitalter, Nr. 2, 2006

322 FAO, Livestock's Long Shadow – Environmental Issues and Options, Rom 2006

323 Lester Brown, Plan B 2.0 – Rescuing a Planet Under Stress and a Civilization in Trouble, New York 2006

324 Marcel Mazoyer, Laurence Roudart, A History of World Agriculture – From the Neolithic Age to the Current Crisis, New York 2006

325 Das Konzept der Multifunktionalität prägt zunehmend die Reformen der Subventionen in Europa. Es steht auch im Zentrum eines globalen Wissenschaftsprojektes mit dem sperrigen Namen »International Assessment on Agricultural Science and Technology for Development« (Bewertung der landwirtschaftlichen Forschung und Technologien für Entwicklung; www.agassessment.org), einem Novum auf dem Weg in die Weltgesellschaft. Koordiniert vom früheren Präsidenten des UN-Klimarats Bob Watson, der später die wissenschaftliche Leitung der Umweltabteilung der Weltbank übernahm, kamen 500 Experten aller Nationen, Perspektiven und Interessenlagen zusammen. Dabei setzten sich die Vertreter von Regierungen und Industrie, von Gentechnikfirmen, Bauern- und Umweltorganisationen einem Prozess des Lernens aus, der sich bei all den aus solcher Heterogenität folgenden internen Kontroversen dann zusätzlich auch noch demokratisch nach außen öffnete. Die Zwischenergebnisse konnte jedermann per Internet verfolgen und kommentieren. Gemeinsam stellten sich die Fachleute die Aufgabe, die drei wichtigsten Aufgaben anzugehen: den Kampf gegen den Hunger, den Schutz der Böden und Grundwasserreserven und die Anpassung an den Klimawandel. Statt weltweiter Standardrezepte fordern sie angepasste lokale Lösungen für Klein- und Subsistenzbauern. Der Schlussbericht lag bei Redaktionsschluss dieses Buches noch nicht vor.

326 Michael Pollan, The Omnivore's Dilemma – A Natural History of Four Meals, New York 2006
327 Das gilt nicht für manche hoch strapazierten Böden, wie sie besonders in Afrika verbreitet sind, die auch von jedweden Mineralstoffen wie Phosphat allzu sehr ausgelaugt sind.
328 Jules Pretty, Rachel Hine, Ernährung sichern – eine Perspektive aus dem Süden. Welt-Themen, Band 2, Frankfurt 2001. Dies.: Agri-Culture: Reconnecting People, Land and Nature, London 2002
329 Catherine Badgley et al., Organic Agriculture and Global Food Supply, in: Renewable Agriculture and Food Systems, No. 22 (2) 2006, S. 86–109; World Watch Magazine, Bd. 19, Nr. 3, Mai/Juni 2006
330 Fritz Reusswig, Antonella Battaglini, Lifestyle Dynamics as a Catalyst of a Sustainable Energy Transition, in: Kyoto Plus Papers, http://www2.kyotoplus.org/uploads/battaglini_reusswig_fin.pdf
331 Ebd.
332 Roland Schaeffer, Das Klima, die Dinge und die Menschen, Kommune, 2/2007
333 Fritz Vorholz, Bernd Ullrich, Klimaschutz tut nicht weh, Interview in: Die Zeit, 26. April 2007
334 Hermann Scheer, Klimapolitik in der multilateralen Falle, in: Kursbuch, Nr. 167, 2/2007
335 Studie WWF/Ökotest
336 Axel Michaelowa: Avoiding the Carbon Hangover, in: Trading Carbon, Dezember 2007

7. Kapitel Weltmacht Weltbürger

337 Thomas Schmid, Trübe Romantik, Frankfurter Allgemeine Zeitung, 21. Juli 2001
338 Annette Jensen, Zumutungen für die Konsumentenklasse, eins Entwicklungspolitik, Dossier: Der G8-Gipfel, Nr. 13/14, 2007
339 Elmar Altvater, Birgit Mahnkopf, Grenzen der Globalisierung. Ökonomie, Ökologie und Politik in der Weltgesellschaft, Münster 1999
340 Jean Marie Krier, Fair Trade in Europe, Facts and Figures on Fair Trade in 25 European Countries, Fair Trade Advocacy Office, Brüssel 2005
341 Zitiert nach Michael Bauchmüller, Eine Bewegung kämpft mit sich selbst, Süddeutsche Zeitung, 21. Januar 2008
342 Auf dem Weg zur 100 % Region, B.A.U.M Consult, München 2006
343 Felix Kolb, Bewegungsstiftung (Hrsg.), Damit sich was bewegt – wie soziale Bewegungen und Protest Gesellschaft verändern, Hamburg 2007
344 Paul Hawken: Blessed Unrest – How the Largest Movement in the World Came into Being and Why No One Saw it Coming, New York 2007
345 Klaus Brinkbäumer, Ullrich Fichtner, Die Weltsanierer, Der Spiegel, 23. Juli 2007
346 Peter Sloterdijk, Fern-Nachbarschaft, Die Zeit, 26. April 2007
347 Die Zahl folgt einer Darstellung von Greenpeace: Das NGO-Handbuch, Hamburg 2007. Nicht enthalten sind darin entwicklungspolitische Organisationen; auch Tausende kleinerer, regionaler Initiativen fehlen, von denen nur ein Teil in den genannten Dachverbänden aufgeht.

348 Union of International Associations (UIA), Stand 11/2006, www.uia.org
349 Roland Roth, Transnationale Demokratie, in: Achim Brunnengräber, Ansgar Klein, Heike Walk (Hrsg.), NGOs im Prozess der Globalisierung. Mächtige Zwerge – umstrittene Riesen, Bundeszentrale für politische Bildung, Bonn 2005
350 Thomas Deichmann, Die Macht der NGOs – Daten und Fakten, Cicero, 1. Januar 2008
351 medico international, Was tun? Kritische Kampagnenarbeit in Zeiten der Globalisierung, Frankfurt/Main 2007
352 Heike Walk, (Ohn-)Mächtige Helden? Die Gestaltungskraft von NGOs in der internationalen Politik, OnlineAkademie der Friedrich-Ebert-Stiftung, Bonn 2006
353 Zitiert nach Brunnengräber, Klein, Walk, NGOs im Prozess der Globalisierung, a.a.O.
354 Zitiert nach einem Gespräch mit Thomas Gebauer von medico international
355 Harald Müller, Wie kann eine neue Weltordnung aussehen? Wege in eine nachhaltige Politik, Reihe Forum für Verantwortung, Frankfurt/Main 2008
356 Sidney Tarrow, The New Transnational Activism, Cambridge University Press 2005, S. 219
357 Institute für Public Policy Research
358 People Who Could Save the Planet, The Guardian, 5. Januar 2008
359 Petra Aldenrath, Friederike Schulz, Billigkleidung für den deutschen Markt, Deutschlandfunk, 27. Dezember 2007
360 Anke Schipp, Moral kommt in Mode, Frankfurter Allgemeine Sonntagszeitung, 29. August 2005
361 Stephanie Hanes, Hey, Nice Clothes. But Are They Ethical?, Christian Science Monitor, 13. Oktober 2006
362 Ingeborg Wick/SÜDWIND, All die Textilschnäppchen – nur recht und billig? Arbeitsbedingungen bei Aldi-Zulieferern in China und Indonesien, Siegburg 2007
363 Reinhard Biedermann, Private Governance durch gemeinsame Standards. Mechanismen, Macht und Gegenmacht in drei globalen Branchen, Vortrag bei: Hanse-Wissenschaftskolleg, Delmenhorst, Macht, Ohnmacht, Gegenmacht: Nichtstaatliche Akteure im globalen Regieren, 15./16. Juni 2007
364 Peter Fuchs, Jörn Hagenloch, CorA: Transnationale Konzerne zur sozialen Verantwortung zwingen, weed aktuell, November 2006
365 Václav Klaus, Der »NGOismus« ist der neue Sozialismus, in: Cicero, 1. Januar 2008
366 Z.B. Thomas E. Schmidt, Harlekine im Politik-Theater, Die Zeit, 19. Juli 2001
367 Harald Müller, Wie kann eine neue Weltordnung aussehen?, a.a.O.
368 Lutz Schrader, NGOs im politischen Entscheidungsprozess, Bundeszentrale für politische Bildung, 1. Februar 2006
369 Ulrich Beck, Macht und Gegenmacht im globalen Zeitalter. Neue weltpolitische Ökonomie, Frankfurt/Main 2002
370 Die Europäische Union stellte Nichtregierungsorganisationen im Zeitraum von 2003 bis 2006 allein für Umweltthemen 26,4 Millionen Euro zur Verfügung,

für die Kooperation mit Entwicklungsländern gibt es ein Fünfjahrespaket für »Non-State Actors and Local Authorities« in Höhe von 1,6 Milliarden Euro. Das Bundesministerium für wirtschaftliche Zusammenarbeit unterstützte im Jahr 2007 die Entwicklungsarbeit nationaler NRO (einschließlich Stiftungen und Kirchen) mit rund 464,9 Millionen Euro und die Arbeit internationaler NRO mit rund 7,2 Millionen Euro. Das Bundesumweltministerium gab für NRO-Arbeit in Deutschland 4,3 Millionen Euro aus.

371 Janis Vougioukas, Sudan-China-USA, Süddeutsche Zeitung, 11. Oktober 2007. Wegen der Völkermorddebatte in den USA sah sich Buffett 2007 durch öffentlichen Druck gezwungen, seine Beteiligung am chinesischen Ölkonglomerat Petrochina zu reduzieren.

372 Marcia Pally, Sex, Krieg & Waffen, tageszeitung, 4./5. August 2007

373 Zitiert nach Klaus Brinkbäumer, Ullrich Fichtner, Die Weltsanierer, a. a. O.

8. Kapitel Das UN-Paradox

374 Seth Mydans, Crisis Aside, What Pains Indonesia Is the Humiliation, New York Times, 10. März 1998

375 Zitiert nach Stephen Grenville, Bank of Australia, Rede am 21. Mai 1998 bei der Monash Law School Foundation

376 Michael Shari/Dean Foust, The IMF Ballout: Up in Smoke, Business Week, 21. Mai 1998

377 Robert Wade, The Asian Debt and Development Crisis 1997–99: Causes and Consequences, in: World Development, August 1998

378 Fund Managers in a Surrey State, The Times, 5. Dezember 1997

379 Mark Malloch Brown, The John Holmes Lecture: Can the UN Be Reformed?, in: Global Governance 14, 2008, S. 1–12

380 Zitiert nach Die Uno ist eine Baustelle, Neue Zürcher Zeitung am Sonntag, 23. September 2007

381 Balkan Diplomat Seeks to Open Doors, BBC News, 11. August 2007

382 UN Proposes New Budget, Associated Press, 26. Oktober 2007

383 Sehr gut dokumentiert in: Uwe Hoering, Vorsicht Weltbank!, Hamburg 2007

384 Steven Weisman, Old Guard of Banking Struggles to Adjust to Global Economy, The Herald Tribune, 4. Juni 2007

385 Nach Schätzungen des Economist Intelligence Unit, zitiert nach China Takes up Civic Work in Africa, Christian Science Monitor, 27. Juni 2007

386 Nach Berechnungen von Goldman Sachs und der Deutschen Bank, zitiert nach Daniel Drezner, The New World Order, Foreign Affairs, März/April 2007

387 The World Bank Group and Extractive Industries – Striking a Better Balance, Washington, Dezember 2003

388 Pressemitteilung der Weltbank, 20. Oktober 2007

389 Zitiert nach Katrin Bennhold, At World Economic Forum, a Look at the Dangers of a Shifting Power Equation, International Herald Tribune, 23. Januar 2007

390 Jan Ross, Wer, bitte, regiert denn nun die Welt?, Die Zeit, 14. Juni 2007

391 Nicolas Sarkozy, Rede beim französisch-japanischen Club, Paris, 22. November 2007

392 Catherine Belton, Es gibt einfache Lösungen, Interview, Vanity Fair Deutschland, Nr. 23, 2007
393 Putin Calls for New World Order in Trade and Finance Institutions, Financial Times, 11. Juni 2007
394 Alexej Kudrin, The Era of Empires is Over in the Global Economy, Financial Times, 30. September 2007
395 Michael Kläsgen, Die leeren Worte des Präsidenten, Süddeutsche Zeitung, 9. Januar 2008
396 Vor der Indian Chamber of Commerce, Delhi, 21. Januar 2008, http://www.number10.gov.uk.output/Page14323.asp
397 Zitiert nach Gunter Hellmann, Ulrich Roos, Windhunde und falsche Hasen, Frankfurter Rundschau, 26. September 2007
398 Siehe »facts and figures« unter: http://www.wfp.org/
399 http://www.unhcr.org/statistics.html
400 Aktuelle Zahlen zum Einsatz der Blauhelmsoldaten unter: http://www.un.org/Depts/dpko/dpko/bnote.htm
401 Zitiert nach: A Chance for a Safer World, *The Economist, 6. Januar 2007*
402 Lydia Polgreen, China, in New Role, Presses Sudan on Darfur, New York Times, 23. Februar 2008
403 A Chance for a Safer World, a.a.O.
404 Ban Ki Moon: Why the World Has Changed in the U.N.'s Favor, Newsweek International, 4. Juni 2007
405 Colum Lynch, Robin Wright, U.S. Seek U.N. Help with Talks on Iraq, Washington Post, 10. August 2007
406 World Publics Favor New Powers for the UN, http://www.worldpublicopinion.org/pipa/articles/btunitednationsra/355.php?lb=btun&pnt=355&nid=&id=, Washington, 9. Mai 2007
407 Siehe http://de.unpacampaign.org/
408 Bettina Stang: Zwei Jahre Arbeit und kein Ende, eins Entwicklungspolitik, Nr. 13/14, 2007

9. Kapitel Weltkrieg oder Weltgesellschaft?

409 Siehe www.secureenergy.org
410 IEA, World Energy Outlook 2007, Paris
411 Energy Watch Group, Crude Oil – The Supply Outlook, München, Oktober 2007
412 David Strahan, Former Head of Saudi Aramco: Oil Has Peaked, 31. Oktober 2007, http://globalpublicmedia.com/transcripts/2851
413 Jeroen van der Veer, Email to All Shell Employees, 22. Januar 2008
414 Ed Crooks, Africa Aid Wiped out by Rising Cost of Oil, Financial Times, 29. Dezember 2007
415 Institute for Security Studies, European Defence: A Proposal for a White Paper, Paris, Mai 2004
416 Bundesministerium der Verteidigung, Weißbuch 2006 zur Sicherheitspolitik und zur Zukunft der Bundeswehr, Berlin
417 Timothy Garton Ash, Müder Titan, Süddeutsche Zeitung, 30. August 2005
418 »Wir rechnen mit mehreren tausend Opfern«, Tagesspiegel, 18. Februar 2006

419 Gemessen an den Ölexporten im Jahr 2006. The National Defense Council Foundation, The Hidden Cost of Oil, Update, 8. Januar 2007

420 Maximilian Mayer, Warum Chinas »Energiehunger« nicht zum »Krieg um Ressourcen« führt, China aktuell, Nr. 1/2007

421 The Worldbank, Global Monitoring Report, Millennium Development Goals 2007, Washington

422 Donald McNeil, Child Mortality at Record Low; Further Drop Seen, New York Times, 13. September 2007

423 World Bank Database, http://devdata.worldbank.org/wdi2006/contents/section2_1.htm

424 Liu Institute for Global Issues, Human Security Report 2005, University of British Columbia, Vancouver; School for International Studies, Human Security Brief 2006, Simon Fraser University, Vancouver

425 Ivo Daalder, Robert Kagan, Bridging the Foreign Policy Divide, America and the Use of Force: Sources of Legitimacy, The Stanley Foundation, Muscatine, Iowa, Juni 2007

426 Christian Wernicke, Im Zweifel stramme Patrioten, Süddeutsche Zeitung, 27. Juni 2007

427 John McCain, In alter Freundschaft, Süddeutsche Zeitung, 8. Februar 2008

428 Pew Research Center, Global Unease with Major Powers, Washington, Juni 2007

429 Die Bombardierung Serbiens und die Invasion im Kosovo waren ein Verstoß gegen dieses Prinzip, aber die Umstände waren einzigartig und die militärische Operation der bisher einzige Sündenfall.

430 Nicholas Burns, Europa sollte sich als Weltmacht sehen, Interview in: Süddeutsche Zeitung, 8. Februar 2008

431 Ivan Krastev, Mark Leonard, New World Order: The Balance of Soft Power and the Rise of Herbivorous Powers, Policy Brief, European Council on Foreign Relations, London, Oktober 2007

432 Joseph Nye, Bound to Lead: The Changing Nature of American Power, New York 1990

433 Ders., The Decline of America's Soft Power, Foreign Affairs, Mai/Juni 2004

434 Steffen Dobbert, Bill umarmt die Welt, Die Zeit, 11. September 2007

435 Nicolas Sarkozy, Den Lauf der Dinge ändern, Frankfurter Allgemeine Zeitung, 31. August 2007

436 Access Asia Weekly Update, 14. Februar 2008

437 Jürgen Habermas, Erste Hilfe für Europa, Rede vor dem SPD-Kulturforum, Berlin, 23. November 2007

438 Norman Angell, The Great Illusion, a.a.O.

Register

C

D

T

Toralf Staud / Nick Reimer. Wir Klimaretter. So ist die Wende noch zu schaffen. KiWi 998

»In ihrem gründlich recherchierten Buch ist es, als stellten die Autoren das Rauschen um Heiligendamm leise, damit man sich mal auf das Mögliche konzentrieren kann. Nur darum geht es den Autoren: den individuellen, gesellschaftlichen und politischen Handlungsspielraum, eben das Machbare, darzustellen.« *Die Zeit*

»Kaufen, lesen, mitmachen.« *Deutschlandradio Kultur*

KiWi PAPERBACK

www.kiwi-verlag.de